第56卷

民商法论丛

CIVIL AND COMMERCIAL
LAW REVIEW VOL. 56

■梁慧星/主编

中文社会科学引文索引（CSSCI）来源集刊

法律出版社
LAW PRESS CHINA

目　录

劳动法

工伤保险法上的劳动者概念

——从“雇佣”到“劳动”的中心转移

郑晓珊

目　次

一、引言

工伤,顾名思义,必是与工作密切相关的伤害,它源于工作且形成于工作过程之中。[①] 但反过来讲,这种源于工作的事故伤害却并不一定都能够顺理成章地踏进工伤保险法的适用领地,它们之中还有相当一部分将直接被分流到另一条救济渠道——民事侵权之上。不同的路径之下,同样的伤害将遭遇到结局迥异的两种命运:如果受害人是《工伤保险条例》(以下简称《条例》)语义下的劳动者,那么不管在伤害的

① 英文中将其表述为 arise out of and in the course of employment，日文则表述为业务起因与业务遂行。

形成之上他或他的雇主是否存在过错,①他总能依《条例》的规定获得全额的工伤待遇。如果不是,则在典型的侵权之路上,他若要获得妥帖的民事赔偿,就不得不承受过错责任与过失相抵的双重责难。此时,工伤保险意义上的劳动者概念便成了问题的中心点,尤其是当雇主毫无过失之时,它将直接决定受害人的损失能否获得填补。

然而,在千变万化的就业环境中,这个看似单纯的劳动者概念却往往远不如我们想象中那样简单。有时候,只要在诸多因素中挪动一个小小的"旗子",结局就会走向完全相反的方向。比如以下两种情况:

情形一:我们假设小刘为某装修公司的一名职工,负责电位的设计与安装。某日,他违反工作规程,站在人字梯上一边吸烟一边安装点灯。此时他的手机响了,为接听这个私人电话,他忙乱之中一不小心失去平衡,从人字梯上摔落下来,造成前臂骨折。没有依法参保的用人单位按照《条例》的规定向小刘支付了全额的工伤待遇。

情形二:我们继续假设小刘与该装修公司的劳动合同期满后,装修公司没有与他续签,反倒与他订立了一份"承包合同",按照合同约定,公司将近来承揽的几个项目中有关电位设计与安装的工作全部都包给小刘完成,并且根据工程的不同,这种合同总是反复的一签再签,内容相差无几。此后,小刘的工作跟以前当正式职工的时候相比也几乎没什么差别,还是干着一样的活儿,每天上班下班,拿着大抵一样的"承包收益",并以该收益为主要甚至唯一的生活来源。某日,小刘再次在安装灯泡的过程中一边吸烟一边接听私人电话,并失足从人字梯上摔落,造成高位截瘫,一级伤残。小刘照例向公司要求工伤待遇。但此时公司却指出,小刘不是本公司的职工,不能享受工伤待遇。且他的伤害乃是由其自身过失(违反安全操作规程)所造成的,公司既没有过错也

① 只要不存在《工伤保险条例》第16条规定的三种排除情形:(1)故意犯罪的;(2)醉酒或者吸毒的;(3)自残或者自杀的。

没有责任,当然也不会承担一分钱的赔偿。①

从劳动合同到承包合同,小刘的工作内容以及经济收益都没有发生任何变化,甚至连工作形式都与正式职工完全相同——每天上班下班,并以其获取生活来源——所不同的只是一个名目。用人单位就是动了这个名目,将劳动合同"化装"成承包合同,将工资"化装"成承包收益,似乎就完全甩掉了《工伤保险条例》强制参保、强制适用的紧箍咒,将工伤补偿之责全部抛诸九霄云外。

尤其是在《劳动合同法》颁布之后,鉴于双倍工资之罚的巨大威慑,企业大多不再敢逃避签约。但为规避正规用工的高昂成本,却更容易在"用工"形式上大做文章。如果当事人双方之间所签订的不是劳动合同,而是委托合同或承包合同,自然也就省却了劳动立法所带来的诸多麻烦,比如五险一金的缴纳,以及休息休假、解雇限制、福利、培训、劳动保护所带来的额外成本。此时,以雇佣契约(劳动合同)以及垂直隶属关系为核心的传统劳动者标准②必然面临着前所未有的严峻挑战。当所谓的承包人或承揽人所从事的工作,从性质、内容到独立程度都与普通职工无异时,他为什么不能获得与普通职工一样的工伤保护呢?我们又凭什么说他不是工伤保险法意义上的劳动者呢?若雇主只用这样一个小小的文字游戏,就可以轻易逃避工伤保险之责,那么所谓的强制保险又将以何维系?

---

① 即便公司存在一定的过错——提供的梯子有些不稳,小刘也不能获得全额的侵权赔偿,毕竟造成事故的直接原因之一乃是他违反安全规程,在高空作业的过程中边吸烟边接听电话,根据过失相抵之原则,他最后所能拿到的也必然只是打了折扣的赔偿。

② 但毕竟今日的工伤保险从起源而论仍旧是从盛极一时的雇主责任演化而来,故仍残留有"劳动契约上个别雇主义务"的部分色彩(参见[日]吾妻光俊:《労働法〈続〉》,青林書院1956年版,第86页),后虽经由保险制度的引入,使雇主责任逐步走出个体领域而步向集团化,责任范围也渐渐扩大并彻底分散开来(参见[日]西村健一郎:"労災保険「社会保障化」と労災補償.民事责任",载《日本労働法学会誌》第36卷,第54页),就连保险费用亦被作为成本附加于产品价格之上,并经由销售而转嫁给消费者,在整个社会层面进行风险分散(Joseph W. Little, Thomas A. Eaton, *Gary R. Smith. Cases and Materials on Workers' Compensation* 3rd ed. West Publishing Co. ,1993, p. 58),但就根基而言,却仍无法彻底摆脱雇主责任的诸多特点,尤其是对雇佣契约及雇佣关系的种种依赖。

事实上,即便不是雇主有意将雇佣劳动伪装成承包或委任等契约劳动形式,随着越来越迅捷的技术革新以及来自开放市场的强大竞争压力,[1]原本以精细分工、流水线作业以及金字塔式垂直管理结构为特征的福特主义生产模式也正在悄无声息地发生着一系列复杂的改变:为促进就业之需,越来越多的国家开始注重培育与发展自我雇佣(self - employment)的就业方式;服务外包或劳务分包等越来越盛行的经营模式在经济层面上也仍难摆脱对委托人的实际依存;各国亦开始逐渐改进原本以从属性为原则的劳动契约定义方式。[2] 此时,原本简单以雇佣为中心而形成的传统劳动者标准体系,面对如此复杂的就业形势,应对起来越发吃力。越来越多的就业者将被排除在工伤保护的大门之外——他们仍然是以劳动(而非资本)为主要(或唯一)谋生手段,仍然无法回避劳动过程中必然会存在各种事故风险,无力应对这些风险,更无力实现真正的自我保障。这种现实的改变与急迫的制度需求势必会推动劳动者概念的转型与变迁,使它逐渐从传统的雇佣主义的道路上抽身而出,不再死守人身从属性的堡垒,先实现以经济从属性为标准的雇佣拟制,而后再进一步彻底转向以劳动为核心的价值衡量体系。在这条道路上,比较法经验率先为我们提供了一条清晰的线索:从英美法体系下严格的雇佣主义,到大陆法实践中的经济依存性标准,再到社会法方向上的四个同心圆理论,及至工伤保险构架中的弹性扩张……每一步的变迁都会为后进立法的我国带来某些值得汲取的重要养分。本文的写作目的在于竭力挖掘出这些有益的养分,并将其与本土实践结合起来,以兹探索符合我国实际的劳动者概念及其标准体系。

二、雇佣主义体系下的劳动者概念:典型的英美法路径

(一)从雇主替代责任到工伤保险补偿

针对"劳动者"一词,大多数英美立法的表述中往往更关注其合同

---

① European Commission (1997). *Green* Paper: Partnership for a New Way of Organizing work, COM(97)128. Brussels.

② Alain Supiot, *Beyond Employment: Changes in Work and the Future of Labour Law in Europe*, Oxford University Press 2001, p. 3.

性与服务性,事实上这一概念几乎包括了所有受制于明示或暗示的雇用协议,并因而为他人提供服务之人。司法实践中,法官们在对工伤保险法上的这一概念进行诠释时,经常会选择沿用普通法体系下雇主替代责任中区分服务者与独立契约方的方法。原因非常简单,设想如果一个人希望完成某件事情,但又不愿自己亲自动手的话,那么他将只有两条路径可以选择:其一,是雇佣一个劳工替他完成;其二,则是将这一工作委托给某个独立承包人(entrepreneur)来将其完成。此处即潜藏着一个明显的区分问题,即哪些情形下用来完成工作的人属于被雇佣的劳动者,而哪些情形下则属于独立契约人(independent contractor,也即承包人)。这种界分并非源于某种法律上的人为臆想,而是切切实实地出自于商业生活之中的基本现实,面对这些现实,宏阔的立法不会置之不理。在具体处理之时,最先映入法官们眼帘的便是既有的规则——雇主替代责任体系下对于二者的区分,即《代理法重述(二)》第220条中的相关标准,这些标准常常被法官们所援引,并用以解决工伤保险意义上的劳动者之界定。①

《代理法重述(二)》第220条中将服务者界定如下:

1. 服务者乃指所有被雇佣为他人之事务而提供服务的人,并且他们的服务行为需服从于该相对方("他人")的控制或控制权。

2. 当我们在判断为另一方提供服务之人到底是属于服务者还是属于独立契约人之时,尚有以下事实可资参考:

(1)控制的程度,即根据双方之间的协议,控制者可施加于工作细节之上的控制力;

(2)被雇佣者是否致力于明确的工作或业务;

(3)其工作通常是根据雇主的指示而行,还是不受雇主监督仅依其专业技能而完成;

(4)其工作所需之技术;

---

① See Cline v. Carthage Crushed Limestone Company, 504 S. W. 2d 102, 105 [1,2] (Mo. 1973); Lawrence v. William Gebhardt, Jr., & Son, 311 S. W. 2d 97, 102 [1] (Mo. App. 1958); Pratt v. Reed & Brown Hauling Company, 361 S. W. 2d 57, 62 (Mo. App. 1962).

(5)工作所需的机器设备、工具、场所是由雇主提供还是由工作人自行预备;

(6)工作时长;

(7)支付报酬的依据到底是时间还是工作本身;

(8)该工作是否为雇主的常规事务;

(9)双方内心是否具有这样的确信,即他们彼此之间正在建立起一种主仆(雇佣)关系;并且

(10)重点是否在于业务。

根据第220条(1)之意,若既有证据显示服务的接受方对于服务的提供方具有控制之权,即可确认二者之间存在雇佣关系。① 但是,当既有证据尚不足以得出确定性的结论之时,我们则要进一步综合考察作业关系中的一切具体环境,并凭借这些环境因素来加以确认——此时,相对于所有其他用因素而言,"控制力"将成为唯一的标志性特征,此即《代理法重述(二)》第220条-(2)的意义之所在。②

如此,《代理法重述(二)》以第220条这一条款确立了服务者一词的具体含义,但这一立足于普通法之上的鉴别,却很难与工伤保险法体系下的雇佣劳动者地位完全吻合。③ 事实上,随着时间的推移,人们越发明显地感觉到,在雇主替代责任与工伤保险这两个完全不同的体系中,雇佣概念之适用存在明显的不同。普通法上的服务者概念乃立足于雇主替代(侵权)责任,旨在将雇主的损害赔偿之责严格划定在其自身可以实施有效控制的范围之内;而工伤保险法的关注点却并不在于劳动者给他人造成的伤害,而在于劳动者自身所遭受的伤害——这些伤害不仅可能来自于雇主可予控制的行为,同样也可能来源于超出雇主控制力之外的他人行为。④ 因此,在工伤保险机制中,普通法体系下的过错因素被当作

① See Tokash v. General Baking Company, 349 Mo. 767, 163 S. W. 2d 554, 555 [3] (1942).

② See Lawrence v. William Gebhardt, Jr., & Son, 311 S. W. 2d 1. c. 102 [1] (Mo. App. 1958).

③ See Kourik v. English, 340 Mo. 367, 100 S. W. 2d 901, 905 [3-7] (1937).

④ Restatement of Agency Second, §220, Comment on Subsection (1) g: Statutory interpretation.

对劳动者伤残的一种不充分救济(inadequate redress)而遭到摒弃,而工伤则被作为工业生产过程中的不可避免的固有因素有保险机制加以吸纳——作为一种紧急的公共福利——将该风险分配给产生这一伤害的产业(industry)。[①] 这也正是工伤保险体系所固有的风险分配之道。[②] 此时,"对工作细节的控制权"这一因素自然不会像在雇主替代责任案件之中那样对主体之间的关系确认产生如此直接的关联性。实际上正是工伤保险法的这种引人注目的立法目的,最终使其摆脱了普通法体系下的抗辩与缺陷,并使工伤劳动者在经济补偿的取得上占据更为有利的地位。[③]

(二)劳动者性判断的核心要素

立足于目的与功能至上的这种差异将真切地反映在立法与解释两个层面之上。在立法上,工伤保险项下的"劳动者"概念必定会呈现出一种宽松之态,以扩张之势逐步超出雇主替代责任的固有范围。正如《工人补偿法》[§287.020]所采用的表述方式:"处于任意一种明示或模式、口头或书面的雇用合同之下,或处于任意一种指派或拣选之

---

① Maltz v. Jackoway - Katz Cap Co., 336 Mo. 1000, 82 S. W. 2d 912 [2 - 6] (1935).

② 职业危险理论认为,每一个企业都应当负担工业事故的费用,并将这一费用视为生产成本的一部分,该成本最终必然会转化到产品价格中去,并以价格的提高为循环的结局。See George E. Rejda, *Social Insurance and Economic Security*, Prentice - Hall Inc., 1984, pp. 281 ~ 294. 在工伤保险体系之下,雇主所设立的每一家工厂,就好比一个生产工业事故的机构,面对劳动者在工作中所遭受的事故伤害,即使劳资双方均无过失,损失仍会被分配到雇主头上。在现代化的大工业背景下,这乃是公平之选。在此,雇主将会以工伤保险及责任保险的形式,将事故成本打入产品价格,正如美国学者 Miles M. Dawson 所指出的,"工人的鲜血必须被纳入生产成本"。也就是说,雇主们在设定产品价格或劳务价格之时,即已经将上述保险成本做了周全的考虑,并可经由销售而将其全部转嫁给消费者,在整个社会层面进行风险分散。See Joseph W. Little, Thomas A. Eaton, *Gary R. Smith. Cases and Materials on Workers' Compensation* 3rd ed. West Publishing Co., 1993, p. 58.

③ Bethel v. Sunlight Janitor Service, 551 S. W. 2d 616, 618 [1] (Mo. Banc 1977).

下……为任一雇主提供服务之人。”①与此同时,在解释层面上,渐进式的拓展又进一步将工伤保险的主体覆盖边界修饰得更加贴切而具有实用性。在此,人们往往会将焦点放在以下几个关键词上:

1.“可控制性服务”(Controllable Service)②

在这一环节里,具有决定性的因素乃是控制权,其最终实质应当是源自双方的雇佣协议,而非表面关系所呈现出来的某些权利。如果一方对于另一方工作细节的控制力并没有超出为确保其工作能得到令人满意之结果所必要程度(即没有超出对结果的控制范围),那么二者之间的关系将很难被界定为雇佣关系,当然,从事工作之人,也无法获得雇佣劳动者之工伤保护,而只能被认定为独立契约人。在实践中,可以显示控制权的主要因素有:(1)实施控制权的直接证据;(2)报酬支付方式;(3)机器设备的提供与设置;以及(4)解雇的权力。此时人们似乎一贯认为,不管是在普通法体系下的主仆关系确认中,还是在工伤保险体系的劳动关系建立中,雇佣一词界定的基础标准大抵都会被定位在“对工作细节的控制”之上,此乃雇佣关系判断的第一性标准,此外所有其他的参考标准最终都将被证明是辅助性的,或者说是第二性的。然而,不幸的是,在这一系列的判断标准体系中,恰恰也只有这一条最为主要的判断标准,往往是难以被论证的。而其他几项“辅助”标准,则大多建立在雇佣关系本身的各项可被证明的具体特征之上:报酬的支付方式可以从“按件支付”与“按小时支付”来获得确证;有无解雇之权也大多是非常明显的;至于机器设备到底由谁负责提供,更是鲜少存

① 《工人补偿法案》中并未针对独立契约人作出明确定义,但审判实践却作出了进一步的补充,将独立契约人定义为这样的一种人,即“根据合同约定从事某项独立工作,雇主的控制权仅及于工作结果,在工作的实施之上,行为人无须服从于雇主的控制,即以自己的方式完成该工作即可。”See Vaseleou v. St. Louis Realty & Securities Company, 344 Mo. 1121, 1122, 130 S. W. 2d 538, 539 [2-4] (1939). 至于当事人到底应属于独立契约人还是雇佣劳动者必须依据个案情况具体判断。See Rutherford v. Tobin Quarries, 336 Mo. 1171, 82 S. W. 2d 918, 921 [4] (1935).

② See Rutherford v. Tobin Quarries, 336 Mo. 1171 [n. 1] 82 S. W. 2d 1. c 923 (1935); Maltz v. Jackoway - Katz Cap Co., 336 Mo. 1000, 82 S. W. 2d 1. c 912[2-6] (1935).

在争议。然而,"工作细节的控制权"本身却并非一项不争的事实,它总是需要借助前述这些辅助标准,以及其他一些具体事实的帮助,并在这些事实的基础上经过推理过程,才能得出"控制"与否的具体结论。①与此同时,如果我们仅仅将注意力集中在控制力判断的这四条标准之上,我们还必须要明确——这四条中的任一条相对于其他几条而言都不具有压倒性的优势,当然在既定的个案之中,也许我们也会发现它们中的一条或两条根本无法从既有的案件事实中获得满足。此时,劳动补偿委员会必须平衡现有的每一个因素,并谨慎地衡量它们各自的(相对)重要性程度,再根据这种权衡的结果得出最终的结论。②

2."工作本身的相对属性"(Relative Nature of Work)

在这一环节上,我们需要判断劳动者所从事的工作到底是属于雇主业务(如商品生产)中常规性且需持续开展的那部分工作,还是属于某些其他类型的服务。在判断实践中,人们大多将关注点集中在以下两个方面:(1)申请人工作内容之本质属性;(2)该工作内容与雇主之常规业务间的具体关系。在前者——申请人工作内容之具体性格的判断上,法庭(或工伤补偿委员会)需要具体考察各种不同的因素,包括完成该工作所需之技术、工作本身可能构成一种独立事业的程度,以及工作本身被预期可予承担由其自身所产生之事故损害(风险)的程度。而在分析后者——申请人的工作内容与雇主业务之间的具体关系时,我们则需要考察,在诸多工作项目中,申请人所从事的工作是否属于雇主所经营之业务中的常规部分,其工作到底是持续性的还是间断性的,以及申请人工作的持续时间是否足够长,以致足以达到满足持续性雇用服务所需要的持续长度,并以此区别于为完成某件特定工作而缔结的承揽契约关系。③

在这里,我们还将面对一个敏感的问题,面对"控制权"与"工作本身之相对属性"这两个关键性判断因素,二者之间的关系到底应如何

---

① *Arthur Larson*: *Worker's compensation law*: *cases*, *materials*, *and text*, by Matthew Bender ,Brown Co. U. S. ,1997 ,pp. 287 – 288.

② Hanson v. BCB, Inc. , 114 Idaho 131, 754 P. 2d 444 (1988).

③ Arthur Larson, *Workmen's Compensation Law*, Matthew Bender and Company Inc. , § 43. 42 (1980).

厘定？从普通法到工伤保险体系，“控制”因素实际上一直都占据着极为显赫的主导地位，但这一判断的作出却必定是有条件的——在很多时候，从个案本身的具体情况表现而出的“控制力”可能并不清晰，以致于我们很难仅从“控制”情况直接得出行为人到底应定位为雇佣劳动者还是独立契约人的最终结论。此时，我们即必须求助于“工作本身之相对属性”标准。当然，这并不是说，我们可以通过这一标准甩掉对“控制权”标准的适用，事实上“控制权”仍将是雇佣地位判断中的决定性因素。只是在“控制力”不那么明显(且容易判断)的情形下，问题的矛头不得不转向到工作关系的本质属性以及其他各种环境因素之上，求助于工作的本质属性与经营业务之操控间的基础性经济关系来寻得结论。此时，问题本身甚至已经偏离了普通法层面的技术性定义，而转向工伤保险计划之社会目的，[①]即工业事故所引发的全部损失，应当作为产品生产成本的一部分，由消费群体最终承担之。[②] 由此进一步前行，亦可推知其有意保护之具体领域中至少应涵括这样一些服务者群体，“如果他们的服务本身已经形成生产成本中具有常规性、持续性的部分，或者他们的经营行为并没有独立到能够另辟蹊径将其自身的工业事故成本加以输出的程度。”[③]或许这些人中的相当一部分，若放到普通法定义体系下，其地位只能被认定为是独立契约人，而非雇佣劳动者；[④]但若放诸于工伤保险之社会政策目标下，衡量的结果却会截

---

① 作为一种司法层面的进步与革新，“工作相对属性”标准的采纳有些体现在理论宣称，有些则直接被付诸实践。See, e. g. Marcus v. Eastern Agriculture Ass'n, 32 N. J. 460, 161 A. 2d 247 (1960); Biktjorn v. Worley Homes, inc., 12 A. D. 2d 540, 206 N. Y. S. 2d 744 (1960); Seals v. Zollo, 205 Tenn. 463, 327 S. W. 2d 41 (1959); Samson v. Borden Co., 92 So. 2d 152 (La. App. 1957); Woody v. Waibel, 276 Or. 189, 554 P. 2d 492 (1976).

② 工伤保险的此种立法目的亦被当作一种公共利益加以理解，参见 Hickey v. Board of Education of the City of St. Louis, 363 Mo. 1039, 256 S. W. 2d 775, 777 [2-5] (1953); Bethel v. Sunlight Janitor Service, 551 S. W. 2d 616, 618 [1] (Mo. Banc 1977)。

③ See Pratt v. Reed & Brown Hauling Company, 361 S. W. 2d 57, 64 (Mo. App. W. D. 1962); Horn v. Asphalt Products Corporation, Mo. App., 131 S. W. 2d 871. 其他案件中亦有引用论述。

④ See Schwandt v. Witte, 346 S. W. 2d 50, 52[3] (Mo. 1961).

然相反。在这里,法律直接将其视同雇佣劳动者,或者说通过特定条款将其预设为法定劳动者,这种预设的目的即在于防止企业通过其与劳动者之间签订的协议,将二者之间的关系"伪装"成委托人与独立契约人的关系,并通过可疑的财务责任安排,来达到规避工伤补偿之责的目的。此时,只要劳动者所执行的业务是该企业的一般性、常规性业务,工伤保险法即可直接将其视为劳动者加以保护,当其因工负伤之时,任何试图假借"独立契约人"之名逃避工伤补偿之责的雇主行为都将成为枉然。[①]

3. "雇佣契约"(Contract of Hire)之存在

如果仅着眼于控制性与工作内容之属性,那么工伤保险法下的雇佣劳动者范围显然将超越普通法体系中固有的"服务者"概念,在实践应用中大有扩张之势。然而,这种扩张毕竟不是绝对的,至少在这样一个领域中,工伤保险意义上的劳动者概念会比普通法上更显狭窄——因为大多数州立法中都会强调"(明示或默示之)雇佣合同的存在"乃是雇佣关系缔结的关键因素。

这一规定显然有别于普通法体系下的雇主替代责任,至少在普通法体系下,即便没有这种契约合意亦有可能构建完美无缺的主仆关系:[②]无论是婴儿也好,是奴隶也罢,甚至是某位好心的留宿宾客等,只要他们所提供的服务行为实际地受制于某位"主人",那么所有这些人都可能让这位"主人"不幸地背负起雇主替代之责,根本无须存在任何形式的契约合意。但在工伤保险领域,立法却大多会强调"雇佣契约"之存在的必要性。追根究底,这种立足于"契约"之上的差异性乃源自于这两种不同的责任体系在本质属性之上的固有差异——从结果角度来看,雇主替代责任的本旨并不在于对雇佣双方内部相互权义关系的调整,而是专门针对雇主对第三人(尤其是雇佣双方之外的陌生人)的侵权赔偿之责而设立的外部责任系统。在这个责任系统中,面对雇主,

① Ferguson Air - Hydraulics Company, 492 S. W. 2d 130, 136 [6] (Mo. App. 1973); Pruitt v. Harker, 328 Mo. 1200, 43 S. W. 2d 769, 772 (1931).

② Restatement (Second) of Agency §221, comment c; Mechem, Outlines of the Law of Agency 328 (3d ed. 1923).

法律所关注的唯一问题乃在于"对于导致第三人受损的那个特定的服务行为,雇主到底是否是该服务行为的控制者与接受者?"如果是,那么相对于雇主与第三人之间的权义关系而言,雇佣双方之间是否签订有雇佣协议,劳动者是否对雇主享有相对性的契约权利等,这些因素对确定雇主与第三人之间的权义关系并没有任何特别的重要意义。根据《代理法重述(二)》的相关规定,立法者仅要求行为人的服务行为必须得到雇主的同意,[①]但对于服务者是否同意向雇主提供服务,却并未作出要求。[②] 事实上,服务者甚至并不必要知道雇主到底是谁。[③]

然而,工伤保险法却是一种立足于雇佣双方相互之间权利、义务安排的具体制度,在这一制度框架下,双方各自都会放弃一些特定的东西,并得到另外一些东西。在这里,权利的调整乃是雇佣双方之间相互作用的最终结果,在这一作用过程中,如果我们要探寻他们之间的真实关系,就必须求助于他们之间已经达成的合意。如果是在第三人针对行为人之雇主所提起的雇主替代责任之诉中,未经行为人本人的同意而直接将雇员的身份强加在他(行为人)身上的做法,并不会给行为人(劳动者)带来任何损失;但若是将同样的做法移植到工伤保险案件中,这种"强加"却会造成对行为人所拥有之宝贵权利的直接剥夺,在这些被剥夺的权利群中,甚至包括了行为人对其雇主主张损害赔偿的普通法诉权。[④]

在这里,我们不仅要求雇佣双方必须具有缔结契约的合意,还同时要求这种合意的目的必须在于"雇佣"(for hire),即强调劳动提供的有偿性——必须是以取得报酬为前提的,义务性的无偿劳动很难构建起双方当事人之间的雇佣关系,更难以成为工伤补偿的基础。诚然,在雇主替代责任中,报酬的有无对于服务者地位的取得而言,并无任何实质性的意义,因为替代责任的存在目的乃在于处理(游离于雇佣关系外

---

① See Restatement (Second) of Agency §221.

② See Restatement (Second) of Agency §224. 根据该条款,即便一方提供服务乃是出自于另一方的威胁或强迫,服务关系(master – servant type)仍可成立。

③ See Restatement (Second) of Agency §222.

④ 工伤保险之适用将直接导致该诉权的法定排除。

部的)第三人对雇主所享有的损害赔偿之权,而这一权利的确定与实现并不会因为雇佣双方内部之间有无金钱给付关系而受到任何影响。但在工伤补偿案件中,情况却恰恰相反,因为树立于整个工伤立法背后的哲学理性即在于对受伤期间劳动者职业所得的补偿。整个工伤保护的核心亦在于归还(补偿)劳动者因工伤而遭受的收入损失(立法假定,若没有发生工伤事故的话,这些收入本身应当是存在的)。此时,即便仅作为一个实践性问题我们也必须指出,如果没有报酬的支付作为前提,劳动者只是出于单纯的好心而提供劳务,并因此而遭受损害的话,在现有的工伤保险宗旨与体系之下,其应得的补偿金额将成为一个无法计算的未知数,毕竟在通常情况下,工伤补偿的金额计算乃是以被灾劳动者的收入为基数的。①

4. 经营性(for Business)

工伤保险制度发轫的原初理念即在于将工业事故的风险及成本经由产品的销售,分散到该产业的消费者群体(也即整个社会)当中去。当下看来,这种理念所能及于的范围必然是有限的,即需要有产品(不管是有形的产品还是无形的服务)的提供与消费。此时,其背景必然包含着一个相当核心的词汇——“经营”(business)。与此相对应的,美国法也自然而然地将工伤补偿的适用范围限制在“经营”一词的框架之下,而能够适用工伤补偿豁免条款的雇佣关系则往往意味着某些特殊情况的存在,比如临时性雇用以及处于雇主交易、经营范围之外的雇用关系,典型的例证即是家庭帮佣。当然,在美国各州的立法之中,也并非所有的家庭帮佣都会被排除在工伤保险的适用范围之外,作为参保豁免的条件,大多数州都会要求同时具备临时性与非经营性两项要件。而对于其他形式的非经营性雇用,如慈善事业、宗教事业以及其他非营利性雇主(non - profit employers),在工伤可否豁免之上,各州则存在较大分歧。② 具体的豁免条款适用情况大抵如下:

① Arthur Larson: *Worker's compensation law: cases, materials, and text*, by Matthew Bender, Brown Co. U. S., 1997, pp. 300 - 301.

② 大多数情况下,只要同时符合“雇主”与“经营”这两个重要特征,且没有特别的豁免条款,他们仍将为工伤保险法案所覆盖。

家庭帮佣………………………………………………… 26州(豁免适用)
临时雇用………………………………………………… 31州(豁免适用)
处于雇主交易、经营或专业范围之外的雇用 … 34州(豁免适用)
农业雇用………………………………………………… 10州(豁免适用)
非营利性雇主…………………………………………… 12州(豁免适用)
慈善事业或宗教事业作为雇主 ……………… 1州(豁免适用)①

这种分歧,若被放置到工伤保险的基本原理之下,则往往并不难理解。此时,我们不妨就以最为常见的家庭帮佣为例。试想,假若你是一个普通的律师、业主,拥有中等收入,并以每小时15元的价格雇用某个邻家的阿姨为你打扫卫生。不巧她在擦窗子的过程中,自己不小心从阳台摔下,造成了整个下肢瘫痪的永久性残疾。此时,若沿着工伤保护的思路前行,则我们不禁要问"在这种情形下,你是否应当承担数额可能高达几十万元的工伤补偿之责?"如果我们只是简单地选择将这份责任全部强加到业主身上,由其独立承担,则结果可想而知,其一,他必将独自吸收全部损失,无处转嫁、无处分散;其二,他必然无力事先确定自己是否应加入工伤保险,以及他未来所可能将面对的各种潜在风险与赔偿责任。在现实生活中,关于劳动者地位的最终确定,几乎没有什么问题会比这种情形更容易牵动我们的注意力,对于那些每个家庭都可能会直接雇佣的家庭保姆、钟点工阿姨、甚至临时性的管道修理工等,面对他们在"工作过程中"所发生的事故伤害,其责任的最终承担往往牵系着每一个业主切身利益。如果当真按照前述方式加以处理,那么结果将很简单,每个业主都会变得非常谨慎——在确定她(他)已经加入工伤保险前,没有人敢让任何一个钟点工阿姨爬上高处擦拭玻璃,更没有人敢让任何一个修理工爬上阁楼的梯子为自己更换灯泡。

为解决这一问题,我们也不得不再次回到问题的起点,重新审视工伤保险之两大立法目的——进一步深化社会交易(social bargain,即将个人权利让渡于立法,并以之换取限额之工伤补偿)与社会保险化处理(即经由社会保险之设置,将经济风险分配给最终的消费者群体来

① *Arthur Larson*:*Worker's compensation law*:*cases*, *materials*, *and text*, by Matthew Bender, 1997, pp. 331 – 332.

加以承担)。[①] 尤其是针对后者,在风险分散方面,立法者的追求更容易集中在这样的现实背景下,即"在当下的工业大生产中,现代工业的发展将无可避免地造成一连串大量的工伤乃至工亡事件,这乃是工伤保险制度背后的一大基本假设……因此,这种伤亡所产生的成本应当在全社会的范围内进行分散,并将其看作是一种经营(business)成本。"[②]在这样的假设之下,人们常常会理所应当地认为,工伤保护的成本并不会直接成为雇主的经济负担,因为他(应当)可以通过产品的销售将这个成本打入价格之中,并顺利的转嫁给消费者。但对于这种"转嫁"理论,尚抱怀疑态度者其实也并不鲜见,他们或主张这并非工伤保险制度的核心理念,或直接提出这种所谓的"转嫁"也许根本无法奏效。然而,日积月累之下,这种"转嫁"观念毕竟早已深入人心,雇主们(在某种程度上,甚至包括一些尚持怀疑态度的法院)更愿意接受,工伤事故的成本会随着保费的支出而被转嫁出去,因为保费的数额将作为生产成本的一部分直接被反映在产品的价格之中。事实上,不管Lloyd George是不是真的曾经说过"工人的鲜血应被计入产品的成本之中",这样的观念都已然在人们心目中根深蒂固,即只要劳动者工伤补偿申请获得法院之(溯及)认可,经营性之雇主就必将毫无疑问地为其承担单边性的无过错(补偿)责任。

如果将这样的责任直接类推至家庭雇用这种看起来似乎与工业社会之劳动关系非常相近的情形之中,那么我们应可以试想:这里的雇主(通常只是业主而非经营者)既不生产也不销售任何一种可以承载工伤保险之加保成本的产品或服务,此时法律仅向前推进一小步就会铸就这样的情形,即单因为他处于雇用关系的一端,就要求他负担起对劳动关系之另一端(劳动者)之伤害的赔偿之责,而不论该雇主自身是否存在过错,并且这种负担乃将是终极性的,它必须自行吸收且承担,而无处可予转嫁任何成本。这时,就必然会产生前述问题,毫无过错的雇

① See Woody v. Waibel, 276 Or. 189, 197, 554 P.2d 492 (1976).

② See note, Employer or Independant Contractor: The Need For a Reassessment of the Standard Used Under California's Workmen's Compensation, 10 *U. San. Fran. L. Rev.* 133, 136-37 (1975).

主,必须为那个由于自己不小心摔倒而导致残疾的钟点工支付高达数十万甚至上百万元的工伤补偿。这样的类推适用显然是不慎合宜的。

此时,Larson 教授认为,如果我们必须要划定一条清晰的界限来区分工伤保险意义上的劳动者与非工伤保险意义上的劳动者的话,那么这条界限的根基只能定位于工伤保险法本身的根本目的,而绝不是私人家庭雇主与(工业背景下)劳动雇佣关系之间在物理上或外观上的相似性。① 也就是说,我们必须重新回归到工业社会的大背景下,将民事性质的私人(private)雇用与经营性(business)或商业性(commercial)意义上的雇用区分开来,将作为生产者而存在的雇主与仅作为消费者而存在普通业主区分开来——在不存在经营性质的私人领域(比如家庭帮佣),仅适用传统民法领域的过错责任,只有在进入经营领域,工伤保险才能获得自身应有的用武之地。

三、雇佣色彩的淡化:演进之中的大陆法风格

与英美法习惯下对控制力、雇佣契约与工作本身属性之特别关注有所不同,传统的大陆框架中,劳动者的定义背后,往往被贴起了"非独立性"劳动的标签,尤以人身上与经济上的非独立性(依附性)为甚。在此,我们不如首先以工伤保险的最初发祥地——德国为例,由此出发,做一次精深的剖析;并以日本法作为补充,来深入探寻大陆法体系下的"劳动者"保护应予涵盖的具体范围及其边界。

(一)劳动者性判断的传统构架:在"人身从属性"与"经济从属性"之间

德国法上对劳动者概念的争论由来已久,甚至可以一直追溯到 1869 年《营业法》颁布之时,即已针对独立事业者与营业劳动者作出了典型性的区分。其后颁布的《疾病保险法》与《帝国保险法》则进一步将其细化,以明确就业者之工伤、疾病、残障、老龄等各种社会保险给付、补偿所当强制适用的主体范围。之后,帝国保险局还先后于 1890 年、1905 年及 1912 年颁布相关指南,以精确各个保险法的适用对象(强制被保险人),其中 1912 年指南的内容最为翔实,清晰地表述出雇

① See Arthur Larson, *Worker's compensation law*, § 50.25 (1980).

佣劳动者的各种基本特质及其与独立事业者之间的差别。① 该指南以下列各因素为指引，根据实际情况判断劳动者与雇主之间的经济从属关系与人的从属关系及其程度：

1. 经营组织的编入：被编入他人的事业机构提供服务，并因此放弃自己的活动自由，处于他人的经济组织之下，由他人来规范自己的劳动行为、处分自己的劳动成果，这种劳动者一般将被视为非独立之劳动者。

2. 劳务的给付：如果行为人所承担的给付义务不仅及于劳务的提供，同时需要给付的还有附随有自身裁量行为的物及物的保管的话，那么通常情况下该行为人并不会被认定为雇佣劳动者，而将被视为独立经营者(资本性)。

3. 劳动场所：以工作场所到底是在自己的作业场所或住所，还是在委托人的事业场所或家庭以外的场所，以及委托人因此所能达到的监督可能性来看"人身从属性"之程度。

4. 委托人(雇主)在劳务执行上的指挥与监督：这亦是为了明了双方之间"人身从属性"之有无，如果在执行劳务之时，委托人(或雇主)对劳动时间、劳动内容、劳动程序等可实施直接性的指示、监督与规范，此时该劳务提供者应被定位为雇佣劳动者。

5. 劳务的性质：主要基于委托人的监督可能性，以及劳动本身是否必须具备某些特别的知识与技能来加以判断。

6. 契约的固定性、继续性：契约拘束关系在雇佣劳动中乃为不可或缺之重要因素，此时委托人(或雇主)与行为人双方之间即便只是针对同一事情订立契约，但若该契约本身乃是伴随有时间幅度的固定合意的话，该劳动即具有较强的非独立性，如果仅止于委托之事项，则具有

---

① 1900 Anleitung, betreffend den Kreis der nach dem InvalidenversicherungsG vom 13.6.1899 versicherten Personen, Amtliche Nachrichten des RVA, 1900, S. 277ff.; 1905 nleitung, betreffend den Kreis der nach dem InvalidenversicherungsG vom 13. 6. 1899 versicherten Personen, Amtliche Nachrichten des RVA, 1905, S. 613ff.; 1912 Anleitung über den Kreis der nach der Reichsversicherungsordnung gegen Invalidität und gegen Krankenheit versicherten Personen, Amtliche Nachrichten des RVA, 1912, S. 721ff. 另参见[日]柳屋孝安：《現代労働法と労働者概念》，信山社 2005 年版，第 16～19 页。

较强的独立事业者性。

7. 专属性:如果是基于一人委托而产生的排他性劳务提供,其专属性无疑较强;如果劳动者会为多数委托人提供劳务,则会产生非专属性之问题。同时,在这样的案件中,还会产生劳动者在时间分配之上的自由度把握问题。

8. 事业的主体性:如果所承担之劳动并不必须由行为人亲自实施,而行为人又必须为劳动所生之经济成果承担责任的话,该行为人将被定位为独立事业者。

9. 辅助劳动力与经营手段的使用:若该点可获认同,则可在其他各点的共同作用之下,判断行为人的独立事业者属性更为浓厚。

10. 报酬的支付样态:但报酬的性质、计算方法并非区别雇佣劳动者与独立事业者的本质性因素。

11. 就业者的生活、经济状况:在无法明确判断行为人所从事的到底是雇佣劳动者还是独立事业活动的情况下,就业者的生活状况与经济状况将受到判断者更多的重视。

在这里,1912年的指南仅仅是对雇佣劳动者属性的判断提供了一个最初的甚至是略显简陋的判断构架,该构架的核心即在于雇佣双方之间的两种从属性:其一是人身从属性;其二是经济从属性。所谓人身从属性,更类似现代用语中的“以命令拘束性为中心”,其具体标志主要集中在使用人(雇主)对劳动场所、劳动时间以及劳动内容等方面的决定与指示之权上。但是由于雇佣劳动者在“命令拘束性”并非如此之大的状态下从事劳动的情形越来越多,因此在很多时候,我们还必须在判断“命令拘束性”之有无、程度之外一并考虑其他一些情事,并据此作出一种综合性的评价。其中最为常见的即是对使用者的经济依存状态,即“经济从属性”。若用现代用语加以表述,这种从属性更近似于广义层面上劳动者的社会地位、经济状况(包括对劳动收入的依存性)等因素。此时,我们必须明确的是,在决定雇佣劳动者性格最终判断的这两个重要元素中,人身从属性乃是第一位的,是具有决定性的指标,而经济从属性则是第二位的。在认定劳动者属性时,我们必须首先针对其人身从属性作出判断,只有在人身从属性无法确定之时,才会转而求助于经济从属性来加以确定。若是在案件中,人身从属性因素本身就已经相当明显,则根本无须再深入探讨经济从属性之有无。也就是说,“经济从属性”实际上并非劳动者认定的充分必要条件。此即传统雇佣劳动者属性判断的典型构架。

这样一套判断构架,在此后的岁月中一直发挥着中流砥柱的作用,即便其后具体的判断基准经过多次调整,但以两个从属性为核心的整体思路却从未因此而有所动摇。事实上,一直到20世纪90年代以前,劳动法系统下的各项具体立法都还仍未对“雇佣劳动者”概念作出具体化的定义,在现实判断层面,仍要求助于该判断构架,从人身从属性与经济从属性双向入手。

(二)“类似雇佣工人者”之拓展与界定

除典型的雇佣劳动者外,在各种灵活就业形式普遍开展的影响之下,工伤保险还不得不将保护范围不断地拓展开来。这种拓展纠结着劳动法与社会保险法的双向变迁,变迁之下,二者在适用对象的具体规整过程中既产生了广泛的共通之处,又在一定程度上保留了各自的固有特色。同时,也正是在这一波变迁的历史潮流之下,“类似雇佣工人者”概念第一次被推向台前,①成为工伤立法,乃至整个劳动与社会保险立法的重要规整对象。该对象的添加最初主要是为了应对家内劳动者及罗马法传统下原本不适用有偿劳动原则,而由委任之规定加以约束的知识劳动者阶层,②比如新闻记者、乐队成员、明星、歌手、律师以及医师等。他们皆属于广义上的自营业者,但又不同于普通意义上的自营业者,当然也不同于普通意义上的雇佣劳动者——对于这些脑力劳动者而言,他们所从事的劳动,其性质上往往并不需要接受委托人的指挥与监督,换言之,他们在执业过程中经常存在着相当广泛的裁量自由,“人身从属性”程度一般较低。在此背景下,如果仅依据两个从属

① “类似雇佣工人者”概念的首次登场起始于1926年《劳动裁判所法》的颁布。

② 在自由契约形态下,由劳动力出租理论管控的范围仅及于处于社会下层的体力劳动者,至于高级劳动则隶属于委任规定的统治范围,从而亦无报酬请求权,故以无偿为原则,仅以谢金的方式给付之。H. potthoff, Gerichtstand arbeitnehmerähnlicher Person, LZ 1927, S. 52, Arbeitsrecht, 1919, S. 108. Vgl. Söllner, Dienstvertrag, Münchner Kommentar BGB. Bd. 3, 1. H1. Bd., 1980, S. 1020 RdNr. 2. 另参见黄越钦:《劳动法新论》,中国政法大学出版社2003年版,第2页。

性的框架来判断,则他们将很难被纳入"(雇佣)劳动者"的固有保护范畴。然而,在他们的劳动过程中,往往又存在诸多的不自由,尤其是在经济层面大多仍会受制于委托人,他们亦需要获得与一般劳动者同样程度的规制与保护。只是,对这一群体进行保护的概念指标不应定位在"人身从属性"之上,而应定位在经济从属性之中,以"类似雇佣工人者"对其契约相对之委托方的经济从属性作为劳动立法规整的基本根据。

《劳动协约法》第 12 条"类似雇佣工人者"便以此为基础,以"具有经济从属性,且与雇佣工人具有同等程度的社会保护必要之人"为具体表述方式,对"类似雇佣工人者"给出了具体的定义。并同时将"类似雇佣工人者"认定的三个要件附加其后:

基于"自由"雇佣契约或委任契约为他人进行工作。

有义务给付自身的劳动力,且在本质上乃是作为雇佣劳动者,而非使用者(雇主)来履行该义务。

主要为一人提供服务,且从该人处所取得的劳动报酬超过该劳务提供者平均收入总额的一半(如果收入总额难以预测,则将以劳动契约中的特别规定为前提,每次以过往 6 个月为基础,如果服务期间短于 6 个月,就以该工作期间为基础计算平均所得)。

此外,对于一些特别职种,如"以艺术、著述作品之编辑为给付内容之人"以及"为这些给付的履行,特别是这些技术的形成直接提供协助之人",立法对第三点之要求还作出了相对缓和的规定——"即便从一人处所取得之收入,在自己全部营利活动之(平均)所得中所占据的比例不过只有三分之一",只要前述、两项要件可获满足,仍可适用上述规定。

而在社会法领域,立法者的关注侧重则略有不同。我们就以《社会法典》第四编第 7 条所确定的调整对象为例。在该条中,法典将其固有调整对象定位于"就业者",而所谓"就业"则专指"非独立之劳动,特别是所谓的劳动关系"。也就是说,在社会法领域里,我们大抵可以直接将这个"就业"(者)视为"非独立之劳动"(的从事者),虽然立法上并未对此作出具体定义,但就其内容而言,总难免与劳动法上的固有调整对象——"雇佣工人"有着广泛的共通之处,解释论上,人们也往往尝试从这一角度为其作出定义。而且为保持劳动法与社会保障法在规制之上所必需的整合性(特别在通过各种保险给付补满工资不足所形成的关系之中),以及作为雇佣工人概念与就业者概念之间实质内容上的共性,直至今日学说、判例也大多存有这种倾向。① 但是,在"非独立之劳动"的理解上,社会法上却一直坚持"人身从属性"理论,至于"人身从属性"的具体标志,则与雇佣工人概念采用同一态度,即以"命令拘束性"之存在为中心,对于"就业"(者)的判断,大抵仍采综合判断之法。②

此外,在面对自营业者这一调整群体时,社会保障法与劳动法这二者之间,在调整态势上也存在着明显的差异性——社会保障法并未像劳动法那样,将"类似雇佣工人者"作为一个概念专门加以创设,而是把家内劳动从事者、农业劳动者、术家、编辑、教师等特定的业种、职种的自营业者作为特别调整对象纳入其保护范围。③ 而且,在社会保障法领域,也不会像劳动法领域中那样去苛求"经济上的从属性",而是由社会保障法项下的各子部门法,根据自身的保护必要性来确定其调整范围。也正因如此,其各子部门法中,在确定应附加并纳入其保护的自营业者范围之时,在业种、职种的要求上总是显得如此的参差不齐。④

这种参差不齐一直维持到20世纪90年代,之后才逐渐发展出一

---

① Z. B. vgl. W. Gitter, Sozialrecht, 4. Aufl., 1996, S. 41.

② Z. B. vgl. W. Gitter, a. a. O. (Anm. 14), S. 73ff; B. Schulin, Handbuch des Sozialversicherungsrechts, Bd. 1 1994, S. 493ff. 另参见[日]柳屋孝安:《現代労働法と労働者概念》,信山社2005年版,第158~159页。

③ 由社会法典项下各保险立法所附加的调整对象可参见《德国社会法典》第六编第1条、第2条,以及第一编第1条第2项之规定。对于以单独立法形式将其纳入保护范围的则可参见《艺术家社会保险法》(Künstlersozialversicherungsgesetz)以及《农业劳动从事者疾病保险法》(Gesetz über die Krankenversicherung der Landwirte)等。

④ 例如,社会法典第六编(年金保险法)中规定的调整对象包含有自营业的教师、护士、船员、艺术家、加内工业从事者等(同编第2条)。而社会法典第三编(雇用促进法)中,作为自营业者,则仅将家内劳动者中作为部分调整之对象附加其中(参见同编第13条、第27条第3项第2号)。此外,第五编(疾病保险法)更是将主要的自营业从事者列到了适用对象之外(同编第5条第2项)。

条趋向一致的整合型路径。然而,潜藏在这条路径背后的新问题,却是劳动法与社会保障法在调整对象之上的日渐分离。此时,二者虽都致力于对自营业者的扩张保护,但所采用的方法与态势却各不相同:

一方面,劳动法领域所选择的具体方式为:(1)从解释论上可兹确定的雇佣工人概念出发,向一定的自营业者作出扩张解释;(2)在解释论上,一边将适用于雇佣工人的相关规定进行类推适用,一边将属于"类似雇佣工人者"的家内劳动从事者之规定进行类推适用;(3)在立法层面,以明文规定的方式,进一步附加新的"类似雇佣工人者"(群体)作为适用对象。例如《就业者保护法》中即将其所调整的"就业者"概念以列举的方式加以列明,具体包含有:(1)"私法或公法上的事业所、机关中的男女雇佣工人(男女在职劳动者、职员、职业教育中的就业者(zu ihrer Berufsbildung Beschäftigter),因在经济上不具有独立性而被当做'类似雇佣工人者'之人、其中包括家内劳动从事者以及其他可被视为家内劳动从事者之人"(同法第1条第2项第1号);(2)公务员;(3)裁判官;(4)士兵。而在《劳动保护法》中,就业者的概念则被列举为:"1.男女雇佣工人;2.职业教育中的雇佣工人;3.《劳动裁判所法》中第五条第一项所规定的'类似雇佣工人者',其中除去家内劳动者以及可被视同为家内劳动者之人;4.男女官吏;5.男女裁判官;6.男女士兵;7.残疾人就业所中的就业者",等等。但因各项立法在劳动者保护层面上的具体出发点大多有所不同,由此列举而出的"就业者"范围自然也难免受其影响,比如若立足于保障就业权上的男女平等,那么家内劳动者当然将成为其不可获取的一支规制对象,以防范就业领域的性别歧视;但若立足于劳动保护(安全卫生)层面,则委托人(或雇主)实质上将很难成为家内劳动者工作环境、工作安全的控制者,规制范围不及于此也自是无可厚非。从某种角度来说,在这一阶段当中,劳动立法其实是在自主或不自主的境况中,逐渐吸收了前一阶段里社会法领域对劳动者保护的一些方法与技巧,并形成了符合自身需求的规制对象体系。

另一方面,在社会保障法层面上,对于作为其适用对象的"劳动者"概念的完善,则更加侧重于对各种新兴就业形式的鉴别,防范雇主以"伪装自营业者"[①]的方式规避社会法保护之适用。这一转变尤其是为了应对进入在80年代以后出现的新局势,即各个企业为了应对日益激烈的国际竞争,有意钻立法、规制过于柔和的空子,为节省人员开支以伪装自营业者替代正式员工的情形越来越多。并且这种替代方式,并不仅仅限于个别的业种或职种,而是普遍存在于各个行业之中。[②]为应对这一趋势,20世纪末,德国推出了两部重要的社会立法:其一,是1998年出台的《伪装自营业者防止法》;其二,是随后在1999年制定的《自营业促进法》。

前者,主要针对目前可以预见的、今后将大规模增加的仍未加入社会保险的伪装自营业者,希望通过立法消除向其提供必要生活扶助的国民负担,重订保险财政,以确保并维持负担保险费用之守法企业与逃避保险责任之违规企业之间能形成一种公平竞争的正当环境与机制。其突破之处即在于在具体规整对象上对社会法典既有规定的进一步革新,提出雇用推定的四大重要标志,即作为职业之工作:

1. 在有关工作中,除家族成员外并未雇用任何负有加保义务的雇佣工人;

2. 通常且本质上仅为一个委托人进行委托工作;

3. 就业者需提供典型的劳务给付,特别是要在委托人的命令下、加入到委托人的劳动组织中进行劳动;

4. 并不因事业者之工作而进入市场。

在以上1~4条标志中,至少符合2条之人,即可依法被推定为雇

① 所谓的"伪装自营业者"主要包括两种情形:第一种虽然在形式上体现为自营业者,但就其就业实态来看,却应当为劳动法、社会保障法之固有调整对象——雇佣工人(就业者)所包含;至于第二种,虽然参照如今所确立的雇佣工人(就业者)概念之标识来看,他们的就业实态并不符合雇佣工人(就业者)之要求,但却应当给予其与雇佣工人(就业者)同样之保护的自营业者群体。Vgl. Paasch, Abhängige Selbständigkeit, WSI Mitteilung 1991, S. 218. [日]柳屋孝安:《現代労働法と労働者概念》,信山社2005年版,第170~171页。

② 由于概念的不确定性,我们其实很难探寻到伪装自营业的确切数据,当然也有一些调查数据显示,1991年全德约有50万人正处于类似境况之中。H. P. Steinmeyer, Die Problematik der Scheinselbständigkeit, ZfS 1996, S. 368ff. [日]柳屋孝安:《現代労働法と労働者概念》,信山社2005年版,第171页。

佣劳动者,也就是社会法典之调整对象——就业者。年金保险中则更进一步,将其简化为只要符合1、2两项标志,即发生参保义务,而不再以特定的职种、业种作为条件限定。

而后者,《自营业促进法》则更侧重于对前者实行过程中所流露出的诸多问题,特别是针对推定标识的设定偏离就业关系这一中心,①提出专门的改良之策。首先,该法在社会法典第四编第7条第1项的规定之后追加了全新的附加条件,即"借就业之法"、"服从命令之工作与融入命令者之劳动组织"。通过这些附加文字的明示,判例、学说所确立起的判断标识亦向着更加明确的"就业"(者)性判断标识方向转变。其次,该法还在原有社会法典第四编第7条第4项有关就业关系推定的4条既有标志上进行修正,进一步增强了标准的实用性与精确度。修正后新的5条标准分别为"作为就业之工作":

1. 在有关工作中,通常并未雇用从该工作中所取得的月收入超过360马克,应负有加保义务的雇佣工人;

2. 本质上仅为一个委托人从事具有继续性之委托工作;

3. 委托人或与之具有可比性的(其他)委托人通常会雇用雇佣工人(员工)从事此种工作;

4. 该种工作并不具有事业者工作的典型特征(目标);

5. 在外观上符合这一特征,即从前劳动者乃是基于就业关系为同一委托人实施同一工作行为。

在以上5条标识中,至少符合3条,即可直接推定双方之间存在就业关系,雇主亦负有为劳动者加保的具体义务。

总体而言,在这一新的历史阶段中,无论是劳动法也好,还是社会保障法也罢,在面对自营业者这一特色群体之时,都存有一种努力扩大其固有调整范围的崭新动向。这一动向不仅仅局限于在量的方面简单地增加将自营业者纳入其调整范围的法律法规,而且体现在质的层面,在调整态势上的改变——(1)从"雇佣工人"向"就业者"概念转变,即

① 还有其他诸多问题,比如认定证据不足之时主管机关的处理方式烦琐、复杂,主管机关间在实际判断中所产生的参差不齐,以及保险费缴纳溯及至就业关系开始之时所产生的超乎当事人预料之外的费用负担等,都在该法中提出了相应的解决之策。

作为劳动法上的规整对象，开始将某些超出传统雇佣工人范畴的对象加入其调整范围，并将其放在与雇佣工人并列的位置上，一并给予保护；（2）打破旧时关于“特定职业、职种”的特别限制，将社会法保护的触角探入“一般”劳动者的广泛领域；（3）劳动法与社会保障法这常年相生相伴的两部法律，在调整对象之上，开始发生一定程度的偏离——劳动法仍坚持以定义加列举的方式进行规制，而社会法则走向了更为灵活的推定规则，只要符合特定标识中的一定比例（3/5），且没有确实的相关反证，即可确认双方之间存在就业关系及特定人员的就业者身份。

（三）日本法上的承继、学说与演变

如果从立法层面来看，在日本的劳动法令体系中对“劳动者”这一现象并没能给出具有统一性的具体定义——从个别劳动关系法到集团劳动关系法中的若干核心法律，从劳动基准法到劳动契约法，再到劳动组合法，几乎每一部法令都有符合自身特色的“劳动者”定义。① 但是，在学术领域，人们却从未停止过对统一劳动者概念的讨论与追寻。在这一立场上，长期以来最具影响力的观点皆集中于以存在“雇佣从属关系”为前提的②从属劳动之上，但近年来，这一趋势却不断显现出新的变革趋势，人们甚至开始尝试撇开传统的雇佣从属性要素，从全新的角度对“劳动者”一词作出统一的定义——将那些“亲自向企业方提供有偿劳务，且从其与接受劳务提供的企业之间的形成关系来看，并不构成独立事业者”之人直接定义为劳动者。③ 与此同时，在实践领域，人们也越来越认识到单纯以“劳动者——自营业者”做简单区别的不足之处，尤其是当人们面对特定使用人（雇主企业）存在经济依赖性的个体自营业者之时，这种简单二分法的缺陷将体现得越发明朗——无法

① 参见《劳动基准法》第 9 条；《劳动契约法》第 2 条；《劳动组合法》第 3 条。

② 参见［日］片岡昇：“映画俳優‘労働者’か”，载《季刊労働法》第 57 号（1965 年），第 156～169 页；国武輝久：“特殊雇用形態と労働者概念”，载《日本労働法学会誌》第 42 号（1973 年），第 99～120 页。

③ 参见［日］川口美贵：《労働者概念の再構成》，関西大学出版部。

因应这些处于灰色地带之劳动者需求的传统思路,[①]总难免会受到来自各个方面的质疑与指摘。立法政策、目的上,很快对这种中间状态的就业(者)形态作出反应,努力将其纳入劳动法的适用范围,[②]或选取能将该第三范畴之创造包含其中的施政方式。如果我们将劳动保护法之规定以简单的方式进行分类,一类是以对人(劳动者)保护为目的的规则,另一类是以劳动契约内容的适当化(设置)为目的的规则,那么针对后者,认为其适用应当向具有经济从属性之自营业者方向扩大的提案亦不鲜见。[③] 劳动契约法、劳动基准法及劳动组合法也难免受其影响,[④]尤其是针对后两者来说,人们一直都在探究,面对那些以劳动契约以外的承包等形式实现就业之人(就业者),到底怎样的认定基准才能够妥善地将他们统摄其中?

至此,我们再来环顾日本法上劳动者概念,至少在判断的内在机理上,它几乎完整地传承了德国法上的"两个从属性"框架与其变迁思路——在划定劳动法的适用范围之时,并不是单纯查考人身从属性,拿以人身从属性为基轴的雇佣从属性标准作为唯一的评判基准,而是将经济从属性等其他基准、指标一并考虑在内;作为劳动法适用范围的前提,劳动者所从事的劳动也未必非得是典型的雇佣劳动(从属劳动)。此时,这种一直徘徊在雇佣劳动与自营业者之间的过渡形态,其与作为概念而存在的"劳动者"之间必然存在某些共通的东西——不管在称

① 周燕飞:"个人請負の活用動機と労働実態",载《季刊労働法》第215号(2005年),第55~70页。

② [日]島田陽一:"雇用類似の労務供給契約と労働法に関する覚書",载西村健一郎编:《新時代の労働契約法理論 : 下井隆史先生古稀記念》,信山社2003年版,第67页。

③ [日]大内伸哉:"従属労働者と自営労働者の均衡を求めて——労働保護法の在構成のための一つの試み",载《労働関係法の現代的展開》,信山社2004年版,第57页以下。

④ 即便各部立法各有自己所专注的宗旨与目的,劳动者概念的具体设定总会受限于此,在方向上出现明确的方向性,但问题的核心却总是万变不离其宗。

呼上人们将其叫作"契约劳动者",[①]还是"从属自营业者",[②]是"从属就业者",[③]亦或是"类似劳动者",但其实质总是万变不离其宗,他们皆是"基于劳动契约之外的承包、委任(准委任)等契约形式,给付自身劳务,并取得相应报酬之人"。虽说在面对第1条评判标准——雇佣从属性(特别是人身从属性)时,他们与劳动法上的劳动者及劳动之间的关系非常微妙,认为其在雇佣从属性方面,较之于典型的劳动者及其类似情形而言,具有较高的独立性,但若关注于第2条评判标准,在对特定契相对方的经济依存性上,他们却经常与典型的雇佣关系具有很高的相似性。也正因如此,亦有学者将其称之为处于"雇用与自营中间的就业者"。[④] 与此同时,在划定劳动法的适用范围之时,与个别劳动法比较,集团法上的劳动者概念更具有着一种相对扩张的趋势,并力图通过这种扩张对这些处于中间地带的就业者给予一定程度的保护。只是在既有的各个独立的认定基准之上,对于到底应如何实现对就业者的切实保护,仍有必要进行更为深入的研究与探讨。

四、超越"雇佣"走向"劳动"的理论扩张

(一)社会法理论上的"四个同心圆"

而在社会法领域,一份发布于1999年的欧盟报告书却影响深远。这份名为《超越雇佣 欧洲劳动之变化与劳动法的未来》的报告书,首

① 参见[日]鎌田耕一:《契約労働の研究》,多贺出版;[日]橋本陽子:"契約労働"(Contract Labour),载《労働法の争点》(第3版),有斐阁227~228页。

② [日]和田肇:"労働契約法の適用対象の範囲",载《季刊労働法》第212号,第28~38页。

③ [日]島田陽一:"雇用類似の労務供給契約と労働法に関する覚書",载西村健一郎等编:《新時代の労働契約法理論 : 下井隆史先生古稀記念》,信山社2003年版,第27~80页。

④ [日]皆川宏之:"'労働法'概念の現在",载《日本労働研究雜誌》第624号(2012年7月),第19页。

次提出了“社会法上的四个同心圆”理论。[①] 一方面,人们更加关注“劳动(就业)者”概念的明晰方法,并力图在方法上实现相当程度之统一,这不仅将关系到法的安定性、当事人事前予以预测的可能性,也将大量减少相关的诉讼成本;[②]另一方面,人们也越发注意到“劳动”自身之价值的多元化,随着对其经济价值的重视,在法价值上“劳动”概念的外延也日益呈现出一种扩张趋势,同时“劳动”的社会价值亦不再局限于狭小的经济活动领域,它在社会参与、贡献活动等方面的社会价值也日渐凸显出来,[③]而且这些价值在地位上亦丝毫不逊色于传统的经济价值,理应受到同样的尊重。在此基础上,无论劳动法还是社会法都将面临着适用对象上的再构成问题,当然也正是这种转变为其在适用范围上的重新设计提供了契机:[④]长期以来,劳动法在调整对象的确定上,一直着眼于传统的雇佣劳动,但随着劳动领域的社会变迁——典型雇佣的日益特权化,传统的雇佣社会也在逐步分解——雇佣劳动、自营劳动,以及无偿劳动都应被纳入社会法调整的整体构想之中,并以此形成社会法上的“四个同心圆”格局。(见图1)

① 参見[日] 藤本真理:“非「労働者」の保護と保護対象者の相対的把握”,载《日本労働研究雑誌》第624号(2012年7月),第27~34页;[日]池添弘邦:《社会法における「労働者」の概念—法律裁判例・学説と、法政策構想への試論》,労働政策研究・研修機構研究成果,2004年6月,http://www.jil.go.jp/institute/discussion/2004/04-007.html。

② 参見 [日]島田陽一:“雇用類似の労務供給契約と労働法に関する覚書”,载西村健一郎编:《新時代の労働契約法理論 : 下井隆史先生古稀記念》,信山社2003年版,第64页。

③ 参見[日]大内伸哉:“今後の労働保護法制のあり方についての一考察”,载日本労働研究機構:《在宅ワーカーの労働者性と事業者性》调查研究报告书 NO. 159 (2003年),第135页。

④ See Supiot, Alain, *Beyond Employment*, Oxford University Press, 2001.

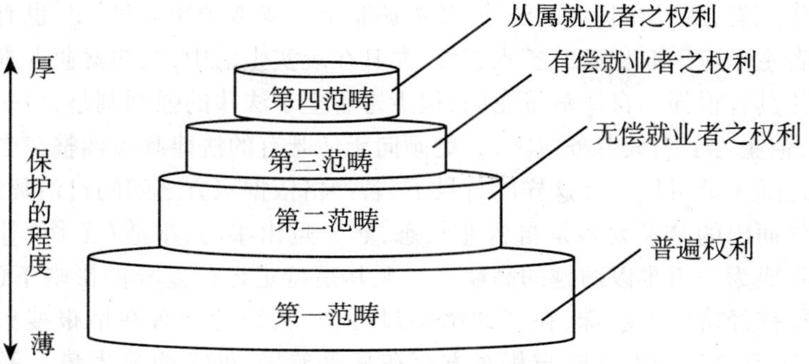

图1 “四个同心圆”格局图

该图根据劳动关系之从属性与风险承受之程度设定四个范畴，劳动方应属于哪一个范畴，就应当赋予其与该范畴相适应的诸项社会权利。其中，处于最外层（最下层）的范畴所对应的“普遍的社会权利”，乃是那些与劳动的种类无关、无论谁都可适用的最低生活保障之权；第二层所对应的社会权利，乃是适用于自愿者等无偿劳动从事者的各项权利，其中当包括工伤补偿等社会给付；第三层则是与有偿劳动相对应的社会权利，包括各相关立法的规制内容，如在劳动安全卫问题上的各项权利；第四层，也是同心圆的中心位置（最上层），才是适用于“具有雇佣从属性且需支付工资之雇佣劳动”的各项规定。同心圆之各层次所享有的诸项权利，乃由其自身所具有的从属性程度所决定。

在这样的构架中，有一个群体尤其容易引起我们的注意——对于那些通常处在第三层次的承包、委托等契约就业者到底应如何适用社会法？[①] 在这一问题上，有些学者主张“鉴于很难准确把握该领域中的

① 参见［日］島田陽一：“雇用類似の労務供給契約と労働法に関する覚書”，载西村健一郎编：《新時代の労働契約法理論 ：下井隆史先生古稀記念》，信山社 2003 年版，第 64 页；［日］鎌田耕一：《契約労働の研究》，多贺出版 2001 年版，第 129 页以下，以往所进行的具体研究，极富启发性。

工作实态,所以在具体的法律、政策调整上应采取慎重态度";[1]也有些学者主张应采取积极的扩张态度,尤其在现实生活中,契约就业者本身往往具有很强的自律裁量意向,很少寄希望于法律的强制调整,另一方面,企业为了缩减劳务成本,亦更倾向于使既有的法律政策调整在当事人之间无处可用。在这样的背景下,若严格依据双方之间的自治契约,推导而出的结果大多是自营业状态,然一旦出事时,事故(工伤)补偿则将成为一道难以逾越的高墙——尤其是特定地位差异的影响下(双方往往经济实力悬殊,在契约缔结过程中,契约劳动者在情报搜集能力、谈判交涉能力上皆与相对方存在显著差异,处于明显劣势),私法自治的处理方式已然失灵。此时,纠纷处理系统必须将目光转向公法的介入,并借此减少关于"劳动者"性之纠纷的事后处理成本,单纯依靠对契约文本的客观解释几乎不可能(在相当程度上)上反映出当事人的真实意思(当然我们仍必须尊重当事人的意思自治,只是这种尊重必当基于当事人的"真意",且需要在客观上更有利于劳动者利益的实现。)

不仅如此,围绕契约就业者这一特殊群体所面临的诸多问题,学者们还掀起了一波以"雇佣从属性"为焦点的讨论热潮。在传统的劳动法观念里,"雇佣从属性"在性质上基本可以与"人身从属性"一词实现自由互换,在含义上二者具有很强的一致性。早期诸部门法下设的判断基准,亦皆遵行此路,以"指挥监督下的劳动"为"雇佣从属性"的主要认定基准,以业务执行上指挥监督之有无、工作内容及方法的指挥命令之有无,以及拘束性、替代性的有无为主要参考指标,同时兼及报酬与劳动的对价性质。[2] 但随着现代职场境遇的转变,尤其是在职场白领化的进程之中,传统意义上的"指挥监督"色彩正逐渐被淡化,"指挥命令"及"拘束性"的评判作用也不再像近代社会中那样畅通无阻,需

---

① [日]山口浩一郎:"契約就業の法政策的課題",载日本労務研究会:《契約就業者問題についての調査研究 報告書》(1999 年),第 168 页;[日]馬渡淳一郎:"非直用工労働と法規制",载《日本労働研究雑誌》第 505 号(2002 年),第 25 页。

② 参见昭和 60 年劳动基准法研究会报告书:《労働基準法の"労働者"の判断基準について》。

要劳动者凭借自身能力主动思考且作出判断的职种、职务越来越多，与“人身从属性”无关的企业外就业形态也在不断扩张起来，最初的“人身从属性”标准正逐渐失去其原本的有效机能。[①] 此时，在新的就业形势下，社会法保护之视野也在努力实现着某种形式上的扩张，在这一扩张的过程中，经济从属性判断标准的地位正在不断攀升，甚至由学者主张，仅此一条即足以作为“从属性”界定的充分条件。[②] 由此，在判断之时，仅需考察以下几点：

1. 劳动提供(契约)期间之长短；
2. 报酬的决定方法、报酬额、变动的程度；
3. 劳务提供是否具有专属性；
4. 劳动提供之主体是否可由他人进行替代；
5. 对劳务提供过程的控制权限在哪一方主体手中；
6. 劳务提供中，是否存在某些必需的知识、技能、情报，由哪一方负责获取(这些资源)；
7. 劳务提供过程中所需使用的机器设备、原材料由哪一方负担；
8. 由劳务提供之成果所产生的风险由哪一方负担。

综合以上七项相关因素，如果判断之结果是经济从属性较弱，那么劳务提供一方将被认定为“事业者”(企业者)，一并归属于“四个同心圆”结构中的第三层次；如果经济从属性较强，则为社会法意义上的从属劳动者，即归属于第四层次。由此，固有意义上的契约就业者亦将根据其各自所具备的(经济)从属性程度被分拆到第三、四两个层次，一部分被定位为“有偿就业者”，而另一部分则属于“从属就业者”，分别以其各自的从属性程度，享受社会法上的各项权利。此时，就算处于“有偿就业者”层次的契约就业者往往会受到事业者性色彩较为浓厚

---

① 关于此点，请参见[日] 村中孝史：“労働契約概念について”，载京都大学法学部百周年記念論文集刊行委員会编：《京都大学法学部創立百周年記念論文集》(第3卷)，有斐阁1999年，第500页。关于劳动契约概念，以及劳动契约上的从属性概念，可被表述为以人身从属性为中心的概念。若从历史角度来看，该表述乃属妥当之见解，然若放诸于现代或将来，却未必如此。

② [日] 池添弘邦：《社会法における「労働者」の概念—法律裁判例・学説と、法政策構想への試論》，労働政策研究・研修機構研究成果，2004年6月，第27页。

的契约之规制,社会法的保护之力亦应将其囊括在内赋予其劳动安全卫生规制为核心的各项权利,亦应一并兼及工伤补偿之效。

(二)工伤保险构架下刚柔并济的吸纳与拓展

这种从传统雇佣劳动拓展向一切有偿就业者的工伤保护趋势势必会在一定程度上引起人们的关注,适用范围上的宽、狭之争亦风起云涌——立足当下,所谓工伤保险,其适用主体到底是应当严格圈定在传统意义的雇佣劳动者之内,还是应当由此向外拓展开来? 如果拓展,又当如何拓展,且有何依据?

此处,各国立法之间往往也存在着较大的差异。在以美国法为典型的普通法系国家,各州立法大多仍坚持严苛的"雇佣劳动者"(employee)定义,以雇佣契约(有偿服务)、控制性以及劳动本身的自然属性等因素细致地框定工伤补偿之主体适用的外围边界,对于非"雇佣劳动者",认定机构与法院通常会采取积极的否定态度。而在以日德为典型的大陆法上,近年来却经历着近乎整体性的拓展态势。

在这种拓展里,德国法走出了一条分而治之的道路:一方面,针对传统意义上的雇佣劳动者群体,它始终坚持强制适用的义务保险之道(刚性适用);另一方面,针对其他需要保护却非属典型劳动者的特殊群体,它则选择了一条相对柔软的自愿性道路(柔性道路);双剑并用,刚柔相济。

在刚性适用中,工伤保障的护佑乃是法定的、强制的,其效用的发挥并不需要被保障的当事人作出某种特定的意思表示,甚至根本不需考虑当事人自身的意志,只要存在特定事实,保险就自动生效。对于这种刚性适用,《社会法典》第七编第 2 条则直接列出了适用人群,其中最主要的即是从事雇佣劳动的就业者以及性质类似的劳动者(即雇佣工人类似者),除此之外,正在接受职业教育的学员、求职人员、正在接受职业康复的人员,以及原则上需要保护的小业主,比如农民、家庭作坊经营者和近海渔民,也已经被纳入强制参保之列。

与此同时,柔性适用则主要以当事人的自愿申请为前提,参保对于他们而言更多的乃是一种可为选择的权利,而非强制性义务。《社会法典》第七章第 6 条中,特别对这种柔性适用的主体范围进行了清晰的厘定,他们乃是那些并非始终需要,但在特定情况下却需要社会保障的人员群体，主要包括尚不属于义务保险范围的企业主及其共同工作的配偶，特定的类似企业主性质的人员也被囊括其中。当然，这种柔性也可以在一定程度上与参保义务上的刚性情节连接在一起，比如透过公司章程之规定即可将申请的自愿变成参保的义务，并将这种强制义务延伸到企业主和与其共同工作的配偶，以及在厂区内生活的人员身上，这也正是德国工伤保险法的特色之一。① 不过，对于这些人员而言，工伤保险已然脱离了传统理念下雇主强制责任或集团责任之替代的固有含义，而更多地成为一种互助式的自我保障形式。柔性适用的另一侧面则体现在对保险义务的申请免除之上，其范围主要针对特定条件下的农业企业主。他们原本属于法定的强制参保对象，但如果企业的规模过小，以致达到无须参保的程度时，也可依其自愿申请解除保险义务，但免除保险的具体条件应由企业章程作出明确规定。

除以上刚柔并济的两种适用对象以外，德国的工伤保险制度还额外开辟有一条别具特色的主体拓展之路。在这条路径上，它几乎全然摆脱了传统工伤保险理念的束缚，仅仅以工伤保险的固有构架与运作体系为依托，将保护范围探出，甚至深入到那些原本与工作毫无关系的人员群体之中，其中包括幼儿园的孩子和大中小学的学生。德国人将对这些学生提供的保险称为假工伤保险（unechte Unfallversicherung），即非真正意义上的工伤保险，②即便当事故发生之时，保险人仍会在工伤保险体系内部将损失予以消化。

几乎与此同时，日本工伤补偿立法也通过特别加入制度的设定走出了一条方向清晰的拓展之路。③ 在这一制度的影响下，即使某些特

① Ulrich Becker, Staat und autonome Träger im Sozialleistungsrecht: Rechtsvergleichende Untersuchung der Risikoabsicherungssysteme in Deutschland, Frankreich, Italien und Groβbritannien, S. 132. 另参见蔡和平："中德工伤保险法律制度比较研究"，北京大学2004年博士学位论文。

② 参见蔡和平："中德工伤保险法律制度比较研究"，北京大学2004年博士学位论文。

③ ［日］労働省労働基準局補償課編：《労災保険 特別加入制度の解説》（新訂版），労働基準协会平成八年版，第3页。1965年《日本劳灾补偿法》修改，第一次在工伤保险体系中导入特别加入制度。

定的人群在传统理念下本不属于工伤保险之适用范围,但若从其工作的实态或事故发生状况观之,参照劳动者之工伤保险标准对其提供相应的保护并不损害劳动者保护制度之本旨,则可在工伤认定等保险技术可能实现的范围内,允许其任意加入(工伤保险)。若从其适用范围着眼,则这种特别加入制度:(1)并非依据职种危险程度,而是依据该事业的事故发生概率来判断为其提供特别保护的必要性(之高低);(2)业务范围需具有明确性、特定性,且对于保险业务之技术处理的引入怀有明确的期待;若以上两点皆获满足,即应符合特别加入制度的适用范围。[①] 其主体范围具体包括:(1)中小企业主(依业种、规模等要件而有所不同);(2)独立工头或其他自营业者(个人货物运送业者、木工、泥瓦匠、自营渔业者、林业工作者、医药用品配置贩卖业者、再生利用回收业者等);(3)特定作业从事者;以及(4)海外派遣者。[②] 与工伤保险所固有的强制加保对象——雇佣劳动者不同的是,特别加入制度覆盖下的这些特殊群体对于加保与否具有自主选择的权利,一旦他们选择参保,保费将由他们自己全额负担,而不是像雇佣劳动者一样由雇主予以支出。

在宽与严的具体抉择上,大陆法与英美走出了截然不同的道路——前者选择了以拓展为方向,而后者则坚持走严格的雇佣劳动者之路,且宽严背后各有属于自己的理论支撑。拓展之路乃生根于变迁中的社会权理念,在这一理念的催逼之下,大陆法一步步退让,放松甚至逐渐放弃传统劳动法模式下确认劳动者地位所必需的人身从属性要件,而以经济从属性程度取而代之,将处于雇佣劳动与自营业者之间的过渡模式一并容纳其中,甚至有意突破有偿劳动之底线,直接将工伤补偿与劳动相挂钩,更加凸显出对劳动本身之固有价值的充分尊重,并以社会连带与弱者保护为支撑,突破传统意义上的概念之争。而限定之路则更多立基于工伤保险之故有理念,也就是从侵权法演变而出的雇

---

① [日]劳働省劳働基準局補償課編:《劳災保険 特別加入制度の解説》(新訂版),劳働基準协会平成八年版,第2页以下。

② [日]河野顺一:《劳働災害 通勤災害のことならこの1册》,自由国民社2007年版,第183页;《日本劳动者灾害补偿保险法》第四章之二,第33~36条。

主(集团)责任色彩与工伤保险登场之初的风险分散功能。一方面,基于雇主(集团)责任,它必然强调"雇佣"关系这一特有的前提条件,只有建立于这种特殊的从属性劳动之上的人际关系,才可能走进雇主的责任的强制范畴,并受到工伤保险的庇佑;另一方面,基于风险分散理论,也只有进入生产领域的有偿劳动,才可能将发生于其中的人身伤害风险,经由保险(费用之缴纳)纳入生产成本,并分散于整个产业的消费群体之中,无偿劳动显然难以融入其中。此时,站在宽严两个顶点之间,到底应如何选择,如何协调,甚至如何相济,才是我们在借鉴之中必须要面对的关键性问题。

五、回到中国视角

(一)立法上的"过简"与解释上的"轻蔑"

借鉴之路的起点必然是对我国现行制度的认识与剖析。纵览历史,最先映入我们眼帘的显然就是工伤保险制度在适用范围上的不断扩展:从最初1951年《劳动保险条例》所规定的"有工人、职员100人以上的国营、公私合营、私营及合作社经营的工厂、矿场及附属单位;铁路、航运、邮电的各企业单位与附属单位;工矿交通事业的基本建设单位;国家建筑公司"到80年代末90年代初的试点改革以及《企业职工工伤保险试行办法》(1996)的颁布,工伤保险的适用从限定型的"国"字头单位,扩展到了"中华人民共和国境内的(全部)企业及其职工",并取消了一定数量(100人)的人员控制;此后,2004年《工伤保险条例》的出台,又在其中添加了"有雇工的个体工商户";及至2010年新《条例》的亮相,拓宽之路似乎已然走到某个顶峰,将所有"企业、事业单位、社会团体、民办非企业单位、基金会、律师事务所、会计师事务所等组织的职工和个体工商户的雇工"全部纳入其中。从时间轴的纵断面来看,这里每一步的拓展都代表着一次飞跃,旨在将更多的劳动者纳入到工伤保护的羽翼之下;然而,若从制度的横断面观之,这种夹杂着一定盲目性的"拓展"在设计理性之上却仍存在着很多值得商榷的地方:

一方面,是它简约有余却审慎不足,对于立法措辞中的"职工"与"雇工"概念到底应如何界定、如何鉴别,无论立法还是解释显然都只字未提。敢问其认定标准何在？适用边界又当如何厘定？

另一方面，是它刚性有余却柔韧不足，在强制化参保的"一刀切"式处理背后，对于那些长久游离在"正规"职工队伍之外，但又与所谓的"正规"职工有着广泛共同之处的就业者类型，立法却没能留有足够的弹性空间，更勿论那些仅符合部分要件，但在实践中却需要对其劳动过程给予适度保护的特殊群体。比如某些自雇佣者，尤其是那些长期持续为某一特定客户提供劳务或劳动成果，并以该客户所支付的"价款"为主要甚至唯一生活来源的自雇佣者；又比如那些本身尚未脱离劳动领域的小型企业主，以及某些根本没有雇工、仅由个人(或家庭)劳动来维持生存的个体工商户，等等。对于这些主体到底应如何处理、如何定位、如何适用，并不是简单的"是"与"否"就可以直接回答的问题，面对黑与白之间、是与非之间这些广阔的灰色地带，制度弹性的缺失始终是工伤保险法上的一大遗憾。

当然，当下看来，这些问题与不足之处，大多乃是历史铸就、历史遗留的特定产物，对于这款形成于经济转型期的工伤保险制度来说，它总难免会残留有转型时期的某些特点。毕竟在该制度趋于定型的20世纪八九十年代，在整个国民经济中占据绝对优势地位的仍旧是国有企业与集体企业，企业与劳动者之间的关系大多相对简单，"职工"概念更容易被当作是一种理所当然的判断，根本无须借助那些精雕细琢的所谓标准。然而，随着经济体制改革的不断深入，尤其是劳动力市场的充分放开，在多种就业形态百花齐放的现实环境中，问题俨然已经变得越来越复杂，简单化的"职工"概也已经很难应对五花八门的用工形态。尤其是在《劳动合同法》颁布之后，鉴于双倍工资之罚的巨大威慑，企业大多不再敢逃避签约。但为规避正规用工的高昂成本，却更容易在"用工"形式上大做文章。如果当事人双方之间所签订的不是劳动合同，而是委托合同或承包合同，自然也就省却了劳动立法所带来的诸多麻烦，包括工伤保险的强制参保。但这种合法形式下双方的"自愿"选择，其实质内容是否同样合法？被其规避的工伤立法又当如何加以应对？

遗憾的是，这些问题不仅在立法上找不到答案，在学界同样也难寻出路。在相关问题上，学者们的目光更容易聚焦在劳动关系与民事雇佣关系、劳务关系之间的界分,以及事实劳动关系的具体认定之上。当问题下降的工伤保险层次,总难免被"一笑而过"。立法上的简约与解释上的轻忽,放诸实践时,自然就形成了操作中的迷茫。这种迷茫不仅会影响到当事人的权利主张,同样也会辐射到裁判者的身上。此时,面对紧紧维系着劳动者财产权乃至生存权保障的工伤保险,其主体标准到底应如何设定,保护边界到底要怎样厘清,必须被摆上台前!

(二)劳动者标准之清晰厘定

从英美法到大陆法,从劳动法到社会法,在漫长的历史变迁中,它们虽然各自走出了别具特色的成长之路,但在"劳动者"这样一个特殊概念的标准设定之上,却几乎都毫无例外地选择了一个共同的前进方向——扩张。在这条扩张之路上,它们的关注点虽略有不同,但最终的结局却总会殊途同归。英美法的扩张,在于从雇主替代责任的侵权轨迹中脱颖而出,在洗去对过错因素之依赖的同时,也从全新的角度对"控制"一词做出了自己的诠释。同时,它还立足于产业化与风险重分配的独特视角,将"经营"(Business)因素拉入工伤判断的中心地带。虽然它至终都未能走出对"雇佣契约"的依赖。大陆法的扩张,则更多体现在对传统雇佣概念的根本性突破,在这一突破中,控制性因素日渐衰微,而经济性因素则扶摇直上。为防范以"伪装自营业"形式规避社会保险之强制适用,德国人甚至直接将以控制权为中心的人身从属性指标抛诸脑后,重新构建起以经济从属性为核心的就业者判断基准。在理论研究层面,欧陆乃至日本学者甚至又更进一步冲破了有偿劳动的底线,将工伤保护的中心词彻底从"雇佣"直接转向了"劳动"。

与之相比,我国工伤保险立法的拓展之路显然要保守得多,所谓的扩展往往不过是在企业角度做文章,从所有制到企业规模,再到企业性质上的放开。就劳动者性而言,则基本维持原貌,一直停留在典型的雇佣类型——"职工"与(个体工商户的)"雇工"层面,无法兼顾到其他与典型雇佣劳动具有很多相似之处(甚至根本没有差异),但却在形式上被"职工"、"雇工"措辞排除在外的劳动者类型。这里就必然潜藏着一个界定标准的问题。在没有标准的真空环境里,立法常常会被双方契约所使用的措辞轻易蒙蔽,当所谓的承包人或承揽人所从事的工作,从性质、内容到独立程度都与普通职工无异时,他为什么不能获得与普通职工一样的工伤保护呢？我们又凭什么说他不是工伤保险法意义上的劳动者呢？要戳穿雇主把玩的这个文字游戏，我们就必须得先从标准入手，先立定评断的根基，而后再拿客观事实说话——当事实与标准两相对比之时，文字游戏所掩饰的真相必将无处可藏。

在标准的设定中，我们有我们的国情，比较法有比较法的优势，当两相交织之时，我们借镜之路上，当先取比较法之精华，且以本土化的需求为甄选的根本依据。

首先，在典型的雇佣劳动层面，我们仅需牢牢把握住控制权这一要素。一旦劳动的提供者与接受者之间形成某种程度的命令拘束关系，则只要这种关系在时间层面能维持到一定程度，如一个月，就足以突破临时劳务提供的界限，产生工伤保护的制度需求，即构成工伤保险法意义上的劳动者。对于这种"控制权"的判断，比较法已经为我们提供了足够丰富的参考标准，甄选之后，不妨设计如下：(1)指挥监督权之有无，它不仅包括建立在业务执行之上的笼统的指挥监督，还应包括在工作时间、工作内容、执行方法等工作细节之上的指挥监督；(2)工作实施上的依赖性，即对相对方之业务指示是否具有应允(或拒绝)的自由，以及劳动者对工作内容与工作过程享有自由裁量的程度；(3)经营组织的编入；(4)(时间上、场所上的)拘束性之有无；(5)替代性之有无；(6)专属性程度之高低，若想同时为其他企业提供服务是否会受到制度上的制约，或存在事实上的困难；(7)解雇权力之有无；等等。

但有一点我们必须首先加以明晰，即在实际判断的过程中，我们必须妥善把握好控制性因素的运用方法及运用程度——单一的控制权只能作为劳动者性判断的肯定因素，而不能作为其否定根据，即控制权或控制程度上的欠缺，不足以否定劳动者地位的存在。比如某装修公司甲可能以委托或承揽的形式直接将手头的电工工作全部交给公司外部的自然人乙来完成，除工作成果的规格与提交时间外，甲对乙的工作方式很少过问，工作时间与操作程序均由乙自己决定。除甲安排的工作外乙也可以自行承接其他客户的工作，甲对此从不过问。但大多数时候，甲所安排的工作已经足够乙从早忙到晚，乙实际上极少承接甲公司以外的其他工作。甲公司的工程收入亦是乙的主要生活来源，甚至是全部生活来源。此时，虽然甲公司对乙的命令控制性很弱，无法达到人身从属性的具体要求，但若从经济依赖的角度观之，甲的地位则与普通职工几乎毫无差异——他根本无力承担由工业事故所带来的灾害性后果，站在劳动者生存权保障之视角，工伤保险显然不应也不能对其置之不理。

这样的用工手段正在我国悄然崛起，从建筑装修行业，到卫生保洁，再到交通运输，它似乎已经渗透得无所不在，而我们却无力招架。此时，要将这些明显处于依存地位的个体承揽人、受托人纳入工伤保护的主体范畴，我们就必须将标准从控制权立场上再向后退一步，从客观条件中寻求劳务提供方对劳务接受方的经济从属程度，并用这一标准来防范雇主以委托或承揽等模式将自身业务化整为零"分包"出去，将劳动者"化妆"成自营业者来回避正规用工，以求降低成本、逃避参保义务行为。这里，经济从属性要素将成为辨别真伪自营业者的重要"法宝"。在这一"法宝"的运用之中，我们需要综合考察以下因素：(1)工作所需的机器设备、工作场所、原材料等由谁负责提供，工作过程中所必需的知识、技能由谁负责获取；(2)报酬的决定方法、报酬额之多少(尤其是与相同职种之劳动者相比)以及报酬的变动情况；(3)是否存在这种情况，即主要为一人(一家企业)提供服务，且从该人(或企业)处所取得的劳动报酬已经达到或超过一定数额或其平均总收入的一定比例，如1/2或2/3；(4)或者通过劳务之提供可获得一定数额的固定给付，且该数额可达到维持劳动者生计之程度，即该劳动报酬具有较强的生活保障色彩。

但是，单一的经济依存并不能像命令控制性那样具有一锤定音的特有效果，除经济依赖以外，还必须同时配合工作本身的固有性质一起使用。在此处，我们应充分借鉴美国法上的识别经验，并在其中融入大陆法上的诸多精细考察，分别从"工作内容之本质属性"及"工作内容与雇主之常规业务之间的具体关系"这两个核心项目入手，作出权衡判断。针对前者——"工作内容之本质属性"，认定机构需要首先考量完成该工作所需之技术以及由该项工作所产生的对独立经营的渴求程度；而后是该种工作并不具有事业(企业)者工作的典型特征(目标)；再来则是工作本身被预期可予承担由其自身所产生之事故损害(风险)的程度。而针对后者——"工作内容与雇主之常规业务之间的具体关系",我们则需要权衡:(1)在诸多工作项目中,劳务供给方所从事的工作是否属于相对方所经营之业务中的常规部分;(2)其工作到底是持续性的还是间断性的;(3)工作的持续时间是否足够长,以致足以达到满足持续性雇佣服务所需要的持续长度,并以此区别于为完成某件特定工作而缔结的承揽契约关系;①(4)委托人或与之具有可比性的(其他)委托人通常会雇用雇佣工人(员工)从事此种工作;(5)在外观上是否符合这一特征,即从前劳动者乃是基于就业关系为同一委托人实施同一工作行为。当然,在采用"经济从属性 + 工作本身的固有性质"双因素协同判断之时,我们还必须在二者之间构建起一种妥善的平衡之法——毕竟我们不可能苛求经过伪装的劳动关系仍然会整整齐齐的符合前述所有标准。在这里,我们不妨参考《德国自营业促进法》的推定之道,即当劳资双方的具体关系符合以上条件(共 12 项)中的一定比例,如 2/3 或 3/4 时,即可直接推定双方之间存在劳动关系。

此外,经营性也将是一个不得不提的关键词。在正方向上,雇主事业的经营性乃是强制性参保的必要前提,毕竟我们无法要求每一个使用钟点工阿姨的家庭都成为工伤保险的强制对象。而在反方向上,劳务提供者之行为的经营属性,则是自营业者的故有标志,也是工伤保险强制适用的否定性边界。此时我们需要谨慎考虑以下几个因子:(1)是雇佣性因子,即除家庭成员外,劳动成果之提供方是否还雇用有其他人员;(2)是情报性因素,即产品及服务的经营信息由谁负责获取;(3)是市场性因素,即劳务供给方是否会因事业者(企业)之工作而加入市场(竞争);(4)是风险性因素,即劳务提供之成果所产生的风险由哪一方负责。

当然,在具体的个案裁决之上,我们无法要求所谓的劳动者必须符合以上所有要素的每一个要求,但作为衡量标准,这些因素仍具有无可替代的重要价值——裁判者的确必须具有一定范围的自由裁量,但该裁量的基础却不外乎对以上诸项的综合权衡——不是光看合同的表面措辞与避重就轻的所谓名目,而是穿透"伪装"直击事实真貌。尤其是在面对委托、承揽等典型的契约劳动关系伪装形式之时,我们必须首先

① Arthur Larson, *Workmen's Compensation Law*, § 43.42 (1980).

顾及雇用在双方契约自治之上的缺陷,绝不能仅仅止步于对契约内容的考察,以契约文本乃至字句简单判断双方之间的特定关系。在面对具体的案件之时,契约文本固然重要,但我们也必须不断地将眼光从文本流转到现实。如果我们仅仅从双方契约之文本内容出发,往往很难看到事情的"真相",只有揭开文本的面纱,才能探得深藏其后的劳动关系"真貌"。此时,裁判者必须深入实际,具体考察双方之间的契约的真实内涵及履行行为,①甚至以公法介入直接穿透自治契约之表象,探究潜藏其后的缔约"真意",即以公法手段(对劳动者的倾斜保护)解决私法自治环境下难以逾越的劳资(双方在缔约谈判之上的)实力悬殊,才能还原这个真貌,并从真貌中提取具有影响力的各种因子,以断定劳务供给方是否应属于工伤保险的强制适用范围,即工伤保险法上的劳动者。

(三)宽严并济之进路抉择

在宽与严的具体抉择上,我们面临着两个截然相反的模板:大陆法选择了以拓展为方向,而英美法则坚持走严格的雇佣劳动者之路,且宽严背后各有属于自己的理论支撑。此时,站在宽严两个顶点之间,借鉴之途上的我们,到底应何去何从?

当起初面对这个问题之时,直观化的思维方式很容易把我们带到一条非此即彼的线性道路上,在宽与严之间、刚与柔之间,忽略了制度本身所应具有的弹性空间。而这种制度弹性却又恰恰是应对这一问题的关键——并不是单纯地在宽与严之间、刚与柔之间选择一个端点,而是去寻求一个恰当的平衡,在该宽处宽,该严处严,该刚时刚,该柔时柔。面对一部"见刚不见柔,见严不见宽"②的《工伤保险条例》,理性的整合之路乃在于柔性的引入与宽度上的延展,同时还要在二者之间

---

① Arthur Larson: *Worker's compensation law: cases, materials, and text*, by Matthew Bender, 1997, p. 298.

② 在"刚"字上,它要求所有适用对象一概强制参保,没有选择的余地;在"严"字上,它的适用边界则又仅限于典型意义上的"职工"与"雇工",对于那些非典型性的劳动群体(如伪装自营业者)以及尚处于劳动者与自营业者之间的灰色地带则只字不提,更勿论那些表面观之即不符合劳动者性要件,而现实中却经常需要对其劳动过程给予适度保护的特殊群体。

构建起一种默契的联动。

一方面,在"宽度"上,作为工伤保险之适用范围的劳动者概念,至少其宏观层面之定位与重心应逐步走出传统意义上的"雇佣"领域,而迈向"劳动"。即工伤保险的大门应当向全部从事职业劳动(具有工伤保护必要)之人敞开,扩展到因"工"而"伤"的所有领域,不再管他们是不是挂有"职工"或"雇工"的名头。另一方面,在"柔性"上,这种敞开却必须伴随有一定的制度弹性,当突破旧制中贯穿始终的"一刀切"式强制参保,在强制之外引入自愿加入的选择性因素,并根据主体的不同,划定其选择的空间:对于典型意义上的雇佣劳动者,以及可以根据法定条件推定为从事雇佣劳动的群体(类似雇佣工人者),强制参保乃属不可动摇的刚性领域,这也正是工伤保险之本旨能获实现的终极保障;而对于那些已然走出"雇佣"领域,单纯以"劳动"作为核心支撑力的主体而言,强制参保显然缺乏足够的法律根基,毕竟他们已然超出了传统雇主责任与风险分散的具体范围。但他们的职业性伤害却又常常具有保护之必要,此时,自愿参保则能为他们开辟出一条灵活而又实用的可行之路。

由此,作为工伤保险之适用范围的劳动者概念,完全可以分界出两个相互连接却又明显不同的制度供给区域:一个是以雇佣为中心的强制适用本位圈,另一个则是(雇佣之外)单纯以劳动为支撑的,是自愿(选择性)适用的扩展圈。这个扩展圈更多针对那些无法被传统劳动者概念所涵括的自营业者以及部分自身尚未脱离劳动的小企业主。前者的范围颇广,各国立法通常设有各种形式的行业性限制,针对其特殊的保护需求而设立;而对于后者,立法的拓展则应更多附随有规模与形式的限制,如家庭作坊。他们虽脱离了对特定雇主的从属性,但却并未脱离劳动,而且以规模观之,自我保障能力往往不足。未脱离劳动,为因工而伤提供了有效的养分;而自我保障能力上的欠缺,则为社会法理念的延伸带来了可能。最后,工伤保险的非营利性与工伤待遇的优厚性更为他们制造了特有的吸引力,这种吸引显然是商业保险所难以供给的。

此时,我们不妨将工伤保险制度的适用范围总结为以下图表,并作为本文的结论:

- 工伤保险的适用对象
  - 强制适用对象
    - 传统意义上的雇佣劳动者
      - 命令控制性√
      - 持续性√
      - 雇主事业具有经营性√
    - 应视为劳动者的部分自营业者
      - 命令控制性×
      - 经济依存性√
      - 工作内容为雇主事业之常规业务√
      - 劳务提供者之行为本身具有经营性×
      - 雇主事业具有经营性√
  - 自愿适用对象
    - 一般自营业者（除应视为劳动者的自营业者之外）
    - 小型企业主（受企业规模限制且本身尚未脱离劳动）

（郑晓珊，广州中华文化学院讲师，清华大学法学院经济法学博士）

加班工资法律问题研究

陈文军

目　次

引言

本文的主题主要是对我国现行劳动法律法规中加班规定的实施效果以及得失进行分析考察，进而探讨建立一种适合中国国情的加班工资法律制度。

这一主题的提出是笔者对现实生活实践不断观察、思考的结果以及个人的工作职责乃至研究兴趣所致。自《劳动法》颁布实施以来，经过十多年的改革，已在相当程序上改革了传统计划经济体制下的铁工资与“铁饭碗”制度，变革了劳动用工关系中的行政化管理模式，逐步将劳动用工关系中的身份关系变革为劳动契约关系，以法律手段建立起互利竞争型的劳资关系，市场化的劳动用工模式已初步确立。但加班工资争议的处理主要是依据1994年制定颁布的《劳动法》（2008年1月1日起施行，2012年12月28日修订的《劳动合同法》对加班工资问题未有提及），虽然各地根据司法实务的需要，制定了一些地方性的指导性意见,但“头痛医头,脚痛医脚”,大多都是针对现实中迫切需要解决的实际问题制定的相应法规规章,立法的科学性和权威性不够。即使如此,仍存在着不少法律“盲区”,以致司法实务中加班争议高发。据有关数据统计,加班争议已成劳动争议案件中大头,比例一般都在50%以上。

当前,我国对加班工资问题的研究较为零碎,主要集中在加班工资争议的法律适用方面,如举证责任分配、申诉时效及劳动定额确定等方面,缺乏对此问题的整体性、系统性研究。正是基于以上考虑,本文选择以加班工资问题为研究主题。

本文的研究思路是:通过对加班争议的实证分析,探求争议原因,从建立和谐劳动关系的基本理论问题出发,探讨加班争议发生的规律及目前加班争议处理机制存在的问题,提出对加班进行法律规制的对策建议。全文共分四章:第一章主要是对加班问题的理论与立法进行梳理,在理论与实践上把这部分内容说清楚。第二章是对用人单位与劳动者之间因加班问题产生的纠纷进行分类,探讨现行法律处理这些纠纷遇到的公平与合理难题。第三章是有关加班问题的法理与实证分析。第四章通过分析现行制度的缺陷及其原因,提出对加班法律制度的对策建议。

一、加班问题理论与立法之梳理

(一)加班的原因

加班在现实生活中是一个很常见的现象。关于加班的动机,从员工的角度来看,蓝领工人往往是为了获得加班工资,而白领则更多是出于对本职的热爱或者是为了获得提升的机会。从企业的角度来看,让员工加班主要是出于两方面的考虑:(1)现代社会保障制度的发展,使得员工福利已经成为人力成本中的重要组成部分,增加员工必然增加福利费用,而让现有的员工延长工作时间,则大部分福利费用都不会增加;(2)吸收、挑选和培养新员工要花费很大的精力和费用,而且在短期内需要增加生产的情况下,往往让员工加班更便宜。

(二)加班的含义

加班工资,也称延长工作时间的工资,是指按照《劳动法》及相关法律规定,用人单位安排劳动者在法定工作时间之外工作应当额外支付的劳动报酬。在节假日或者休息日工作称为"加班",在正常的8小时之外延长工作时间,称为"加点"。习惯上,人们将两者统称为加班。"关于加班费的理由在学理上认为,劳工与雇主间虽然理论上为契约之相对人,但事实上,雇用人所拥有者乃经济上之各种实力,包括土地、厂房、原料、市场等,而劳方却只有一年三百六十五天,既不能储存亦无从惜售,因此基于各种考量的结果,法律为防止劳方况卖现象,遂规定例假、休假制度以及正当假日不准出售劳力,而在允许出售劳力之日也以正常工作时间为限,其余时间不准出售。然而法律又必须顾虑雇方之实际需要,在一定条件下允许工作但其价格较贵,此即加班费规定之理由。"①我国《劳动法》第44条对加班加点作出了规定:(1)安排劳动者延长工作时间的,支付不低于工资的150%的工资报酬;(2)休息日安排劳动者工作又不能安排补休的,支付不低于工资的200%的工资报酬;(3)法定休假日安排劳动者工作的,支付不低于工资的300%的工资报酬。

第一种情况指的是加点,第二、三种情况指的是加班。

下面,就上述条文作进一步解释:

1.8小时外加点:根据1995年5月1日起施行的《国务院关于职工工作时间的规定》第3条"职工每日工作8小时,每周工作40小时"的规定,如果安排劳动者在每天8小时之外延长工作时间的,支付的加班工资不低于150%的工资。

2.休息日加班:如果安排劳动者在休息日工作的,就应该支付不低于200%的工资。

3.法定节日加班:根据2007年12月14日国务院新修改的《全国年节及纪念日放假办法》,年休假由原来的10天改为11天,即:

(1)新年,放假1天(1月1日);

(2)春节,放假3天(农历除夕、正月初一、初二);

(3)清明节,放假1天(农历清明当日);

(4)劳动节,放假1天(5月1日);

---

① 黄越钦:《劳动法新论》,中国政法大学出版社2003年版,第229页。

(5)端午节,放假1天(农历端午当日);

(6)中秋节,放假1天(农历中秋当日);

(7)国庆节,放假3天(10月1日、2日、3日)。

以上日期就是法定休假日,如果用人单位以上日期安排劳动者工作的,就应该支付不低于300%的工资。

4. 计件工资时的加班加点:根据《工资支付暂行规定》第13条规定,实行计件工资制的劳动者,在完成计件定额任务后,由用人单位安排延长工作时间的,应根据上述规定的原则,分别按照不低于其本人法定工作时间计件单位的150%、200%、300%支付其工资。经劳动行政部门批准实行综合计算工时工作制的,其综合计算工作时间超过法定标准工作时间的部分,应视为延长工作时间,并应按本规定支付延长工作时间的工资。实行不定时工时制度的劳动者,不执行上述规定。

5. 综合计算工时的加点:依据我国劳动与社会保障部(2008)第3号文的精神,目前我国职工每年的标准工作日期为250天,职工全年月平均工作天数和工作小时分别调整为20.83天和166.64小时。按照《劳动法》第51条的规定,法定节假日用人单位应当依法支付工资,即折算日工资、小时工资时不剔除国家规定的11天法定节假日,据此,月计薪天数为(365 - 104) ÷ 12 = 21.75天。因此,实行综合计算工作时间的,如果月平均工作天数超过20.83天,或者月平均工作时间超过164.64天,应该视为加点,支付150%的工资。

《劳动部办公厅关于〈劳动法〉若干条文的说明》(以下简称《条文说明》)对,《劳动法》第44条中的"工资"作了进一步的说明:实行计时工资的用人单位,指的是用人单位规定的其本人的基本工资;实行计件工资的用人单位,指的是劳动者在加班加点的工作时间内应得的计件工资。

从上述《劳动法》第44条规定可以看出,只有在用人单位安排劳动者加班的情况下,用人单位才有支付加班工资的义务。没有经过用人单位安排,劳动者自愿加班,用人单位可以不支付加班工资。《劳动部关于贯彻执行〈中华人民共和国劳动法〉若干问题的意见》(以下简称《劳动法意见》)第60条规定:"全体职工已实行合同制度的企业,一般管理人员(实行不定时工作制人员除外)经批准延长工作时间的,可以支付延长工作时间的工资报酬。"这一规范性文件也肯定了劳动者只有经过批准,用人单位才支付加班工资。《工资支付暂行规定》在《劳动法》第40条的基础上,进一步对支付加班工资的适用作了限制,即该办法第13条规定劳动者在完成劳动定额或规定的工作任务后,用人单位再安排劳动者在法定工作时间以外工作的,才按《劳动法》第44条的规定支付加班工资。但现实中的问题是,用人单位的指挥命令有扩张的情形,劳动定额由用人单位制定,何谓合理的劳动定额法律无明确规定,实践中一些用人单位提高劳动定额或变相提高劳动定额,使劳动者无法在法定工作时间之内完成工作而被迫加班。还有一些情况是劳动者未办理加班报批手续,但加班却是用人单位口头要求的。对于这些情况,按法理也是应当支付加班工资的。但加班的情况在现实中运行非常复杂,现实中有不少企业无视法律规定,无视道德和生理界限,任意延长工作时间,想方设法不发、少发加班费。而尤为遗憾的是,我国法律虽规定了延长工作时间应支付加班工资,但未对工作时间下过定义,如准备工作的时间、工作中等待的时间以及工间就餐时间等是否属于工作时间法律未作明确规定。另外法律虽对加班工资的计算基数明确规定为劳动者的基本工资,但由于在市场经济体制下,企业参与市场竞争,具有工资分配自主权,不少企业,尤其私营企业的工资结构中已没有基本工资这一项,致使我国的加班工资计算基数在立法上处于混乱状态,没有统一的法律依据。由于缺乏统一规定,企业和劳动者都按对自己有利的角度来理解法律规定,由此也导致不少加班争议的发生。

(三)特殊工时制

特殊工时制包括不定时工作制和综合计算工时工作制。由于实行不定时制和综合计算工时制需要履行报批手续,实践中大部分加班争议都是适用标准工时的相关规定来解决。如果用人单位按特殊工时制的规定履行了报批手续,那么这个用人单位总的来说属于法律意识比较强、运行比较规范的企业,实践中较少发生争议。

根据《劳动法》第39条的授权,企业因生产特点不能实行标准工时制度的,经劳动行政部门批准,可以按照《劳动部关于企业实行不定时工作制和综合计算工时工作制的审批办法》(以下简称《工时审批办法》)第4条的规定,实行以下两种工时制度:

1. 不定时工作制

企业符合下列条件之一的职工，可以实行不定时工时制：(1)企业中的高级管理人员、外勤人员、推销人员、部分值班人员和其他因工作无法按标准工作时间衡量的职工；(2)企业中的长途运输人员、出租汽车司机和铁路、港口、仓库的部分装卸人员以及因工作性质特点，需要机动作业的职工；(3)其他因生产特点、工作特殊需要或职责范围的关系，适合实行不定时工作制的职工。

2. 综合计算工时工作制

企业对符合下列条件之一的职工，可实行综合计算工时工作制，即分别以周、月季、年等周期，综合计算工作时间，但其平均日工作时间和周工作时间应与法定标准工作时间基本相同：(1)交通、铁路、邮电、水运、航空、渔业等行业中因工作性质特殊，需连续作业的职工；(2)或者地质及资源勘探、建筑、制盐、制糖、旅游等受季节和自然条件限制的行业的部分职工；(3)其他适合实行综合计算工时工作制的职工。

从上述两种工时制度的规定可以看出，不定时工作主要适用于无法按时上下班，工时有一定的弹性，不方便实施考勤管理的部分员工；综合计算工时工作制主要适用于工作有一定的周期性、季节性或受生产性质的限制存在连续作业、连续休息的部分员工。但现实中，这两种工时制度存在交叉的现象，企业中的长途运输人员，虽应实行不定时工作制，但其工作量受制于业务情况，无业务时连续休息。而渔业、制糖行业，虽应实行综合计算工时工作制，但仍然存在无法考勤，没有固定的上下班时间。此外，像沿海地区来料加工、"三来一补"之类的外向型、劳动密集型企业，一般无法申报特殊工时制，但其企业开工受外贸订单影响，有业务时连续生产，工人加班较多，而无业务时，又存在连续休息，此时又偏向实行综合计算工时工作制较为合适，故这两种工时制度尚不能满足实际用工需求。在美国，农业及相关行业的雇员、运输行业的雇员都不适用加班补偿的相关法案，即实行加班补偿豁免，雇主不需要支付加班工资。对一些不便计付加班工资的行业和岗位，对我国现行的特殊工时制实行改革，统一借鉴美国的加班补偿豁免制度，可以有效减少争议。

二、因加班问题产生纠纷之分析

加班工资主要涉及“加班时间”的认定和“加班工资”的计算这两个问题。加班工资 = 小时(日)加班工资计算基数 × 加班小时(日)数 × 加班标准(150%、200%、300%)。所谓延长工作时间是指法定标准工作时间之外工作,法律规定了标准工作时间为每天8小时,但“雇主的指挥命令范围往往有扩张情形”,准确界定加班时间并非易事;其次,《劳动法》规定加班工资的计算基数为劳动者的基本工资,但在市场经济体制下,用人单位又享有工资分配自主权,员工工资结构是否必须要基本工资的分项没有硬性规定,加班工资的计算基数实际上缺乏统一规定,用人单位和劳动者在劳动合同履行过程中的行为方式不能与法律规范一一对应,实践中经常引发争议。

(一)加班事实的认定

由于法律适用的不统一,加班争议案例“同因不同果,同案不同判”的现象广泛存在,严重影响了司法权威。通过案例分析的方法,有助于我们找到现行制度存在的问题,讨论我国欲建立怎样的加班法律制度,就要知道我们现行制度还存在哪些不足。通过案例分析的路径,可以分析现行存在的问题,找到法律改进之办法。

[案例1]A系某彩电售后服务部维修工,诉称其每天上班12个小时,有时在晚上到客户家维修彩电,自己随时处于待命状态,全年无休,要求公司给付加班工资。双方的劳动合同约定A每天工作8小时,工资为底薪900元加提成(实际月平均工资为1544元),未约定合同期限。A住单位宿舍,无须坐班。有维修任务时电话或短信通知A。A通过维修单与公司结算提成。A在公司工作10个月。双方因加班工资发生争议。仲裁委裁决公司支付A加班工资19000元。法院按电脑派工单的记载核定A日均接受派单约2.57个,平均每月休息5.29天,按A提供的维修单核算A每次上门维修时间一般在53分钟,加上路途时间,每天工作时间在5~6个小时内,故不存在加班,驳回了A的诉讼请求。① 二审维持原判,但李某仍在不断申诉,认为法院判决不公。

---

① 南京市玄武区人民法院(2008)玄民一初字第3703号民事判决书。

该案有一定的典型意义。仲裁和法院的处理结果大相径庭。仲裁按每天工作12小时支持了A的申诉请求，而法院则按派工单来核定李某的工作时间，认定其不存在加班，两者裁判理念有别。A共工作10个月，仲裁裁决单位拖欠A加班工资19000元，而法院结合劳动合同约定、劳动者岗位性质以及工作要求等因素，驳回了A的诉讼请求。按仲裁裁决，A每月加班工资接近1900元，而其原先的月平均工资才1544元，显然有违公正。可以设想这种工资水平不符合建立劳动关系之初双方的合意，李某没想到其月工资总额能达到3500元。从单位方来说，如果要付这么多的加班工资，可能就不会雇佣A，或改变工资结构，使工资总额控制在1600元附近。但从法律规定看，仲裁裁决并无原则性的错误，但从结果上看却不够公平，法院的判决比较合理。本案名义上是加班争议，实为A与单位经理存在矛盾，A借加班争议来发泄不满。由于法院未支持其诉请，又对法院不满，不断申诉。客观地说，A的申诉理由有一点法律依据。问题出在彩电维修工应当实行不定时，但双方的约定却实行标准工时制。而法律规定实行特殊工时制必须报劳动行政部门审批。按理说，由于单位未申请不定时，仲裁员按双方约定的标准工时核定李某的加班时间并无不当。由于A无须考勤，工作处于待命状态，期间可以休息，法院的认定A每天工作时间不超过6个小时，更符合实际情况，但这样的判决法律依据不够充分。从单位方来说，一是缺乏法律意识，未为员工申请特殊工时制，规避法律风险。从另一方面来说，特殊工时能否申请成功，需要提交一系列的申请材料，也取决于劳动行政部门的审批，如果劳动行政部门不予批准，单位也不大愿意申请行政复议，也不敢得罪劳动行政部门。从另一方面来说，其若批准单位的特殊工时申请，因特殊工时可能会减少劳动者的收入，劳动者提出行政诉讼的可能性会增加。从减少诉讼风险的角度来看，劳动行政部门会倾向于不批准特殊工时的申请。实践中，加班事实的认定难点主要在于几个方面。

1. 举证责任分配

加班事实的举证责任分配是实践中的难点，争议一直不断，基本形成两种观点。一种观点认为，应以2年为限，2年内的加班工资由用人单位就劳动者未加班事实举证，2年前的加班工资，由劳动者就加班事实举证。该观点主要依据是原劳动部制定的《工资支付暂行规定》,该规定了用人单位应保存工资支付凭证2年以上备查,是目前的主流观点。另一种观点认为,以2年为界依据不足,《工资支付暂行规定》规定用人单位保存工资支付凭证是2年以上,而非最高2年,现在各地已有突破2年的限制,如山东规定企业应保存15年,另外,也不排除以后规定保存期限变化的情况。劳动者主张加班费的,应当就加班事实的存在承担举证责任。因此,加班事实仍然适用"谁主张谁举证"的原则,但劳动者有证据证明用人单位掌握加班事实存在的证据,用人单位不提供的,由用人单位承担不利后果。① 实践中,《江苏省关于审理劳动争议案件的指导意见》规定:(1)用人单位提供的电子考勤记录、手工考勤记录、工资发放表等证据未经劳动者签字确认,但用人单位有证据证明根据规章制度规定或劳动合同约定,考勤记录、工资发放表等已通过一定方式向劳动者公示而劳动者在合理期限内没有提出异议的,应予采信。(2)劳动者提供电子考勤记录主张加班工资,但用人单位有证据证明劳动者未加班的,对劳动者的主张不予支持。(3)用人单位有明确的加班审批制度,劳动者仅以电子考勤记录主张存在加班事实的,不予支持。②

[案例2]"这么长时间以来,我总共加班了564小时36分,但是单位从来都没有给过我加班工资。"为了讨回加班工资,人事经理刘先生将公司告上了法院。刘先生提供了递交了2年多来的出租车报销清单,用于证明自己经常在单位加班。对此公司认为,根据公司的规章制度,员工或加班部门向行政部提出要求,需填写加班申请单,注明加班时间。公司认为:"按照自己报销的出租车旨的乘坐时间作为下班时间是荒谬的。"

[案例3]B起诉要求用人单位支付延时加班工资,证据是打卡记录。从记录上看,几乎每个工作日他都会延时一、两个小时下班,但B又无法拿出用人单位批准其加班的证据,也无法说明加班在干什么,最

① 见《最高人民法院关于审理劳动争议案件适用法律若干问题的解释(三)》第9条。

② 见《江苏省关于审理劳动争议案件的指导意见》第26条。

后对其这项请求法院予以驳回。后来经过了解,是因为北京晚上交通比较堵,B 一般等到堵车的高峰过了再走,这样虽然 A 确实晚走了,但并不是单位安排其加班。

上述两个案例,如果用人单位负举证责任,而该用人单位又存在考勤不规范、未申请不定时制等情形,很有可能败诉。至少案例 3 中 B 是不应得到加班工资的。但同案不同法官审理可能结果大相径庭,关键在于举证责任的分配。

2. 考勤的认定

劳动者在用人单位的时间并不当然就是劳动者工作时间。确认劳动者工作时间的方法是用人单位对劳动者进行考勤管理,由劳动者对考勤结果进行签字确认,但实践中一定要劳动者签名确认有一定的难度。很多单位不是没有考勤记录,而是考勤没有劳动者签名,劳动者一概不认。对此,由于缺乏统一规定,是否采信,主要根据庭审情况,进行个案判断,法官自由度较大。像案例 2 中的刘先生一样以出租车报销清单能否作为加班证明呢? 有法官认为:"一般以劳动者的考勤卡为准。"但华东政法大学劳动法专家董保华教授认为,无论是出租车发票还是考勤卡都不能作为劳动时间的证明,所谓"考勤卡只能证明劳动者在公司里面,并不能证明劳动者就在工作;同样的,出租车发票只能证明劳动者在这段时间坐车,而不能证明他是在这个时间下班。"可以看出,就考勤的采信问题在实践中存在较多争议。

3. 特殊岗位工作时间衡量

有些岗位,本应实行不定时工作制或实行综合工时制,但用人单位未办理申请手续而事实上实行不定时工作时间。《江苏省关于审理劳动争议案件指导意见》第 24 条规定劳动者与用人单位因加班工资发生争议,用人单位主张由于劳动者工作性质、工作岗位的特点无法对其实行标准工时制度而实行不定时工作制或综合计算工时工作制,但用人单位未依法履行审批手续的,仍然应当认定其实行标准工时工作制。

4. 值班与加班

实践中,有不少公司保安等值班人员索要加班工资的情况,用人单位一般认为值班不是加班,我国法律也没有对值班进行规定或解释,因此,司法实践中对此问题的处理较为混乱。

[案例4]C为某软件公司值班员,18时至次日9时以及双休、节假日值班,昼夜睡觉亦可,无限制,主要是看管400多台电脑,防火防盗。月基本工资850元,月平均工资1200元,合同中约定该工资包含对可能出现的加班的补偿。一审法院认定B晚上睡觉扣8小时,白天也可休息扣4小时,全天有效工作时间12个小时。二审改判,只扣除睡班8小时,全天有效工作时间16个小时。①

本案C全年值班内容相同,不存在区分生产性还非生产性的问题,C在公司工作4年之久,也不是与本职工作有关的临时性值班。故不能适用上海、南京的定义。但是C的工作有一个特点,就是工作时间与劳动强度明显不成正比,其工作主要在于时间的经过,但工作量很少。如果不将该情况视作值班,而是作为加班处理,无论一审还是二审都存在显失公平的问题,对C这种情况,完全驳回B的加班工资请求是最合适的,其不存在加班,其高于850元的部分可以算作值班费了,用人单位支付的工资数额与C的工作强度相称的。故值班与加班的裁量主要是结合劳动者岗位性质、工作强度、工作时间等进行综合衡量,以求得公平的结果。

(二)加班工资计算基数的确定

关于加班工资的核算,主要在于确定当月工资标准,容易产生争议的问题在于:(1)工资条或者发放工资卡中的哪些构成项目应当计算在内?(2)提成或者奖金应否作为加班加点工资的计算基数?我国有关法规规章和企业制度中经常出现工资标准、标准工资、基本工资、岗位工资和职务工资等概念,但实质上它们之间没有本质区别。在工资构成外也使用名目繁多的各类工资性和非工资性的补贴、津贴等,常使人越看越糊涂。

劳动部《劳动法意见》关于"工资"的解释是指"用人单位依据国家有关规定或劳动合同的约定,以货币形式直接支付给本单位劳动者的劳动报酬,一般包括计时工资、计件工资、奖金、津贴和补贴、延长工作时间的工资报酬以及特殊情况下支付的工资等"。它包括了"延长工作时间的工资报酬",即加班工资的计算基数包括加班工资本身,显然

① 南京市中级人民法院(2009)宁民五终字第788号民事判决书。

逻辑上说不通。这里的“工资”的概念包括奖金等组成部分,与同时期劳动部《条文说明》中基本工资的概念明显不相符,该处的“工资”实际上是从统计学的角度来说的,明确哪些构成项目应当作为工资进行统计,而加班工资计算基数的工资则是指工资总额中的“基本工资”,这就是说对《劳动法意见》中“工资”定义要进行限缩性解释,这样才符合原意。实务中这些规定引发对工资含义的不同理解,不少律师据此主张奖金、误餐费等均属于工资,应计入加班工资计算基数,也有法官据此裁判,导致实践中的一些混乱。劳动部在《劳动法》施行后对加班工资计算基数也未坚持同一的表述,在劳部发〔1995〕226 号文规定加班工资计发基数不低于劳动合同约定的劳动者本人工资标准。这里用了劳动合同约定的工资作为加班工资计算基数,那么,劳动合同约定的工资等于基本工资吗?不一定,如前所述,实践中单位发放的工资性收入哪些算是基本工资是不容易分清的。

为减少纷争,确定加班工资的计算基数,部分省市出台了地方规定加以规范。南京 2009 年规定加班加点工资计发的基数为:用人单位与劳动者约定加班工资的计算基数的,从其约定,但该约定的技术不得低于当地最低工资标准。如果劳动合同未约定加班工资的计算基数,仅约定了劳动者的工资不低于用人单位所在地最低工资标准,而且集体劳动合同也没有约定或者没有集体劳动合同,则应当按照劳动者前 12 个月平均工资计算,其中劳动者实际工作时间不满 12 个月的按照实际月平均工资计算,但不得低于用人单位所在地最低工资标准。[①] 天津市规定:加班工资基数按用人单位支付给劳动者当月的工资总额,减除价格补贴、书报费、交通补助费、郊区补贴、洗理费,小伙食津贴、房屋补贴后即为月加班工资基数。上海市规定加班工资基数按以下原则确定:劳动合同有约定的,按不低于劳动合同约定的劳动者本人所在岗位(职位)相对应的工资标准确定。双方未约定、集体合同亦未约定的,按劳动者本人所在岗位(职位)正常出勤的月工资的 70% 确定。纵观以上规定,可以说标准不一,更不讲尚未制定相关规定的省市了,混乱

① 见《南京市中级人民法院、南京市劳动争议仲裁委关于加班工资纠纷审理若干法律适用意见》第 6 条。

情况可想而知。以至于2009年9月,人力资源与社会保障部工资所所长苏海南在接受媒体采访时表示,目前国家以及各地在加班工资的工资基数如何确定上至今尚未统一标准。① 随着人们对工资概念认识的不断深化,奖金、提成、绩效工资等新的工资分配形式不断出现,计划经济时代的基本工资概念逐渐淡化,笔者曾与一些律师谈起加班工资的计算基数问题,不少律师不知道《条文说明》对加班工资计算基数有明确规定。律师尚如此,其他人可想而知。实践中,有不少用人单位和劳动者对加班的含义和计算方法不甚了解,都分别从各自利益的角度理解规定,经常引起纠纷,执法和司法部门在处理有关争论时也感到无所适从。出现以上现象的主要原因是,我国从计划经济时代向市场经济时代过渡过程中,政府在工资管理上的定位尚未完全明确,政府到底管什么,用什么方式管,哪些是企业行为,哪些是政府必须干预的,还没有十分统一的认识,因而存在不系统、不完整的混乱现象。对加班工资的计算基数,由国家进行统一立法显得十分必要和紧迫。

(三)加班工资支付标准争议

《劳动法》规定了每周44小时的工时制度。国务院1995年规定了每天8小时、每周40小时的工时制度。由此,每周是否必须休息两天在实践中存在不同看法。如C每天工作7小时,每周工作6天,每周工时共42小时。一审按每周加班2小时按工资的150%计算加班工资。二审改判,按每周加班7小时按工资的200%计算加班工资。②

对服务业从业人员,如用人单位按每月1500元支付劳动者月工资,劳动者每月休息3天,旷工1天扣工资50元。这种情况下,劳动者进入该用人单位前即已知道或者应当知道该工作岗位的工作时间情况,即不能每周固定时间休息,用人单位有时会安排轮休,有时则可能没有,但在工资给付上则以日工资乘以工作天数来计算,此种情形是否存在加班?是否表示劳动者已经放弃了加班时可主张的、超出正常工

---

① 陈伟:“国庆加班费谨防企业在工资基数上做文章”,载凤凰网财经频道2009年9月26日。

② 南京市中级人民法院(2008)宁民五终字第63号民事判决书。

资水平的加班工资？在计算加班工资时，是否需要换算成标准工时下的月工资再计算加班工资，对此各地做法不统一。该案发生在南京，是按月工资1500元为基数计算加班工资的，未进行折算。[①]

此外足疗技师、澡堂搓澡工能否可主张加班工资，也无定论，对这种提成制人员，南京的做法是视为用人单位已支付了一倍的工资，补发不足部分（50%、100%或200%）。无锡有判决则认为该种关系视为承揽关系，无须支付加班工资。

（四）其他加班争议

这类争议数量较少，但处理难度大。诸如：

1. 未实行不定时工时制的公司经理等高级管理人员能否主张加班工资？出差算加班吗？

2. 在我国，篮球运动员也有被认定为劳动者的，[②]一般来说，双方对是否是劳动关系都存在争议，篮球俱乐部不可能为劳动者申报特殊工时，如果有运动员提出加班主张，该如何处理？

3. 特殊工时制的审批劳动部门的自由裁量权较大，如上海，对本应实行标准工时制的营业员批准实行不定时工时制，对应实行不定时工时制的货车司机，则批准实行综合计算工时制。这种实行特殊工时制的员工，由于审批不当，该如何认定加班？

此外，也存在一些制度性缺陷，如劳动部门履行特殊工时审批故意不作为时企业缺乏反制手段、工会在加班协商过程中的角色被虚置，使一部看起来很美的法律运行不畅，效果不尽如人意。

（五）企业的法律责任

当然，企业如果违反规定不支付劳动报酬或者违反加班的有关规定，后果也是很严重的，如新出台的《江苏省劳动合同条例》第53条规定用人单位违反本条例规定，不按时足额支付劳动者劳动报酬的，县级以上地方人民政府劳动行政部门应当责令用人单位限期支付；构成犯罪的，依法追究刑事责任。第57条规定企业违反本条例规定，安排学

---

① 南京市玄武区人民法院（2009）玄民一初字第02868号民事判决书。

② 见马健诉上海东方篮球俱乐部有限公司劳动合同纠纷案。郑爱青：《劳动合同法十大热点评析》，中国劳动社会保障出版社2008年版，第42～43页。

生顶岗实习总时间超过 12 个月、每日超过 8 小时或者每周超过 40 小时的,由县级以上地方人民政府劳动行政部门责令改正,并可以按照受侵害学生每人 100 元以上 500 元以下的标准处以罚款。

三、加班问题的法理及实证分析

(一)国内外工时立法实践及对我国的启示

1. 早期的国际工时立法实践

在工业化的早期,工人往往也是日出上班,日落下班。第一次世界大战以前,工人每天的劳动一般是 10 小时甚至更多。1935 年,为解决经济危机带来的就业压力,国际劳工组织制定了《40 小时工作时间公约》(第 47 号),但是截至目前批准的国家只有 14 个。由于公约规定的工时标准太高,批准的国家太少,至今无法生效。为此,1962 年国际劳工大会通过了 116 号缩短工时建议书,但是原则上每周工作不得超过 48 小时。

在中国,同一时期的中国工人运动也把争取 8 小时工作制作为主要的奋斗目标之一。在革命区,1931 年 11 月 7 日的中华苏维埃第一次全国代表大会通过了《中华苏维埃共和国宪法大纲》,第 5 条规定实行 8 小时工作制,并且制定了《中华苏维埃劳动法》。但是共产党很快就意识到在当时落后的革命区实行 8 小时工作制有点操之过急。正如毛泽东 1940 年在《论政策》一文中指出的:"必须改良工人的生活,才能发动工人的抗日积极性,但是切忌过左,加薪减时均不应过多,在中国目前情况下,8 小时工作制还难于普遍推行,在某些生产部门内还需允许实行 10 小时工作制。"

2. 欧美等发达国家的工时标准及执行现状

(1)欧盟部分成员国工时规定(以小时为单位)①

① 《欧盟劳动法》(第 2 版),付欣译,中国法制出版社 2005 年版,第 442 页。

成员国	每周工作的时间	每日最长的工作时间	每日的休息时间	每周的法定休息时间	超时的最长期限
比利时	40	集体协议为12	未规定	24	每3个月65小时
丹麦	没有立法	未规定	11	24	由集体协议来规定
德国	48	10	未规定	24	以48小时工作周为基础,每天2小时,直到30天为止
法国	39	集体协议为12	未规定	24	每周9小时,每年130小时,经批准也可以超过这一时限
爱尔兰	48	12	未规定	24	每天2小时,每周12小时,每年240小时
英国	没有立法	没有立法	没有立法	没有立法	没有立法

(2)欧盟的加班补偿标准

欧盟的加班补偿标准整体不高。在德国,超时加班的补偿标准由双方在劳动合同中约定,《德国民法典》只规定雇员在节日工作享有基本工资的权利。也就是加班的补偿标准与平时相同。[①] 法国规定,一周内,劳动者工作超过39个小时,第一个8小时加班工资为工资的125%。第二个8小时为工资的150%。干部没有加班工资。[②]

(3)美国加班补偿规定及加班豁免制度

美国联邦法律对加班上限没有规定,标准工时与我国一样,都为每周40小时,雇主对超过40个小时的加班时间支付正常工资150%的加

① [德]杜茨著:《劳动法》,张国文译,法律出版社2003年版,第61页、第97页。

② “法国企业的工资制度”,载《中国劳动》1999年第9期。

班工资,至于职工是否在周末或节假日加班并不改变加班工资的数额。① 由于美国规定了涵盖人员极广的加班豁免制度,对白领雇员、零售或服务公司的雇员等不适宜适用标准工时制度的员工实行加班补偿豁免制度,对这些雇员,公司可不予支付加班工资。

(4)欧美工时制度执行现状

近年来,随着社会经济的发展和生存压力的加大,加班已成为欧美多数企业存在的普遍现象。法国总统萨科齐上台后,就提出一系列经济改革方案,包括不限定最高工时、加班费免税、鼓励人们加班、希望国人工作时间越长越好,但效果不佳。因为法国人大概是世界上最会享受生活的人,即使有着诱人的加班费,他们也不为所动。英国则是欧盟中工作时间最长的国家,平均每周工作时间42.5小时。但英国无偿加班的情况很严重,英国工业联会在2007年年初表示,按人均来算,英国人每周无报酬超时加班达7小时6分钟。在欧洲人眼中,美国人是典型的“工作狂”,美国法律规定,周工作超过40小时后,可以向雇主主张1.5倍的加班工资。因此,很多美国人热衷于加班。但研究表明,增加现有收入并不是美国人加班的主要原因。美国人的目光不仅仅局限于现有的经济利益,他们关注的是将来的发展。哈佛大学教授费里曼指出,美国贫富差距悬殊是造成加班这一现象的最直接原因。德国就不会出现这种情况,因为德国国内的收入差距不像美国这样大,即使加班加点,也不会获得多大的收益。②

3. 我国工时制度实施现状

(1)工时制度执行情况

我国法律虽对加班设置了较严的程序性规定(必须先与工会和劳动者协商)、较高的补偿标准(最高日小时工资的3倍),并限定了每月加班的最高工时(36个小时),但法律没有得到认真的或有效的执行。一项调查发现,“10.8%的企业虽然有加班补偿规定,但从没执行过;33.5%的企业没有任何加班补偿规定,员工加班成了名副其实的‘义工’。虽然有30.4%的企业表示员工加班有补偿,但补偿很少,和员工

① 林晓云等编著:《美国劳动雇佣法》,法律出版社2007年版,第10页。

② 肖理:“各国的加班族”,载《新视野》2007年第10期。

的付出不对等。”根据中国人民大学2004年在北京、广州和长沙的一项调查,全国周实际工时为44.6小时,加班与劳动者的岗位、学历、劳动合同类型以及年龄均有一定的关系。就岗位而言,生产岗位员工的周工作时间最长,达47.3小时;其次是其他类员工(主要是一些后勤支持人员,如司机或不便归类的人员),每周工作46小时;购销类的员工,每周工作45.5小时。与其他类型合同形式的员工相比,无固定期限合同工的周工作时间最短,每周只有43.5小时。调查还发现,学历与员工周工作时间存在负相关关系,即学历越低,周工作时间越长。初中以及以下学历的员工每周工作51.6小时,而具有研究生学历的员工每周工作42.5小时。从全国平均水平来看,年龄分组与员工周工作时间存在负相关关系,即员工所在的年龄分组越低,周工作时间越长。20岁及20岁以下的员工每周工作时间在49.9小时,年龄在56岁以及56岁以上的员工每周工作时间在43小时。本次调查还发现,80.6%的员工不反对加班。① 亚里士多德曾经指出,所谓法治乃是“已成立的法律获得普遍的服从,而大家所服从的法律又应该本身是制定得良好的法律”。根据该定义,我国的工时及加班规定未得到普遍的服从,难谓“法治”。

(2)加班争议成为劳动争议案件的主要争议

报载,上海浦东新区劳动争议仲裁院在金融危机爆发前后3年间,劳动争议数量陡增:2007年,该院受理2616起;2008年,增至8060起,同比增208%,预计2009年将突破1万件。其中,上述案件65%以上的争议案件均涉及追索加班工资。② 加班工资争议的高发在我国其他地方也同样存在。据不完全统计,南京市玄武区人民法院2007年至2009年受理的劳动争议案件,涉及加班工资比例高达80%。③

(3)隐性加班多,在职维权少,离职维权多

2010年国庆节前2天,南京市劳动监察支队接到20多个咨询加班

---

① 曾湘泉主编:《中国劳动问题研究》,中国劳动社会保障出版社2006年版,第10~17页。

② “申城劳动争议案件剧增 追索加班工资最多”,载《新闻晨报》2009年4月15日。

③ 南京市玄武区人民法院民三庭:“加班工资纠纷调查研究”,载《审判研究》(2010年第1辑),法律出版社2010年版,第148页。

费的电话,未接到一个投诉电话,但值班热线工作人员发现,有超过六成的人"从未想过"要保留加班凭据;虽有约三成的受访者想过保留相关凭据,但"苦于没有凭据可留"。假如单位不给加班费,劳动者是否会采取法律手段维权呢?记者调查发现,选择"坚决维权"的仅占20%,多达80%的劳动者选择了放弃。不过一旦离职,绝大多数人表示会维权讨要自己应得的报酬。①

4. 中外工时规定与执行现状对我国的启示

与欧美等发达国家相比,我国工时立法标准较高。尽管法定标准工时短,但劳动者实际工作时间长;加班补偿标准远高于欧美等发达国家,但未能有效扼制超过加班现象。为此,我们可以从上述诸国的工时制度执行情况得到有益的启示。

(1)社会平均工作时间受经济发展阶段的制约

从历史上看,经济越发展,工时也相应缩短,虽然在短期会有反复,但从长期看,社会越发展,社会产品越丰富,人们的休息和闲暇时间也会增加,具有一定的社会必然性。一国的法定工作时间应当考虑地区和行业差异性,不能太超前。社会人均工作时间的长短有其自身的发展规律,如对于那些处于劳动力市场底层、缺乏技能的劳动者来说,工作时间较长的问题,不可能在短时间内解决。加班虽有一系列的程序和时限规定,但"80.6%的员工不反对加班"显示出了市场的力量。我国目前的实际工时水平更接近于《劳动法》规定的周标准工时44小时,由于我国各地区和各行业存在差距,统一按国务院规定的每周40小时周标准工时制度超越了经济发展水平,不合理或者脱离现实的"高标准",必然带来制度的难以执行,违法现象的出现也就在所难免。劳动法尤其是其中具有公法性特殊的基准法,应当是一种底线性规定,法律应当为当事人双方留出意思自治的空间。工时标准提高容易,下降难,故我国可借鉴他国经验,对某些行业的从业人员实行加班豁免制度,使法律切实可行。对所有人员一律实行统一的高标准工时,"一种结果是市场力量比法律的力量大,最后定了也不执行,或者说一套、做

① 项凤华:"加班费调查　六成人从未想过留加班凭据",载《现代快报》2010年A6版。

一套。那样的损失是离法治社会越来越远,反正是有法也不依。另一种结果就是真执行,但就业量减少,就业机会转移到其他国家或地区。大多数在这两极的中间,普遍并不认真执行,但增加了‘选择性执法’的空间,增加了寻租的机会。”①

(2)立法对社会人均工作时间的影响有限

英国未规定标准工时及最高工时,是欧盟中工作时间最长的国家,但其人均工作时间也只有42.5小时,而我国虽规定了周标准工时为40小时,但全国周平均工时44.6小时。② 除英国外,其他欧盟国家一般规定了标准工时一般比我国长,但其人均工作时间仍低于我国。

(3)人们的加班意愿与民族秉性有关

法国人天生浪漫,即使政策鼓励加班,但人们的加班热情不高。而我国长期以来是农业国,缺少法国人的浪漫气质,勤劳是我国人民的一大特质,影响着我国人民的加班意愿。

(4)加班补偿标准影响民众的加班意愿

从美国的情况看,较高的加班补偿标准,对员工加班意愿有正面影响,但不是唯一影响。通过加班实现谋求个人发展以及获得职位提升更具有吸引力。我们要注意到,较高的加班补偿标准对雇主来说,可以促使其减少加班,但对员工来说,这种经济利益也提升其加班意愿,减少休息时间。笔者认为,我国的加班补偿标准远比欧美等发达国家高,对我国劳动者的加班意愿有潜在的影响,从更好地保障劳动者休息权的角度,我们也不宜规定太高的加班补偿标准。

(5)贫富差距悬殊促使低收入员工加班

从我国、德国、美国的员工加班情况来看,贫富差距悬殊,促使低收入员工加班以缩小收入差距。从心理学的角度看,幸福是人们的主观感受,它存在于人们的相互比较之中,不能脱离特定的人群。当社会财富较为平均时,人们幸福感往往较好。德国人收入较为平均,员工的加

---

① 周其仁:“最低工资法增加寻租的机会”,载 http://book.ifeng.com/column/xgwz/200807/0725_3560_779747.shtml,2009年6月1日访问。

② 曾湘泉主编:《中国劳动问题研究》,中国劳动社会保障出版社2006年版,第10~17页。

班意愿不强,美国与我国的员工贫富差距大,员工中存在通过加班提高收入的内在意愿,这可以解释为什么我国农民工的工作时间远比其他职业工作时间长。

综上,对劳动者休息权的保护是一项系统工程,人们的加班行为受制于多种因素,需要综合考虑各种影响人们加班意愿的因素,单纯的提高加班补偿标准,可能适得其反。

(二)我国传统文化对现代劳动用工管理的影响

公司是现代工业文明标志性的组织形式,本质上它是陌生人之间基于共同目标建立的一种契约关系。而我国传统上一种熟人社会。费孝通先生对此有过论述:“在社会学里,我们常分出两种不同性质的社会,一种并没有具体目的,只是因为在一起生长而发生的社会,一种是为了要完成一件任务而结合的社会。……现代社会是个陌生人组成的社会,各人不知道各人的底细,所以得讲个明白;还要怕口说无凭,画个押,签个字。于是理性支配着人们的活动——这一切是现代社会的特性,也正是乡土社会所缺的。”①而雇主在用工过程中,法律要求双方通过契约来明确双方的权利义务,如考勤、工资表等都需要雇工签字确认,这与传统熟人社会因“熟悉得到信任”的人际关系明显不同。“契约是陌生人中所作的约定。……契约的完成是权利义务的清算,须要精密的计算,确当的单位,可靠的媒介。”②我国城市化进程中,许多公司、个体工商户等用人单位应运而生,大量的农业人口涌向城市,不仅务工,也开办工厂、公司,这些为完成一件任务而结合的“工厂、公司”,结合久之,熟人社会的规则便有了运用的空间。而我国农业文明历史悠久,工业化进程才处于起步阶段,无论城乡,我国大部分的人际关系都是依照熟人社会的处世规则展开。我们骨子里流着的是传统的血液,而我们遵守的法律规则却是源自西方的法律制度,在劳动争议领域,这种不协调更为明显。“中国原本也有自己法律传统的,可惜在清末的时候中断了。我们的老祖宗们不小心抄袭了日本的法典,而那个日本的法典又是不小心的德国法典的复制品。这样一来,我们现在的

① 费孝通:《乡土中国》,江苏文艺出版社2007年版,第5页。

② 费孝通:《乡土中国》,江苏文艺出版社2007年版,第77页。

法律既没有中国社会生活的根基,也没有日本或者德国法典内在东洋和西洋的社会生活的根基。"①当前我国司法处境的尴尬状态可见一斑。笔者从南京市玄武区人民法院案卷中抽取50家用人单位进行调查,60%的用人单位在发生争议前都没有让劳动者每月在考勤表上签字确认。这些不规范的管理模式,增加了案件处理的难度。虽然法律规定了考勤制度,但签字确认是双方都不习惯的事。由陌生人组成的公司,大家在磨合一段时间后,彼此就成了熟人,往往仍按照熟人社会的行事方式处理问题,这一点在小公司尤为明显,这与小公司的人合性因素强有关,大公司管理要规范一些。问题是加班争议往往是在离职后才出现,这时适用的是陌生人之间的规则,比如用考勤记录来确认加班时间。在考勤未经劳动者签字确认时,考勤的认定也成为实务中非常令人头疼的问题。"社会科学研究表明,人们对待相互间的关系在不同的阶段所遵循的规范是不同的。在关系维持阶段(relation - preserving),诚实具有保持关系的价值;在关系结束阶段(end - game),说谎则具有获取更多利益的价值,故在此阶段,说谎的可能性就更大。而诉讼中的当事人一般都处于关系结束阶段,因此作伪证的可能就更大。"②这也可解释劳动者离职后为何追索的意愿会提高的问题。故我国在制定法律时要考虑我国的国情,从文化传统以及人性的角度来设计相关规定,使陌生人社会的规则与熟人社会的规则有效对接。这样,法律就有了推行和适用的社会基础和执法环境。完全依据契约来判断双方之间的权利义务约定,不一定切实可行。简单地规定用人单位无法提供由劳动者签字确认的考勤表、工资表,就承担举证不能的责任而败诉,有失公正,无助于建立和谐的劳动关系。

(三)工资与加班工资的性质分析

一直以来,我国理论界与实务界都没能很好地对工资和加班工资的性质问题进行科学的界分,以致司法审判中长期将工资纠纷和加班工资纠纷置于同等的保护地位,最终既造成了人们习惯性的误解,也引

---

① 徐爱国:《名案中的法律智慧》,北京大学出版社2005年版,第6页。

② 最高人民法院民事审判第一庭:《民事审判指导与参考》第37集,法律出版社2009年版,第109页。

发了人们不同程度的困惑。因此,在当前新形势下的加班工资纠纷处理过程中,厘清工资与加班工资在性质上的差异性,对确定加班工资的司法保护力度,确定合理的加班工资的计算基数以及加班的申诉时效。

1. 工资的性质

我国劳动部《劳动法意见》规定:劳动法中的“工资”是指用人单位依据国家有关规定或劳动合同的约定,以货币形式直接支付给本单位劳动者的劳动报酬,一般包括计时工资、计件工资、奖金、津贴和补贴、延长工作时间的工资报酬以及特殊情况下支付的工资等。该定义未能说清楚何谓“工资”、何谓“劳动报酬”,用劳动报酬来解释工资,未能说明工资的真实含义,只是说明了财务统计上工资的构成项目,带有明显的计划经济色彩,适合于计划经济条件下的工资统计。更多人的理解,可能认为“工资”即“劳动报酬”。最高人民法院李国光主编的《劳动合同法教程》认为,劳动报酬是劳动者因履行劳动义务而获得的,由用人单位支付的各种形式的物质补偿。劳动报酬的主要表现形式为工资。①《劳动合同法》起草小组的解释为:劳动报酬是指劳动者从用人单位得到的全部工资收入,是劳动者直接基于劳动关系、提供劳动的成果后返还给劳动者履行劳动义务后必须享有的劳动权利,这是劳动者为用人单位提供劳动获得的直接回报,是劳动者提供劳动的直接目的,是劳动者的生活来源。劳动报酬的高低,直接影响劳动者是否订立劳动合同。② 可以看出,以上两个定义有别:《劳动合同法教程》中认为劳动报酬的主要表现为工资,即工资是劳动报酬的一部分。而《劳动合同法》起草小组认为劳动报酬包括全部工资收入。随着现代企业制度的建议,实践中,我们还遇到的一个概念是薪酬。薪酬是指员工基于劳动关系所合法获取的各种直接与间接货币报酬的总称,它包括工资、福利待遇、补充保险待遇、股权收益、其他待遇五个部分。作为薪酬的重要构成,工资在此是广义的概念,它包括狭义的工资、奖金、津贴补贴、年薪四个部分。狭义的工资是指员工基于劳动关系按期合法获取的正

① 李国光主编:《劳动合同法教程》,人民法院出版社2007年版,第249页。

② 《中华人民共和国劳动合同法》起草小组:《中华人民共和国劳动合同法释义》,中国市场出版社2007年版,第51页。

常劳动报酬。[①] 在现代企业制度中,对人力资源,企业中任何一名员工,实行的是工资制,对人力资本,企业中的技术创新者和职业经理人,实施薪酬制。前者是人事部门决定的,后者是由董事会直接决定的。工资是人力资源作为劳动而享受的回报,而薪酬是人力资源作为资本享受的回报。通俗地讲,薪酬的概念主要用于白领等高级雇员,而劳动报酬则主要用于蓝领工人,实际上它们是同一位阶的概念,工资仅是其中的一部分。实践中,工资、劳动报酬、薪酬这些概念人们经常混为一谈的,以致在处理加班工资争议时,到底是以薪酬、劳动报酬(工资总额)为基数,还是以劳动报酬的一部分即工资为基数计算加班工资时,各地各行其是。

国际劳工组织《1949 年保护工资条例》对工资的定义是:工资是指不论名称或计算方式如何,由一位雇主对一位受雇者,为其已完成或将要完成的工作或已提供或将要提供的服务,以货币结算并由共同协议或国家法律或条例予以确定,而凭书面或口头雇佣合同支付的报酬或收入。[②]《欧盟劳动法》规定:"报酬"是指劳动者直接或间接地从其雇主那里获得的基本或最低工资或薪水或其他报酬,无论是现金还是实物。[③] 台湾地区的"工资"是以"劳动对价"及"经常性给予"为双重条件,若其给付是由于偶发的特定事由或雇主基于照顾员工生活的恩惠性、身份性给予,与劳动无关,则不属于经常性给予,亦不属于工资。[④]我们看到,国际劳工组织的定义重点在于工资是双方书面或口头的"约定",具有事先确定性。欧盟规定的"报酬"只是具有"最低工资"的意味。在台湾,不是所有的收入都属于工资,工资有着特定的含义。对此,笔者认为,在我国,不能将劳动者从用人单位得到的所有收入均理解成工资。华中科技大学的樊成伟教授从当代劳资关系和劳动法的

---

① 劳动和社会保障部劳动工资研究所编:《我国企业薪酬热点问题剖析》,中国劳动社会保障出版社 2007 年版,第 23 页。

② 谢国伟、杨晓蓉主编:《劳动争议案件审判要旨》,人民法院出版社 2006 年版,第 101 页。

③ 付欣译:《欧盟劳动法》(第 2 版),中国法制出版社 2005 年版,第 245 页。

④ 江琼:"两岸三地劳动基准法律制度比较研究",福建师范大学 2008 年硕士学位论文。

角度来对工资进行了定义:所谓工资,是指基于劳资关系的建立,根据有关法律法规的规定和劳动合同的约定,用人单位以劳动者的劳动能力和工作岗位为尺度,以劳动者实际提供的劳动量为标准所确定的,并按约定时间持续性、规律性地以货币形式直接支付给劳动者的劳动报酬。工资是劳动者依法获得的劳动报酬的主要组成部分。① 该定义既考虑了双方的约定,也强调工资支付的持续性、规律性,与现实情况较为符合,也与《条文说明》中加班工资为基数计算加班工资的精神相一致。据此定义,没有合同约定的未按月固定发放的奖金、提成就不能作为加班工资的计算基数。

如果按《劳动合同法》起草小组的意见,将工资理解成全部的劳动报酬,如果以此作为加班工资的计算基数,在实践中难以通行。例如,今年海南省因国际旅游岛概念大热时,海南有楼房销售员月提成达到30万元,如果楼房销售员来主张加班工资,以全部提成作为加班工资的计算基数,显然有失公平。即使不考虑这个特例,在南京,笔者审理的加班争议案件中楼房销售员月底薪1600元,加上提成月平均工资亦6000元左右,如果以月平均工资6000元为基数计算加班工资,那么其日工资为276元,按每天上班10个小时计,楼房销售员节假日加班一天,单位需给加班工资1035元,这样处理对单位来说很不公平。

笔者认为,用于计算加班工资的工资应当是指狭义的工资,一方面要强调按期,另一方面强调有保障。一般来说,工资是劳动关系建立之初双方以口头或书面形式事先约定的。从法律关系上来看,劳动者的劳务提供与用人单位的支付工资乃为对待给付关系,是劳动合同中的债权债务关系。一言以蔽之,工资就是劳动者提供劳动的对价。对于劳动者来说,它是正常生活的主要经济来源;对于用人单位则是其产品成本的重要组成部分。

2. 加班工资的性质

厘清工资的性质,现在我们来看加班工资的工资。由于对劳动报酬与工资的概念未作明确的界定,以致认为工资即为劳动报酬。同样的,相当多的人也认为加班工资也是工资,也就是劳动报酬,所以长期

① 樊成伟:《角力》,中国法制出版社2010年版,第219页。

以来,我们将加班工资争议作为拖欠劳动报酬纠纷处理,但最高人民法院公布的案由里,并没有加班工资争议案由,而是将加班工资争议作为拖欠劳动报酬纠纷处理,以致我们在举证责任分配、申诉时效的长短上一直将加班工资视同工资争议倾斜保护,导致对已起诉劳动者的过度保护,无形中损害了未起诉的更大多数劳动者的利益。

实践中,已有不少有识人士认识到将加班工资与普通工资等同保护不妥。最高人民法院的王林清认为,加班费不是维持劳动者基本生活之必须,不需要倾斜保护。[①] 2010 年 9 月,《最高人民法院关于审理劳动争议案件适用法律若干问题的解释(三)》第 9 条规定:"劳动者主张加班费的,应当就加班事实的存在承担举证责任。但劳动者有证据证明用人单位掌握加班事实存在的证据,用人单位不提供的,由用人单位承担不利后果。"劳动者必须有初步证据证明其主张时,才可要求用人单位根据本条规定提交由其掌握的相关证据,该规定纠正了一些地方对加班工资争议实行举证责任倒置的错误做法,避免了劳动者有可能出现的滥诉情形。例如,劳动者明知用人单位制度不规范,没有考勤记录或财会记录,如果劳动者提出起诉,并声称证据由用人单位掌握时,用人单位由于根本没有制作相关记录,按照原来的举证责任倒置的做法,不利于对用人单位权益的保护。如案例 1 的彩电维修工李某,其明知单位没有考勤,其就认为没考勤就应承担举证不能的责任,判用人单位败诉,法院驳回其诉讼请求后,还认为自己应该胜诉,为此还不断申诉。但客观地说,其申诉还是有一定的法律支撑的。

在申诉时效上,有司法实践将加班工资与普通工资进行区分,分别适用不同的申诉时效。如宁波海天纺织有限公司诉漆启福加班争议中,[②]法官将加班工资的拖欠分为两种情况,第一种情形是正常工资足额支付,而加班工资未支付或未足额支付;第二种情形是正常工资、加班工资都未足额支付。在第一种情形下,用单位支付了劳动者正常工

① 王林清:《劳动争议热点问题司法实务指引》,人民法院出版社 2010 年版,第 173 页。

② 国家法官学院、中国人民大学编:《中国审判案例要览 2008 民事审判案例卷》,中国人民大学出版社、人民法院出版社 2009 年版,第 459 页。

资而未支付加班工资时,具有拒绝支付加班工资的意思表示,劳动者应该知晓其权利已受到侵害,必须在发放正常工资的发薪之日起60日内提出申诉,对超过60日申诉时效的加班工资不予保护。在第二种情形下,正常工资和加班工资同时处于拖欠之中,用人单位可能存在经营困难等客观原因造成而未及时支付,此时对加班工资的时效保护从宽理解,除用人单位书面通知劳动者拒付工资外,劳动者可随时提出仲裁申请。需要说明的是,该案发生《劳动争议调解仲裁法》实施前,劳动争议申诉时效为60天,如发生现在,申诉时效为一年,但该案的处理思路对我们很有启发意义。

笔者认为,加班工资是指劳动者按照用人单位生产和工作的需要,在规定工作时间之外继续生产劳动或者工作所获得的劳动报酬,[①]即劳动者额外劳动量的"对待给付",亦即是对劳动者休息时间的经济补偿。工资与加班工资是否存在性质上的不同,目前理论上与实务中对此鲜有涉猎,但纵观中外劳动法领域立法例,对工资与加班工资的保护力度大都有所不同,[②]是故,我们认为加班工资具有不同于工资的基本属性。在司法保护力度上与工资应有所区别对待。因为司法资源总是宝贵的,将大多数精力用在加班工资保护上,那么真正需要保护的工资的力度就会减弱。

3. 加班工资申诉时效的合理期限

用人单位安排劳动者加班,应按照法律规定支付相应的加班费。但加班工资具有不同于一般劳动争议的特质,其追溯时效究竟应为多久?对此法律缺乏明确规定。司法实践中,最早的做法是将加班工资视为一种连续侵权行为,对加班工资的保护一直可溯至劳动关系建立

---

① 杜万华、王林清、陈丹:"《关于当前形势下做好劳动争议纠纷案件审判工作的指导意见》的理解与适用",载《人民司法·应用》2009年第15期。

② 如我国《劳动法》第48条规定国家实行最低工资保障制度,但对于加班工资用人单位和劳动者享有自由协商确定之权利;《俄罗斯联邦劳动法典》第78条规定了联邦法定最低劳动报酬制度,但加班等情形下的津贴数额和支付条件由企业、机关、团体自行确定并在集体合同(劳动报酬条例)中规定;美国《公平劳动标准法案》、《沃尔什-希利法案》、《戴维斯-佩根法案》、《科普兰法案》及《服务契约法案》等法案中均规定了最低工资规则并对加班补偿作出了非强制性规定。

之初。之后,又产生了一种新的主张即只保护劳动者劳动争议发生前60天的加班费,其法律依据是:《劳动法》第82条规定:“提出仲裁要求的一方应当自劳动争议发生之日起六十日内向劳动争议仲裁委员会提出书面申请。仲裁裁决一般应在收到仲裁申请的六十日内作出。对仲裁裁决无异议的,当事人必须履行。”浙江省劳动争议仲裁委员(浙仲〔2004〕1号)《关于加班工资纠纷劳动仲裁时效问题的批复》中也针对加班工资的特殊性,作出按照《劳动法》第82条规定的执行。但随着《最高人民法院关于审理劳动争议案件的司法解释(二)》的出台,加班工资保护期限问题又成为了争议的焦点。该解释第1条第1款规定:在劳动关系存续期间产生的支付工资争议,用人单位能够证明已经书面通知劳动者拒付工资的,书面通知送达为劳动争议发生之日。用人单位不能证明的,劳动者主张权利之日为劳动争议发生之日。

法院是否可以据此条款对劳动争议发生之前所有的加班工资都予以保护?在《劳动争议调解仲裁法》出台后,劳动争议案件申诉时效由原来的60天延长为1年。实践中,一般将加班工资视同普通工资进行同等保护,故加班工资的申诉请求在1年的申诉时效内提出,加班工资的诉讼时效原则上没有时间限制,其保护期限原则上可追溯至劳动关系建立之初。各地对劳动者加班工资的诉讼请求的保护期限主要分三种:(1)保护1年,主要是按照《调解仲裁法》的规定。从2009年10月份起,南京市统一将加班工资的保护期限原则上定为1年。对超过部分不予保护。[①] (2)保护2年。这是主流做法,超过2年部分,若劳动者无法举证就不予支持。[②] (3)整个劳动关系时间段均予保护。如广西桂林对劳动者4年的加班工资均予保护。[③] 而我们在明确加班工资的辅助工资属性后,考虑到加班证据的不易固定性,不像基本工资(标准工资)那么有劳动合同约定容易确定,其申诉时效不宜过长,长期以

① 《南京市中级人民法院、南京市劳动争议仲裁委员关于加班工资纠纷审理的若干法律适用意见》(宁中法〔2009〕213号)。

② 蔡慧永主编:《法官告诉你,遇到劳动纠纷怎么办》,法律出版社2010年版,第203~205页。

③ 魏浩征:“点评2007年十大劳动争议案件”,载《人力资源》2008年第2期。

来我们实行的2个月的申诉时效是合适的,现在劳动争议的申诉时效延长为1年后,为保持与该规定的一致性,将加班工资的保护期限定为1年是较为合适的。鉴于加班争议的高发态势,江苏省高级人民法院2009年6月调研时,各区县法官都极力主张应将加班工资的保护期限从原来的2年调整至1年,可以看出基层法官对此事的态度。南京市中级人民法院、南京市劳动争议仲裁委员会联合发文规定,从2009年10月1日起统一规定加班工资的保护期限为1年,超过1年的,一般不予保护。从实施效果看,该规定实施后,效果较好,一是诉讼的劳动者知道这是统一规定后,能坦然的接受,没有太多抵触情绪。二是加班争议数量显著减少。据南京市玄武区人民法院统计,实行该规定后,2010年该院加班工资争议案件数量比上年同期下降一半。

四、对加班进行法律规制的若干建议

(一)有关工时立法的若干观点

1. 工时立法之学者观点

(1)秦国荣:劳资"双保护",以法律构架企业伦理关系

南京师范大学的秦国荣教授认为,在进行劳动立法之前,首先应当对当代中国国情,尤其是我国的经济发展状况进行深入的分析,在我国综合国力还不够强大,尤其是生产力水平市场发育程序还比较低下,经济全球化时代国际竞争异常激烈的情况下,当代中国的劳动立法及其政策的确定,应以促进国民经济的整体发展为目标,在劳资双方之间寻求利益平衡点,做到既保护作为弱方劳动者的合法权益,又保护作为社会生产力发展单元的企业权益。过快过大地提高劳动者的待遇,过大过重的加大用人单位的用工成本和负担,不仅在实际生活中因难以实施而损害法律的权威和尊严,而且对经济发展也容易造成阻碍和破坏。劳动法对企业的保护与对劳动者的保护是不矛盾的,因为劳动者与企业之间乃是利益相依、彼此共存的关系。没有企业的生存与发展,就不可能有劳动者的就业与劳动权的实现,因此劳动法要强调对劳资双方的"双保护"。劳动法应当在立法中体现对现代企业的伦理精神和社会责任感的塑造,尤其是对企业和员工的诚信、协作、踏实、责任、关爱、服务、团队等基本伦理观念的培育,并由此建构和谐劳资关系,奠立整

个社会的伦理关系与道德价值基础。[①]

(2)董保华:工时立法"高标准、窄覆盖、宽执法"

华东政法大学的董保华教授认为,我国的工时、加班工资补偿标准虚高,"未得到真正的落实","在现实生活中只有较正规的企业、较为上层的员工能够享受。……劳动基准被严格执行的只占19%。"董保华教授还认为,企业没有为减少加班而增加用工的原因,在于立法上存在三大问题切断了企业用工的后路:①执法的宽尺度。劳动立法标准偏高,绝大多数企业无法达到,执法部门面对普遍性违法的状况只会选择性执法。"高标准"必然导致"宽执法"。②用工的高风险。我国既规定了很高的劳动标准,又严格限制企业员工,企业用工隐性成本过高。③社保的低效率。社保在工资所占的比例过高,企业负担过重,不少社保用于填补历史欠账。

(3)张五常:国家不应设立工作时间上限

香港经济学家张五常教授认为,国家不应对工作时间设定上限,其年轻时就每周工作和学习时间90个小时,加班上限的规定使低层员工难以脱颖而出,严重阻碍人才的成长,也不符合"劳工的意欲"。[②] 他认为,加班工作可以磨炼意志、培养干劲、耐力和奋斗精神,对今后的职业生涯有正面作用。商业天才盖茨把微软的总部称为校园(campus),内设饭堂,鼓励衣履不整的青年不出外进膳,晚上灯火通明,不分昼夜地工作的无数。据说每星期工作逾百小时的不少。自甘为奴,被盖茨剥削,十年后数之不尽的身家逾千万美元了。

2. 工时规制的价值选择

对上述学者的意见,笔者甚为赞同。由于在立法中未能体现"双保护"的立法原则,导致我国工时立法"高标准、窄覆盖、宽执法"的尴尬现状。法律本应为解决个案问题而存在,当违法成为普遍性现象的时候,法律规定本身的合理性就值得怀疑。我们也应看到,虽然加班争议高发,但与我国职工总数相比,与单位发生争议的职工毕竟是少数,

① 秦国荣:"建国前中国共产党劳动立法的演变及其启示",载《江海学刊》2008年第4期。

② 张五常:《新卖柑者言》,中信出版社2010年版,第301页。

过多保护劳动者的利益，相应地也就损害了更多数劳动者的利益。"法律作为社会利益关系的调整器与平衡器，任何情绪化或利益偏私性的立法都会给社会关系带来损害，最终导致效率与公平的双重丧失"。① 因为"促使劳动工资提高的，不是一国国民财富的现有存量，而是一国国民财富的增加量。"②所以，法律的施行必须考虑其所依赖的文化土壤，否则难免水土不服，并且考虑其现实可能性，不能太超前。

张五常的见解虽有偏颇，但也不无道理。如果华为严格执行每周工作40小时的工时制度，其不可能成为世界500强企业。孟子所言"天降大任于斯人也，必先苦其心志，劳其筋骨，饿其体肤，空乏其身，行拂乱其所为，所以动心忍性，曾亦其所不能"，此言非虚。当代世界各国之间的竞争，说到底是人才的竞争、科技的竞争。中国出现华为这样的企业是中国之幸。否则，中国永远不会有微软这样的企业。那么我们只能受制于人，国民只能高价购买微软的计算机操作系统。毕竟，一个百度就使我们在处理谷歌问题时多了一份从容和自信。故我国制定工时制度时，在不对国民健康造成损害的情况下，也要考虑使工时制度从促进人才培养和生产力的发展，要使吃苦、肯干的员工在竞争中早日成长，增强我国的综合国力。

（二）我国加班法律规制的目标

秦国荣教授指出："劳动法要真正实现其保护劳动者合法权益的目的和功能，其基本前提当然是劳动法'本身是制定得良好的法律'，即以衡平劳资关系、保护劳动者基本权利为立法圭臬的形成良好的劳动法律体系。但劳动法的生命更在于在现实生活中形成有效的法律运行机制，对用工者违背社会准则和法律强制性规定侵犯劳动者合法权益的违法行为进行有效的规范、约束与制裁。具体而言，就是既要在'法律上强制地规定了合理工资和工作日的界限'的劳动基准制度，更要形成使'资本终于受制于法律的约束'的劳动监察制度。"

① 秦国荣："法律衡平与劳权保障：现代劳动法的价值理念及其实现（一）"，载《三江学院学报》2006年第1、2期。

② ［英］亚当·斯密著：《国富论》，张兴、田要武、龚双红编译，北京出版社2007年版，第27页。

笔者认为,我国的加班法律制度综合考虑员工健康、国情、规定合理性与现实情况的匹配性,同时也要考虑新旧法律有效衔接的需要,尽量利用原有的法律平台,承继原有法律规定,保持法的稳定性,减少司法运行成本。目的是减少劳动争议,促进劳资和谐和经济发展。在具体的法律制度构建上,主要是在以下几个方面对原有法律规定加以改进和完善:(1)原有法律规定不够明确的,加以规范和明确规定,以减少争议,如举证责任分配、加班工资计算基数以及工间休息时间是否属于工作时间等。(2)参照国际通行做法,以每月工作30日计算日工资标准。(3)除春节休假外,取消平时超时工作与休息日、节假日超时支付标准工作的区别,以超时长度分段计付加班工资,并适当调低支付标准。(4)考虑加班证据易灭失性特点,规定加班工资的诉讼时效制度及除斥期间,督促当事人及时主张权利。(5)取消特殊工时制度,实行加班补偿豁免制度。

(三)对加班进行法律规制的几点建议

1. 明确与加班补偿有关的工时概念,减少争议

(1)工作时间

如将工作时间界定为劳动者在用人单位从事工作或生产的时间,在法律上表现为劳动者在用人单位指示下“受拘束”的时间。[①] 并用列举的方法排除哪些时间不属于工作时间,如规定午餐时间不属于工作时间。这样,可以减少争议。

(2)加班工资计算基数

加班工资的计算基数以固定工资为基数。固定工资的确定按照可预测性、规律性、制度性为原则确定。可预测性是指当事人在当月即能预测到下个月正常的工资数额。规律性是指工资性项目下的数额每月(或每周)大体一致。制度性是指该工资项目是劳动合同约定或单位规章制度规定的。在考察是否属于每月固定工资,应结合该三项综合评定。理论上,误餐费、交通费属于福利待遇范畴,或从利益角度考虑,用人单位可能会将工资以福利待遇名义发放,以减少工资基数,为避免此类现象发生,可规定只要是每月固定发放的误餐费、交通费均属于固

① 沈同仙:《劳动法学》,北京大学出版社2009年版,第124页。

定工资。如交通费以发票须凭发票报销,则不算固定工资。现举例如下:季度奖,在数额上不确定,且非月发性,不属于固定工资;全勤奖,不以实际出勤每月固定发放的,属于固定工资,按出勤天数发放的,则不属于固定工资。岗位工资,每月固定发放,属于固定工资。绩效工资,数额每月大体相等的,如正常情况下员工每月大体在 380 元至 420 之间,以标准绩效工资 400 元确定为固定工资。绩效工资因考评因素差别较大,有时能拿 400 元,有时只能拿 100 元的,只不能算作固定工资。提成,每月数额相差较大,不属固定工资。误餐费按出勤天数计日发放,则可以算福利待遇,不属于固定工资。

(3)日工资标准

我国现有的日工资计算是以月工资除以标准工作时间进行计算。该规定比较复杂,普通百姓难以掌握。人事管理专家也不一定能清楚地掌握,如人力资源专家方少华在专著中介绍的加班费计算办法即是按月计薪天数 22 天进行计算,而不是法律规定的 21.75 天。越是文化程度需求较低的劳动密集型企业劳动者加班时间最多,如一项调查显示,2411 个农民工中,每周工作时间分别为:5 天以下的占 3.8%,5 天占 10.6%,5.5 天的占 4.2%,6 天的占 28.3%,6.5 天的占 11.9%,7 天的占 41.2%。[①] 可见,有 41.2% 的在岗农民工没有任何休息日。应当说,他们是最需要法律保护的人,法律规定应让他们简单易懂。而我们的日工资标准连法律专业人士都经常弄错,何况其他劳动者。以至于法定节假日加班究竟是支付 400% 的加班工资还是应支付 300% 的加班工资,经常有搞不明白。在当前的月计薪天数 21.75 天是将每年 11 个法定节假日排除在月计薪天数以外,应当认为法定节假日已支付加班工资的。而在 2007 年及以前,由于在计算月计薪天数时未将每年的法定节假日未排除在外,在法理上法定节假日是没有工资的。如果用人单位对法定节假日加班只支付 300% 的加班工资,是违法的,但实务中用人单位只需付 300% 的加班工资也不算违法,这种情况在 2008 年 1 月 1 日以后月计薪天数调整为 21.75 天后,支付 300% 的法定节假日加班工资就是合法的了。改为以每月 30 天为月计薪日,简单易懂,与

① 蒋月:《中国农民工劳动权利保护研究》,法律出版社 2006 年版,第 102 页。

国际接轨,在法理上劳动者的休息权也保障了,因为休息日与法定节假日劳动者不上班,用人单位也已经支付了一倍的工资。因为通俗易懂,劳资双方理解一致,不易因误读法律引发纠纷。

(4)加班补偿标准

将加班工资延时加点与休息日加班、法定节假日加班,并规定不同的支付标准并无必要,也未有效证据证明为何劳动者休息日加班比平时加点对劳动者更加重要。笔者认为应当大幅降低加班补偿标准,在具体的补偿上可以参考我国台湾、韩国、日本支付标准。统一规定加班加点加班补偿标准,考虑到春节对所有中国人来说具有特别意义,可保留原有的300%的加班补偿标准。

对此,欧盟的立法实践可资借鉴。欧盟在劳动法中亦曾规定每周的最低休息期限"原则上应包括星期天"。然而,英国政府在 Working Time Directive 案中对这一规定的效力成功地提出了质疑。欧盟法院认为,"理事会没有解释为什么星期天比1周其他日子作为每周的休息日对劳动者的健康与安全联系更紧密。"

其他国家加班补偿标准:美国为正常工资的150%,至于职工是否在周末或节假日加班并不改变加班工资的数额;韩国为普通工资的150%或以上;日本为正常工资率的一半来支付;法国为工资的125%至150%,干部没有加班工资。

(5)规定消灭时效

劳动关系中劳务都是即时履行,双方又具有人身性质,故劳动争议应即时解决,否则不利于劳动关系的稳定,《劳动法》规定劳动争议案件的申诉时效为2个月,实践中仲裁机构和不少都按此处理劳动争议,加班工资争议也不例外。由于社会各界对长期拖欠劳动者工资和欠薪逃匿反映比较强烈,60日的申诉不利于保护劳动者权益,《最高人民法院出台劳动争议司法解释二》规定,拖欠工资争议,劳动者申请仲裁时劳动关系仍然存续,用人单位以劳动者申请仲裁超过60日为由主张不再支付的,人民法院不予支持。但用人单位能够证明劳动者已经收到拒付工资的书面通知的除外。由于加班工资属于工资,加班工资争议只执行该条规定,理论上劳动者的加班工资往前主张到劳动关系建立初都是可以的,但这样处理也面临一个问题,由于加班工资证据宜灭失,法官难以查清,没有期限限制的话对用人单位负担太重,故实践中法院以举证责任为限,只处理2年内的加班工资。笔者认为,最高人民法院对加班工资与工资争议加以区分更合理一些,因为工资具有保障性质,关系到劳动者的生存权,对劳动争议发生之日作扩张解释是合理的,对劳动关系存续期间,用人单位未书面明确拒绝支付工资的,视为未发生劳动争议。而加班工资不是维持劳动者基本生活之必须,不需要倾斜保护。且我国法律对何谓加班未作明确规定,如午餐时间、备勤时间、待命时间等是否属于工作时间难以确定,用人单位压根就不认为劳动者存在加班,其不可能作书面通知,表示其拒绝支付加班工资的,因为拒绝支付的前提是用人单位承认劳动者已经加班。

加班争议的保护期限问题在2009年全球金融危机期间"保增长、保民生、保稳定"的大背景下被放大,用人单位的支付能力下降,为此,各地采取了相应的应对措施,南京市中级人民法院和南京市劳动争议仲裁委员会于2009年9月30日联合发文规定,根据《劳动争议调解仲裁法》第27条第1款的规定,因用人单位克扣加班工资,劳动者申请劳动仲裁的申诉时效为1年,自劳动者知道或应当知道克扣加班工资之日起计算,超过1年的,一般不予保护。自此,南京市各级基层法院只处理劳动者1年内的加班主张请求,超出1年以外的不予保护。自同年10月1日起开始施行以来,运行较为顺畅,劳动者大多能够坦然接受1年的时效规定。故笔者主张在法律中明确规定加班工资的请求最长保护期限为1年,超过1年的请求,不予保护。

2. 关于举证责任分配

在加班工资争议中,举证责任成了最大的争议焦点。前述已对此进行分析,虽有人提出有无加班以2年为限,2年内由用人单位举证,实行举证责任倒置,2年外的则由劳动者举证。这看似辩证和公正的观点,但考虑到司法实务中各地法院对加班工资一般只保护2年,以2年为限的规定,实际上让用人单位承担了举证责任。如果用人单位管理不规范,其承担2年内的加班工资也是一笔不小的数目,考虑加班工资容易引发群体性诉讼,故以2年为限的规定不可取。对此,笔者认为,应当参考侵权责任法中医疗损害责任证据分配规则,即采取举证责任缓和制度。在医疗侵权纠纷中,考虑受害者一方举证能力弱,受害者往往不能掌握医疗的专业知识和信息，医疗机构处于强势地位，如果由受害者一方举证医疗机构是否存在过错，较为困难。故《最高人民法院关于民事诉讼证据的若干规定》规定因医疗行为引起的侵权诉讼，由医疗机构就医疗行为与损害结果之间不存在因果关系及不存在侵权承担举证责任。医疗侵权纠纷中实行证明责任的两个倒置，一个是因果关系倒置，另一个是责任倒置。构成一个侵权责任要有四个要件，法律把最困难的两个要件都推定了。原告向法院起诉只要提出行为违法，造成损害，就没有举证责任了。没有因果关系，没有过失要由医院来证明，医疗机构承担的诉讼责任太重，导致该规定的法律效果和社会效果不大理想，近年来医疗纠纷逐年上升，引起社会广泛关注。新制定的《侵权责任法》在举证上改变了原有的过错推定原则，实行举证责任缓和制度。所谓举证责任缓和与举证责任倒置的基本区别是：(1)实行条件的区别。举证责任缓和并不是完全的举证责任倒置，而是有条件的举证责任倒置，或者就是举证责任转移、转换。作为原告的受害者一方必须首先承担举证责任，证明因果关系的盖然性，或者证明情况证据；而举证责任倒置是无条件的，原告不承担举证责任。(2)原告先证明还是被告先证明的区别。举证责任缓和，是由原告先举证证明一定的事实存在，之后才能进行推定；而举证责任倒置是被告先证明，被告承担举证责任，并且免除原告的先证明的责任。目前加班工资争议与医疗损害纠纷有相似的地方，即双方当事人之间信息不对称，考勤记录、工资档案等均由用人单位保管，职工的举证能力也处于弱势地位，但如果实行举证责任倒置，也面临用人单位的举证责任太重的问题。前面谈到我国传统上是熟人社会，一些单位的管理不够规范，未建立考勤制度或考勤后未与职工进行核对，在举证责任倒置的情况下，一些不诚信的劳动者可能因举证责任分配不当获取利益。而劳动争议案件与医疗损害纠纷案件不同，医疗损害的举证责任分配不当，影响是个案，而劳动争议案件则可能带有群体性，引发劳资纠纷和不稳定因素。故笔者认为，在劳动争议案件中，宜实行举证责任缓和制度，先由劳动者对加班事实承担举证责任，当劳动者的举证达到其存在加班的盖然性程度，如加班通知、签到表、调休通知单等，然后实行举证责任转移、转换，由用人单位对劳动者未加班的事实进行举证。

3. 加班豁免补偿

用人单位实际用工复杂,工作时间可能难以计算,或不方便计算,有些行业、岗位不适宜于用加班补偿的方式对员工进行激励,我国虽规定了企业可以实行不定时工作制和综合计算工时工作制,但在实务中由于种种条件的限制,特殊工时制度并未发挥应有的作用。我国可以参考国外普遍实行的加班补偿豁免制度,对某些员工实行加班补偿豁免。

美国《公平劳动标准法案》规定,对以下行业雇员,豁免加班补偿规定:(1)零售或服务公司的雇员;(2)农业及相关行业的雇员;(3)运输行业的雇员;(4)在雇主家居住的家政服务者;(5)特定私有产业的雇员;(6)某些小型机构的雇员、消防队员及法律执行人员;(7)白领雇员;(8)农业行业的雇员;(9)季节性娱乐活动机构和休养机构的雇员;(10)某些渔业和水上作业行业的雇员;(11)船员;(12)某些家政雇员;(13)家庭雇佣的雇员和报纸投递人员的雇主;(14)其他。也有部分雇员同时被豁免适用最低工资标准和加班补偿规定:(1)白领雇员;(2)农业行业的雇员;(3)季节性娱乐活动机构和休养机构的雇员;(4)某些渔业和水上作业行业的雇员;(5)船员;(6)某些家政雇员;(7)其他。

我国对用人单位未作区别对待,一体适用《劳动法》,导致个体工商户也要适用《劳动法》,而个体工商户只有几个员工,其不可能对员工进行考勤。对这些小型的用人单位,其员工与雇主之间的关系,人身信任关系较为亲密,实行工厂的硬性管理并不适合,也与中国的熟人社会传统不合拍。故个体工商户是否应支付员工加班工资,由双方协商确定较为妥当,法律不应强行介入。对我国用人单位的复杂性,梁慧星研究员曾指出:"我国是一个发展中国家,工业生产的现代化程序不高,存在着复杂多样、千差万别的企业形式和经营形式。既有现代化程度较高的大型企业,同时又有各种各样的中型企业、小型企业、微型企业,还有许许多多合伙企业、个体企业,许许多多小作坊、小商店,还有诸如'来料加工'、'三来一补'等难于归类的企业。而且各种企业在经营形式、劳动管理形式上差别甚大。例如,有的实行计时工资制、定时上下班,有的实行计件工资制,自由上下班。特别像'来料加工'、'三来一补'之类,有材料有订单就加班加点干,没有材料、没有订单就闲着。有的行业季节性强,旺季就多招工、多用工,淡季就少用工。特别是一些服务行业,就指望节日、假日赚钱,平常生意很少。"①

对于我国哪些岗位实行加班补偿豁免,可以探讨,但至少应包括以下几类职员:(1)高级管理人员;(2)受季节及自然条件限制的农业从业人员;(3)个体工商户从业人员;(4)产品售后服务人员;(5)外勤人员;(6)推销人员;(7)监督性、间歇性工作的人员(值班人员);(8)运输人员;(9)保健服务从业人员。

对上述特殊岗位的劳动者,如果要求用人单位完全适用《劳动法》进行保护,表面上是对用人单位科以了不合理的负担,实际上则会减少该部分特殊劳动者的就业机会。我国的高级管理人员,其在法律地位上类似于国外的雇主,具有较强的谈判能力,其劳动报酬可以与用人平等协商确定。其他大部分人员属于灵活就业人员,他们有些属于弱势群体中的弱势群体,如果纳入加班工资的保护范围,其合法权益更不会得到有效保障。可以说,作为折中措施的豁免制度,对用人单位来说,其可以根据需要以较低的成本雇佣该种劳动者;对劳动者而言,可以得到学习技术及实践的机会;对国家与社会来说,可以增加就业率,减轻社会保障的负担。由此可以看出适用加班豁免制度可以一举三得。此外,在工时限制与加班工资方面,我国《劳动法》中关于不定时工作制和综合计算工时工作制的适用范围规定得过于笼统,未能充分考虑如何妥善处理调整发展的经济中企业甚至劳动者本人对加班的实际需求与保护劳动者身体健康这个长远目标两者之间的矛盾。

结语

加班法律制度是工时制度中的重要内容,事关劳动者与用人单位切身利益,劳动争议中的大部分争议是加班工资争议。科学的加班法律制度,对减少纷争、促进劳资和谐具有重要意义。明确的加班法律规定,可以使劳资双方合理评判用工风险,预测加班工资负担,有利于营

① 梁慧星2009年3月9日在审议全国人大常委会工作报告的四川代表团会议上的发言:"劳动合同法,有什么错?为什么错?"

造良好的投资环境,促进地方经济发展。总结和反思我国现行加班法律制度的运行中存在问题,建立与我国现阶段经济发展和国情相适应的加班法律制度,势在必行。

(陈文军,江苏省南京市玄武区人民法院法官,副庭长)

专题研究

论过失客观归责的理据及其地位①

郑永宽

目　　次

侵权过失②是什么？如何理解过失以及过失归责？可以说是侵权法理论上最为基础的问题，引发了西方法学界长期以来的关注与反思，并提出了诸多不同的理论解释与认知，借此可从不同视角层面深刻窥视侵权过失的理念内涵以及过失归责的理据。然反观中国，学人的论述多仅停留于过失定义的解释与学说理论的简单介绍，少有深入探讨的理论自觉，可据以形成对过失本质与价值的充分反思与论辩场景。故，本文尝试着以较偏向理论的视角去探究过失，揭示过失在当前社会规范中的意义存在及其归责理据。

---

① 本论文为2013年中央高校基本科研业务费项目“侵权过失的客观化研究”（T2013221006）的阶段性研究成果。

② 按中国大陆学者之通常用法，系以过错概念包含故意与过失，故本文的研究对象仅及于后者而与过错概念有别。本文中关于“过错”与“过失”术语的使用也遵循此通常用法。

一、侵权过失的流变及其评述

(一)侵权过失流变的考察

人类社会始终面临一个人际交往的基本问题:因权益受侵害而产生的损失究应由被害人承担,抑或使加害人负担损害赔偿责任?[①] 罗马法早期甚至更早以前,对此曾采纳结果责任,即行为人当然须对其致人损害行为负责,其系以原因归责,又称原因主义。此乃早期社会的责任观,其时尚不知关注人际交往中行为在主观方面所具有的伦理与理性价值,[②]而更在意复仇欲望与激情的最终表达与实践。[③] 但原因主义失之过严,动辄使人得咎,其与实际生活之不合渐为明显。人们转而愿意相信,损失更应该被理解为个人的不幸或命运。这是一个西方法史上千百年来根深蒂固的宿命论观念,其出发点在于:"反对由法律来阻碍偶然事件的发生,并反对由法律补偿由命运所造成的不平等。根据这种观念,只有当他人实施了不正当的行为时,才可能由该他人代替遭受损失的人承担责任"。[④] 所以,耶林在考察罗马法之后认为,罗马法学的一个永恒的功绩,即在于将过错观念贯穿于整个民法。[⑤] 因为,使人负损害赔偿的,不是因为有损害,而是因为有过错,其道理就如同化

---

① 当然,自中国《侵权责任法》第15条而言,尽管仍应相信赔偿损失是侵权责任的主要形式,但显然侵权责任还包含其他多样化的内容。而且,虽然《侵权责任法》第6条第1款一般性地规定:"行为人因过错侵害他人民事权益,应当承担侵权责任。"但就停止侵害、排除妨碍、消除危险等责任形式而言,是否仍须以行为人的过失为要件,也不乏反思细究之必要。

② 张俊浩:《民法学原理》(下册),中国政法大学出版社2000年版,第905页。

③ 参见[德]鲁道夫·冯·耶林著:《罗马私法中的过错要素》,柯伟才译,中国法制出版社2009年版。

④ [德]马克西米利安·福克斯著:《侵权行为法》,齐晓琨译,法律出版社2006年版,第2页。美国著名法学家Holmes同样认为:"良好的政策应让损失停留于其所发生之处,除非有特别干预的理由存在"(Sound policy lets losses lie where they fall except where a special reason can be shown for interference)。参见[美]小奥利弗·温德尔·霍姆斯著:《普通法》,冉昊、姚中秋译,中国政法大学出版社2006年版,第83页以下。

⑤ [德]鲁道夫·冯·耶林著:《罗马私法中的过错要素》,柯伟才译,中国法制出版社2009年版,第35页。

学上的原则,使蜡烛燃烧的,不是光,而是氧气一般的浅显明白。[1] 而近代以来,这种无过错既无责任的过错责任主义,则特别契合于自由主义世界观中张扬并保障个人社会经济活动自由的价值精神。所以,各国民法,特别是侵权行为法,基本都确立了过错责任的归责原则。

由此可见,过错责任制度实可追溯及罗马法。然其中,故意以外,过失的内涵与判定至今则已经几多变化与发展,在很大程度上体现了特定历史文化阶段中占主导地位的思维方式、伦理道德观念以及社会经济关系。现有资料表明,在早期之罗马法,就故意、过失与事变所致损害之法律后果,似已有所区别。如《十二表法》已规定对杀人、烧毁房屋等过失或故意行为作轻重不同的处罚。而因不可抗力或事变造成的损失,不构成私犯。[2] 不过,由于当时主观意思之理论,尚未发达,且违法性及有责性之概念,更未严格区别。故过失概念,无非为法律上义务之违反,与现今侵权法上所谓违法的概念,其间似无多大区别,至多亦仅具客观上归责之意义而已。[3] 所以,罗马法上对过失的判定,实际采纳"善良家父"这一人格化的客观标准,以"善良家父"所能达到的注意程度,来判断行为人是否有过失,行为人没有预见或避免"善良家父"可预见或避免的损害的,即为有过失。[4] 因其系依客观抽象之标准而定,故通称为"抽象的轻过失",在性质上当属客观过失之范畴。

不过,也正是在作为罗马法最为成熟时期的查士丁尼时代,侵权责任开始呈现逐渐主观化的发展过程。侵权责任的过错已经同个人道德的考虑联系在一起,仅仅在个人的侵权行为具有主观上的可责难性时,才使侵害人对他人承担法律责任。此后,人们在责令侵害人对受害人承担责任时,更加注意对侵害人过错的具体分析,这被现代法学家描述

---

① ［德］鲁道夫·冯·耶林著:《罗马私法中的过错要素》,柯伟才译,中国法制出版社 2009 年版,第 35 页以下。

② 参见周枏:《罗马法原论》(下册),商务印书馆 1996 年版,第 783 页。

③ 邱聪智:《从侵权行为归责原理之变动论危险责任之构成》,中国人民大学出版社 2006 年版,第 52 页。

④ 参见王卫国:《过错责任原则:第三次勃兴》,中国法制出版社 2000 年版,第40 ~ 41 页。

为从抽象过失到具体过失的转变。[1] 这种转变认为,要求行为人达到其不可能达到的行为标准是不公平的。从而在归责判断上,更加关注个别行为人之主观状况与注意能力,承认个别不同之过失标准,故亦可谓为主观过失的转向。此转向应与其时以来希腊哲学及基督教哲学对道德伦理态度日渐重视与严格要求紧密相关,讫至近代,则且契合于崇尚人的理性的个人主义与自由主义的时代精神,终在耶林关于主观不法与客观不法的区分中得到较清晰明确的体现,[2]并得以在近代法国、德国甚至是英美的侵权法上确立起主流地位。

上述所谓主观构想之过失责任主义,在近代民法可适用无失,一般认为应推究及如下几点,即无过失加害之稀有性、过失证明之非高度困难性以及加害人与被害人地位之互换可能性。然自19世纪后期以降的工业化社会,以上三者几均不复存在,[3]主观过失的归责理论对于受害人的保护,因此则甚显不周。故除法定的特殊侵权情形,大多数国家依危险分配理念或其他政策考量而有无过失归责或推定过失归责的制度设计外,更为基础且根本的改变,则在于使过失回归与罗马法精神相似的客观过失立场,以回应现代社会对于人际交往中注意义务的同质构想与信赖要求。如此构建的"过失客观化",系指以一般"合理人"[4]社会生活上之注意义务,作为过失判断的根据。举凡行为人之损害行为,违反上述注意义务,除有法定之免责情事外,即认过失成立,不再论究行为人的注意能力是否能预见该损害。此说可谓系现行民事责任论

---

① C. Ferrini, Esposizione. Storica e Dottrinale del Diritto Penale Romano, in Enc Pessina, I. 1902, p. 258. 转引自张民安:《过错侵权责任制度研究》,中国政法大学出版社2002年版,第40页。

② 参见[德]鲁道夫·冯·耶林著:《罗马私法中的过错要素》,柯伟才译,中国法制出版社2009年版。关于主观过失的发展及其不同学说的介绍,还可参照邱聪智:《从侵权行为归责原理之变动论危险责任之构成》,中国人民大学出版社2006年版,第38~43页。

③ 关于正文中述及的主观构想之过失责任主义的三个基础的解释及其在工业社会中的变化,具体可参照邱聪智:《从侵权行为归责原理之变动论危险责任之构成》,中国人民大学出版社2006年版,第45~46页。

④ "合理人"又称为"善良管理人"、"理性人"等,但其实质内涵则基本一致。至于笔者选择"合理人"称谓的原因,容于后文再略为述及。

之通说，为包括德、法、英、美、日等国在内的绝大部分国家的私法所践行。

(二)侵权过失流变的评述

以上对侵权过失历史的简要概观，可知过失经历了客观过失——主观过失——客观过失的发展。然今日之客观过失，尽管仍以怠于客观、抽象的注意义务作为过失判断要素，而不重视行为人个人之主观情事，但却亦非罗马法上客观过失的简单回复。至少，在客观过失据以形成运作的时代精神与学术反思方面，罗马法时期之客观过失，因心理、意思之理论未趋发达，所谓主观过失的构想无由形成。客观过失毋宁为幼稚、朴素的自然结果，并非学术上探讨反思之结论。反之，19 世纪末期以降之客观过失说，则非认识论上缺乏自觉之偶然所得，而是学术研讨之后，认为客观过失较符合侵权行为法之精神，从而进一步加以肯定形塑的结果。① 也正是从该角度思考，近代法上主观过失向客观过失的转向最引人瞩目且甚待省思。主观过失主张过失负责须以具备遵守可能性为前提，系以个人可非难的主观情事为基础，以证明行为人个人心理上的过失状态为其中心，较符合道德感受。而客观过失则被解释为系以社会一般道德感为出发点，依合理人之行为标准，作为判定过失成立与否之依据。此所谓合理人，系以共通经验与活动以及社会行为规范之理想化为基础，故过失在性质上乃基于社会道德要求之客观判断标准。② 无怪乎有学者认为，当今之客观过失出于对传统过失责任主义的眷恋与缅怀，仍穿着过失责任主义的破旧外衣，昂然穿梭往来于 20 世纪新建之民法殿堂上，但受法律社会化之影响，实则已脱胎换骨，无论在内涵或外延上，均与传统理论所称之“过失”，颇有分道扬镳

① 邱聪智：《从侵权行为归责原理之变动论危险责任之构成》，中国人民大学出版社 2006 年版，第 54 页。关于二者在适用方面存在的其他区别，可参照该著述第 54、55 页。

② M. Millner, *Negligence in Modern Law*, 1967, pp. 17 - 19, 23. 转引自邱聪智：《从侵权行为归责原理之变动论危险责任之构成》，中国人民大学出版社 2006 年版，第 61 页。

之势。①

但事实上,客观过失与主观过失之间的区别被误解或夸大了,所谓的客观过失与主观标准同样只是过错或有责性的检测手段,二者并不具有本质性差别,因为,“人们只能通过外在的客观因素来认定内在的主观状态,故唯一可能的标准是客观标准”,②或者说,“主观的法律过错其实根本不存在”。③ 所以说,主观过失与客观过失之间应仅具程度上的差别,主观过失采行的是更为具体的行为标准,而客观过失则采更为一般的行为标准,此行为标准的具体与一般主要体现在对行为人个体因素的考量选择上,即“允许更多个人品行(即更主观)或更少(即更客观)介入到考虑中”。④ 所以,笔者并不特别认同如下主张,即相较于客观过失对外部行为的关注,传统的过失(主观过失)主要把握行为人的内部心理形态,寻求从加害人意思的伦理可责难性此意思责任角度解释过失的归责根据,从而与客观过失主要作为外在行为比较的规范性判断明显不同。因为,正如日本几代通教授所认为的,即使说过失是欠缺意思紧张的心理状态,在现实的法律处理过程中,也只能是以某种外部的状态为线索加以认定的对象。并且,即使能够预见(就是说存在预见义务),也不单纯是为预见而预见、为认识而认识的问题,最终仍然是以期待防止或回避损害结果的发生之类的外在行为的预见或预见义务为其问题的,在此意义上,可以说最终被追究的,是行为人现实实施的行为与应该实施的行为之间的不一致。当然,只要是以“人的行为”为问题,抽掉人的意识和心理去谈“行为”也是不可能的。⑤ 而且,即使是传统的主观过失归责,事实上也难以自意思责任学说寻获充

---

① 邱聪智:《从侵权行为归责原理之变动论危险责任之构成》,中国人民大学出版社2006年版,第30页。

② 叶金强:“信赖合理性之判断:理性人标准的建构与适用”,载《法商研究》2005年第3期。

③ [美]沃伦·A.西维著:“过错:主观抑或客观?”,林海译,载徐爱国编译:《哈佛法律评论》,法律出版社2005年版,第114页。

④ [美]沃伦·A.西维著:“过错:主观抑或客观?”,林海译,载徐爱国编译:《哈佛法律评论》,法律出版社2005年版,第113页。

⑤ 于敏:《日本侵权行为法》,法律出版社2006年版,第113页。

分的解释,此析之如下。

主观过失归责,向被认为系建立于康德之自由意思理论之上,但对于二者之内在联系的详细说明,并未多见,只是如萨维尼简单指明,与契约之成立及其效力以自由意思为根据所不同者,侵权行为之损害赔偿后果,应解为"自由意思"之滥用,[①]以至于与过失归责相联系的意思自由的具体形象如何,并不清晰可见。[②] 依康德之理论,[③]其权利自由是对选择内容的抽象,表现否定的自由,即自由意志能够自决,只是有合理的维度限制,是为实践理性。实践理性依康德的道德律令确定,"只按照你同时认为也能成为普遍规律的准则去行动",或表达为"你的行动,要把你自己人身中的人性,和其他人身中的人性,在任何时候都同样看作是目的,永远不能只看作是手段"。[④] 这种目的价值就是"自由"。在康德看来,"道德的本质就是这样一种行动:即通过尊重所有理性存在者的自由来尊重他们所具有的绝对价值"。[⑤] 依此绝对律令,康德认为"从道德行为的'实现方式'中可以演绎出道德行为的'内

---

① 近代法学家,包括萨维尼、哈瑟及耶林等,均坚信过失侵权行为可依康德的自由意思原理加于统摄,其中,尤以萨维尼最为著名。萨维尼认为:所谓权利,即系在法律关系上,属于各个人"意思"所支配之力量,故自由意思乃构成整个私法制度之指导原理。参见邱聪智:《从侵权行为归责原理之变动论危险责任之构成》,中国人民大学出版社 2006 年版,第 39 页,第 40 页。

② 邱聪智先生认为:"过失责任主义,因假托各个人意思之自由,在表面上,诚具尊崇人格尊严之重大意义。不过,意思自由之具体形象如何? 至今仍为尚未完全解明之谜。"邱聪智:《从侵权行为归责原理之变动论危险责任之构成》,中国人民大学出版社 2006 年版,第 272 页。

③ 康德之相关理论,可参见[德]伊曼努尔·康德著:《道德形而上学原理》,苗力田译,上海世纪出版集团、上海人民出版社 2005 年版;[美]杰弗里·墨菲著:《康德:权利哲学》,吴彦译,中国法制出版社 2010 年版;[加拿大]欧内斯特·J. 温里布著:《私法的理念》,徐爱国译,北京大学出版社 2007 年版。

④ [德]伊曼努尔·康德著:《道德形而上学原理》,苗力田译,上海世纪出版集团、上海人民出版社 2005 年版,第 39 页,第 48 页。

⑤ [美]杰弗里·墨菲著:《康德:权利哲学》,吴彦译,中国法制出版社 2010 年版,第 84 页。

容'"。[①] 但笔者更愿意相信这是一种"不容许的病态循环",[②]不足以推导出具体行为规则,因为,康德的自由选择概念遵循的是无矛盾律以及抽象的选择意志,并未为目的或欲望留出适当的位置。而在非完全理性与自由的人与人之间充满利益冲突的共同体中,"应将所有理性存在者都视为目的本身",此简单的道德劝诫并不能提供判定具体行为正当或错误的恰当标准。[③] 所以,自康德的意志自决及其实践理性限制的理论,我们并不能清晰发现,在侵害冲突事实上不可避免甚至可视之为社会结构特征的共同体中,过失须据之负责的真正理据,更无法窥见具体行为据以构成过失的判准。过失侵权,就行为人的行为目的而言,侵害是属意外,非行为人所欲求。虽过失可解为注意之消极欠缺,但难谓行为人有侵害他人权益之意思,此与故意侵权显有不同。故意侵权,乃行为人基于恶意而发动,在主观上具有明显可非难之心理状态。用较具康德风格的语言作较一般的陈述,即"在目的性生命中,因为结果先行存在于目的性生命的脑子里,该生命试图赋予它生命力,所以该结果也是自己得以产生的原因"。[④] 目的性生命这种选择为善或为恶的自由正是道德的关键。所以,侵权之故意可视为自由意思之滥用,而依自由意思原理加以解释。这种对有意图的结果的探讨应该说

---

① [德]阿图尔·考夫曼著:《后现代法哲学》,米健译,法律出版社2000年版,第35页。

② 汉斯·韦尔策尔的观点,参见[德]阿图尔·考夫曼著:《后现代法哲学》,米健译,法律出版社2000年版,第35页。

③ 叔本华认为:自康德提出的道德律令中,显然不能得到道德法则,得到的仅仅是个指路牌,或应向何处去找寻它的指示。参见[德]叔本华著:《伦理学的两个基本问题》,任立、孟庆时译,商务印书馆1996年版,第177页。"康德认为,理性人将按照理性的终极原则——无矛盾律——进行选择"。"今天,即使是那些忠于康德哲学传统的人,也很少有人认为可能从无矛盾律中得出行为规则"。[美]詹姆斯·戈德雷著:《私法的基础》,张家勇译,法律出版社2007年版,第38页。假定不食言会导致某人被严重伤害甚至被杀死,由此产生的问题是,康德从未告诉我们,为了服从不同的却同样绝对的规则,如何在相互冲突的义务间进行抉择呢?我们有义务不杀人,也有义务不食言,但当两者相互冲突时,何者优先呢?参见[美]雅克·蒂洛、基思·克拉斯曼著:《伦理学与生活》,程立显、刘建等译,周辅成审阅,世界图书出版公司2008年版,第57页。

④ [加拿大]欧内斯特·J.温里布著:《私法的理念》,徐爱国译,北京大学出版社2007年版,第94页。

是康德道德哲学关注的重点。康德曾认为:“只有那些能够合法地被归咎于行动者的后果(即作为其行动的一部分)才具有道德上的意义,因为让一个人为其行动的非直接的偶然的后果负责是不公平的。”[①]由此康德希望在行为被实施之前依前述的绝对律令检测行为的道德性,从而作出道德决断。[②] 但过失侵权产生的恰是“行动的非直接的偶然的后果”,这种人际交往中普遍存在的疏忽显然并非不具有道德上的意义,这转而可在康德的权利法则中得到确认。康德的普遍正当法则是:如此外在地行动,使你的任性的自由应用能够与任何人根据一个普遍法则的自由共存。[③] 据此,“康德并不仅仅告诉我们不要打算侵犯他人的自由;他所告诉我们的是在事实上不要侵犯他人的自由”。[④] 这是康德关于权利哲学客观正当性的陈述。若依此试图去理解对侵权过失造成的非选择的意外后果的承担,显然无法自康德的自由意思理论求得与故意共同的解释理据。而事实上,即使是康德的权利法则,亦不外以另外方式表达了康德对于道德上正当行为的界定——一种不侵犯其他理性存在者之自由的行动。而如前所述,这种论述的展开对于充分恰确的理解过失归责的理据,助益不大。

以上所述,旨在说明,传统的主观过失归责,事实上无法简单以“自由意思之滥用”去寻求与侵权故意相同的积极意思归责。面对“一个人何以须对非其所预期的损害后果负责”这样的追问,主观过失回答的视角与客观过失并无本质上的差别,都是聚焦于行为人应注意而不注意的伦理可责难性。只是主观过失,在归责判断上,尚要求依各别行为人之主观状况具体确定其注意能力;而客观过失,则不再论究具体行为人之注意能力是否能预见损害后果。从而,客观过失实际上要求

---

① [美]杰弗里·墨菲著:《康德:权利哲学》,吴彦译,中国法制出版社 2010 年版,第 106 页。

② [美]杰弗里·墨菲著:《康德:权利哲学》,吴彦译,中国法制出版社 2010 年版,第 107 页。

③ [德]康德著:《法的形而上学原理》,沈叔平译,林荣远校,商务印书馆 1991 年版,第 41 页。

④ [美]杰弗里·墨菲著:《康德:权利哲学》,吴彦译,中国法制出版社 2010 年版,第 106 页。

行为人尚须对超出自己注意能力之外的过失负责,此过失归责的正当性追问恰恰是当前过失客观化情境中,须待我们认真反思的问题。

二、过失客观归责的根据

(一)关于经济分析理论的批判

传统之主观过失,乃意指行为人对于损害结果之发生,怠于必要的注意,并以为,"判断行为人内在精神力之集中,是否已达适切注意的要求,则应依行为人主观之'个性'而定"。[①]亦即以行为人之疏忽或懈怠确认其道德控制上的失败以及与其心理状况相关的可责罚性。然客观过失则只关注行为,而不涉及行为人的心理状况,即如美国侵权法重述简单将过失界定为"未能(在具体场景下)尽到合理的注意"。[②] 在此,"法律鼓励人们依照普通的、合理性的人的行为标准行事,而不考虑行为人现有的信息及心智能力"。[③] 其中,合理性则是"过失侵权法中的本质要素"。[④] 这是否意味着可以且应该从绝对非道德论的视角出发来理解过失?恰如霍姆斯所认为的,"从一种冷静的分析角度看,法律是一种实现特定公共目标的机制。具体地说,侵权行为法则是从阻止最有害、最浪费的社会行为以及赔偿受害人的角度出发来规定并实施的公共行为标准。基于这种目的,可责罚性观念的适用就不恰当了,而必要注意义务的'客观'定义是最有效的……总的说来,侵权行为法是执行公众准则的一种私法上的手段"。[⑤] 霍姆斯的这种观点所隐含的模糊的功利主义标准其后被成熟的法经济学分析所取代,在过

---

① 邱聪智:《从侵权行为归责原理之变动论危险责任之构成》,中国人民大学出版社2006年版,第42页。

② Restatement (Third) of Torts : Liability for Physical Harm (Proposed Final Draft), §3.

③ [美]格瑞尔德·J. 波斯特马主编:《哲学与侵权行为法》,陈敏、云建芳译,易继明校,北京大学出版社2005年版,第4页。

④ W. V. H. Rogers, Winfield & Jolowicz on Tort, 16th ed., Sweet & Maxwell, London, 2002, p. 64.

⑤ [美]格瑞尔德·J. 波斯特马主编:《哲学与侵权行为法》,陈敏、云建芳译,易继明校,北京大学出版社2005年版,第4~5页。

失侵权法领域尤以“汉德公式”为其典型。这种理论与方法主张：当预防成本低于事故可能成本的时候，行为人应对失于防止事故的行为承担责任。[①] 通过要求这种无效率行为的成本由行为人自己承担，侵权救济的核心甚至是唯一的功能则在于提供合理成本预防的激励机制，即无论何时，当预防成本少于事故的预期损失，行为人都应采取相应的预防措施防止该损失发生。[②] “这样，过失理论便将理性这一法律术语转换成了一种经济上的理性行为，合理之注意则代表了这一要求，即人们在行为时应采取划算的措施避免侵害事故发生，以求社会资源最大化”。[③] 这种分析模式试图说明甚至断言：经济理性体现了法律规则的“内在本质”[④]与“隐含逻辑”[⑤]，应构成司法判决的真实基础。

经济分析对过失法产生了重大影响，其原因约有如下几点：(1)无论对过失如何作解与判定，过失的模糊存在，实难以摆脱利益权衡与法官裁量的具体化作业过程，以至于有学者认为，传统之“过失”概念，实无异于“利益衡量”之化身。[⑥] 这在很大程度上契合于法经济分析对于冲突利益的计算及权衡的运作模式。而相形之下，法经济分析的概念要素相对简单与直观，其分析理论与方法也更趋于理性化与客观化。(2)工业革命以来伴随工业技术发展产生大量事故侵害的工业化时代背景，促使人们更加热衷于通过调整工商业实践的侵权行为规则来实现事故损失的最小化，而渐渐偏离了侵权法体系原初对于矫正正义的

---

① 这种主张在“汉德公式”中被表述为：如果损害发生的盖然性是P，可能发生的损害的严重程度是L，行为人避免损害的负担为B，那么，当B < PL，且行为人未能采取避险措施时，行为人即属未尽到合理注意而有过失。

② See. Richard A. Posner, A Theory of Negligence, *Journal of Legal Studies*, 1, (1972).

③ [美]格瑞尔德 · J. 波斯特马主编：《哲学与侵权行为法》，陈敏、云建芳译，易继明校，北京大学出版社2005年版，第177页。

④ [美]理查德 · A. 波斯纳著：《法理学问题》，苏力译，中国政法大学出版社2002年版，第451页。

⑤ Richard A. Posner, *Economic Analysis of Law*, Little. Brown and Company, 1986, pp. 229 – 233.

⑥ [日]平井宜雄：《损害赔偿法の理论》，东京大学出版会1967年版，第385页以下。

关注。所以,怀特认为,这种“过失原则”是对19世纪不断增长的事故所作出的一种“智力上的回应”。[①]

但无疑,在对过失的解释中,经济分析的局限甚至是谬误则更为明显。

1. 乃正当性之不足,表现有三:(1)经济分析基本忽视了个人价值与意思自治。这种方法完全抛弃了行为人的个人视角,破坏了认真对待权利及个人独立的伦理基础,将侵权法仅视为实现公共政策目标或集体利益的工具或机制,使权利自主的价值完全为社会功利所取代。因此,在过失的经济分析中,受保护利益是无足轻重的。“过失施加人身伤害的行为之所以是不可接受的,并不是因为每个人都享有合法的身体健康利益和安全利益,而仅仅是因为这种过失行为减少了社会财富”。[②]这终将引致以集体取代个人的值得警惕的结果。(2)经济分析割裂了侵权关系中加害与受害的双边结构,导致了侵权法的两极分化。这是诸多批判学者对于经济分析共同诟病之所在。法经济分析将威慑视为侵权法的唯一功能,即旨在为避免经济上无效率的行为提供诱因。但对于被告的威慑性处罚在实践中何以须体现为对特定受害人的损害赔偿?波斯纳以为,对原告(受害人)的损失进行赔偿应被解释为支持原告及其律师参加到威慑体系中来的费用,即一种贿赂。[③] 但如此作解仍不足以说明,若原告只是国家实施威慑体系的一个途径或工具,出于获得报酬或服务于公共目的的动机,何以起诉人仅限于因被告之行为而受到侵害的特定受害人,而不能是其他任何人或团体,特别是专业律师?所以说,经济分析无力解释加害与受害在侵权实践中呈现的双边结构,完全忽视了原告与被告之间基于矫正正义的关系表达。究其实质,法经济分析学者认为加害人与受害人之间的关系是间接的,他们与特定的社会福利目标相联系而非直接相互联系,故从本质上侵权法

---

① [美]格瑞尔德·J. 波斯特马主编:《哲学与侵权行为法》,陈敏、云建芳译,易继明校,北京大学出版社2005年版,第318页。

② [澳]彼得·凯恩著:《侵权法解剖》,北京大学出版社2010年版,第248页。

③ Richard A. Posner, A Theory of Negligence, *Journal of Legal Studies*, 1, p. 33 (1972).

被解释为一种旨在根据与特定目标相关联的标准来分配利益与负担的制度。[①] 因此,其中心不在于当事人交易关系的平等以及平等被破坏时的矫正正义追求,而在于最大限度地增进受到风险设立行为影响者的财富。这种以集体福利的增进为目标的法律实践运作,解消了此前在分配或交换中业已形成的利益格局的正当性与应受保护性,个人自主与权利价值终将消逝于集体的逻辑。(3)经济分析消解了行为的"对""错"问题。"经济分析的首要问题是,取消了'过错'的责任基础地位。承担责任不是因为行为有过错,而是为了将事故的成本归于能够通过最低成本避免事故之人,通过该人的理性决策实现社会成本的最小化"。[②] 这基本上否定了道德规范的意义,将人际交往中行为的合理性要求降格为纯粹的经济理性。如果我们追问:"社会关系中的什么因素使得有组织的群体生活有了可能?"[③]我们会去反思"人为什么要有道德"。对此,笔者愿意相信这种观点是平和且中肯的,即"道德的产生是由于人的共同需要,由于认识到为了使一切人的生活尽可能地充满友谊、爱、幸福、自由、和平、创造性和安定,以合作和有意义的方式生活在一起具有重大价值"。[④] 这种认知联系了人类生活意义的多元图景,不应是单纯的经济分析所能勾画。

2. 因方法之不可行。(1)价值多元性与不可通约性。价值多元,乃人类生活不争之事实。生命、身体、健康、自由、隐私、财产等,均属人之为人所不可或缺。当价值冲突时,经济分析理论试图通过货币定量并予以比较衡量,但这是一种过于天真的简单化想象,因为不同的价值之间无法抽象出共同的标准或单一的尺度,即不具有可通约性,"企图

---

① [美]格瑞尔德·J. 波斯特马主编:《哲学与侵权行为法》,陈敏、云建芳译,易继明校,北京大学出版社 2005 年版,第 192 页。

② 冯珏:"汉德公式的解读与反思",载《中外法学》2008 年第 4 期。

③ [美]R. M. 昂格尔著:《现代社会中的法律》,吴玉章、周汉华译,译林出版社 2001 年版,第 22 页。

④ [美]雅克·蒂洛、基思·克拉斯曼著:《伦理学与生活》,程立显、刘建等译,周辅成审阅,世界图书出版公司 2008 年版,第 27 页。

使其具有可通约性的任何对结果的计算都是非理性的”。[①] 即使是汉德法官也承认,“组成汉德公式的任何一个要素都无法‘定量化’”。[②] 而且,价值具有主观属性,实难以进行客观有效的人际比较。所以说,经济分析的定量操作,究其实质仍属定性,只不过是以定量的形式粉饰了其背后的价值判断与偏好选择。(2)经济分析过程的不确定性。对经济分析而言,“过失法的关键不在于赔偿一个人因过去的侵权行为所受的损害,而是为了对人们在未来采取富有效率的预防措施提供激励”。[③] 其中,威慑性处罚仅为手段,意在激励人们采取预防措施避免无效率的行为,以实现社会财富最大化。因为,经济分析理论相信,“一旦存在妥当的激励,有效率的行动也就会随之而来”。[④] 但过失侵权多属非预期的意外事故,因此,经济分析对过失的解释说明,姑且不论经济数据得来方式及其可靠性,单就每次特别的过失侵权境遇中,行为人是否可能有理性的事先计算,就殊值怀疑。因为,在预判可能造成的损失、概率及预防成本时,均面临不确定性及其他因有限信息带来的计算不能相关问题。正如不相信可以为行为制定一般规则的行为功利主义,主张每个人都必须估量自己所处的境遇,努力认清什么行为将不仅为自己,而且为与此境遇相关的每一个人带来最大量的好结果,而把坏结果减少到最低程度。但在每一个境遇下都得重新开始斟酌好坏,存在一定的不可行性。单就时间而言,“时间常常是做道德决定的一个重要因素,人们常常来不及对新碰到的每个道德问题都从头开始估量。实际上,不得不经常重新开始,可能导致无法及时采取合乎道德的

---

① [美]约翰·菲尼斯著:《自然法与自然权利》,董娇娇、杨奕、梁晓辉译,苏苗罕、张卓明统校,中国政法大学出版社2005年版,第92页。

② Moisan v. Loftus, 178 F. 2d 148, 149 (2d Cir. 1949). 转引自冯珏:“汉德公式的解读与反思”,载《中外法学》2008年第4期。

③ [美]詹姆斯·戈德雷著:《私法的基础》,张家勇译,法律出版社2007年版,第331页。

④ [美]詹姆斯·戈德雷著:《私法的基础》,张家勇译,法律出版社2007年版,第332页。

行为”。[①] 所以,笔者相信,在实践中,过失法并非像市场那样运作。人们即使在知道他们将要完全赔偿其造成的任何损害的情况下,通常也还是会实施有过失的行为。因为,明智是一个我们并没有完全拥有的德性。[②]

综上所述,经济分析对过失侵权乃至整个侵权法的解释是失败和无效的。笔者更愿意坚守传统道德论的立场,将侵权法理解为“一个个人行为责任的伦理规则和原则体系”,“一个有关人们在和他人交往时可以怎样行为、应该怎样行为以及不应该怎样行为的信条体系”,[③] 而不是完全工具性地思考侵权法,正如弗莱明所认为的,“侵权法的传统植根于个人主义的道德,主要关注人们之间的平等,而非更为广泛的社会政策”。[④]

(二)矫正正义的有限说明意义

摒弃经济分析方法,坚持道德论立场,有不少学者主张以亚里士多德的矫正正义论解释过失侵权乃至整个侵权法。亚里士多德的矫正正义论已为学界所熟知。与作为比率平等的分配正义不同,矫正正义表征了数量的平等:“如果一个人夺走了他人的资源,就得从取得该资源的人那里将资源取回来,以补偿失去该资源的人,从而恢复平衡”。[⑤] 因此,侵权法被视为是在非自愿交易中实现矫正正义的法律部门,“寻求在双方当事人之间恢复其先前存在的但却在相互关系中遭到破坏的平等状态”。[⑥] 笔者以为,这种解释路径具有一定的说服力,根源于以下几点:

---

① [美]雅克·蒂洛、基思·克拉斯曼著:《伦理学与生活》,程立显、刘建等译,周辅成审阅,世界图书出版公司 2008 年版,第 41 页。

② [美]詹姆斯·戈德雷著:《私法的基础》,张家勇译,法律出版社 2007 年版,第 332 页。

③ [澳]彼得·凯恩著:《侵权法解剖》,北京大学出版社 2010 年版,第 1、14 页。

④ John Fleming, *The Law of Torts*, 9th ed., Law Book Company, 1998, p. 131.

⑤ [美]詹姆斯·戈德雷著:《私法的基础》,张家勇译,法律出版社 2007 年版,第 293 页。关于矫正正义论的具体解释,可参照[古希腊]亚里士多德:《尼各马可伦理学》,廖申白译注,商务印书馆 2008 年版,第 136 ~ 140 页。

⑥ [美]格瑞尔德·J. 波斯特马主编:《哲学与侵权行为法》,陈敏、云建芳译,易继明校,北京大学出版社 2005 年版,第 313 页。

(1)侵权法体系与矫正正义的历史关联。自亚里士多德开始,经阿奎那等法学家的阐述,后期经院学者及格劳秀斯等自然法学者一直尝试以矫正正义解释侵权法,即若某个人不自愿地被他人剥夺了资源,就要求后者恢复受害人的资源份额。后期经院学者构造了侵权法一般原则:“因过错造成他人损害的人应当承担赔偿责任。”[①]这个原则被北部自然法学家们所接受,并对近代法国和德国民法典中侵权法的制定产生重大影响。[②] 因此,可以说,侵权法的发展与对矫正正义理论的理解与接受具有紧密的内在关联。这也是至今诸多学者仍坚持以矫正正义论解释侵权法的原因所在。(2)矫正正义描述了一个应当对侵害性后果负责的抽象框架体系。[③] 矫正正义关注的是对社会中某些财富和利益分配格局改变的矫正。它以公式形式明确揭示了当一方给他方造成了不应受的损害时,应当对该损害给予矫正。这个思想构成了质朴的且如今被我们视为不言自明的观念,其蕴含的是须对他人权益尊重及与他人平等存在的价值精神。这种观念很是质朴以至于我们会视之为常识的一部分,因此我们基本不会再去追问被这种“常识”所遮盖的问题,即一个人为何须对给他人造成的损害负责。但无疑,这个问题的意识及其所唤起的矫正正义价值观念是维系共同体所不可或缺的。(3)矫正正义预设了形式、抽象的平等,可以较好的解释侵权法的相互性与直接关联性。不考虑个体社会地位和道德特性而来的抽象性,当事人之间的平等以及行为人与受害人的直接关联性,三者共同构造了

---

① [美]詹姆斯·戈德雷著:《私法的基础》,张家勇译,法律出版社2007年版,第259页。

② 参见[美]詹姆斯·戈德雷著:《私法的基础》,张家勇译,法律出版社2007年版,第252~259页。另,马克·格斯特菲尔德通过考察英美法侵权法的发展,也同样揭示了侵权行为体系的矫正正义起源。参见[美]格瑞尔德·J. 波斯特马主编:《哲学与侵权行为法》,陈敏、云建芳译,易继明校,北京大学出版社2005年版,第313~321页。

③ [美]格瑞尔德·J. 波斯特马主编:《哲学与侵权行为法》,陈敏、云建芳译,易继明校,北京大学出版社2005年版,第202页。

矫正正义观念。[①] 与经济分析割裂当事人以至于无力将特定赔偿的判定与特定威慑的应用相互连接不同，矫正正义“解释了原告为什么应当得到赔偿，且应当从被告那里得到赔偿的原因。在得到了自己所要的，或者试图达到这种后果的意义上，被告以使原告蒙受损害的方式获得了利益”。[②] “通过双方当事人的交互作用、与分配正义之下结构的差异，以及双方当事人所得与所失的直接相关性”，[③]矫正正义基本契合于侵权法的运作结构。

可能缘于上述几点，使得不少学者寻求通过矫正正义理论来解释过失侵权乃至整个侵权法。但亚里士多德的矫正正义只是提供了一种形式上的构造，其对过失侵权的有限说明意义主要在于把握了私人间的相关性特征，指示了侵害与受害在直接关联性中的存在并因此产生的责任意义，套用另种表达，则认为“（矫正正义）的公式推定设置了某种解决问题的结构，因此是发现答案的第一步”。[④] 但亚里士多德只关注形式结构而未及实质，正如凯尔森所指责的，亚里士多德没有为侵害冲突的解决提供任何实质性的内容。[⑤] 就过失侵权而言，矫正正义论

---

① [加拿大]欧内斯特·J. 温里布著：《私法的理念》，徐爱国译，北京大学出版社2007年版，第84页，第85页。按亚里士多德的论述，“不论是好人骗了坏人还是坏人骗了好人，其行为并无不同……法律只考虑行为所造成的伤害。它把双方看作是平等的。它只问是否其中一方做了不公正的事，另一方受到了不公正对待；是否一方做了伤害的行为，另一方受到了伤害。既然这种不公正本身就是不平等，法官就要努力恢复平等”。[古希腊]亚里士多德著：《尼各马可伦理学》，廖申白译注，商务印书馆2008年版，第137页。

② [美]詹姆斯·戈德雷：《私法的基础》，张家勇译，法律出版社2007年版，第296页。

③ [加拿大]欧内斯特·J. 温里布著：《私法的理念》，徐爱国译，北京大学出版社2007年版，译者前言第3页。

④ [加拿大]欧内斯特·J. 温里布著：《私法的理念》，徐爱国译，北京大学出版社2007年版，第71页。

⑤ 凯尔森认为：亚里士多德仅仅以精致但错误的方式表达了一种同语反复，那就是正义意味着使每个人得到他自己的那一份，但需要有一个机理来决定什么是每个人应得的东西，亚里士多德并没有提供答案。Hans Kelsen, *What is Justice*? University of California Press, 1957. 转引自[加拿大]欧内斯特·J. 温里布著：《私法的理念》，徐爱国译，北京大学出版社2007年版，第69页。

不足以说明,为确定责任的承担,在损害与因果关系之外,是否另需过失的存在及如何把握过失的存在意义。也就是说,"亚里士多德没有解释他认为存在矫正正义上的责任的理由,而仅仅只解释了这个责任是什么"。[①] 而显然,作为一种旨在说明人际交往中非预期损害的私法意义的理论,应首先提供对责任前提的把握,而非仅仅直接指涉责任后果与结构,因为,回答为什么的问题,才能真正解释和把握了人际交往的社会伦理要求与实践。

综上,笔者以为,矫正正义论对于过失侵权的说明意义,应仅在于正确强调了其私法运作的结构,但对于客观过失的存在及其意义,则无从把握,尚待他求。

(三)过失客观归责的理据:"合理人"行为标准信赖的违背

社会是一个"自由且平等,理性与合理性兼具的人们之间的合作组织"。[②] 理性的个体是自由的、独特的,能选择且须负责。但行为是无法完全控制的,运气(好运气或坏运气)经常是"一种不可逃避的生活事实",[③]而风险则无处不在,故一个人自由的行使难免与他人的安全相冲突。但这里不可未加修饰限制地简单援引"不伤害邻居"的道德律令,因为这意味着对自由的过分限制,无法在不可损害他人与风险的合理控制要求之间达成平衡。另一方面,任何个体的选择并不具有规范价值,"没有办法演绎式地证明某些选择从规范角度看比别的选

① 波斯纳对于矫正正义的评论。转引自[美]格瑞尔德·J. 波斯特马主编:《哲学与侵权行为法》,陈敏、云建芳译,易继明校,北京大学出版社2005年版,第212页。

② 葛瑞高瑞·C. 克廷通过对康德的社会契约论的解释性运用提出上述观点,并且着重解释了理性与合理性的区别。"当我们以一种有利于自己的形式多样的方式追求我们的利益、目标和理想时,我们是在理性地行为。当我们对别人的利益表示应有的尊重——即我们追求自己的目的和理想是基于提供给我们自己和他人公平的机会以追求我们各自的目的和渴望的条款时,我们是在合理地行为。理性标准支配着有共同的终极目标的个人和组织的选择,合理性标准支配着我们作为一个有着不同且无法比较的目标的平等人所组成的团体的成员所做出的选择"。参见[美]格瑞尔德·J. 波斯特马主编:《哲学与侵权行为法》,陈敏、云建芳译,易继明校,北京大学出版社2005年版,第30页。

③ [澳]彼得·凯恩著:《侵权法解剖》,汪志刚译,北京大学出版社2010年版,第35页。

择更好”,[1]而主体理性也不等同于道德,所以,仍须关注评价个体理性选择的外在结果。故侵权法关于自由与安全冲突的永恒主题,就凸显为如何在自由理性的个体之间形成公平合作的条款。法律体现的也正是共同体这种公平合作的价值表达。

但如果承认善是不同且不可比较的,价值是非唯知甚至是不可知的,在这种价值相对主义[2]的语境中是否可能形成不同个体之间的价值合意或共识呢?对此,现代法哲学的一个中心立场是采用“程序原理”,这种理论尝试着单单从一种思想过程中获得内容上的表述,如对于正义:根据虚拟上演的程序,人类在其原初状态如何规定权利义务(如罗尔斯的著名立论),或从“唯理性的论辩”中,同样要求有一种虚拟的“理想的对话情境”(如哈贝马斯)来保证取得的合意的效力。[3]但这种纯粹形式的论辩理论不可能满足以内容为取向的法哲学要求,而且它倾向于将符合程序要求的任何合意内容——即使是不道德的内容——均视为正当,所以,这种根本没有内容的程序伦理学应予以反驳。可是,“另一方面,一种只有内涵,但却忽略了获得内容上的应然规则程序的伦理学或哲学,又如同它的反对者所说的那样,只是亚里士多德式的、建议性的、呼吁性的,它欠缺界限分明的形式,即认知理论的形态”。[4] 这种实质伦理学无法诉诸所谓的价值证据,因此难以获取普遍信服的效力基础。面对这种两难困境,就如何在自由理性的个体之

---

① [美]詹姆斯·戈德雷著:《私法的基础》,张家勇译,法律出版社2007年版,第24页。

② 恩吉施曾经很无奈的指出:“没有可以突破相对主义恶性循环的出口;最后,我们必须勉强接受这个世界的实况,它似乎就是要密藏于内,不让我们窥见那些明确清晰的价值准则、阶层秩序及优先性的规则。”[德]卡尔·拉伦茨著:《法学方法论》,陈爱娥译,五南图书出版公司1996年版,第60页。同样的,韦伯、拉德布鲁赫等也持价值相对主义的立场。

③ [德]阿图尔·考夫曼著:《后现代法哲学》,米健译,法律出版社2000年版,第16页。

④ [德]阿图尔·考夫曼著:《后现代法哲学》,米健译,法律出版社2000年版,作者中译本序。

间形成公平合作条款问题,尽管笔者仍试图借助于社会契约的理论框架[①]来论述个体之间价值共识形成之可能,但这种论述在很大程度上已经超越了程序伦理学与实质伦理学间的区隔与对立,指向于经论辩而确立的最基本合作条款的价值基础与实践要求。

思考自由理性的个体之间如何达成公平合作条款,恰如追问"社会关系中的什么因素使有组织的群体生活成为可能"。社会理论相信,共有价值的存在和内化对于一种社会秩序的可能性是很必要的。[②]但既然承认人们有不同善的观念及多样的目的渴望且无法比较,而且,"对于现代人来说,他们所生活的'社会',既非古代社会中由'公民同伴'(civis)组成的城邦,也不是滕尼斯带着怀旧情感构造出来的美好'共同体',而似乎是一个由熙熙攘攘的'陌生人'组成的,拥挤但却多少有些冷漠的世界"。[③] 所以,社会契约不可能从肯定方面去形成"如何积极行为"的公平合作条款,它最多只能从维持合作的立场出发,从否定方面达成人们在合作中不得违背的基本准则,但必须充分肯定,在基本准则的界限范围内,还有"个人确定目的和进行工具判断的余地",[④]有追求不同个体目的的自由空间。此中,基本准则可以表述为:合理行为以避免损害他人。"不伤害他人"是人类合作最起码的要求,

① 毫无疑问,"社会契约"是虚拟的,即使如卢梭也承认,无法找到证据来证明发生过这样的历史事件。但社会契约"乃是一个政治联合体赖于奠立的根本原则;这条原则有助于克服绝对放任自流所导致的无法无天的状态,因为人们将自愿地调整自己的行为,以与他人合法的自由权利相谐调"。[美]S. E. 斯通普夫、J. 菲泽:《西方哲学史》,匡宏、邓晓芒等译,世界图书出版公司2009年版,第261页。

② [美]R. M. 昂格尔著:《现代社会中的法律》,吴玉章、周汉华译,译林出版社2001年版,第31页。

③ 李猛:"论抽象社会",载《社会学研究》1999年第1期。吉登斯认为,在现代社会中,许多人都会花费大量时间与那些对他们来说是陌生的人打交道。正如齐美尔所指出的,"陌生人"概念的意义随着现代性的到来而发生了变化。参见[英]安东尼·吉登斯著:《现代性的后果》,田禾译,黄平校,译林出版社2000年版,第70页。

④ [美]R. M. 昂格尔著:《现代社会中的法律》,吴玉章、周汉华译,译林出版社2001年版,第32页。

是甚至比忠诚、感恩、公正、慈善等[①]更为基本的伦理价值。因为,很显然,任意的相互损害导致的是合作的解体,这恰是社会契约所旨在避免的。所以,“不伤害他人”构成了人类追求善的基本合作基础,因为,“安全对人们在其完整的一生中追求善的观念的能力来说是必不可少的”。[②] 但仅此一般性的原则要求几乎未向我们阐明任何法律规则,因为它无法完全应对人类社会损害的普遍性与伴生的复杂多样性,因此,仍须以“合理行为”附加作为适当的限制与修正。“合理行为”要求像“合理人”一样行为,是在人类合作中自由与安全冲突不可避免的情境里,对于行为自由容许的限度与注意要求。“合理人”并非意味着一个理想或完美的人,而是一个共同体的普通成员。他代表了其所处的社会的一般道德水平、一般教育程度等“一般性”的特征,具有一般社会公众所信赖和期待的理智与谨慎。“合理人”的拟制表达了一般性的行为注意要求,这在一定程度上缘于“陌生人社会”的事实构成。这种抽象社会的核心特征在于社会成员和许多不认识的他人发生关系,所以,呈现给我们的必然是制度的一般化和价值观念的一般化与普世化。此外,“合理行为”要求作为一客观标准,也可以视为是“在目的、刺激和偏好上有分歧的人们相互接受的现有最好的正当性标准”。[③]

这种“合理行为”标准,其实质是社会互动结构中最一般化的行为样态的表达,构成了人们在社会选择中可基本信赖的行为基础,乃社会大众信赖及期待之所在。而“只有当必不可少的信赖被保护时,人类才有可能在保障每个人各得其应得者的法律之下和平共处。全面绝对的不信赖,要么就导致全面的隔绝,要么就导致强者支配,直言之,导致与法状态适相反对的情况。因此,促成信赖并保护正当的信赖,即属于

① 忠诚、补偿、感恩、公正、慈善、自我改善及勿作恶,是罗斯所列举的人类显见义务。就此而言,罗斯认为存在所有人均必须遵从的义务。关于罗斯显见义务论的介绍及其批评,参见[美]雅克·蒂洛、基思·克拉斯曼著:《伦理学与生活》,程立显、刘建等译,周辅成审阅,世界图书出版公司2008年版,第58~60页。

② [美]格瑞尔德·J. 波斯特马主编:《哲学与侵权行为法》,陈敏、云建芳译,易继明校,北京大学出版社2005年版,第75页。

③ [美]格瑞尔德·J. 波斯特马主编:《哲学与侵权行为法》,陈敏、云建芳译,易继明校,北京大学出版社2005年版,第32页。

法秩序必须满足的最根本要求之一”。[①]“因此各个人于参与社会活动时,即应本乎社会对其所为之信赖要求,担保意思集中之维持。换言之,亦即以社会信赖之程度,维持其意思集中之状态,乃系各个人参与社会活动时应尽之‘法定担保义务’”。[②]因为,如果不能期待信赖行为人在特定状况下实施与“合理人”同样的行为,社会生活就无法圆满地进行。而在现代高度技术化的陌生人社会中,我们的生活建立在这种信赖之上的情况则已普遍化与常态化。从这个意义上讲,违反“合理人”注意标准,造成他人损害,构成过失侵权,其归责根据即在于对信赖原则的违背。因此产生的信赖责任意谓:行为人之行为,违反防止损害发生之安全保证义务,且未符合一般人对其参与社会活动所为之“信赖”,致生损害,即应负担损害赔偿责任。

以信赖原则为基础,过失终以客观界定,意指违背合理行为标准而不符他人之信赖。如此建构的过失客观化标准是合理且正当的,因为法律的标准只能是普遍适用的标准。“法律不将气质、智力和教育诸方面无穷无尽的变数作为某一给定行为的内在特征予以考虑,因为,这些东西在不同人的身上大相径庭”。[③]而要精确地衡量一个人的能力及其限度是很难甚至是不可能的。法律所能考虑的只是,对于一个具有正常智力和审慎的“合理人”而言,什么是可归责的,而不可能承认且考究行为人的内心欲求与个体缺失。霍姆斯进而认为,“人们生活在社会中,某种正常的行为,即牺牲个人超出某一点之外的那些独特性,对于普遍的福利而言是必要的”。[④]尽管因此招致了主观标准的诟病:每个个体不应被要求他们所不能够达到的标准。对此,有学者以为,过失的客观标准与伦理原则并不矛盾。先天就具有某种特质这种

---

① [德]卡尔·拉伦茨著:《法学方法论》,陈爱娥译,五南图书出版公司1996年版,第392页。

② 邱聪智:《从侵权行为归责原理之变动论危险责任之构成》,中国人民大学出版社2006年版,第85页。

③ [美]小奥利弗·温德尔·霍姆斯著:《普通法》,冉昊、姚中秋译,中国政法大学出版社2006年版,第94页。

④ [美]小奥利弗·温德尔·霍姆斯著:《普通法》,冉昊、姚中秋译,中国政法大学出版社2006年版,第94页。

好运气或坏运气（如缺乏技能或能力）乃是人类固有的特征。“道德要求我们尽力去纠正我们人格和能力中容易诱发受谴责行为的那些缺陷。道德也要求我们不要去承担那些我们知道或应该意识到我们没有能力在不伤及他人的前提下把它完成好的任务”。[①] 侵权法的这种处理方式的理论基础在于，由于人们在做任何事情的时候都会或多或少地受到其无法控制的“运气”因素（包括我们个人的天赋）的影响，而免除人类对所有并不完全处于其控制范围内的行为的责任将破坏我们作为理性人、自由行动的人——这构成我们的个性、成就感和自尊的核心——的自我意识，[②]也将使整个个人责任概念彻底瓦解。而自社会契约论言，答案则仍在于主观标准的明显不合理性。侵权法关注的是“我们被允许对他人施加的风险”，基于合作的考量，对风险的施加有合理的客观诉求，已如上述。但主观标准造成的不确定性只会破坏公平的社会合作基础。[③] 因为主观精神状态证明的不易，将有力地刺激行为人的事后虚假陈述。而且，主观标准会促使行为人采取不正当的策略行为，“不去获取信息或降低风险，因为这种能力上的缺欠通常可以使行为人免于承担那些有良好信息渠道以及有能力降低风险的人应承担的预防义务”。[④] 若此，受害人将被不平等地置于行为人的道德能力运作之下，所以，那些遵守公平合作条款的人，将因此质疑制度本身的公正性，最终选择合作的退出。所以说，“如果人类群居不可避免，那么在陌生人组成的共同体中，采取客观的标准就是交往和共处的需要”。[⑤]

---

① ［澳］彼得·凯恩著：《侵权法解剖》，北京大学出版社2010年版，第57页。日本学者泽井裕教授也认为，注意能力低下者，欠缺应有的能力却要实施不尽通常人的注意就会发生损害的行为本身就应该受到法律的责难。于敏：《日本侵权行为法》，法律出版社2006年版，第119页。

② ［澳］彼得·凯恩著：《侵权法解剖》，北京大学出版社2010年版，第35页。

③ ［美］格瑞尔德·J. 波斯特马主编：《哲学与侵权行为法》，陈敏、云建芳译，易继明校，北京大学出版社2005年版，第77页。

④ ［美］格瑞尔德·J. 波斯特马主编：《哲学与侵权行为法》，陈敏、云建芳译，易继明校，北京大学出版社2005年版，第327页。

⑤ 冯珏：“汉德公式的解读与反思”，载《中外法学》2008年第4期。

综上所述,笔者以为,"合理人"行为标准提供了我们可得信赖的社会合作基础,对该标准的背离造成他人损害,构成过失侵权,破坏的正是这种主体间的相互信赖,其归责之真王理据亦恰在于此。

三、客观过失归责在侵权归责体系中的地位

关于侵权归责理论,各种不同观点杂陈。① 而论究客观过失归责于侵权法中的地位,笔者以为,仍须分析如下对其限制或扩张的两种观念。

(一)限制论:过失法中,过失客观归责外,仍应保留适用传统主观归责的领域②

笔者相信,此论的提出,乃基于持论者对于客观过失归责属性的如下正确认知,即客观过失归责实独立于特定个人之个性与主观能力之外,其正当性不再如传统过失归责诉诸个人主观上的可谴责性此一道德要素,而毋宁为基于社会道德之客观判断,因此有注意能力低下者可能因此须对超出其能力的注意承担责任的问题及引发的反思,也有在批判检讨主观过失归责之余仍抱持对传统过失的几分眷恋。所以,邱聪智先生认为,诚然,现代社会权益侵害现象之重心,业已由传统个人间之主观侵害,移转至危险活动之损害事故。但就整个侵权法领域而言,自远古以来,即被认为应负赔偿责任之权益侵害现象,亦即传统侵权法上固有意义的侵权行为,仍然存在。于此部分,依客观过失或危险归责原理说明之,不仅在理论上失其意义,易肇概念之滥用及混淆,而且在实际上,使固有侵权行为之制裁、预防功能失之殆尽。由此可见,传统主观归责之理论,固不足全盘援用,但客观归责原理,同样不足以统摄固有意义之侵权行为。申言之,前者适用于传统市民生活上之偶

① 关于侵权法归责理论的各种不同观点及其分析评述,详可参见邱聪智:《从侵权行为归责原理之变动论危险责任之构成》,中国人民大学出版社 2006 年版,第 294 页以下。

② 邱聪智:《从侵权行为归责原理之变动论危险责任之构成》,中国人民大学出版社 2006 年版,第 319 ~ 323 页。以此论点为基础,邱先生提出了二元四分说的归责原理构成,即区分主观归责与客观归责,前者包括故意责任与主观过失责任,后者包括客观过失责任与危险责任。详可参照邱氏前引书第 316 ~ 332 页。

发性侵害,后者则适用于现代社会生活上因技术运用活动导致之类型性侵害。①

此过失法中的归责二元论,首先遭遇的是界限模糊的困境。市民生活总包含各种活动,活动本身就是生活,高度技术化已属当代社会的内在构成,就如同高速驾车,是生活,但何尝不是活动呢?所以,无论自生活世界的性状特征,或结合主客观过失归责的不同理据思考,试图就生活划线,区分主观过失或客观过失归责的不同适用领域,只是徒增模糊的困扰,增加法律适用的不一致性与不确定性。

邱先生的上述立论,实仍涉前述过失内涵及归责转变的深层理据思考。主观过失向客观过失的转变,既非简单对补偿、预防或威慑等价值取向的刻意强调或削弱,也不是简单否弃传统过失归责通过个人主观上可谴责性的评价旨在达成的个人自由与社会安全的衡平目标。回顾总结前文的论述思考,客观过失归责的正当性源于,在一个高度技术化的陌生人社会里,持有不同且无法比较的善的观念的自由平等主体之间的公平合作条款,只能基于客观标准而达成。相反,主观标准是难以操作成本高昂的,更是欠缺内在说服力的,因为它将使个人权利和自由受支配于他人主观道德能力的差异与操控。而当侵权法规则不再如工业革命以来去追求对近代工业经济的保护与促进,让位于主要通过价格与保险等机制去分散风险,传统主观标准的正当性终于丧失殆尽。而检视当前社会所谓传统向现代的转变,并不可作简单有效的分际与切割,相反应是浑然一体的内在演化与渗透过程的展现。所以,在现代高度技术化的陌生人社会之外,并不存在纯粹由传统市民生活构成的独立自主的社会,借以展示不同的人际结构与价值表达,因此,人为对社会进行分割以在法律上适用不同的归责原则,并不具有充分正当的社会、历史、哲学与技术基础。

---

① 邱聪智:《从侵权行为归责原理之变动论危险责任之构成》,中国人民大学出版社 2006 年版,第 319、320、328 页。克廷也试图区分 The world of act 和 The world of activity,在前者,危险是具体、偶发的,施加危险的行动者彼此是相互独立的、可计算和小规模的,而在后者,危险是系统性的,系统的危险产生于一种大规模的连续的重复的行为。参见[美]格瑞尔德·J. 波斯特马主编:《哲学与侵权行为法》,陈敏、云建芳译,易继明校,北京大学出版社 2005 年版,第 50～55 页。

(二)扩张论:以客观过失归责涵括调整无过失责任领域

持此论者并不少见。有学者如此断言:客观化之过失,系以共通经验与活动以及社会行为规范之理想化为基础,性质上乃基于社会道德要求之客观判断标准,因此,客观化之过失,含有无限度适应之可能性,在逐渐迈向"责任一般原理"的发展过程中,仍能保留其开放范畴,以最具膨胀能力之侵权行为法原则,渗透到其他侵权行为类型,尤其是严格责任诸类型之领域。① 此立论的提出,固然关系于客观过失概念的弹性张力,②但笔者以为,主要依据应在于无过失责任在归责运作上被认为具有与客观过失归责的相似性。就此,有学者认为,在无过错责任的场合,总能够找到行为人存在的过错,只是在过错标准的确定上,它比过错责任原则中的要求严格而已。无过错责任主要存在于一些难以预料的事故场合,但只要行为人尽了严格的应注意义务,很多事故的发生是可以避免的。需要做的只是将过错的标准提高,这种提高,通过过错责任的内部构造的改造就可完成。③ 日本学者石本雅男也认为,在无过失责任理论之一的危险责任论中,排除了作为责任原因的"过失"而代之以"危险",但是,单纯地将"过失"置换成"危险",接下来还残留着为什么"危险"会构成责任的原因问题。结果就会发现,必须承认责任的原因存在于对如何控制危险状况,行为人未能采取妥当的措施这一点上。所以,单纯的包含危险的事实不应该视为责任的原因,责任的原因存在于没有适当地处理危险要素之上。从这种观点出发,危险

---

① 英国M. Millner之观点,转引自邱聪智:《从侵权行为归责原理之变动论危险责任之构成》,中国人民大学出版社2006年版,第61页。有学者认为,20世纪50年代以降,法国有关归责原理之判例,已有由危险责任主义复归为过失责任主义之动向。参见邱聪智前引书,第64页,第65页。我国学者麻昌华先生亦有主张,将侵权行为法现有的归责体系,整合成一个全新的过错责任原则体系。具体可参照麻昌华:"21世纪侵权行为法的革命",载《法商研究》2002年第6期。

② 麻昌华先生就曾如此宣扬:过错责任原则是侵权行为法的一个永恒的原则,它的天然合理性、浑厚的道德基础、强大的包容性,都使得它能被广泛接受而不衰。侵权行为法中任何新制度的创立,最终都要依附于过错责任原则或从中吸取合理的成分。麻昌华:"21世纪侵权行为法的革命",载《法商研究》2002年第6期。

③ 麻昌华:"21世纪侵权行为法的革命",载《法商研究》2002年第6期。

责任也可以看作是一种广义上的过失责任。①

可以肯定的是,无过失责任的产生,主要源自于过失责任的扩大解释。而客观过失之立场,在维持过失责任主义面貌的同时,借自身概念的扩张,确实曾解决诸多危险活动事故的损害赔偿问题。所以,有学者将客观过失责任与无过失责任同归于客观责任之范畴,②确非无所凭据。但二者终究有别,不可混同,自不应以客观过失归责涵括调整无过失责任领域。

无过失责任,尽管德国以危险责任概称,但危险责任主义也只是"较广泛地为无过失责任论的妥当性奠定基础的理论",③正如英国大法官 Macmillan 对于英美法上可对应无过失责任的严格责任所认为的,"严格责任"一词并无确切固定的法律含义。实际上,"严格责任"的具体规则随着侵权行为的不同而不同,因此,每一个属于这种侵权责任形式的侵权行为都必须分别加以考察。它只是对那些直接以损害后果认定责任或以损害行为本身的存在作为认定责任的要求的侵权行为类型的一个通俗的泛称。而这些侵权行为各自的行为特点、法定的责任构成要求、免责事由的范围等都是各不相同的。④ 所以,如果无过失责任有什么统一的制度基础的话,只能说是从基于各种不幸而产生的损害究应由谁负担最为公平的视点出发,使赔偿责任合理地分配和归属。但该基础乃属与过失责任共享的更高层次的公平价值的法律表达,从中并不能推导出无过失责任特有的一般原则,所以,论及无过失责任的妥当适用范围,应仅限于若适用过失责任主义,其结果将对受害人的救济发生不公平的场合,即只是一种补充性存在的侵权行为责任,换个角度理解,也可以说是一种"拼盘式"的责任构成。所以说,试图以客观过失责任去整合无过失责任,是对无过失责任过于简单化与纯粹化的想象。

---

① 于敏:《日本侵权行为法》,法律出版社 2006 年版,第 15~16 页。

② 邱聪智:《从侵权行为归责原理之变动论危险责任之构成》,中国人民大学出版社 2006 年版,第 328 页。

③ 于敏:《日本侵权行为法》,法律出版社 2006 年版,第 14 页。

④ 转引自胡雪梅:《"过错"的死亡——中英侵权法宏观比较研究及思考》,中国政法大学出版社 2004 年版,第 116 页。

无过失责任是对过失要求的背弃,是在现代技术工业及其伴生的大量损害的时代背景下,为更好提供对受害人救济而出现的制度设计。这种制度设计不再追随自己责任与过失责任的路径去确立责任理据,而是在寻求对不幸损害的合理分配,即如Esser教授所言是种“部分解决社会不幸事件的方案的现代形式”。[①] 所以说,无过失责任的产生体现的是分配正义的理念。而过失自主观归责向客观归责的转变,尽管不排除有受害人救济保障的功利驱动,但如前所述,概观而言,主要源于主观标准与客观标准所能扮演的角色与发挥功能的不同。客观过失归责,并没有完全抛弃过失的角色,只是更偏向于人际客观伦理要求,或谓为“一种社会规范责任或社会伦理责任之要求”。[②] 所以,当责任已然构成,归责理据仍指向于过失的存在,即未尽合理注意而造成他人损害。虽其归责与行为人之主观欠缺无关,不宜视行为人在其道德实践上具有可非难性,但在社会规范之价值判断上,仍难谓其行为毫无欠缺。故此责任仍可隶属于传统的自己责任与过失责任。因此,与无过失责任所蕴含的分配正义理念不同,客观过失责任仍可诉诸矫正正义的价值表达。这两种不同的正义理念因此也在适用范围、赔偿范围等方面展现了与理念相对应的差别。[③]

扩张论者认为,在无过失责任的场合,总能够找到行为人存在的过失,只是在过失标准的确定上,它比过失责任原则中的要求严格而已。这对于无过失责任范围内可预见或控制的危险实现,似乎有其妥当性,即使其中不能发现行为人故意或客观过失之所在,亦可借违反扩张论者所主张的提高了的注意标准而认定过失,从而仍依过失归责。但问题是,面对适用无过失责任的多样化的事故类型,对于其中被提高的注意义务要求,实难以指望有统一的把握基准,故除非有赖于立法的分别具体规定,否则将造成司法的极大不确定性与不可预测性。而当立法

---

① [德]马克西米利安·福克斯著:《侵权行为法》,齐晓琨译,法律出版社2006年版,第7页。

② 邱聪智:《从侵权行为归责原理之变动论危险责任之构成》,中国人民大学出版社2006年版,第315页。

③ 关于客观过失责任与无过失责任的各种差别,可参阅邱聪智:《从侵权行为归责原理之变动论危险责任之构成》,中国人民大学出版社2006年版,第328页。

面对的是,从整体上人类理智尚无法完全认知或掌控的包含各种潜在危险的活动种类时,则显然此注意义务的具体规定作业几不可实现。而且,实际上,危险活动过程中,常发生当前技术水平及人类之注意能力所不能预防或阻止的损害事故,自不宜再以过失责任论之,因为任何国家或地区的无过失责任相关立法或判例,在很大程度上均非如是所言:"人力无法认识到的危险事故即使发生了,也不存在责任承担的问题"。[①] 所以,对于此等损害,若仍依过失责任论规范,"势必发生如下现象,即如非勉强揉造其为'过失',令行为人负担过重之责任,必因行为人心理上欠缺可归责之因素,欠缺法律上之责任,致令受害人长久忍受损害",[②]如此又岂不是与无过失责任所蕴含的分配正义理念相违。[③]

四、结论

自侵权法历史作简要概观,可知过失经历了客观过失——主观过失——客观过失的发展。但近代法上成熟且居于支配地位的主观过失归责,事实上无法自康德的自由意思理论求得与故意侵权共同的解释理据,并据以与客观过失归责迥然有别。其实,主观过失与客观过失并无本质上的差别,都是聚焦于行为人应注意而不注意的伦理可责难性。只是,本着对现代社会人与人之间信赖价值的维系,如今之过失责任不再特别留意于个体化差异在责任担当中的意义,而更多地关注主体标准化的社会存在。因此,过失客观化已然成为大多数国家或地区侵权法理论的通说,中国亦不应成其例外。据此,客观过失责任旨在寻求对违背一般"合理人"注意标准的究责,其归责基础乃在于就"合理人"行为标准所形成的信赖原则的违背,而自法经济分析理论与矫正正义视角均无以求得充分合理的解释理据。

---

① 麻昌华:"21 世纪侵权行为法的革命",载《法商研究》2002 年第 6 期。

② 邱聪智:《从侵权行为归责原理之变动论危险责任之构成》,中国人民大学出版社 2006 年版,第 268 页。

③ 自此论述之结果而言,笔者主张以故意责任 + 客观过失责任 + 无过失责任构成我国侵权责任体系。

“合理人”标准在技术操作上也是合理可欲的,①因为,要去精确地衡量一个人的能力及其限度是很难甚至是不可能的,“只有当具体适用于生活事实,而无需与之不相称的成本支出时,一个法律制度才将胜任其使命”。② 所以,在侵权法归责体系中,不应在过失客观归责之余,仍保留适用传统主观过失归责的领域。因为,过失归责的此二元划分,只是徒增为分割二者不同适用领域而产生的模糊困扰,也无以克服主观标准难以操作之技术问题及使受害人须受制于行为人个体差异之正当化困境。另外,亦不可因客观过失概念的弹性张力及其归责运作上被认为与无过失责任具有的相似性,而以客观过失归责去涵括调整无过失责任领域。因为,法定形态的多样化使得无过失责任难以具备统一的制度基础,所以,在价值理念上,其寻求的是对不幸损害合理分配的分配正义,区别于客观过失归责旨在表达的矫正正义价值。而较之分配正义,矫正正义较具统一形式的把握基准,较少受法政策的影响。至于在法技术层面,因为无过失责任形态中诸多风险尚不可尽知与掌控,实难以自其多样化形态形成类如“合理人”标准此虽仍须个案弹性把握但形式统一的注意标准,亦无从借由立法实现注意义务的具体差别化规定作业以指导司法。所以,笔者以为,以信赖原则为基础的客观过失责任乃侵权法归责的基本形态,与故意责任、无过失责任共同构建了侵权责任体系。

(郑永宽,厦门大学法学院副教授)

① 当然,“合理人”标准亦非绝对客观化的标准,在个案中仍有具体合理型构之必要与可能。该问题在过失的判定中至关重要,笔者将以另文专门探讨。

② [瑞士]彼得·高赫著:“侵权法的基本概念”,常鹏翱译,载田士永、王洪亮、张双根主编:《中德私法研究》(2007年第3卷),北京大学出版社2007年版,第118页。

未经同意不得施治的义务与强行剖腹产案件*

唐　超

目　　次

一、引言

在近年有关剖腹产的两起事件发生之后，①包括法学界、医务界在内的社会各界展开了热烈讨论。总的来看，舆论倾向于认为，在患者病

* 首都卫生管理与政策研究基地开放性课题：中国医事法背景下的医患关系（项目编号：2013JD08）。

① 李小娥、李旭光诉首都医科大学附属北京朝阳医院医疗损害赔偿案，参见国家法官学院案例开发研究中心编：《中国法院2012年度案例：侵权赔偿纠纷》，中国法制出版社2012年版。广州华侨医院强行剖腹产事件，参见《人民日报》2011年1月5日第18版"法治事件评析"。

情危急的情况下,医疗提供人得不考虑患者意见,强行手术。[①] 这种意见虽然颇邀人心,却不符合中国法制的立场,若是任其流布,不论对医疗提供人,还是对患者,都贻害匪浅。下面,文章第一部分不限于剖腹产案件,一般性地介绍未经同意不得施治原则及所受限制,着重讨论与强行手术(不限于剖腹产手术)案件相关的《侵权责任法》第 56 条。在典型的知情同意案件中,只涉及医疗提供人与患者双方,而剖腹产案件的特殊性则在于,这里多出了"第三人",即胎儿。文章第二部分将分析这个多出来的因素会不会动摇第一部分得出的结论。

二、未经同意不得施治原则及其限制

医疗提供人为患者供给医疗服务,且不论其他,应尽到两项义务:(1)告知义务,即"应当向患者说明病情和医疗措施"以及"医疗风险、替代医疗方案等情况"(《侵权责任法》第 55 条第 1 款第 1 句);(2)未经同意不得施治的义务(同前)。与之相应,患者则享有知情权与同意/拒绝治疗的权利。学术上称此为知情同意原则。

在过去的一个多世纪中,知情同意原则逐渐发展为医疗领域公认的伦理原则,并在包括中国在内的绝大多数国家的实证法中落地生

① 广州华侨医院强行剖腹产事件发生后,卫生部新闻发言人邓海华在例行新闻发布会上表示,"医务人员在患者生命垂危的情况下,采取紧急措施,是对患者生命权的充分尊重,履行了医务人员的义务,符合法律精神"(参见《人民日报》2011 年 1 月 5 日第 18 版"法治事件评析")。学术界持此见者甚众,散见于本文所引文献。另外,民情很大程度上也站在这一边。如代表华侨医院在手术书上签字的医务部副主任蔡湛宇说:"我当时想到的就是产妇母子都很危险,生命权高于所有旁枝末节的法律规范。"参见《南方周末》2010 年 12 月 6 日社会版。在新浪网发起的"你如何看待孕妇拒签字医院强行剖宫救命?"的调查中,共有 23776 位网友投票,其中 90% 选择了"理解,医院本着生命权高于一切原则,果断手术挽救了孕妇性命",5.2% 选择"质疑,孕妇当时神志清醒,有权选择,家属和医院不应帮其做决定 ",4.7% 选择"不好说"。新浪网,http://survey.news.sina.com.cn/result/53318.html(2013 年 8 月 1 日访问)。

根。[①]“知情同意原则系于医疗领域贯彻个人主义价值的法律工具”,[②]乃是私法自治原则于医务领域的当然延伸。

但是,不论在哪一块人类行为领域,都不存在不受约束的个人主义,知情同意原则也是受有限制的。之所以要对患者的知情同意权加以限制,是因为有一些与个人主义相冲突的价值观念,同样为社会所珍视。美国法学家艾伦·迈泽尔(Alan Meisel)将这些价值笼统地称为“社会健康利益”(societal interest in health),这种健康利益的实质性内容就是,促进个体健康并确保患者决定符合下面这种客观价值序列,即健康好过疾病,生存好过死亡。迈泽尔并进一步将他所说的社会健康利益析分为三部分:患者亲属对于患者健康的利益,社会对于个体健康的利益以及医疗职业的利益。[③]

患者亲属对于患者健康的利益与患者自己的主观价值未必一致,这一冲突与强行手术(不限于剖腹产)案件没有特别的联系,会在文中相关之处零星涉及,不再集中展开讨论。在美国的判例法中,法院曾提出四种对抗性的州利益,——即维护生命、防止自杀、保护无辜第三人与尊重医疗职业伦理准则,——得基于这些利益,对患者的知情同意权加以平抑。[④] 前三种皆属于迈泽尔所谓社会对于个体健康的利益,第四种即医疗职业利益。这些论据亦为中国学者屡屡提及,本文将会讨论这些限制能否为强行手术的立场张目。

如何在患者个人的价值观念与社会健康利益之间求得平衡？现代

---

① 比较法上的情况,请参见,Christian Von Bar & Eric Clive(eds.), Principles, Definitions and Model Rules of European Private Law, Draft Common Frame of Reference (DCFR), Full Edition. sellier. european law publishers GmbH, Munich, p.1991。

② Alan Meisel, The “Exceptions” to the Informed Consent Doctrine: Striking a Balance between Competing Values in Medical Decision making, *Wisconsin Law Review*, 1979 (2) p.419. 至于现代民法为何要贯彻这种价值观念,不是本文的主题,这里径直将其当作讨论的前提。

③ Alan Meisel, The “Exceptions” to the Informed Consent Doctrine: Striking a Balance between Competing Values in Medical Decision making, *Wisconsin Law Review*, pp. 423 – 428.

④ Cruzan ex rel. Cruzan v. Dir., Mo. Dep't of Health, 497 U.S. at 271. (1990); In re Fetus Brown, 689 N.E.2d 397, 402 (Ill. App. Ct. 1997).

民法的基本立场是:一方面,原则上承认,“在终极意义上,个体权利至高无上”;[①]另一方面,又通过两种不同途径来对他人及社会利益投以关注。

(一)责任构成上的限制

第一种途径是从违反告知义务及未经同意不得施治义务侵权的责任构成入手,从内部加以限制。比如,在损害要件上,除了未经患者知情同意外,可能还会要求生命、健康权遭受损害;在告知标准上,可能会采取合理医生标准,而不是患者标准;在因果关系要件上,可能采取合理患者标准,而不是具体患者标准,或者通过假设同意抗辩对患者的诉求加以抑制。[②]

本文讨论的强行手术案件典型事实情形为,患者拒绝接受手术,也就是说,医疗提供人违反的是未经同意不得施治原则,而告知标准与因果关系领域的复杂议题(诸如心理学上的因果联系,假设同意抗辩等)只涉及告知义务,故径直略过。与强行手术案件息息相关的是损害要件,医生不顾患者反对强行手术,若手术本身很成功,就像华侨医院强行剖腹产事件中一样,挽救了患者(在剖腹产案件中甚至还可以包括胎儿)的生命,是否仍然构成侵权。

《侵权责任法》第 55 条第 1 款确认了医务人员的告知义务与未经同意不得施治的义务。第 2 款写道,“未尽到前款义务,造成患者损害的,医疗机构应当承担赔偿责任”。这里的“损害”如何解释呢。

最高人民法院法官的看法是,未尽告知义务虽然意味着“具备过错和违法行为两个要件”,但还“须造成损害后果,才构成侵权和承担赔偿责任”,[③]而“对知情权的侵害本身虽然也是一种损害,”却不是

---

① Re T (Adult: Refusal of Medical Treatment) [1993] Family Law 93, at 113.

② 参见[英]马克·施陶赫著:《英国与德国的医疗过失法比较研究》,唐超译,法律出版社 2012 年版,第 169 页,及第 189 页以下。

③ 陈现杰:《侵权责任法条文精义与案例解析》,中国法制出版社 2010 年版,第 197 页。

《侵权责任法》所要求的物质损害和精神损害。[①] 依这种观点，仅有未为告知或者未经同意本身，尚不足以充分侵权行为的事实构成要件，此外还必须有患者生命、健康权遭受损害的事实。

《北京市高院审理医疗损害赔偿纠纷案件若干问题的指导意见》（京高法发〔2010〕第400号）第39条也体现了这一思路，“未尽告知义务，损害患者生命权、健康权、身体权等人身及财产权利的，医疗机构应当承担侵权责任”（第1款），“仅损害患者知情同意权而未损害患者人身、财产权利的，医疗机构不承担赔偿责任”（第2款）。[②]

学术界也多有持此立场的，像王泽鉴先生就认为，未得知情同意的，“手术虽属成功，其违法性亦不因此而受影响，唯因无损害，故不成立侵权行为”。[③] 这一立场显然体现了基于迈泽尔所谓社会健康利益对个人主义价值观加以平抑的思路——不要得了便宜还卖乖。就像两位地方法院法官写道的：“医方虽然没有履行告知义务，但并没有影响患者的正常治疗，或者已经为患者治好了疾病，且没有给患者造成精神上的压力或伤害的，也即医方虽然实施了侵犯患者知情权的行为，但没有给患者造成任何实质上的损害后果的，根据侵权法的一般原理，应当认定医方不承担赔偿责任。”[④]

而依与此相反的立场，告知义务与未经同意不得施治义务所保护的客体主要是“带有人格权色彩的病人自主决定权，而首先不是健康利益”，故，即便是“医学上毫无瑕疵的治疗也不阻却未充分履行告知义务的责任。医生不能试图为病人作任何利弊权衡；后者应自己决定，

---

① 林文学：“《侵权责任法》医疗损害责任规定若干问题探析”，载《法律适用》2010年第7期。这似乎是司法界的多数意见，参见余明永主编：《医疗损害赔偿纠纷》，法律出版社2010年版，第142页；孙佑海主编：《侵权责任法适用与案例解读》，法律出版社2010年版，第282页。

② 这一条在逻辑上有错误，参见[英]马克·施陶赫：《英国与德国的医疗过失法比较研究》，唐超译，法律出版社2012年版，第303～304页。

③ 王泽鉴：《侵权行为法》，中国政法大学出版社2001年版，第247页。

④ 刘峥、张传军：“论医疗纠纷案件中患者知情权的法律保护”，载《人民司法》2005年第7期。

他认为什么是有意义的”。[①] 史尚宽先生即认为,“医师之行手术,应得病人或其法定代理人之同意,始可阻却其违法。如未取得同意,技术上纵无过失,原则上仍构成身体权之侵害”。[②] 黄丁全先生也主张,“未得同意之诊疗行为,为侵权行为损害赔偿之充足要件,其理论基础,不论基于身体之不可侵性,或基于自由权之保障,或认系一种人格权之侵害,咸认应成立民法侵权行为,应负损害赔偿责任,包括财产上之损害与精神上之损害”。[③]

中国司法界也有持此见的,以为“违反告知义务侵害的是患者自主权和自我决定权,而非健康利益”,故“医学上对患者有益的治疗或者是没有造成实质损害后果的情形也不能免除医方未充分履行告知义务而承担的损害赔偿责任,特别是精神损害赔偿责任”。[④]

本文持后种立场。《侵权责任法》第 54 条与第 55 条第 2 款所谓“损害”,当理解为受侵权法保护的民事权益受到侵害。第 54 条保护的是生命权、健康权;第 55 条保护的则是知情同意权。《民事案件案由规定》(法发〔2011〕41 号)明列“侵害患者知情同意权责任纠纷”一项,[⑤]意味着最高法院认可,知情同意权系受侵权法保护的独立民事权利。即便不认可其独立权利地位,而依“身体权”(《最高人民法院关于确定民事侵权精神损害赔偿责任若干问题的解释》第 1 款第 1 项)或者“人格尊严权、人身自由权”(第 1 款第 3 项)来保护,结论也还是一样,此种绝对权性质的人格权利一经遭到侵犯,法益侵害这一事实构成要件即已充分。若是只问疗效,不计其余,那么经《侵权责任法》第 55 条、第 56 条以及大量医事法律所惨淡经营的整个知情同意制度,我们也就将“眼看她起朱楼,眼看她宴宾客,眼看她楼塌了”! 正如《欧洲私

① [德]克雷斯蒂安·冯·巴尔著:《欧洲比较侵权行为法》(下卷),焦美华译,张新宝审校,法律出版社 2004 年版,第 369 页。

② 史尚宽:《债法总论》,中国政法大学出版社 2000 年版,第 129 页。

③ 黄丁全:《医事法》,中国政法大学出版社 2003 年版,第 286 ~ 287 页。

④ 江苏省高级人民法院民一庭:“违反医疗告知义务的损害赔偿责任”,载《法律适用》2008 年第 8 期。

⑤ 第九部分(侵权责任纠纷)三十(侵权责任纠纷)351(医疗损害责任纠纷)(1)侵害患者知情同意权责任纠纷。

法共同参照框架草案》(DCFR)第四编(有名契约)C分编(服务契约)第8:108条(未经同意不得施治的义务)评注所说,"此项义务是告知义务的必然结果,若是医生无论怎样都得实施治疗行为,那么将所有必需信息通通告之的义务也就没有什么意义了。此种未经同意不得实施治疗行为的义务是为了保护患者的自我决定权。在患者具备同意能力且神志清醒的情形下,此种义务的正当性不言自明,我们无法想象怎么能够将其弃置不御"。①

综上,在强行手术案件中,不论手术是否成功,都不会改变对手术性质的判断。只要未经知情同意,即有"损害",构成侵权。

(二)诸种例外

第二种途径,即为知情同意原则设置例外,于特定情形将医疗决定权力转移给医疗提供人或者有权代表患者作出决定之人。这些例外包括患者没有识别能力(incompetent)、放弃权利(waiver)、公共健康紧急状态(public health emergency)、医疗特权(therapeutic privilege)以及紧急情况(emergency)诸项。② 其中放弃权利、公共健康紧急状态与医疗特权三项,与强行手术案件无甚关系,本文略过。下面详细研讨与强行手术案件紧密相关的两项例外。

1. 患者没有识别能力

患者要做出有效的同意或者拒绝表示,应该具备相应的识别能力(competence),即能够理解医疗措施的性质、风险及后果。不具备相应识别能力的,应由"在法律上有权代表患者做出有关治疗决定的人或

---

① Christian von Bar and Eric Clive (eds.), Principles, Definitions and Model Rules of European Private Law: Draft Common Frame of Reference (DCFR), p. 1991.

② 参见 Faden & Beauchamp, A History and Theory of Informed Consent, Oxford, 1986, pp. 35–38。其他判例、制定法及著述中提到的例外还有"常识(common risks)"、"已知风险"(known risks)、"丧失意识"(unconscious)以及"同意委实难行"(Informed consent not feasible)等。"常识"与"已知风险"并不是真正的例外,不过是界定告知范围这一工作的内在部分而已。"丧失意识"则最好被分别处理为"紧急情况"与"没有同意能力"的子集。在 Doe v. Sullivan 案中,美国政府被控在海湾战争期间未经军事人员同意而对他们使用了研究性药物(investigational drugs),一家联邦法院拒绝贯彻知情同意原则,理由是在该案情形下获得知情同意"委实难行"(impracticality)(Doe v. Sullivan, 938 F.2d 1370 [D.C. Cir. 1991]),这项例外似乎可以纳入"公共健康紧急状态"。

机构”[1]代为表示。

就剖腹产案件来说,在支持强行手术的意见中,有两条思路涉及此处,但都不成立,以下分述之。

(1)一般地推定产妇欠缺识别能力

20世纪90年代,英国曾发生数起强行剖腹产案件,初审法院的几起判决体现出了这样的立场,产妇一旦进入分娩状态,即可推定其无识别能力。[2] 这种思路亦可见于中国学者的著述,比如,在对华侨医院剖腹产事件的评论文章中,一位作者即得出结论说,“我们经常会说年满18周岁的自然人为完全行为能力人,但是我们忘记了伴随着社会发展和专业分工的细化,年满18周岁的自然人并不是意味着对所有事物均具有认知能力……所以用民法的意思自治原则在急危病症抢救中机械化套用必然出现尴尬的结局”。[3]

首先要说明,识别能力系依患者是否能够理解医疗措施的性质、风险及后果来判断,“原则上应不以有行为能力为要件”。[4] 完全行为能力人,当然有识别能力;即便是限制行为能力人,在其可以理解的范围内,亦具有识别能力。绝没有否认具有完全行为能力的患者医疗决策能力的道理。[5] 其次,正如英国上诉法院所阐述的:在以明确证据推翻

---

① 这里引用的是《欧洲私法共同参照框架草案》第四编C分编第8:108条第3款a项的表述。“在法律上有权代表患者做出有关治疗决定的人或机构”,应依相关民事及医事实体法而定,甚为复杂,本文不能就此展开讨论,但肯定不限于患者的监护人特别是法定代理人,比如在“医疗特权”与“紧急情况”两种情形下,立法即将决策权授权了患者“近亲属”(《侵权责任法》第55条第1款第2句后半段与第56条),此前的《医疗机构管理条例》第33条,甚至将“关系人”包括在内。

② 参见唐超:“英国剖腹产案件中的患者自主权研究”,载《环球法律评论》2012年第3期。

③ 王岳:“反思意思自治原则在急危病症抢救中的尴尬”,载《中国卫生法制》2011年第1期。

④ 王泽鉴:《侵权行为法》,中国政法大学出版社2001年版,第240页。

⑤ 王泽鉴:《侵权行为法》,中国政法大学出版社2001年版,第240页;另参见,Christian Von Bar & Eric Clive(eds.), Principles, Definitions and Model Rules of European Private Law, Draft Common Frame of Reference(DCFR), Full Edition. p.1996,介绍了欧洲各国法制状况。

之前，识别能力是只能推定其有，而不能推定其无的；[①]而且“怀孕固然增加了产妇的个人责任，但怀孕这一事实本身并不能削减其决定是否接受治疗的权利”。[②] 在分娩状态下，产妇难免受到“疲劳、震骇、疼痛或者药物”等各种因素的影响，但不能遽因此否认其识别能力，否则只要是危重病人，其医疗决策权即可一概剥夺了。[③]

(2)将产妇或者产妇近亲属的非理性决定认定为“误解”意思表示

在为华侨医院的辩护声音中，有些作者认为，“知情同意权是医患双方设立、变更、终止诊疗行为的民事法律行为，应当符合民事法律行为的构成要件”，“孕妇因为医学专业知识的缺乏导致对本身病变的认知障碍，继而作出错误的拒绝手术的决定。基于重大误解的非真实意思表示的知情同意不是有效的民事法律行为，可以认为自始无效的知情同意”，“如果患者将来起诉，医院可通过法院撤销患者拒绝手术的决定”。[④]

首先，患者的同意或者拒绝（以及前面提到的弃权）表示既非法律行为，亦非作为法律行为构成要素的意思表示，而是准意思表示，“至于如何类推适用民法关于意思表示的规定，应就个案决定之”。[⑤] 其次，意思表示的撤销规则，于知情同意领域并无类推适用余地：在医疗行为施行前，患者得随时撤回（而非撤销）同意表示，不需要附加任何理由，因为医生系患者的受托人，应依患者指示行事（《合同法》第399条第1句）；[⑥]在医疗行为施行后，患者的同意表示也“不得以错误为理由而撤销”，[⑦]若是医生未充分尽到告知义务，则患者同意不生效力。

① Re MB [1997] EWCA Civ 3093, para 30.

② St George's Healthcare NHS Trust v S [1998] 3 W. L. R. 936 C. A.

③ 参见唐超：“英国剖腹产案件中的患者自主权研究”，载《环球法律评论》2012年第3期。

④ 任浩洋、范贞：“医院强行剖宫救治垂危产妇的法理思考”，载《中国医院》2011年第3期；相似的主张，参见王岳主编：《医事法》，对外经济贸易大学出版社2010年版，第63页。

⑤ 王泽鉴：《侵权行为法》，中国政法大学出版社2001年版，第240页。

⑥ 例如，《欧洲私法共同参照框架草案》第四编C分编第8:108条第2款：“患者得随时撤回其同意。”

⑦ 王泽鉴：《侵权行为法》，中国政法大学出版社2001年版，第240页。

再次,意思表示的撤销,应由表意人为之,怎么能由表意人的相对人(这里是医疗提供人)请求法院撤销呢。最后,这一派观点的基本思路是,医生的医学判断是合乎理性的,患者的决定若与之相悖,则是非理性的,所以是"误解",应予撤销。[①] 但是,有识别能力的患者有同意或者拒绝治疗的绝对权利,至于其决定的理由何在,则于决定之效力毫无影响,这是在包括我国在内的绝大多数国家医事法上牢固确立的原则。将作出决定的识别能力与该决定本身是否合乎理性这两个问题分开来处理,所体现的正是对患者自主权的充分尊重。反之,如果一方面允许患者选择,另一方面又对那些被认为非理性的选择加以贬斥,则无异于并没有赋予当事人真正的选择权利。[②]

附带提及一点,论者曾援引英国法上的 *Re MB* 案为强行手术的立场张目,认为"英国的案例与广州孕妇拒绝手术事件法理基础一致,拒绝手术的决定都不是真实的意思表示"。[③] 但事实上,在这件英国判例中,上诉法院所以驳回了原告的诉讼请求,是因为认定产妇欠缺识别能力,并非适用错误意思表示的撤销规则。[④]

2. 紧急情况

(1)紧急情况例外的含义

在紧急情况下,得不经同意即行施治。这里的紧急情况,系有特定含义的法律术语,除了病情危急这一要件外,还要求"不能取得患者或

---

① 参见王岳:"从肖志军案看我国医疗违法阻却理由的立法完善",载《医学与哲学》2008年第2期;满洪杰:"作为知情同意原则之例外的紧急专断治疗——'孕妇死亡'事件舆论降温后的思考",载《法学》2008年第5期。中国学者批评肖志军"违背常理"、"极不正常"、"愚昧无知"(上官丕亮:"要用生命权至上理念来理解医疗法规——孕妇死亡事件留给我们的启示",载《法学》2007年第12期),都让我们看到对患者/患者代理人非理性决定不可遏抑的非理性厌恶。

② 更详细的讨论参见唐超:"英国剖腹产案件中的患者自主权研究",载《环球法律评论》2012年第3期。

③ 任浩洋、范贞:"医院强行剖宫救治垂危产妇的法理思考",载《中国医院》2011年第3期。

④ 参见唐超:"英国剖腹产案件中的患者自主权研究",载《环球法律评论》2012年第3期;另外,在该案中,法院关于产妇欠缺识别能力的判断,在英国法学界也饱受批评,详参该文。所以说,这一比较法上的论据并没有说服力。

者其近亲属意见"(《侵权责任法》第56条)。立法机关明确指出,后一要件"主要是指患者不能表达意志,也无近亲属陪伴,又联系不到近亲属的情况,不包括患者或者其近亲属明确表示拒绝采取医疗措施的情况"。①

显然是以李丽云案为假想对象,有些论述提出,"在患者、医疗机构和患者的近亲属三角关系之间,不能过高地设定患者近亲属的主体地位和决定权,如果不能取得患者的意见,只能取得其近亲属的意见,医疗机构如何采取紧急救治义务应当有一定的判断余地,在患者近亲属的意见重大且明显地损害患者利益时,医疗机构应当拒绝接受患者近亲属的意见"。② 这一见解没有任何实证法上的依据,而且无法与医疗特权规则在体系上保持一致。不管是"不宜"告知患者,还是"不能"取得患者意见,法律的立场是一致的,都是由患者的近亲属代为行使知情同意权利。③

紧急情况是在各国医事法上普遍得到承认的例外,而且在构成要件上也一样,都强调患者不能表达意志。有学者谓,"生命的重大危险性和时间的紧迫性两要件,具有较强的客观性,便于理解和掌握,是美国、日本等国判例学说的通说,较易为人理解和接受",至于"无法征得有效同意的要件","不利于医生及时治疗,应无必要"。④ 实际情况却并非如此,比如在英美法上,紧急情况即与患者"暂时失去同意能力"

① 王胜明主编:《侵权责任法解读》,中国法制出版社2010年版,第278页。

② 奚晓明主编:《侵权责任法条文理解与适用》,人民法院出版社2010年版,第404~405页;另见王岳主编:《医事法》,对外经济贸易大学出版社2010年版,第62页。

③ 如梁慧星先生所说,按照《侵权责任法》的立法思想,是否接受诊疗及接受何种诊疗方案,取决于患者自己的意思,在患者自己不能表示意思时取决于患者近亲属的意思,医疗机构和医务人员不得违反患者或者其近亲属的意思而实施诊疗行为。如果患者明确表示"不同意"救治,或者患者不能表达意思时其近亲属明确表示"不同意"救治,那么医疗机构和医务人员不得借口"紧急情况"而强行实施救治措施。梁慧星:"论《侵权责任法》中的医疗损害责任",载《法商研究》2010年第6期。这一制度设计的合理性,法社会学角度的精辟分析,参见苏力:"医疗的知情同意与个人自由和责任——从肖志军拒签事件切入",载《中国法学》2008年第2期。

④ 满洪杰:"作为知情同意原则之例外的紧急专断治疗——'孕妇死亡'事件舆论降温后的思考",载《法学》2008年第5期。

几为同义语,主要指病情危急而患者又因为丧失意识、失去判断能力、处于镇静状态或者其他原因不能为有效同意表示的情形。① 如果患者能够表达意志,哪怕病情危急,医生也不能擅自主张。我们再举美国法院的判词为证:

"其适用情形为,患者丧失了意识或者因为其他原因没有能力为同意表示,若是不为治疗,损害迫在眉睫,而这种损害又远远大于医生推荐疗法所可能带来的损害。当这种真正紧急情况发生时,我们的解决方案是,既然与患者的沟通磋商不切实际,就干脆将其免除。在具备这种特征的情况下,依现行法的要求,医生应尽可能地得到患者亲属的同意。若是时间紧迫,无暇讨论,医生得径为治疗,此点毋庸置疑。"②

台湾地区"医疗法"第46条第1款规定:"医院实施手术时,应取得病人或其配偶、亲属或关系人之同意,签具手术同意书及麻醉同意书;在签具之前,医师应向其本人或配偶、亲属或关系人说明手术原因,手术成功率或可能发生之并发症及危险,在其同意下,始得为之。但如情况紧急,不在此限。"有些著述以这第二句为证,来为强行手术的立场张目。③ 但该款的立法原义并非是说,在病情危急状况下,可以不理会患者的意见。台湾学者阐释说,"为符合紧急情况之例外,有三个要件必须成立:有一清楚、立即的对生命、身体健康的严重威胁存在;若要得到病人的告知后同意将会严重损及病人康复之希望;病人有明显的症状,无法有效行使同意权,譬如说,中风、脑缺氧、或血压急速下降等"。④ 从这第三项要件我们可以知道,台湾地区的法律立场与我们并无二致,所谓"不在此限",只是针对患者不能表达意志,绝不包括患者拒绝接受手术的情形。

综上,《侵权责任法》第56条不能为不顾患者(包括有权代表患者

① 参见 Christopher White, Arnold J. Rosoff and Theodore R. LeBlang, Chapter 33: Informed Consent to Medical and Surgical Treatment, in *American College of Legal Medicine*, *Legal Medicine*, Mosby, 7th Ed. 2007. p. 339。

② Canterbury v. Spence (464 F. 2d 772) 1972, 783.

③ 参见王岳主编:《医事法》,对外经济贸易大学出版社2010年版,第62页。

④ 杨秀仪:"温暖的父权 vs. 空虚的自主——到底法律要建立什么样的医病关系",载《应用伦理研究通讯》2002年第21期。

作出决定的人）明确反对的强行手术案件提供法律依据。

（2）紧急情况例外的理论基础

不少欧洲国家以默示同意理论为紧急情况例外提供理论基础：患者虽因失去意识而不能为同意表示，但若可以合理认为，如果他能够表达意志，应会接受紧急治疗，则得推定其已经同意。[①] 在台湾地区，亦依默示同意理论解释"医疗法"第63条、第64条——"医师为病人提供紧急之医疗救助行为，不需得到病人的告知后同意，因为推定一般人在这种情况下，都会同意医师先作紧急救治"。[②] 我国学界及司法界亦多持此说。[③]

默示同意理论的最大不足在于，患者的同意显然是"拟制的"，因而被认为是一种不太令人满意的进路，因为很难将之与下面这种情形区分开来，即患者有能力为同意表示而未为明示同意，但得通过其他方式，例如行为，推断其已同意。《侵权责任法》第55条第1款第1句就常规医疗行为仅有告知义务的要求，没有特别言及征得同意，学界及司法界普遍的看法是，不是不需要同意，而是"不反对即视为患者同意"，[④]这种视为同意与紧急情况下的默示同意有何不同呢？医生施治，难免涉及患者身体，若患者没有反对，反予配合，从该行为即可推断出患者的同意意思。与第56条不同，这里确有准意思表示，在德国法上被称为通过可推断的行为所发出的表示，而在第56条下，患者压根儿不能为有效表示，所谓"可以立即实施相应的医疗措施"并非对患者

---

① 比如西班牙、荷兰、瑞典、芬兰等国家，参见 Christian von Bar and Eric Clive (ed.), *Principles, Definitions and Model Rules of European Private Law: Draft Common Frame of Reference (Full Edition)*, Sellier. europeanlaw publisher's p. 1999。

② 杨秀仪："温暖的父权 vs. 空虚的自主——到底法律要建立什么样的医病关系"，载《应用伦理研究通讯》2002年第21期；另见黄丁全：《医事法》，中国政法大学出版社2003年版，第273页以下。

③ 参见陈现杰：《侵权责任法条文精义与案例解析》，中国法制出版社2010年版，第199页；王岳主编：《医事法》，对外经济贸易大学出版社2010年版，第61页。

④ 陈现杰主编：《侵权责任法条文精义与案例解析》，中国法制出版社2010年版，第196页；单国军：《医疗损害》，中国法制出版社2010年版，第245页；王岳主编：《医事法》，对外经济贸易大学出版社2010年版，第68页。黄丁全先生的理解则是，"轻微的侵袭结果，无须同意"（黄丁全：《医事法》，中国政法大学出版社2003年版，第273页）。

意思的推断,实为任意性法律规范,得以预先指示等方式排除之。[①] 拟制理论遮蔽而不是彰明了立法者艰难的价值考量,正如拉伦茨批评的,人们运用很少的法律手段,事实上从事了许多滥用行为,而默示的意思表示,即为一例。[②]

更多欧洲国家援引无因管理法理为紧急情况例外提供正当性,如冯·巴尔所说,那些侵害了被救助方人或物的完好性的救助措施——例如"对无意识的事故受害者提供的医疗方面的急救措施"——在不列颠群岛各法域被归属到紧急避险(necessity)范畴之下,而欧洲的主流观点却是将其纳入到无因管理范畴之内。[③] 适法无因管理要求事务承担不违反本人真实或可得推知的意思并且符合本人利益,就这两个要件的权重而言,在以私人自治为原则的私法体系中,本人意思具有决定性,故本人意思虽有悖于其客观利益,亦应予以尊重。本人真实意思优先于任何其他标准,真实意思无法查知的,本人客观利益为可得推知意思的重要认定依据。唯在本人意思有违公共利益或者有害其履行法定扶养义务时,法律例外地将公共利益凌驾于本人意思之上,对后者加以贬抑。[④]

无因管理说较默示同意说进步,但仍有未尽之处。绝大多数医患

---

① 例如,《欧洲私法共同参照框架草案》第四编C分编第8:108条第4款。

② 参见[德]拉伦茨:《德国民法通论》(下册),王晓晔等译,法律出版社2003年版,第488~489页。

③ [德]克雷斯蒂安·冯·巴尔著:《欧洲比较侵权行为法》(下卷),焦美华译,张新宝审校,法律出版社2004年版,第596~597页。该书中译本将"necessity"译为紧急避险。我国也有学者认为,"英美法系普遍采紧急避险说,认为紧急避险是紧急情况下无病人同意的医疗介入获得正当性的根本基础"(杨丹:"医疗行为的正当化研究",载《社会科学》2009年第12期),但这种译法和说法有误,十足引人误会,因为英美法上的"必要事务代理"(necessity)并不等同于大陆法系的紧急避险,而是更接近(但不等于)无因管理。如冯·巴尔、埃里克·克莱夫指出的,在英国法上,与罗马法的"无因管理"概念最为切近的应为"必要事务代理"(agency of necessity),经Re F(Mental patient: sterilization)案后,其作为未经同意医疗行为的抗辩事由在普通法上得到承认,稍后又在制定法中得到体现(Mental Capacity Act 2005, s. 5)。参见Christian von Bar and Eric Clive (ed.), Principles, Definitions and Model Rules of European Private Law, p. 3675。

④ 参见[德]梅迪库斯著:《德国债法分论》,杜景林、卢谌译,法律出版社2007年版,第506~507页。

法律关系是因合同而生，在中国法上，医疗合同系无名合同，应类推适用委托合同的规定。① 在委托合同中，受托人的主要义务即为依委托人指示处理委托事务(《合同法》第399条第1句)。委托事务毕竟是委托人的事务，利害成败皆由委托人承受，因此委托人就事务处理有指示的，受托人应依指示处理。台湾学者认为，就台湾地区"民法典"第535条(相当于中国《合同法》第399条第1句)中的"指示"，应作限制解释，即仅指合同成立之后委托人所为的指示，其法律性质为有相对人之[准]意思表示，使受托人有依委托人意思处理事务的义务。②《合同法》第399条第1句亦应做同样解释，并得适用于医疗合同。医疗合同成立之后，患者仍得对医疗提供人发布指示(在推荐医疗方案中加以选择，对是否接受某项医疗建议作出决定)，医疗提供人纵然认为指示有违患者利益，亦应遵从(有违公序良俗除外)，未经患者同意，不得变更指示(《合同法》第399条第2句前半句)。

能够为《侵权责任法》第56条提供灵感的是《合同法》第399条第2句后半句，"因情况紧急，难以和委托人取得联系的，受托人应当妥善处理委托事务，但事后应当将该情况及时报告委托人"。立法虽仅提及"情况紧急"及"难以和委托人取得联系"，但理论界认为，尚需以"能够推定委托人若知有此情况也会允许变更指示"为受托人行使变更指示权的要件。③ 情况紧急，但不能推定委托人允许变更指示的，不得变更指示；无紧急情况，即使可以推定委托人允许变更指示，亦不得径行变更指示，只能通知委托人，等待进一步指示。④《欧洲私法共同参照框架草案》(DCFR)第四编C分编(服务契约)第八章(医疗契约)第8:108条也规定，在患者没有能力表示同意的场合，若必须紧急施治，得径直为之(第3款c项)，但应尽可能考虑患者在失去表示能力前明示

① 参见最高法院《民事案件案由规定》(法〔2011〕41号)，第四部分(合同、无因管理、不当得利纠纷)十(合同纠纷)120(服务合同纠纷)(3)(医疗服务合同纠纷)。学界也有认为医疗合同就是委托合同的，参见韩世远："医疗服务合同的不完全履行及其救济"，载《法学研究》2005年第6期。

② 黄立主编：《民法债编各论》(下)，中国政法大学出版社2003年版，第512页。

③ 崔建远主编：《合同法》，法律出版社2007年版，第491页。

④ 黄立主编：《民法债编各论》(下)，中国政法大学出版社2003年版，第512页。

的意见以及无完全能力患者的意见(第4款),此时提供的医疗服务只能以提升患者健康状况为限(第5款)。

综上,作为知情同意规则例外的紧急情况,其正当性不独在于情势急迫(不立即施治可能会造成难以估量的损害),更在于不违背患者(或有权代表患者之人)明示或可得推知的意思。有契约关系在先的,其法律依据在于委托人的紧急变更权;无契约关系的,其法律依据在于无因管理,绝无容忍强行手术的余地。

(3)紧急情况例外与急病救治义务

各国医事法往往都有急病救治义务的内容,例如我国《执业医师法》第24条规定:"对急危患者,医师应当采取紧急措施进行诊治;不得拒绝急救处置。"《医疗机构管理条例》第31条也规定:"医疗机构对危重病人应当立即抢救。对限于设备或者技术条件不能诊治的病人,应当及时转诊。"有些学者认为《侵权责任法》第56条与前引两条性质同一,故在剖腹产案件中,面对病情危急的产妇,医生应积极救助。[①]这一主张不能成立,我们从下面两点来说明。

①急病救治义务的性质

《执业医师法》第24条与《医疗机构管理条例》第31条课予医疗提供人的急病救治义务,其性质为何?是法定急救义务,还是强制缔约义务?若系法定急救义务,则医疗提供人即负有主动救治义务。若仅系强制缔约义务,则医疗提供人仅负有不得拒绝接诊的义务,而不负有主动救治义务。

台湾地区"医师法"第21条规定:"医师对于危急之病人,应即依其专业能力予以救治或采取必要措施,不得无故拖延。"关于该条所课义务的性质,台湾学者从以下三点论述,该种义务系属强制缔约义务,而非法定急救义务:a. 医疗法为管制法规,性质上属于公法,目的在于确保医疗质量,但不涉及人民彼此之间的权利义务关系。b. 从立法沿

① 参见任浩洋、范贞:"医院强行剖宫救治垂危产妇的法理思考",载《中国医院》2011年第3期;类似的主张,另见王岳:"从肖志军案看我国医疗违法阻却理由的立法完善",载《医学与哲学》2008年第2期;上官丕亮:"要用生命权至上理念来理解医疗法规——孕妇死亡事件留给我们的启示",载《法学》2007年第12期。

革来看,该条原文为,"医师对于危急之病症,不得无故不应招请或无故迟延"。法条文字表明,医师对危急之病症,其作为义务乃是"应招请",文义解释可以非常容易地推出这是医师的强制缔约义务。2000年法律修订时之所以删去"应招请"文字,是因为医疗给付形态发生了改变,现在主要是病人赴医院求医,而少有招请。c. 从比较法制的经验上来看,医师对病人的医疗义务均来自于医病关系,而未有来自于法律规定者,若医病关系不成立,医师并不会因为其领有国家的医师证书或执业执照就对一般人负有救治义务。① 从我国《执业医师法》第24条"不得拒绝急救处置"的措辞看,亦应准此以解,即医疗提供人所负的是强制缔约义务。②

在绝大多数强行手术案件中,患者与医院之间已经建立了契约法律关系,强制缔约无从谈起,以《执业医师法》第24条与《医疗机构管理条例》第31条来声援强行手术主张,纯属无用之功。医患关系因无因管理而成立的,就更不必提了,无因管理与契约系两种不同的法律事实。

②紧急情况例外与急病救治义务

急病救治义务性质上属于强制缔约义务,准确点说,是强制承诺义务,是契约成立阶段的问题。紧急情况例外则为契约履行或者无因管理中事务承担与实施的问题。

医疗提供人因尽急病救治义务而收治患者的,在施治过程中,仍应尊重患者的知情同意权,遵从患者指示。若是符合紧急情况例外的构成要件,则得不经同意而施治。两者有别,不能混为一谈。

(4)紧急情况与紧急避险

不少学者认为,患者病情危急,医生为了保护患者的生命与健康,

---

① 杨秀仪:"法定急救义务?强制缔约义务?——医师法第21条、医疗法第43条性质解析",载《台湾本土法学杂志》1990年第49期。

② 同样的立场,参见满洪杰:"作为知情同意原则之例外的紧急专断治疗——'孕妇死亡'事件舆论降温后的思考"载《法学》2008年第5期。依体系解释方法,《医疗机构管理条例》第31条当然应与《执业医师法》第24条同样解释。

不顾患者反对强行施治,构成民法和刑法上的紧急避险,得免除责任。①

紧急避险法律的价值观是基于利益衡量的原则,即价值较小的利益或者在某些条件下同等价值的利益(牺牲利益),必须让位于价值较大的利益(保全利益)。以紧急避险作为强行手术的免责机制,亦不成立,以下分述之。

首先,牺牲利益得否为人身利益。在比较法上,"紧急避险——根据大多数国家民法典中的表达——仅使对物的损坏具有正当性(《意大利民法典》甚至将不会造成人身伤亡作为紧急避险的条件)",②不得以人身利益为牺牲利益。比如在德国法上,紧急避险针对就只能是"物"(德国《民法典》第228条、第904条)。如拉伦茨所说,"《民法典》允许在紧急状态下为避免这种危险而侵害他人的财产——当然不是他人的其他法益,首先不是人的生命、身体和健康"。③ 我国学说上也多有持此见者。④ 而在强行手术案件中,不论手术是否成功,患者的同意权与身体权都受到了侵害。

其次,牺牲利益与保全利益得否归属同一主体。依各国法制,牺牲利益与保全利益应分属不同主体,⑤即"受害人一般是无辜的第三

---

① 此种见解主张者甚众,参见,例如,满洪杰:"作为知情同意原则之例外的紧急专断治疗——'孕妇死亡'事件舆论降温后的思考",载《法学》2008年第5期;王岳:"从肖志军案看我国医疗违法阻却理由的立法完善",载《医学与哲学》2008年第2期。

② [德]克雷斯蒂安·冯·巴尔著:《欧洲比较侵权行为法》(下卷),焦美华译,张新宝审校,法律出版社2004年版,第581页。

③ [德]拉伦茨:《德国民法通论》(下册),王晓晔译,法律出版社2003年版,第367页。

④ 例如,王利明主编:《民法》,中国人民大学出版社2010年版,第92页。全国人大常委会法工委民法室则认为,牺牲利益亦得为人身利益,参见该室主编:《侵权责任法条文说明、立法理由及相关规定》,北京大学出版社2010年版,第119页。

⑤ See Christian von Bar and Eric Clive (ed.), *Principles, Definitions and Model Rules of European Private Law*, p. 3675.

人”,[①]若两种利益属于同一主体,应依无因管理处理。无因管理法制的基本内容就是,在没有法定或约定义务的前提下,若不违反本人明知或可得推知意思,得为本人利益而干预本人事务。若将紧急避险法制适用于强行手术(不限于剖腹产)案件,则受害人(患者,其身体权与知情同意权受到侵害)与受益人(患者,依一般但错误的说法,其生命权与健康权得到了保护)为同一主体,不符合紧急避险法律关系的构造。

我国学者没有提出但是隐藏在这里的一个问题是,能否认为,在强行手术案件中,受益人是国家或者社会,也就是说,“避险人”(医疗提供人)保护的是国家维护其社会成员身体健康的利益。

我国立法未为紧急避险下定义,故未明确保全利益的内涵。依台湾地区“民法典”,紧急避险所保全的是“自己或他人生命、身体、自由或财产”(第150条),我国学说上也多持此见。[②] 王泽鉴先生在结合捣毁私娼馆案讨论正当防卫所保护的利益时曾指出,[③]“所谓他人,除个人外,尚有‘国家’等公法人,但不应包括社会在内。权利的概念虽可扩张解释,但不应包括公益。维护社会不受色情污染系‘国家’任务,不能由个人依自力救济为之”。[④] 这段分析亦可用之于紧急避险案件,即保全利益仅得为民事权益,国家维护其社会成员身体健康的利益非属紧急避险之保全利益范围。同样的道理,公共健康紧急状态例外也不是紧急避险。

最后,利益衡量原则与强行手术案件。中国颇多作者认为,在强行手术案件中,存在尖锐的利益冲突,需要依利益权衡原则来处理;而且

---

① 王卫国主编:《民法》,中国政法大学出版社2007年版,第624页。刑法学界的同样主张,参见赵秉志主编:《当代刑法学》,中国政法大学出版社2009年版,第282页;阮齐林:《刑法学》,中国政法大学出版社2010年版,第165页。

② 参见程啸:《侵权责任法》,法律出版社2011年版,第220页(“自己或他人生命、身体、自由以及财产”);朱岩:《侵权责任法通论》,法律出版社2011年版,第488页(“民事主体的合法权益”)。

③ 台湾地区“民法典”第149条(正当防卫)第1句谓,“对于现时不法之侵害,为防卫自己或他人之权利所为之行为,不负损害赔偿之责”,所保护的利益与紧急避险相同,只不过因为正当防卫针对的是不法行为,所以用了“权利”概念。

④ 王泽鉴:“捣毁私娼馆、正当防卫与损害赔偿”,载王泽鉴:《民法学说与判例研究》(第8册),中国政法大学出版社2005年版,第187页。

还主张,与患者的知情同意权利发生冲突的,是患者的生命权。比如,有作者写道,“这实际上是生命权与知情同意权之间发生冲突时的权衡问题”。[①] 再比如,“患者的知情同意属于人格权的一种,但是在出现患者生命垂危的紧急情况时,面对生命健康权和人格权之间的利益权衡,医疗机构应当首先保护患者的生命健康权。为了这一更为重要的权益,而适度减损患者的知情同意权,是具有正当性的”。[②]

这些议论似是而非:生命权、健康权,还可以包括身体权与隐私权,与知情同意权,俱属患者一身,前者不存,后者焉附,两者如何能够发生冲突?以例言之,根据纳粹德国1933年制定的《断种法》,“遗传健康法庭”得准许对患有遗传性弱智、精神分裂症、狂躁型抑郁症、癫痫、慢性舞蹈病、遗传性聋盲以及几种遗传性身体畸形的个人施行绝育手术,据估计,受这部法律影响的人超过60万。[③] 这些不幸的人们既已无健康、身体、隐私权可言,遑论知情同意权,二者只有同进共退之谊,断无决裂冲突之理。与知情同意权发生冲突从而可能对患者知情同意权利加以平抑的,只能是某种外在于患者的客观利益,即迈泽尔所谓社会健康利益。

前面讨论过,病情危急情况下,手术的正当性在于,不违背患者明示或可得推知的意思。而紧急避险制度则无须探知受害人(患者)明示或可得推知的意思,这是纯粹的客观价值衡量,当事人的主观价值判断不在考虑之列。两者的正当性基础完全不同。

(三)几种对抗性利益

前面提及,在美国判例法中,曾提出国家拥有一些得与患者同意权相对抗的利益,这些内容也见于中国学者的著述,下面依次研讨。

1. 维护生命

上官丕亮教授说,“要用生命权至上理念来理解医疗法规”,“固守《医疗机构管理条例》第33条有关患者家属签字同意的规定”违背宪

① 孟强:《医疗损害责任》,法律出版社2010年版,第66页。

② 王利明:《侵权行为法研究》(下卷),中国人民大学出版社2011年版,第435页。

③ 参见[美]亨利·欧内斯特·西格里斯特著:《疾病的文化史》,秦传安译,中央编译出版社2009年版,第99页。

法解释，并教导我们要好好学习法律解释方法、法学方法论。① 但是刚刚讨论过，正是因为承认了患者的生命权、健康权、身体权、隐私权，才可能承认患者的知情同意权，不能将两者对立起来。

事实上，拿国家维护社会成员生命的利益来支持强行手术的主张，最没有说服力。剖腹产案件因其画面的惨烈，激发起人们强烈的情感，但试想，有多少垂危的病人，缠绵于家中病榻，可以把这些病人通通拉到医院强行救治吗。一定没有人同意这种做法，可是这两种事实情形，又有什么本质的区别呢？

现代民法既然承认了患者的自主决定权，也就意味着，必须接受患者选择的结果。如德国联邦法院在著名的肿瘤案中所论："即便某人拒绝了旨在将其从危及生命的疾患中解脱出来的医疗措施，其为《基本法》第 2 条第 2 款所卫护之对身体完好性的权利仍应受到尊重。在何种情况下，可以合理认为，他人愿意为了恢复健康而牺牲其身体完好性，对此等问题，没有谁有权利充当法官，妄加判断。医生亦受此项原则拘束。诚然，医生系依崇高律令——同时亦为法律义务——运用其本领治病救人；但这种律令与义务归根结底要受患者自我决定权的辖制，就何者可施于己身，只能由患者说了算。"②

在英国的剖腹产案件中，家事法庭庭长伊丽莎白·巴特勒－斯洛斯夫人（Dame Elizabeth Butler－Sloss）也说道："神志健全的女性，自然有决定的能力，她完全可以选择不接受医生的干预，——甭管是出于宗教的还是其他的什么原因，也甭管是理性的还是非理性的原因，甚至是无缘无故地，——哪怕这可能导致胎儿死亡或者严重残疾，或者自己死亡。在这种情形下，法院并没有宣布医疗干预合法的权力，而且像患者客观最佳利益这样的问题也根本无由产生。"③

类似的表述在医事法判例中不胜枚举，这实在是知情同意原则的题中应有之义。

---

① 上官丕亮："要用生命权至上理念来理解医疗法规——孕妇死亡事件留给我们的启示"，载《法学》2007 年第 12 期。

② BGH, 28 November 1957, NJW 1958, 267(268).

③ Re MB (an Adult: Medical Treatment) 8 Med LR 217 (1997 CA).

2.防止自杀

患者的自我决定权并不意味着可以不受限制地选择自己的死亡方式。例如,照一般的看法,患者在企图自杀之后拒绝接受治疗的,构成对生命神圣原则的侮辱,医生对这种决定得无视之。这一防止自杀论辩的基础是国家维护其社会成员的利益,但却并不适用于患者拒绝治疗的案件。

我国学界也同意,患者自杀,不构成有效的拒绝表示,[①]但没有讨论自杀与拒绝治疗的关系。[②] 在美国的剖腹产案件中,法院曾论及此点。美国法院的判决认为,不能因为患者拒绝了关乎性命的治疗措施就认为其意图自杀。其一,即便拒绝决定导致死亡,死亡也是因为潜在的疾病,而不是自我伤害的结果。[③] 其二,患者可能希望活下去,只是不愿意接受某种医疗措施。[④] 不论哪一点,都不合乎自杀概念。[⑤]

自杀被界定为"掠取生命",系故意行为且当事人一般没有生存意愿。[⑥] 产妇拒绝接受剖腹产,不能认为她是试图自杀。她不过是选择了一条与医生所爱不同的道路而已。这一选择或会增加其死亡的风险,但可能不会有并发症并且也不用接受她不愿意的医疗措施。[⑦] 她

---

① 参见王岳:"医师的治疗特权",载王岳、邓虹主编:《外国医事法研究》,法律出版社2011年版,第64页。

② 有学者提到过这一点,赵敏、严一彪:"患者自我决定权与医师治疗特权",载王岳、邓虹主编:《外国医事法研究》,法律出版社2011年版,第74页。

③ Brophy v. New Eng. Sinai Hosp. Inc., 497 N. E. 2d 626, 638 (Mass. 1986). 梁慧星先生的看法是,《侵权责任法》关于患者知情同意权的规定为承认"消极的安乐死"留下了可能性。梁慧星:"论《侵权责任法》中的医疗损害责任",载《法商研究》2010年第6期。

④ 参见In re Osborne, 294 A. 2d 372, 374 (D. C. 1972)(在该案中,患者说,"我想活下去,但不接受输血")。

⑤ 有评论家指出,"没有哪一件报道判例认为,为了维护州在防止自杀方面的利益,可以强迫有意识能力的患者接受他已经拒绝的医疗措施",Lawrence J. Nelson et al., "Forced Medical Treatment of Pregnant Women: 'Compelling Each To Live as Seems Good to the Rest'", 37 HASTINGS L. J. 703, 760 n. 276 (1986)。

⑥ BLACK'S LAW DICTIONARY 1475 (8th ed. 2004).

⑦ In re Baby Boy Doe, 632 N. E. 2d 326, 329 (Ill. App. Ct. 1994)(在法院还在考虑是否应该发布强行剖腹产手术命令时,产妇已经顺产)。

并不是故意地杀害自己。另外,妊娠足月的产妇似不大可能选择自杀。若真欲自杀,何苦跋涉去医院?完全可以待在家里,无所作为嘛。

最后,在医学技术高度发达的21世纪,产妇有了更多的分娩途径,这本身就意味着选择。如果生在16世纪,那么除了自然分娩,也别无选择,除非产妇死亡,才有可能施行剖腹产。现在,拒绝剖腹产的患者不过是顺应造化之功,这完全不同于故意的自我伤害。虽然有些人不能理解产妇的决定或者认为这种决定是非理性的,但这却是产妇作为自主个体的自我决定。这一防止自杀的论辩之所以不足论,是因为产妇的拒绝决定虽系有意选择,却非自我伤害。还有,产妇也未必会因拒绝决定而死亡,这样,也就不存在掠取生命的因素了,因为死亡不是必然的结果。产妇在分娩之前,一直对腹中的胎儿悉心照料,这与我们这个社会对于自杀者的看法全不吻合,故而,防止自杀的论辩全不可信。[①]

3. 保护无辜第三人

在美国的一些判例中,法院为保护无辜第三人的利益,会对患者的同意权加以限制。比如,如果患者因拒绝接受治疗而死亡,其未成年子女会成为孤儿,而且还会给州政府带来负担,因为政府得担负监护之责。有中国学者据此说,"美国大多数州法院基于保护患者胎儿的生命,特别禁止为怀孕的无行为能力病人,做出拒绝维生治疗的决定"。[②]事实上,在美国的判例法中,保护无辜第三者这一考虑仅适用于已出生者,却不能扩张及于胎儿。在法院看来,"使胎儿权利凌驾于成年女性

① 参见 Erin P. Davenport, "Court Ordered Cesarean Sections: Why Courts Should Not Be Allowed to Use a Balancing Test", Duke Journal of Gender Law & Policy, Volume 18, 2010. pp. 95 –96。

② 赵敏、严一彪:"患者自我决定权与医师治疗特权",载王岳、邓虹主编:《外国医事法研究》,法律出版社2011年版,第74页。

的权利之上,这是不公平的"。[①]

美国学术界对这种思路也多持批评态度。胎儿未必挺得过分娩,或者有可能死产,这就意味着,医生切开产妇的身体是没有理由的。另外,这些案件与这些法院关注的主要是婴儿是否可能被遗弃并成为州的负担。但产妇拒绝接受剖腹产手术并不必然导致胎儿要受政府监护。产妇完全有可能自然分娩而且也没有什么并发症。婴儿可能在分娩过程中或者之前死亡,也有可能因为这个强行手术,产妇及胎儿在手术台上死亡。在所有这些情形下,胎儿都不会给政府增添负担。而因为剖腹产手术增加了产妇在手术中或手术后的发病率及死亡率,胎儿倒更有可能成为孤儿。[②]

4. 对医疗职业道德操守的尊重

对医疗职业道德操守的尊重也不能拿来支持胎儿立场。在英美国家的医事法上,有所谓医生的良心反抗权,医生没有义务参与任何其在良心上反对的医疗行为。如果医生认为其种手术违背其良心,他们可以不实施。[③] 而我们所讨论的强行手术案件,都是医生积极要求手术。

有中国学者援引这一论辩写道,"如果患者的意思表示或选择明显与医师的职业道德、职业操守相悖,这时医师可以实施治疗特权或称

---

① Roe v. Wade, 410 U. S. 113, 158 (1973). 直到最近,美国法院一贯的做法是,为了保护未成年子女免遭遗弃(abandonment),可以否决女性患者的自主权,参见 In re President & Dirs. of Georgetown Coll., 331 F. 2d at 1006 - 07 (强迫有着一位7个月大孩子的母亲接受关乎性命的治疗);In re Winthrop Univ. Hosp., 490 N. Y. S. 2d 996, 997 (N. Y. Sup. Ct. 1985) (为了挽救几个孩子的母亲的生命,不顾其基于宗教原因的反对,强迫其在手术过程中接受输血)。更近些时候,法院拒绝将患者自主权置于州在保护未成年子女方面的利益之下,参见 In re Matter of Dubreuil, 629 So. 2d 819 (Fla. 1993) (在该案中,没有证据表明,如果患者死亡,其子女将会成为孤儿,法院拒绝强迫手术); Fosmire v. Nicoleau, 551 N. E. 2d 77, 84 (N. Y. 1990) (在该案中,有意识能力的成年患者的医疗决定"使其子女有成为孤儿的风险",但法院拒绝强制施行关乎性命的医疗措施)。

② Erin P. Davenport, "Court Ordered Cesarean Sections: Why Courts Should Not Be Allowed to Use a Balancing Test", p. 95.

③ 关于医生良心反抗权,请参见[英]马克·施陶赫:《英国与德国的医疗过失法比较研究》,唐超译,法律出版社2012年版,第308页。

干预权”。[①] 在对华侨医院强行手术的做法大加称许之后，作者又以1981年世界医师协会第34次会议通过的《里斯本宣言》的下列条款来为自己的见解张目：

“(1)患者意识不明或因其他理由不能表明意思的场合，应该尽可能地获得法定代理人的同意。(2)当没有法定代理人，且对患者的医学侵袭为紧急且必要的场合，推定患者同意。但基于该患者事先的明确表示或信仰，明确且毫无疑义拒绝此种状况下的医学侵袭的除外。但是，医师应该尽量尝试挽救因自杀企图而失去意识的患者的生命。(3)如果患者的法定代理人或者从患者处获得授权的人，禁止了从医师的立场来看是患者最佳利益的治疗时，医师有义务基于有关的法律或其他惯例提出异议。在危急时刻，医生应以患者的最佳利益为准则从事医疗行为。”

该文得出结论说，“紧急情况下，医生可能因为时间太短而无法说服患者或家属，可以对患者实施手术救治，而无须签字”。[②]

该文所载书籍附有《里斯本宣言》。[③] 经查，《宣言》明确了“在精神方面有判断能力的成年患者，对于一切诊断上的手续和治疗，有权同意或拒绝”(第3条第2款第1句)。该文所引(1)与(2)系《宣言》第4条(无意识的患者)，“但是，医师应该尽量尝试挽救因自杀企图而失去意识的患者的生命”一句系该条第3款。我们可以看到，《宣言》的立场与《侵权责任法》第56条以及前文谈到的各国法制并无区别。所以我们看不明白，作者是如何得出可以不顾患者意见而强行手术结论的。至于该文所引(3)，系《宣言》第5条(法律上无能力的患者)第3款，其仅适用于患者无能力这一狭窄情形，与典型的强行手术特别是剖腹产案件无关。至于《宣言》并无法律效力，就更不必提了。

另外，该文没有引述的《宣言》第6条写道：“仅有在法律授权或是

---

① 王岳：“医师的治疗特权”，载王岳、邓虹主编：《外国医事法研究》，法律出版社2011年版，第65页。该句所谓“治疗特权”实系概念误用，作者的本意是指可以强行手术。

② 王岳：“医师的治疗特权”，载王岳、邓虹主编：《外国医事法研究》，法律出版社2011年版，第66~67页。

③ 王岳、邓虹主编：《外国医事法研究》，法律出版社2011年版，第361~363页。

符合医疗伦理时,可以采取违反病人意愿的诊断处置或是治疗。"而依该文的立场,只要是见死不救,即有违医疗伦理。[①] 果真如此吗?在自杀情形,没有疑义,前文已论及,但若恣意扩张,则整个知情同意法律都将大受摧则。事实上,单就剖腹产案件来说,就我们所知,各国医疗行业的官方态度与法律立场并无二致。

美国妇产科医生协会与美国医学协会都认为,剖腹产手术的最终决定权属于产妇。[②] 妇产科医生协会申明:"若是患者对于某种治疗、检测或者操作的实质风险及好处都已充分知情,则其有权自主决定是否接受该治疗、检测或者操作,或者是否在多种治疗、检测或者操作中间选择一种。在行使这种自主权时,知情的患者亦有权利拒绝接受这些治疗、检测或者操作……这种拒绝可能是基于宗教信念、个人偏好或者安慰。"[③]

英国皇家妇、产科医生协会也郑重提醒其成员,怀孕状态并不能限制妇女的法律自由。尽管产妇对胎儿的义务随着妊娠期的进展而增加,但只要未经其同意,其身体完好性即不受侵犯。[④]

《中国医师宣言》"我们承诺"第2项也写道:"患者至上。尊重患者的权利,维护患者的利益。尊重患者及其家属在充分知情条件下对诊疗决策的决定权。"[⑤]

不论行业协会的声明,还是希波克拉底誓言,都要求医生负有尊重患者意愿及不伤害患者的伦理义务,表明那种以医疗行业的道德操守

---

① 王岳:"医师的治疗特权",载王岳、邓虹主编:《外国医事法研究》,法律出版社2011年版,第67页。

② LYNN M. PALTROW, NAT'L ADVOCATES FOR PREGNANT WOMEN, Coercive Medicine (2004), http://advocatesforpregnantwomen. org/file/Coercive _ Medicine. pdf.

③ Id. (quoting AM. COLL. OF OBSTETRICIANS & GYNECOLOGISTS, INFORMED REFUSAL, Op. No. 237 (2000)).

④ Royal College of Obstetricians and Gynaecologists. Ethics: a consideration of the law and ethics in relation to court - authorised obstetric intervention (No. 1, April 1994). London: RCOG, 1994.

⑤ 参见中国医师协会网站:http://www. cmda. gov. cn/shouyezhiding/2011 - 06 - 24/9621. html,2013年8月1日访问。

支持强行医疗的论辩是站不住脚的。恰恰是强行手术主张，侵犯了医疗职业的尊严。

三、强行剖腹产案件的特殊性

前面的讨论一般性地适用于不顾患者意见的强行手术案件，剖腹产案件的特殊性则在于，产妇拒绝接受手术时，其与胎儿独一无二的身体联系也就意味着，有一个"第三人"也同样受到了影响，于是，"密尔的损害原则这一幽灵飘然而至"。① 在这里，最有可能对产妇自主权起到平抑作用的是胎儿的利益，这一冲突造成了一个伦理与法律的雷区，正如英国的索普法官（Thorpe LJ）在一篇学术论文中所说："产科医生为胎儿的生命奋力维权，女权主义者则为怀孕妇女的医疗决定权极力辩护，双方为这一伦理议题争得不可开交，情绪激昂，简直没有通融的余地，这是任谁都看得到的。"②

有学者针对李丽云案发表意见说，肖志军拒绝治疗，"涉及了无辜胎儿的利益"，"应当通过法律明确"，当患者行使同意权可能违背第三者利益时，可排除其同意权。③ 我们当然不能同意这看法，下面的讨论从三方面展开，能否基于胎儿的生命利益或者国家在维护潜在生命上的利益对产妇的同意权加以限制，产妇是否负有救助胎儿的义务，堕胎法与强行剖腹产案件的关系。

（一）胎儿的生命利益

在中国法上，自然人因出生而成为法律上的人（《民法通则》第 9 条），英美法也是一样。胎儿既然都不是法律上的人，当然没有理由为了其利益而对其他民事主体（产妇）的权利加以压迫。正如英国上诉法院写道的：

"有决定能力的产妇……虽然了解得清清楚楚，若是拒绝接受注

---

① Alasdair R Maclean, Caesarean Sections, Competence and the Illusion of Autonomy, (1999) Web Journal of Current Legal Issues 4, http://webjcli.ncl.ac.uk/1999/issue1/maclean1.html#Heading5#Heading5.

② Thorpe, The Caesarean Section Debate, *Family Law* 1997, p. 663.

③ 赵敏、严一彪："患者自我决定权与医师治疗特权"，载王岳、邓虹主编：《外国医事法研究》，法律出版社 2011 年版，第 74 页。

射麻醉,将大大降低胎儿活着出生的机会,却仍可能如是为之。法院在考虑是否应该照准剖腹产手术申请时,尚未出生的胎儿并不享有任何可以令法院将其纳入考量范围的独立权益。即便是胎儿眼瞅着行将诞出,法院亦无为了保护其利益而宣布此种医疗干预合法的权力。"①

剖腹产手术的风险比自然分娩要大,为了维护胎儿的生命利益而强迫产妇接受剖腹产手术,"意味着州在拿着产妇的生命赌博。州宣称是要维护双方的生命,但却将作为社会生产构件的产妇置于风险之境,目的只是要增加胎儿成为社会生产构件的机会。这逻辑显然有漏洞,违反直觉"。②

还是前面讲过的道理,病情危急情况下,手术的正当性在于,不违背患者明示或可得推知的意思,是不能适用权衡原则的。

(二)国家在维护潜在生命上的利益以及产妇是否负有救助胎儿的义务

对他人加以救助的积极作为义务来源于法律的明确规定、当事人间的特殊关系、先行行为以及生存共同体相互扶助的义务。父母对子女固然负有抚养义务(《婚姻法》第21条第1款),不得遗弃或者残害婴儿(第21条第4款),但对胎儿却并不负有救助义务,因为胎儿并非法律上之人。

如果法律果真课予产妇此种义务,为了孩子的利益就必须接受手术,那么,父母为了孩子的利益是否也应该捐献器官呢?当然,绝大多数父母或会这么做,但能强迫她们做出这种牺牲吗?正如英国皇家律师罗伯特·弗朗西斯(Robert Francis QC)在1995年对医疗法律协会的演讲中所说:

"*Re S*案的难题在于,如果该案立场正确的话,我们就不得不面对越来越多的情形,为了孩子的利益,患者被迫接受手术。如果为了挽救

---

① Re MB [1997] EWCA Civ 3093, para 60. 在圣乔治医疗基金案中,上诉法院再次强调:"胎儿对医疗帮助的需要不能凌驾于产妇的权利之上。她有权利不被强制接受违背自己意愿的对身体的侵袭,哪怕她或者胎儿的生命依赖于这种医疗措施。不能仅仅因为她的决定在道德层面上似可苛责,即对其权利加以束缚。" St George's Healthcare NHS Trust v S [1998] 3 All ER 688, 692 per Judge LJ.

② Erin P. Davenport, "Court Ordered Cesarean Sections: Why Courts Should Not Be Allowed to Use a Balancing Test", 18 Duke J. Gender L. & Poly 79, p. 93.

一个可存活胎儿的生命,就可以强迫母亲接受手术,那么我们是不是也应该强迫父母为他们的孩子捐献骨髓或者肾脏呢——如果未得此种捐献,他们就会死亡的话。如果我们基于父母的利益与孩子的利益必须相符的理由不许这样做,那么那种要求又怎么能与既定的法律立场(患者的客观最佳利益要从属于其明示的意思)相吻合呢?"①

卡希尔将法院授权的剖腹产案件称为"奥威尔式局面(Orwellian Scenario)",同样的,如果可以基于社会就胎儿生命所享有的利益,而课予产妇遵从医生命令的义务,那么,我们也可以将这种立场称为"斯巴达式局面(Spartan Scenario)"——为了替这个国家产下健康的婴儿,妇女便负有从事体育锻炼的义务、结婚的义务、孕育更多子女的义务以及在特定情形下尝试其他男子的义务,如此等等。②

故而,有意识能力的产妇不能被强迫接受剖腹产手术,哪怕她的拒绝会导致胎儿的死亡,因为产妇没有拯救胎儿的法律义务。同样的,在剖腹产手术并不合乎产妇的最佳利益而仅仅是符合胎儿最佳利益的情形,也不能强迫欠缺意识能力的产妇接受剖腹产手术。任何将胎儿利益凌驾于产妇之上的做法,都将使产妇不复为康德所谓作为目的本身的人,而是变为了实现第三人(胎儿)目的的工具,如乔治·安纳斯(George Annas)所生动描绘的,"胎儿的容器,对身体完好性并无任何

---

① Wendy Savage, "Caesarean Section: Who Choose - the Woman or Her Doctor?" in Donna L. Dickenson ed., Ethical Issues in Maternal - Fetal Medicine, Cambridge University Press, 2002, p. 278. 这段引文中讲到的 Re S 案,一部于中国流传甚广的比较法专著曾在注解中提及,当时作者写道,"法院认为该案中的剖腹产是合法的"([德]克雷斯蒂安·冯·巴尔著:《欧洲比较侵权行为法》(下卷),焦美华译,张新宝审校,法律出版社 2004 年版,第 597 页,注 128)。中国学者的著述中也援引过这一案例,说"法院认为,违背患者意愿而实施该手术不违法,因为胎儿的福祉和利益应优先得以考虑"(赵西巨:《医事法》,法律出版社 2008 年版,第 90~91 页)。不过这一立场稍后为上诉法院在 Re MB 案与圣乔治医疗基金案中所推翻。详参唐超:"英国剖腹产案件中的患者自主权研究",载《环球法律评论》2012 年第 3 期。

② 参见[英]罗素著:《西方哲学史》(上卷),何兆武、李约瑟译,商务印书馆 2005 年版,第 132 页以下。

权利,非复为人"。[①]

(三)堕胎法与强行剖腹产案件

在美国的强行剖腹产案件中,堕胎法与强行剖腹产案件的关系也是频繁讨论的重要议题。

在著名的罗伊诉韦德案(*Roe v. Wade*)[②]中,最高法院宣布德克萨斯州一部堕胎刑事化法律无效,并做出三点重要裁决:(1)女性的堕胎权利受到隐私权保护;(2)在保护潜在生命方面,州拥有某种重要的合法利益,故就堕掉可存活胎儿一事,州得加以规制甚至禁止之;(3)若堕胎就维护母亲的生命或者健康实属必要,则存于可存活胎儿之上的州之不可抗拒的利益亦不得凌驾于产妇的堕胎权利之上。[③]

此后,最高法院又在凯西案(*Planned Parenthood of Southeastern Pennsylvania v. Casey*)中对堕胎事宜再作检视。[④] 最高法院的裁决包括三部分:(1)在胎儿具有存活能力之前,产妇有堕胎的权利,州不得干预;(2)在胎儿具有存活能力之后,州有干预之权,除非产妇健康处于危险之中;(3)州在保护胎儿生命及产妇健康方面拥有合法利益。[⑤]

罗伊案一脉判决(就州于可存活胎儿之不可抗拒的利益部分而言)被用于为州得强迫产妇接受治疗一事张目。基本的思路是,因为州就具有存活能力的胎儿拥有不可抗拒的利益,并得因此禁止堕掉可存活胎儿,那么在其他场合,州就胎儿也一定拥有类似的利益。

但是,罗伊案及其一脉判例所论仅及于州于堕胎领域之利益。就州于堕胎这一特殊领域之外于胎儿或产妇健康的利益,这些案件并未

① Annas GJ. ,Protecting the liberty of pregnant patients, N Engl J Med 1987; 316: 1213 - 1214.

② 410 U. S. 113 (1973).

③ Id. at 164.

④ 505 U. S. 833 (1992).

⑤ Id. at 846.

置喙。[①] 堕胎意指故意毁灭胎儿,而产妇之拒绝接受剖腹产手术不能被视为故意毁掉胎儿,其之拒绝不过自主医疗决定权之行使,保护其身体完好性不受讨厌的外科手术干预,正如面临生命危险的产妇拒绝接受治疗不能被视为自杀一样。在这两种情形下,听任自然之发展,都会造成死亡,而产妇所能受到的所有谴责至多也不过是,她没有采取任何积极措施来保护胎儿的生命。

在深为学界激赏的安杰拉·卡德尔案(*In re A. C.*)案中,[②]产妇具有意识能力但陷入昏迷,为了挽救是否具有存活能力尚存疑问的胎儿的生命,初审法院命令施行剖腹产手术,哥伦比亚特区上诉法院认为此举非法,不但侵犯了产妇的隐私权,而且侵犯了其身体完好性。上诉法院判决论道,不得拿着"州在保护具有存活能力的胎儿潜在生命上的利益与产妇就其决定受到尊重的利益加以权衡"。[③]

中国倒是也有反堕胎法,但立法目的在于防止性别选择,而不是保护胎儿生命。[④] 事实上,中国素无不得堕胎的伦理禁忌。所以,美国一些州法院基于反堕胎的立场对产妇拒绝手术权利加以限制的做法,在中国法上并没有借鉴的余地,更何况这一思路本身在美国也饱受批评。

四、结论

在因剖腹产案件引发的理论争议中,支持强行手术的主张颇有市场,似乎成了主流,令人心忧。本文检视了这一派立场所能提出的各种论据,包括推定产妇无识别能力、将产妇拒绝手术的表示定性为误解、对损害要件的限制解释、紧急情况例外、紧急避险、保护胎儿生命、尊重

---

① Nancy K. Rhoden, The Judge in the Delivery Room: the Emergence of Court-Ordered Cesareans, 74 *CAL. L. REV.* 1951, 1953 (1986) ("根据罗伊案,仅仅是在胎儿具有自然存活能力之后,州方得就故意毁灭胎儿的行为加以禁止,除非堕胎对于保护母亲的生命或者健康实属必要。至于,州得否允准侵袭性医疗行为,以促进胎儿健康,对于这一点,判决未曾置喙")。

② In re A. C., 573 A. 2d 1235, 1247 (D. C. Cir. 1990) (en banc).

③ Id. at 1238.

④ 参见《国家计生委关于禁止非医学需要的胎儿性别鉴定和选择性别的人工终止妊娠的规定》。

医疗伦理等,逐一加以批驳,还原中国知情同意法制的本来面貌。

在公共健康紧急状态下,医疗提供人得不顾患者意愿强制医疗。除此之外,未经同意即得施治的,必须符合《侵权责任法》第56条的要件,一是病情危急,二是不违背患者(有时是有权代表患者之人)明知或可得推知的意思,缺一不可。

当然,责任是否成立是一回事,责任范围如何是另一回事。我们固然认为强行剖腹产构成侵权,但赔偿多少,要考虑加害人的过错程度、加害具体情节、损害后果、加害人是否获利等因素决定(《精神损害赔偿责任若干问题的解释》第10条第1款)(这里假设手术成功),在个案情境下,完全可能是象征性的。

(唐超,首都医科大学卫生管理与教育学院讲师)

墓地的民法保护探析

陈国军

目　　次

人与动物均不免一死,但两者的重要区别在于只有人死后才会有墓地。[①] 死者是昨日的生者,生者是明日的死者。死是生命的归宿,"不孝之罪,莫大乎不葬其亲",[②]历朝历代,上至君王下至百姓,均非常重视入土为安的礼制要求及对墓地的保护。时过境迁,殡葬方式发生了极大的变化,改土葬为火葬,直接改变的是国人的丧葬习俗,间接改变了墓地的大小和规模,减缓了活人与死人争地的矛盾,但墓地仍未消失,还将是人们生活中不可或缺的组成部分。现代文明不仅要求人在世时享有满足基本生存条件的居住环境,死后还要有栖息之所。

---

① 现在也出现了动物墓地,如著名的法国宠物墓地,但毕竟是少数现象,其整体的规模和重要性远不能与人类墓地相比。

② 张履祥著:《杨园先生全集》(下),卷51,《丧葬杂录·葬亲社约》,陈祖武点校,中华书局2002年版,第1453页。

一、问题的提出

目前农村频频发生墓地纠纷,主要涉及墓地使用权与土地承包经营权的冲突,墓地使用权人与毗邻土地使用权人的相邻关系矛盾及因公共利益需要迁坟而引发的补偿纠纷等。经营性公墓已经涉及 20 年使用期限的墓地续收管理费问题,墓地或墓穴的买卖纠纷,在安放公墓期间死者遗体遭盗损死者家属向公墓经营者索赔的问题等。

我国现今的法律体系中并没有对墓地的保护作出系统性的规定,相关的规范性法律文件的法律位阶较低,其保护力度不足,致使司法实践中经常出现解释论的冲突,学界有学者从宪法的角度论证墓地上的宪法权利,但是在目前的司法实践中,宪法作为根本法,其条文并没有请求权基础规范的效用,①而民法作为基本法律制度,其具有具体性、直接适用性的特点,从民法的角度探讨对墓地的保护是非常有意义的。笔者尝试以民法的基础性保护功能入手,阐释墓地保护的必要性和法理依据,分析域外法的立法经验,反思对墓地民法保护的两种方式的优劣,为物权法相关制度的修订提供一点理论参考。

本文所称的墓地是指坟墓所在的土地,既包括坟墓直接占用的地

---

① 1955 年,最高法院在对新疆高院的复函中,指出:"在刑事判决中,宪法不宜引为论罪科刑的依据",具体参见《关于在刑事判决中不宜援引宪法作论罪科刑的依据的复函》研字第 11298 号;1986 年,最高法院在对江苏省高院的批复中,明确了法院在审理民事与经济案件时可以援引的法律和行政法规,其中没有宪法,具体参见《关于人民法院制作法律文书如何引用法律规范性文件的批复》法(研)[1986]31 号;1999 年,在被学界称为"宪法司法化第一案"的齐玉苓诉陈晓琪冒名顶替到录取其的中专学校就读侵犯姓名权、受教育的权利损害赔偿案中,山东省高院就此案向最高法院做了请示,最高法院做出了《关于以侵犯姓名权的手段侵犯宪法保护的公民受教育的基本权利是否应承担民事责任的批复》法释[2001]25 号,25 号批复认为:"陈晓琪等以侵犯姓名权的手段,侵犯了齐玉苓依据宪法规定所享有的受教育的基本权利,并造成了具体的损害后果,应承担相应的民事责任",二审法院依据 25 号批复认定齐玉苓要求陈晓琪承担侵犯其受教育的权利的责任,理由正当,且在判决书中直接援引《宪法》第 46 条支持了该项上诉请求,具体参见《最高人民法院公报》2001 年第 5 期。但是,2008 年最高法院颁布了《关于废止 2007 年底以前发布的有关司法解释(第七批)的决定》法释[2008]15 号,其中以"已停止适用"为由,停止了法释[2001]25 号批复的效力。综上,笔者认为,从文义解释和历史解释的角度可以认为,目前最高法院的观点是宪法不能作为司法审判的直接依据。

块也包括坟墓周围与其有密切联系的地块,其范围并不包括古墓及古墓葬。① 坟墓由坟和墓两部分构成,“高者曰坟,封者曰冢,平者曰墓”,②坟是位于地面以上的部分,墓是用于存放死者骸骨或骨灰的部分,位于地面以下,是坟墓的核心部分。

二、我国墓地保护的必要性

中国传统文化中,儒家文化思想占据了主导地位,儒家思想的核心是敬天尊祖,通过慎终追远,而使民德归厚。③ 儒家对于丧祭之礼非常重视,是墓祭的积极提倡者,在儒家的观念中,墓祭不仅是祭祀亡灵,而是一种重要的礼仪形式。④ 墓地作为墓祭的场所和祖先遗骸的归属地,历来受到国家法律的严格保护,但由于中国古代法制重刑轻民,主要是从刑罚的角度对墓地进行保护,较少涉及民法保护内容。

早在春秋战国时期,就出现了禁止盗墓的法律,如《吕氏春秋》中,先秦对于“奸人盗墓”的行为,有“以严威重罪禁之”的惩罚措施。西汉时期,淮南王刘安编纂的《淮南鸿烈》中,记载有“窃盗者刑”,“发墓者诛”。记录北魏王朝的《魏书》中,对于毁坏冢墓的行为,北魏文成帝曾诏曰:“自今有穿毁坟陇者斩之”。被后人称颂的“一准乎礼”的《唐律疏议》,对于律文的解释大量引用儒家经典,以礼教的义理进行分析,寻找立法的理由,⑤其中对于“发冢者”的刑罚作了详细规定,如“诸发冢者,加役流;已开棺椁者,绞;发而未彻者,徒三年”。以重典治国闻

① 古墓、古墓葬由《文物保护法》和《文物保护法实施条例》进行规范保护,其本身属于国家所有,《文物保护法》强调的是文物的认定及管理与被管理关系,属于行政法体系,不在本文讨论范围之列。

② 沈之奇:《大清律辑注》(下),卷18,《刑律·贼盗·发冢》,怀效锋、李俊点校,法律出版社2000年版,第625页。

③ 曾子曰:“慎终追远,民德归厚矣”,出自《论语·学而篇》,其意为如果对于去世者的丧礼能慎重地处理举行,日久之后亦能定期举行祭礼不断追思的话,社会之风俗道德也一定可以渐渐笃厚起来的。

④ 墓祭的首次出现是在春秋战国时期,孔子去世,弟子心丧3年后纷纷离去,只有子贡筑庐在夫子墓前,祭祀6年;其后出现秦朝起寝殿于墓侧,苏武出使匈奴回归后,墓祭武帝等事。参见白中林:“坟墓的千年变迁”,载《法治周末》2013年3月14日文化版。

⑤ 参见叶孝信主编:《中国法制史》,复旦大学出版社2012年版,第153页。

名的明代,其法贵简、严,对于盗墓行为严刑惩治,如《明会典·刑律条》中记载对于盗掘帝王陵墓者属于谋大逆,"凡谋反及大逆(谓谋毁宗庙、山陵及宫阙),但共谋者,不分首从,皆凌迟处死。祖父、父、子、孙、兄、弟及同居之人,不分异姓及伯叔父兄弟之子、不限籍之同异,年十六以上,不论笃疾、废疾,皆斩,其十五以下,及母女、妻妾、姊妹,若子之妻妾,给付功臣之家为奴,财产入官;若女许嫁已定归其夫,子孙过房与人及聘妻未成者,俱不追坐(下条准此)。"对于以普通民冢为对象的盗掘墓行为,亦列有专门的惩罚条例,如《明会典·律例九》中规定,"发冢者","凡发掘坟冢见棺椁者,杖一百、流三千里;已开棺椁见尸者,绞;发而未至棺椁者,杖一百、徒三年。"清朝的《大清律例》对于盗墓行为,区分细致,内容极备详密,如《刑律》"贼盗"中,规定了"发冢"专节。对民间盗墓行为,依其性质的严重程度和盗掘对象的亲疏,列出了七种类型。其中第1条称,"发掘坟冢见棺椁者杖一百,流三千里;已开棺椁见尸者,绞;发而未至棺椁者杖一百,徒三年。若冢先穿陷及未殡埋而盗尸柩者,杖九十,徒二年;半开棺椁见尸者,亦……"具体内容与明律相似。可见,历朝历代的官府对盗墓行为持一贯的反对态度。

在旧时民众的信仰中,认为祖坟是不可侵犯的,祖坟是祖先的魂魄栖息之所,祖先的英魂可以庇佑子孙,子孙应通过祭祀表达对祖先的尊敬与怀念,以得到祖先的庇佑。人活着时候可以没有自己的住所,但死后却不能没有自己的坟墓,墓地成了人们不可或缺的财产。

在中国民众追求现代化以来,儒家思想在中国文化上的地位发生了极大的变化,但不可否认儒家思想属于全人类的文化遗产宝库,给现代人提供了极为丰富的资源。我国台湾地区施行的六法体系中,用专章规定了"亵渎祀典及侵害坟墓尸体罪",对于盗掘坟墓的行为由"刑法"调整;大陆地区并没有对盗掘、破坏一般坟墓的行为给予刑事处罚,仅对盗掘古文化遗址、古墓葬及侮辱尸体的行为,进行了刑律的规制,对于普通民众的坟墓、墓地和死者遗骸没有实行一体性的保护。行知园的迁坟风波和周口强制平坟事件突出的反映了民众对于墓地保护的期待,墓地作为民众在清明的墓祭之所,维系着人们与先人们的情感联系,维护着家族成员的族群集体感,它不仅是一种乡愁,还是落叶归根的象征,甚至是个体身份认知的凭据。

无论是中国传统的宗法社会,还是正在迈向民主、法治的现代社会,在这片华夏土地上,“慎终追远,民德归厚”应是国家和民众所追求的目标,墓地的重要性随着传统文化中的丰富而不断增加,现今应该更加重视对墓地的保护。

三、墓地不受侵犯的法理依据

墓地之所以为墓地,而非建设用地、农地或耕地等其他类型的土地,是因为该地块承载了坟墓;坟墓可分为“生者坟”和“死者坟”,前者又称“寿坟”,是生者为自己死后遗骸存放准备的建筑物;后者是已有死者遗骸、遗骨或骨灰存放的建筑物。

在物理关系上,墓地与坟墓相互依存,不可分离。一方面,没有坟墓,就不存在墓地,坟墓令其所在地块成为了墓地,坟墓决定了该地块的性质;另一方面,没有墓地,坟墓就成了无本之木、空中楼阁,无法存在,因为墓地是坟墓的物质载体。

在法律关系上,墓地所有权人与坟墓所有权人经常一致,为同一法律主体,但是墓地和坟墓毕竟是两种不同性质的物,其所有权人可以不一致。在墓地所有权人与坟墓所有权人不一致的情况下,逻辑上,坟墓所有权人对墓地应享有墓地使用权,该墓地使用权的性质可以是物权性的,也可是债权性的。

坟墓重要的功能之一在于为死者的遗骸、遗骨或骨灰提供存放和保护,墓地是坟墓的物质载体,物理上,坟墓不能脱离墓地而存在。法理上,对于墓地和坟墓的保护,直接维护的是相关权利人的所有权或者使用权,间接保护了死者的遗骸、遗骨或骨灰。

死者的人身遗存包括两部分:(1)物质性遗存,即死者的尸体、遗骸和骨灰。(2)精神性的人身遗存,即死者的姓名、肖像、名誉、隐私等。[①] 在民法上,人失去生命后,就丧失了人格,没有了主体资格和民事权利能力,不能作为民事主体。其生前财产成为遗产,其人身成为某种遗存。对于遗产,《继承法》作了详细的规定;对于死者的人身遗存,

① 李锡鹤:“论保护死者人身遗存的法理依据”,载《华东政法学院学报》1999 年第 2 期。

法律规范仅对精神性人身遗存做了粗略的规定，且前后不乏矛盾之处，而对于物质性人身遗存，基本上是法律的空白。物质性人身遗存的性质学界有不同的观点：

1. 不融通物说。该说认为，尸体为物，固无疑义，然除为供学术研究及合法目的之使用外，不得为财产权之标的，故原则上应为不融通物也。其法律上之关系，应依法律及习惯定之。① 有学者指出，从尸体的“实体性”推论，认为是物，但不能适用有关财产性质的规定；从尸体的“人格性”观察则否，因为尸体具有“残余人格”的性质，所以继承人并不是财产法上的所有权人。基本上尸体是不融通物且受保护与限制，死者的继承人不得以尸体作为所有权的客体，不得作为使用、收益、处分及先占的标的，继承人将尸体售与医院供作解剖研究之用，也有悖于公序良俗。至于生前处分自己的遗体，赠与医院解剖研究的契约或遗嘱，在死亡前得随时撤回，在死亡后则应尊重死者的遗愿而认为有效。②

2. 特殊物说。该说认为，虽然尸体的处理有特别的限制，但其仍属于物，可以在其上成立所有权，但是所有权的内容，并不能像普通的所有权那样，作使用、收益、处分，该所有权的客体只能考虑为专以构成埋葬、祭记、供养权能与义务为内容的特殊物。③ 日本判例认为，死者遗骸的所有权人，不能放弃该所有权。④

3. 非物说。该说认为，有关物的规则不适用于实体，除非实体已经变成“非人格化”了的木乃伊或骨骼。死者家属对尸体并不享有所有权，而只具有一项不同于所有权的死者照管权利及义务，这一法律地位

---

① 参见史尚宽:《民法总论》，中国政法大学出版社 2000 年版，第 251 页。

② 参见施启扬:《民法总则》，中国法制出版社 2010 年版，第 180 页。持类似观点的还有刘德宽教授，其认为尸体原则上应为不融通物，属于继承人所有，但继承人对之仅有习惯法上的管理权，即仅具有依习惯祭祀、埋葬、焚化以及供学术研究及合法目的使用的权利和义务，与一般的所有权不同。参见刘德宽:《民法总则》(增订四版)，中国政法大学出版社 2006 年版，第 136 页。

③ 参见[日]我妻荣:《新订民法总则》，于敏译，中国法制出版社 2008 年版，第 238 页。

④ 参见日本大判昭和 2・5・27。

以死者的安葬为限。[①]

4. 人格者之残余说。有学者指出，尸体不适用物权法，也不能产生所有权，因为尸体在法律上仍不是物而是"人格者之残余"。所以，死者殡葬的决定权并不仅仅属于继承人，除死者另有其他遗愿外，其他亲属有参与决定权。时间的经过可以改变人格权的残余性质，因此人骨标本 Skeletten、解剖标本和木乃伊 Mumie 的所有权才得以承认。[②]

各种学说虽然观点迥异，但是从法律政策上我们可以发现诸说都认为死者的物质性人身遗存需要得到保护，这种保护首先要尊重死者生前的遗愿，如其遗愿并不违反公序良俗，其后人因按其遗愿为之；其次，物质性人身遗存上似乎仍然存在某些人格性，须予以某种方式和程度的保护。对此，笔者大致认同。但是对于以什么目的，在什么样的方式，在何种程度上给予保护，现有的学说并没有给予明确、充分地回答。从结论上，笔者赞同史尚宽教授、施启扬教授的"不融通物说"的观点，并希望予以深化。

民法中的不融通物是相对于融通物而言，融通物，是指可为私法上的交易客体的物；不融通物，是指法律规定不得为司法上的交易客体的物。[③] 不融通物大致有三种：(1)公有物，即公法人所有物的总称，分两种，一为公的目的所使用的行政财产，如军用飞机、军舰等，另一种为供财政上目的所使用的物，如公有山林、矿产及有价证券等收益财产；(2)公用物，即供一般公众使用的物，如何川、道路、公园等；(3)禁制物，即法律上禁止交易的物，如鸦片、猥亵书画等。[④] 公有物与公用物，在丧失其公的性质后，即变成融通物。公有物与公用物被禁止流通，是从维护公共利益的角度出发，防止扰乱社会经济秩序、破坏社会稳定；鸦片、猥亵书画等之所以被禁止，是因为国家政策不允许其流通；死者的物质性人身遗存被禁止流通，是因为公序良俗和人伦的原因。尽管

---

① 参见[德]迪特尔·梅迪库斯：《德国民法总论》，邵建东译，法律出版社 2001 年版，第 876 页。

② 参见黄立：《民法总则》，中国政法大学出版社 2002 年版，第 165 页。

③ 陈华彬：《民法总论》，中国法制出版社 2011 年版，第 348 页。

④ 参见郑玉波：《民法总则》，中国政法大学出版社 2003 年版，第 268 页。

都为不融通物,但禁止流通的原因不同,应做区别。其区别的意义在于基于国家政策不允许流通,可基于政策的改变在特定的区域内流通,该物具有交换价值,如鸦片可用作治疗或其他镇静药物的原料销售给医疗机构及医药生产厂家,猥亵书画可作为成人杂志销售给特定人群;物质性人身遗存,由于公序良俗和人伦的原因,不存在交换价值,不允许流通。

死者的物质性人身遗存不同于主体的人身,也不同于人身遗存权人的人身。主体的人身是主体的物质载体,与主体不可分离,主要由物质要素和精神要素构成,前者包括生命、健康、身体等,后者包括姓名、名誉、隐私等,专属于主体,是主体的身内之物;物质性人身遗存并非主体的物质载体,是指尸体、遗骸、遗骨或骨灰等死者的身体遗存,因属于不融通物,专属于人身遗存权人,可以与人身遗存权人分离,是人身遗存权人的身外之物;人身遗存权人的人身,专属于人身遗存权人,与人身遗存权人不可分离,是人身遗存权人的身内之物。

死者的物质性人身遗存是主体人身的物质要素的转化形式,因此留存了主体的某些人格性特征,是死者亲朋好友追思回忆的物质载体,某些死者生前曾为社会、国家甚至人类作出了贡献,其物质性人身遗存更是为后人所悼念的物质载体,物质性人身遗存上寄托了死者后人的怀念之情。对死者的物质性人身遗存的侵害,实际上造成了生者的精神痛苦,是对生者精神的侵害。

当死者的物质性人身遗存进入坟墓,坟墓和墓地就是死者物质性人身遗存的栖息之所和安全保障,坟墓和墓地的不可侵犯性就成为对死者的物质性人身遗存保护的一体化设计要求。

2004年3月,"公民的合法的私有财产不受侵犯"这一合乎中国民主法治进程的逻辑性规定载入中国《宪法修正案》。2007年3月,《物权法》根据《宪法》中该条的规定,着重对公有财产和私有财产予以平等保护。[1] 坟墓是有特定用途的建筑物，其本身是附着于土地的不动产，是死者生前享有或死者死后由其继承人享有所有权的不动产，作为不动产本身应该得到《物权法》的保护。按照黄金法则，任何期待自己死后坟墓不受侵犯的人同时有义务不去侵犯别人死后的坟墓。[2] 公民生前可在法律所允许的范围内，选择墓地，确定坟墓的样式和规格，决定随葬品的种类和数量，自由处分自己的财产；公民死后，对死者物质性人身遗存有处置权的主体应尊重死者生前的上述安排，除非违背公序良俗。国家对此应表示尊重及给予保护。从物的角度，墓地、坟墓和死者的物质性人身遗存，应得到一体保护。

人死后，精神性人身遗存除了以作品、荣誉证书或奖章和照片等形式表现外，墓碑、坟树、物质性人身遗存、坟墓和墓地均承载了死者后人的精神寄托。特别是坟墓作为死者的栖息之所，不仅是证明死者曾为人的证据，而且如是名人，墓碑上往往记录了死者生前的重要贡献，坟墓还确保死者物质性人身遗存的安全及不被活人看见，在活人心中留下对死者的美好回忆。从生者精神保护的角度，坟墓和墓地，是生者对死者缅怀祭祀的场所，同样不容侵犯。

任何对墓地、坟墓及死者的物质性人身遗存侵犯的行为，不仅侵犯了相关权利人的物权，而且造成了生者的精神痛苦，应该在法律上对三者进行完整保护。

四、墓地民法保护的域外法分析：墓地使用权对墓地所有权的限制

死者后人对于墓地的基本权利如属于所有权，死者墓地及坟墓一般不会受到侵害；相反，当死者后人对于墓地的基本权利并非所有权，极有可能与墓地的所有权或承包权等其他用益物权产生冲突。考虑到土地所有权与土地上用益物权的关系，下文将探讨域外一些地区对墓

---

① 《物权法》第 4 条规定："国家、集体、私人的物权和其他权利人的物权受法律保护，任何单位和个人不得侵犯。"第 64 条规定："私人对其合法的收入、房屋、生活用品、生产工具、原材料等不动产和动产享有所有权。"第 65 条规定："国家依照法律规定保护私人的继承权及其他合法权益。"

② 肖泽晟："墓地上的宪法权利"，载《法学》2011 年第 7 期。

地的民法保护状况。

(一)韩国法

从古到今,朝鲜民族以敬重祖先为美德,也已成为固定的道德观念,于是选择一片好地安置祖先的坟墓,并认为祖先的遗体及灵魂生息的神圣的地方,因此子孙不得马虎坟墓的管理,且一般人也要尊重且严肃对待。韩国法院判例认为在他人的土地上设置坟墓者,对该坟墓基地取得类似于地上权的一种物权,此即为坟墓基地权。[①] 韩国权威民法学者根据判例对"坟墓基地权"下了定义,是指在他人的土地上设置特殊的公作物即坟墓(埋葬遗体或者遗物的地方)的人,为了所有该坟墓,使用他人所有的土地的权利,是类似于地上权的一种物权。[②]

在韩国,坟墓基地权并不是由法律直接规定,而是由判例确定的习惯法中的一种用益物权,是一种类似于地上权的物权,也是一种限制物权,是限定的范围内使用他人的土地的权利,且"使用"仅仅是"为所有墓地"而使用。在此点上与民法规定的地上权不同,于是称为类似于地上权的物权。坟墓地基权是"为所有墓地"而使用他人的土地的权利,但也仅限于已经设置的墓地,不得在已设置的墓地上再新添坟墓,或者为其他的目的使用墓地。[③] 坟墓基地权的适用范围是达到管理和保护墓地为目的,不局限在设置墓地的土地范围,还涉及保护及祭祀所需的空地。[④] 对于坟墓地基权涉及的土地,即使是土地所有权人也不得擅自侵犯。

韩国现行《民法》制定之前,大法院认为,按照习惯,坟墓基地权未经登记,可以对抗第三人。[⑤] 现行《民法》制定以后,关于此问题的处理大法院没有做出判示,比照相关判例可知,即使在现行民法下,登记也不是坟墓基地权的要件。从传统墓地的外形上看,一般积土成半圆形,因此一眼可知其是墓地,即墓地的外形具有公示的效果,判例也认为,平葬墓地在外观上无法判断的,不能取得文墓地基权;[⑥]暗葬的墓地在

① 参见韩国大判1955.9.29【4288民上210】。

② [韩]郭潤直:《物权法》,博英社1997年版,第430页。

③ 参见韩国大判1958.6.12【4290民上771】。

④ 参见韩国大判1960.6.30【4293民再抗115】,大判1965.3.23【65da17】。

⑤ 参见韩国大判1957.10.31【4290民上539】。

⑥ 参见韩国大判1967.10.12【67da1920】。

外观上根本无法判断,因此不能认为占有土地。①

(二)美国法

作为英美法系的代表国家,美国法院以判例的形式确定了墓地役权,并明确了墓地役权可以对土地所有权进行限制。

美国俄克拉荷马州最高法院 Irwin 法官在 Heiligman v. Chambers 案件中指出:"1. 墓地是用来埋葬死者的地块,公众社区和教堂用的墓地称为公用墓地,一个家族或小团体用的墓地称为私人墓地。2. 当一地块明显地作为墓地使用,该墓地不能作为其他用途的财产被转让或规划。在该地块以作为墓地使用,已经有墓地的围墙或者坟墓的明显标志,该地块被转让后,其所有者对该土地的所有权需受到墓地役权的限制,即使该墓地役权并没有在书面上明确的显示,但该墓地役权是默示的。3. 对于私人墓地来说,如果仅仅是不在其上建造新的坟墓以安放死者遗骸,未对墓地清除杂草,或者没有对坟墓和墓碑进行养护,这并不能构成对于墓地役权的放弃,但是如果移除了死者的遗骸,这将会被认为是对墓地役权的放弃。……5. 建立私人墓地的主体设立了墓地役权以限制该块土地的所有权及因所有权产生的其他权利,即使该块土地转让时并没有明确表明该地块上有墓地役权,只要该地块上已经有坟墓的明显标示,该墓地役权就不会因该块土地的转让而灭失;墓地役权还可以由该权利人的继承人继承,任何一位继承人都可以采取措施禁止对墓地和坟墓的侵害。……"②该司法判例确立了墓地役权,并认为其为地役权的一种。

2011 年,美国肯达基州的上诉法院的 Moore 法官,在 Poe v. Gaunce 案件中引用了上述判例,并进一步指出,死者的继承人应尊重死者生前在其私人墓地中指定地块埋葬的遗愿;私人墓地的受让者,仅在其名字显示为墓地役权权利人时才能享有该私人墓地的墓地役权。③

① 参见韩国大判 1962. 3. 8【4294 民上 804】。

② Heiligman v. Chambers, 338 p. 2d 144, Okla. 1959, April 14, 1959, p. 145.

③ See Poe v. Gaunce, 371 S. W. 3d 769, Ky. App., 2011. November 04, 2011.

(三)瑞典法

属于大陆法系的瑞典,以法律规范的形式确定了墓地权的概念。1990年开始施行的《墓地权法》共9章84条,另外还有12条的过渡条款,是瑞典规范殡葬活动的主要法律,其中对墓地权作了具体规定。

《墓地权法》将墓地表述为安葬地点,分为公共的安葬地点和私人的安葬地点;安葬地点的规划和设置实行核准制,由教会教区或者地方政府负责公共的安葬地点的规划和建设,由省政委员会负责私人的安葬地点的设置。当安葬地点中的一块被转让用于墓葬时,受让人就取得了墓地权。

为了保护该墓地权,法案规定安葬地点不能被用于抵押或者被部分的拆除,墓地权也不得被用于抵押或没收。由此,瑞典的墓地权似乎是受特殊保护,可以限制土地所有权和土地抵押权的特殊用益物权。

尽管上述国家对于墓地使用权的名称各异,如韩国称为坟墓基地权,美国称为墓地役权,瑞典称为墓地权,但分析这些墓地使用权的性质,其均为物权性质的权利,该物权性质的权利对于墓地所有权形成了法律上或事实上的限制,在立法政策上,将土地作为墓地的用途放在了首位。

五、建构我国的墓地民法保护探究

(一)我国现行对墓地民法保护的基本概要

自1985年2月8日《国务院关于殡葬管理的暂行规定》和1992年8月25日民政部《公墓管理暂行办法》施行以来,与殡葬事务相关的法律规范,主要见诸于行政法规、部门规章、部门规范性文件、地方法规规章,并没有相关法律层级效力的规范对殡葬事务进行调整。其间,《国务院关于殡葬管理的暂行规定》,于1997年国务院《殡葬管理条例》实施后失效,而1997年的《殡葬管理条例》部分条款于2012年修订,修订的条款于2013年1月1日施行。[1] 目前,国家层面调整殡葬事务的最高法律效力规范为2013年修订后的《殡葬管理条例》,属于行政法规,再次是属于部门规章的1992年的《公墓管理暂行办法》及相关的部门规范性文件。

我国的墓地实际上有两类四种:一是私人墓地,包括宗族墓地和使用家庭承包土地、宅基地、自留地或自留山作为殡葬用地的墓地;二是公共墓地,俗称公墓,包括经营性公墓和公益性公墓。

宗族墓地可分为两类:一是1956年国家完成土地改革,将土地农民所有制变为集体所有制,进而将部分集体所有制土地变为国家所有制之前,已经存在的宗族墓地,可称为传统的宗族墓地;二是土地公有制后至1985年《国务院关于殡葬管理的暂行规定》施行前,建立的宗族墓地。[2] 学者对第二种宗族墓地土地所有权的归属没有异议,对第一种传统的宗族墓地的土地所有权有不同观点。有学者认为:新中国成立后,土地改革的对象并不包括宗族坟山;农村合作社建立后,特别是进入高级合作社后,农民的土地作为生产资料收归合作社集体所有,但宗族坟山和墓地并不是生产资料,因此并未被公有化,对于传统宗族墓地其所有人可以是宗族集体所有。[3]

笔者认为,宗族墓地土地所有权的核心问题是对宗族墓地的保护程度问题,如传统宗族墓地的土地所有权为宗族集体所有,其对宗族墓地的民法保护程度显然优于在集体土地上的墓地。但是,根据我国《宪法》第10条第2款规定:"农村和城市郊区的土地,除由法律规定属于国家所有的以外,属于集体所有;宅基地、自留地、自留山,也属于

---

① 鉴于周口平坟事件的恶劣影响,2012年11月9日国务院发布《国务院关于修改和废止部分行政法规的决定》,其中对1997年《殡葬管理条例》中第20条"将应当火化的遗体土葬,或者在公墓和农村的公益性墓地以外的其他地方埋葬遗体、建造坟墓的,由民政部门责令限期改正;拒不改正的,可以强制执行",修订为:"将应当火化的遗体土葬,或者在公墓和农村的公益性墓地以外的其他地方埋葬遗体、建造坟墓的,由民政部门责令限期改正",取消了民政部门可以强制执行的权力。

② 1985年2月8日施行的《国务院关于殡葬管理的暂行规定》第6条规定:"……禁止恢复或建立宗族墓地……"

③ 参见肖泽晟:"墓地上的宪法权利",载《法学》2011年第7期。

集体所有。"《土地管理法》第 2 条第 1 款规定:"中华人民共和国实行土地的社会主义公有制,即全民所有制和劳动群众集体所有制。"结合我国社会主义的性质,不宜将传统宗族墓地的土地解释为宗族集体所有,其应属于公有制中的集体所有。宗族墓地所埋葬的先人后代对该墓地享有墓地使用权。宗族墓地的土地往往被承包或者出租给宗族后代以外的第三人使用,宗族后代可能基于传统礼教、风水以及宗教等原因与第三人发生纠纷,实际上是墓地使用权与土地承包经营权或土地租赁权发生冲突。

使用家庭承包土地、宅基地、自留地或自留山作为殡葬用地的墓地,目前农村均普遍存在。在 1997 年《殡葬管理条例》第 20 条,1998 年《民政部关于贯彻执行〈殡葬管理条例〉中几个具体问题的解释》第 5 条,2012 年国务院对于《殡葬管理条例》第 20 条的修订中,国家禁止在公墓和农村的公益性墓地以外的其他地方埋葬遗体、建造坟墓,意味着使用家庭承包土地、宅基地、自留地或自留山作为殡葬用地的私人墓地行为均为违法行为。这些规定显示了国家强制在农村推行丧葬制度改革。

公墓是为城乡居民提供安葬骨灰和遗体的公共设施。公墓分为公益性公墓和经营性公墓。公益性公墓是为农村村民提供遗体或骨灰安葬服务的公共墓地。经营性公墓是为城镇居民提供骨灰或遗体安葬实行有偿服务的公共墓地,属于第三产业。①

国务院的行政法规、民政部的部门规章及相应的部门规范性文件中,并没有对墓地使用权或相关土地使用权进行定义,更没有对其性质有所界定,只是在操作层面确定了经营性公墓的墓穴管理费一次性收取最长不得超过 20 年,明确丧主如使用经营性公墓所应缴纳的各种费用;同时,国务院将公墓墓穴的占地面积和使用年限的确定权下放给省

① 参见《公墓管理暂行办法》第 3 条。

一级人民政府,并要求严格限制公墓墓穴的占地面积和使用年限。① 目前,已经有陵园开始对超过20年的墓地续收管理费,引发了社会的关注。

2011年4月2日,民政部社会事务司副司长李波在接受媒体采访时称:"我们一直强调,墓地只是租赁关系,不是产权关系,只有使用权,没有所有权。签订合同时,20年是一个期限,20年到期以后,双方根据协议规定执行管理费的收费。"②

据此,官方认为经营性墓地的使用人与经营者之间属于租赁关系,可推论经营性公墓的墓地使用权属于债权。

公益性公墓有其特殊性:(1)墓地所有权属于农村集体所有;(2)只针对本集体经济组织成员提供墓穴用地;(3)可适当收取管理费用,但不以营利为目的。③ 在实践中,农村集体组织无偿地提供墓穴用地给本集体组织的成员使用,成员与农村集体组织之间的法律关系似乎更类似予借用墓地使用权的合同关系,该墓地使用权属于债权。

(二)债权性的墓地使用权与物权性的墓地使用权优劣之比较

没有土地的人基于一定的法律关系而对他人的土地有占有、使用、收益的权利,称为土地利用权。依取得的土地利用权的性质不同,土地利用权可以分为物权性质的土地利用权与债权性质的土地利用权。④ 墓地土地利用权,即为墓地使用权。在大陆法系民法制度上,以构筑建筑物为目的而使用他人土地,可以利用租赁或借用方式,或者利用地上权的方式,以取得土地使用权。前者是债权性的利用,后者是物权性的

---

① 《公墓管理暂行办法》第16条规定:"……经营性公墓的墓穴管理费一次性收取最长不得超过二十年……"第17条规定:"凡在经营性公墓内安葬骨灰或遗体的,丧主应按规定交纳墓穴租用费、建筑工料费、安葬费和护墓管理费。"1997年国务院《殡葬管理暂行条例》第10条规定:"严格限制公墓墓穴占地面积和使用年限。按照规划允许土葬或者允许埋葬骨灰的,埋葬遗体或者埋葬骨灰的墓穴占地面积和使用年限,由省、自治区、直辖市人民政府按照节约土地、不占耕地的原则规定。"

② 吴鹏:"民政部回应墓地满20年续费",载《新京报》2011年4月3日要闻A03版。

③ 参见《殡葬管理条例》第9条、第13条和第16条。

④ 陈华彬:《民法物权论》,中国法制出版社2010年版,第356页。

利用,至于一国法律选择何种方式以保护土地使用权,属于价值衡量的立法政策问题。

债权性的墓地使用权与物权性的墓地使用权在双方当事人的地位、权利的成立和生效要件及权利的存续期间等方面有明显的不同,主要优劣比较如下:

1. 权利人的地位。债权性的墓地使用权系债权,属于相对权,租赁或借用方式均为契约,本着契约自由的原则,其内容除不得违反法律强制规定或公序良俗外,当事人可以自由订立,但墓地所有权人、出租人或出借人,常常借其经济上的优势地位,订立苛酷条款,使墓地使用权人处于不利地位。墓地使用权人在土地上建构或购买坟墓、墓穴,本期在此为死者建立长期的安息之所及固定的祭祀之地,但因债权性的墓地使用权的脆弱及使用权人的不利地位,将使墓地处于不稳定的状态,甚至因墓地使用权的消灭所导致墓地遭受破坏,这并非现代社会所愿见与所应有。物权性的墓地使用权系物权,属于绝对权,墓地使用权人经由物权的设定,其一能取得用益物权,不但对于标的物的土地具有直接支配权,而且由于用益物权属于定限物权,有限制所有权的功效,墓地使用权因而获得巩固;其二由于物权法定主义的结果,墓地使用权人亦可受到法律最低限度的保障。可见物权性的墓地使用权具有融通土地的利用,维持墓地所有权人与墓地利用人之间的利益平衡,避免墓地所有权人借其所有权的强势地位,破坏墓地应长期保持稳定的状态,妨碍社会文明的进步的作用。

2. 成立和生效。物权性的墓地使用权为不动产物权,具有绝对性,其义务人为不特定人,因此法理上,其生效需要公示,一般来说非经登记,不生设定的效力。债权性的墓地使用权为债权,具有相对性,其义务人为特定的相对人,不以登记为成立要件或生效要件。

3. 存续期间。通过行政划拨的方式设定的墓地使用权无明确的终期,一般为无期限物权,以出让方式设定的墓地使用权应有期限,可以类比地上权期限,一般长于债权性的土地利用权期限。债权性的墓地使用权,如为土地租赁性质,按照《合同法》第 214 条的规定,不得长于 20 年,《日本民法》第 604 条与我国台湾地区“民法”第 449 条亦规定土地租赁权的期限最长为 20 年;如为土地借用性质,按照《合同法》第

124 条的规定,参照租赁合同的规定适用法律,可见其也不得长于 20 年。

4. 权利可转让性。用益物权具有可转移的性质,物权性墓地使用权在一定条件下,具有融通性。例如,《德国地上权条例》第 1 条 I 、第 5 条、第 6 条,规定地上权及其上的构筑物具有让与性,地上权可作为抵押权的标的物。墓地使用权可在期限内,基于墓地的使用而转让,更有利于维护原墓地双方当事人的利益平衡关系。

5. 相邻关系。物权性的墓地使用权人与相邻的不动产权利人之间的相邻关系可以适用物权法的相邻关系来进行调整,而债权性的墓地使用权是否准用,尚有待于解释。

6. 征收。征收制度主要是针对物权人的损失进行合理的补偿,国家对墓地进行征收时,相较于债权性的墓地使用权,物权性的墓地使用权人能得到较多的补偿款。学界对此亦有不同意见,有学者认为,地上权人、承租人、使用借贷人等权利人相互间及其与所有人相互间均应适用相邻关系;①亦有学者认为,相邻关系中大多数是物权调整规范,土地租赁、借用等关系可依债权关系之安排及合理解释,发生第三人之效力,无类推适用的必要。②

由上可见,墓地使用权的两种不同性质对于权利的行使和保护有较大的不同,相比之下,债权性的墓地使用权常使使用权人沦于弱势地位,物权性的墓地使用权在保护墓地使用权人的权益方面较为完善。现代民法,为强调对土地租赁权的保护,赋予了租赁权以直接支配土地的内容,出现了租赁权物权化的现象,台湾地区"民法"就基地租赁设有加强保护的规定,《德国地上权条例》、《日本借地法》对此均有相关规定。③ 但仍不能与物权的效力相提并论。例如在权利有续期限和权利可转让性等方面,债权性墓地使用权的效力并不因债权物权化而增强。

---

① 参见谢在全:《民法物权论》,中国政法大学出版社 2011 年版,第 179 页。

② 参见苏永钦:"相邻关系在民法上的几个主要问题",载《民法研究》(第二册),学林文化有限公司 1999 年版。

③ 参见史尚宽:《物权法论》,中国政法大学出版社 2000 年版,第 188 ~ 189 页。

(三)我国宜确立物权性的墓地使用权

死者近亲属或后人对于墓地和坟墓的基本权利一般不会受到侵犯,但是,这些基本权利一旦产生约束他人效果时,就极容易与墓地所有权或土地承包经营权发生冲突。从本文归整的冲突类型,对墓地保护的法理依据的阐释,相关域外法的分析、我国相关立法的梳理及墓地使用权的两性比较,笔者认为,我国宜确立物权性的墓地使用权。考虑到我国适用物权法定主义,而目前物权立法中并无墓地使用权,下文将探讨两个问题:(1)能否在现行法的基础上,利用法律解释学确立物权性的墓地使用权,以协调这种冲突;(2)能否在《物权法》的修订时,增加墓地使用权章节,以消除这类冲突。

1. 墓地使用权能否解释为建设用地使用权的特殊类别

我国实行土地用途管制制度,将土地分为农用地、建设用地和未利用地,其中建设用地是指建造建筑物、构筑物的土地,包括城乡住宅和公共设施用地。[①] 由国家住房和建设部制定,并于 2012 年 1 月 1 日施行的《城市用地分类与规划建设用地标准(GB 50137—2011)》中,将城乡用地分为 2 大类、9 中类、14 小类,殡葬设施用地属于中类 H3 项下的区域公共设施用地。可见,对于属于公共设施的公墓而言,其建造之初,应得到国家相关部门的殡葬设施用地许可,取得相关土地使用权,从文义解释的角度,可认为此处的土地使用权即为本文的墓地使用权。

集体所有的土地也可以作为建设用地使用,有两种方式:其一,通过征收,将集体所有土地性质变为国家所有,由国家通过出让或划拨等方式,将土地作为建设用地,交付给单位或个人使用;其二,对于农村特定目的需要,可以直接通过集体经济组织批准的方式,使用集体所有的土地。现行法律对集体土地作为建设用地做了严格限制,只允许集体经济组织为成员及组织自身生存所需要,将集体所有的土地直接作为建设用地,使用目的限定为乡镇企业使用需要、乡(村)公共设施、公益事业等,且土地使用权不得转让、出租或抵押等。[②] 作为乡(村)公共设施的农村公益性墓地,其占用的土地属于集体土地直接作为建设用地

① 参见《土地管理法》第 4 条。

② 参见《物权法》第 151 条、《土地管理法》第 43 条、《城市房地产管理法》第 8 条。

使用的情形。

宗族墓地所占用的土地也属于集体所有，坟主后代对祖坟的权益是一种受习惯法保护的权益，[①]该种权益的内容主要是宗族后人的墓地使用权。

笔者认为，墓地使用权可解释为建设用地使用权的特殊类别，墓地使用权的特殊之处在于，其最终的用途仅在于将土地用于坟墓的承载形式及祭祀之用，以安置死者物质性人身遗存为目的而取得墓地使用权的死者后人不得向他人转让墓地使用权。对于宗族墓地而言，其宗族后人享有墓地使用权；对于经营性墓地而言，作为经营者的殡葬事业单位取得墓地使用权后，在出售墓穴时，应将墓穴所占用的墓地使用权一并转让；对于公益性墓地而言，尽管现行法律禁止土地使用权转让，但土地使用权是相对于土地所有权而言，土地使用权的权利主体并不享有土地所有权，村民委员会是公益性墓地的建立主体，其作为集体经济组织享有墓地的所有权，其向本集体经济组织成员无偿提供墓穴时，应将墓穴所占用的墓地使用权一并转让，受让人不得向第三人转让墓地使用权。

如上述法律解释成立，可在一定程度上协调和消除墓地上的权利冲突，但解释亦有不足之处，仍需在以后物权法的修订中予以明确规定墓地使用权制度。如权利期限问题，《物权法》第 149 条确立了住宅建设用地的自动续期制度，但坟墓并不属于住宅，应为特殊构筑物，墓地使用权的期限及续期规则应由法律予以明确。显然，这涉及下一个问题的探讨。

2. 应在物权法中明确墓地使用权的相关制度

死者的遗骸、遗骨或骨灰是主体人身的物质要素的转化形式，因此留存了主体的某些人格性特征，是死者亲朋好友追思回忆的物质载体，某些死者生前曾为社会、国家甚至人类做出了贡献，其更是为后人所悼念的物质载体，死者的遗骸、遗骨或骨灰上寄托了死者后人的怀念之情。墓地作为死者的安息之所，在人们的情感上已经与死者的遗骸、遗骨或骨灰混为一体，导致了墓地与人格利益有着密切的关系，对墓地的

① 参见肖泽晟：“坟主后代对祖坟的权益”，载《法学》2009 年第 7 期。

侵害会导致对生者精神上的极大损害,这使得墓地成了“具有人格利益的财产”。死者遗骸的存在是长期或永久的,墓地作为墓祭的场所和祖先遗骸的归属地应具备长期的稳定性.这使得墓地使用权的期限应长于一般的用益物权,且应建立自动续期的制度,以实现墓地的基本功能。

基于墓地的特殊性,应对墓地使用权的效力范围做出较为明确的规定,为权利人行为提供合法性依据,以划定与所有权和定限物权的界限,阻碍后者权利人的侵害;同时,对于墓地使用权人而言,其仅能在法律规定的范围内行使权利,超越墓地功能的用途应被禁止。墓地使用权的效力范围可限制在如下方面:(1)修筑坟墓及相关附属物,如墓碑;(2)祭祀、祭祖等祭奠活动;(3)坟墓和墓地的维护,如修葺祖坟、加固坟墓及去除杂草平整墓地范围内的土地等。

笔者认为,墓地使用权的取得可以采用登记对抗的方式,以便更大限度地保障墓地使用权人的权益,保护死者的人身遗存,维护死者的安宁。《物权法》第 10 条规定,国家对不动产实行统一登记制度,我国正在考虑制定《不动产登记法》,统一全国的不动产登记部门,鉴于国土资源管理部门掌握着各种地籍资料,统一由国土资源管理部门承担墓地使用权的登记较为适宜。

六、结语

清明节是我国的传统节日,也是最重要的祭祀节日,在该天前往祖坟进行扫墓和祭祖是千百年来形成的习惯。尽管稀缺的土地资源绝大部分应为活人使用,但今日的死者是往日的生者,为了生者能够更好地享有人格尊严,不能否定死者的物质性人身遗存对生者的意义。从象征性的毁坏坟墓到挖坟盗墓,尽管不一定损害死者的物质性人身遗存,但是坟墓始终是死者物质性人身遗存的安全保障,任由政府和集体经济组织以公益为名随意强制迁坟、平坟甚至毁坟,是反文化和不道德的,与国家构建和谐社会是不相容的。现今,有关墓地的纠纷正不断涌现,此与墓地使用权性质的模糊、民法保护的缺失是紧密相关的,保障墓地的安宁、保护坟墓的完整、进而维护死者的物质性人身遗存,是对墓地民法保护较完善的方案。确立物权性的墓地使用权是解决对墓地保护的核心问题，立法者和司法者应该重视墓地的祭祀用途，立法者应当及时在法律上明确对墓地使用权的物权保护，司法者在法律还未明确规定墓地使用权时，可以行使法律解释权，最大限度的对墓地进行民法保护。

生者可以利用建设用地使用权来维护生存居住权利，对于死者的安宁，物权性的墓地使用权可以提供相对充分的民法保障。

（陈国军，中央财经大学法学博士研究生，华东政法大学教师）

饲养动物损害责任

——以《侵权责任法》第十章为中心

瞿灵敏

目　　次

导言

《侵权责任法》在第十章以专章的形式对饲养动物致人损害的责任进行了规定。构建了以一般条款加若干具体规则的规范体系，确立了以无过错责任为原则，过错推定责任为例外的二元规则体系，还依据不同的情形在无过错责任内部划分出了层次分明的无过错责任体系。相对于《民法通则》第 127 条所确立的单一的归责原则和粗陋的规范体系而言，《侵权责任法》无论是在立法技术上还是内容上都有着重大的进步。然而，《侵权责任法》第十章也存在若干漏洞需要通过解释论去进行漏洞的填补。这些漏洞主要表现在以下四个方面：(1)第 78 条的但书规则的理解和与其他各条之间在适用上的关系不明确；(2)第 79 条的归责原则存在较大争议；(3)立法未能明晰饲养人和管理人不一致时的责任配置;(4)对因第三人过错导致的损害的责任分担存在以偏概全现象。本文拟就以上四个方面存在的问题和争议,以第十章的条文为中心,展开解释论上的论述,以期能对正确地理解和适用第十章有所助益。

一、第78条但书规则的理解与适用

学界一般认为《侵权责任法》第78条是饲养动物致人损害责任的一般条款,在整体上确立了饲养动物致人损害的归责原则和责任减免事由。有学者从结构上将该条划分为两个规则,即该条前半段所确立的无过错归责原则的一般规则和但书部分确立责任减免事由的但书规则。[①] 在本条的理解与适用上,学界对前半段的一般规则的认识是一致的,即都认为第78条确立了饲养动物致人损害的无过错责任原则,但在对但书规则的理解与适用上却出现了不小的分歧。第78条但书部分规定:“但能够证明损害是因被侵权人故意或重大过失造成的,可以不承担或减轻责任”,学者围绕但书中的“被侵权人故意或重大过失”与“不承担和减轻责任”之间的搭配以及被侵权人的故意或重大过失是否为饲养动物损害责任的唯一免责事由,侵权人得否主张适用《侵权责任法》总则第三章所确立的责任减免事由发生争议,其结果直接导致了在理解和适用第十章时出现了混乱。

(一)“被侵权人故意或重大过失”与“不承担和减轻责任”之间的搭配

有学者认为但书中“被侵权人故意或重大过失”与“不承担和减轻责任”之间的搭配是一种一一对应的关系,即“被侵权人故意造成损害的,动物的饲养人或管理人可以不承担责任;当受害人对损害的发生具有重大过失时,动物的饲养人和管理人仍应承担责任,但可以减轻责

① 参见杨立新:“饲养动物损害责任一般条款的理解与适用”,载《法学》2013年第7期。

任”。[①] 有学者认为受害人的故意或重大过失究竟是作为责任人减轻责任还是免除责任的事由需要结合动物的危险性、饲养人或管理人的过错、动物对损害的原因力等要素具体考虑。[②] 还有学者认为受害人对损害发生的故意或重大过失到底是作为责任免除的事由还是责任减轻的事由需要看其是否是损害发生的全部原因,即当受害人的故意或重大过失是损害发生的全部原因时,无论是故意还是重大过失,动物的饲养人和管理人都可以免除责任,但如果受害人的故意或重大过失只是损害发生的部分原因,即便损害是因受害人的故意行为导致的,饲养人和管理人也只能减轻而不能免除责任,此时可以适用过失相抵规则。[③] 杨立新教授将第一种观点称之为“故意免责重大过失减责说”,把第二种观点称之为“具体考虑说”,把第三种观点称之为“原因力说”,其本人也主张“原因力说”,[④]他认为“上述规定不是一对一、二对二,而是交叉将对,根据被侵权人的故意或重大过失对损害发生的原因力而确定”。[⑤]

我们认为以上三种观点观察问题的角度不同得出的结论自然也就存在差异:第一种观点试图从故意和重大过失的划分中去区分是减轻还是免除责任,这种观点过分的关注了受害人的主观心理状态,不区分故意或重大过失在损害发生中所起的作用,如果严格按照这种观点进行操作不仅会面临“主观归罪”的现象而且还会导致客观上的不公平,使得案件的处理结果往往难以被当事人接受,此外这种观点还面临着准确区分故意和重大过失的难题,而我们知道在民法中向来存在重大过失等同于故意的说法,而二者在实践中很难区分,因此这种观点不可

---

① 程啸:《侵权责任法》,法律出版社 2011 年版,第 507 页;持相同观点的还有王竹,参见王竹:“特殊侵权行为中受害人过错制度的适用研究——以《侵权责任法》第六章到第十章为中心”,载《河南财经政法大学学报》2012 年第 1 期。

② 参见王利明:《侵权责任法研究》(下),中国人民大学出版社 2011 年版,第 596 页。

③ 参见张新宝:《侵权责任法》,中国人民大学出版社 2010 年版,第 327 页。

④ 参见杨立新:“饲养动物损害责任一般条款的理解与适用”,载《法学》2013 年第 7 期。

⑤ 杨立新:《侵权责任法》(第 2 版),法律出版社 2012 年版,第 542 页。

取。第二种观点主张具体问题具体分析,在决定是减轻还是免除责任时,需要综合考虑动物的危险性、饲养人或管理人的过错以及动物对损害的原因力。应该说这种观点能够让责任的分担最大限度地实现公平,然而它同样面临着操作中的困难。相比之下第三种观点将受害人的故意和重大过失对造成损害的原因力最为判断标准,如果受害人的故意或重大过失是导致损害发生的全部原因,饲养人或管理人就可以免责,反之,若只是损害发生的部分原因,饲养人和管理人只能主张适用过失相抵,在赔偿时扣减因受害人自己导致的损害份额。我们认为"原因力说"既符合了公平的观念也具有现实的可操作性,因而是恰当的。

(二)受害人的故意或重大过失是不是唯一的免责事由

与《民法通则》第127条不同,不是凡事由受害人过错造成的损害饲养人或管理人就可以免责。《侵权责任法》第78条但书规则明确了饲养人和管理人只能对被侵权人因故意或重大过失造成的损害主张责任的减免,也就是说受害人的一般过失和轻微过失不再能够成为饲养人和管理人主张责任减免的事由,即便受害人的一般过失或轻微过失是损害发生的全部原因也不例外。

第78条的但书规则排除了受害人的一般过失和轻微过失作为责任减免的事由,但总则部分第三章所确立的侵权责任减免事由和其他责任阻却事由能否适用于第十章呢?对此王利明教授认为"按照'明示其一、排斥其他'的解释规则,《侵权责任法》第十章没有将不可抗力作为免责事由,就意味着,不能因不可抗力免责。一方面,从《侵权责任法》的规定来看,其明确限于受害人的故意或重大过失,这表明立法者排斥其他抗辩事由的存在。另一方面,在动物致人损害的情况下,是因动物固有危险的实现造成的,而动物固有危险的实现与不可抗力之间没有直接关系"。[①] 杨立新教授则认为第78条但书规则"除了与该法第三章第26条和第27条相冲突,第83条与第28条规定相冲突之外,对于其他免责事由的规定并无冲突,因此,关于不可抗力、正当防

① 王利明:《侵权责任法研究》(下),中国人民大学出版社2011年版,第596~597页。

卫、紧急避险的规定都可以适用于该第78条”。[①] 我们认为第78条但书规则的责任减免事由只与总则第26条和第27条的相关规定相冲突,第三章其他条款中规定的侵权责任减免事由并不与第78条但书规则相冲突,作为总则部分的规定,只要分则部分没有作与之不同的规定,总则部分确立的责任减免事由就可以直接适用于分则。从条文内容来看,第78条但书规则只是排除了第26条和第27条所确立的过失相抵和受害人故意免责的适用,但第三章其他条款所确立的责任减免事由由于处于总则地位且并不与第78条的但书规则直接冲突,因此从逻辑上讲是应当适用于饲养动物致害侵权责任的。但动物致害是指“损害的发生是由于一个符合动物天性的、独立的且非由理智的意愿所引导的、动物的任意性行为所引起的”,[②]因此作为一般性免责事由的正当防卫也不适用于饲养动物致害责任,因为正当防卫针对是侵权行为人,对动物的“防卫”要构成正当防卫必须是当动物被用作侵权行为的工具时才成立,而一旦动物成为了侵权行为的工具,便不属于我们这里讨论的饲养动物致害责任,而是一般意义上的侵权行为。

(三)第78条但书规则与本章其他条款在适用上的关系

第78条但书规则存在的另一个问题即作为在第十章内部具有总则性质的一般条款所确立的责任减免事由,但书规则可否直接作为本章内部的其他特别条款的免责事由适用。对此学者们有不同的看法。杨立新教授即认为“《侵权责任法》第79条和第80条规定的都是所谓的绝对责任条款,不适用该第78条规定的免责或减轻责任事由,而第82条、第83条与第78条的但书规则并非完全对立,只是不适用一般规则而适用但书规则”。[③] 周友军则认为第79条未对受害人故意或重大过失造成损害是否构成责任减免进行规定,基于对第78条规则的总则性特征和违反管理规定未采取安全措施并不会导致动物危险性显著增

---

① 杨立新:“饲养动物损害责任一般条款的理解与适用”,载《法学》2013年第7期。

② [德]马克西米利安·福克斯著:《侵权行为法》(第5版),齐晓琨译,法律出版社2004年版,第264页。

③ 杨立新:“饲养动物损害责任一般条款的理解与适用”,载《法学》2013年第7期。

加的考量，受害人的故意或重大过失应当构成责任的减免事由。而在但书规则是否适用于第80条时，他却持否定态度，认为第80条规定的是最为严格的无过错责任，即便受害人因故意或重大过失造成损害，也不构成责任减免的事由。其理由有二，一是第80条并未像第78条那样明确规定受害人的故意或重大过失为责任减免事由，二是禁止饲养的危险动物不仅具有高度的危险性，而且不是饲养人职业或生计上所必需的，要求饲养人或管理人承担更重的责任并非苛刻。① 有人认为“立法机关在起草第79条和第80条的过程中，一方面增加了限制性的无过错责任构成要件，另一方面有意地删除了相关的受害人过错抗辩事由条款”。② 也有人认为“从体系解释和利益衡量的视野出发可以发现，在动物饲养人或管理人未对动物采取安全措施而致害时，其不得主张因被侵权人的故意或重大过失而免除或减轻责任；在按照管理规定采取安全措施的动物致害时，动物的饲养人或管理人仍然应承担无过错责任，但可以因被侵权人的故意或重大过失而减免责任”。③

从规范体系的逻辑上讲，作为动物致害责任的一般条款，第78条在第十章内部具有总则性规范的性质，如其他特别条款未另行规定，原则上第78条所确定的规则应当适用于特别条款。第78条的但书规则作为一般条款中的但书规则，同样具有上述效力，因此单从规范体系的逻辑出发，第78条但书规则在本章特别条款未另行规定时应该具有可适用性。

但单纯地从规范体系的逻辑结构出发所得出的结论却未必符合立法的本意和特别条款的价值追求。目前学界普遍认为第79条和第80条所确立的是较之于第78条所确立的无过错责任更为严格的无过错责任。这种严格性即体现在第78条但书规则所确立的责任减免事由对于第79条和第80条并不构成责任减免的抗辩，即便受害人因故意

① 参见周友军：“我国动物致害责任的解释论”，载《政治与法律》2010年第5期。

② 王竹：“特殊侵权行为中受害人过错制度的适用研究——以《侵权责任法》第六章到第十章为中心”，载《河南财经政法大学学报》2012年第1期。

③ 张尧：“论饲养动物损害责任——以《侵权责任法》第79条未分析对象”，载《政治与法律》2013年第6期。

或重大过失造成损害,饲养人或管理人仍然不得主张责任的减免。但在第79条和第80条之间,有学者认为第80条所确立的是比第79条更严格的无过错责任,属于最严格的无过错责任。果真如此的话,那第79条和第80条之间的区别又如何体现呢?如果说第79条和第80条均不适用第78条但书规则的免责事由是它们较之于第78条无过错责任更加严格的体现,那么第79条和第80条均不适用第78条但书规则则不能体现它们之间更为严格与最严格之间的区别。因此除了不适用第78条的但书规则外,有学者进一步指出,第80条的最严格性还体现在它属于无责任减免事由的无过错责任,也就是说第80条不仅不能因受害人的故意或重大过失免责,而且“对于烈性犬等禁止饲养的动物,即便存在不可抗力也不能免责”。①

至于学者认为的第79条适用但书规则而第80条不适用但书规则的观点我们认为是不成立的。该学者在证明79条适用但书规则而第80条不适用但书规则的时候所给出的理由是自相矛盾的:在证明第79条适用但书规则时该观点认为第78条具有总则性,因此只要第79条没有对责任减免事由另行作出规定,处于总则性地位的但书规则即可适用;而在证明第80条不适用但书规则时,该观点却主张因为第80条未像第78条那样将受害人的故意或重大过失作为责任的减免事由,因而不能适用。很显然,该观点在第79条和第80条是否适用但书规则时采取了双重标准,即对于作为总则性的但书规则在第79条和第80条均未另行规定时,该观点在对待第79条时基于但书规则的总则性地位肯定了其对第79条的适用,但在面对第80条时,该观点却基于第80条未对其进行明确规定而排除了但书规则的适用。而事实上是无论是但书规则的总则性地位还是未明确规定免责事由方面,第79条和第80条都是完全一样的。显然该观点试图从逻辑性上证明第79条适用但书规则而第80条不适用但书规则,而其结果却陷入了逻辑矛盾之中,无法实现逻辑上的自洽。而那种依据饲养人或管理人是否按照管理规定对动物采取安全措施而分别决定是否适用第78条但书规则的观点看似在主张第79条有条件的适用但书规则,实际上当饲养人或管

① 周友军:《侵权法学》,中国人民大学出版社2011年版,第409页。

理人按照管理规定对动物采取安全措施的情形下根本就不属于第79条所调整的对象而是适用第78条,自然可以适用但书规则。

从上述分析不难看出,但书规则与特别条款在适用上的关系依据规范体系的逻辑推理得出的结论和依据立法本意和特别条款自身价值追求所推导出来的结论是相互冲突的。从规范体系的逻辑出发,我们认为但书规则作为具有总则性地位的规则,只要作为特别条款的第79条和第80条未对责任减免事由进行其他规定,但书规则均可以适用于该类特别条款;从立法本意和条文自身的价值追求出发,我们认为第79条和第80条的目的在于确立较之于第78条更严格的无过错责任,体现立法对特定动物致害责任的价值评判,而这种更为严格的无过错责任主要就体现在第79条和第80条不适用第78条但书规则所确立的责任减免事由。否则,如果让第79条和第80条适用该但书规则就会导致其独立的立法价值的丧失。据此我们认为第78条在立法技术上存在缺陷,正确的做法应当是将第78条的一般规则和但书规则用两个条文进行规定,以此来避免上述冲突的出现。

二、第79条的归责原则

前面我们提到了《侵权责任法》第十章突破了《民法通则》第127条单一归责原则的限制,确立起了以无过错归责为原则,以过错推定为例外的二元归责体系。一般认为第78条在原则上确立了饲养动物责任的无过错归责原则,第82条例外地确立了动物园饲养动物致害的过错推定归责方式,第80条则采用最为严格的归责原则。但对于第79条的归责原则争议却颇大。不少学者从条文的表述上得出了该条确立的是过错责任原则,并且认为这种解释才是符合逻辑思维的。“这(指第79条)应当理解为一种过错责任。并且在此项的规定中,也给出了一个较为客观的过错认定标准,即‘违反管理规定,未对动物采取安全措施’”。[①] “从行文来看或依文义解释,本条应解读为过错责任,理由有二:第一,动物饲养人或管理人饲养或管理动物违反管理规定,说明

---

① 江平、费安玲主编:《中国侵权责任法教程》,知识产权出版社2010年版,第378页。

其行为具备违法性;第二,如果饲养人或管理人未对动物采取安全措施,说明其主观上存在过错"。[①] 也有学者从体系解释和立法原意解释,认为该条确立的是比第78条更为严格的无过错责任原则,不允许侵权人因受害人的故意或重大过失而免责。如杨立新教授即认为"尽管从条文含义看,违反管理规定,未对动物采取安全措施本身就是过错,但应当按照管理规定饲养的动物的危险性,其实要超出第78条规定的一般动物的危险性;按照逻辑推论,一般饲养的动物尚须适用无过错责任原则,那么对于危险性更为严重或更为明显的须按管理规定饲养的动物,更应当适用无过错责任原则"。[②] 王利明教授也认为第79条的立法目的在于强化对受害人的救济,而非弱化对受害人的救济,如果将其解释为过错责任,显然是对受害人救济的弱化,违背了立法目的;规定违反管理规定责任的意图在于明确此种责任较之于第78条规定的责任更为严格,而非确立过错归责原则。因此只要违反管理规定,无论什么原因导致的动物致害,饲养人或管理人都要承担责任。[③]

我们认为将该条解释为无过错责任原则更为合适,正如学者所言,该条实际上是针对一些较之于普通动物而言更具危险性的动物设置的,其目的就是要求饲养人和管理人对该类动物依据相关的管理规定采取必要的安全措施,其归责原则只可能比第78条更严格而不是更宽松。主张过错责任的观点看似得到了条文字面逻辑的支持,但实际上这种看似自洽的逻辑仍然存在难以自圆其说的地方。主张过错责任的学者认为违反管理规定未对动物采取安全措施本身就是一种过错的表现,至少是一种客观过错。如果这一理论成立的话,那么我们认为按此逻辑第80条也是确立的过错原则,因为饲养禁止饲养的烈性犬等危险动物本身也是一种过错。而主张第79条适用过错责任原则的学者却采取双重标准,认为第80条是最严格的无过错责任。实际上这里存在着一种条文结构的误读,第79条的"违反管理规定,未对动物采取安全

① 兰仁迅:"动物损害责任归责原则的立法变迁",载《法治研究》2011年第7期。

② 杨立新:《侵权责任法》(第2版),法律出版社2012年版,第545页。

③ 参见王利明:《侵权责任法研究》(下册),中国人民大学出版社2011年版,第599页。

措施”和第80条的“饲养禁止饲养的烈性犬等危险动物”都是前提预设,而非作为侵权构成要件的过错要件的描述,也就是说这两条前提预设的部分只是起到分割特定侵权类型的作用,与采取何种归责原则无涉,因此单凭条文的字面逻辑推断出第79条确立的是过错归责原则的观点是不能够成立的。我们认为从体系解释得出的结论更符合立法原意。

三、饲养人和管理人不一致时的责任承担

《侵权责任法》第78条将动物的饲养人和管理人概括性的作为一个主体对待,规定了饲养人和管理人对饲养动物致害原则上的无过错责任,这在饲养人和管理人为同一人时,不会出现理解和适用上的困难,但一旦动物的饲养人和管理人在身份上发生分离,第78条简单而笼统的设计恐难以应付其中错综复杂的情形,而且现实中饲养人和管理人在身份上发生分离的情形比比皆是,因此明晰饲养人和管理人不为同一人时的责任承担方式,有着重要的意义。

(一)饲养人和管理人的界定

要回答饲养人和管理人不一致时的责任承担方式,首先必须明晰对饲养人和管理人的界定。一般认为《侵权责任法》在一般条款中将动物致害的责任主体确定为饲养人或管理人是继承《民法通则》第127条的规定,以避免破坏长期以来司法实践中形成的用语习惯,在此,比较法上并未见直接的立法例。综观各国对饲养动物致害责任主体的规定,法国将饲养动物致害的责任主体规定为动物的所有人或使用人,①德国和瑞士为动物的保有人,②日本和我国台湾地区为动物的占有人。③ 但我国采用了饲养人和管理人的称谓,“虽有新意,但却忽视了与所有权、占有的直接联系,因而不能从法律逻辑上正确地揭示饲养动物致人损害由义务人承担赔偿责任的法理基础”。④ “饲养关系并不是

---

① 参见《法国民法典》第1385条。
② 参见《德国民法典》第833条,《瑞士债务法》第56条。
③ 参见《日本民法典》第718条,台湾地区“民法典”第190条。
④ 张新宝:“饲养动物致人损害的赔偿责任”,载《法学研究》1994年第2期。

衡量动物损害责任的最佳途径,饲养人或管理人对饲养动物的控制和管理义务才是损害责任的渊源",①而这种管控义务的根源却在于饲养人或管理人对动物所享有的利益和对动物形成的决定权,而这些都需要我们用民法术语,特别是物权法的术语来解释动物的饲养人和管理人。房绍坤教授认为"动物的饲养人是指动物的所有人,即对动物享有占有、使用、收益、处分权利的人;动物的管理人是指实际控制和管束动物的人";②杨立新教授认为可以将动物的饲养人或管理人理解为动物的保有人,但饲养人为享有所有权的保有人而管理人为负有管理职责的其他动物保有人。③ 王利明教认为"所谓动物饲养人,是指为了自己的利益,而饲养并支配动物的人。饲养人可能包括所有人,但又不能等同于所有人",④"动物管理人,是指对动物具有管领和控制能力的人。从《侵权责任法》的规定来看,管理人主要是指管理国家所有的动物的法人或其他社会组织,如动物园、动物的管理机构等"。⑤

上面关于区分饲养人和管理人的观点大致可以分为两类,一类是从所有权的角度进行的区分,认为饲养人就是指所有人,而管理人是指那些对动物进行事实上管控的非所有权人;另一类是从动物所有权人身份的角度进行的区分,认为饲养人是私人动物的责任主体,包括了所有人和对动物进行管理的非所有权人,而管理人则专门指对国家所有的动物进行管理的法人和社会组织。我们认为把饲养人理解为私人动物的责任人而将管理人理解为国家所有动物的责任人的观点虽然很有新意也具有较强的可区分性,但是这种区分破坏了我们长期以来的理解习惯,而且做这种区分的正当性依据何在也不甚明确。因此我们还是倾向于依据所有权标准来判断饲养人和管理人,并依据对动物的事

---

① 王崇华:"再议饲养动物损害责任的归责原则",载《法学论坛》2013年第4期。

② 房绍坤:"试论动物致人损害的民事责任",载《中外法学》1992年第6期。

③ 杨立新教授早先主张饲养人和管理人即动物的保有人,在其新近的论著中又将饲养人解释为拥有所有权的保有人,而管理人为负有管理职责的非所有权保有人。参见杨立新:《侵权责任法》(第2版),法律出版社2012年版,第540页;杨立新:"饲养动物损害责任一般条款的理解与适用",载《法学》2013年第7期。

④ 王利明:《侵权责任法研究》(下册),中国人民大学出版社2011年版,第615页。

⑤ 王利明:《侵权责任法研究》(下册),中国人民大学出版社2011年版,第616页。

实性管控标准来判断管理人和非管理人。因此动物的饲养人即动物的所有人,而动物的管理人是指所有人以外实际上控制和管束动物的人。

(二)饲养人和管理人之间的责任形态

生活语境下的动物的饲养人和管理人既可能是重叠的,也可能是分离的,依据上面确定的标准,当饲养人和管理人重叠时,法律上认为只有饲养人而没有管理人。现实生活中,某人可能基于多种原因成为动物的管理人,如基于保管合同、为了自己的利益使用他人的动物、好意代管他人动物甚至是基于无因管理而成为动物的管理人。当饲养人和管理人发生分离的情况下,动物致害责任到底应如何在饲养人和管理人之间分配,《侵权责任法》并未规定,因此从解释论的立场对饲养人和管理人分离时的责任承担进行分析十分必要。

当生活语境下的饲养人和管理人重叠时,由于在法律上只存在饲养人,因此责任主体十分明确。当饲养人和管理人不一致时,学者一般认为"管束动物的义务由饲养人转移给管理人,这时的义务主体应为管理人,至于管理人是有偿管理还是无偿管理,是长期管理还是短期管理,均在所不问"。[①] 这种观点对司法实践也产生了重要影响,《山东省高级人民法院关于审理人身损害案件若干问题的意见》第 39 条就规定:"饲养人与管理人为不同人时,以实际占有、控制该动物的人为被告承担赔偿责任"。可见法学理论和司法实践都倾向于认为当饲养人与管理人分离时,应该由管理人承担动物致害的侵权责任,很少有人对这种一刀切的方式进行质疑。我们认为这种一刀切的方式在处理饲养人和管理人分离时的责任承担问题上存在以偏概全的问题,这种简单的责任分配方式显然难以涵盖现实生活中复杂的情形。因此有必要依据管理人形成管理的原因并结合动物致害发生的原因综合考虑,分别确定不同情形下饲养人和管理人的责任负担。

1. 为了自己的利益而使用他人动物成为管理人时的责任承担

现实中,饲养人可能将自己的动物出租或出借给他人使用,此时在使用期间,使用人便成为了事实上有能力管理和控制动物的管理人。如果动物在使用期间给他人造成人身或财产上的损害,无论是基于利

---

① 房绍坤:"试论动物致人损害的民事责任",载《中外法学》1992 年第 6 期。

益归于理论还是风险防控理论,使用人都应该对使用期间的动物致害行为承担责任,因为从利益归属的角度讲,谁享有动物的利益,谁就应该负担动物自身的风险,而为了自己利益而使用动物的人显然成为了在此期间利益的归属者;而从风险控制的角度出发,在动物被他人使用期间,动物的所有人只是间接的占有动物,并不能对动物进行直接的管理和支配,对于动物所造成的损害也没法进行有效地干预,相比之下,作为管理人的动物使用人直接占有并支配动物,由其对动物可能造成的损害进行预防是成本最小且效果最佳的选择,此时现行做法并不会出现问题。

但是这只能说明原则上作为管理人的使用人应当对使用期间发生的动物致害承担责任,特殊情况下,如动物自身存在异常的危险,而饲养人故意或因重大过失未告知使用人,而损害正好是因为这种异常危险所导致的,此时如果完全让使用人承担责任恐不符合公平原则。因为此种情况下使用人的管理人身份大多是基于租赁合同或借用合同而取得的,因此在责任负担方面可能同时存在合同法和侵权法的路径。

在合同法的路径之下又因租用和借用而有别,租用属于有偿合同,所有权人对出租动物负有瑕疵担保义务,对于出租动物的异常风险给使用人造成的损失应承担无过错责任;而借用属于无偿合同,只有当出借人明知动物存在异常风险且因故意或重大过失未告知借用人时,才对借用人承担责任,而对于不明知的危险和因一般过失未能告知借用人导致的借用人损失,不承担合同责任。在侵权法的路径下,因为动物致害的结果可能是动物异常危险与管理人的不当管理行为直接结合导致的,此时饲养人与管理人虽无共同故意或过失,但依据《最高人民法院关于审理人身损害赔偿案件适用法律若干问题的解释》第3条的规定,饲养人和管理人构成共同侵权,需依据《民法通则》第130条之规定承担连带责任。相比之下,侵权法的路径对于受害人而言可能更加困难,因为要想让饲养人和管理人承担连带责任,受害人必须证明动物存在异常的危险而且还需要证明饲养人对未告知该异常危险存在过错,而这对于受害人这一局外人而言,证明难度之大可想而知。但是我们也不能排除管理人为减少责任的承担对这些事实进行证明,因此在饲养人因过错未告知动物的异常危险与管理人的不当管理行为直接结合造成受害人损害时，让饲养人和管理人负担连带责任是可能的。当然，这对于受害人而言属于请求权的竞合，如果管理人责任能力不存在缺陷，受害人自然可以只向管理人主张赔偿责任而减轻举证负担。

2. 好意代管取得“管理人”身份时的责任承担

生活中经常有人将自己饲养的宠物或家畜临时性的委托给某人管理，若代管动物致人损害，受害人可以向哪些人寻求救济。这种情况下首先需要解决的是临时代管人身份的问题，即临时代管人是否构成《侵权责任法》意义上的管理人。如果依据我们上面提到的管理人标准，此处的临时代管人是符合直接占有并控制和管束动物的，因此从这个意义上讲，临时代管人也不失为管理人。但管理人是否就一定要承担动物致害的侵权责任呢？我们认为让临时代管人承担独立责任是不合适的，理由有二：(1)临时代管人的行为大多属于好意行为，该行为并未给其带来经济上的利益，因此临时代管人不像所有人那样对动物享有利益；(2)如果临时代管人的管理行为并无不当，损害完全是因为动物自身的固有危险所导致，此时即便饲养人自己控制动物损害也会发生，所以应该由饲养人承担责任。王利明教授也认为此种情况下让临时代管人承担责任是不妥当的。因为“一方面，动物所有人的身份并没有发生变化，其作为动物危险的开启者应当承担责任；另一方面，临时管领人占有和控制行为实际上是代理所有人进行的，甚至可以视为所有人的行为，虽然占有人可能因管领不当而对损害有过错，但是，所有人仍然应对管领人的行为承担责任”。①

临时代管人管理动物纯属一种善意行为，虽然管理人应当预见到其行为可能给自己带来风险，但是这种风险应当是建立在管理不善的基础上的，如果临时管理人的管理行为并无不当，法律对其课加过分严苛的责任不仅有失公平而且会打压邻里熟人之间相互帮衬的念头，使一些动物处于无人看管的状态，不仅损害了动物的福利而且增加了动物的危险性。因此我们主张，临时代管的动物致人损害的，由饲养人承担责任，但代管人在管理中存在过错的应承担相应的

① 王利明：《侵权责任法研究》（下册），中国人民大学出版社2011年版，第617页。

责任。

3. 因无因管理而成为管理人时的责任承担

没有法定或约定的义务,为了他人的利益而对他人所有的动物实施管理,构成他人动物的无因管理人。生活中这种情形主要发生在对他人走丢失的动物或邻里之间在动物的饲养人或管理人不在时对动物进行的无因管理。依据直接占有和控制管束动物的标准,无因管理人也构成侵权法意义上的管理人,依据第78条的字面意思无因管理人是需要对管理期间动物的致害行为承担侵权责任的。我们认为如果让无因管理人独立承担动物致害的责任是不公平的,因为无因管理人虽然事实上管控着动物,但是他对动物并不享有自身的利益,如果其管理行为并无不当,应该由本应负有管理控制义务和保有动物利益的本人承担责任。也许有人会主张无因管理人在承担侵权责任之后可以依据无因管理的相关规定向本人请求管理费用的偿还,①而因动物侵权产生的债务就包含在管理费用之中。然而相对于动物致害的赔偿责任,这种管理费用的偿还请求权属于内部关系,无因管理人不得以无法实现对本人的求偿权而对抗被侵权人,特别是在本人无法找到或本人无偿还能力时,无因管理人可能成为最终的责任承担者,而法律给予无因管理人所有的保障就在于对动物的留置权,而这种保障往往是不充分的。因此,我们认为动物在无因管理期间发生的致害行为,应由本人承担责任,无因管理人在管理活动中存在过失的,应该承担相应的责任。

综上所述,我们认为应对第十章的管理人作限缩解释,严格地讲本章的管理人因仅限于为了自己的利益而直接占有并控制和管束动物的人。临时性的无偿代管人、动物的无因管理人等对其所管理的动物不享有利益的人,对动物在其管理期间所发生的致害后果原则上仅在管理活动存在过失时承担相应的责任。

4. 第三人过错造成动物致人损害时的责任承担

《侵权责任法》第83条确立了第三人过错导致动物之人损害时饲

---

① 参见郜永昌、蒋慧、张忠民:“饲养动物致人损害赔偿责任新探”,载《社会科学家》2006年第6期。

养人、管理人与第三人向受害人承担不真正连带责任的规则，这是对《民法通则》第127条第三人过错导致动物致人损害由第三人承担责任的突破，体现了对受害人救济的强化。严格地讲第83条所确立的并非一般意义上的不真正连带责任，而是一种单向的不真正连带责任。因为条文中仅规定了动物饲养人或管理人对第三人的追偿权而没有规定第三人承担责任后对饲养人或管理人的追偿权，也就是说立法认定有过错的第三人是第83条下责任的终局承担者，饲养人或管理人只不过是责任的中间承担人。适用第83条不必然导致追偿，如果是作为终局责任承担者的第三人承担了赔偿责任，就不会发生追偿问题，因此，此处的不真正连带责任是一直单向的、不可逆的、将终局责任人锁定在第三人的连带责任。但是第83条的这种设计并不能涵盖所有的第三人过错导致动物致害的情形，在特定的情形下第三人与饲养人或管理人的责任类型可能是不真正的连带责任，也可能因成立共同侵权而承担连带责任。

第三人范围的界定第83条并未给出第三人的范围，学界一般认为第三人是除饲养人和管理人以外的第三人。[①] 当然这里的不包括饲养人和管理人还应解释为不包括饲养人和管理人的雇员或其他辅助占有人，因为这些人对动物的占有和控制可视为饲养人和管理人的行为，在这个层面上他们的身份被饲养人和管理人所吸收，不具有单独评价的价值。但是对于非法占有动物之人是否可归入本条的第三人范畴，还是将其归入管理人的范畴，学说上不无争议。张新宝教授即认为应该对占有人作限制性解释，即不包括非法占有者，对于非法占有者的责任可按照第三人的过错处理。[②] 但也有人认为“第三人的过错是指引起损害的原因是由第三人造成的，而不是占有动物的过错，这两种过错不能叠加在一起”，[③]因此非法占有人不属于第83条第三人的范围。我

① 参见王利明:《侵权责任法研究》(下册),中国人民大学出版社2011年版,第612页。

② 参见张新宝:“饲养动物致人损害的赔偿责任”,载《法学研究》1994年第2期。

③ 郜永昌、蒋慧、张忠民:“饲养动物致人损害赔偿责任新探”,载《社会科学家》2006年第6期。

们认为非法占有人是属于第三人的范畴还是管理人的范畴应当具体分析,不能一概而论,关键是要看非法占有人是否在事实上符合了占有的条件,是否对动物形成了事实上的控制和管束。例如,某人企图盗窃他人的名犬,刚刚把动物牵走就被所有人发现,在逃跑中动物挣脱将路人咬伤。我们认为这种情况下非法占有人就尚未对动物形成较为稳定的占有,也不可能对动物进行实质上的控制和管束,因此不符合管理人的标准,此时动物致害又是因该人的盗窃行为所导致,应该对该非法占有人按第三人对待。反之,若该人已经成功盗得动物,在饲养或转卖中动物发生致害后果,此时应按管理人进行对待。

(三)第三人过错导致动物致害时第三人与饲养人或管理人的责任负担

1. 第三人的过错行为和动物的固有危险结合导致损害发生时的责任负担

任何动物致害行为的发生都是动物危险的实现。也就是说当第三人因过错导致动物致害发生而饲养人和管理人并无过错时,损害实际上是动物固有危险与第三人过错的结合导致了动物危险的实现,这也就是第83条让饲养人、管理人与有过错的第三人负不真正连带责任的原因。此时,因为饲养人或管理人并无过错,损害的发生完全是因为第三人的过失所导致,理论上因由第三人承担独立责任,但是立法为了强化对受害人的救济,让饲养人或管理人负担中间责任,但第三人仍然是终局责任人。

2. 第三人的过错行为与饲养人或管理人的不当行为直接结合导致损害发生时的责任负担

并非所有情况下第三人的过错都是损害发生的全部原因,通常的情况下损害的发生往往是第三人的过错行为和饲养人、管理人的过错直接结合所导致的,第三人的过错只是损害发生的部分原因。比如饲养人给狗系了一条不结实的链子,第三人轻微的挑逗动物致使动物挣脱而咬伤他人,此时损害的发生显然不能完全归咎于第三人的挑逗,此种情况下第三人与饲养人或管理人虽无共同的故意或过失,但双方的过错直接结合导致了同一损害的发生,依据《最高人民法院关于审理人身损害赔偿案件适用法律若干问题的解释》第3条的规定,饲养人或管理人与第三人构成共同侵权,应当承担连带责任,至于其内部应依据各自的过错程度实行按份责任,一方所负担的过错超过自身份额时可以向另一方追偿。

3. 第三人过错能否适用于第79条和第80条

《侵权责任法》第79条和第80条属于饲养动物损害责任的特殊规则,第79条规定的是违反管理规定未对动物采取安全措施的责任,第80条规定的是禁止饲养的烈性犬等危险动物损害责任,一般认为这两条确立了相对于第78条更为严格的无过错责任,不适用第78条的但书规则,学者甚至主张这两条下的饲养人或管理人所承担的责任属于无免责事由的无过错责任。[①] 上文提到第83条规定的是第三人和饲养人或管理人之间的单向的不真正连带责任,饲养人和管理人所承担的只不过是中间责任,理论上饲养人和管理人都可以通过事后向第三人的全部追偿权来实现责任的免除。那么当第79条和第80条所规定的动物因第三人的过错导致他人损害,饲养人或管理人可否援引第83条,并通过对第三人的追偿实现责任的减免呢?如果可以,那就意味着第79条和第80条并非绝对的严格责任,实际上饲养人和管理人仍然能够通过追偿权的行使实现责任的免除;如果第79条和第80条排斥第83条的适用,则发生第三人过错导致第79条和第80条项下动物致害时,第三人岂非可以不承担责任。

我们认为,第79条和第80条确立的是形式上无免责事由的无过错责任,也就是说在面对受害人时,饲养人和管理人不得主张任何免责事由,在形式上必须向受害人进行赔偿。但是它并非实质上的无免责事由的无过错责任,也就是说虽然饲养人和管理人必须向受害人进行赔偿而不得主张任何免责事由进行抗辩,但这并不妨碍饲养人和管理人通过向有过错的第三人进行追偿来最终实现责任的减免。因此本质上来说第79条和第80条与第83条在适用上并不存在矛盾,而且因为第三人责任在性质上属于过错责任,受害人要想向第三人主张责任必须证明第三人过错的存在,而饲养人和管理人属于无过错责任,在饲养

---

① 参见王利明:《侵权责任法研究》(下册),中国人民大学出版社2011年版,第600页。

人或管理人具有赔偿能力的情况下,受害人可能更倾向于向饲养人或管理人索赔。

结论

1.《侵权责任法》第78条但书规则应理解为受害人的故意或重大过失是损害发生的全部原因时,饲养人或管理人可以免除责任,如果受害人的故意或重大过失只是损害发生的部分原因,饲养人或管理人只能主张减轻责任而不得免除责任。在但书规则与第79条和第80条的适用关系上,依据规范体系的逻辑推理和依据第79条和第80条立法原意和价值追求所得出的结论是矛盾的,这说明第78条在立法技术上存在缺陷,应该认为第79条和第80条确立的是更为严格的无过错责任,不适用第78条的但书规则。

2.第79条在归责原则上属于无过错归责原则,那种依据条文字面意思解释得出该条采用的是过错归责的观点是误把条文的前提预设当成了对过错的描述。第79条"违反管理规定,未对动物采取安全措施"与第80条"禁止饲养的烈性犬等危险动物"在规范功能上是一样的,都属于条文的前提预设,与归责原则无涉。

3.对第78条规定的饲养人应当做解释论上的限缩解释,将其限定为所有人以外,为了自己的利益而直接占有动物并对动物进行控制和管束的人。当饲养人和管理人不一致时,原则上应当由上述意义上的管理人承担责任,若饲养人因故意或重大过失未告知动物的异常危险,对于由该危险所引起的损害,饲养人应承担相应的责任。对于临时代管人、无因管理人等非自益性管理人仅在管理活动存在过错的情况下承担相应的责任。

4.第83条本质上确立的是一种单向的不真正连带责任,饲养人和管理人所承担的只是中间责任,第三人才是责任的终局承担者。但当损害的发生是由第三人过错与饲养人或管理人的过错直接结合产生时,第三人与饲养人或管理人构成共同侵权,应当对外承担连带责任。

5.第79条和第80条并不排斥第83条的适用,其所确立的只是形式上的无免责事由的无过错责任,即该两条下饲养人和管理人不得对受害人的赔偿请求主张任何责任减免的抗辩,但它并非实质意义上的无免责事由的无过错责任,因此它并不妨碍饲养人或管理人向有过错的第三人追偿来实现责任的减免。

(瞿灵敏,山东大学法学院民商法研究生)

破解器官捐献瓶颈的法经济学路径

刘廷华　张　茜

目　　次

据调查,我国在医院住院患者中有54.1%的人有身后器官捐献的意愿。与如此高的捐献意愿并存的是实际发生的器官捐献寥寥无几,着实令人不解。国外也存在类似情况,如在英国的一项调查中有90%的公民支持器官捐赠,却只有23%的公民登记确认死后捐赠器官。论文利用行为经济学中的双曲线贴现模型对此进行诠释,并在此基础上提出破解器官捐献瓶颈的立法建议。

一、器官捐献的法经济学分析

生活中的行为主体受到短视认知偏差的影响,其贴现具有双曲线形式,表现为长期体现率低而短期贴现率高的不规则的时间偏好结构。换言之,行为主体更看重短期的成本和收益,而对长期影响则考虑不足。假设行为主体在未来的第t期和第$t+1$期之间使用的贴现因子为δ,而在当前时点的0期和离当前时点较短的1期之间使用的贴现因子为$\beta\delta$。其中,参数β用于反映行为主体受短视认知偏差影响的程度,且$0 \leqslant \beta \leqslant 1$。$\beta$值越小,短视偏差就越是严重,$\beta = 0$时行为主体完全不考虑将来；$\beta$ 值越大，短视偏差的影响越小，$\beta = 1$ 时行为主体完全不存在短视认知偏差。

（一）短视认知偏差的影响

对于器官捐献而言，我们按时间顺序将潜在捐献人的行为分成 $t=0$、$t = 1$ 和 $t = 2$ 三个阶段考虑。在 $t = 0$ 时，潜在捐献人作出是否捐献器官的计划。在 $t = 1$ 时，潜在捐献人作出是否捐献器官的决定并履行相应的法定程序，捐献成本为 C 。潜在捐献人在 $t = 2$ 时死亡，其器官被移植后产生收益 B 。

在 $t = 0$ 时，潜在捐献人是否做出捐献计划取决于 $t = 2$ 时产生的收益和 $t = 1$ 时捐献成本的跨期比较。只要预期收益的现值大于预期成本的现值，潜在捐献人通常会乐意捐献。根据双曲线贴现模型，$t=1$ 时捐献成本 C 的现值为 $\beta\delta C$ ，而 $t = 2$ 时产生收益 B 的现值为 $\beta\delta^2 B$ 。于是，潜在捐献人在 $t = 0$ 时计划捐献的条件是

$$\beta\delta^2 B > \beta\delta C \tag{1}$$

上述条件可以简化为

$$B > \frac{C}{\delta} \tag{2}$$

在 $t = 1$ 时，潜在捐献人面临的捐献成本和收益发生了改变。捐献成本的现值为 C ，捐献收益的现值为 $\beta\delta B$ 。于是，潜在捐献人在 $t = 1$ 时做出捐献决定的条件是

$$\beta\delta B > C \tag{3}$$

上述条件可以简化为

$$B > \frac{C}{\beta\delta} \tag{4}$$

当潜在捐献人存在短视偏差时，$\beta < 1$ ，使得 $\frac{C}{\beta\delta} > \frac{C}{\delta}$ 。这意味着潜在捐献人实际捐献决定的条件（4）式比计划捐献的条件（2）式更难以满足。当 $\frac{C}{\beta\delta} > B > \frac{C}{\delta}$ 时，在 $t = 0$ 时计划捐献的潜在捐献人在 $t=1$ 时却作出了放弃捐献的决定。无疑，短视认知偏差的存在是导致器官捐献不足的一个重要原因。

(二)收益发生时间提前的影响

在上文的分析中始终假设潜在捐献人在 $t = 1$ 时作出捐献器官的决定,等到 $t = 2$ 时才产生收益 B,现在改变假设,看看仅仅将捐献器官的收益提前到 $t = 1$ 时会出现什么变化。此时,捐献器官的成本和收益在 $t = 0$ 时的现值分别为 $\beta\delta C$ 和 $\beta\delta B$,潜在捐献人在 $t = 0$ 时计划捐献的条件变成

$$B > C \tag{5}$$

对比(2)式和(5)式,可以发现,当捐献器官的收益提前到 $t = 1$ 时,计划捐献的条件更容易满足,潜在捐献人的捐献意愿更为强烈,$\frac{C}{\delta} > B > C$ 条件下潜在捐献人从不愿意捐献转变成愿意捐献。

在 $t = 1$ 时,潜在捐献人面临的捐献成本和捐献收益分别为 C 和 B,潜在捐献人在 $t = 1$ 时作出捐献决定的条件是

$$B > C \tag{6}$$

对比(4)式和(6)式,可以发现,当捐献器官的收益提前到 $t = 1$ 时,实际捐献决定的条件更容易满足,潜在捐献人的捐献决定更多,$\frac{C}{\beta\delta} > B > C$ 条件下潜在捐献人从决定不捐献转变成决定捐献。

此外,对比(5)式和(6)式,可以发现,当捐献器官的收益提前到 $t = 1$ 时,计划捐献的条件和实际捐献决定的条件一致,短视认知偏差的影响完全被消除。

(三)推迟成本发生时间的影响

在上文的分析中始终假设潜在捐献人在 $t = 1$ 时捐献器官并承担成本 C,现在改变假设,看看仅仅将捐献器官的成本推迟到 $t = 2$ 时会出现什么变化。此时,捐献器官的成本和收益在 $t = 0$ 时的现值分别为 $\beta\delta^2 C$ 和 $\beta\delta^2 B$,潜在捐献人在 $t = 0$ 时计划捐献的条件变成

$$B > C \tag{7}$$

对比(2)式和(7)式,可以发现,当捐献器官的成本推迟到 $t = 2$ 时,计划捐献的条件更容易满足,潜在捐献人的捐献意愿更为强烈,$\frac{C}{\delta} > B > C$ 条件下潜在捐献人从不愿意捐献转变成愿意捐献。

在 $t = 1$ 时,潜在捐献人面临的捐献成本和捐献收益分别为 δC 和 δB ,潜在捐献人在 $t = 1$ 时作出捐献决定的条件是

$$B > C \tag{8}$$

对比(4)式和(8)式,可以发现,当捐献器官的成本推迟到 $t = 2$ 时,实际捐献决定的条件更容易满足,潜在捐献人的捐献决定更多, $\frac{C}{\beta\delta} > B > C$ 条件下潜在捐献人从决定不捐献转变成决定捐献。

对比(7)式和(8)式,可以发现,当捐献器官的成本推迟到 $t = 2$ 时,计划捐献的条件和实际捐献决定的条件一致,短视认知偏差的影响完全被消除。

(四)提前收益发生时间并推迟成本发生时间的影响

在上文的分析中始终假设潜在捐献人在 $t = 1$ 时捐献器官的成本为 C ,在 $t = 2$ 时产生收益 B 。现在改变假设,看看将捐献器官的成本推迟到 $t = 2$ 时并将捐献器官的收益提前到 $t = 1$ 时会出现什么变化。此时,捐献器官的成本和收益在 $t = 0$ 时的现值分别为 $\beta\delta^2 C$ 和 $\beta\delta B$,潜在捐献人在 $t = 0$ 时计划捐献的条件变成

$$B > \delta C \tag{9}$$

对比(2)式和(9)式,可以发现,当捐献器官的成本推迟到 $t = 2$ 时并将捐献器官的收益提前到 $t = 1$ 时,计划捐献的条件更容易满足。潜在捐献人的捐献意愿更为强烈, $\frac{C}{\delta} > B > \delta C$ 条件下潜在捐献人从不愿意捐献转变成愿意捐献。

在 $t = 1$ 时,潜在捐献人面临的捐献成本和捐献收益分别为 δC 和 B ,潜在捐献人在 $t = 1$ 时作出捐献决定的条件是

$B > \delta C$ (10)

对比(4)式和(10)式,可以发现,当捐献器官的成本推迟到 $t = 2$ 时并将捐献器官的收益提前到 $t = 1$ 时,实际捐献决定的条件更容易满足,潜在捐献人的捐献决定更多, $\frac{C}{\beta\delta} > B > \delta C$ 条件下潜在捐献人从决定不捐献转变成决定捐献。

对比(9)式和(10)式,可以发现,将捐献器官的成本推迟到 $t = 2$

时并将捐献器官的收益提前到 $t=1$ 时,计划捐献的条件和实际捐献决定的条件一致,短视认知偏差的影响完全被消除。

(五)政策含义

上面的分析充分说明,短视认知偏见导致实际捐献水平低于意愿捐献水平。要破解器官捐献瓶颈,除了增加器官捐献的收益和降低器官捐献的成本外,推迟器官捐献成本的发生时间并提前器官捐献收益的发生时间也非常必要。它不仅可以增强人们捐献的意愿,增加实际的捐献决定,而且有利于缓解和消除短视认知偏差所造成的实际捐献与意愿捐献之间的差额。

二、短视认知偏差的矫正

实际上,前面的分析隐含了另一个假定,器官捐献需要行为主体作出明示同意的决定。换言之,若行为主体并未作出同意捐献器官的决定时,推定其不同意捐献器官。这事实上为短视认知偏差引起偏好反转提供了可能,最终导致实际捐献水平低于意愿捐献水平。改变这种境况最有效办法是利用法定同意规则,将捐献尸体器官规定为一项法定义务,只要医疗机构办理好审批程序即可摘取尸体器官。由于法定同意规则完全忽视了公民的意愿,大多数国家都没有采用这一规则。当然,特殊情况也有例外。例如土耳其法律规定对于意外事故死亡的,如果有病人急需移植其器官,在缺少同意的情况下也可以摘取。除了法定同意外,还存在推定同意规则:如果行为主体生前没有明确表示不捐献器官,则被默认为愿意捐献器官,医疗机构可以摘取其尸体器官。推定同意规则对短视认知偏差的矫正是通过锁定政策来完成的。具体而言,推定同意规则将当事人不作任何表示的行为规定为愿意捐赠,最终使得不愿意承担更改成本的经济人选择按照默认规定行事,从而锁定最优路径。

在推定不同意规则下,同意捐献需要承担登记成本;而在推定同意规则下,不同意捐献才需要承担登记成本。另外,在推定不同意规则下,由于担心亲属反对等原因,潜在捐献人承担了较高的心理成本;而在推定同意规则下,居民可将器官捐赠意愿归结为政府提倡的结果,有利于排除来自家庭成员的干扰从而降低了捐献的心理成本。最关键的是,推定同意规则实际上增加了不同意捐献的心理成本。由于不同意捐献需要专门去登记,反对者可能会担心自己不愿意捐献尸体器官的信息被泄露,害怕自己在别人眼里变成"一个自私的人"。因此,当捐献成本主要是登记成本和心理成本时,从推定不同意规则转变到推定同意规则引起最大的变化是:捐献器官无须承担成本而可以获得收益,但不捐献器官没有收益而要承担成本。两相比较,捐献器官带来的净收益更高,自利的行为主体可能更愿意捐献器官。换言之,一旦默认规则由推定不同意改变为推定同意,以前抑制器官捐赠的各种因素反而变成激励器官捐赠的推动力量。这一猜想得到了实证分析的支持。采取"推定不同意"规则的英国的器官捐赠率是13人/100万,而采取"推定同意"规则的西班牙的器官捐赠率则达到了35人/100万,是英国的2.5倍。因为默认规则具有明显的锚定效应,而具有锚定倾向的经济人通常不愿意承担更改成本而习惯性地按照默认规则行事。

与此同时,推定同意规则不会对那些没有短视认知偏差的潜在捐献人造成不利影响,并通过省略捐献登记程序增加了捐献的便利。对于那些不愿意进行捐赠的行为主体而言,他们完全可以通过登记声明来选择退出,意思自治可以得到充分尊重。需要说明的是,必须通过适当的途径确保行为主体享有"选择退出"的权利,否则,推定同意规则可能演变成事实上的"法定同意"规则,变相地强迫公民捐献尸体器官。因为在很多时候,存在大量公民根本不知道推定同意规则的存在,或者由于其他原因而没有去器官捐献中心进行拒绝登记,或者由于登记不成功,或者由于信息登记和发布机制不够健全造成拒绝捐献的信息未能及时传达到器官摘取机构,这些情况都可能造成违背公民的真实意愿而摘取其尸体器官。因此,必须大力宣传推定同意规则,确保每一个公民知悉并理解该规则的影响。鉴于我国当前的实际情况,可以采取逐步推进的策略,先在享受社会医疗保障的公民中施行,待到社会认知度和接受度提高到一定水平后再推广到全体成年公民。之所以选择享受社会医疗保障的公民作为推定同意规则的先行群体,主要是考虑到社会医疗保障的互助性质,让公民在享受社会救助权利的同时承担相应的义务,这也体现了权利义务对等的原则。

三、提高捐赠收益

传统伦理学认为器官捐献是利他行为,应遵循无偿捐献原则。遗憾的是,无偿捐献原则导致器官捐献行为带有明显的经济外部性特征,器官捐献的收益几乎全部外溢。经济学原理表明,具有正经济外部性的产品难以走出供给不足的困境。器官捐献不足与器官需求旺盛可能刺激人体器官黑市的繁荣,加剧富人和穷人之间的不平等。由于无钱支付,穷人所需器官的供体通常只能是亲属,尤其是那些社会地位较低的个体更可能成为其他亲属或舆论压力的牺牲品。例如在土耳其,年轻人即使已经超过18岁,仍然无法摆脱长辈的影响和控制,他们经常在家族的压力下捐献自己的器官。不难想象,这种情况在家族观念备受重视的中国更容易发生。此外,从供体捐献器官到器官植入受体的整个流程,除了捐献环节受制于无偿性原则外,其余环节无不涉及利益问题,难免让捐献人产生不公平的感觉,反过来进一步降低了器官捐献的意愿。因此,有必要确立有偿捐献原则,对器官捐献者提供合理的补偿。有偿原则除了支付金钱外,还可以通过死后免费安葬于捐献纪念馆并设立遗体捐献纪念碑等形式来实现。更具有吸引力的是,可以赋予器官捐献者的近亲属器官移植优先权。

有偿捐献并不违反利他主义原则,除器官供体外,器官受体和社会都将从中获益。首先,器官供体可以从中获益。医疗改革后人们逐渐接受了付费医疗的观念,花钱购买器官和花钱购买治病所需的其他医疗服务在本质上并没有差别,器官受体愿意为此而付费。从器官买卖的黑市可以看出,器官是非常稀缺的珍贵资源。如果适用有偿捐献,器官供体可以避免被黑中介盘剥,能够获得一笔不菲的收入。如果这笔收入可以提前到作出捐献决定之时,无疑可以缓解贫困捐献者的燃眉之急,也可以满足大多数公民为亲属留下遗产的传统愿望。其次,器官受体可以从中获益。确立有偿捐献原则后,器官供应会增加,随之而来的不仅是价格的下降,也为择优选用提供了可能。而且在器官移植的过程中,医疗机构的责任心也将随之增强,不合格器官被舍弃的可能性更大,移植失败的风险大为降低,器官受体的利益更可能得到保障。再次,社会可以从中获益。捐献尸体器官符合无害性原则,如果可以有效避免专门为捐献器官而选择自杀或者为了谋取器官而故意杀人。如果有偿捐献原则下存在器官的交易,器官受体从中获得的收益在弥补器官供体的损失后一定还有剩余,社会必将因此而获益。最后,必须重申的是,有偿捐献可以增加器官供给,有效打击器官的黑市交易,减少弱势群体受到的胁迫。

值得担心的是,器官的有偿捐献是否会提高器官的利用成本以至于穷人无力承担,最终变相地剥夺了穷人从器官移植中受益的机会。为此,笔者建议由官方设立器官采集和分配中心,负责器官采集和分配工作。具体而言,到器官采集和分配中心进行器官捐献可以得到规定的补偿,补偿的具体数额取决于器官质量的好坏。至于资金的来源问题,使用者以医疗费用的形式承担一部分以体现公平,另一部分则由国家统一建立并由各地方政府统筹的人体器官移植医疗保障基金和来自于社会各界的捐赠负责解决。通过资金分担模式,可以有效缓解穷人器官移植过程中面临的资金压力。此外,为了保障器官分配过程中的公平问题,应坚持以排队原则为主,兼采效能原则的模式。所谓排队原则,需要建立一个全国性的器官需求信息库,当器官采集和分配中心得到与登记需求相吻合的器官时,应优先考虑登记在先的需求者。至于效能原则,需要综合考虑需求者对社会的贡献、需求者在家庭中的角色、需求者的未来生存状况等因素。为了避免器官分配过程中可能出现的腐败问题,器官的需求登记和实际分配情况应向社会公开,并允许公众查询和监督。

四、降低捐献成本

加大宣传力度降低器官捐献的心理成本。虽然我国推行遗体火化制度已有多年,但不少群众依然受到封建伦理和迷信思想的影响,坚持"让死者入土为安",导致可能成为器官供体来源的遗体被白白浪费。因为在"死要厚葬才算善终"社会背景中,器官捐献面临很大的舆论压力,尤其是死者家属。如果捐献的器官或遗体不能得到妥善利用,器官捐献的心理成本可能更高。因此,必须移风易俗,彻底改变陈旧观念,树立起"以器官捐献为荣,浪费遗体器官为耻"的文化氛围。同时,将遗体器官合理利用情况反馈给捐献者的亲属,用器官捐献导致捐献人器官的生命得以延续这一事实来告慰捐献人的亲属。另一方面，研究表明，行为主体对器官移植的了解程度越是深入，捐献遗体器官的意愿就越是强烈。针对我国民众尤其是广大农村地区居民对器官移植技术知之甚少甚至闻所未闻的社会现实，应充分利用电视、网络、报纸、户外媒体、外墙等媒介以横幅、公益广告、医学知识讲座、标语等多种形式进行宣传，让更多的民众认识到器官捐献的重要意义。

完善器官捐献体系降低器官捐献的物质成本。到目前为止，我国遗体器官捐献体系尚未完善，导致众多潜在捐献者不知道该如何办理遗体捐献，或者害怕麻烦而选择放弃。而实际从事遗体器官捐献工作的民间组织，不仅自身管理体制比较混乱，而且缺乏充足而稳定的资金来源，有时甚至连搞遗体告别仪式的场地都无法提供。在这种情况下，遗体是否会得到足够的尊重多少让人担心，遗体器官是否会被用来牟利更是值得怀疑。而且，由于器官移植本身对器官摘取的时效性要求极高，与器官移植相关的业务流程如果不够畅通，器官捐献程序上的拖延或是其他中介环节的耗费，都可能增加移植失败的风险，导致遗体器官被浪费。这反过来又会影响器官接受机构的形象，降低捐献意愿。因此，应尽快建立全国联动的高效而便捷的遗体器官捐献体系，完善网上预约、上门摘取和遗体处理的程序，为遗体器官捐献提供必要的便利条件。

推行脑死亡标准降低器官捐献的机会成本。医学实践证明，对遗体器官而言，脑死亡状态下摘取的器官成活率和移植成功率较高，心脏和肺不可逆终止引起死亡才摘取器官成活率和移植成功率较低。呼吸心跳停止时间越长，器官成活率和移植成功率越低。供体呼吸心跳停止2小时以上摘取的心、肝、肾等器官成活率基本为零。器官移植的关键前提是尽可能提早器官摘取时间，推行脑死亡标准刻不容缓。但不得不说的是，由于死亡判定是不可逆转的，必须加强控制。捐献者被诊医疗机构主治医师会同心内科医师判定死亡后，应立即采取措施保护器官并组织2名以上的法医进行复核，死亡状态得到一致认定时才可以摘取器官。为了最大限度地降低道德风险，避免发生不必要的纠纷，从事器官移植的医师在任何情况下都不得参与捐献者的死亡判定工作。

五、附条件允许活体捐献

活体捐献违背医学伦理的“无伤害”原则，必须经过慎重的法益权衡才能进行。从功利角度考虑，当一方当事人从行为中获得的收益超过另一方当事人因此而遭受的损害时，这一行为可以增进社会的净收益。由此得出活体捐献的利益权衡依据是，供体受到的健康损害小于受体因此而获得的健康利益。毫无疑问，活体捐献造成的伤害远大于遗体器官捐献，必须优先考虑遗体器官捐献，只有在遗体器官捐献无法满足需要时才可以利用活体捐献。同时，必须权衡其他治疗方法对受体健康的作用，若有其他治疗方法，也不得利用活体捐献。此外，必须确保活体捐献对于受体的健康确有帮助，通过严格的医学检验才能作出活体捐献的决定，以免活体捐献后出现器官移植不成功，仅仅造成受体伤害而无法带来任何收益的局面。对于这种权衡，必须有中立的医学专家进行独立评估。但无论如何，活体捐献的伤害程度必须控制在一定范围之内，任何可能导致受体不得不依靠医疗帮助才能维持生存的器官捐献都应该被禁止。

鉴于活体捐献对供体的危害，必须确保捐献出自真实意愿。这要求供体必须具备相应的承诺能力，能够准确认识其承诺的后果。鉴于未成年人心智不够成熟和思想不够稳定的特殊情况，应否定未成年人的承诺能力以保护其利益。精神病人同样如此。由于人身权的不可转让性，这种承诺不得对作为他人人身权载体的器官作出处分，即使是法定监护人也不得替被监护人作出器官捐献的承诺。为慎重起见，捐献承诺必须以书面形式予以明示。而对不可再生的重要器官的捐献承诺，必须公证并经卫生行政主管部门批准方为有效。如果证实捐献承诺是在受到欺骗、胁迫、强制或者利诱等情形下作出的，不得作为摘取器官的依据。有时，捐献承诺违背当事人的真实意愿，而当事人却难以指出对方行为的不正当性。例如，以“只是为了找出谁是适合的捐献者”为由劝说供体去做组织相容性等相关检查，待系列检查做完时供体在心理上通常就难以拒绝捐献。心理学研究表明，让一个人实施初步行为可以提高其实施目标行为的概率。因此，法律必须规定只能让具有明确捐献意愿的当事人参加相应的检查，避免“登堂入室”式的诱导性操控。同时,应允许当事人在任何时候无条件地撤回捐献意愿,这需要医务人员帮助他们提供诸如“经过检查不符合捐献标准”等类似的体面理由。

由于器官摘取在本质上属于一种侵袭性行为,难免会对捐献人身体造成伤害,出于真实意愿的捐献承诺是阻却其违法性的根本前提。毫无疑问,捐献承诺必须建立在对器官捐献行为的充分认识的基础上,这要求医师履行充分告知义务。除了捐献器官的用途和捐献的物质成本外,必须重点说明摘取器官的风险。例如,摘取器官手术过程中,可能出现麻醉后无法苏醒或者创口大出血等问题。而摘除器官后,可能会出现全身性并发症等问题。由于潜在捐献人在教育、智力、理解力、文化层次、宗教信仰等方面参差不齐,必须根据具体情况提供适合他的告知方式,除了使用通俗的语言外,在必要时可以利用多媒体技术播放器官捐献的相关知识和操作流程,帮助供体对器官捐献形成全面认识。最后,为了确保捐献人的捐献承诺是建立在充分理解的基础之上,有必要对捐献人是否充分理解告知内容进行评估,这可以通过问卷调查或访谈的方式来完成。

(刘廷华,宜宾学院法学系副教授,博士;张茜,宜宾市第二人民医院颌面外科医生)

判解研究

论生育权不应作为民法中的独立权利

——兼谈对于《婚姻法解释(三)》第9条中“生育权”的理解

韩祥波

目　　次

一、问题

生育,这一与人类有着同样悠久历史的现象,在不同的历史阶段呈现出不同的特点。已有研究常将其概括为三个阶段:自然生育阶段、生育义务阶段和生育权利阶段。[①] 发生这样的演变,原因是复杂的。[②] 但是,生育权作为一种权利,自从19世纪末被提出以来,得到了越来越普遍的认可。从20世纪60年代以来,生育权在人权运动不断高涨的背

① 参见樊林:“生育权探析”,载《法学》2009年第9期。
② 参见樊林:“生育权探析”,载《法学》2009年第9期。

景下,被确认为是一种基本人权。[①] 在此背景下,我国也有相关立法对于生育权作出了明确规定。《妇女权益保障法》第47条规定:"妇女有按照国家有关规定生育子女的权利,也有不生育的自由。"《人口与计划生育法》第17条规定:"公民有生育的权利,也有实行计划生育的义务,夫妻双方在实行计划生育中负有共同的责任。"由此,生育权作为一种权利存在,毋庸置疑。

然而,生育权作为一种由公法规定的权利,[②]是否有必要在民法中作为独立的权利?从目前关于生育权的研究看,多数学者对此问题做出的都是肯定的回答。[③] 之所以如此,论者大都是根据生育及其相关利益对于人的重要性来加以论证。不可否认,生育及其相关利益由于和人的正常生活有着不可分割的联系,十分重要。但是,生育及其相关利益的重要性并不能够作为生育权在民法上应为独立权利的充分理由。笔者认为,生育权,是否应当作为一种独立的法定民事权利,最重要的,应当是从已有民事权利和制度的角度进行考量,如果对于因生育及其相关利益已发生或者可能发生的纠纷,已有的民事权利和制度完全可以进行适当解决,那么,将生育权这一公法上的权利作为一种独立民事权利就是不必要的。基于这一视角的思考,尽管也引起了一些论

① 1968年5月《德黑兰宣言》中宣告:"父母享有自由负责决定子女人数及其出生时距的基本人权。"1969年12月《社会进步和发展宣言》规定:"父母享有自由而负责地决定其子女的数目和出生间隔的专有权。""按照需要,在国家人口政策范围内制定和建立作为福利医疗服务的一部分的属于人口领域的各项计划,包括教育、人员训练和对家庭提供必要的知识和方法使他们能够行使其自由而负责地决定子女的数目和出生间隔的权利。"此外,1974年《世界人口行动计划》、1984年《墨西哥城宣言》和1994年《国际人口与发展大会行动纲领》均指出:"所有夫妇和个人都享有负责地自由决定其子女人数和生育间隔以及为达此目的而获得信息、教育与方法的基本权利。"

② 对此权利,有学者直接将其称为宪法权利。对此,鉴于对宪法权利理解的不同学者意见并不一致,但称其为公法上的权利应无争议,同时,既然当今时代,生育权被普遍认为是一项人权,当然可以被理解为一项人的基本权利。参见朱晓喆等:"民法上生育权的表象与本质",载《法学研究》2010年第5期;刘志刚:"单身女性生育权的合法性",载《法学》2003年第2期。

③ 关于生育权研究的论文对此基本都持肯定的态度,根据笔者阅读的范围,唯一对于生育权在民法上独立的必要性作出怀疑和否定的是注释4中朱晓喆等的论文。

者的注意,但缺乏深入的分析与论证。

另外,从实践的角度看,过去几年,不少法院在审判一些侵权纠纷案件时,出现了诸多依据受害人生育权受到侵害而判决加害人侵权的案例。在我国当前民事法律中没有生育权这一权利类型的情况下,直接以生育权受到侵害为由作出判决,实有在方法论上做出检讨的必要。

再者,2011 年 7 月 4 日通过的《婚姻法解释(三)》第 9 条规定:"夫以妻擅自中止妊娠侵犯其生育权为由请求损害赔偿的,人民法院不予支持;夫妻双方因是否生育发生纠纷,致使感情确已破裂,一方请求离婚的,人民法院经调解无效,应依照婚姻法第三十二条第三款第(五)项的规定处理。"此条文中明确提到了生育权,但这能否作为民法对于生育权确立的标志? 从最新的研究看,有学者对此持肯定的态度。[①]对此,笔者不敢苟同。

鉴于以上三个方面问题的思考,笔者特撰此文,表达一些浅见,以求教于方家。

二、生育权为何要在民法上独立:观点、原因与问题

(一)主张生育权独立的观点及其论证

生育权,作为一种人权,在公法上得以确立,其意义在于保护公民生育之自由不受来自国家的不正当干涉。这一点已成共识。然而,既然是作为一种公法上的权利被提出,为何有论者提出将其进行"私权化"呢? 综观对此问题的研究,原因归结为一点就是:"生育权不能为原有民事权利所涵盖,即适用原有的民事权利无法周延保护公民的生育利益。"[②]如果已有民事权利真不能对于人的生育利益进行周延的保护,在民法上确立独立的生育权当然是必要的。可是在已有研究中,对于这一观点根本没有充分的说明和论证。下面举两例说明。

---

① 参见潘翱宇:"以生育权冲突理论为基础探寻夫妻间生育权的共有属性",载《法学评论》2012 年第 1 期;幸颜静:"论生育权在私法领域的存在——兼解读《婚姻法司法解释(三)》第九条",载《中华女子学院学报》2011 年第 5 期。

② 周征:"论生育权的私权化",载《中华女子学院学报》2005 年第 5 期;相似的观点还可参见周平:《生育与法律——生育权制度解读与冲突配置》,人民出版社 2009 年版,第 41 页。

1. 在较早提出生育权私权化的论者周征的文章中,明确了上述论点之后,作者紧接着写道“从我国现有的法院实际判例来看,对涉及生育利益的纠纷,或者按照侵害健康权、身体权来处理;或者按照侵害配偶权,违反忠实义务,离婚时进行过错损害赔偿来判决。笔者认为,这样两种判决,都不足以弥补受害人的物质和精神损失。”①然后列举了两个在实践中发生的案例。一个是罗某诉夏某偷放节育环导致其不能生育案,②一个是赵军诉王霞关于亲生子纠纷的离婚案。③ 对于第一个案例,法院通过认定夏某的行为侵犯了罗某的身体健康权为由作出了判决,并且判决原告同时承担身体损害和精神损害。第二个案例中法院认定,被告侵犯了原告的身份权,也判定了物质性损失和精神性损失的赔偿。可是,令人不解的是,在引述了这两个案例之后,作者就直接得出如下结论:

“现实中民事主体之间生育权纠纷种类很多,此处仅举了两个例子,就已显见民法原有权利对此保护之不足。因此有必要在民法上将生育权创建为一种独立的权利。”④

面对这样结论,不能不提出的问题是,在这两个案例中那种“显见”的不足到底是什么?由于上述案例原告均是人身权受到侵害,法

---

① 周征:“论生育权的私权化”,载《中华女子学院学报》2005年第5期,第18页。

② 罗某(女)和夏某(男)是一对恋人,同居后,罗某怀孕,在堕胎前,夏某为避免以后两人同居罗某再次怀孕,未经罗某同意,偷偷告诉个体医生席某给罗某做完流产手术后,上个节育环。席某以为这是罗某自己的意思,便照做了。后来夏某和罗某两人分手。后罗某与马某相识结婚,婚后一直未孕,五年后的一天罗某感到腹内疼痛,去医院检查时,医生说其上了道环,罗某难以置信,经过仔细回想,她觉得唯一的可能就是那次做流产手术时被上的,十分气愤的罗某于是把夏某告上了法庭,要求其赔偿损失。马某得知实情后,要与罗某离婚。最后,法院判决被告侵犯原告身体健康权,被告须赔偿其给原告造成的精神及身体损害。

③ 原告赵军(化名)有精神残疾,与王霞(化名)于1984年结婚,1992年,王霞生育了一名男孩。随着孩子的长大,赵军的嫂子总觉得孩子与赵军长得不像。1999年7月,亲子鉴定结论为孩子与赵军无亲子关系。1999年8月,赵军与王霞经法院判决离婚。赵军同时起诉了王霞,要求王霞赔偿自己8年的对孩子的抚养教育费,另要求王霞赔偿3.5万元的精神损失费。西城法院一审认定被告侵犯原告基本身份权,判决孩子的母亲赔偿前夫抚养费、精神损失费共计2.6万余元。

④ 周征:“论生育权的私权化”,载《中华女子学院学报》2005年第5期。

院都进行了合理的救济,物质性的损害和精神性的损害无一忽略和遗漏,从正常的思维看,实在难以发现保护的不足,更难以作为生育权应当作为独立民事权利的理由。按照作者的逻辑,似乎这两个案例以及和生育有关的案例,法院只有以侵犯生育权为由进行救济,才能算作进行了充分的保护。难道说,一旦在民法上确立了独立的生育权,法院在进行救济时,在除了判决被告承担因此给原告带来的物质性损失和精神性损失之外,还有什么"秘密武器"? 这当然不可能!

2. 周平的《生育与法律》是近年来关于生育与法律问题研究的代表性专著,书中也主张生育权应当作为一种民法上独立的权利。与上述周征的论证不同,本书首先承认,实践中发生的一些对于自然人生育机能或者身体的侵害,可以通过健康权或者身体权的侵权责任来保护,但认为,有些和生育有关的纠纷则为健康权、身体权、人身自由权等权利所不能涵盖。为此,作者举出的例证是关于不当出生的两个案例。一个发生在重庆,一个发生在福建。这两个案例情形大致相同,都是因为医院在孩子出生之前的 B 超检查失误,造成了有缺陷孩子的出生,为此父母向医院提出损害赔偿,但是,这两个案件判决赔偿数额差异巨大。重庆初审法院判决精神损害赔偿 8000 元,二审法院判决增加 10000 元,共计赔偿原告精神抚慰金 1.8 万元。福建的法院最终判决医院赔偿原告医疗费、残疾者生活补助费、精神损害赔偿费等共计 552783.36 元。[①] 对于,这两则在最终的赔偿数额方面有重大差异的判决的出现,书中认为这是缺乏生育权立法的反映,并且认为,这种情况的存在证明了生育权作为一种独立人格权的必要性。[②] 笔者认为,这一分析同样缺乏说服力。原因如下:

作者在书中选取的这两则案例判决赔偿数额不同的真正原因并不是有没有生育权的问题,根据案件内容及法院的判决看,其实两则案例

---

① 关于这两则案例的详情可参见"B 超失误生残儿 母亲追讨生育选择权",载 http://news.sina.com.cn/c/2006-02-27/05038308591s.shtml ,2012 年 12 月 29 日访问。

② 参见周平:《生育与法律——生育权制度解读与冲突配置》,人民出版社 2009 年版,第 86~87 页。

在细节方面有着非常明显的差异。重庆的案件,最后法院之所以仅仅判决医院承担1.8万元的赔偿,真正的原因在于原告对于损失的发生也有过错,判决中表述为"原告错过了最佳检查期,且没有遵照医嘱住院诊治,自身存在一定过错"。与此相应,在福建的案件中,原告并没有任何过错的存在。如果注意到这个细节,就不难理解为什么两者赔偿数额的不同了。可是,在《生育与法律》一书中,作者对于原告是否有过错的问题闭口不谈,而只是引用两者案例迥异的赔偿数额,又是为何呢?笔者认为,作者这样选择应该不是不慎疏漏,而是有意的择取,目的很清楚,当然是为了服务于自己主张生育权应当作为独立人格权的目的。可问题是,即使按照作者的主张,在民法中确立了生育权作为独立人格权的地位,就能够解决法院判决赔偿数额不同的问题吗?难道有了民法上的生育权之后,法院对于赔偿数额问题就会形成共识了吗?在审判具体案件过程中,如果原告对于损害的发生也有过错,难道不应当适用过失相抵,减轻医院的赔偿责任吗?显然,有了民法上独立的生育权,这些问题同样存在,所以,这并不能为生育权在民法上应当独立的主张提供有说服力的论证。

(二)原因分析

对于上述论者提出的、将生育权作为独立民事权利的观点,笔者认为,这更多是一种先入之见,即在对生育利益纠纷中的法律救济问题进行分析和理解时,在进入理解程序之前,就已经假定,生育权作为一种独立民事权利,是一种不容置疑的、具有正当性的确信。然而,这恰恰是在法学研究和法官对案件裁判过程首先要克服的。正是出于从这个方面的考虑,拉伦茨才认真区分了人的"先入之见"和诠释学上的"先前理解"。前者更多的体现了人选择的主观任性,后者则要求主体在理解一个事物时,通过不断地返回"事物自身"的努力,不断克服那来自主观先入之见的任性。并且,提出这种"透过终生自我审查的过程以及不断重新返回'事物自身'的努力"的意愿,乃是"对法官及学者必须提出的第一项要求"。[①] 唯此,方可能为理解事物创造积极的条件,

① [德]卡尔·拉伦茨著:《法学方法论》,陈爱娥译,商务印书馆2003年版,第91页。

而尽可能排除主观先入之见。那么,这样的先入之见为什么会产生,并且在学者中有如此多的支持者呢?对此,结合我国当前的权利体系及其实现机制,很容易理解学者纷纷提出将生育权作为民法上独立权利主张的动因。那就是,在我国目前的权利实现机制中,由于缺少相应的制度配置,仅仅宪法上的或者宪法性的权利,一旦被侵犯,是不能通过诉讼来实现救济的。只有将其在民法中加以规定,才使得权利被侵害时获得救济成为可能。正如有学者所言:"任何明白人都知道,在中国,与其抽象地拔高某种权利(说它是什么宪法权利,基本人权、不可侵犯等)的性质,不如在具体法律中将这种权利写得详细而又具体,让普通人主张权利时有明确的依据。"①因此,这种试图为生育权在民法上谋得独立地位的初衷是值得肯定的。然而,在民法中增添新的权利,必须是对于和生育利益有关的纠纷,原有的民事权利和制度出现了明显的漏洞,对于问题的解决不能够应对时,始为必要。如果,原有的权利、制度,完全能够应对此种类型的纠纷产生的问题,这种民法上的创新就没有必要。退一步讲,即便是要创新也应当直接针对现有制度的漏洞进行完善,而不是另起炉灶,若只是凭着主观的先入之见进行所谓的创新,结果一方面会使得制度的设计叠床架屋,另一方面会严重损害法定安定性之重要价值。

(三)生育权独立主张之问题

在主张生育权应当作为民法上独立权利的观点中,对于这种权利性质的认定存在明显分歧。主张是人格权者有之,②主张是身份权者亦有之。③ 笔者认为,这种争论本身至少可以说明,生育权作为民法上一种独立人身权利的困境,生育权如果真的在民法上获得了独立的地位,可能会引起人们认识的混乱。人格权与身份权,本是两种截然不同的人身权。前者是民事主体具有法律上独立人格必须具有的、基于出

---

① 薛军:《批判民法学的理论建构》,北京大学出版社 2012 年版,第 173 页。

② 参见周平:《生育与法律——生育权制度解读与冲突配置》,人民出版社 2009 年版,第 86 页;又见马忆南:"夫妻生育权冲突解决模式",载《法学》2010 年第 12 期。

③ 参见幸颜静:"论生育权在私法领域的存在——兼解读《婚姻法司法解释(三)》第九条",载《中华女子学院学报》2011 年第 5 期;又见姜玉梅:"生育权的法律定位",载《人口与经济》2004 年第 1 期。

生这一事件而产生的、人人皆有的人身权;后者则是基于特定身份才能享有的权利。[①] 两者可谓泾渭分明。可是,根据已有的研究看,主张生育权应当作为一种独立权利的论者,在这一点上也不能达成共识。这当然可以说明生育权问题本身的复杂性。对此,或许会有人认为,正是因为生育权的复杂性,传统民事权利中人格权和身份权分类中的任何一个都不能准确的描述生育权的性质,这就有打破原来的认识,即一种以人身利益为内容的权利不一定非要在人格权和身份权中做出非此即彼的选择,而是,区分不同的情形,有时体现为人格权,有时体现为身份权。[②] 可是,正如前文已经指出的,如果非要在民法上确立这样一个具有"双重身份"的权利,要以已有的权利和制度存在不足,对于当事人权利的救济出现了漏洞,不能很好地回应实践需要为前提。如果没有这个前提,贸然提出一种新型的民事权利,就是缺乏必要性的。

为检验生育权独立的必要性基础,接下来,笔者将通过对实践中所谓生育权纠纷的类型化分析,来考察和生育有关的纠纷中,现有权利和制度是否能够以及在多大程度上能够做出有效的回应。这一过程将实现两个目的:(1)揭示已有权利和制度在我国当前语境下所可能具有的功能;(2)发现现有制度在应对实践需求方面的缺憾,并提出完善的建议。根据生育利益受到不同类型主体的侵害时,所呈现出的特点不同,通过对于实践中案例的观察与思考,笔者将其分为两大类进行分析:一是由于第三人的行为而引起的纠纷;二是夫妻之间的纠纷。

三、因第三人行为而引起的纠纷

从实践中已经发生的案例看,在因第三人行为而引起的、与生育有关的纠纷中,有的第三人构成侵权,有的根本就不构成侵权。不构成侵权的情形主要,是指在妻子单方决定堕胎的情况下,具体实施手术的医疗机构是否对丈夫构成侵权的问题。对此,法院的观点是一致的,通常以保障妇女生育自由和医疗机构正常履行职责为由,驳回丈夫的诉讼

① 参见马俊驹等:《民法原论》,法律出版社2010年版,第102页。

② 有论者将这种权利称为具有身份性的人格权,参见陈玉玲:"论生育权的权利属性及其侵权责任",载《法治论丛》2009年第6期。

请求，认定此种情况下的第三人根本就不构成侵权。[①] 接下来，重点分析构成侵权的情形。

在从作出生育的决定到生育的完成过程中，第三人的行为有可能造成纠纷的情形主要包括如下三种情形：

(一)造成生育的机能受损

所谓生育机能受损，是指因第三人的行为侵害了自然人的生育器官，进而导致其生育功能的丧失或者减损。丧失使得受害人完全失去了进行生育的可能，比如，医院手术时误将子宫损坏或切除。减损的典型情形包括两种。一是指使得受害人生育功能暂时丧失，比如，未经女性同意擅自放入节育环或者已经放置节育环者去医院手术取环而未取出等。二是非自愿终止妊娠的情形。

对于这种情形，有学者通过对于实践中案例的梳理做出了总结，将其概括为"生殖器官及其生育功能之侵害"。[②] 人的生育功能的正常发挥，是建立在人生育器官完整和健康的基础之上的，如果完整性受到损害或者功能发生了减损，势必会对人的生育利益带来侵害。对于这种纠纷，民法中已有的身体权和健康权是完全可以为受害人提供救济的。根据通说的理解，身体权是公民维护身体完整并支配其肢体、器官和其他组织的人格权，健康权是自然人维护其机体生理机能正常运行和功能正常发挥，从而维护其生命活动的人格权。[③] 这两种权利从不同的层面对于人的人身利益进行保护。有时，破坏了身体的完整性，但对于健康可能没有影响，如未经许可擅自减去他人头发等；有时，造成健康的损害，未必影响身体的完整，比如击打让人头部造成脑震荡，身体依然完整，但是，不能发挥正当机能，此时就构成健康权的侵害。两者相比较，对于健康权的侵害造成的损害后果更为严重。当然，在同一个行为中，两者可能同时构成侵害，既损及身体的完整也影响到健康，此时，

---

① 参见奚晓明主编：《最高人民法院〈婚姻法司法解释(三)〉理解与适用》，人民法院出版社2011年版，第159页。

② 朱晓喆等："民法上生育权的表象与本质"，载《法学研究》2010年第5期。

③ 参见马俊驹等：《民法原论》，法律出版社2010年版，第105页；又见杨立新：《人身权法论》，人民法院出版社2002年版，第398页。

实践中通常是健康权被侵害提起救济。由于第三人的行为引起的生育机能受损,当然也就意味着正常人所具有的生育机能不能正常发挥,属于典型的侵害健康权之情形,换言之,生育机能的受损,通过健康权的保护完全可以实现对受害人的救济。①

然而,令人难解的是,实践中,法院在对这种纠纷进行审判时通常会引入生育权被侵害而进行判决,认为如果对于自然人的生育器官造成损害或者导致怀孕女性终止妊娠的情形不但侵害了健康权,而且造成了生育权的侵害,并认为造成不能生育或者妊娠利益的损害是应当进行精神损害赔偿的。② 对此,有学者曾经这样写道:“非法伤害了怀孕妇女生育过程,致使受害者非自愿流产的,基本上没有任何处罚。甚至于许多的医疗或堕胎事故的受害者,即使部分或完全丧失了生育能力,也根本得不到任何补偿……对侵害公民健康权,又侵害了夫妻共同生育权的事故或暴力行为,应认定为双重侵权,应加重处罚,实行双重赔偿制。”③笔者认为,这种所谓的双重侵权说是缺少依据的,这样的判决和理论解说,从法学方法的角度看,有加以检讨的必要。

1. 在所谓的生育权纠纷中,所谓侵害健康权同时侵害生育权,从本质上看,这里的生育利益受损只不过是健康权被侵害的损害后果而已。如果说,考虑到生育利益对于人的重要性而有将其作为一种独立人格权加以认定的必要,那么,在人的健康受到损害的情形中,恐怕需要认定为独立权利的不止生育利益一种。试想,如果因为侵权使得受害人双腿瘫痪,从此,不能在正常行走,这种人身利益丧失重要不重要?如果导致双目失明呢?这对于一个正常人来说,当然都重要!对此,笔者完全同意学者对以双重侵权为由所判例做出的如下评价:

生育能力或生育利益的丧失以及由此遭受的精神痛苦是侵害身体健康权所造成的间接损害,以此为由即可主张抚慰金赔偿……案中所

① 此时法律保护的受害人仅仅是指直接受到侵害的一方,至于有学者提出的在非自愿终止妊娠或者一方生育功能丧失的情况下,另一方的独立损害赔偿请求权应否支持的问题,笔者认为不宜在法律上获得支持,否则,会造成侵权损害赔偿范围的过度扩张。

② 朱晓喆等:“民法上生育权的表象与本质”,载《法学研究》2010年第5期。

③ 何志:《婚姻法判解研究与适用》,人民法院出版社2004年版,第333页。

谓侵害"生育权",其实只是侵害身体健康权的损害后果……法院的裁判实际上是将侵害身体健康权造成的身体器官功能减损或丧失的损害后果作为侵权行为的客体,并作了两次法律评价。依此推论,如果某人眼睛受到侵害导致其视觉受损,或肢体受到侵害导致其不能运动,那么侵权人不仅侵害了其身体健康权,同时也侵害了其"观看权"或"运动权",这显然是荒谬的。[①]

2. 生育权作为一个公法上的概念,在民事纠纷的裁判中直接引用,是不恰当的。

生育权,在当今时代被普遍认为是一项人权,取得作为基本权利的地位应无异议。尽管,这项权利在我国的法律中,没有规定在宪法的文本中,而是规定在《妇女权益保障法》和《人口与计划生育法》这样的宪法性法律文本中,生育权也应当具有和《宪法》中基本权利相同的性质。既如此,生育权在民事纠纷的裁判中被直接加以引用,就是和《宪法》中的基本权利在民事裁判中被直接加以引用属于相同的问题,即基本权利的第三人效力问题。

《宪法》中的基本权利,依传统之观念,其意义在于保障人民免受国家滥用权力之侵害,而非着眼于私人间侵权关系之调整。[②] 然而,随着社会结构的变迁,私人之间出现了严重的实质不平等,私人之间实力强弱分明,尤其是当个人以一人之力面对团体、企业之时,更加凸显。当发生了私人之间一方以侵犯了另一方人格尊严之时,此时,《宪法》中规定的基本权利可否及于国家和人民之外的第三人,这就产生了基本权利的第三人效力问题。对此问题,代表性的理论回应有两种,即直接效力说和间接效力说。其中,间接效力说为理论界的通说。[③]

两种学说的共同之处在于,当基本权利受到侵害时,都肯定要进行保护,只不过在处理基本权利和民事权利的关系时,采取了不同的方

① 朱晓喆等:"民法上生育权的表象与本质",载《法学研究》2010 年第 5 期。

② 参见陈新民:《德国公法学基础理论》,山东人民出版社 2001 年版,第 288 ~ 290 页。

③ 对于基本权第三人效力问题在当今又有了新的发展,但出于本文所讨论问题的考虑笔者在此不做更为详细的考察,详情可参见张巍:"德国基本权第三人效力问题",载《浙江社会科学》2007 年第 1 期。

式。然而,这两种不同方式的选择,从法学方法的角度看,却有重大不同。笔者赞同间接效力说。在一国法治秩序内,宪法基本权利和民事权利当然不能完全区隔,严格地坚守狭隘的民法实证主义,认为民事法律没有规定的权利就不能给予救济的观点固然不可取,但问题的关键是,当民事法律规范出现不足时,要积极地保护人格利益需要和基本权利结合,可这种结合不应当是无限遐想的放任扩展,不是随意地越过法律的分层架构,而是要尽可能依托民事实体法基础,基本权利只是一种解释评价基准。① 直接引用基本权利进行民事裁判固然用起来方便,但是,这种不加限制的直接进入潜藏着巨大的危险,其打破了民事法律秩序的安定性自不必说,又由于基本权利所设定的价值秩序中存在具体价值的冲突,有时,会构成对于具体民事权利的压制,譬如,言论自由权与隐私权即是最典型的代表。

因此,对于生育利益纠纷案件审理而言,即使在具体判决中需要明确生育权所体现的价值,也应当通过将生育利益解释为损害身体健康权的后果来实现,不能通过直接认定民法中没有规定的生育权受到侵害而加以救济。这种法学方法上的检讨在审判实践中值得重视。

(二)导致错误出生(Wrongful Birth)

现代医疗技术的进步,使得人们增强了对于生育进行认识和控制的能力。借助医学知识和医疗措施,可以防止怀孕或者提前发现妊娠期间胎儿的缺陷进而作出是否终止妊娠的决定。然而,这一切的实现都以医疗机构凭借现有的技术做出正确的医疗行为前提。所谓的错误出生,是指原本不应当出生的婴儿却由于医疗机构或医务人员的过错而出生。② 因错误而出生的案例近年来无论中外,均有发生。对于这

---

① 王泽鉴:“基本权利与人格权”,载 http://www.doc88.com/p-981347753520.html,2013年1月4日访问。

② 有学者将因错误出生案而产生的纠纷区分为三种具体的类型:(1)因错误怀孕而导致健康婴儿的出生时父母向医疗机构请求赔偿;(2)因医疗机构的过失导致残疾婴儿的出生时父母向医疗机构请求赔偿;(3)因医疗机构的过失导致残疾婴儿的出生时残疾婴儿向医疗机构请求赔偿。由于本文讨论的主题先于生育权的范围,因此,文中涉及的情形只限于前两种,为表述方便,在文中第一种称为不当怀孕,第二种称为不当出生。参见丁春艳:“‘错误出生案’之损害赔偿责任研究”,载《中外法学》2007年第6期。

种新型纠纷,我国法院在实践中,通常以生育权、生育自主权或者优生优育权等权利被侵害,判定医疗机构承担侵权责任。① 这种请求权基础的确立,同样是直接引用公法中的生育权来进行民事裁判,在法学方法论上同样值得检讨。

错误出生的案例,由于医疗合同存在,首先是可以提起违约之诉的,以违约作为请求权的基础不存在争议。并且,由于医疗合同中,若医疗机构一方履行不完全往往会导致另一方人身利益的伤害,此时,医疗机构的行为构成违约和侵权的竞合。但由于我国司法实践中固守违约责任不包括非财产损害赔偿的传统,使得受害人寻求救济不得不选择侵权之诉,这一点备受学者批判。② 如果在这一点实现了突破,错误出生案之纠纷解决,就获得了一种较好的途径。③ 然而,在当前的情形下,若要主张赔偿,尤其是非财产损害的赔偿只能选择侵权之诉,又应当如何寻求请求权的基础呢?我国当前已有民事实体法中所规定的民事权利能不能应对这种新型的纠纷呢?

不论是不当怀孕还是因不当出生都是违背当事人自由意志之行为,因此,处理这种纠纷,可以考虑适用民事权利中的人身自由权来应对。在我国,人身自由权首先是《宪法》中规定的基本权利,后来在《最高人民法院关于确定民事侵权精神损害赔偿责任若干问题的解释》中得到确认,由此,根据我国之国情可以认定,人身自由权是当前民法中的具体人格权。民法中的自由权通常理解为“自然人对自己的行为自由及意志自由等人格利益享有的权利”。④ 鉴于此,有学者认为人身自

① 朱晓喆等:“民法上生育权的表象与本质”,载《法学研究》2010年第5期。

② 参见韩世远:“医疗服务合同的不完全履行及其救济”,载《法学研究》2005年第6期;程啸:“违约与非财产损害赔偿”,载梁慧星主编:《民商法论丛》(第25卷),金桥文化出版(香港)有限责任公司2002年版;李永军:“非财产性损害的契约性救济及其正当性——违约责任与侵权责任的二元体系下的边际案例救济”,载《比较法研究》2003年第6期。

③ 当然,违约之诉依然受到合同相对性的限制,使得可以获得救济的权利主体受到严格限制,这依然是其不足之处。

④ 参见魏振赢主编:《民法》(第4版),高等教育出版社、北京大学出版社出版2010年版,第636页。

由权包括身体自由和精神自由,精神自由就是自然人按照自己的意志和利益,在法律规定的范围内,自主思维的权利,是自主支配自己内在活动的权利。① 而生育自由的选择,从人身自由的角度看,当属精神自由的范围。因此,对于不当怀孕和不当出生而产生的纠纷以人身自由权被侵害作为请求权的基础是适当的,生育的自由选择完全可以包含在人身自由权的语义射程之内。可是,这一点并没有引起人们的重视。笔者认为,即使在过去曾经将人身自由的理解限定为身体的自由,面对新的问题,对此权利的解释做出一定的扩张也是有必要的,这样总比直接从公法中借来内容极为不确定的生育权更有利于维护民事法律的安定性,更何况民法学界的研究目前已经能够为这一解释提供很好的理论支撑呢?

然而,从比较法的角度看,对于通过将生育自由作为人身自由权来保护却很难找到可以效仿的对象。由此,在论证这一问题时,有学者在对与我国制度较为相近的台湾地区和德国做出了一番考察之后,就不得不得出这样的结论:要么以《最高人民法院关于确定民事侵权精神损害赔偿责任若干问题的解释》第1条第1款规定的人格尊严、人格自由所体现的所谓一般人格权被侵害作为请求权基础加以保护,要么以该条第2款规定的隐私和其他人格利益为基础来保护。同时指出,这两个均不确定的请求权基础的合理性尚有待我国民法学说与判例的发展与检验。② 可是,德国和我国台湾地区没有将生育自由作为人身自由权来保护,就可以直接作为我们当前也不能选择人身自由权来保护生育自由的理由吗?难道我们在这一点上,必须效法台湾地区和德国,将生育自由的问题交给那个极不确定的一般人格权和其他人格利益?要知道,德国人在创立一般人格权这一框架性权利时,是设计了一系列其他配套制度保证这一权利在适用中不被法官所滥用的,每一次适用都意味着一次具体的法益衡量,这在本质上是一种司法导向的、非规范化的保护人身利益的途径。③ 在我国当前的司法环境下,恐怕通过一

① 参见杨立新:《人身权法论》,人民法院出版社2002年版,第346页。

② 朱晓喆等:"民法上生育权的表象与本质",载《法学研究》2010年第5期。

③ 薛军:《批判民法学的理论建构》,北京大学出版社2012年版。

般人格权来保护一项法益,后果令人堪忧。

如果将生育自由选择的问题置于我国的法律制度体系和政策环境中来考察,这种令人堪忧的局面完全是可以避免的。因为,我们完全可以为生育自由被侵犯找到一个具体的民事权利作为请求权的基础,这就是人身自由权。实际上,我国台湾地区和德国之所以没有将生育自由作为人身自由权来保护,是由生育这一问题的特殊性以及在这一问题上特殊的制度环境所决定的,他们对于人身自由权的放弃并不能构成我们不能选择这一权利的理由。笔者认为,学者之所以得出只能做出和我国台湾地区、德国相同选择的结论,是因为只是将生育自由这一问题进行民法层面的比较,而没有注意到我国当前在生育方面与我国台湾地区、德国所具有的制度背景是完全不同的。

我国台湾地区民法在关于人格权保护中,人身自由权同样包括身体自由和精神自由,同时还特别在其他人格法益中,明确了人的"意思决定自由"也属于人的重要人格利益,根据债编修正第195条第1项之规定,若妨害他人意思决定自由情节重大者,被害人可就其精神痛苦提出相当金额之赔偿。① 然而,在台湾地区,这种对于人身自由权的理解和"意思决定自由"人格法益的确立,在对于人之生育自由的保护中,并没有太大发挥作用的空间,因为,根据台湾"刑法"第288条之规定,自然人在怀孕之后,并没有自主决定的权利,否则,会构成堕胎罪。纵然后来的"优生保健法"第9条规定了几种可以堕胎的情形,②司法裁判更多地还是受到堕胎罪观念的影响,在已有的关于不当出生的判例中,法院就是以这一点否定当事人所称的生育决定自由权的。由于这样的限制,对于不当怀孕的情形,也没有人身自由权和"意思决定自由"之人格法益的适用空间,故而,对于这种纠纷,学者建议可以参照

---

① 参见王泽鉴:《侵权行为法》(第1册),中国政法大学出版社2001年版,第119、139页。

② 主要情形包括:(1)本人或其配偶患有碍优生之遗传性、传染性疾病或精神疾病者。(2)本人或其配偶之四亲等以内之血亲患有碍优生之遗传性疾病者。(3)有医学上理由,足以认定怀孕或分娩有招致生命危险或危害身体或精神健康者。(4)有医学上理由,足以认定胎儿有畸形发育之虞者。(5)因被强制性交、诱奸或与依法不得结婚者相奸而受孕者。(6)因怀孕或生产将影响其心理健康或家庭生活者。

德国对于不当怀孕视为侵害原告身体健康,进而可以支持原告的非财产损害赔偿请求。[①] 笔者认为,如果台湾法院在审判实践中对"优生保健法"第9条规定的情形投以更多的关注,深入发掘在特殊情形下允许堕胎的价值,而不是一味地强调堕胎罪的意义,对于错误出生纠纷的裁判基础,回到人身自由权或者已经明确的其他人格法益之"意思决定自由"上来,当属明智的选择。

德国的情况与我国台湾地区相似,但情况显得更为复杂。对于不当出生或者不当怀孕,主流的观念是将其作为身体健康权受到损害的问题来讨论,认为,怀孕和生产显然与身体的变化和痛苦相联系,妇女的身体损害是明显的。[②] 但由于这种身体健康的损害,毕竟和直接侵害生育器官不同,这种侵害更多的是对于女性或者夫妻双方对自己身体状态或未来生活状态自主决定的自由,换言之,是生育自主决定自由受到了侵害。可是,为什么德国人没有将这种生育自主决定权纳入人身自由的范围内进行保护呢?是因为民事法律中没有明定将人的自由作为民事法律的保护对象吗?不是。根据《德国民法典》第823条的规定,"故意或者有过失地不法侵害他人的生命、身体、健康、自由、所有权或者其他权利的人,有义务向该他人赔偿因此而发生的损害"。对于生命、身体、健康和自由这四种法益尽管在《德国民法典》中没有明确规定为权利,但是,通说认为,这四种生活权益受到侵害时,完全和法典中列出的权利相同,在它们有受到侵害之虞时,得提起除去侵害之诉,在继续受到侵害时,准许请求停止侵害。[③] 显然,人的自由受到侵害时,寻求民事救济是有明确的请求权基础的。可见,德国学者在讨论不当出生或者不当怀孕之问题时,不从生育自由决定是否可归入民法典明确保护的、人的自由的范围内,一定是在这一点上对于自由进行解释时遇到了难以克服的障碍。所以,才不得不将此类案件定性为处于

---

① 参见王泽鉴:《侵权行为法》(第1册),中国政法大学出版社2001年版,第145页。

② 朱晓喆等:"民法上生育权的表象与本质",载《法学研究》2010年第5期。

③ 参见[德]卡尔·拉伦茨著:《德国民法通论》,王晓晔、邵建东等译,法律出版社2003年版,第169~170页。

身体健康伤害和一般人格权侵害的临界处，或者将生育自主选择的问题归入《民法典》第823条规定的“其他权利”之中。[①] 因此，有学者将德国民法上对于此类案件的状态概括为“生育自主权在德国民法上徘徊于身体健康权、一般人格权与‘其他权利’之间，尚未获得明确独立的地位，但均是第823条第1款（即侵害绝对权）所保护的权利范围”。[②]

那么，德国民法学者在错误出生这一问题上，面临的障碍是什么呢？为何不能将生育自由的决定权通过解释纳入到《民法典》明定的自由的保护中去呢？这一障碍来自德国法制对于胚胎之特别保护，来自联邦宪法法院对于堕胎所表明的明确态度。对于人类胚胎保护之态度，德国宪法法院于1975年2月25日判决“每个人都有生命权，依据生物学与心理学的确定认识，在历史存在的确定意义上，每一个人的生命从受孕第14天便开始”。[③] 针对堕胎是否应予处罚的问题，宪法法院于1993年5月28日作出重要判决，指出“国家基于基本法之规定，有保护人民生命权之义务，未出生者之保护亦属之，此等保护乃源自基本法第一条第二句以及第二条第二项第一句所定，对人性尊严及生命权之保护。”[④]由此可见，在德国的制度背景下，人之胚胎在宪法所保护的“人性尊严及生命权”的范围之内，堕胎的自由受到来自基本法及宪法法院判决的限制。在20世纪90年代初，德国通过《胚胎保护法案》在立法理由中所揭示的立法目的即是，在维护基本法对人性尊严和生命权的保护，直接将人之胚胎视为《基本法》第2条第1句规定的人的生命。[⑤] 尽管这一点在政治上存在颇大的争论，但在德国统一后，宪法

---

① 朱晓喆等：“民法上生育权的表象与本质”，载《法学研究》2010年第5期，第76页。

② 朱晓喆等：“民法上生育权的表象与本质”，载《法学研究》2010年第5期，第76页。

③ 陈英铃：“人类干细胞研究的法议题”，载《政大法学评论》第67期，第15页注3。

④ 陈爱娥：“宪法对未出生胎儿的保护”，载《政大法学评论》第58期，第65～82页。

⑤ 参见郑子文：“论损害胚胎的法律责任”，载 http://ja. lawbank. com. tw/pdf2/134% E9% 84% AD% E5% AD% 90% E6% 96% 87. pdf，2013年1月5日访问。

法院的态度是明确的,对于堕胎,除非有特殊的情况,要受到严格的限制。[①] 在这样的背景下,民法学者面对生育能否自由决定的问题,实在难以发表权威性论点,因为,一旦怀孕之后,生育是否还是个人的自由这一问题的判断,完全超出了民法的范围。因此,在德国,生育自由的问题,不可能通过被涵摄到人身自由这一被保护的法益之下。笔者认为,这正是德国民法学者在讨论错误出生案件时,面临的难以克服的制度障碍。

可是,在中国大陆,情形则完全不同。尽管我国也有涉及人类胚胎保护的有关制度,比如由卫生部在2001年制定并颁行的《人类辅助生殖管理办法》中,明令禁止对于胚胎进行任何形式的买卖。这当然也可以算作对于胚胎的一种保护。然而,这种保护仅仅限于借助人工技术进行辅助生殖的过程中,与德国宪法法院判例中明确规定的"在子宫内成长的生命列属宪法生命权保障之独立法益"[②]相比较,无论从价值理念,还是从制度目的方面看,均不可同日而语。前者在于确立一种人工辅助生殖的管理秩序,对于正常妊娠状态的胎儿并没有明确为独立的生命状态加以保护;后者则旨在将对于人的保护提前到未出生的阶段,以在根本上确立对于人性尊严的保护。当然,这种不同选择很难做出绝对意义上的优劣评价,这取决于一个国家面临的社会问题和文化背景等因素。就生育这一点而言,德国之所以严格限制堕胎并将胚胎的保护提升到宪法的高度,多半和德国长期以来面临的人口负增长的危机有关,而中国大陆严格控制人口,乃至强制堕胎的政策和制度选择,也多半决定于严峻的与德国相反的人口形势。

从中国大陆目前的法律制度与政策环境看,生育的自主选择之自由包括在人身自由权的范围内,没有任何制度上的障碍。由于计划生育政策对于人口的严格控制,堕胎的合法性问题在这里似乎从来没有作为一个问题被认真地讨论过。自实行计划生育政策以来,不但自愿

---

① 寒妞:"德国堕胎问题宪法院终有定论",载《国际人才交流》1993年12月27日。

② 李震山:"'复制人'科技发展对既有法律思维与制度之冲击",载《月旦民商法杂志》2001年第79期,第163页。

堕胎完全自由,而且在违反计划生育政策的情形下,强制堕胎亦屡见不鲜。正是在这样的背景下在公法上确立生育权极为必要,可以用来对抗来自国家的非法干涉。只要在不违反计划生育政策的前提下,生育的自由决定权是属于每一个有可能生育的人的。如果出现了不当怀孕或者不当出生,显然属于侵害了当事人的意思决定自由,而这一自由权完全可以包含在民事法中已经明确的人身自由权的含义之中。对于有学者在讨论台湾地区和德国错误出生案时,只将问题集中在这一具体问题的处理技术上,即通过其他人格法益来进行所谓的弹性保护,而忽略中国台湾地区、德国和中国大陆在堕胎方面完全不同制度环境的论证思路,①笔者认为是值得深思的。因为这种论证只是注意到了比较法的力量,而没有注意到比较法的弱点。"某一法律观点的说服力在很大程度上依赖于其功能、语境和效用。"②如果忽略了域外某一法律制度的语境,即具体运作的制度环境,以及在特定的制度环境下可能发挥的功能和效用,直接将域外的制度、观点或者做法拿来作为解决我国实践中面临问题的途径,在很大程度上可以说是"一个大的冒险"。③由此,对于有学者指出的,我国当前法学界在进行比较法研究过程中体系意识的缺乏,④确实是值得警醒的。比较法绝对不能作为我们思维的替代,借助比较,更多地积极意义在于促使我们思考自己的处境。面对域外的立法、法律观点或者理论以及应对实践问题的具体措施,笔者认为,我们的态度应当是"学习吗? 当然! 仿效吗? 绝不! 每一次接受,都必须是一次再创造。"⑤

明确了已有研究在这一点上的局限,结合我国当前和生育有关的

---

① 朱晓喆等:"民法上生育权的表象与本质",载《法学研究》2010 年第 5 期,第 75 ~ 76 页。

② [德]伯恩哈德·格罗斯菲尔德著:《比较法的力量与弱点》,孙世彦、姚建宗译,清华大学出版社 2002 年版,第 77 页。

③ [德]伯恩哈德·格罗斯菲尔德著:《比较法的力量与弱点》,孙世彦、姚建宗译,清华大学出版社 2002 年版,第 77 页。

④ 薛军:《批判民法学的理论建构》,北京大学出版社 2012 年版,第 193 页。

⑤ [德]伯恩哈德·格罗斯菲尔德著:《比较法的力量与弱点》,孙世彦、姚建宗译,清华大学出版社 2002 年版,第 111 页。

法律制度和政策,对于因医疗机构或者医务人员的失误所导致不当出生和不当怀孕给当事人带来的损害,纳入到人身自由权的范围内进行保护无疑是一种可行的选择,因为两者都是剥夺了当事人在生育这一重大问题上进行选择的机会和自由。考虑到不当出生和不当怀孕这两种情形具有的不同特点,分别补充说明如下:

对于不当出生来说,要坚决摒弃那种认为缺陷婴儿的出生和医院的过失行为之间没有因果关系的观点,①因为,这里问题不是讨论“婴儿缺陷的有无”与医院行为之间的因果关系,而是讨论“因缺陷婴儿的出生给父母带来的损害”与医院行为之间的因果关系。② 根据侵权法理论中通说采纳的相当因果关系说,父母因缺陷婴儿出生产生的损害和医院的过失行为之间,因果关系显然是存在的。

对于不当怀孕来说,如果怀孕不符合我国的计生政策,在当事人选择堕胎时,对于因堕胎而造成的医疗费、误工费等财产性损失显然应当赔偿,同时,由于是对于人身自由权这一人身权的侵害,对于因怀孕给当事人造成的身体和精神痛苦,也应判定相应的精神抚慰金。如果不当怀孕之后,当事人生了孩子,对于这个孩子的抚养费是否应当有医疗机构承担的问题,争议较大,中外皆然。③ 根据中国的国情,笔者同意有论者做出的如下分析和建议:“(1)如果原告原计划避孕却不当怀孕,此时如果符合计划生育政策,原告愿意生育,被告不必赔偿抚养费;(2)如不符计划生育政策,原告坚持生育孩子,被告自然不必赔偿抚养费;(3)即使不符合计划生育政策,但出于医学原因(如依孕妇病情流产会致孕妇生命危险等)原告不得不生育孩子,被告应赔偿抚养费。”④

(三)干涉人的生育自由决定

干涉人生育自由的因素可能来自两个方面。一方面,对于达到一定年龄、具有生育能力的人想要生育而不被国家法律法规所允许。比

---

① 参见杨飞:“医疗机构产前检查过失致缺陷婴儿出生之法律救济”,载《行政与法》2012年第6期。

② 参见张学军:“错误的生命之诉的法律适用”,载《法学研究》2005年第4期。

③ 参见丁春艳:“‘错误出生案’之损害赔偿责任研究”,载《中外法学》2007年第6期。

④ 李燕:“不当怀孕之法律适用”,载《人民法院报》2008年5月6日第6版。

如,未婚者能否生育问题即是其例。① 另一方面,夫妻之外的第三人,干预当事人关于生育与否的决定。比如,在孕期内,丈夫意外身亡,妻子想要堕胎,而丈夫的父母坚决不同意之情形;再比如,实践中有单位对于达到孕龄妇女怀孕进行不合理限制等情形。

第一个方面的问题,涉及的是国家与个人之间的关系,不属于民法调整的范围,故在此不论。对于第二方面的问题,从尊重人的人格与保护人的人身自由的角度考虑,这种强制干预与不合理限制的行为,显然构成人身自由权的侵犯。如果采取非法措施限制了原告的身体,则同时构成对于人身自由权中行为自由和精神自由的侵犯,如果仅仅是采取对于原告施加精神压力,影响到原告自主决定的自由,则构成对人身自由权中精神自由的侵犯。

综上之言,实践中因第三方的行为引起的所谓生育权侵权纠纷,从我国现有民事实体法中规定的权利类型看,要么是侵害身体健康权,要么是侵害人身自由权。做出这样的理解,既不需要在民法上创造新的民事权利,也不需要从公法中直接借用裁判资源,只需要对于已有的权利做出合理的解释即可。因此,对于这种类型的纠纷解决,是不需要民法有独立生育权的。

四、夫妻之间的纠纷

根据前文的分析,生育自由可以纳入人身自由权进行保护。当把这一自由放在夫妻之间来进行考察时,笔者将继续坚持这一结论。只不过,在建立婚姻关系之后,生育自由在实现时,夫妻之间却往往会因为追求不同和个性差异存在现实的冲突。对于这种冲突,法律能够做什么?是像有学者主张的那样,夫妻所谓生育权问题的解决应该是在家里,而不是在法庭上,认为夫妻之间的生育权是不可能的权利主张,

① 关于未婚女性生育权的实现已经有了实践上的突破,2002 年《吉林省计划生育条例》明确规定了单身女性的生育权并指出了实现的途径。此规定尽管引起了一些争论,并且似乎到目前为止尚未有未婚单身女性依据此条例实现生育权,但是,依笔者之间,从个人生育自由决定对于人格独立和自由具有的意义看,此规定体现了一种趋势,毕竟,在现代社会,生育和婚姻已经没有了必然联系,结婚者未必想生育,想生育者未必愿意结婚。

进而,将这一问题放置在法外空间,完全交给当事人自主协商来解决呢?[①] 还是像有学者所主张的那样将生育权明确为民法中独立的权利,并析出其具体的权利细目,在法律上均加以保护呢?[②] 笔者认为,这两种代表性的主张都将这一问题极端化了。由于生育的完成在夫妻之间需要协作、配合,共同完成,而两个人都是具有独立人格、享有人身自由权的主体,生育的实现不能损害任何一方的自由,因此,在这一点上必须首先注意法律的限度。其次,应当在民事实体法中竭力寻找可以用来解决夫妻之间因生育而产生之纠纷的制度资源,以检验现有制度对于现实问题的应对能力。根据笔者对于实践中出现的此类纠纷的观察和思考,夫妻间之间关于生育问题的冲突,可以归纳为如下两方面的问题进行讨论:(1)当一方的行为使得另一方的生育目的实现受到阻碍,此时,可否请求法律的救济?如果能,依据何在?如果不能,为什么?(2)如果夫妻双方关于生育的问题曾经达成了协议,对于协议的效力应当如何判断?协议能否取得法律上的执行力?协议可以发挥作用的界限在哪里?

(一)一方行为使另一方生育目的实现受阻

此类纠纷主要表现有四:一方拒绝生育、孕后堕胎、一方擅自生育、一方生育欺诈。下面分别进行分析。

1.一方拒绝生育[③]

尽管由于婚姻关系的建立,使得夫妻双方具有了非同一般的关系,但是,作为个体所享有的人身自由权并不因此而改变,这一点被现代社

① 朱晓喆等:"民法上生育权的表象与本质",载《法学研究》2010年第5期,第71页。

② 持这类观点的学者甚多,在这种主张中,曾经被列出的所谓生育权的细目包括:协助请求权、生育知情权、生育方式选择权、生育请求权、生育权决定权、生育调节权、生育隐私权和生育保障权、计划生育权等。参见幸颜静:"论生育权在私法领域的存在——兼解读《婚姻法司法解释(三)》第九条",载《中华女子学院学报》2011年第5期;张作华等:"生育权的性别冲突与男性生育权的实现",载《法律科学》2007年第2期;王旭霞:"夫妻生育权的实现与救济",载《甘肃政法学院学报》2009年第3期。

③ 由于本文拟将一方拒绝生育和堕胎问题,分开讨论,故此处讨论的一方拒绝仅限于孕前一方的拒绝。

会的婚姻法普遍认可,因此,生育作为人身自由的一种表现形式,也并不会因为结婚而受到影响。生育只是婚姻生活的一部分,而且,不是必须的组成部分。放眼现实,婚姻与生育相分离已经成为现实生活中一种司空见惯的现象。在这种情形下,那种非要将婚姻和生育连接起来,并且认为,如果结婚时没有明确约定就应推定有生育的意思表示,并因此放弃了自己不生育的自由,甚至要求当婚后一方拒绝生育时,需要提出严格正当理由的观点,①只能看作是对于婚姻和生育关系的片面理解。要求拒绝一方承担法律责任更是难以获得正当性的支持。之所以如此,根本原因在于,生育这种人身自由,是属于个人的。当夫妻任何一方拒绝生育时,即是在行使自己的权利。如果,一方拒绝另一方可以请求协助,那么,就意味着另一方不愿意以牺牲自己的生育利益。一个不愿意牺牲自己生育利益的人,凭什么要求对方做出牺牲?笔者认为,在生育这一点上,夫妻双方,任何一方均不得要求对方以做出积极牺牲的方式来实现自己的所谓权利。然而,持此观点者却不乏其人,将这种权利称为"生育请求权"②或曰"生育协助请求权"③。对此,笔者认为,有必要从民法上请求权的概念出发,进行检讨。

在民法中,"首要权能为要求他人为给付的权利,称请求权。在请求权,对应义务是积极性的,义务人有积极协助的义务。"④这一权利作为民法上的实体权利,不但意味着,当事人可以通过直接向对方主张的方式或者通过提起诉讼的方式来提出一种要求对方做出相应的给付行为,而且,还意味着这样的请求一旦提出,对方就应当按照权利人的要求做出满足权利人需要的行为。⑤ 如果,被请求方不自觉履行,权利人

① 参见杨遂全:《婚姻家庭法典型判例研究》,人民法院出版社 2003 年版,第 226 ~ 227 页;又见张作华等:"生育权的性别冲突与男性生育权的实现",载《法律科学》2007 年第 2 期。

② 参见王旭霞:"夫妻生育权的实现与救济",载《甘肃政法学院学报》2009 年第 3 期。

③ 参见幸颜静:"论生育权在私法领域的存在——兼解读《婚姻法司法解释(三)》第九条",载《中华女子学院学报》2011 年第 5 期。

④ 龙卫球:《民法总论》,中国法制出版社 2002 年版,第 127 页。

⑤ 参见[德]迪特尔 · 梅迪库斯著:《民法总论》,邵建东译,法律出版社 2000 年版,第 67 页。

即可通过司法程序保护自己,通过法律的强制力使得自己的权利得以实现。[①] 纵然,对于具有人身性质的给付行为,出于对人身保护的考虑,不得直接强制执行,但是,拒绝给付者,总会承担法律上的不利后果。夫妻结婚之后,如果一方享有所谓的“生育请求权”或者“协助请求权”,难道面对另一方的拒绝和不配合,能够通过法律上的强制来得以实现或者请求对方承担其他法律上的责任吗?显然不能。尽管双方都是在实现自己的生育自由,但是,面对一方积极要求另一方做出牺牲的进攻和另一方消极拒绝的防守,从人格尊严和人格自由保护的角度衡量,如果每个人的人格都是平等的,理性的法律只能做出倾向于保护消极拒绝一方的权利。因为,保护了消极拒绝的一方,并不意味着剥夺对方生育的机会,如果实在不能达成协议,可以选择离婚,通过另择配偶实现自己生育后代之目的。若是法律选择了保护积极进攻一方的权利,则意味着消极防守一方不生育自由的彻底丧失,而且,在非为自愿的前提下,即便进行了生育,又怎能保障她/他能够为人父或母之责任的承担?因此,不管考虑到双方自由实现的可能性,还是考虑到未来子女的利益,法律均应当选择优先保护消极拒绝一方的自由。[②] 可能是考虑到生育这一问题牵涉到对方的人身利益,有主张生育请求权的学者认为,“生育不是夫妻双方中某一方的单方面行为,而是夫妻二人的共同行为,它是双方缔结婚姻的目的之一,由于婚内生育还承担着人口再生、人类繁衍的义务,此种义务虽非可以强制承担,但也应该受到鼓励和提倡。”[③]可能对于多数人来说,结婚的目中包含着生育这一目的,

---

① 参见[德]卡尔·拉伦茨著:《德国民法通论》,王晓晔、邵建东等译,法律出版社2003年版,第322页。

② 对于积极自由和消极自由发生冲突时,消极自由应受到优先保护这一点,关于自由主义的研究可以为此提供充分的合理性论证。参见[英]以赛亚·柏林:《自由论》,胡传胜译,译林出版社2003年版,第186页以下。在对于生育问题的研究中,已有学者注意到夫妻之间生育的两种自由和政治哲学中两种自由关系的相似性,并从这一角度论证了夫妻一方不生育自由应优先保护的必要性。参见张红:“夫妻生育权冲突及其解决”,载《咸宁学院学报》2010年第9期。

③ 参见张作华等:“生育权的性别冲突与男性生育权的实现”,载《法律科学》2007年第2期。

但这并不能准确地描述现实中所有的婚姻，但是，按照论者在此的逻辑，既然只是应当鼓励和提倡的，显然意味着不能给对方设定严格意义上的法律义务。在生育这一点上，各国民法之所以不将生育权明确规定为一种民事权利，很大程度上就是为了防止一方以行使权利为由为对方设定义务，从历史的角度看，主要是为防止女性沦为男性生育的工具，对于现在各国民法中生育作为明确权利的缺位，甚至有学者将其视为"女性努力争取基本人权和生育自由权的成果之一"。① 如果一旦赋予任何一方在生育方面的法律权利，就意味着可能侵蚀对方同样应当获得保护的自由，那么，法律只有选择沉默才是明智的。

对于一方拒绝生育要区分不同的情形采取不同的解决方案。如果一方拒绝的原因为出于个人追求、职业要求等需要而婚姻基础尚存，此时，可以选择替代的方式来解决，如人工辅助生殖、代孕等，现代科学技术手段完全可以解决这个困局。然而，这些技术手段的运用受到制度的限制，这些限制的合理性是非常值得进一步研究的，②值得另文撰述。但是，有一点是清楚的，在一定时空条件下，没有获得制度的许可之前，如果要保持自己与这一个配偶的婚姻，只能选择放弃生育利益。如果一方拒绝的原因只是因为不想和自己的配偶生育，不排除愿意和其他人生育可能，恐怕婚姻的基础就已然不存，如果没有其他特殊的目的，在正常人看来，离婚通常是最好的选择。

2. 孕后堕胎纠纷

在妻子怀孕之后，是继续妊娠，直到孩子出生，还是终止妊娠即选择堕胎，是现代夫妻生活中是一个不能回避的现实问题。有时女方坚持堕胎，男方表示反对；有时女方坚持生育，而男方却不愿承担为人父的责任。这里体现的依然是两种生育自由的冲突，拒绝继续妊娠并坚持堕胎者为消极自由，而坚持继续妊娠并反对堕胎者为积极自由。考虑到孕后男女双方身体条件的差异和可能出生的未来生命的保护，在

---

① 幸颜静："论生育权在私法领域的存在——兼解读《婚姻法司法解释（三）》第九条"，载《中华女子学院学报》2011 年第 5 期。

② 我国《人类辅助生育技术管理办法》第 3 条第 2 款明确规定禁止任何形式的代孕。

此情形下,不能一味地坚持消极自由优先,而应当根据具体情形来判断。

先看女方坚持堕胎之情形。在妻子在孕后堕胎,是否需要经过丈夫的同意的问题上,在理论上和实务中多数的观点都是持否定的看法,即妻子在是否堕胎这一点上享有的自由几乎是绝对的。[①] 不管是否主张生育权应当作为一种民法上的独立人格权,人们在这一点上都能够达成一致,充分说明大家在这一点分享了共同的理性。从比较法的角度看,当今世界除了法国、日本、韩国等为数不多的国家,规定妻子进行人工流产需要经过配偶的同意外,绝大多数国家都在宪法许可的范围内,允许妻子有单方决定是否堕胎自由。[②] 因为,个人的堕胎问题,往往被视为一个健康问题,而不是权利问题。[③] 因此,一般情况下,当妻子一方决定堕胎,而丈夫不同意时,丈夫是不能以所谓生育权被侵害为由寻求法律救济的。

然而,从实践中发生的案例和法院的判决看,夫妻之间因堕胎而发生的纠纷,法院不管是支持丈夫的诉讼请求还是驳回,进行论证的时候,都是围绕着生育权这一概念展开的。[④] 似乎在解决这类纠纷时,现实中裁判者已经形成了对于生育权这一概念的严重依赖。正如前文分析的,因第三方的行为导致受害人生育利益受损时,完全不顾我国当前民事实体法中民事权利的规定,一股脑儿都以生育权受到侵害判决支持,或者以生育权不受到侵害驳回诉讼请求。同时,法院在判决中,都毫无例外地引述《妇女权益保障法》或者《计划生育法》的规定作为生育权的依据。这种思路完全混淆了公法和私法中权利的区别,和前文

① 参见奚晓明主编:《最高人民法院〈婚姻法司法解释(三)〉理解与适用》,人民法院出版社2011年版,第156页;朱晓喆等:"民法上生育权的表象与本质",载《法学研究》2010年第5期;马忆南:"夫妻生育权冲突解决模式",载《法学》2010年第12期;祝文权:"妻子擅自流产不侵犯丈夫生育权",载《人民法院报》2008年2月15日第005版。

② 参见高玉玲:"关于堕胎问题的法学思考",载《锦州医学院学报》(社科版),2006年第4期。

③ 参见周平:《生育与法律——生育权制度解读与冲突配置》,人民出版社2009年版。

④ 朱晓喆等:"民法上生育权的表象与本质",载《法学研究》2010年第5期。

曾详细分析过的第三人侵权之情形有着同样的危险,值得警醒。

那么对于这类纠纷,应当如何处理呢?笔者以为,既然夫妻双方能够因生育问题产生纠纷,以至于达到了对簿公堂的程度,显然,生育在夫妻间属于一件非常重大的事情,都非常重视且不能达成协议。此时,可以认定为夫妻感情破裂的情形,判决离婚。我国《婚姻法》第 32 条第 3 款在明确列举了四种法定的离婚理由后,专门增加了第 5 项,“其他导致夫妻感情破裂的情形”,《婚姻法司法解释(三)》第 9 条的规定体现的正是这一思路。当然,这要以当事人提起离婚诉讼为前提,如果说当事人不提起离婚诉讼,只是想通过民事诉讼的方式保护自己的所谓生育权,法院应当判决驳回诉讼请求。① 试想,如果不离婚,判决堕胎的妻子向丈夫赔偿生育权的损害,这样的婚姻还有什么意义?这不是解决问题,而是使得问题变得更加严重。因此,笔者认为,如果不提起离婚,在因堕胎而引起的纠纷这一点上,法律是应当保持沉默的。正所谓,有所不为方可有所为,如果法律不注意自己的界限,非但不能有效地解决问题,而且会有损法律的权威。

至于在因妻子单方堕胎而导致的离婚案件中,丈夫可否以此提出赔偿的问题,笔者认为,可以根据妻子决定堕胎的发生原因来进行衡量。如果认定一律不予赔偿,有的情况下会有失公允。妻子单方面决定堕胎,对于丈夫来说,毕竟是有损失,只是考虑到男女在妊娠方面身体条件的差异才赋予了女方几乎绝对的决定自由,如果妻子滥用了这种决定自由,给丈夫造成的损害,承担一定的民事赔偿责任是合理的。有学者提出,在这种情况下,可类推适用《婚姻法》第 46 条,判决妻子向丈夫做出一定的赔偿。② 笔者认为这一思路值得赞同。但是,对于妻子单方堕胎的原因不做区分,而认为只要单方堕胎就认定有错过是不可取的。这就意味着要区分妻子在堕胎这一问题上的决定自由和作

---

① 几乎所有的法院都采取这样的做法,根据笔者阅读的资料,只有一个例外,法院没有判决离婚但判决妻子向丈夫赔偿所谓生育权损失,赔偿精神损失费 5000 元。参见“妻子擅自流产,丈夫怒讨生育权”,载 http://www.chinacourt.org/article/detail/2003/08/id/73429.shtml,2013 年 1 月 10 日访问。

② 朱晓喆等:“民法上生育权的表象与本质”,载《法学研究》2010 年第 5 期,第 71 页。

出堕胎决定的原因。前者旨在保护女性的利益,而对于堕胎原因的考察这旨在判断离婚中的过错。两者如果不加以区分,就是在实质上侵蚀女性堕胎的决定自由。如果是男方的原因,导致女方作出了堕胎的决定,则不应认定有过错;如果是女方的原因所致,则可认定为有过错。在女方有过错的情形下,有可以依据其原因的不同做出不同程度的评价。比如,如果是出于自己职业发展等正常原因的考虑,则属于轻过错,此时不必赔偿;如果是由于违背了夫妻的忠实义务等则属于重大过错,则判定女方承担赔偿责任。

接下来,讨论孕后堕胎纠纷的另一种情形,即孕后妻子坚持生育,而丈夫不愿生育的情形。如前文所述,出于男女身体的自然差异而将是否堕胎的最终决定权给予了女方,在这种情况下,最终的决定权当然也有女方享有,只要妻子不同意,丈夫当然不可能实现自己的愿望。如果按照前文讨论的司法裁判的逻辑,此时,丈夫的生育权岂不是也受到了侵犯?这样来思考问题显然是荒谬的。可由此产生的、法律需要关注的问题是,一旦孩子出生,丈夫是否要承担对该子女的抚养义务?尤其在怀孕后双方协议离婚,约定不要孩子,可是在离婚后,女方确把孩子生了下来。如果双方没有离婚,丈夫应承担责任没有异议。对于离婚的情况,观点不一,有人肯定,有人否定。笔者赞同肯定说,并同意下述论证理由:“男方在进行性生活时没有采取任何避孕措施,就应当推定其接受了孩子有可能出生的后果,尽管是因为女方坚持生育的结果,但是男方对于这一后果也是有过错的,出于孩子利益保护的需要,男方应当承担婚姻法规定的对子女的抚养教育义务。”①

总之,对于孕后堕胎的问题,从民法角度看,要么是离婚以及离婚中损害赔偿问题,要么是父母对于子女的抚养义务问题。只是在认定因离婚中的过错时,需要运用类推适用的司法技术来认定被告的过错。因此,对于这类纠纷的处理来说,引入生育权没有任何必要。

3. 一方擅自生育

一方擅自生育的情况包括私自和第三人婚外生育和不经合意的人

---

① 参见奚晓明主编:《最高人民法院〈婚姻法司法解释(三)〉理解与适用》,人民法院出版社2011年版,第158页。

工生育两种情形。正常情况下,这种情形一旦出现,通产会导致夫妻之间产生纠纷。这种纠纷,常有论者称之为生育权纠纷。① 笔者认为,从民法角度看,此类纠纷的实质与前一种情形相同,即要么是离婚及离婚中的损害赔偿问题,要么是子女抚养义务的确定问题。

先看一方婚外生育的情况。不管是男方还是女方,在夫妻关系存续期间,与第三人通过自然的方式进行生育,一旦为另一方所知,离婚几乎是不可避免的选择。这种情况下,法院在判决离婚的同时,还应当类推适用《婚姻法》第46条规定的"有配偶与他人同居"之规定,认定擅自生育一方违反夫妻间的忠实义务存在过错,应当向无过错方赔偿损失。如在前文的提到的"赵军诉王霞关于亲生子纠纷的离婚案"中认定妻子与他人进行生育违背夫妻忠实义务,判决离婚并支持原告赔偿对非亲生子的抚养费和精神损害赔偿,是值得赞同的。

不经合意的人工生育子女问题,在我国当前的民事实体法的规定中,是缺少法律依据的。1991年最高法院曾经以复函的方式【1991年7月8日(91)民他字第12号】认定,在夫妻关系存续期间,双方一致同意进行人工授精,所生子女应视为夫妻双方的婚生子女,父母子女之间权利义务关系适用《婚姻法》的有关规定。那么,未经合意的人工生育有哪些问题需要法律上做出回应,又该如何回应呢?

人工生育,从技术的角度看,主要用于男性不育症。人工生育子女通常需要区分同质人工授精和异质人工授精。两者区别在于进行人工授精的精子来源不同,前者来源于丈夫,后者来源于他人。② 鉴于这种区别,对于两者在未经合意的情况下生育之法律效果是截然不同的。从比较法的角度看,如果是在同质人工授精的情形下,尽管未经丈夫同意,考虑到孩子利益的保护,认定此种情形下出生的子女为婚生子女,

① 参见邢玉霞:"现代婚姻家庭中生育权冲突之法律救济",载《法学杂志》2009年第7期;李文康:"生育权侵权及其法律救济",载《湖南科技学院学报》2005年第7期;参见陈玉玲:"论生育权的权利属性及其侵权责任",载《法治论丛》2009年第6期。

② 参见[美]罗纳德·蒙森著:《干预与反思:医学伦理学基本问题(三)》,林侠译,首都师范大学出版社2010年版,第1027页。

丈夫应当履行对子女的抚养义务。因为这种情形下,遗传规律和孕育模式通常被认为并没有改变。如果在异质人工授精的情形下,未经丈夫同意的人工授精,在历史上曾经认为是通奸,不受法律保护,现在,法律上的效果是否认该子女的婚生地位,由女方单独承担抚养义务。①这种做法值得借鉴。

可问题是,此时,对于丈夫有必要通过生育权的引入来进行救济吗?笔者的结论依然是否定的。从上面的分析看,如果是同质人工授精,法律在孩子的利益保护和丈夫的生育自由之间进行权衡之后,选择保护孩子的利益,此时,丈夫的生育自由不可能得到法律上的救济。在异质人工授精的情形下,可以参照一方擅自婚外生育来进行处理。在笔者看来,两者尽管受孕的方式不同,但具有相同的本质,即都是对于夫妻忠实义务的违反。因此,可以通过离婚并对于丈夫进行损害赔偿的方式进行救济。

4. 一方在生育方面的欺诈行为

如果一方在结婚时或者婚后知道自己不能生育的事实,故意隐瞒实情不告知对方,导致另一方生育不能实现,则构成欺诈。由于我国婚姻法缺少对于欺诈行为的救济制度,并且生育在现代社会也并非结婚的唯一目的。如果另一方知道被隐瞒的事实,还能够接受与配偶的婚姻,此时法律自然没有介入的必要,如果不可接受,也是人之常情,此时,只能通过离婚来寻求救济。受害方以此提出离婚诉讼的,应将此种隐瞒作为夫妻感情破裂的理由,判决离婚,并类推适用《婚姻法》第46条规定的情形,判定过错方向非过错方进行损害赔偿。如果不提出离婚,仅仅以此为由提起损害赔偿请求的,根据《婚姻法司法解释(一)》第29条第3款之规定,不应予以受理。

5. 小结

总之,对于因一方行为使得另一方的生育目的实现受到阻碍时,法律在进行救济时往往和离婚相联系。如果不予离婚,在上述所有情形下,均不可能进行法律上的救济。即使退一步,真的在民法上确立了独

① 参见郑净芳:"人工生殖技术下夫妻生育权的契合与冲突",载《河北法学》2012年第5期。

立生育权，在我国的制度背景下，不予离婚的赔偿也难以获得实证法的支持。因为，我国婚姻法律制度是没有认可婚内侵权的，这当然与我国文化长期以来对于婚姻的观念有关。更何况，即便是在婚内侵权制度相对发达的美国，夫妻之间的因生育而产生的纠纷，也不是构成婚内侵权的情形之一，如果要提起损害赔偿，要么是在离婚时提起，要么是在离婚后单独提起。[①] 在普遍认可婚内侵权的制度下尚且如此，像我国这样，没有婚内侵权制度，对于夫妻之间因生育而产生的纠纷，岂是引入一个生育权就可以解决的问题？笔者认为，当一方行为使得另一方生育目的实现受阻时，当事人选择离婚是法律进行救济前提，在离婚的情形下，根据过错的存在与否，类推适用《婚姻法》第 46 条，决定是否向受害方进行赔偿，是解决此类纠纷较为现实的选择。

（二）生育协议的违反

如果夫妻双方对于生育问题，达成了协议，协议效力的判断是问题的关键。有学者认为，由于关于生育的协议构成了人身自由的限制，虽然不违法律的强制性规定，但是属于违反公序良俗的“束缚性契约”，应为无效，因此，对于生育协议的违反法律没有进行救济的必要。[②] 笔者认为，此观点将问题过于简单化也过于绝对化了，不值赞同，生育协议的有效与否应当根据协议本身的内容来判断。因为人身权利并不是不能接受任何契约限制，只是不受非法的限制，[③]只要限制没有达到令一个社会中正常人难以容忍的程度，[④]充分尊重当事人的自由约定，让当事人受契约的拘束，非但不会损害人格，反而是人格获得发展和提升

---

① 参见罗满景：“中美婚内侵权行为之比较法研究”，中国政法大学 2011 年博士学位论文。

② 朱晓喆等：“民法上生育权的表象与本质”，载《法学研究》2010 年第 5 期；又见胡建成：“禁止生育协议无效”，载《人民法院报》2002 年 5 月 13 日第 B03 版。

③ 参见杨立新：《人格权法专论》，高等教育出版社 2005 年版，第 26 页。

④ 上述所谓束缚性契约就是指极大地限制了另一方的人身或经济自由的情形，从人身方面看，主要是指将高度人身性的行为商业化，经济方面主要是指使合同一方在事实上或多或少的受制于另一方之情形。参见[德]卡尔·拉伦茨著：《德国民法通论》，王晓晔、邵建东等译，法律出版社 2003 年版，第 604、613 ~ 614 页。

的途径。①

具体而言,有关生育的协议可以分两种,即禁止生育的协议和计划生育的协议。前者通过约定禁止单方或者双方生育,后者是约定在特定时间内生育。这两种约定内容迥然不同,而且当事人对于约定内容是否能够实现的可控性也差异巨大,因此,不能一概而论。

禁止生育的协议,如果仅仅是为了另一方的经济利益,显然应当认定为无效。然而,从实践中发生的案例看,禁止生育的协议通常有两种情形。第一种情形是,夫妻往往是在已经有子女的情况下离婚时,考虑的子女利益的保护,约定再婚后双方均不再生育,如果一方违约,应当向对方支付违约金。有学者认为如此的约定由于构成对生育自由之人身利益的限制,绝对无效。② 笔者认为,这种观点值得商榷。正如有学者指出的,在这样的协议中不存在意思表示的瑕疵,目的是为了保护孩子之利益,限制又是双方的,因此,既不违法,也不违反公序良俗,否认其效力的理由不应成立。③ 当然,有了这样的协议,并不意味着双方不可再享有生育自由,只是出于一个正常人都可以接受的理由而对自己的自由做出了自愿限制而已。如果,一方在生育协议签订并再婚后,想要再实现生育之目的,通过支付约定的违约金而终止此协议就可以了。这样的方式,相对于直接否认协议效力,更能够体现对于当事人人格的尊重,因为这里体现的是一种有责任的自由。当然,如果约定的违约金数额超过了另一方当事人可以承受程度或者承担了此违约金将会影响另一方的正常生活,则另当别论,因为如果有此种约定,另一方的生育自由即被彻底剥夺,应属无效。

第二种情形是,再婚的夫妻中一方已有子女,并跟随自己生活,此时,考虑到子女利益的保护,结婚时达成协议不再生育。如果后来没有自己亲生子女的一方想要生育,就构成对于协议的违反,此时,也不应

---

① 参见[德]迪特尔·梅迪库斯著:《民法总论》,邵建东译,法律出版社2000年版,第520页。

② 参见胡建成:“禁止生育协议无效”,载《人民法院报》2002年5月13日第B03版。

③ 参见周平:《生育与法律——生育权制度解读与冲突配置》,人民出版社2009年版,第186页。

认定协议无效。但是,此种协议有效的意义不在于执行协议之内容,而在于在离婚时可以作为认定违约方过错的依据,进行财产分配时可是考虑适当照顾另一方。笔者认为,在此,所体现的也是一种有责任的自由。对于初婚的夫妻而言,如果有关于禁止生育的协议,可参照这一类型处理。

现代社会,夫妻之间在结婚后,考虑到各自职业发展或者经济条件等方面的原因,对于生育制订计划是一种很普遍的现象,而这一计划的制订意味着双方就生育问题达成了协议。一旦双方因协议的履行产生纠纷并因此提出离婚,比如,到了约定的时间,另一方依然拒绝生育,此时协议的内容就可以作为认定违约方过错的依据,作为分配财产时的参考因素。但如果不是由于另一方的拒绝导致不能生育,而是由于其他原因所致,此时,不应认定为违约。

综上而言,如果夫妻之间,有关于生育的协议,对于因协议履行而发生的纠纷,要么认定协议无效,不产生约定的后果,要么直接依据约定承担责任或者作为在离婚中认定违约方过错的理由。因此,此种类型的纠纷,根本不需要生育权的概念。

行文至此,笔者对于《婚姻法司法解释(三)》第 9 条中提到的生育权一词的理解已经显见,那就是,这个条文中提到的生育权,与其说是对于生育权在民法上的肯定,不如说是否定了在民法上生育权的存在,因为,对于夫妻之间因生育而产生的纠纷来说,要么根本就不要需要生育权,要么即便有了所谓生育权也不可能得到法律的保护,法律上对于夫妻之间生育纠纷的调整,仅限于在离婚诉讼中作为认定一方是否存在过错的依据。除此之外,法律应当保持沉默。

五、结论:对一种可能质疑的反驳

如果说主张生育权在民法上应当独立的论说是从立法论的角度对于实践中和生育利益有关纠纷应对措施的呼吁和建议,那么,本文的研究则是从解释论的角度力图从已有的民事实体法规范中寻求应对生育利益纠纷的途径。既然两者是出于不同视角的研究,笔者在文中坚持并一再强调的生育权不必作为民法上独立权利的论点似乎和立法论角度的研究并没有必然的联系,似乎难以构成对于独立说的有效否定。

对于这一可能的质疑,笔者在文中已经做了简要说明,即一种新的权利要在民法上得以确立,应当以现有权利和制度对实践中的问题回应的不足为前提。这就是说,尽管立法论和解释论是两种不同的研究视角,这并不意味着两者是没有关系的自说自话,基于法治对于法秩序安定性之要求,在应对新问题时,首选的应当是解释论的视角,尤其在基本法律体系已经存在的制度环境之下,更是如此。只有当解释论的视角,穷尽已有资源而依然不能对实践中的问题做出有效应对之时,基于立法论视角的研究呼吁和建议进行新的立法才能够获得充分的必要性。由此,笔者认为,从某种程度上说,实践中主体的需求乃是联系立法论与解释论两种视角研究的桥梁。通过本文的研究可知,现有民事实体法的已有权利和制度,在应对实践中生育利益纠纷时,尽管也有漏洞存在,但是,对于这种漏洞的进行填补的手段,绝不应该是直接引入生育权的概念,至于实践出现的,直接以生育权被侵害为由作出的民事判决更应该引起理论界和实务界的共同警惕。这一方面,是因为法官作为法律适用者对于民法中既有权利认识之不足,另一方面,是因为法官作为裁判者缺少法学方法的意识,尤其是面对新问题时,缺少运用法学方法进行创造性裁判的自觉。

通过对于实践中发生的以及可能发生的生育纠纷具体类型的详细考察,笔者得出的结论如下:

1. 对于第三人原因而导致生育器官受损而影响受害人生育目的实现的,应依健康权被侵害作为请求权的基础。

2. 对于第三人原因导致干涉生育自由、错误出生纠纷,应依人身自由权被侵害作为请求权的基础,此处的人身自由权包括身体自由和精神自由两方面内容。

3. 对于夫妻之间有关生育问题之纠纷,法律进行救济的前提是提起离婚诉讼。当一方行为阻碍了另一方生育目的实现时,如果阻碍一方行为有过错,可类推适用《婚姻法》第46条之规定,给予受害人相应的赔偿。如果有生育协议,内容构成了对另一方生育自由的彻底剥夺,则应认定协议无效;在没有构成给对方超出常人难以容忍的限制时,应认定协议有效,违约者要么直接依据协议承担违约责任,要么可以将违约作为认定离婚中过错的参考因素。

可见，由于第三人引起的纠纷现有实体法中的权利足以应对，无引入生育权之必要。对夫妻之间的纠纷而言，由于《婚姻法》第 46 条规定离婚中需要损害赔偿的过错采取了具体列举的方式，在对于受害人进行救济时，出现了漏洞，对此，首先可通过类推适用解决实践中的问题，其次，在未来《婚姻法》的修正或做统一司法解释时，可增加因一方过错导致另一方生育目的不能实现的情形，以使得这种救济获得实体法上的根据。这是运用法学方法，在案件事实和法律规范之间，往返流转，交互澄清之后的必然结果。

（韩祥波，中国政法大学民商法学博士）

论天然孳息的归属原则

——《物权法》第 116 条第 1 款与《合同法》第 163 条冲突的化解

李　飞

目　　次

一、问题的提出

孳息是相对于原物的一个关系主义的范畴，在与原物分离之前，它作为原物的一部分而存在，一旦分离，则取得法律上的独立地位，被称为孳息。原物与孳息区分的法律意义，在于从物权归属的角度确定孳息所有权的取得，此为共识。① 因此，对孳息问题的研究的结点必然要放在对其归属的确定上。

孳息一般被分为天然孳息和法定孳息，其中法定孳息由于不存在与原物的实体联系，乃产生于当事人之间的法律关系，其取得为传来取得，属于物的流转范畴，严格来说不能为其基本功能在于确定物之归属

① 参见陈华彬：《物权法原理》，国家行政学院出版社 1998 年版，第 67 页。

的物权制度所涵摄。[①] 诚如梅仲协先生所言,"天然孳息之收取,应依物权法之规定,法定孳息之收取,应依债法之规定"。[②] 我国《物权法》为两种孳息确定了不同的归属规则,根据我国《物权法》的规定,法定孳息的归属较容易确定,一般依当事人之间的约定,当事人没有约定或者约定不明确的,依交易习惯(第116条第2款)。天然孳息归属的确定则复杂得多,不仅在理论上存在"原物主义"与"生产主义"之争,在我国民法体系中,虽然《物权法》、《合同法》、《担保法》、《最高人民法院关于适用〈中华人民共和国担保法〉若干问题的解释》、《最高人民法院关于贯彻执行〈中华人民共和国民法通则〉若干问题的意见(试行)》和《最高人民法院关于适用〈中华人民共和国婚姻法〉若干问题的解释(三)》等法律和司法解释对天然孳息的归属均有或正面或侧面的规定,但要么语焉不详,要么相互龃龉。其中仅有的对天然孳息的归属作出正面规定的《物权法》第116条第1款与《合同法》第163条,存在可能的直接冲突,成为我国现行民法体系的一处硬伤,也是我国学者争相讨论的主题。

有学者指出,这两条规范就其内容而言并非一般规定与特别规定的关系,根据《立法法》第83条规定的新法优于旧法的基本原则,在《物权法》生效后,《合同法》第163条的规定即应停止适用。[③] 有学者提出另外的看法,认为两者属于新的一般法与旧的特别法的关系,无法简单适用《立法法》第83条,而应根据《立法法》第85条第1款的规定,由全国人民代表大会常务委员会裁决。[④] 不同于上述从法律冲突的角度进行的解读,有学者提出用益债权的概念,认为买受人对交付后

---

① 笔者曾撰专文研究孳息概念,通过对孳息概念的产生及相关理论的历史发展的分析,认为孳息应仅指天然孳息,"法定孳息"只是对"孳息"概念的借用,其本质上与孳息是异质的。有兴趣的读者可以参阅拙文:"孳息概念研究",载梁慧星主编:《民商法论丛》(第46卷),法律出版社2010年版,第336页及以后。

② 梅仲协:《民法要义》,中国政法大学出版社2004年版,第86页。

③ 江平主编:《中华人民共和国物权法精解》,中国政法大学出版社2007年版,第151页。

④ 参见罗昆:"《物权法》第116条的适用范围探讨",载《法学杂志》2009年第10期。

标的物产生的天然孳息的取得,可以是基于所有权,也可以是基于用益债权,在买卖标的物交付与所有权移转的间隔期内,买受人对标的物拥有用益债权,用益债权的内容包括使用和收益。《合同法》第163条实际上包含了用益债权的内容,该条只是存在不完善的问题,而《物权法》第116条的规定反而是有缺陷的,该条第1款规定的孳息归原物所有权人存在两个例外,一是用益物权人优于所有权人,二是另有约定的除外,其实,“另有约定”的范围窄了,再加上“另有规定”才完美。在此基础上,《合同法》第163条的规定构成《物权法》第116条第1款规定的例外。① 更有学者从体系化地角度来解读《物权法》和《合同法》的规定,认为二者都是我国未来民法典的组成部分,应当在民法典体系的背景下、比照同一法律中的不同规定对《物权法》第116条第1款和《合同法》第163条作体系性的解释,进而论证了立法者乃基于“对标的物的照料”为立法考量的基础而对买卖合同中标的物的孳息归属做了特殊规定,《合同法》第163条排除了《物权法》第116条规定的孳息归属的一般原则,因此在上述两个条文相互交错的情形,应优先适用《合同法》第163条的规定。②

但上述各种理论均是在现行法框架内对这两条可能冲突性的规范的适用进行的解释,从解释论的角度看,各有其合理性。那么是否可以跳出现行法的框架,从立法论的角度为天然孳息的归属确定一项一般性的原则?这是我国未来建构体系化的民法典时必须要面对的问题,对这一问题的探讨即本文的主旨所在。

二、讨论天然孳息归属的理论基础

(一)天然孳息的界定

何谓天然孳息,我国《物权法》未有任何界定。相比于此,2005年全国人大常委会办公厅公布的《中华人民共和国物权法(草案)征求意见稿》中对天然孳息的含义作了列举性规定:“‘孳息’,包括天然孳息

① 隋彭生:“天然孳息的属性和归属”,载《西南政法大学学报》2009年第2期。

② 参见周江洪:“前民法典时代的孳息归属问题研究——体系化解读之努力”,载《浙江社会科学》2011年第5期。

和法定孳息。天然孳息,如果树结的果实、母畜生的幼畜等”,但同样没有界定其内涵。

根据笔者的研究,可以从外部限制和内部要件两个层面来界定天然孳息。从外部限制来看,首先要在理论上认识到法定孳息的异质性,它在产生机理(天然孳息产生于物本身,法定孳息产生于某种法律关系或法律规定)、收取机理(天然孳息的收取直接依物法,法定孳息的收取则依债法,在收取之前所享有的只是债权请求权①)、取得方式(天然孳息的取得属于原始取得,法定孳息的取得属于传来取得)、所属的法律领域(天然孳息受物法调整,法定孳息受债法调整②)等方面与天然孳息截然不同。其次,天然孳息区别于所谓的(出)产物,后者是源于罗马法而后为拉丁法族民法理论所传承的一个概念,主要体现为矿产等土地的无机产物,二者的区分在于:物不改变其实质而生产之物为孳息,它们依物的本身性质或所有权人的意思必定产生;并非由一物必然产生,且其产生无周期性或任何规律之物为出产物,它是从物本身内容中分离的一部分。③

从内部要件来看,符合何种要件才是天然孳息,各国家和地区的立法例不一,综合来看如下几项为其共有:(1)自然要件,即定期性或周期性;(2)客观要件,即不减少或改变原物的本质或本体;(3)主观要件,即符合原物的用法或目的。④ 其中周期性是天然孳息最为显著的特征,也是它区别于射幸所得、物的增值、(出)产物等其他收益的关键。“无损于原物的本质”,则是天然孳息区别于(出)产物的必要前提。至于“符合原物的用法或目的”,多在广义上被理解,指符合原物的各种用法而不限于特定的用途,该要件设置的实质目的在于,在一方

① 参见隋彭生:“法定孳息的本质——用益的对价”,载《社会科学论坛》2008 年第 6 期。

② 参见[英]尼古拉斯著:《罗马法概论》(第 2 版),黄风译,法律出版社 2004 年版,第 150 页。

③ 参见徐国栋主编:《绿色民法典草案》,社会科学文献出版社 2004 年版,第 301 页。

④ Pietro Barcellona, Enciclopedia del Diritto (XVIII: Foro – Giud), Milano: Giuffrè Editore, 1962, p. 207.

当事人根据法律规定或约定而享有孳息收取权的情形,保护原物的所有权人及其选择使用其物的能力。该要件本身没有实益,更不能成为限定违反对原物所设定的用途而取得收益的孳息性质的条件,违反对原物设定的用途而取得收益的,只是产生损害赔偿或合同解除或权利消灭等法律后果。[1]

通过上述限定,可以这样来界定天然孳息的内涵:物依其性质、不改变其本质而周期性地自然产生之物。[2] 该定义中的"依其性质"和"自然产生"是指天然孳息的产生须为自律规律的结果,但它可以是纯自然规律的结果,也可以是通过人的劳作而在自然规律的作用下产生的结果。前者为狭义的天然孳息,后者可称为劳务孳息。[3] 广义的天然孳息包括这二者,本文即在此等意义上使用天然孳息一词,这种意义上的孳息,主要包括林木、土地和动物的各种有机产物。

(二)天然孳息归属原则的适用范围

孳息的归属属于当事人自治的范畴,但立法者通常会在物权立法中为孳息的归属确立一项基本原则,该原则在当事人没有对孳息的归属进行特别约定时,起补充作用。在我国现行民法体系中,对天然孳息的归属作出正面规定的《物权法》第116条第1款和《合同法》第163条,就体现了这种理念。前者在规定了天然孳息归属的一般原则后,明确指出,"当事人另有约定的,按照约定。"后者虽然没有明确指出当事人的约定优先,仅仅规定"标的物在交付之前产生的孳息,归出卖人所有,交付之后产生的孳息,归买受人所有",但从合同自治的角度不难

---

① Giovanni Pugliese, *Usufrutto*, *Uso*, *Abitazione*, in *Tratto di diritto civile italiano diretto da F. Vassalli*, IV, t.5, Torino: UTET, 1954, pp.262ss.

② 对孳息概念的界定的更为详细的分析,参见拙文:"孳息概念研究",载梁慧星主编:《民商法论丛》(第46卷),法律出版社2010年版,第376页及以后。

③ 需要说明的是,劳务孳息在我国学界一般表述为人工孳息,但从其拉丁语原文 *fructus industriales* 来看,译为前者更为妥当。

得出该条并不属于强制性规范的结论。① 因此,对于天然孳息的归属,当事人可以通过约定排除法律对天然孳息归属的原则性规定。这样一来,天然孳息的归属原则的适用范围就被限缩于当事人没有约定的情形。根据原物的所有权人是否占有物,对此还可以分作进一步的限缩。

在原物所有权人直接占有原物的情形,基于所有权的收益权能,所有权人对天然孳息的取得是所有权的收益权能的应有之意,享有孳息是所有权的本质属性之一,是已经存在于原物中的权利的延伸,②无须法律再去确定孳息的归属。但在某些法学著作以及在采纳广义添附观念的民法典中,物的天然孳息及其产生的一切物,被认为因"添附权"而归属于其所有权人。《阿根廷民法典》的作者萨尔斯菲尔德对此强烈抗议:"说某物在分离时因添附而归我所有,这是荒唐的。对于从产生它的原物中分离出来的天然孳息,我享有的权利只可能是在它们分离之前和原物实际结合时我对原物享有的权利的延续",③在其未与原物分离之前,作为原物的一部分,它们就已经属于原物所有权人了。④因此,在法律没有特别规定时,原物所有权人对天然孳息的取得是"权

① 也有学者认为该条属于强行性规定,没有为当事人协议约定孳息的归属留下空间。参见罗昆:"《物权法》第116条的适用范围探讨",载《法学杂志》2009年第10期。从该条文的产生过程来看,作为其前身的1995年《合同法(试拟稿)》第184条和1997年《合同法(征求意见稿)》第97条,都在规定了孳息归属的一般原则后设置了但书"合同另有约定的,按照约定"。参见全国人大常委会法制工作委员会民法室编著:《〈中华人民共和国合同法〉及其重要草稿介绍》,法律出版社2000年版,第46页、第126页。虽然最终的《合同法》第163条删除了该但书,容易引起争议,但并不能因此得出该条文为强制性规范的结论。

② Cfr. Luigi Mosco, I Frutti nel Diritto Positivo, Milano: Dott. A. Giuffrè Editore, 1947, p. 315.

③ 《最新阿根廷共和国民法典》,徐涤宇译注,法律出版社2007年版,第546~547页,第2571条的评注。萨尔斯菲尔德接着说,并不是苹果自树上落下之时,就是我因添附而取得它们之时,它们早已归我所有。

④ [德]克努特尔著:《新物归属谁?——所有权原始取得:当代法典中的古代法律思想》,王娜译,载杨振山、[意]桑德罗·斯奇巴尼主编:《罗马法·中国法与民法法典化——物权和债权之研究》,中国政法大学出版社2001年版,第38页。

利继续原则”的体现,[①]内在于原物所有权之力及其支配性(vis et potetas)。[②] 当然,在这种情形下,原物所有权人对天然孳息的取得并非是绝对的,立法者出于利益均衡等考量,同样可以对天然孳息的取得加以限制,《法国民法典》就是一个典型,它将原物所有权人取得孳息所有权的时间与孳息分离而取得法律上的独立的时间错开来,其第548条规定:“物所生之孳息,仅在所有权人偿还第三人为此付出的耕作、劳动与种子的费用时,始属于所有权人”。

在原物所有权人没有直接占有原物的情形,存在两种可能,一是原物所有权人通过物权性的法律行为(如各种用益物权[③])或债权性的法律行为(如租赁、所有权保留的买卖等)将物的享用权或单纯的占有权授予他人而没有约定将来孳息的归属;二是原物非基于所有权人的意思被他人无权占有。在第一种情形,如果法律对天然孳息的归属有特别规定,适用该特别规定,没有特别规定的,则与第二种情形一道适用法定的天然孳息归属原则。因此,对天然孳息的归属原则的考察也只有在这两种情形才有意义和可能。

(三)“原物主义”、“生产主义”与“使用主义”

对天然孳息的归属原则,立法例上有所谓罗马法的“原物主义”和日耳曼法的“生产主义”,前者又称“分离主义”,为大陆法系物权法广泛采用,认为天然孳息在与原物分离后归属于原物权属人。这里的享有孳息取得权的原物权属人,除法律另有规定外(如用益物权人、承租人、诚信占有人等对天然孳息的取得),为原物所有权人;后者认为孳

① 王泽鉴:《民法物权(1)通则·所有权》,中国政法大学出版社 2001 年版,第 154 页。

② Enrico Besta, I Diritti sulle Cose nella Storia del Diritto Italiano (ristampa emendata), Milano: Dott. A. Giuffrè Editore, 1964, p. 148.

③ 无论在立法还是学理上,对天然孳息的“收取”和“取得”都设定了不同的含义。“收取”原则上是收获占有,而“取得”是指取得所有权。根据我国《物权法》第 197 条、第 213 条和第 235 条的规定,抵押权人、质权人和留置权人对担保物的孳息只享有在一定条件下的收取权,以及一定条件下的优先受偿权等。

息应归属于对原物投入劳力、资本之人。[①] 实际上,“原物主义”和“生产主义”只不过是对有关天然孳息之归属的各种规定的归纳,而且将这两种立法例截然对立本身就是一种误读,它们的对立更多是出于人们的理论虚构和想象。

在法定的天然孳息归属原则所适用的第一种情形,即原物所有权人将物的享用权或单纯的占有授予他人而没有约定将来孳息的归属时,适用“生产主义”或“原物主义”在结果上殊途同归,依“生产主义”,天然孳息归属于对原物投入劳力、物力的享用权人或占有人;而依“原物主义”,法律在一般情况下同样赋予原物的享用权人(如承租人、用益物权人等)取得天然孳息的权利,这本身也是“生产主义”思想的体现。[②] “生产主义”或“原物主义”在适用结果上的冲突主要出现在原物非基于所有权人的意志被他人无权占有时,但即便在这种情形,采纳“原物主义”的立法例通常都承认诚信占有人的孳息取得权,除了对其主观因素的考虑外,也有对其劳动投入的考虑,这就与采纳“生产主义”的结果不谋而合。此外需要指出,所谓日耳曼法的生产主义,乃建立在分割所有权制度基础之上,强调以劳动力的投入来决定收益的分配,这种思想与“原物主义”并不存在根本的冲突。[③]

由此可见,无论是“原物主义”还是“生产主义”,其适用结果并不存在我们想象的完全对立,无论采纳何种立法例,往往能够达到同样的效果。在此需要特别注意,《俄罗斯联邦民法典》关于天然孳息的归属彰显了一种新的价值观念。其第136条规定:(天然孳息、产品和法定孳息)“由于使用财产而获得的物(果实、产品、收益)属于依法使用该财产的人,但法律、其他法律文件或关于该物使用的合同有不同规定的除外。”这里体现的是“谁使用谁收益”的“使用主义”原则,但并不像有些学者所说“这一原则完全是对传统孳息归属规则的背叛”,“不能作

---

① 参见王泽鉴:《民法总则》,中国政法大学出版社2003年版,第234页;陈华彬:《物权法》,法律出版社2004年版,第74页;周林彬:《物权法新论——一种法律经济分析的观点》,北京大学出版社2002年版,第114~115页。

② 参见高富平:《物权法原论》(下卷),中国法制出版社2001年版,第803页;隋彭生:“天然孳息的属性和归属”,载《西南政法大学学报》2009年第2期。

③ 参见雷敏:“论孳息的归属”,中国政法大学2008年硕士学位论文。

为一切情形下物之孳息归属之原则,例如非法侵占之使用、保管人之使用等”。[①] 我们应该清楚,该法典第136条对孳息归属的规定为一般规定,如果有特别规定,当然优先适用特别规定,该法典第303条、第892条和第900条就明确规定了恶信占有人和保管人的孳息返还义务。因此,从“使用主义”的适用结果来看,并非是对传统孳息归属规则的背叛,毋宁说它是“生产主义”的一个变种。

三、我国民法体系中的天然孳息归属规则

在上述立论的基础上,反观我国民法体系中的天然孳息归属规则。由于我国民法典的立法进程采取的是各单行法分别起草的模式,尚未形成体系化的民事统一立法,对天然孳息及其归属的规定也散见于前文述及的多部法律和司法解释之中,其中对天然孳息的归属作出明确规定的只有《物权法》第116条第1款和《合同法》第163条。这两项规定,从表面看,为天然孳息确定了不同的归属规则。不独如此,在《物权法》中,也存在对天然孳息归属的一般规定和特别规定,在《合同法》中,对天然孳息归属的规定更加多元。下面我们就以《物权法》和《合同法》对天然孳息归属的规定为中心展开分析,从中体味我国立法者对天然孳息归属的态度。

(一)《物权法》中的天然孳息归属规则

《物权法》第116条第1款对孳息的归属作了一般性规定:“天然孳息,由所有权人取得;既有所有权人又有用益物权人的,由用益物权人取得。当事人另有约定的,按照约定。”因此,在当事人约定之外,除了存在用益物权的场合,天然孳息属于原物所有权人。

用益物权人有权收取孳息是用益物权设立的目的和终极意义所在,用益物权人在孳息的取得上优于所有权人,也是用益物权为定限物权的一个表现。[②]《物权法》第117条对此也作出规定:“用益物权人对他人所有的不动产或者动产,依法享有占有、使用和收益的权利。”

在不存在用益物权的情形,《物权法》贯彻了严格的“原物主义”的

---

① 高富平:《物权法原论》(下卷),中国法制出版社2001年版,第803~804页。

② 隋彭生:“天然孳息的属性和归属”,载《西南政法大学学报》2009年第2期。

天然孳息归属原则，这主要体现在对占有人的返还责任的规定上，[①]其第243条规定："不动产或者动产被占有人占有的，权利人可以请求返还原物及其孳息，但应当支付善意占有人因维护该不动产或者动产支出的必要费用。"从各国的物权立法规定来看，大多对诚信占有和恶信占有人的返还责任予以区分，赋予前者在占有期间的孳息取得权，例如《法国民法典》第549条、《德国民法典》第955条第1款、《意大利民法典》第1148条等皆是如此。但我国《物权法》否认诚信占有人的孳息取得权，对占有人比大陆法系其他国家采取了更为严格的返还责任。[②]

（二）《合同法》中的天然孳息归属规则

同《物权法》确定的严格的"原物主义"的天然孳息归属原则不同，《合同法》对天然孳息归属的规定颇为错杂，既有"交付主义"的一般规定，[③]又有"原物主义"的体现，[④]还有"生产主义"的影子，[⑤]同时在《合同法》没有规定的非典型合同中的天然孳息归属，当事人没有约定时是否适用《物权法》第116条的规定也不无疑问。其中，对《合同法》中的孳息归属存在最大争议的当属买卖合同中标的物的孳息归属问题。

在买卖合同中，"关于标的物孳息归属的判断与标的物风险的负担是密切关联的"，[⑥]而关于买卖合同中的风险负担有"所有权主义"和"交付主义"两种立法例，有学者认为，我国实务与理论原来多采前者，

---

① 这种严格的"原物主义"思想还体现在《最高人民法院关于适用〈中华人民共和国婚姻法〉若干问题的解释（三）》第5条："夫妻一方个人财产在婚后产生的收益，除孳息和自然增值外，应认定为夫妻共同财产"。

② 王利明：《物权法研究（修订版）下卷》，中国人民大学出版社2007年版，第724页。

③ 第163条规定："标的物在交付之前产生的孳息，归出卖人所有，交付之后产生的孳息，归买受人所有。"

④ 第377条规定："保管期间届满或者寄存人提前领取保管物的，保管人应当将原物及其孳息归还寄存人。"

⑤ 第225条规定："在租赁期间因占有、使用租赁物获得的收益，归承租人所有，但当事人另有约定的除外。"

⑥ 宋振玲："买卖合同中标的物孳息归属判断规则之我见"，载《丹东师专学报》2003年第4期。

《合同法》改采后者,[①]其依据是《合同法》第142条的规定:"标的物毁损、灭失的风险,在标的物交付之前由出卖人承担,交付之后由买受人承担,但法律另有规定或者当事人另有约定的除外。"与此相应,该法第163条确定了"交付主义"的孳息归属原则:"标的物在交付之前产生的孳息,归出卖人所有,交付之后产生的孳息,归买受人所有。"

但标的物的交付与所有权的移转并不是在任何情况下都是重合的,这就产生了对于天然孳息归属的《物权法》中的"原物主义"与《合同法》中的"交付主义"的冲突。在它们存在冲突的情形,应该如何确定天然孳息的归属?

(三)《物权法》第116条第1款与《合同法》第163条的体系冲突及其解读

对于《物权法》第116条第1款与《合同法》第163条表面上所体现出的关于孳息归属的冲突,前文第一部分提到,我国学者从多个角度进行了解释,但无论上述何种解释,其立论前提是同一的,即认为《合同法》第163条规定的天然孳息的归属规则就是不同于《物权法》第116条第1款所规定的"原物主义"的"交付主义"。但这一前提性的论断是否站得住脚呢?我们首先分析一下《合同法》第163条中"交付"一词的准确含义。

在民法理论中,交付分现实交付与观念交付。就买卖合同而言,现实交付是指出卖人将标的物置于买受人的实际控制之下,即标的物直接占有的移转。现实交付还有一种变通形式——拟制交付,是出卖人将与标的物有关的所有权凭证交给买受人,以替代标的物的现实交付。观念交付又分为简易交付、指示交付和占有改定,我国《物权法》第25条至第27条分别对此作了规定。根据《物权法》第23条之规定,除另有规定外,动产物权的设立和转让自交付时起发生效力。因此,在买卖合同中,除当事人另有约定或法律有其他规定,交付与所有权的移转是重合的,也就是说"交付"一词存在双重含义,可能仅指移转占有,也可能同时包含所有权的移转。在《合同法》中,我们通过对相关条文的分析可以发现,交付一词首先在移转所有权的意义上被使用,例如规定

---

① 韩世远:《合同法总论》(第2版),法律出版社2008年版,第32页。

"标的物的所有权自标的物交付时起转移"的第133条之规定和规定出卖人交付义务的第138条,其中的交付就不能仅仅理解为移转占有,而是包括对所有权的移转。其次它还在仅移转占有的意义上被使用,例如第135条规定:"出卖人应当履行向买受人交付标的物或者交付提取标的物的单证,并转移标的物所有权的义务。"

那么《合同法》第163条中的"交付"是在何种意义上被使用的呢?根据多数学者的观点,这里的交付仅指占有的移转,也有些学者认为该条文所使用"交付"一词的真正含义其实就是所有权移转,所以并不存在与《物权法》所规定的天然孳息的归属规则的冲突。[①] 无疑,这种冲突在交付一般动产的情形并不存在,因为除非法律有特别规定或当事人有特别约定,动产的交付即意味着所有权的移转;但在交付与所有权移转之间存在时间间隔的情形,这种冲突就凸显出来了,在所有权保留买卖中表现得尤为明显。

在所有权保留买卖中,交付已经完成但所有权尚未移转,在此期间标的物所产生的天然孳息,如果依《物权法》第116条第1款的规定,属于出卖人,如果依《合同法》第163条的规定,属于买受人。对此,多数学者的看法是适用《物权法》第116条的规定,即天然孳息由出卖人取得,但却存在不同的解释理路,有的学者从合同的目的解释出发,认为所有权保留买卖中应由出卖人享有孳息;[②]有的学者从冲突法的适用规则寻找根据,认为《物权法》系新法,在适用上优于《合同法》;[③]有的学者将孳息与从物、附随物类比,认为天然孳息随同所有权保留,与从物和附随物随同保留是一样的道理。[④] 还有学者认为应当严格贯彻"交付主义"的原则,以"交付"作为风险承担与利益承受的分配点,买

① 参见宋振玲:"买卖合同中标的物孳息归属判断规则之我见",载《丹东师专学报》2003年第4期。

② 参见于雷:"关于孳息归属若干问题的探讨",载《广西警官高等专科学校学报》2008年第3期。

③ 参见江平主编:《中华人民共和国物权法精解》,中国政法大学出版社2007年版,第151页。

④ 参见隋彭生:"天然孳息的属性和归属",载《西南政法大学学报》2009年第2期。

受人因交付而获得有权占有及孳息收取权。[①] 最后一种观点颇值赞同,既体现了"风险与利益同在"的法律精神,因为在所有权保留买卖中,标的物毁损、灭失的风险已经随着"交付"而移转,对孳息的收益权也应一同移转,又体现了"占有人对原物的照料"的立法考量,[②]因此,买受人虽尚未取得标的物的所有权,但享有对标的物的占有、使用和收益的权利却是毋庸置疑的。[③] 但这样一来,《合同法》第 163 条之规定在买卖合同中的普遍效力受到冲击。

透过上述分析我们可以清楚地看到,《合同法》中存在着多样的天然孳息归属规则,尤其第 163 条规定的天然孳息归属规则与《物权法》第 116 条第 1 款存在着可能的冲突,换句话说,对于天然孳息的归属,在物权法体系与合同法体系中并不存在一个一以贯之的原则。正是因为不同的归属规则在适用上存在着冲突,学者们才不遗余力地在理论上寻找各种突破口。那么是否能够为天然孳息的归属确定一项可以消解上述冲突的统一的原则呢?

四、天然孳息归属的一般原则的确立

(一)确立天然孳息归属原则的必要性

由于法律关系的复杂性,在不同的法律关系中,天然孳息可能归属于不同的权利人,他们或基于对母物的所有权(如所有权人对孳息的取得),或基于对物性的对原物的享用权(如用益物权人对孳息的取得),或基于对人性的对原物的享用权[④](如承租人对孳息的取得和不动产买受人在交付后登记前对不动产孳息的取得),或基于某种与物权相当的事实状态(如诚信占有人对孳息的取得),或者基于法律的特

① 参见雷敏:"论孳息的归属",中国政法大学 2008 年硕士学位论文。

② 参见全国人民代表大会常务委员会法制工作委员会所编"中华人民共和国法律释义丛书"中,胡康生主编:《中华人民共和国合同法释义》(第 2 版),法律出版社 2009 年版,第 246 页。

③ 陈华彬:《物权法原理》,国家行政学院出版社 1998 年版,第 623 页。

④ 隋彭生教授将之称为用益债权,与用益物权相对,是指对他人所有的动产或不动产,依法享有的占有、使用、收益的债权。参见隋彭生:"用益债权——新概念的提出与探析",载《政法论坛》2008 年第 3 期。

别规定（如法定继承中对遗产孳息的取得和邻地所有权人对落入物的取得[①]）而享有孳息取得权。或许出于这种考虑，在梁慧星教授和王利明教授主持的物权法草案中均没有规定天然孳息归属的一般原则，只是笼统地规定"由享有取得权利的人取得"。[②] 但我们应该清楚地认识到，孳息制度的主要功能，或者说其存在的主要价值在于，它是一种低成本的确定新生物所有权归属的规则。因而只有为天然孳息的归属确立一项统一的基本原则才能彰显其制度价值。我国《物权法》试图做到这一点，以第116条所确立了天然孳息归属的一般规则，但该规定显然并不全面，除所有权人取得外，它仅规定了用益物权和当事人约定两项例外，并不能涵盖上述所有的孳息取得权人，同时忽视了"意定"和"约定"的包含关系，前者除包含双方法律行为的约定外，还包括单方法律行为，如订立遗嘱的行为，遗嘱人对遗产之天然孳息的归属作出规定的，同样优先于法律规定的归属规则的适用。因此"当事人另有约定的，按照约定"的表达改为"法律有其他规定的，依照其规定。当事人另有约定或其他意思表示的，依照其约定或意思"才显周延。但这样一来，该条所确定的"原物主义"的天然孳息的一般归属原则因过多例外情形的存在而被肢解。再来看所谓"原物主义"，如上文所述，由于其涵盖主体的多元性，它更多的是对民事法律制度尤其是物权法中关于天然孳息归属的各种规定的归纳，并非一项明确的法律原则，并且如果不将《合同法》第163条中的"交付"在移转所有权的意义上来理解，这种"交付主义"将构成对"原物主义"的极大破毁。而一旦在所有权移转的意义上来理解这里的"交付"，则不能解释所有权保留买卖中的天然孳息及其所有权移转需要登记的特殊动产或不动产买卖中标的物在交付后登记前所生的天然孳息何以归占有标的物但尚未取得所有权的买受人。

---

① 我国台湾地区"民法典"第798条规定："果实自落于邻地者，视为属于邻地。但邻地为公用地者，不在此限"。

② 参见梁慧星主编：《中国物权法草案建议稿附理由》，社会科学文献出版社2007年版，第119页；王利明主编：《中国物权法草案建议稿及说明》，中国法制出版社2001年版，第179～180页。

有鉴于此,能否确定一项天然孳息归属的一般原则,除法律规定的极少数例外,普遍适用于所有的法律行为?笔者认为这在理论上是可能的,以直接占有人作为确定天然孳息归属者的"占有主义"就是最为理想的选择,但"占有主义"的成立需要具备一项前提——承认诚信占有人的天然孳息取得权。

(二)诚信占有人的天然孳息取得权

我国《物权法》确定了严格的"原物主义"的天然孳息归属原则,这种严格性的另外一个突出表现是,其第243条所规定的诚信占有人对孳息的返还责任。该规定广受诟病。首先从孳息制度的功能来看,除前文提到的确定原物所生之物的归属外,孳息制度的另外一项重要功能往往为我们所忽视,即在原物与所有权人相分离的情况下,确定所有权人与相对人各自的权限,并调节相对人在此等权限之外所承担的责任范围。原物与所有权人的分离存在两种可能的原因,其一,所有权人自愿与他人达成某种物权关系(如用益权关系)或债权关系(如租赁关系),从而将孳息收取权授予其相对人;其二,原物非因所有权人的意志被他人占有。在第一种情形,该项功能的发挥主要限定在用益权关系中,原则上,用益权人对用益物行使收益权的外延以孳息为限,并不及于孳息以外的收获物,如收取的出产物、发现的埋藏物、过度收取的孳息等,后者一般仍归属于所有权人,或者由用益权人取得,但要对所有权人做出补偿,①此时,孳息概念又成了相对人承担补偿责任的范围(孳息以外的收获物的价值)的调节器。在第二种情形,涉及非法占有人对原物享有的权利范围以及返还责任的承担问题,孳息在其产生初期的《十二表法》中所扮演的角色即是该功能的体现,第十二表第3条规定:"凡以不正当名义取得物件占有的,长官……如愿意……指定仲裁员3人处理之;通过他们的判决……双倍地赔偿损害并返还所得的

① 参见《阿根廷民法典》第2863条、第2866条、第2868条等;《法国民法典》第582条、第590~591条等;《意大利民法典》第981条、第984条、第987~991条等;《德国民法典》第1039条;《瑞士民法典》第768条;等等。

孳息”。[①] 此等功能的发挥因占有人是否诚信而有不同的体现,根据敕令 C.3,32,22 的规定:“毫无疑问,恶信占有人通常必须返还同一物所产生的全部孳息,而诚信占有人只需返还现存的孳息及在争讼期后产生的全部孳息”。[②] 罗马法中的“善待诚信占有人”的精神一直延续至今并被进一步发展,诚信占有人连现存的孳息都无须再返还。从实践的角度来看,在孳息的返还上,对诚信占有人并不适用“孳息随原物”的一般法理,还有一个重要的原因,“一般而言,天然孳息就其属性来说是消费品,甚至许多是易耗品,其功能在于满足人们的日常生活需要,如此,持续占有了很长时间,则诚信占有人返还孳息的义务将使其不堪重负,导致严重的不公”。[③] 因此,诚信占有人取得其诚信占有期间的孳息成为通例,除了上文我所举的法国、德国和意大利的立法例以外,还有诸如《日本民法典》第 189 条第 1 款、《荷兰民法典》第三编第 120 条第 1 款、《阿根廷民法典》第 2423 条、中国台湾“民法典”第 954 条等均规定了诚信占有人的孳息取得权。

其次从占有制度的法律价值来看,主要有秩序价值、公平价值与效率价值三个方面,[④]占有制度的这三重价值的一个主要体现就是权利推定以及由此产生的公信力,而孳息取得权是对占有人的权利推定的一个重要方面,这也是各国物权立法确立“善待诚信占有人”理念的一个重要理由,但我国《物权法》第 243 条的规定,套用张双根教授的话,“无论怎样诚信的占有人,依照《物权法》的逻辑,就占有物上所获得的孳息,自始必须谨慎地保存好,以备将来返还给权利人,立法者通过该条传递给公众的信息,对公众的交易迅捷和安全来说,幸耶,不

---

① 徐国栋、阿尔多·贝特鲁奇、纪蔚民:“十二表法新译本”,载《河北法学》2005 年第 11 期。

② [意]桑德罗·斯奇巴尼选编:《物与物权》,范怀俊译,中国政法大学出版社 1999 年版,第 71 页。译文有改动。

③ 石佳友:“《物权法》占有制度的理解与适用”,载《政治与法律》2008 年第 10 期。

④ 张友连:“论占有制度的法律价值——兼论《物权法》中占有制度的完善”,载《安徽大学学报》(哲学社会科学版)2008 年第 3 期。

幸耶?!"①

值得注意的是,在三部物权法学者草案中,均规定了诚信占有人的孳息取得权。梁慧星教授主持的《物权法草案》第424条规定:"善意占有人于占有期间可使用占有物并取得收益,且对占有物因使用而消灭或者受损害,不承担赔偿责任。"并在立法理由中陈述道,善意占有人,既推定其于占有物上所行使的权利合法享有,自应使其有权使用及收益占有物,如果使其归还收益,善意占有人必将蒙受不测损害,对于保护善意占有人殊为不利。② 王利明教授主持的《物权法草案》③和徐国栋教授主持的《民法典草案》④都作了类似规定。

因此,无论从比较法的角度还是民法理论的角度来看,赋予诚信占有人孳息取得权已经成为通识,诚然,立法者可以基于一定的利益考量而强化对原物所有权人的保护,但是这种强化不能与占有制度的价值本身相冲突,不能因为对原物所有人的保护而给诚信占有人带来沉重的负担。合理的做法应该是借鉴国外立法经验,规定诚信占有人在诚信占有期间的孳息取得权。

(三)"占有主义"的天然孳息归属原则的确立

所谓"占有主义",即在承认诚信占有人的孳息取得权的前提下,除当事人另有约定或其他意思表示或法律另有规定外,天然孳息原则上归属于原物的直接占有人。这一原则比"原物主义"和"交付主义"具有更强的普适性和合理性。其一,在所有适用《物权法》所规定的"原物主义"的情形同样可以适用"占有主义",而且在有些情形,必须以"占有主义"进行解释。我们先来看以"占有主义"作为天然孳息归属的法定原则时,"原物主义"的主要适用主体——用益物权人、承租

① 张双根:"占有的基本问题——评《物权法草案》第二十章",载《中外法学》2006年第1期。

② 梁慧星主编:《中国物权法草案建议稿附理由》,社会科学文献出版社2007年版,第700页。

③ 参见王利明主编:《中国物权法草案建议稿及说明》,中国法制出版社2001年版,第540~541页。

④ 参见徐国栋主编:《绿色民法典草案》,社会科学文献出版社2004年版,第323页。

人和诚信占有人等——对孳息享有的权利状况。用益物权人和承租人享有对原物的孳息取得权，其依据可以解释为与原物的权属关系（对原物的享用权），同样可以解释为对原物的占有，享有孳息收取权的用益物权人必定占有原物，而无须占有原物的一些用益物权，比如地役权，同样不享有对孳息的取得权。① 一旦用益物和承租物被他人无权占有，则落入诚信占有人取得孳息的情形。我们接着来分析诚信占有人的孳息取得权。如果以为"诚信"占有才是取得孳息的构成事实，这就混淆了孳息取得的原因与孳息取得的事实效果。实际上，占有人即时取得天然孳息，但若其他权利人能证明占有人系恶信，则恶信占有人负有返还孳息的义务，而且这种请求返还是对人的而非对物的。因而，占有即取得天然孳息的依据，占有人的诚信或恶信只关乎对占有效果的评价以及相关的责任问题。②

当然，在得出此结论时我们不能忽视占有制度中的这样一个原则，即诚信推定，这是占有制度的权利推定效力中的事实推定中的重要一环。全国人大常委会于 2005 年公布的《物权法草案征求意见稿》第 261 条规定："无权占有，包括善意占有和恶意占有。无权占有，除有相反证据证明外，推定善意占有。"但在最终颁布的《物权法》中删除了这一规定，不止如此，连同在《物权法征求意见稿》中所规定的其他推定规则（有权占有、自主占有等）在《物权法》中也一概被删除，但我们不能据此否认占有的诚信推定效力，根据占有制度所内蕴的保护当事人对物所处的事实状态的信赖利益以及因此而生成的"法律不推定恶

---

① 陈朝壁先生认为，依罗马法之理论，用益权人对孳息之权利，以先占之理论为基础，故必收获之、占有之，而后取得其所有权也。参见陈朝壁：《罗马法原理》，法律出版社 2006 年版，第 264 页。对此说尚待进一步考证，但其"先占说"可以作为我所主张的"占有主义"的一个佐证。

② Pietro Barcellona, Frutti e Profitto d' Impresa, Milano: Dott. A. Giuffrè Editore, 1970, pp. 39 – 41.

意”的法谚,应当认为上述推定效力内在于占有制度。①

但是在我们上文所限定的天然孳息归属原则适用范围的第一种情形,即占有人系有权占有但没有意定天然孳息的归属且法律没有特别规定时,如果一体适用“占有主义”来确定天然孳息的归属则可能会落下对所有权人保护不周的口实,最典型的是借用合同。在长期借用的情形,通常是借用人对借用物天然孳息的产生起主要作用,此时如何确定天然孳息的归属“就要看立法者如何权衡借用人的劳动价值和所有权的效力(孳息收益)”,从鼓励物的利用和效用的角度出发,确定使用人取得天然孳息更为妥当,②这也符应了“占有主义”的合理性。但在短期借用的情形,由于对天然孳息的产生起主要作用的可能是所有权人,此时当确定原物所有权人取得孳息。“占有主义”的普适性在此遭遇瓶颈,这种情形,不妨由立法作出特别规定,短期的有权占有期间产生的天然孳息归属于所有权人。

其二,《合同法》第163所规定的“交付主义”的孳息归属原则,除“指示交付”和“占有改定”的情形外,其实就是“占有主义”的另一种表达。在“指示交付”的情形,“交付主义”与“占有主义”的冲突还不明显,虽然标的物第三占有人之前基于占有而享有的孳息取得权在“指示交付”后仍然基于占有而继续存在,但即使按照“交付主义”原则,买受人在“指示交付”后也并不必然取得孳息取得权,仍然要视出卖人与第三人之间的法律关系而定。《合同法》第163所规定的“交付主义”与“占有主义”的冲突最可能出现在“占有改定”的情形,根据前者,标的物在交付后所生天然孳息由买受人取得,根据后者,则由直接占有人(出卖人)取得,但这种冲突完全通常会因当事人之间的约定而化解,一般不会存在法定的天然孳息归属原则的适用余地。因此,在统

① 参见王利明:《物权法研究》(修订版)下卷,中国人民大学出版社2007年版,第739~740页。对此也有不同的观点,认为这样一来,保护所有权的制度价值被冲破一角。参见王洪亮:“论所有权人与占有人的关系——所有物返还请求权及其从请求权”,载王洪亮等主编:《中德私法研究》(第1卷),北京大学出版社2006年版,第85页。

② 参见高富平:《物权法原论》(下卷),中国法制出版社2001年版,第803页。这里的“长期”以及下文将要提到的“短期”应视具体情形而定,但应考虑到天然孳息的产生周期。

一的“占有主义”的天然孳息归属原则之下，将《合同法》第163条修改为“标的物产生的孳息，归直接占有标的物的买受人或出卖人所有”并不会完全颠覆此前的规定。特别是与《物权法》中“原物主义”相冲突的所有权保留买卖和需要办理所有权移转登记的特殊动产和不动产买卖中的天然孳息归属规则，只能依“占有主义”解释之。在上文我们提到的台湾“民法典”中“落入邻地的果实由邻人取得”的规定也是出于同样的理由(占有)。

由此可见，在当事人没有意定天然孳息的归属时，以“占有主义”来统一我国民法体系中的天然孳息归属，不仅可以化解《物权法》第116条第1款与《合同法》第163条可能存在的冲突，而且将例外的情形减少到最低，从而在最大程度上保证了其“原则性”。然而不能否认，“占有主义”同样存在例外情形，即“占有主义”为确定天然孳息归属的法定原则，但此“法定”之外还可以“法定”，①后者构成对前者适用范围的限制。例如我国《合同法》第377条规定的保管人的孳息返还义务，就是“占有主义”的法定例外。不过由于“占有主义”原则将例外情形压缩到最少，仍不失为统一天然孳息的归属最为理想的选择。

(李飞，华侨大学法学院讲师)

---

① 隋彭生：“天然孳息的属性和归属”，载《西南政法大学学报》2009年第2期。

回应对《合同法》第51条的批评

梁慧星

《合同法》颁布以来,有的学者总是批评《合同法》第51条不对,似乎第51条是《合同法》最大的错误。他们说,第51条应该区分"物权行为(处分行为)"与"债权行为(负担行为)",在权利人不予追认、处分人事后未得到处分权的情形,仅仅是"物权行为(处分行为)"无效,而买卖合同(债权行为)的效力不受影响。

处分行为无效、买卖合同有效,这是德国民法的立法思路,迄今采取这一立法思路的主要是德国自己的民法和我国台湾地区民法。而绝大多数国家的民法和国际公约、国际惯例,都不采取这一思路,其中包括德国民法学者牵头起草的《欧洲民法典草案》(DCFR)。

《欧洲民法典草案》(DCFR)第四编A分编买卖,第一章第二节一般规定,第1:202条规定买卖合同定义:"货物买卖合同是指一方(出卖人)向他方(买受人)允诺在合同成立时或将来的某个时候将货物的所有权转移给他方或指定的第三人,他方则允诺支付价款的合同。"你看,根本没有区分所谓物权行为与债权行为,与我们的《合同法》第130条规定的买卖合同定义,并无不同。

我们的《合同法》制定时,先由6位民法学者和2位法官设计立法方案,然后由12个单位的学者按照立法方案分头起草,最后由3位学者统稿完成正式草案。特别要指出这样一个历史事实,当年参与设计合同法立法方案的6位学者、2位法官,参与起草具体条文的12个单位的民法学者,及草案进入立法程序后,负责对合同法草案讨论修改的民法起草工作小组,及承担具体修改工作的法工委民法室,都不赞成德国民法区分物权行为(负担行为)与债权行为(负担行为)这套理论。

正是这个历史事实决定了我们的《合同法》,虽然采用了大陆法系的德国民法的概念体系,却没有采用德国民法区分物权行为(处分行为)与债权行为(负担行为)的理论和立法思路。

顺便指出,我们的《合同法》第51条,条文中所谓"处分",是所有权定义当中的"处分"权能。《民法通则》第71条规定:"财产所有权是指所有人依法对自己的财产享有占有、使用、收益和处分的权利。"《合同法》第51条所谓"处分",即该所有权四项权能之一的"处分"权能,而不是德国民法区别于负担行为(债权行为)的"处分行为(物权行为)"。

既然《合同法》第51条没有采纳德国民法的立法思路,因此,在《合同法》颁布后,凡是从德国民法区分物权行为(处分行为)与债权行为(负担行为)的立场对《合同法》第51条进行的批评,都不具有学术论争的现实意义。而值得认真对待的,是从别的立场,对《合同法》第51条提出的批评。例如,韩世远教授指出,"新近的国际模范法如PICC(第3.3条)及PECL(第4:102条),均规定合同效力不因无权处分的事实本身而受影响,合同并不无效。"据此,韩世远教授批评《合同法》第51条的规定,违反现代化市场经济的共同规则,与国际公约和国际惯例不一致。(韩世远:《合同法总论》,法律出版社2011年版,第222页)

鉴于韩世远教授是我国著名合同法学者,曾参与合同法规制格式合同制度的起草,是我负责的中国民法典草案建议稿合同编的起草人和统稿人之一,现在是东亚合同法草案的组织者和起草人之一,其研究中国合同法总论的著述,在国内外有很大影响。因此,韩世远教授对《合同法》第51条的批评,应当格外受到重视。

我要告诉同志们,韩世远教授对《合同法》第51条的上述批评,源于他自己对《国际商事合同通则》(PICC)第3.3条第(2)款的误读。请看《国际商事合同通则》(PICC)第3.3条(自始不能)中文:"(1)合同订立时不可能履行所承担之义务的事实本身不影响合同的效力。(2)合同订立时一方当事人无权处置与该合同相关联之财产的事实本身不影响合同的效力。"韩世远教授引为批评论据的,是其中第(2)款,认为该第(2)款所谓"一方当事人无权处置与合同相关联之财产",即是"无权处分(合同)",因此该款明文规定了"无权处分的事实本身"不影响合同效力,"合同并不无效"。

韩世远教授的误读在于,轻率地将条文的"无权处置"理解为大陆法系所谓"无权处分",须知通则是由大陆法系的学者与英美法系的学者共同制定的,在起草中往往回避采用大陆法系既有概念。请看该第(2)款原文:The mere fact that at the time of conclusion of the contract a party was notentitled to dispose of the assets to which the contract relates does not affect the validity of the contract. 该款注释(comment),将本款称为"没有合法的所有权或权利 Lack of legal title or power"。

请看该款注释原文:Para (2) of this article deals with cases where the party promising to transfer or deliver assets was not entitled to dispose of the assets because it lacked legal title or the right of disposition at the time of the conclusion of the contract. 注释明确指出,"本条第二款认为这种合同有效。实际上,签约人的确经常在订立合同之后获得对财产的合法权利或处分权。"原文是:para(2) of this article considers such a contract to be valid. Indeed, a contracting party may, and ofen does, acquire legal title to, or the power of disposition over, the assets in question after the conclusion of the contract.

这究竟是一种什么样的买卖合同,其出卖人在订立合同之时,缺乏处置该财产的合法资格或者权利,而总是在合同订立之后,indeed, may, and ofen does ,得到处置该财产的资格或权力? 显而易见,这是"将来财产买卖合同",而非大陆法系的德国民法所谓无权处分行为,更非中国《合同法》第51条规定的无处分权人(恶意或误认)处分他人财产的合同。

所谓将来财产买卖合同,就是出卖人订立出卖合同的时候,还没有购进所出卖的标的物,属于先卖出、后买进。常见的例子,是到4S店购买原装进口汽车,订立买卖合同的时候,是按照样品车或者产品说明书记载的规格型号约定标的物,双方没有看见这辆车,这辆车不在4S店,还在国外厂家生产线上或者还没有生产出来。以前的经销商是先买进、后卖出,现在的经销商是先卖出、后买进,出卖汽车合同订立之时出卖人还没有购进这辆汽车,当然还没有这辆汽车的所有权。这叫将来财产买卖合同,是现代化市场经济中最典型的商事经销形式。

《合同法》上没有规定将来财产买卖合同,是因为起草人当时不了解这种交易形式。从这个角度说,《合同法》没有规定将来财产买卖合同,应当算是一个立法漏洞。而这个立法漏洞,已经为最高法院买卖合同司法解释(法释〔2012〕8号)第3条买卖合同特别效力解释规则所弥补。该项司法解释规则起草时的名称就叫"将来财产买卖合同",其(7月修改稿)第5条(将来财产买卖合同的效力):"以将来可能取得所有权或者处分权的财产为标的物的合同当事人,以出卖人未取得所有权或者处分权为由主张合同无效的,人民法院不予支持。"而最高法院起草此项解释规则,所参考的立法例,正是《国际商事合同通则》(PICC)第3.3条。

以上是回应对《合同法》第51条的批评。因为韩世远教授是专门研究合同法总论的著名学者,其研究中国合同法总论的著作在国内外有很大影响,其基于对《国际商事合同通则》(PICC)第3.3条将来财产买卖合同规则的误读,对《合同法》第51条所作错误批评,成为别的学者,包括根本不研究合同法的学者,抨击《合同法》第51条的依据。顺便指出,韩世远教授对《合同法》的另一处曲解,是凭空认定合同法有违约责任的过失相抵规则①,而此项规则,是《合同法》制定过程中,经立法者再三斟酌之后,明确表示予以扬弃了的。我在《中国合同法:是否承认过失相抵规则?》一文中已经谈到,这里不再重复。

我们的法学教授,应当纠正那种以外国法为判断标准,凡与外国法相同就认为正确、与外国法不同就认为错误的思想方法。如果你的某项观点、某项建议,最终没有被立法机关采纳,你当然可以保留你的意见,但是在对现行法进行解释的时候,在向我们的学生、实务工作者和我们的人民讲解现行法的时候,一定要站在现行法的立场上,向我们的学生、实务工作者、我们的人民正确阐释现行法律,自觉尊重和维护我们自己的法律的权威。这就是国内外学术界所一致公认的:学者的社会责任。

(作者系中国社会科学院学部委员)

---

① 韩世远:《合同法总论》,法律出版社2011年版,第634页。

彩票代销店转让合同的性质及其效力辨*

黄　忠

目　　次

违法合同的效力判定是一个关涉契约自由的重大问题。倘若拨去那些纷乱的法律术语的遮掩,我们就不难发现,在合同效力的判断过程中所面临的一个最基本的问题就是:如何才能保证无效的判断是适度的,即不会因为社会公共利益而过分戕害了作为民法之基石的契约自由。比较法上,这项任务主要是经由比例原则下的利益衡量方式来实

* 本文系国家社科基金项目《民法上的违法处置论:观念澄清与制度完善研究》(11XFX018)的成果之一。

现的。[①] 因此,判定违法合同效力的正确路径应当是:(1)对违法合同所损害的社会公共利益进行发现,看是否有某种社会公共利益被损害了;(2)基于比例原则对违法合同所损害的社会公共利益与当事人的私人利益进行权衡,看是否值得将合同判为无效。[②] 具体来说,就是要求法官在判定违法合同的效力时必须对以下因素予以考虑:违法合同本身的恶劣性;合同与社会公共利益的关联性;社会公共利益的重要性;合同无效的必要性;合同无效的实效性;合同无效的均衡性。[③]

应当说,上述研究结论对于纠正当前学说以及合同立法(包括司法解释)在就违法合同效力的判定中所存在方向性偏差,引导我们就此树立一个正确的问题意识具有指导意义。[④] 但必须承认,上述思路仍然偏于宏观。所以为避免理论的研究止步于单纯的可看性,而失去对司法的有效指引,我们在明确了违法合同效力判定的基准后,尚须充分关注典型违法合同的效力判定问题。[⑤] 必须承认,合同违法的具体

---

① 参见 R. A. Buckley, *Illegality and Public Policy*, London: Sweet & Maxwell, 2002, pp. 281 – 303; Thomas Westphal, *Zivilrechtliche Vertragsnichtigkeit wegen Verstoβes gegen gewerberechtliche Verbotsgesetze*, Berlin: Duncker & Humblot, 1985, S. 70ff; [日]川島武宜、平井宜雄編:《新版注釈民法(3) 総則(3) 法律行為 I》,有斐閣 2003 年版,第 102 ~ 103 页;《欧盟合同法原则》(Principles of European Contract Law)第 15:102 条;《欧盟民法典草案》(Draft Common Frame of Reference)第 II. – 7:302 条;解亘:"论违反强制性规定契约之效力——来自日本法的启示",载《中外法学》2003 年第 1 期;孙鹏:"私法自治与公法强制——日本强制性法规违反行为效力论之展开",载《环球法律评论》2007 年第 2 期;耿林:《强制规范与合同效力——以合同法第 52 条第 5 项为中心》,中国民主法制出版社 2009 年版;黄忠:"合同自由与公共政策——〈第二次合同法重述〉对违反公共政策合同效力论的展开",载《环球法律评论》2010 年第 2 期;黄忠:"契约自由与国家干预——普通法上的违法合同处理规则之改革",载《华东政法大学学报》2010 年第 5 期。

② 参见黄忠:"违法合同效力判定路径之辨识",载《法学家》2010 年第 5 期。

③ 参见黄忠:"比例原则下的无效合同判定之展开",载《法制与社会发展》2012 年第 4 期。

④ 实际上,2006 年最高人民法院印发的《关于当前形势下审理民商事合同纠纷案件若干问题的指导意见》也认为,"人民法院应当综合法律法规的意旨,权衡相互冲突的权益,诸如权益的种类、交易安全以及其所规制的对象等,综合认定强制性规定的类型。如果强制性规范规制的是合同行为本身即只要该合同行为发生即绝对地损害国家利益或者社会公共利益的,人民法院应当认定合同无效。"

⑤ 黄忠:"企业间借贷合同无效论之检讨",载《清华法学》2013 年第 4 期。

情形是无法穷尽的,普适性的判定基准只能给法官的自由裁量提供一个向导,而无法经由此就能直接得出裁判结论。其实,在合同无效判定的问题上试图有一劳永逸的幻想注定是要失败的。相反,唯有通过对当前司法实践中的典型性违法合同案型进行具体研究,才能逐渐为法官的个案裁判铺设一条更为平坦的道路,进而指引法官在合同无效的判定中妥当运用其自由裁量权。

本文所讨论的是彩票代销店转让合同的效力。自1987年我国发行福利彩票、1994年发行体育彩票以来,我国彩票市场发展迅速。与此同时,彩票代售点也不断增加。仅就福彩而言,全国的福彩投注站就已经超过六万个。① 由于开设代售店的业主情况千差万别,因此在某些时候就必然会涉及转让彩票投注站(机)的问题。然而,就司法而言,法院目前却多以违法为由判定这一转让合同无效,②此种判决是否妥当,当值细细思量。

一、案情及审理③

2003年2月,第三人某市福彩中心批准刘某某在该市某区62街坊菜场旁设立投注站,刘某某于2003年3月17日向第三人福彩中心交纳了投注机押金30000元,福彩中心随即将42060056号投注机交付刘某某经营。2004年1月、2005年3月,刘某某与第三人福彩中心签订了42060056号投注站销售协议书,约定刘某某不得将投注站转包经营,之后,双方未签订销售协议书,但双方均按原销售协议书履行义务至2007年10月。

2005年元月20日,黄某某向刘某某出具承诺书一份,内容为:经双方协商,本人强烈要求接受42060056号投注机进行福利彩票经营,虽然刘某某再三、反复强调福彩中心不准转让投注机的有关规定,但本

① 吴志刚:"构建'无形彩票'根除彩票违法行为",载《中国经贸导刊》2011年第14期。

② 除本文所述案件外,还可参见洛阳市瀍河回族区人民法院:民事裁判书(2011)瀍民初字第301号;陈旭:"私自转让彩票机 连环合同判无效",载《潍坊晚报》2012年7月23日。

③ 本案资料由中南财经政法大学张红博士提供,特予致谢。

人坚持要求接受该投注机,从2005年元月20日后投注机所发生的一切事情,与刘某某无关,由本人经营不良造成省福彩中心收机、停机,使投注机无法经营,也不找刘某某的麻烦,在2005年元月20日以前所发生的事情由刘某某本人负责。当日,刘某某也向黄某某出具了承诺书一份,内容为:经黄某某再三请求和协商,黄某某接受42060056号投注机,并进行经营。在黄某某未违背福彩中心有关规定的情况下,不提出收回投注机的要求。黄某某于2004年12月23日、2005年元月20日共向刘某某支付了转让费32000元、押金30000元,共计62000元。刘某某于2005年1月将42060056号投注机交付黄某某经营至2007年10月,并将第三人福彩中心于2003年3月17日出具的30000元押金收据等交付黄某某。因投注站内有赌博机,2007年12月福彩中心向刘某某下达了投注站违规处理意见单。此后,原告要求将投注机交还给福彩中心,但福彩中心要求被告必须到场才予退还押金,但被告拒绝配合。因此原告起诉到法院要求:(1)确认转让行为无效;(2)被告返还原告押金30000元,第三人福彩中心协助被告返还原告押金30000元;(3)被告承担本案诉讼费。

一审法院认为,刘某某将42060056号投注机转让给黄某某经营,违反了湖北省电脑福利彩票投注站管理规定及刘某某与第三人福彩中心签订的销售协议书约定,属无效行为。刘某某因该行为向黄某某收取的押金30000元,应当返还给黄某某,同时黄某某也应将押金收据、投注机返还给刘某某。黄某某要求确认转让行为无效及刘某某返还押金30000元的诉讼请求,本院应予支持。黄某某要求第三人福彩中心协助刘某某返还押金30000元的诉讼请求,于法无据,本院不予支持。据此判决:一、原告黄某某与被告刘某某之间的转让行为无效;二、被告刘某某于本判决生效之日起十日内返还原告黄某某押金30000元;三、原告黄某某于本判决生效之日起十日内将投注机及投注机押金收据返还给被告刘某某;四、驳回原告黄某某的其他诉讼请求。[①]

宣判后,湖北省某市人民检察院提起抗诉。再审法院合议庭认为:尽管原告黄某某与刘某某曾于2005年元月20日达成了关于投注站经

---

① 参见武汉市青山区人民法院:民事判决书(2009)青民二初字第346号。

营权转让的合意,但该合意明确违反了国务院《彩票管理条例》第15条第2款、第16条之规定,“彩票代销者不得委托他人代销彩票。”“彩票投注专用设备属于彩票销售机构所有,彩票代销者不得转借、出租、出售”。而根据我国《合同法》第52条第5项及《最高人民法院关于适用〈中华人民共和国合同法〉若干问题的解释(二)》第14条之规定,如果一行为明显“违反法律、行政法规的强制性规定”,且该规定属于“效力性强制性规定”,那么,该法律行为无效,由此所达成的合同无效。国务院《彩票管理条例》第15条第2款、第16条之规定显然属于国家行政法规。与此同时,彩票业是带有公益福利色彩的特殊行业,黄某某和刘某某私下所进行的投注站经营权转让行为,实践中极易破坏彩票交易市场秩序的稳定,损害社会公共利益,故国务院《彩票管理条例》第15条第2款、第16条之规定属于“效力性强制性规定”。因此,检察院的抗诉理由不能成立。

二、《彩票管理条例》第15条和第16条的性质辨析

就肯定合同的效力而言,若是小而言之,则其对于维护当事人的信赖、防止一方的履行被不当剥夺都是必需的;若是大而言之,由于合同是贯彻私人自治的基本工具,则肯定合同的效力对于促进私人自治,进而促进社会经济的繁荣也是必要的。① 因此,学说就非常强调,能够用于否定合同效力的公共利益应当是那些重要的社会公共利益,轻微的公共利益一般不能否定合同的效力。②

在前述案件中,法院多以《彩票管理条例》第15条第2款、第16条作为判定合同无效的依据。③ 那么我们必须要追问:《彩票管理条例》第15条第2款、第16条到底体现了何种社会公共利益?再审法院合议庭认为,彩票业是带有公益福利色彩的特殊行业,黄某某和刘某某私

① 有学者则指出,从根本上来说,自治所反映的正是市场经济下私法的内在要求。参见李建华、许中缘:“论私法自治与我国民法典”,载《法制与社会发展》2003年第3期。

② 参见 Restatement (Second) of Contracts §178, Comment b。

③ 参见陈旭:“私自转让彩票机 连环合同判无效”,载《潍坊晚报》2012年7月23日。

下所进行的投注站经营权转让行为，在实践中极易破坏彩票交易市场秩序的稳定，损害社会公共利益，因此国务院《彩票管理条例》第 15 条第 2 款、第 16 条之规定属于“效力性强制性规定”。可见，再审法院合议庭将《彩票管理条例》第 15 条第 2 款、第 16 条与彩票交易市场秩序相结合，认为上述规范旨在维护彩票交易市场秩序这一社会公共利益。但这一认识值得商榷。

《彩票管理条例》第 15 条第 2 款规定：“彩票代销者不得委托他人代销彩票。”第 16 条进一步明确：“彩票投注专用设备属于彩票销售机构所有，彩票代销者不得转借、出租、出售。”上述两个法律规定中虽然都出现了“不得”的表述，但能否据此就直接认定《彩票管理条例》第 15 条第 2 款和第 16 条是旨在维护社会公共利益，进而构成“效力性强制性规定”？虽然在目前的学说和司法实践中，“不得”常常被理解为强制规范的标志。[①] 但必须注意的是，并不是所有使用了“不得”的条款都构成对社会公共利益的捍卫，进而均属于“效力性强制性规定”。耿林博士就曾极为正确地指出：“不得”可以分为仅涉及当事人之间的“不得”和与公共利益有关的“不得”。后者常为禁止规范，而前者则否。因此在带有公法性质的法律中，“不得”更要首先从规范目的的角度去理解，而不能只从用词上去判断。[②] 因此简单地从《彩票管理条例》第 15 条第 2 款、第 16 条上的“不得”表述中就直接断言该规范承载了重要的社会公共利益的认识是错误的。

由于合同无效作为一种比较极端的规制技术，其对私人自治的限制具有根本性，因而注定是不能随意使用的。换言之，当我们试图判定合同无效时，必须要对该合同所损害的社会公共利益予以明示，否则就会极易引发无效判决的滥用，危及私人自治的民法根基。在此，我们的

---

① 参见陈小君主编：《合同法学》，高等教育出版社 2003 年版，第 86 页；苏号朋：《合同的订立与效力》，中国法制出版社 1999 年版，第 284 页；史尚宽：《民法总论》，中国政法大学出版社 2000 年版，第 329 页；黄立：《民法总则》，中国政法大学出版社 2002 年版，第 329 页；沈德咏、奚晓明主编：《关于合同法司法解释（二）理解与适用》，人民法院出版社 2009 年版，第 109 页。

② 耿林：“强制规范与合同效力——以《合同法》第 52 条第 5 项为中心”，清华大学 2006 年博士学位论文。

法官们必须时刻牢记耶赛尔(Jessel)的告诫:你们不能够将这些关于合同因违反公共政策而无效的规则任意扩张,因为,如果公共政策上有一种更重要的要求的话,那就是,成年并且具有健全智力的人应该享有最大限度地订立合同的自由,他们自由并且自愿达成的合同应该被视为是神圣的,理应得到法院的强制执行。① 因此在判定本案所涉的转让合同效力时,我们必须对《彩票管理条例》第15条第2款、第16条的规范性质和目的进行认真分析。而在讨论《彩票管理条例》第15条、第16条的规范性质前,我们首先要对彩票业所涉及的法律关系有全面的理解。一般认为,彩票业所涉及的法律关系是多重的:首先是国家与发行机构之间的特许法律关系;其次是发行机构与承销机构之间的授权代理关系,如中国福彩彩票发行中心授权各省福彩发行中心承销;再次是投注站与承销机构之间的转委托关系。由于我国大陆地区目前禁止使用彩票直销模式,因此这一委托关系是彩票销售中的必经环节;②最后是购彩人与发行机构之间的买卖合同关系。③ 很明显,彩票业所涉的四重法律关系的性质是存在重大区别的,其所体现的利益属性也大相径庭。

具体来讲,彩票业所涉的四重法律关系中承载了社会公共利益的只有彩票的发行和管理关系,而彩票的代销和买卖则属于一般的民事关系,并不必然涉及社会公共利益的问题。彩票的发行和管理行为之所以关涉社会公共利益,这实际上是由彩票本身的特殊属性所决定的:因为彩票本身并不增加物质财富和国民收入,它只是借助于一种特殊的再分配手段,将已经成为个人消费基金的一小部分再集中起来,用于社会公益事业和福利事业,④因而各国、各地区一般都排除外资参与运

① Printing & Numerical Registering Co. v. Sampson, L. R. 19 Eq. 462(1875).

② 按照《彩票管理条例》第6条和第15条的规定,中福彩中心和体彩中心并不直接销售彩票,且各级彩票销售机构也须委托彩票代销者来销售彩票。参见吴志刚:"构建'无形彩票'根除彩票违法行为",载《中国经贸导刊》2011年第14期。

③ 丁益均、邹剑锋:"彩票投注站销售人员'赊购'彩票犯罪法理辨析",载《犯罪研究》2005年第6期。

④ 赖怡芳:"从欧盟各国彩票业立法看我国彩票法律制度的完善",载《北方经济》2006年第10期。

行和分利，否则，如果允许外资运行和分利，那么它所分出去的显然不是一般意义上的生产经营利润，而是把本国国民的消费基金集中起来据为己有。而且，彩票又因其投机性而容易导致对人们投机心理的过度刺激，从而引发严重的社会问题，所以应当进行管制。[①] 此外，彩票市场在某一个特定阶段只能是处于一个定量，因而如果彩票的发行方出现多家纷争，就会驱使经营者提高返利率（兑现给中彩者个人以刺激其再次消费的积极性），增加经营成本（为刺激销售积极性，提成给代销商和具体运行者），其最终结果就是降低集资率，这样只会恶性循环，带来更为严重的纷争。这显然与国家开展彩票活动的宗旨是相矛盾的。因此虽然早期的彩票发行多为私人行为，但到了18世纪，彩票的发行就开始改由政府控制和垄断。[②] 此后，很多国家还通过法令，直接控制"彩票"，并将其作为政府收入的一个来源。[③] 比如，美国就不允许私人企业控制彩票发行，各州政府规定，只有州政府有权在其管辖范围内发行彩票，而私人企业只有提供零售州政府彩票产品的权利。在泰国，彩票业也是由国家统一进行管理的。在我国，彩票的发行也是由国家垄断的，按照《彩票管理条例》第3条的规定，彩票须由国务院特许发行。

但是彩票的代销显然不同于彩票的发行，而只是一个具有典型特征的民事法律关系，[④]其中并不必然涉及社会公共利益。因为在国家垄断彩票发行的背景下，由谁来具体代销"具有格式合同性质"的彩票并不必然损害社会公共利益。这就类似于我国目前电信行业是涉及社会公共利益和国家安全的，因此就此设定行政许可似有一定道理，但代销电话卡就属于一般的民事行为，而无须行政许可了。也正是由于彩票的代销并不必然关涉社会公共利益，因此民政部福利彩票处的同志

---

① 余晖、朱彤："彩票市场的竞争性质与我国彩票监管体制的重构"，载《中国工业经济》2004年第6期。

② 胡正明：《中国福利彩票营销理论前沿》，经济科学出版社2007年版，第12页。

③ 参见马宏俊主编：《体育博彩的法律保障比较研究》，中国法制出版社2011年版，第18页。

④ 张齐安："彩票代销合同之思考"，载《社会福利》2010年第9期。

才表示,行政法规不宜对彩票代销关系作较多的规定。① 就此而言,本案的再审合议庭以彩票业是带有公益福利色彩的特殊行业为由直接认定《彩票管理条例》第15条第2款、第16条亦承载了社会公共利益的认识并不正确。② 相反,在我看来,《彩票管理条例》第15条第2款、第16条应当理解为是便利彩票发行、销售管理机构对彩票代销者进行业务指导和管理的纯粹管理规范。③ 这一认识已经在发达国家的彩票业中得到了体现。比如,进入20世纪90年代以后,美国一些州的彩票公司就开始把部分彩票品种授权给能够建立自己销售网络的私人公司经营,而不再直接给销售点授权。④

当然,也有论者提出由于彩票代销证的转让,可能会增加彩票销售过程中的违法风险,比如诱发销售"六合彩"等违法彩票。⑤ 但必须指出的是,销售违法彩票与彩票代销证的转让之间并无必然关联。从目前关于销售违法彩票的报道来看,一些拥有彩票代销证的代销者销售地下六合彩的情况也时有发生。⑥ 因此,不能推论认为彩票代销证的转让与销售违法彩票之间有必然的关联。而基于违法合同与社会公共

① 张齐安:"彩票代销合同之思考",载《社会福利》2010年第9期。

② 需要说明的是,比较法上,有些国家的立法对彩票代销店也规定了许可。但这一许可的制度目的是为了防止过度竞争。换言之,因为某一地区的彩票购买者的数量是有限的,因此如果随意允许设立彩票销售店,就可能会造成过度竞争,影响现有从业者的利益。参见[英]安东尼·奥格斯:《规制:法律形式与经济学理论》,骆梅英译,中国法制出版社2008年版,第236页。但要注意的是,学说对此存在异议。并且,获得彩票销售资格与转让现有的彩票销售资格是两回事,后者并不会损害现有从业者的利益。

③ 需要说明的是,本文使用纯粹管理规范与效力性强制规范仅仅是为便利计,而不是说本人赞同立法对此进行区分。相反,在笔者看来,上述区分采取的是倒推式的逻辑,于司法实践并无指导价值。参见黄忠:"违法合同效力判定路径之辨识",载《法学家》2010年第5期。

④ 余晖:"彩票市场的产业组织特征与政府监管——兼论我国彩票监管体制改革的目标模式",载《管制与自律》,浙江大学出版社2008年版,第172页。

⑤ 吴志刚:"构建'无形彩票'根除彩票违法行为",载《中国经贸导刊》2011年第14期。

⑥ 参见余锋:"地下六合彩赌窝藏身彩票投注站 每月收单金额颇大",载《南国早报》2011年2月20日;周松柏:"体彩站卖六合彩 代销许可证被收回",载《南方都市报》2011年11月22日 。

利益之关联性的无效判定基准,若要因为某一行为而去否定合同的效力,就必须要求合同与对社会公共利益的损害之间应具有直接的关联性。[①] 换言之,当合同与社会公共利益之间缺乏关联性,或关联过远时,原则上就不能否定合同的效力。比如宅基地买卖合同与耕地保护的社会公共利益目的之间的关联性就过远,因而就不能仅以此种理由就去否定宅基地买卖合同的效力。[②] 同理,在本案中,由于刘某某与黄某某间转让彩票代销店的合同与销售违法彩票之间并无必然联系,因此亦不能仅以此为由来否定其转让合同的效力。

此外,还需要讨论的是代销证的转让是否会有损于彩票购买者的利益,进而危及广大彩民的利益。在笔者看来,由于彩票的发行垄断于国家之手,彩票代销者并不能对所销售彩票的具体内容进行变更,因此与执业律师、执业医师不同,彩票代销者并不需要特殊的专业知识。不难发现,目前彩票代销人员的文化素质普遍不高,大都只有初中文化程度。[③] 比如《2011 年上海市部分地区福利彩票代销站点的报名办法》就只要求代销人要拥有高中以上文化程度。实际上,按照《彩票管理条例实施细则》第 23 条的规定,彩票发行、销售管理机构在甄别代销者时,也只需要考虑以下因素:(1)年满 18 周岁且具有完全民事行为能力的个人,或者具有独立法人资格的单位;(2)有与从事彩票代销业务相适应的资金;(3)有满足彩票销售需要的场所;(4)近 5 年内无刑事处罚记录和不良商业信用记录;(5)彩票发行机构、彩票销售机构规定的其他条件。很明显,与律师、医师执业资格证不同,彩票发行、销售管理机构在选择代销者时所考量的条件并不具有强烈的人身属性,[④]与普通的商事活动的要求并无多大区别。在实践中,虽然一些地方的彩票管理机构会对彩票代销者进行相关培训,但这一培训类似于一些品牌专卖店对店员或电信公司对销售员的业务培训一样,并未涉及专门

① 参见黄忠:《违法合同效力论》,法律出版社 2010 年版,第 209 ~212 页。

② 黄忠、章献彪:“宅基地买卖合同何以有效”,载刘云生主编:《中国不动产法研究》(第 3 卷),法律出版社 2009 年版。

③ 玺润:“代销资格证规范彩票站主管理”,载《公益时报》2009 年 11 月 10 日。

④ 严格讲,近 5 年内无刑事处罚记录和不良商业信用记录的要求具有一定的人身属性,但在现实中对这一规定的违反并不多见。

的技术和知识要求。所以,彩票代销证的获得并不与代销者自身的特殊条件相关,因此当彩票代销证转让以后,如果受让者仍然具备《彩票管理条例实施细则》第23条的条件时,则我们就不能认为由此就会增加彩民购票的风险。事实上,对于广大的彩民而言,在选择购买彩票时,地理位置和彩票品种(玩法)才是第一位的,而通常都不会考虑谁在卖彩票。①

在这样的认识下,彩票代销者违反《彩票管理条例》第15条第2款、第16条实际上应当理解为是对"彩票代销合同"的违反(违约),并不构成《合同法》第52条第5项上所谓的违法。或者说,彩票代销证并不属于《行政许可法》意义上的许可证,而只是一项普通的民事委托授权证书。因此,对此的转让,实际上只是一种违约。

实际上,即使我们武断地将《彩票管理条例》第15条第2款、第16条理解为是蕴含社会公共利益保护目的的效力性强制规范,那就此的违反也不必然就会导致合同的无效。基于比例原则的要求,要判定某一合同的无效,我们还必须考量这一无效的判决是否真正有助于规范目的的落实。换言之,如果即便判定合同无效,但对于社会公共利益的实现却无济于事,那就没有必要去判定合同无效了。麦克修(McHugh)法官就曾告诫说:法院不应仅仅因为合同出现了不法目的或与不法目的相关,就一律拒绝强制执行法律或衡平法上的权利,除非考虑到制定法的表述,施加这一惩罚对确保其立法目的或政策是必要的。② 因此,在每一次审判中,我们的法官都有必要做如下的考量:这样的判决是否真的有助于社会公共利益的实现?

很显然,就彩票代销证的转让而言,单纯通过宣告转让合同无效是难以真正落实"不得转让"的目的的。我们注意到,在工商部门制定的《个人独资企业登记管理办法》和《个人合伙企业登记管理办法》中,虽然都有《营业执照》不得转让的规定,但企业的投资人却是可以变更的。当企业的投资人发生变化时,只要在规定时间内到工商部门履行

---

① 参见程叶、盛文、何翠娟:"法人代销彩票有何优势",载《中国社会报》2009年3月25日。

② 参见Nelson v Nelson,(1995) 184CLR,538,613。

变更登记手续即可,并不需要注销原《营业执照》,再重新开办企业。[①]就此而言,如果获得彩票代销证的是个人独资企业或个人合伙企业,那么通过变更投资人就完全可以达到规避“不得转让”的限制。更严重的是,在日常经营中,彩票代销者既可以自己进行日常代销活动,也可能会委托亲属、朋友或聘请他人进行具体代销活动,这也说明一概“不得转让”的限制在实践中基本上是没有实效的。[②] 相反,如果一概“不得转让”,则就会在某些情况下损害彩票代销者的利益。比如彩票代销者的门面租赁合同的期限是 2 年,但在代销 1 年后因为各种原因而无法经营,[③]此时,如果一律“不得转让”,就明显不公:它不仅会导致该彩票代销者要向出租人承担违约责任,同时也有损于该彩票代销者在 1 年代销中积累起来的商业利益,因为通过 1 年的经营该门店已经集聚了一些固定的彩民。[④] 因此从均衡性的角度而言,不宜仅以《彩票管理条例》第 15 条第 2 款、第 16 条为由而直接否定转让合同的效力。

三、彩票代销者转委托行为的效力辨析

上文的分析表明,《彩票管理条例》第 15 条、第 16 条中关于“不得转让代销证”的规定并不承载社会公共利益的目的,因此彩票代销者未经彩票发行、销售管理机构的同意转让代销店的行为并不属于《合同法》第 52 条第 5 项意义上的违法,而只是构成一种违约。如果我们将彩票发行、销售管理机构与彩票代销者之间的关系界定为委托关系,则上述违约行为实际上就是彩票代销者的转委托。按照《民法通则》

---

① 参见朱崇建:“从单体药店的企业属性看负责人的变更”,载《齐鲁药事》2008 年第 6 期。

② 虽然按照《彩票管理条例》第 41 条的规定,彩票代销者不得委托他人代销彩票或者转借、出租、出售彩票投注专用设备,但是在彩票代销者是法人或企业时,委托代理的问题就难以避免。而且在一些夫妻开设的彩票代销店中,也会出现夫妻双方的轮流值班,此时是否属于委托他人代销?这也说明《彩票管理条例》第 41 条的规定存在问题。

③ 在百姓网上输入彩票店关键词后,我们可以找到很多关于转让彩票店的广告。从这些广告中可以看出,有很大一部的彩票店转让是因为家里有事、搬迁等原因。

④ 这一利益类似于法国法上的商业所有权(propriété commercial)。参见金邦贵译:《法国商法典》,国际文化出版公司 1995 年版,第 414 ~ 438 页;张谷:“商法,这只寄居蟹——兼论商法的独立性及其特点”,载《清华法治论衡》2005 年第 2 期。

第 68 条的规定,委托代理人转委托时应当事先取得被代理人的同意,否则转委托行为原则上无效。那么我们是否可以认为,本案中刘某某与黄某某的转委托行为因未经彩票发行、销售管理机构的同意而无效呢?

首先需要指出的是,转委托行为的效力与刘某某与黄某某之间的彩票店转让合同本身的效力是有区别的。申言之,如果转委托行为有效,那么本案中彩票代销店转让合同的有效就没有任何问题。但如果转委托行为无效,则彩票发行、销售管理机构当然就可以解除与黄某某之间的代销合同(或者说彩票发行、销售管理机构与黄某某不存在代销合同)。但转委托的无效,只是导致刘某某与黄某某之间的转让彩票代销店合同的履行不能。由于合同的不能履行与合同的无效二者是判然有别的,因此不能仅以合同的不能履行为由去否定刘某某与黄某某之间的转让彩票代销店合同的效力。

更为重要的是,在我看来,就本案而言,刘某某与黄某某的转委托行为也不能简单地就以未经彩票发行、销售管理机构的同意而判为无效。因为按照规定,福彩中心在各地都设有管理站,并配有专门的管理员,负责本辖区内投注站的日常管理。① 而在本案中,从 2004 年 12 月刘某某与黄某某的转委托到 2007 年 10 月 10 日黄某某因违反福彩销售的相关规定而被福彩中心停机处理的近 3 年时间里,福彩中心并未对黄某某的代销行为提出任何异议,因此理应认为福彩中心与黄某某之间实际上已经形成了事实上的代理关系。正如检察院在抗诉意见中所言:福彩中心对刘某某转让投注机的行为应是知晓的,且在黄某某近 3 年的经营期间,福彩中心从未制止过这种转让行为,应视为是对双方转让行为的默认。因此,按照《民法通则》第 66 条关于“本人知道他人以本人名义实施民事行为而不作否认表示的,视为同意”的规定,可以认为,福彩中心已经同意了刘某某的转委托行为,进而在福彩中心与黄某某之间已经成立了合法有效的代理关系。另外,黄某某在 2007 年

① 彩票管理中心设有专管员,负责对各投注站巡查。一个专管员负责几十个投注站。对任何一个投注站,专管员每月不少于五次巡查,一周至少巡查一次。参见周松柏:“体彩站卖六合彩 代销许可证被收回”,载《南方都市报》2011 年 11 月 22 日。

10 月 10日被停机处理之前已经进行了近 3 年的福彩代销。由于在这一过程中必然要涉及福彩中心与黄某某的日常票款结算,因此我们也有理由认为,福彩中心与黄某某也均已履行了合同的主要义务,所以双方当事人也已经按照《合同法》第 36 条的规定治愈了彩票代销中要求签订书面代销合同这一形式上的欠缺。① 由此可见,刘某某与黄某某的转委托行为应当是有效的,进而刘某某与黄某某之间的转让彩票代销店合同也应当有效。

四、余论:违法合同效力判定的应然理路

本案的原审和再审均以违法为由,判定刘某某与黄某某的转让合同无效。这一"结论"的得出既是出于对无效判定基准的不了解,同时也是源于对《彩票管理条例》第 15 条第 2 款和第 16 条这两条规定之性质的误读。应当注意,在很多含有"不得"字眼的规范中,有些只是起到为当事人设定一般性义务的作用,有些纯粹是为了保护特殊场合下的一方当事人的利益,有些是为了法律制度上要求的需要(如物权法定主义),有些则可能是纯粹出于民法以外的法律规范目的,比如某种管理上的需要等,所以不能简单地将"不得"与"效力性强制性规定"相等同,进而武断得出无效的结论。

事实上,新近的研究还发现:除了任意性规范和强制性规范以外,民法还有兼具自治与管制双重功能的授权一方当事人的规范、授权特定第三人的规范和半强制规范等。② 因此,当合同出现表面上的违反法律规定时,我们首先必须明晰这一违反究竟是违法抑或是违约。必须看到,受"部门立法"的影响,我国现行法中有一些限制性的规定其实是基于部门利益的考虑而被强行塞入的,而与社会公共利益并无必然关联。其次,即使明确了合同的违法属性以后,我们亦不能仅由此就

① 根据我国现行的《民法通则》规定,可以存在以下两种委托形式,其一是书面形式委托,即书面签订委托代销合同。其二是口头形式委托,但这种形式在福利彩票代销委托工作中,是禁止采用的。参见张齐安:"彩票代销合同之思考",载《社会福利》2010 年第 9 期。

② 参见仲瑞栋:"民法中的强制规范——公法与私法'接轨'的规范配置问题",厦门大学 2007 年博士学位论文。

断定该违法合同必然无效。申言之,此时的合同是否无效还需要回归到社会公共利益的起点上,在比例原则的指导下,以利益衡量的方式进行实质权衡。而这一判断显然不可能是一劳永逸的,需要学说与实践的高度互动。

不难发现,除了本案所涉及的彩票代售店的转让以外,网吧①、药店②、加油站③、烟草店④、盐店⑤、客运班线⑥这些与我们日常生活息息相关的营业之转让都涉嫌是否因为违法而无效的问题。很明显,这里不能简单地说上述营业之转让均损害了社会公共利益,故而必然无效。实际上,国家对各种营业进行管制所追求的目的和利益是存在差异的,因此就此的转让合同效力问题也需要具体分析,而不存在一个可以放

① 参见宁夏回族自治区高级人民法院:(2008)宁民终字第 68 号民事判决书;李洁:"私自转让网吧,协议无效",载《河北经济日报》2010 年 1 月 21 日;彭姣时:"私下转让网吧号 合同无效",载《广州日报》2008 年 7 月 30 日;秦希燕:"个体工商户擅自转让经营权无效",载《潇湘晨报》2006 年 11 月 20 日;"北京:私自转让网吧经营权 法院确认协议无效",载 http://netbar.17173.com/content/2006-10-28/20061028090358552.shtml,2013 年 10 月 1 日访问。

② 参见山东省青岛市中级人民法院:(2009)青民二商终字第 507 号民事判决书;甘肃省酒泉市中级人民法院:(2010)酒民二终字第 45 号;食药局:"违法买卖许可证将视作无效",载《长江日报》2011 年 5 月 5 日;"个体药店转让《药品经营许可证》如何定性",载《中国医药报》2005 年 9 月 28 日;"店主私自交换药店经营这种行为如何处理",载《中国医药报》2007 年 6 月 30 日。

③ 参见甘肃省高级人民法院:(2011)甘民二终字第 39 号;陈华飞:"买来加油站竟无权使用储油罐 转让纠纷令数百万国资闲置",载《贵州商报》2003 年 5 月 28 日。

④ 参见陈小毛:"烟草许可证不得私下转让 要警惕制售的假证",载《海口晚报》2004 年 2 月 12 日;杨秀明:"烟草专卖零售许可证是否能转让?",载《新烟草》2011 年第 8 期。

⑤ 参见方元:"许可证和店面一起'转让'起纠纷",载《十堰晚报》2010 年 7 月 15 日。

⑥ 参见"私自转让客运车辆及客运线路 行为非法无效",载 http://www.jiaodong.net/ytzfw/system/2007/02/08/000918610.shtml,2013 年 10 月 1 日访问。相反判决,重庆市第一中级人民法院:(2009)渝一中法民终字第 5333 号民事判决书,判决有效。

之四海而皆准的裁判方法和永恒不变的结论。[①] 正是基于此种认识，所以今后我们的民法学界应当着力推动关于典型性的违法合同案例的研究。当然，这样的研究也离不开法院，甚至行政机关的支持。在关于合同无效这一涉及私人自治与公共利益协调的棘手问题上，尤其需要学者、法官，乃至行政管理者的协力配合，以期不断达成共识，进而妥当平衡私人自治与公共利益的关系。因为法律的背后是利益，而利益的识别与权衡显然需要民主的协商。

（黄忠，西南政法大学民商法学院副教授）

① 从比较法上的新近趋势来看，在规定合同无效时大都没有采取非此即彼的刚性模式，而是明确要求法官在判定合同效力时应当进行利益权衡，并详细例示了相关的考量因素。参见《欧盟合同法原则》（Principles of European Contract Law）第15:102条；《欧盟民法典草案》（Draft Common Frame of Reference）第II. -7:302条；《国际商事合同通则》（UNIDROIT Principles of International Commercial Contracts 2010）第3.3.1条。

法学方法论

民法的解释

[日]濑川信久*著 班天可 陈 颖译

目 次

---

* 濑川信久(1947 -),东京大学法学博士,北海道大学名誉教授,现任早稻田大学法务研究科教授,主要研究侵权行为、不动产租赁、金融交易法、消费者保护法等。濑川信久教授从 20 世纪 80 年代起致力于民法解释论的研究,参与平井宜雄和星野英一的法解释论战,被认为是当今日本民法解释论的第一人(参见加藤新太郎编:《民事司法展望》,判例时代社 2002 年,第 151 页加藤雅信语)。

序言①

关于民法的解释方法，平井宜雄的论文势必激起新的论战（参见下文第四节）。不过，本文并不想卷入论战，也不是要提出一个全新的法解释方法论，而是对迄今为止的各种法解释方法论进行研究梳理，展示对立观点的分布，并将各个方法论分门别类。通过这样的工作，明确民法解释方法论中各个问题的性质和构造。我认为，这样的研究对于今后的争论不可或缺。

比如说，“二战”后的法解释论“二战”中来栖三郎提出的问题，和“二战”前的末弘严太郎、我妻荣的问题意识有哪些不同？又比如说，加藤一郎、星野英一的利益衡量论和来栖三郎的主张相比又新在何处？换成更一般性的表述，日本的法解释方法论进展到了哪个阶段的哪一点，又在哪个阶段对哪些部分做了怎样的变化，现在位于何处？民法典编纂以来的近一个世纪中，诞生了各色各样的法解释方法论，尤其到了战后，更是数度引发论战。但是，新方法论的倡导者往往急于提出新的问题、推出新的主张，却未曾细致地思考过自己的学说和先行的方法论之间有着怎样的承接关系。另外，批判新方法论的人，往往为崭新夺目的问题意识所吸引，却怠于正确把握自己想要批判的对象——抑或批判者自己的立场——与先行的方法论之间的关系。此外，专门研究法解释论战的人，要么止步于论点的整理分析，要么就是在分析方法论的变迁时着重于说明当时的社会状况和政治形势，而未能清晰地阐述法解释方法论的一般性的、根本性的问题构造。这样一来，法解释方法论

① 译者注——本文的人名（石坂音四郎、末弘严太郎、我妻荣、来栖三郎、川岛武宜、渡边洋三、家永三郎、尾高朝雄、加藤一郎、星野英一、平井宜雄等），除了每节第一次出现、大标题和脚注中的引用信息之外，遵从濑川信久教授的原文，不称全名，只称姓氏。

常常给人一种原地踏步的印象,或者说一种难以释怀的不安——虽然心中相信方法论在前进,但实际上或许始终徘徊在末弘或我妻所矗立的时代。由于法解释方法论不以特定的案件或具体的事物(Sache)为对象,因此即物性(sachlich)的意见交换和积累非常困难。仅从这一点也不得不说,对正在探讨的问题的内容、性质和构造进行正确的定型极其重要。本文的任务就是通过分析整理迄今为止的方法论,为今后法解释方法论的展开提供清晰开阔的视野。

如上所述,本文的研究范围极其有限,但是作业量依然十分庞大,考察的对象不得不限定于以下几点。(1)民法学的法解释方法论早在现行民法制定之前就存在了,但本文只研究末弘(大正后期)之后的部分。因为末弘转变了人们对法解释的看法,他所设定的问题和今天的争论依然紧密相连。(2)关于"二战"前的部分,本文只研究末弘和我妻的思想,因为他们有完整的法解释方法论体系。针对末弘和我妻的研究,尤其是两者之间的比较,将会在分析战后的法解释方法论时提供视角。关于"二战"后的部分,虽然有不少相对独立的论文,但鉴于篇幅上的限制,也出于明确法解释方法论基本问题构造的目的,仅以三个时期的论战为中心展开研究,即20世纪五十年代中期的"法解释论战"、六十年代后期的围绕利益衡量论的论战、进入八十年代后的围绕"议论"理论的论战等三次大的论战。

第一节 "二战"前的法解释方法论

一、末弘严太郎

(一)大正中期前的概念法学①

末弘的法解释方法论是在与当时的概念法学的对抗中形成的。尽管当时德国法学的影响力与日俱增,但从民法典的起草人开始,日本民法学始终抱有这样的志向:(1)渴望民法典扎根于日本社会,(2)法解释不能拘泥于法典的条文,必须能得出妥当的处理结果,(3)法学作为一门学问,不单单是对法条的释义。日本的概念法学,可以说是上述志向在德国法学影响下的结晶。不过,一般而言,"概念法学"的特征就

① 详细内容参见拙著"わが民法学における概念法学的法律実証主義の形成と変容",载《北大法律论集》第41卷5、6合并号。

是假定"具有普遍性的法概念的逻辑构成体系"是完美无缺的——"自我完善性"和"无缺陷性",可以通过逻辑操作(三段论)从法体系中推导出具体的判决结论。[①]但是,当时日本的概念法学,如石坂音四郎的法解释学,就承认法律有漏洞,而且否认法律概念的普遍性,比起基于"概念形成"的"体系性解释(systematische Elemente der Auslegung · 译者注)",更重视基于"价值判断"的"目的性解释"——不过,这里的"目的"仅指法律自身的目的。相比于末弘之后的法解释方法论,当时的概念法学的特质似乎应体现在其他方面:(1)区分法解释和法律适用——前者是明确法律的内容的过程,而后者是从业已明确的法律中推导出具体判决的过程,法学的研究对象应当限定于前者;(2)将法解释的对象限定于实定法(否定自然法),并假定在法解释之前实定法已经存在;(3)严格区分应然(在概念法学中指实定法规范)和实然(社会上的法现象),法解释只是为了明确应然规范的内容,因此在法解释的过程中无须考察法现象。大正中期以后,鸠山秀夫(原文为"鸠山和夫",系笔误 · 译者注)等学者试图为概念法学带来一些变化,但在上述第一、二点上仍然是一样的。鸠山法学只不过在第三点上,为——法解释之前就存在的——实定法要素添加了一些新的伦理思想而已。

(二)末弘理论的问题设定和基本构造[②]

大正七年(1918 年 · 译者注),当时的日本法学还处于德国法学的

① 矶村哲:《市民法学》,《社会法学の展開と構造》日本评论社 1975 年,第 4 页(最早见于《講座日本近代法発達史》第 7、9、10 卷,劲草书房 1959 至 1961 年)。

② 本文涉及末弘严太郎的如下论文:《嘘の効用》,《嘘の効用》日本评论新社 1954 年版(最早见于《改造》1922 年 7 月号);《民法講話上卷》,岩波书店 1926 年;《法学入門》,日本评论社 1934 年(相关内容最早见于《法学問答》,《現代法学全集》,日本评论社 1928 至 1930 年)(引用时简称《入门》);《法律解釈における理論と政策》,《民法雑考》日本评论社 1932 年(最早见于《春木先生還暦祝賀論文集》有斐阁 1931 年)(引用时简称《理論と政策》);《判例の法源性と判例の研究》,《民法雑記帳上卷》日本评论社 1953 年(最早见于《法律時報》第 13 卷第 2.3 号 1941 年)(引用时简称《判例》);《法源としての条理》,同上引书(引用时简称《条理》);《理論と立法者の意思》,同上引书(最早见于《法律时报》第 13 卷第 11 号 1941 年)(引用时简称《意思》);《解釈法学における法源論》,同上引书(引用时简称《法源论》)。另外,战后发表的《法学とは何か》(《法学入門》日本评论社 1952 年)一文中,末弘的观点发生了一些变化,故不在本文涉及之列。

支配性影响之下,末弘却赴美留学,接触到了美式的案例教学法。自此,末弘意识到,“(德国流的解释论法学)无论如何编织抽象的理由也抓不住事物的真相。与其如此,不如反其道而行之,通过对具体案件的具体思考求得普遍性的原理,不这样是不行的。”①这样,末弘的观察点从抽象的法律规范转移到具体的司法裁判中去了。以此为契机,末弘开始研究法律判决的实态,并设定了如下问题和目标。“迄今为止的法解释理论完全否定法官的法创造。但由于现实中法官的创造性活动是事实,不可能被否定,所以不得不设定一个假说,说法律是没有缺陷的,并解释说,现实中法官所创造的那些东西实际上法律从一开始就规定了,法官只不过将其发现出来而已。……我们不能满足于这种假说。如果说法官的法律创造活动是事实的话,那就应该坦承这是事实,构建新的解释理论。我深信,即便承认法官的法律创造,法律的解释和适用也不会因此陷入无序。”②

末弘所追求的,是建立在民主主义基础上的“真正的日本”的国民统合,但他也认识到阶级对立状态下的议会民主制的局限。他认为,不应从国家,而应从“‘社会’的自由和自主发展”求得民主化的途径,“为使法律尽可能回应民众的要求……除了求诸立法之外,还应重视另一条道路,即有中立的专家群体(尤其是法官)介入的法律的理性发展的道路”。③或许正是由于信奉的这种民主主义式的自由主义,末弘从未探讨过法律判断(司法裁判)在内容上的妥当性和标准,而是提出了一个法律判断所应遵循的形式上的准则。该准则乃是基于这样的思想,即“法律之所以有权威,与其说因其内容合乎‘正义’,倒不如说是维系

① 日本评论社编:《日本の法学》1975年,第51页(着重号为引用者所加)。

② 末弘严太郎:《入門》,前注3书,第155~156页(着重号为引用者所加)以及《理論と政策》,前注3书,第2页都从判断者的角度做出如下论述。“法官和其他的法律判断者都抱有这样的信念,即自己的法律判断是依据法律做出的。……这样,一切法律解释的理论都是为这一信念提供理论依据而存在的。”

③ 矶村哲,前注2书,第88页。

于‘同案同判’这一‘公平’的要素”。①

从上述思想出发，末弘指出，“所谓法律判断，并非以法律规范的存在为前提、以之为准绳所进行的判断，而是先就给定的社会关系发现（创造出）相应的法律规范，然后作为该规范的适用，就有关给定的社会关系的问题做出答复”。“这一意义上的法律判断，立法者可以为之，学者可以为之，法官亦可以为之，无论何种情况，所做出的判断在本质上是同一的”。②

但是，承认法官的造法资格，是否会招致无序，是否有违“依法裁判”的原则或三权分立主义？关于这些问题，末弘是这样回答的：

1. 关于事实认定。“从自然事实上升到法律事实的过程中，虽说需要经历遴选、综合等操作，但至少自然事实在客观上是一定的，法官不可能无视自然事实随心所欲地构成法律事实。”“也就是说，事实的客观性为法官造法划定了某种界限”。③

2. 关于适用规范的确定。首先，法律规范在立法所设想的“定型的社会关系”范围内拘束法官的规范创造。（末弘没有明确其依据。不过，从纯粹法学的立场出发，末弘认为在法律秩序中制定法“当然地具有法律上的合理性”。④）这样，“作为解释的对象，法律自身即包含着一定程度的不可撼动的客观性，如法条的措辞、法律起草的沿革等。如果法官无视这些客观存在肆意解释，那么在谁看来都是不妥的，这里也

① 末弘严太郎：《法源論》，前注 3 书，第 314 页（着重号为引用者所加）。但是，关于这一点，末弘的思想发生过变化。最初，末弘对“公平”的理解是“依据法律三段论得出判决结论”，而且，较之于“公平”他更重视建立在法官的全人格判断基础上的“正义”（《小智恵にとらわれた現代の法律学》，前注 3 书《嘘の効用》，第 160 ~ 166 页。该文的蓝本是 1921 年的演讲）。他认为，“法官的第一职责，毫无疑问，就在于锤炼其‘人’并端正理想，进而养成能够做出正确且妥当的全人格判断的能力。”（该论述见于《民法講話上巻》第 51 页）。但是，随着后来末弘将“公平”理解为“同案同判”，“公平”开始比“正义”更受重视。

② 末弘严太郎：《理論と政策》，前注 3 书，第 16 ~ 17 页（着重号为引用者所加）。除此之外，前注 3 书《入門》第 138 ~ 150 页也有同样内容的论述。

③ 末弘严太郎：《入門》，前注 3，第 136 ~ 137 页。

④ 末弘严太郎：《法源論》，前注 3 书，第 320 页。另外，参照矶村哲：《市民法学》，前注 2 书，第 101 ~ 105 页，特别是第 105 页的注脚(11)。

存在着法律创造的界限。"[①]

相反,如果案件属于立法预设的案件类型却又有特殊性,或者,案件完全超出了立法所预设的定型的社会关系,那么法律规范就无须羁束法官的法律创造。但即便如此,"也不是说法官只要为新的具体案件给出妥当的具体判决就万事大吉了"。司法裁判不同于仲裁,作为一种法律判断,"法官应就给定的具体社会关系……创造出相应的法律规范,并作为该规范的适用例做出判决。"具体而言,就是"要求法官在做出判决时必须设想,假如今后再次面对完全相同的案件,也能做出完全相同的判决。"末弘接着说,"法官以自创的法律规范为大前提推导出结论,这当然也是法律判断。(但是),法官所从事的毕竟是司法裁判,因此必须具备法律上的方法或形式 Form。"即"法律判断必须是经由三段论的公式推导而出的。""瑞士民法典第一条的规定——法官'应假定自己是立法者,制定相应的法律规范,并依据该规范进行裁判'——终究也应解释成相同的含义。"[②]另外,明治八年(1875 年·译者注)的太政官布告中所说的"推察常理"而为的裁判指的也是如此。[③]这样,"只要是上述意义上的法律判断——即'假定自己是立法者,制定相应的法律规范,并依据该规范进行裁判',那么裁判就是'依法'做出的,这符合禁止法官臆断的法治主义精神。我认为,承认法官的法律创造丝毫不会混淆立法与司法的区分。"[④]

3. 针对之前的疑问,末弘以"对法官的理性的信任"和民主政治的发展作答。"法官一旦被赋予造法的职能,就可以随心所欲地裁判。其间不免有滋生不公之虞……这样的担心自然极有道理。但是,这毕竟只是信不信任法官的问题,如果不信任法官的话,无论制定何等严密的法律都是徒劳的。""虽然不是绝对如此,但不信任他人的人在世上难以生存。所以在思考司法裁判的问题时,终究要以对法官的信任为

① 末弘严太郎:《入門》,前注 3,第 157 页。

② 末弘严太郎:《理論と政策》,前注 3 书,第 19 ~ 24 页。引用文出自第 20 ~ 21 页。此外,参见前注 3 书《入门》,第 160 ~ 162 页、前注 3 文《判例》,第 29 ~ 30 页。

③ 末弘严太郎:《条理》,前注 3 书,第 41 ~ 43 页。

④ 末弘严太郎:《理論と政策》,前注 3 书,第 24 页。

基础”。此外,“在民主政治之下,人不会只恐惧他人的恶,也会渐渐相信他人的善,会开始认为他人和自己一样,心中所想的大体上都是合理的。从这一点上可以发现,企图以事无巨细的立法来束缚法官的行为是愚蠢的。”①

(三)法官造法的方式

这里,就上文“第二”部分中所论述的法官创造法律规范的方式,详细地了解一下末弘的观点。②

首先,要精确地确定法律当时所预想的“定型的社会关系”,并将法律规范的内容限定在与之相关的范围内。末弘虽然没有确切说明该作业的方法,但可以推测末弘使用的是社会学或历史学的方法。③如果案件该当上述“定型的社会关系”,就应当按照法律内容判断。如果不该当,法官必须在意识到自己创造的规范可能会被适用于其他同类案件的基础上创造法律规范。

为此,(1)在认识把握系争案件的社会关系时定型化是必要的,但这种定型的认识方式不同于立法时的定型化,必须力求具体。此外,既然不存在合适的法律规范,就不必囿于既存的法律形式。(2)对社会关系进行定型化的认识把握后,如果发现有其他的社会性法律规范(如习惯法、公司章程、内部规章、劳动合同、勤务准则等)适用于该社会关系,则依照《法例》第 2 条(现《关于法律适用的通则法》第 3 条·译者注)、《商法典》第 1 条援用该社会性法律规范作为判决的标准。④

---

① 末弘严太郎:《入門》,前注 3 书,第 137 ~ 138、151 ~ 153、155 ~ 156 页。引用出自第 151、152、154 页。

② 末弘严太郎:《理論と政策》,前注 3 书,第 25 ~ 35 页。

③ 矶村哲,前注 2 书,第 93 ~ 95 页。另外,末弘严太郎:《意思》,前注 3 书,第 44、50 页有如下表述。法令的起草者的想法、政府委员在议会的说明‘绝不是关于法律解释的唯一的决定性资料’,但是“当人们直率地思考立法者在实质上究竟想要规定些什么的时候,往往出乎意料地能得到正确的解释”。

④ 这些社会规范之所以被赋予国家法意义上的妥当性,是因为在法律上为国家的政策考量和国家的政治提供依据是解释法学的目的和存在理由。此外,习惯法之外的社会规范也和习惯法一样依《法例》第 2 条被赋予国家法上的妥当性是基于“类推”的原理。关于以上内容,参照末弘严太郎,前注 3 文《法源論》,第 307 ~ 308 页、同前注 3 文《入門》,第 83 ~ 115 页。

(3)上述社会关系不存在时,法官应从“事物当然的限度”(该社会关系的特殊性)和“诉讼所展现出的社会目的或动向”中汲取法律规范。这个社会目的不是法官所能设定的,“该社会目的是否应该被承认,是社会哲学的问题,不是法学的问题”。此时,法律规范的创造和立法一样不受所谓“法学原理”的羁束,是自由且富有创造性的。但是,法律创造必须顾及同其他法律规范的协调。从法律体系的协调性和“同案同判”的公平要求出发,可以推导出法官在造法时必须遵循的三个准则:(1)如果针对特定的社会关系存在特定的法律规范,那么针对同类的社会关系就应当创造出同类的法律规范(类推)。只不过,类推并不像过去所想象的那样是法律解释,而是一种法律规范的创造。(2)如果针对两个以上相类似的社会关系存在各自相应的两个以上相类似的法律规范,那么通过归纳,能够从中抽象出更高层次的理论或概念,通过这些理论或概念规范其他类似的社会关系(理论或概念构成)。不过,理论构成、概念构成的法学方法被限定在类似的社会关系的范围内。(3)依据判例作出判决(判例的法源价值)。[①]不过,由于裁判是针对具体案件的具体判断,所以该准则只适用于类型极其相似的具体社会关系。

(四)末弘理论的整理及其特征

根据末弘的理论,法律创造所应遵循的准则及其所使用的方法如下(括号内的页数为《法律解释的理论与政策》一文中的页数):(1)规范的创造受更高位阶的法律规范的拘束(17 页)。(2)规范的创造必须顾及同其他法律规范之间的协调(32 页)。(3)创造出的法律规范必须能够适用于其他同类案件。为此,法律判断必须采用三段论的形式(21 页)。(4)如果有既存的法律规范规制了与所欲规制的社会关系相类似的社会关系时,必须创造出相类似的法律规范(33 页)。(5)法律判断受判例的拘束(34 页)。(6)理论构成、概念构成是法律规范创造的有益方式(34 页)。

上述准则和方法中,(1)、(2)虽有程度上的不同,但立法和司法裁

① 判例的法源价值也是基于“公平”和“类推原理”,即“同案同判”。(末弘严太郎:《法源論》,前注 3 书,第 316 页以下)。

判都适用,而(3)~(6)只适用于司法裁判,尤其是(3),是立法与司法的重要区别,被认为是法律判断的特质(20页)。根据末弘的理论,司法裁判不单单是为了"妥善地解决具体案件",而且必须是一个"法律上的判断"。为此,必须满足"同案同判"的公平要求,并采用适用法律规范的形式。话说回来,准则(3)是为了确保系争案件的判决是"依法裁判"的产物,并不在于拘束未来的判决。因此,即便法官在某一案件中创造了的某一法律规范,并设想该规范也适用于某一类其他案件,当设想的案件发生时,前案法官的设想不会妨碍后案法官以两个案件类型不同为由拒绝该法律规范的适用。但是,(尽管会出现这样的情况·译者注)法官在创造法律规范时也必须设想该规范能够适用于其他同样的案件。

以上,就是末弘理论中关于法官如何造法的学说。从直接意义上说,这是为法官而存在的法解释方法论。但是,作为实用主义法学,末弘考虑的不只是法官的法解释。比如,关于判例研究,末弘认为,我们致力于阐释判例不单单是为了明确法官造法时所应遵循的法源,同时也是为了"律师或其他一般人"能够"预测"未来的判决。[①]这一点必须予以重视,尤其是在和后来的川岛武宜的预见法学的关系上。

二、我妻荣[②]

(一)问题设定

我妻也与当时的"概念法学"展开了交锋。我妻认为,"法律的中心职能是处理社会中的特定生活关系,换句话说,就是最广义上的裁

① 此外,作为判例研究的理论意义,末弘认为,判例研究是为了理解现行法律是什么,并结合具体案件的事实来批判并修正法律判断和法律理论(前注3《法学入門》,第167~171页、前注3《判例》,第35页)。

② 本文涉及我妻荣的如下论文:《私法の方法論に関する一考察》,法学协会杂志第44卷第6、7、10号1926年(以下简称《方法論》,引自我妻荣:《近代法における債権の優越的地位》,有斐阁1953年);《法律における理屈と人情》,法律時報26卷第1号1954年(以下简称《理屈と人情》,引自《民法研究X》,有斐阁1971年);《近代法における債権の優越的地位》,法学志林第29卷第6号~31卷第10号1929年~1931年(以下简称《債権》,引自上注同名书)。

判。法学者的一切努力都是在这个中心职能上展开的。"[①]按照这种"以裁判为中心的考察方法",考察的焦点不是法律规范而是司法裁判,而且司法裁判被看作一种"社会管理"的手段,这里,我妻和末弘的立场是一致的。但是,末弘因其"体系性的精神(*esprit systématique* · 译者注)"而重视事物的逻辑构造,[②]相反,我妻则因惧怕"陷入本质论的漩涡",反而更重视事物的"影响意义"和"现实后果"。[③]结果,末弘指责"概念法学"解释论的逻辑构造——即假设法律是完美的、否认法官的规范创造(参见第284页前注3引文的画线部分)——与事实相悖,并提出新的解释论取而代之;而我妻则认为,"由于近期的社会发生了剧烈变迁,其合理性体系(抽象性逻辑性的近代法律体系)内的各别法律被适用于新的社会现象时,时常招致与当前道德观念相矛盾的后果",这才是问题的关键。[④]至于法官的法律创造,我妻认为,如果看现实后果的话,最终不过是法律判断的标准或准则的问题。我妻将法律判断的标准分为两个要素:"现行法的逻辑体系"和"对具体案件的价值判断",这样,就变成了如何明确两个要素的内容并以怎样的标准将两者结合起来的问题。[⑤]这样的问题设定实际上和鸠山秀夫的民法学——在法律体系的逻辑整合性之外,法解释还必须考虑法律的目的和判决结果的妥当性——没有太大的差异。

(二)解释方法的具体建议

但是,在上述问题设定中,我妻提出了解释论的新方向。可以整理为以下三点。

第一点,为解决上述两个要素间的两难困境,我妻将法律判断分为两个过程:形成判断结论的"事实上的心理过程"和基于三段论的法律

---

① 我妻荣:《方法論》,前注21书,第481~482、497页(着重号系原文,下划线系引用者所加)。

② 矶村哲:《市民法学》,前注2书,第64页,第102页。

③ 我妻的这种态度可以从前注21文《方法論》,第480~481、489~490、495~496页中窥得一斑。

④ 我妻荣:《方法論》,前注21书,第477页(着重号系引用者所加)。

⑤ 我妻荣:《方法論》,前注21书,第489~490页。

适用过程；前者决定了判决结论本身，而后者为之披上了法律的外衣。[①]我妻认为，前者的过程中所展开的对具体理想的探索和对社会关系的研究完全能够达到妥善解决具体案件的目的，而法律适用的三段论只不过将上述解决方案法律化了而已。[②]

话虽如此，第二点，关于法律三段论，即“以抽象性、普遍性的现行法规范为大前提，以应予判断的具体案件为小前提，以逻辑上的归结为构成，推导出判决结论”，[③]我妻的着眼点是三段论所“担负的功能”：三段论确保了韦伯(Max Weber)所说的形式合理性，“保证了法律的确定性和个人相对于国家权力的自由”，这才是三段论的重心所在。[④]不过，法律确定性的要求不是绝对的，应当结合时代、法律以及系争的法律关系，在法律确定性的要求和具体合理性的要求之间进行协调。[⑤]另外，法律三段论只是确保法律确定性的手段之一。[⑥]从上述观点出发，我妻主张，关于法律三段论的大前提——法律规范、法律概念，应当分析它们在特定的时代、社会背景下所蕴含的具体内容和合理性，依照新的社会情势加以改造；[⑦]至于成文法、判例、习惯和条理的地位和相互关系，

① 我妻荣：《方法論》，前注21书，第534、536页。此外，在末弘严太郎《民法讲话上卷》第35页以下，末弘将裁判理解为“通过法律三段论法则得出的法律判断”与“全人格判断”之间的矛盾和调整。不过，他并不认为法律三段论法是事后才披上的外衣。

② 我妻荣：《方法論》，前注21书，第533页。

③ 我妻荣：《方法論》，前注21书，第533页(着重号为原文)。我妻的用语是“法律的构成”，但本文认为，末弘的用语“法律三段论”更易于表达其实质。

④ 我妻荣：《方法論》，前注21书，第539～546页。我妻认为，作为近代法律的逻辑合理性的功能，除了“保证了法律的确定性以及个人相对于国家权力的自由”之外，(1)在现代社会中，为使人们从内心深处信服，必须提出合理的准则并诉诸理性，(2)不能以情感上的标准来规制复杂的现代社会关系(以上内容参见前注21文《方法論》，第546页)，(3)能够快捷、低成本地裁判，(4)减少金钱、权力的影响，实现法律面前人人平等(参见前注21文《理屈と人情》，第7～9页)。

⑤ 我妻荣：《方法論》，前注21书，第549、551～552页。

⑥ 我妻荣：《方法論》，前注21书，第551页。另外在第534页上，我妻似乎认为，对判断形成的心理过程中的理想准则和事实关系的研究，也能在相当程度上起到防止恣意判断和确保客观性的效果。

⑦ 我妻荣：《方法論》，前注21书，第555页。此外，请参见第516～517页。在改造法概念的方法上，我妻和过去的概念法学，如石坂音四郎，并无不同。

应从裁判的目的——在法律确定性的前提下实现新的理想——出发加以考察(功能主义的法源论)。①

过去,石坂音四郎法学认为,实定法是一种足以成为经验科学研究对象的现实存在,而我妻则认为,作为大前提的现行法体系会随着作为小前提的事实认定而发生变动,法律三段论是巧妙地调节两者之间关系的技术。②与石坂相比,我妻理论带来的变化是巨大。不过,我妻一边认为法律三段论可以操纵,一边也承认"丧失'法律构成'的法学是无力的"。③他说,"有些情况,依照社会常识的判断谁都认为是正确的,却碍于一些怎么看怎么奇怪的规则或先例,无法达到正确的结论。非常遗憾,这个时候别无他途,只能向常识让步。"至于制定法的拘束力本身,我妻并没有否认。④

不管怎样,依我妻的观点,在具体案件中,妥当的判决早在法律三段论操作之前就已经完成了。然而,没有三段论,判决是怎样形成的呢? 我妻提出的新方向的第三点就关于这个问题。这里,我妻不像末弘那样将一切托付给法官,任由其展开"自由且富有创造性"的造法活动,而是为判决的内容寻求理想的指导原理。但是,在这个"法律价值论"的问题上存在两条道路:一是"从所谓的法的本质出发,推衍出能够妥善规制新现象的理想的指导原理,然后依照新的理想原理对既成的法律体系展开重构";二是"就现实社会中的案件纠纷,仔细分析如何适用既存的法律,努力为各个情况寻求妥善的解决方案,然后进一步到达一般性的指导原理"。至于究竟走哪条路,"追求那所谓的普遍合理性的人们当满足于纯粹的形式主义,而希望看到具体丰富的内容的人们则会遭遇现代法哲学的共同烦恼——最终不得不止步于相对主义。"⑤这里,我妻拒绝了立足于新康德主义、批判性法哲学立场上的前者。"对于各种法律关系……必须细致观察所有相冲突的因素,研究

① 我妻荣:《方法論》,前注21书,第537~538页。

② 我妻荣:《方法論》,前注21书,第556页。

③ 我妻荣:《方法論》,前注21书,第500页。

④ 我妻荣:《理屈と人情》,前注21书,第34页。

⑤ 我妻荣:《方法論》,前注21书,第478、481页。

一切应予考量的要素，在各个法律关系中尽可能求得具体的原理，为每一个案件的具体判决提供依据”。“固然，就像这样，曾一度建立起的具体的理想标准，随着社会情势的变迁将会不断瓦解。……但是……倘若基于我们的经验，能够在可预见的、哪怕是十分狭小的范围内，建立起一个涵摄未来的理想标准，那么，即便这个标准不免随时代的变迁而瓦解，但在功能的意义上，也强于那些空洞的、虚有其表的普遍合理的命题。”[①]这样，我妻以具体的判决为民法学的使命，重视其中的“功能意义”，而不是祭出普遍合理的价值使结论“正当化”。[②]不过，应当注意的是，我妻放弃“研究普遍合理的价值标准”的背后，是斯莫尔(Albion W. Small)的价值论。斯莫尔主张，“通过对人类发展进程(Human process · 原文)——多数人对少数人所持的价值(value · 原文)的斗争历程——的实证研究，从中自然能够发现价值评判(evaluation · 原文)的标准”，他认为“进步”是社会科学的一个工具概念。[③]

让人耳目一新的是，我妻虽然将法解释理解为一种在无奈的失误中摸索前进的渐进式的社会工程(piecemeal engineering)，但也为其不至陷入短视的主观判断而积极寻找方策。我妻的主张是，既然法律上的处理和其他社会现象有因果关系或相关关系，那么为了确保该处理的合理性，必须研究法律现象和社会的哪些因素有着怎样的“实有关系”(“以法律为中心的社会现象研究”“社会现象的社会学研究”)。[④](1)在这一研究中，应当考察社会生活的一切因素，尤其是欲实现某一理想的法律人和法律活动。[⑤] (2)这些因素中，一般认为经济关系对法律的影响巨大，但同时也应当注意法律对经济关系的反作用。[⑥] (3)研

① 我妻荣:《方法論》，前注 21 书，第 492 ~ 496、500 ~ 502 页。引用段落出自第 501、502 页。

② 我妻荣:《方法論》，前注 21 书，第 480 ~ 483 页。

③ 我妻荣:《方法論》，前注 21 书，第 504 页注(6)。同页的注(7)表明，我妻赞同庞德的相对实用主义。

④ 我妻荣:《方法論》，前注 21 书，第 505 ~ 506 页。

⑤ 我妻荣:《方法論》，前注 21 书，第 525 ~ 527 页、第 528 ~ 530 页。

⑥ 我妻荣:《方法論》，前注 21 书，第 512 ~ 519 页。

究实有关系的目的就是,以承认各种社会因素间存在相关关系为基础,明确法律组织变革的条件以及变革可能给其他社会现象带来的影响。①但是,至于在怎样的问题中应以怎样的因素为中心进行考察,我妻认为尚且不能回答。②另外,虽然我妻认为法律处理的具体标准(价值判断标准)可以通过对上述社会关系的实有研究来明确,③但没有给出具体的方法或程序。④话虽如此,关于方法和程序,在《债权在近代法上的优越地位》一书中能够找到答案。

书中,我妻首先研究了"所有权"、"债权"等法律制度(因素)的功能在资本主义的发展过程中发生了怎样的变化。通过对各种制度的研究,我妻认识到,"由于(资本主义经济组织)的发展,仅支配他人而自己却不发挥生产功能的所有权陷入休眠状态,社会生产组织的无政府状态逐渐置于金融资本有意识、有计划的管理之下。……可是,金钱债权在交易安全这一法律思想的庇护之下确立了绝对的支配地位后,……统御一切经济组织并盘剥全人类的少数金融资本……在财富生产过程中不发挥任何作用,却得独享所谓剩余价值的名义,一如丧失功能的所有权"。⑤基于上述认识,我妻主张,"既然现在的经济组织是在金钱债权的支持下发展壮大起来的,那么就应当结合经济组织的运转方式,也就是说应当顺应潮流,在不带来根本性破坏的限度内,以限制金钱债权的专制并逐渐废除其享有剩余价值的名义作为法律的理想"。⑥具体而言,"交易安全"的法律理想在资本主义的发展上升阶段为金钱债权的证券化、有价证券的流通安全、担保权的独立性提供了理论依据,以此促成了金钱债权的支配地位,这理应受到正面的评价,但

---

① 我妻荣:《方法論》,前注21书,第531~532页。

② 我妻荣:《方法論》,前注21书,第532页。

③ 我妻荣:《方法論》,前注21书,第506页。

④ 就这一点,我妻只是提出了下述方针,即"通过阐释——由法律规则和法律概念规制的——经济关系,可以明确抽象的法律规则和法律概念的实质含义。但是,与此同时必须注意的是,应避免不当地扭曲——由法律规律和概念来规制的——另一面的关系(经济关系)"(前注21文《方法論》,第516~517页)。

⑤ 我妻荣:《債権》,前注21书,第318~319页。

⑥ 我妻荣:《債権》,前注21书,第324~325页。

是在金钱债权(金融资本)确立其支配性地位之后,必须寻找取代“交易安全”的新的法律理想,以限制金钱债权的剩余价值取得。①所谓新的法律理想是指,(1)既然金钱债权对经济运行的支持功能不容否认,所以,即使财产担保化的倾向可能会威胁到小企业的独立性,也不得不予以承认。但是,有必要通过暴利行为的禁止、诚实信用原则等手段抑制金钱债权的淫威。(2)为了限制企业对雇员和消费者的支配,应以企业的共同管理为法律的理想,为此必须对债权法的理论加以修正。(3)通过改善金钱债权的证券化、股份公司、交易所、银行等制度,使资本能够自动地社会化,进而推进社会经济组织的有意识、有计划的管理。然后,通过强制性的企业合并、企业合并的国家监督等制度,将业已社会化的金钱债权的支配力逐渐收归国家管理之下。②

这样,我妻通过对资本主义发展过程的研究,辨别出可选择的价值和不可选择的价值。对于前者,通过分析社会经济组织,将“经济组织的管理、维持”、“剩余价值取得的抑制”、“生产功能的促进”三个价值理念具体化,并提出了法律判断的准则。③其实,只要结合资本主义的经济组织形态——尤其是其中的债权关系——分析近代法上的“自由”理念,也能得出上述三个价值理念。④具体的价值标准既不是来自非历史性的“自由”理念,也不是来自“近代法”或“历史潮流”之类的认识概念。然而,必须注意的是,“资本主义的经济组织在人类文化发展史上功勋卓著”这样一种对特定社会形态的价值判断始终是我妻理论的基石。⑤

(三)与末弘理论的比较

在上述(二)的解释方法的建议中,可以看出我妻和末弘理论的差

---

① 我妻荣:《债権》,前注 21 书,第 318 ~ 319、324 页。

② 我妻荣:《债権》,前注 21 书,第 325 ~ 327 页。

③ 类似的论述方式亦见于我妻的下述著作:《民法講義 III 新訂物権法〔一〕~〔六〕》(「物的担保制度の社会的作用」)(岩波书店 1968 年版)、《民法講義 IV 新訂債権法〔一〕~〔四〕》(「債権の社会的作用」)(岩波书店 1964 年版)。

④ 我妻荣:《债権》,前注 21 书,第 253 ~ 290 页,特别是第 259 ~ 286 页。

⑤ 我妻荣:《债権》,前注 21 书,第 318 页。

异。即虽然我妻和末弘都认为,为使法解释——社会管理的一个方面——与当时的社会变化相适应,应当在法解释的方法上限制制定法的拘束力,但就法解释的准则,末弘思考的是形式而我妻思考的是实质。(1)末弘认为,应当将制定法的适用限定在立法时所预设的社会关系范围内,而我妻则认为,法律三段论只不过是给先行的实质性判断披上的事后的外衣而已。(2)就不受制定法拘束的判断形成领域,末弘更重视"同案同判"的公平因素,因此要求法官——以假言命题的形式——创造新的法律规范作为三段论的大前提。与此相反,我妻则着重于探究——以"交易安全"这样的定言命题的形式表现出来的——实质性的价值和具体的指导理念。(3)末弘重视作为法源的社会规范的研究,而我妻重视社会现象的实有研究,因为通过对实有研究能够发现具体的指导理念。这些差异来自末弘的自由主义思想和我妻作为领导者的强烈的责任伦理。

此外,在(二)的建议中,还能发现末弘和我妻的另一个根本性差异。这就是,末弘以法官的裁判为法解释的中心,法学者的法解释工作也同样看待[参见第284页注(3)中引文的画线部分、第285页注2正文的引文],而我妻考虑的主要是法学者的解释工作[参见前注(22)正文的画线部分]。从事法律工作的人群中,只有法学者从事的法解释才是我妻心目中的法解释。和末弘不同,我妻之所以会主张"法律现象的社会学研究"正是基于这个前提,因为要求法官从事社会学研究在事实上极其困难。

尽管存在这样或那样的差异,两者的共通之处是,都认为法解释是社会管理的一个方式。此外,关于价值论两者都持相对实证主义的立场,不区分实然和应然,更不会去试图构建一个应然的体系。

第二节 “法解释论战”①

一、引言

首先介绍来栖三郎和川岛武宜,他们的问题意识和主张是引发上

① 本节涉及文献如下:

来栖三郎——《法の解釈適用と法の遵守(一)、(二)》,法学协会杂志第68卷第5、8号1950年(引用时简称《解釈適用》);《法律家》,载《末川博還暦・民事法の諸問題》,有斐阁1953年;《法の解釈と法律家》,私法第11号1954年(引用时简称《法の解釈》);《法の解釈における制定法の意義—その(一)法と法源—》,法学协会杂志第73卷第2号1956年(引用时简称《法と法源》);《「法における擬制」について》,载《我妻栄追悼・私法学の新たな展開》,有斐阁1975年;《モデルと擬制—「法における擬制」論の準備のための学習ノート—》,载《法学協会百周年記念論文集第一巻》,有斐阁1983年;《文学における虚構と真実—「法における擬制」論の準備のための学習ノートのつづき》,载《国家学会百年記念第三巻》,有斐阁1987年(引用时简称《文学における虚構》)。

川岛武宜——《民法解釈学の諸問題》,弘文堂1949年序言部分(引用时简称《諸問題》);《科学としての法律学》(最早见于川岛与都留等共著《新しく学ぶために》,弘文堂1953年。引用时简称《科学》,引自川岛武宜:《科学としての法律学》,弘文堂1964年);《法律への不信—法律解釈の客観性について—》(最早见于《世界》第104号1954年。引用时简称《客観性》,引自川岛,同上引书);《市民的実用法学とその科学性—実用法学と法社会学との架橋—》,(最早见于法学セミナー第23-25号1958年。引用时简称《市民的実用法学》,引自川岛,同上引书);《判例研究の方法》(最早见于《法律時報》第34卷第12号1962年。引用时简称《判例研究》,引自川岛,同上引书);《ある法学者の軌跡》,有斐阁1978年(引用时简称《軌跡》)。

座谈会、研讨会——《座談会・法解釈学の「科学性」》,法律時報第26卷第4号1954年(引用时简称《座談会・科学性》);《シンポジウム・法の解釈》,民主主义科学者协会法律部会监修:《日本法学の課題と展望》,理论社1955年(引用时简称《シンポジウム・法の解釈》);《討論・法の解釈》,法哲学年报1954年(引用时简称《討論・法の解釈》)。

其他学者的文章——尾高朝雄:《法の解釈》,法哲学年报1954年;渡边洋三:《法社会学と法解釈学》,岩波书店1959年(引用时简称《法解釈学》)。

对“法解释论战”的整理研究——碧海纯一:《戦後日本における法解釈論の検討》,载《恒藤古稀・法解釈の理論》,有斐阁1960年;水本浩:《民法学における利益衡量論の成立とその成果(二)》,民商法雑誌第63卷第2号1970年(引用时简称《利益衡量論》);长谷川正安:《法学論争史》,学阳书店1976年(引用时简称《論争史》)。

世纪五十年代前期的"法解释论战"的导火索。接下来,考察以此为契机展开的"法解释论战"。

二、来栖三郎

(一)问题意识和主张

来栖的问题意识和主张由两部分构成。

第一部分是关于法解释特性的一系列认识命题,包括:(1)存在复数的法解释;(2)法解释的主观性;(3)有关法解释的现实理解;(4)法解释者的政治责任。来栖如是说:"我所持的观点大致如下。①法解释在客观上不是唯一的,应该承认存在复数法解释的可能,这样,自认为正确的法解释只不过是复数的法解释中的一个选项而已;②至于解释者为什么会得出这个选项,我只能说这是受解释者个人价值判断的影响;③所以,解释者为了实现自认为是正确、理应如此的法解释,或者说使自己的解释成为现实中的法,就必须把它主张出来;④当法解释的争论涉及政治问题时,那就是一个政治上的争论,不能把解释的结果归咎于法,而是应该对此承担起政治责任。"①

第二部分是法解释者面临的实践问题。包括:a. 即便如上文所言,可能存在着复数的法解释,那至少也该有一个限度或是一个"框架",但这又是怎样的一个"框架"呢? 接着,b. 即便在限度内仍然存在复数的法解释,那应当如何从中选出一个来呢?

就上述a的法解释的限度的问题,来栖认为法解释受到如下限制:法律规范,尤其是法条的文理、与其他法律规范的整合、须符合更加根本性的法律价值、以当前的社会关系为前提、推论的逻辑性等。②但是其中,甲虽然一般认为,制定法的条文通常只会推导出唯一的结论,但看一眼法解释的现实就知道,条文只是自由裁量的"框架",而且这个

---

① 《座談会·法解釈学の「科学性」》,前注56书,第51页(数字为引用者所加)。同样的概括另见前注56文《法の解釈》,第20页第2~5行,第23页第13~18行。不过,在《法の解釈》一文中,关于③的概括如下:"法解释的争论,不是法是什么的争论,而是使什么成为法的争论,是身为法官要做出怎样的判决的争论,是身为法官要创造出怎样的法的争论。"

② 《座談会·法解釈学の「科学性」》,前注56书,第57~58页。

“框架”会随着解释者的个人价值判断而变动。①

那么,取代制定法成为法解释最小限度制约的又是什么呢?来栖考虑的是乙通过“社会学方法”发现法律规范,以及丙“社会势力关系现状的安定性”。乙是作为“法律人所应遵循的正确的法解释的方法”而提出的。这意味着“法规范并不是通过逻辑上的演绎推理从制定法中推导出的,而是通过对现实社会关系的观察分析从社会关系中汲取出的”。话虽如此,“所谓从社会现象中汲取规范,我并不仅仅是说,我们只通过认识就能把——包含在社会现象中的客观上唯一正确的——法规范找出来,而是想强调,在这一过程中总是伴随着解释者想基于自身价值判断具体创造出法规范的意图。”②另外,丙旨在限制法官的法解释。来栖说,“市民的法解释也会有限制,但归根结底是对该市民的说服力的问题,”仅此而已。所以每个市民“应当就各自的解释所带来的社会政治后果,基于实质性的理由展开争论。”与此相反,法官的解释有另外的限制。其中之一就是“使用既存的概念进行逻辑推理”,更重要的是,“法官是对社会中的法解释争议以最终判定者的身份做出决断的人”,“他的解释必须以社会势力关系现状的安定性为准绳,切忌走极端,而应恪守中庸,最终遵从社会上的支配性见解,也就是学者所谓的社会潮流。”③

在b的限制(“框架”)下,“从(复数的解释可能性)中选择其一的理由,我觉得主要是社会、经济、政治上的。因此,在进行法解释的时候,有必要把实质性的理由也陈述出来。”法解释自然难以摆脱个人主观判断的影响,但为了避免陷入无休止的争论,应当尽量探求实质性理

---

① 来栖三郎:《法の解釈》,前注56书,第18~19页、《座談会·法解釈学の「科学性」》,前注56书,第57~58页。

② 来栖三郎:《法の解釈》,前注56书,第23页。另外,来栖没有明说“社会学的方法”究竟是a确定“框架”的工作,还是b从“框架”中选择其中一种解释的工作。不过,来栖认为“社会学的方法”是法律人的法解释的方法——普通市民可以只根据实质性理由就参加争论,而且通过这种方法发现的也是“法律规范”,由此可见“社会学的方法”应该是a确定“框架”的工作。

③ 《座談会·法解釈学の「科学性」》,前注56书,第58~59页。另参见《解釈適用》,前注56书,第66页。

由,在此之上展开争论。①

(二)来栖提问的意义

想要明确来栖的问题意识和主张的意义,必须与末弘和我妻的观点相比较。

首先,来栖所主张的①存在复数的法解释和②法解释的主观性,并不是指依解释者的主观价值判断同一个条文会出现不同的解释这么一个已无须重申的简单事实。末弘或我妻的理论中,法解释的主观性是通过"全人格判断"来把握和认识的。而来栖重申法解释的复数性和主观性,第一,就是要批判"概念法学的残余"。他要批判的不仅仅是法律三段论,而是"一面承认法解释在一定范围内有法律创造的功能,一面又认为法解释也应该有些客观依据,使其能被推导出来"这种想法,以及"面对着法解释会因人而异的不争事实……还依然以存在客观上唯一正确的法解释为前提,相信自己的解释就是那个唯一正确的、是对法律规范客观认识的结果"这种态度。②来栖的批判及于——包括自然法在内的——一切认为法解释有客观标准的观念。"过去的法解释论以法源论为中心,任务就是在规范出现漏洞时找出客观标准。要么,就是认为法律规范的漏洞可以通过条理、自然法或者所谓'活法'来补足的。……但是,能够事无巨细地规范人类生活的客观法律秩序是根本不存在的。"③这是来栖对法律人的自立精神的缺失和权威主义的批判。"这种观念是一种形而上学,是借客观之名宣主观之实,借助某个权威暗中主张已见的另一种权威主义而已。"④来栖对"概念法学的残

① 来栖三郎:《法の解釈》,前注56书,第73页、《座談会·法解釈学の「科学性」》,前注56书,第58页第三段(来栖发言)。

② 来栖三郎:《解釈適用》,前注56书,第35页、《法の解釈》,前注56书,第20页。此外,前注56文《法と法源》第2页中,来栖记叙了论战时的"心境"。"我写那些(关于法解释论的·译者注)论文时,心境是这样的。以往,一谈到法的一般理论,就会涉及'法的漏洞'、'习惯法变更制定法的效力'或是'恶法非法'等劲爆的论题,但是,碰到现实中的解释问题时,连'法的漏洞'都不敢承认,更不用说'习惯法变更制定法的效力''恶法非法'什么的了,这时往往会说,既然制定法是这么规定的……等等,态度变得非常胆怯。我当时就想,一定要把法的一般理论和现实的解释问题联系起来。"

③ 来栖三郎:《解釈適用》,前注56书,第34页。

④ 来栖三郎:《法の解釈》,前注56书,第20页。

余”和“权威主义”的批判，正如我们在第300页注(2)(3)正文的画线部分中所看到的那样，无时无刻不站在正视法解释的现实的立场上。①

在末弘的理论中也能看到类似的观点。②但是，来栖关于法解释复数性、主观性的主张有着第二层含义。来栖认为，像判例·通说那样在现实中有正当性的法也依旧是主观价值判断影响下的产物，③“合法的法解释也存在复数的可能性”。④（正因为此，来栖才会在④中主张说，从复数的法解释中选出一个的操作不是法律问题，而是政治责任的问题。）这样的主张在末弘和我妻的理论中是看不到的。

我妻也承认法律判断是全人格判断，但就法官是否在创造法律，我妻没有表明意见。此外，或许是出于“作为东京大学民法教席的责任人”“走解释论之路是无可逃避的命运”这样一种自我认知，⑤我妻一直在寻找法律判断的“指导理念”。在这样的任务设定之下，也就不会产生来栖所说的法解释的复数性和主观性的问题意识。另外，末弘认为法律判断是法规范的创造，也是全人格判断，但和我妻不同的是，末弘从不认为探究指导理念是法学的使命——作为个人信念或社会哲学的问题则另当别论。此外，末弘说法律判断的时候指的就是司法裁判，他充分信赖法官的合理性。至于法解释会因解释者的主观影响而四分五裂，末弘从未曾意识到这个问题。⑥

① 这种意识形态的立足点是现实主义，这从来栖论文对德国自由法学、凯尔森法学、现实主义法学的频繁引用中能够看出来。

② 末弘严太郎：《理論と政策》，前注1书，第4~5页（“自由法学者与其他指责概念法学的人，在表面上否定‘法律秩序的完美性’，并承认‘法的漏洞 Lücken im Recht’的存在，但是，他们通常也认为法的漏洞总是可以通过实定法之外的法源，即自然法或法律原则等予以补完。所以说，其实他们无非是在暗中认可‘法律秩序的完美性’的假设。”）。关于对法律人的权威主义的批判，参见末弘严太郎：《役人学三則》，同名书，日本评论新社1955年。

③ 前注56文《解釈適用》中列举了许多这样的学说和判例。

④ 来栖三郎：《法の解釈》，前注56书，第73页（来栖发言，着重号为引用者所加）。此外，《シンポジウム·法の解釈》，前注56书，第63页（来栖发言）中也有同样内容。

⑤ 我妻荣：《債権》，前注21书序言，第9~10页。

⑥ 来栖三郎：《解釈適用》，前注56书，第35页第11行以下。

与末弘和我妻不同,来栖对法官的信赖程度没有那么高,他批判说,包括法官在内的法律人经常生搬硬套法律,得出不合理的结论后还硬说法律就是这么规定的。①除了法官的法解释外,来栖将市民的法解释也纳入考察的范围。"(遵从社会支配性见解)的法官的法解释也未必是唯一正确的(合法的)解释……这样说的话,等于否定了法解释的主体不是法官而是市民这一事实。然而,我的解释论的要点就是强调市民也是法解释的主体……"②

如上所述,来栖关于法解释的复数性和主观性的主张,一方面来自他从现实主义立场对法律人的权威主义的批判,另一方面来自他认为市民也是法解释者的观点。然而,为什么来栖的思想中会出现这些在末弘、我妻的理论中不曾出现的内容,这些变化是如何产生的呢?这是因为,在美军占领结束后的政治对立中,掌握强制性解释权限的一方常常肆意地解释法律——政府的宪法解释最为典型,而与此同时,却又不能罔顾每个市民依从良心所遵守的法。③或许也是因为,随着战后对司法裁判批评的日渐活跃,人们开始意识到司法裁判的正统性也不是天经地义的。④当然也是因为,来栖心中,为救法解释于正统性的混乱和丧失,不得不正视法解释的现实。

接下来的观点③,和来栖的其他观点一样,也是从①和②中推导出来的。但是,③并不像来栖所想的那样,是①②作用下的必然结果。⑤从①②推导出③需要一个媒介,这就是正视法解释的现实的态度。我具体阐述一下。从上文可知,一定的"框架"内可能同时存在数个合法

① 来栖三郎:《法律家》,前注56书,第240~248页以及《法の解釈と法律家》,前注56书,第21~22页从学说和判例中举出近20个这样的例子。

② 《座談会·法解釈学の「科学性」》,前注56书,第59页第1段。但是,括号中的文字引自前注71中的同内容的相关段落。

③ 来栖三郎:《解釈適用(一)》,前注56书,第35页、《解釈適用(二)》,前注56书,第61~66页的论旨中可以得出这样的结论。此外,另参见长谷川正安:《論争史》,前注56书,第81~82页。

④ 长谷川正安:《論争史》,前注56书,第89~90页。

⑤ 例如,来栖三郎:《法の解釈》,前注56书,第20页中,来栖接着前注(57)的引用部分论述如下(着重号为引用着所加)。"既然承认法官有造法的功能,那么可以说,在这一限度内,这样思考法解释(解释者必须主张自己的解释·译者注)是必然的结果"。

的法解释,此时每个人都会从自己的价值判断出发选出自认为"正确"的解释。可是,在数个合法的法解释中最终只有一个为法官所采纳。此时,尽管自己的解释未被采纳,也仍然能像下文提到的家永三郎那样,继续主张自己的解释是"正确"的。但是,来栖对此持否定态度。来栖的观点是,在地心说还是日心说的争论中,一个人可以坚持认为"无论怎样,地球都是绕着太阳转",可是在法解释的世界中,旁若无人地宣称"无论法官怎么判,我的解释都是正确的",这样的态度毫无意义,因为只有被法官采纳的法解释最终才是合法的,其他都是非法的。从这个观点出发,源于个人价值判断的"正确"的法解释必须同时能够"说服大多数国民并为法院所采纳",法解释的争论不是关于"客观存在的法是什么"的争论,而是关于"在现实中使什么成为法"的争论。①这样的法解释理念源自于两点。第一点是,市民的法解释也被纳入考察范围(参见对①②的分析)。在这一点上,和来栖相比,我妻虽然也将法解释理解为一种对社会的影响作用(社会管理),但也只是说要考虑法解释的社会影响和后果,而法解释活动本身仍停留在解释者的观念层面上。这可能是因为我妻考虑的都是那些有权使自己的解释成为现实的人(如法官),所以没有把目光投向之后的使他人接受的过程。第二点是,在现实妥当性的层面考虑法解释的态度(见本段分析)。来栖理论中,法解释的"正确性"是说服法官采纳某一法解释的过程中的问题,无关乎所谓历史的法则或客观价值的位阶之类的解释者的观念。这种现实主义的态度,是来栖解释论的一大特色。②

第二部分的 a 提到了法解释的限制,关于其中的甲制定法的拘束力,末弘视之为理所当然,而我妻则是从保障个人权利、维护法律安定性等功能主义的角度来论证的。但无论末弘还是我妻,都认为法条的文理包含了某种客观的界限。来栖的主张是对两者的批判。针对我妻

① 上述内容是对前注56《シンポジウム・法の解釈》,第63~64页中的来栖发言的释义。发言中来栖还指出,"合法还是非法并不总是事先就定下来的……有时是作为纷争的结果确定的"。此外,同前注第69页中,来栖认为要重视解释"对一般人的说服力"。

② 来栖在这个意义上也属于现实主义法学。这在前注(61)的正文所论述的对法官的法解释的限制乙、后注84及其正文中也能看出来。

理论中的法律安定性,来栖说道:"过去,一提到概念法学,就会联想起防止法官主观臆断、维护法律安定性等功能。然而,概念法学的权威主义同样不容忽视。""法律的安定性不能单从形式上考虑。社会学的法解释方法的第一步……就是只探求存在于法条中的价值,法条之外的价值不予承认,这和——通过技术操作从法条中抽取出一些本来不存在的价值的——过去的法学方法相比,并不会有损于法律的安定性。"①

当这样思考制定法的拘束力时,一方面,在法解释的过程中,如何照顾到法条的文理就成了问题,而另一方面,如果法解释不依据制定法,那法解释的正统性又会遭到质疑。这些,就是日本战后法律方法论的核心问题。

就法解释的限制,来栖的建议中,乙"社会学方法",是"法律人所应遵循的"方法,"是末弘先生从《谎言的效用》到《法律解释的理论和政策》的学说发展中所提示的方向"。②关于"社会学方法",来栖认为,所谓社会学方法并不是——通过对法律现象的社会学研究寻找指导理念的——法学者的工作,而是——通过对具体案件的判断就定型社会关系的创造出一般性法律规范的——法律人的工作。(这一点上,比起我妻,来栖更倾向于末弘)该论点到后来发展为"法律适用的类型化方法"("适用法律时,必须回到案件事实,以事实为基础,同时还要注意各类型间的差异"的方法)。③

和乙"社会学方法"不同,丙那样的针对法官的法解释的限制,是

---

① 来栖三郎:《法の解釈》,前注56书,第20、23~24页。

② 来栖三郎:《法の解释》,前注56书,第23页。另外,在前注56《法律家》,第251页中,来栖引用了基尔希曼(Julius Hermann von Kirchmann)的观点,并做出如下论述。"与所有科学的研究对象一样,在法学领域,最正确的研究方法就是,自由地面对一切新的构成(? 现象)(原文如此 · 译者注),抛开成见,潜心于其中,然后,完全纯粹地从其内部提炼出新的概念和法则。这就是'自由的发现'"。

③ 来栖三郎:《契約法》,有斐阁1974年,第756页。平井宜雄:《基礎論》,ジュリスト第927号1989年,第92页以及《ミニ・シンポジウム法解釈論と法学教育》,ジュリスト940号,1989年,第54页(平井发言)中,平井批评来栖的"社会学方法"是"社会学主义"(从社会学式的因果法则中推导出权利义务的倾向)。但如果从上述内容看,这样的批评看来是不正确的。

末弘和我妻理论中不曾有过的。和前述观点③一样,透过丙可以看出来栖区分市民的法解释和法官的法解释的态度,以及立足于法解释现实的现实主义立场。为什么复数存在的法解释中,只有法官的解释应该被执行?来栖给出的答案似乎是,因为只有法官的解释服从了"社会势力关系现状的安定性"。

最后,关于b"陈述实质性理由"的问题,尤其是关于建立怎样的规则以避免争议双方自说自话,来栖几乎没有论及。可能是因为来栖在a的限制,即法解释的"框架"的问题上投入了太多的关注。

(三)法解释中制定法的角色转换——走向拟制论

来栖理论此后又有了新的变化和发展,尤其是关于制定法的定位。

1. 通过区分法和法源,即区分现实中有正当性的法和法条的含义·法的渊源(法源),并从正面承认与制定法相悖的规范创造,否定制定法的拘束力。立法者意志说认为法条的含义是由立法者规定的,而法律意志说认为在确定法条的含义时无须顾及立法者的意思(仅在这一点上,立法者意志说是正确的),无论何种见解,在"法条的含义就是现实中的法"这一点上是共通的。然而,这不过是对制定法的偶像崇拜。[①]制定法只是法源,而不是法。现实中,制定法只是与习惯(法)、判例、学说、条理相并列的法源之一而已。"在确定什么是法的时候,明确制定法的含义当然是不可或缺的第一步,但不应止步于此。将不同于制定法的内容确定为法的情况也时而有之。"[②]——从学说史上看,来栖理论给立法者意志说和法律意志说的对立画上了休止符,也为我妻的功能主义法源论[上文第一节二(二)部分]提供了理论依据。不过,从来栖当初的问题设定看,这意味着以下内容:(1)来栖的现实主义法解释观——法就是现实中有妥当性的判决——被彻底化了。[③](2)与之相连,法解释方法论的重心移到了法院的法解释上。来栖说,

① 来栖三郎:《法と法源》,前注56书,第9~10页。

② 来栖三郎:《法と法源》,前注56书,第14页。

③ 来栖认为,如果区分法和法源,那么,时而以法律文本、起草者意见、历史沿革等为根据,时而又无视它们的做法,"未必是随心所欲"(见前注56文《法と法源》,第14页)。由此可见,来栖所持的是彻底的现实主义的立场。

“(区分法与法源的)无论是格雷(John Chipman Gray)还是弗兰克(Jerome Frank),都以法院为中心观察现实中的法。固然,倘若仅从法院的角度观察可能有相当大问题,至少从法社会学的视角看肯定是有问题的。但是,如果从法解释学的角度看的话,以法院为中心观察法律并无不可。”①(3)制定法对法解释的限制被解除了。②这关系到以下内容。

2. 如果认为法和法源(制定法)可以不一致,那新的问题接踵而至:既然法和制定法可以不一致,那为什么还要假设两者是一致的?来栖将这一假设理解为一种“(广义上的)拟制”,③并对这种拟制的功能做了研究。结论如下。拟制就是绕道而行。为了揭示隐藏在事实深处的真理,暂时与事实相分离,在揭示真理之后再反作用于现实。这种拟制不会像“大冈裁判”(大冈裁判得名于江户名臣大冈忠相,通常指实质公平又富有人情味的判决,但在案件处理中,出现过为了得到妥当的个案判决而扭曲案件事实的情况·译者注)那样,为了追求个案的妥当性而在案件的事实上做文章,最后得出一个仅适用于个案的结论,而是从事实出发,以“要件—效果”的形式积极创造新规范,哪怕是既有法律规范的唯一的例外。④之前,来栖还将制定法理解为对法解释的限制(“框架”),而在这里,制定法只是通往真理的一个线索或指南。综上可见,在法解释为何要顾及制定法、其意义根据何在的问题上,来栖的回答与末弘(纯粹法学式)和我妻(个人权利保障等)迥然相异。

---

① 来栖三郎:《法と法源》,前注56书,第12~13页。

② 将制定法看作法解释的“框架”的想法,来源于凯尔森的《纯粹法学》(凯尔森著,横田喜三郎译:《純粋法學》,岩波书店1935年,第147页)。不过,在来栖的理论中,“框架”的概念不仅仅是对法解释的限制,也是法解释所追求的目标(例如,前注56文《解釈適用》,第34页第5行)。

③ 来栖三郎:《法と法源》,前注56书,第14~15页。另外,之所以称为广义上的拟制,可能是为了和事实认定层面上的拟制作对比。

④ 这一部分是结合裁判上的拟制,从前注56文《文字における虚構》一文,尤其是第287~289页及第336页的注(31)的内容中理解得出的结论。

三、川岛武宜

(一)川岛的问题意识

对川岛而言,“传统的法解释学总给人一种还缺一点什么”的感觉,“研究法解释的时候,也总抱有对‘科学’的憧憬,就像对自然科学那样。”①正因为此,下面的问题伴随着川岛的一生。传统法学只是使人相信法律和判决具有正当性的一种“术”(川岛称为“教义学法学”或“解释学法学”),而不是科学。②那法解释学能够成为科学吗?如果能,又将是怎样的科学?正是从这个问题视角出发,川岛从法解释行为的各个方面、各个问题中遴选出那些能够成为“科学”的研究对象的部分,以能够进行“科学”处理的形态构筑起了他的法解释方法论。随着对法学的定位、任务以及判决构造等问题的认识的变化,川岛在实际中所倡导的方法论也在发生着变化。川岛将自己的方法论分为四个时期。③这里主要研究和法解释论战和利益衡量论战关系最密切的第二和第三个时期。

(二)第二期——工学式的“作为科学的法律学”

1950年之前是川岛法学的第一期,这一时期川岛也认为法解释是一种实践性的行为。④不过这里所说的实践性更多是指法律规范的创造,而不是指通过法解释影响社会。此外,这一时期的川岛比较重视法解释中的法律概念和逻辑构成,认为这些技术都是在一定的经济社会关系基础上形成的,而“科学的实用法学”的任务正是以历史学的研究方法去认识分析这些法律概念和逻辑构成,最终有助于立法、法解释之

---

① 川岛武宜:《軌跡》,前注56书,第327、304页。另见前注56书《座談会・科学性》,第52页第3段(川岛发言)。

② 这是川岛一贯的观点。见前注56书《諸問題》,第2、5~6页,以及前注56文《市民的実用法学》,第113~135页。

③ 川岛武宜:《軌跡》,前注56书,第305页以下。

④ 川岛武宜:《契約不履行と不法行為の関係について》(法学協会雑誌第52卷第1-3号1944年)一文就是建立在这一观点的基础上。川岛武宜:《所有権法の理論》(岩波书店1949年)一书估计也是一样。这一观点在前注56书《諸問題》的序言中得到明确的表述。

类的实践性目的。[①]

到了20世纪50年代中叶的"法解释论战"时期,也就是川岛法学的第二期,此时和来栖三郎一样,川岛的问题意识中也加进了"对法学不信任"的因素。一方面,从数个法解释中决定出哪一个是正确的客观标准真的存在吗?面对这一问题心感无力。另一方面,为什么数个解释中有一个被赋予强制执行力?面对这一现象又心怀疑惑。[②]面对同样的无力和疑惑,来栖通过正视法解释的现实来克服,而川岛则试图通过法学的科学化来应对。不过,川岛主张的"科学的实用法学"的内涵和第一期相比发生了些许的变化。

1. 川岛开始强调科学的特质,即人类能够认识和支配现象的一般性规律,并基于该认识控制现象,[③]而且人类所认识到的规律能够通过经验性的实验观察所验证。[④]由于"控制"和"验证"在历史学的研究中难以实现,因此川岛法学中的"历史科学"的思考方式逐渐减弱,而"技术学"的思考方式得到加强。这里,就"科学的法解释学"的可能性,川岛是这样论证的。他说,"'解释'行为,之于解释者个人而言,无疑是一个决断,是需要勇气的行为,而且会受个人性格、境遇、信念所左右。然而,将其作为社会现象观察时,却能够看到,法解释也处于某种规律的支配之下。……想到此处,作为一门技术学,实用法学似乎又有了立足之地。"[⑤]在此之上,川岛认为"法律通过组织化的政治权力控制着我们的社会生活",而法学的任务就是"分析其中的控制技术,发现其中的规律",并以所发现的规律为基础,将经由法律而实现的社会管理合

---

① 川岛武宜:《諸問題》,前注56书,第3~5页。

② 川岛武宜:《科学》,前注56书,第3~9页。另见川岛武宜:《客観性》,前注56书,第83~89页以及《座談会·科学性》,前注56书,第52页第3段。

③ 《座談会·法解釈学の『科学性』》,法律時報第26卷第4号1954年,第53页第1段中的川岛的发言("根据对于现代的科学理论的一个共通的理解,科学是能够理解物理的或者社会的自然法则,然后,通过这一法则来预测自然世界的未来面貌,并通过使用这一法则来管理、变革自然现象的。")

④ 川岛武宜:《科学》,前注56书,第5~6、21、95页,同《軌跡》,前注56书,第304~305页。

⑤ 《座談会·「科学性」》,前注56书,第53页第1段(着重号为原文)。

理化,使之更有效、更适当。①

2. 从上文的引用可以看出,川岛在这一时期强烈地表达出"法解释=基于法律的社会管理"的观点。并且,川岛认为,这种基于法律的社会管理由两个要素构成:(1)成为立法或判决的动因并决定其内容的价值判断;(2)传达价值判断的法律概念和逻辑(言语技术)。②法的价值判断是实质,言语技术是实现价值的工具,是形式。在裁判中两者相互影响,价值判断或与逻辑说明同步,或先行于逻辑说明。③

接下来,川岛从上述科学的观点出发,分别就法律价值判断和言语技术指出了法学应当进行的研究。

1. 法律价值判断"之于判断主体,是以价值的优先劣后(preference)为媒介的、高度主观性的行动。"④应选择哪个价值体系,某个价值判断是否"正确",这些问题是实践性行为、个人信念的问题,不是经验科学的研究对象。⑤关于这类问题的争议,公说公有理婆说婆有理,争论永无止境。但是,"法律价值判断不会止步于判断主体的主观意见。""可以说,价值判断的内容至少在受共同社会价值支配的人群范围内具有客观性——社会中总有一定范围的人共享着某种价值判断。"⑥就像这样从社会学的角度观察法律价值判断的话,能够发现,一方面,在某种力量的推动下一个相互之间不存在矛盾的统一的价值体系不断形成,而另一方面,现实的社会中,形形色色的价值体系相互矛盾相互对立,无时无刻不在变化之中。而且,现实的社会关系极其复杂,法律上的某个价值判断究竟与哪种法律价值相联系并不明确。⑦法

---

① 同上注的第2段。此外,另参见前注56书《科学》,第31、49、66页第1~3行。

② 川岛武宜:《科学》,前注56书,第14~16页,前注56文《座談会・「科学性」》,第53页第2段。

③ 川岛武宜:《科学》,前注56书,第18、19、67页第15行。

④ 川岛武宜:《科学》,前注56书,第20页(着重号为原文)。

⑤ 川岛武宜:《科学》,前注56书,第21、60~65页、前注56文《討論・法の解釈》,第82~83、84~85页。

⑥ 川岛武宜:《科学》,前注56书,第20~21页。从这个观点出发,价值判断的主观性被理解为,"社会(因阶级、地域、人种等原因)分裂为各个集团,而每个集团各自支持不同的价值体系,结果导致各价值体系间的分裂和对抗(出处同上)。"

⑦ 川岛武宜:《科学》,前注56书,第22~26页。

律价值判断虽然一开始是基于法律感觉做出的,但在上述复杂的社会关系中,若仅止于此,必然陷于主观性的"意见分歧"。为使法律价值判断合理化,作为科学的法学必须完成以下工作:(1)必须厘清成为价值判断标准的诸价值分别是什么、诸价值间的相互关系(价值体系)及其变化;(2)明确立法、判决所包含的价值判断的具体内容;(3)明确针对一定的社会关系所做出的法律价值判断与整个价值体系之间的关系,以及各个具体价值判断之间的关系。而且,上述内容都可以由科学来解明。[①]其中第二点可通过对社会关系的社会学分析——即从一定的法律价值出发(如交易安全),将作为法律价值判断对象的社会关系构成为一定的类型,再将其要件化——来明确。[②]

2. 作为法学特有的思考和表达手段,将言语技术从日常的概念和逻辑中分离出来。为使这种言语技术成为社会管理的有效适当的手段,法学必须完成以下两个工作:(1)为使法律能够更容易地适用于事实,必须结合判决,即现实中的案件处理,来明确法律概念的内容,将法律概念构造得简单、抽象、有普遍性,确保每个案件能够通过逻辑推论得到具体解决。这样的工作是必需的,只有这样才能合理地处理社会矛盾,同时也防止立法权和司法审判权的滥用。[③](2)为使具体的法律价值判断(立法、司法裁判)及其相互间的体系性的有机联系得以成为未来的法律价值判断(立法、司法裁判)的手段,必须明确每个具体的法律价值判断中使用的"逻辑构成"和"法律构成",并结合需要,对以往的"法律构成"进行重构,推进其发展。[④]

川岛的上述解释方法论和战前的末弘、我妻的方法论之间有怎样的关系呢?川岛强调了法学作为科学的必要性,而且论证了法学成为科学的可能性。然而,暂且不谈这一外观上的特征,将目光转投向川岛所思考的法学的任务、工作的实质,我们能看到川岛和我妻有相当多的共同点:(1)两者都视法律判断为影响社会的手段,认为法学的任务就

---

① 川岛武宜:《科学》,前注56书,第49~60页。

② 川岛武宜:《科学》,前注56书,第28~31、54~57页。

③ 川岛武宜:《科学》,前注56书,第68~72页。

④ 川岛武宜:《科学》,前注56书,第72~73页。

是使这种影响更适当、合理;(2)两者都将法律判断区分为实质性价值判断和形式上的概念、逻辑,认为前者在形成的时间上先于后者;(3)两者都认为实质性的价值判断是社会性的,并主张通过对社会关系的分析,明确实质性价值判断的内涵;(4)在明确价值的内涵时,两者都重视历史学的视角;(5)两者都认为,法律判断之所以是法律判断,不在于实质性的价值判断,而在于法律概念、法律逻辑,等等。这一时期的川岛将法律判断主体的价值选择问题排除在科学性的实用法学的研究对象之外,但同时也认为价值判断是法律判断的主要构成部分,并重视对实质性价值判断的分析。在这些方面,川岛和我妻有着共通之处,也正是这些方面影响了后来的利益衡量论。[①]

从理论的实质看,应该说这一时期的川岛法学的新颖之处就在于将言语技术(法律概念、法律逻辑)看作思考、表达的手段。和我妻等的历代学说相比,川岛在这里拓展了新的研究空间。作为法解释的逻辑要素,我妻仅从保障个人自由的角度分析了法律三段论;而在这一期间,川岛就实用法学的偶像崇拜以及法律概念、逻辑构成的种种特殊性发表了新观点,这些观点后来发展成为对法律预测的研究。

(三)第三期——预测未来判决的"市民实用法学"

到了20世纪50年代末,川岛的观点发生了很大的变化。[②]这一时期,川岛一如既往地批判为法律价值判断正当化的传统解释法学,[③]但问题是,什么才是与解释法学相对的非解释法学呢?上一个时期中,川岛将其理解为一门为合理的立法和裁判提供必要工程学知识的学问,但到了这一时期,川岛开始认识到,非解释法学就是为预测未来判决所进行的判例研究。[④]此时,判例才是预测未来判决的基础,而且,不是"判决理由"中的三段论式的法律构成,而是案件事实和判决结论之间

---

① 星野英一:《民法論集》(第1卷),有斐阁1970年版,第5页。

② 该理论最早见于前注56川岛文《市民的实用法学》,在前注56川岛文《判例研究》中有详尽的论述。

③ 川岛武宜:《市民的实用法学》,前注56书,第110~135页。

④ 川岛武宜:《市民的实用法学》,前注56书,第135~136页,另见川岛武宜:《判例研究》,前注56书,第173~175页。不过,在《市民的实用法学》第173页川岛指出,在预测未来判决的同时,将现实中法院认为妥当的规范明确化也是判例研究的目的。

的关联组合。[①]概括而言,这一时期的川岛倡导了一种预测法学,即"当一个判决做出之后,从该案的具体事实关系和判决结论出发,通过抽象作业,筛选出一个相互关联的定型化的事实和定型化的判决结论的组合,然后将其构成为一个有先例意义的命题"。[②]

之所以有这样的变化,川岛解释说是因为"末弘先生的思想加了进来"。[③]不过从实质上看,变化有两点:①法学的研究对象不再是一般意义上的基于法律的社会管理,而被限定于司法裁判,同时法学的任务也不再是发现裁判的规律并将其合理化,而被定位于对判决的预测。②轻视判决中的三段论式法律构成。这两点归根结底是下面三点变化造成的。a. 是"经验科学"观点的彻底化。b. 是接受了英美法的判例法主义的裁判理念,尤其是现实主义法学的理念。依据现实主义法学,法官的判决不是抽象的法律规范的适用,而是具体的法律规范的形成;[④]判决中的法律构成只不过是正当化的手段而已。[⑤] c. 是"市民法学"观念的引进。上一时期,川岛提出了"作为科学的法律学",旨在为立法的参与者或法官明确立法、司法裁判中的规律。相反,这一时期的川岛法学旨在为利用审判制度的市民提供必要的法律知识。上述三者中,a 是第二期川岛法学思想的发展,而 b、c 则是 50 年代中叶以后,随着现实主义法学的介绍和渗透以及市民法学运动的展开而生成的新思想。[⑥]下面,我们分析 abc 的观点变化如何导致①②的方法论变化,以此揭示川岛法学的理论构造。

①的判决预测的思想是在 abc 共同作用下形成的。a. 比起对"基

---

① 川岛武宜:《市民的实用法学》,前注 56 书,第 142 ~ 143 页。

② 川岛武宜:《判例研究》,前注 56 书,第 216 ~ 219 页的内容概要。

③ 川岛武宜:《軌跡》,前注 56 书,第 307 页。

④ 川岛武宜:《判例研究》,前注 56 书,第 174、184 ~ 192 页,尤其是第 188 ~ 192 页。关于这一点,鹈饲信成指出,"(现实主义法学)之根本命题即在于,视法院之具体行为以为法,而非一般性规范之法律条款。"(参见鹈饲信成:《現代アメリカ法学》,日本评论新社 1954 年,第 41 页)

⑤ 川岛武宜:《市民的实用法学》,前注 56 书,第 119 ~ 120、130 页,另见川岛武宜:《判例研究》,前注 56 书,第 193 ~ 196、197 ~ 200、202 页。关于这一点,参见鹈饲信成:《現代アメリカ法学》,上引书第 45 页。

⑥ 水本浩:《利益衡量論》,前注 56 书,第 28 页。

于法律的社会管理"的研究(例如,明确某个法律价值判断所服务的社会价值),判决的预测具有高度的验证可能性。因为"通过未来的判决这么一个经验性的事实,研究结果的真实性立刻能够得到验证"。①当人们追求经验性的验证可能性时,就会自然而然地走向判决预测。b. 比起立法,判例法主义的理念会使人更关心司法判决。c. 判决预测的思想也反映了市民社会的要求,尤其是资本主义社会对于计算可能性的要求。②

②的对三段论式法律构成的轻视源自 b 现实主义法学的裁判理念和 c 市民法学的观念。一般来说,依据什么预测未来的判决,这个问题的答案取决于另外两个问题:一是哪些因素约束了法官的裁判活动,二是裁判预测的目的是什么。对于前者,川岛认为,首先,"先例约束性"的规则有现实妥当性,在约束法官裁判活动的诸多因素中,先例是最重要的;其次,作为先例存在的判决中当然会出现一些解释性的"理论",但这些"理论"充其量是使结论正当化的逻辑运作,应当作为提高说服力的技术来分析。③对于后者,即裁判预测的目的,川岛认为,判决"之于国民至关重要的是判决结论本身,而不是如何依据成文法的条文使判决正当化的

---

① 川岛武宜:《市民的实用法学》,前注 56 书,第 146 页,另见川岛武宜:《軌跡》,前注 56 书,第 307 ~ 308 页。

② 川岛武宜:《判例研究》,前注 56 书,第 175 ~ 176["现实主义观点的首要社会功能,就是为——在对未来判决的预测中深感利害得失的——市民给出行动的指针。特别是在资本主义社会,为了展开马克思 · 韦伯所说的'资本计算(Kapitalrechnung)',资本必然要求自身的权利义务具备预测可能性(Berechenbarkeit),社会也对预测未来裁判的工作提出了强烈的要求。"]、193、200、239 页。另见川岛武宜:《市民的实用法学》,前注 56 书,第 140 页。

③ 川岛武宜:《判例研究》,前注 56 书,第 174、193 ~ 194、197 ~ 199 页。这一点在《市民的实用法学》一文中尚未有明确的表述。在该文中,作为影响裁判行为的主要因素,川岛提到了成文法、法官的人格、包括习惯、习俗、社会舆论和支配性的价值体系等在内的社会环境以及当事人、证人与法官在法庭上的相互影响,也承认先例的法律构成是探求先例的判断结构的资料之一,当时川岛并没有特别重视"事实关系——判决结论"的判断结构(参见川岛武宜:《市民的实用法学》,前注 56 书,第 142 ~ 144、147 ~ 161 页)。另外,在川岛武宜:《判例研究》,前注 56 书,第 215 页中,川岛将"理论"有多少先例价值和先例功能的问题作为日后的研究课题,并未完全否定"理论"的价值和功能。

解释逻辑。”[①]这就是川岛之所以漠视法律构成的理论基础。

如此一来,科学的实用法学的任务变得更为特定。以言语技术为例,前一时期的“作为科学的法律学”还在分析言语技术在限制法官裁量权限上的功能,而到了这一时期,在“市民实用法学”的视野中,言语技术的分析工作已被归为传统的“解释主义判例研究”的任务。[②]

这样,在a经验科学的取向、b现实主义法学的裁判理念、c市民法学的法学观的交互作用下,主张以个判决的“事实关系——判决结论”关系为基础预测未来判决的川岛法学就应运而生了。川岛的判决预测法学可以说是从ac的观点对当年末弘所思考的判例研究[参见第1节—(四)部分]之中的一个形态进行的展开。另外,川岛的判决预测法学在a观点上与怀疑法学的科学性的来栖理论针锋相对,而在b、c观点上又有共通之处。申言之,来栖的方法论中,为复数的法解释套上“框架”的方法(“社会学方法”),或是从复数的法解释中选择其一的方法(“实质性理由”),在川岛法学中被定位为判决预测的方法,这是两者的不同;共通之处是,影响法律判断(判决)的是对案件事实关系的分析,而不是法律三段论。此外,来栖将市民的法解释纳入解释方法论的视野从而主张解释的复数性,并提出以“社会势力关系的现存状态的安定”约束法官的法解释;川岛倡导的判决预测法学是为了实现市民对判决的预测,法官的法解释只是作为预测的对象来考虑的。两者的方法论都不以法官的法解释为限,都假定法官是被动的。这从根本上透露出来栖和川岛对传统的“法官法学”的不信任以及对法律三段论的疑虑。这一点正是这一时期的解释方法论的特质,既区别于战前的末弘、我妻的方法论,也区别于后来的利益衡量论。

最后,作为川岛法学一以贯之的特质,除了对科学性的追求外,还有一个必须指出的就是“强势的法学者形象”。川岛法学中,有一些法解释工作必须由法律人,特别是法学者来完成。我妻法学中也能看到

---

① 川岛武宜:《市民的实用法学》,前注56书,第137页。另见川岛武宜:《判例研究》,前注56书,第187~188、203页。

② 川岛武宜:《科学》,前注56书,第70~71页。另见川岛武宜:《判例研究》,前注56书,第175页。

类似的观点[参见第1节二(三)部分],但是在批判传统的"解释学法学",竭力倡导"科学的实用法学"的川岛法学中尤为显著。川岛如是说,"仅作为'正当化'的手段,研究'解释'的技术已不是当下法学者的研究使命所在,这大可一任于法官。……解释本非科学家的工作,而应是实务人士的工作。……实用法学的使命或者说功能,就是……发现具体的裁判规范,并研究其语言性、逻辑性的表达方式。"①相反,末弘和来栖思考的只是普通法律人的解释,没有考虑过法学者特有的工作,这和川岛的"强势的法学者形象"想比只能说是"弱势的法学者形象"。②

四、"法解释论战"中的争论

以来栖和川岛的问题意识为契机,从1953年底直到50年代末,围绕法解释应当是怎样的这一议题众说纷纭。下面结合来栖和川岛的问题看一下这些争论。

(一)法解释的复数性和"框架"

关于来栖的问题意识,渡边洋三曾做过一些补充性研究。和来栖一样,渡边也认识到法解释的复数性、法官的法解释之外还存在市民的法解释,市民的解释也应当纳入解释方法论的考察范围,这样,最终法解释被理解为个人的价值判断获得社会承认的运动和过程。③渡边的

① 川岛武宜:《判例研究》,前注56书,第181~182页。

② 因此,平井宜雄在《法律学基礎論覚書》,ジュリスト第921号1988年,第80~81页中批判川岛武宜是"学者中心主义"无疑是正确的,但同样的批判似乎不能加之于来栖三郎。

③ 就法解释的复数性,渡边对来栖的观点做了如下补充。(1)承认人与人之间的利害冲突和价值观对立并以之为前提的市民社会的建立(参见渡边洋三:《法解釈学》,前注56书,第57~58页),以及从19世纪下半叶起法官的法律创造逐渐成为无可否认的现实(同上引书,第62页以下),这两点是法解释复数性思想生成的历史基础。(2)复数法解释中的一个成为现实的法的过程,是国家权力的意志承认该解释的法律价值判断的过程。这种承认未必是积极的支持,也可能是在一定的政治情势下的迫不得已的选择(同上引书,第61页)。(3)(包括法官在内的)有权解释不同于普通国民的法解释,因为会对现实产生立竿见影的影响,所以不允许一时兴起、权宜之计、恣意草率的解释。(包括学者在内的)普通国民的法解释中,有的是对有权解释的预测,有的是主张自己的意见;后者又可以分为,以有权解释方为对象的法解释(如法庭斗争中的法解释)和以说服国民为目的的法解释(如发动舆论、组织运动的法解释)。法解释的研究必须涉足于上述所有类型的法解释[同上引书,第23页注(6)]。(渡边是在"法的主观性"的论题下展开上述论述的,就这一点请参见下注77。)

研究相对有限,可以说来栖的问题意识的内涵直至今日都未曾被认真的发掘。

法解释之为法解释,至少受一定的约束(“框架”),不能随心所欲。对此,渡边只是将其作为“基于逻辑推理的客观性”的问题。①②这样,渡边的大部分主张都是以前曾出现过的。例如,渡边就“基于逻辑推

① 渡边洋三:《法解积学》,前注56书,第54页称,“所谓法的客观性不是指价值判断本身的客观性,而是价值判断所依据的逻辑的客观性。这种客观性不存在正确与否或真假与否的问题……不是别的而是通用性的问题。人不能将价值判断的通用性和逻辑的通用性混为一谈……”这样看,渡边所说的“客观性”和下文将要论述的“价值判断的客观性”不是同一个问题,而是来栖所说的“框架”的问题。(渡边洋三:《法解积学》,前注56书,第303页第3~5行的内容可以佐证这样的理解。)

② 渡边认为,法解释是由成文法、判例法、习惯法等客观统一的标准,以及“能为大多数人所理解的语言”所构成的,而且必须建立在逻辑法则的平台上,这一论断的依据是民主主义的政治原理(“从封建极权主义的权力专制统治中解放出来”“建立以市民的自由为中心的人权秩序”)和资本主义的经济原理(“确保资本投入的预见可能性、合理计算性和统一的国民市场的形成”)。然后渡边还指出,法解释有通过特定的法源和逻辑规则消除随意性并赋予通用性的功能(参见渡边洋三:《法解积学》,前注56书,第45、43页)。他还论述道,“业已形成客观定论的语言和逻辑是人类理性的产物,也是人类理性的交流方式。语言和逻辑其自身就具有某种排除情感、价值判断和其他人类个人的主观动因的倾向。”“这样,立法者和解释者必须通过这种被社会广泛承认并适用的逻辑形式来对价值判断做出客观定论。”(同上引书,第45、54页)。正是基于这样的观点渡边提出了确保客观性的技术——用来栖的话说就是确定“框架”的方法。确保法解释客观性的基本思想就是,在民主主义政治体制下,“在客观上约束法官的法律价值判断的,是各个时代的〔法解释做出时的〕国民的整体意志”。正是从这一基本思想及其所秉持的历史倾向性出发,渡边指出,“从根本上说,重要的是通过对现实历史社会的实证观察,从国民各阶级、各阶层的意志、价值间的复杂的矛盾对立的过程中,具体地探求——作为合力而出现的——国民整体意思变化的社会规律。”(同上引书,第111页)。而作为实际的技术,渡边的主张如下:(1)当成文法对于某一具体情况应如何判断持有鲜明的立场时,成文法具有较强的拘束力(同上引书,第80~83页)。(2)当成文法以一般性概念作出规定时,在概念的基础性社会事实的范围内成文法具有较强的拘束力,但是基础性事实的范围之外要广泛地承认解释者的法律创造(同上引书,第88~91页)。(3)为使法解释不至沦落为便宜主义的工具,必须依据成文法、先例中所包含的法律原理来解释,而且,当法律原理的合理适用范围依据其基础性社会事实得以确定时,还应使其与实定法的根源性的价值原则——说到底就是宪法的价值原则——相统一。(同上引书,第92~99页)。

理的客观性”的依据和功能所阐述的内容中，除了“赋予通用性”的想法之外，其他和我妻荣在论证“法律构成”的存在理由时所思考的内容［参见第1节二（二）部分］没什么差别。[①]此外，渡边提出的三种技术［参见第308页注（4）］和末弘的学说也是重合的［参见第1节一（三）部分］。渡边理论的创新之处就在于他从民主主义的政治原理，特别是国民的整体意见的思想，以及重视对现实的历史性社会的经验观察的立场出发，以新的形式论证既有的观点，并赋予法解释以新的任务。比如，渡边认为，上述三种技术的根本使命就是“在历史的发展规律中个别地具体地研究国民整体意思的变化，使其成为法解释（价值判断选择）的原则性的准则”。[②]

（二）法解释的实践性、法律价值判断的主观性和客观性

和法解释复数性的遭遇不同，下面的问题在论战中得到了广泛深入的探讨。首先，法解释究竟是对法律规范的认识，还是包含价值判断的实践？其次，如果认为是包含价值判断的实践，那么是否存在客观正确的价值判断，如果存在，应该怎样获得这样的价值判断？其中，第一个问题在民法领域没有太大的争议，这可能要归功于末弘和我妻，他们都曾经极力论证过法解释的实践性，因此在论战中这个问题只是被重新确认了而已。第二个问题，也就是法律价值判断的客观性的问题，在民法学者中燃起了战火，至今还依旧是法解释方法论的中心问题。这里，就当时的争议做一个整理，以便后面的研究能顺利展开。

围绕价值判断客观性的争议，往往被整理为主观说（价值判断是主观的，价值判断的正确性不可能被客观论证）和客观说（客观论证是

① 不过，我妻的解释论中，法律构成与其说是法解释的“框架”，不如说是给判决结论事后披上的外衣，或者说是法律和社会妥当性之间的调节阀。在前注56书《法解释学》的第100页上，渡边批判了我妻的这种观点，两者在这一点上还是存在差异。

② 渡边洋三：《法解释学》，前注56书，第111页。

可能的)的对立。[①]但是,要想清楚地把握争点在哪儿,这种"主观 vs. 客观"的整理模式是远远不够的,必须加进新的视角,将"主观""客观"区分为数个维度。

首先,必须区分(1)作为事实的主观性、客观性,和(2)作为规范的主观性、客观性。[②]

(1)作为事实问题,①法律价值判断因解释者而变化,这一点没什么争议。除了明确指出"价值判断的主观性"的来栖之外,川岛、渡边、[③]甚至连通常被认为持客观说的家永三郎也承认价值判断有主观性这个事实。[④]至于法律价值判断为何会因人而异,来栖求诸于解释者的个人原因,就这一点也未见有反驳。只不过,川岛和渡边的理解是,"社会(因阶级、地域、人种等原因)分裂为各个集团,而每个集团各自支持不同的价值体系,结果导致各价值体系间的分裂和对抗",比起解

① "主观说 vs. 客观说"的整理方法始见于碧海初一(参见碧海纯一:《戦後日本における法解釈論の検討》,《恒藤古稀・法解釈の理論》,有斐阁1960年),至今仍为学者广泛接受(参见星野英一:《民法解釈論序説》,《民法論集第一巻》,有斐阁1970年,第36页以下,平井宜雄:《「法の解釈」論覚書》,《民法学の歴史と課題》,东京大学出版社1982年,第82页等)。

② 这个区分对应着历史的、社会学的相对主义和价值相对主义的区分。前者认为,超越时空普遍适用的善恶是非标准是不存在的,而后者认为,普遍有效的价值是不存在的[参见加藤新平:《法哲学概論(上)》,有斐阁1976年,第12~16页]。另外,以前的学者没有区分价值判断主观性、客观性的各个层面,而且常常混淆法律价值判断的主观性和法解释的复数性[例如,渡边洋三在前注56《法解释学》一书中,在"法解释的复数性"的部分(第26页以下)讨论主观性——法解释会因人而异——的问题,而在"法的主观性"的部分(第57~58页)讨论法解释复数性的问题]。本文不拘泥于用语,而是依照各个学者主张的内容进行整理。

③ 前注56书《座談会・「科学性」》,第54页第2段(川岛发言)、渡边洋三:《法解释学》,前注56书,第25~26页。

④ 关于家永三郎的观点,参见前注56书《シンポジウム・法の解釈》,第46~48页,尤其是第48页后半部分的如下发言,"总之,法解释之中存在着各种各样的解释,这是一个重要的事实。"

释者的个人原因，川岛和渡边更强调社会性的因素。[①]（2）即便法律价值判断会因人而异，但从社会学角度看，在一定的人群之中共通性也是存在的，对于这一点同样也没有争议。[②]（这种共通性就是川岛所说的"价值判断的客观性"，但是为了避免用语的混淆，称为"价值判断的社会性"更合适。）

与作为事实问题的情形相反，作为规范的客观性指的是这样的问题，即尽管法律价值判断受解释者的主观所左右，但作为解释主体，是否必须相信自己的价值判断是客观正确的？首先，这个问题应区分为a之于解释者个人的客观性和b能够要求他人支持意义上的客观性。后者b又可以分为以下四个层次：甲客观上唯一正确的价值判断是否存在（最抽象的问题），乙如果存在，那又是怎样的价值判断，丙采用怎样的方法找出客观正确的价值判断标准（稍微具体点的问题），丁某个特定的价值判断在客观上是否正确（最具体的问题）。（甲乙是法律价值的存在论问题，丙丁是认识论问题。）

关于a，即便是通常被认为是主观说的来栖和川岛也承认，作为解释者个人，必须坚信客观正确的价值是存在的。[③]因此，有争议的是b。这里，川岛从经验科学的立场出发，认为在能够向他人施加命令的意义上不存在任何客观正确的价值判断，[④]因此川岛法学中甲乙丙丁都是被否定的。与此相反，家永则认为，"具有普遍性和妥当性的世界观是唯一的。这一世界观与历史学的知识相互制约。在这一过程中，关于历史的发展方向的科学认识就会清晰地显现出来。"因此，家永主张，甲客观上唯一正确的价值判断（法解释）是存在的，乙这一解释和历史

① 引用出自川岛武宜：《科学》，前注56书，第20页，另见前注56书《討論・法の解釈》第80页（川岛发言）。前注56书《座談会・「科学性」》第54页第2段（川岛发言）解释了强调社会性原因的理由。渡边洋三：《法解释学》，前注56书，第27页基本赞成川岛的见解。

② 川岛武宜：《科学》，前注56书，第20页。此外，另参见来栖三郎：《解释適用》，前注56书，第34页、渡边洋三：《法解释学》，前注56书，第59页。

③ 前注56书《シンポジウム・法の解释》，第63页（来栖发言）、前注56书《討論・法の解釈》，第80、82、85页（川岛发言）。

④ 前注56书《討論・法の解釈》，第84～85页（川岛发言）。

进步的方向相一致,丙正确的法解释能够通过对现实社会的社会科学性和历史科学性的研究发现出来。[①]其他学者的立场则处于川岛和家永之间。其中,和主观说比较接近的是尾高朝雄。尾高的观点是,甲人就是在对立价值观的切磋琢磨之中走向真理的。[②]只不过,乙不能用所谓"历史进步的方向"这种"大尺度的标准"去把握真理,[③]而应该认为,丙"各方就某一问题可能存在立场上的差异,但在彼此对立又彼此牵连的过程中,逐渐地……会有一个了结",丁这一过程中,应当"坚持一个前提,就是任何一个观点都有可能是真理"。[④]另一方面,与客观说比较接近的是渡边洋三。渡边的观点是,甲"(至少相对)最正确的法解释是存在的",[⑤]乙所谓正确的法解释指的是,解释的依据正确且科学,[⑥]遵循当下的国民整体意志,[⑦]并与历史发展的宏观方向相吻合,[⑧]丙这样的法解释可以通过以经验科学分析为基础的理论而确定。[⑨]与上述各家不同,来栖的观点必须分为两部分——确定法解释的"框架"(制约)和在"框架"中选择一种法解释——分别进行考察。关于"框架",甲虽然法解释有复数性,但来栖似乎并不认为解释者可以在复数的解释中任意选择,解释者自己必须确信世上存在唯一客观正确的法解释,并为之而努力。[⑩]乙丙这里的"框架",就是经由制定法和社会学

---

① 前注56书《シンポジウム・法の解釈》,第46、51、65页(家永报告和发言),引用部分引自第51~65页。

② 尾高朝雄:《法の解釈》,前注56书,第30页。

③ 尾高朝雄:《法の解釈》,前注56书,第33页。

④ 前注56书《討論・法の解釈》,第76页(尾高发言)。

⑤ 渡边洋三:《法解释学》,前注56书,第148页(括号中为原文)。

⑥ 渡边洋三:《法解释学》,前注56书,第35~38页、第112页以下。

⑦ 渡边洋三:《法解释学》,前注56书,第109~111页。

⑧ 渡边洋三:《法解释学》,前注56书,第13~16、111页。该书第17页注(6)中,渡边洋三从这一立场出发,对家永三郎的发言给予高度评价,认为这是对法解释学者时常陷入的"便宜主义"的警告。但是,这一时期渡边洋三并不认为"历史的方向"是判断法解释正确性的标准。本注和注89、注90的内容是渡边洋三法解释学的三大支柱。

⑨ 渡边洋三:《法解释学》,前注56书,第148页。

⑩ 就"社会学方法",来栖在"客观上唯一正确的法规范包含于社会现象之中"(见前注60的原文)的认识之上,认为成文法只是通往真理的线索(参见前注86、87、88的原文)。

方法而找出的法规范和社会潮流[本节二(一)部分的甲乙丙]。至于在"框架"内的选择,甲"归根结底,取决于解释者个人的价值判断,却也不能全然是自说自话"。[①]当然,也不能乙像家永那样,认为只有一个法解释是符合历史规律、客观正确的。丙这里,必须在"社会经济政治理由"或者说"实质性理由"的层面上展开争论。[②]

从上述分析看,只在 b 的乙丙中存在主观说和客观说的对立。这一对立的含义,我们将在第三节、第四节中深入探讨。

(三)法解释学的科学性

法解释学能否成为科学,如果能,那又是怎样的一门科学?川岛的问题引发了学界的大讨论,但在整体上,争论只局限在科学性法学的可能性和法解释的实践性、法律价值判断的主观性之间的关系。进一步阐述过科学性法学的内容的,除了川岛,就只有渡边了。

渡边和川岛一样,认为"法解释自身是一项选择特定价值判断的实践",并"追求法解释的科学性"。[③]但是,渡边是从另一个侧面求得法解释的科学性的。渡边说,"任何时候,科学的使命都是服务于人类的实践活动,并为实践活动的正当性给出合理性、规律性的依据。……因此,不是说法学是一门使解释正当化的学问所以就有科学性,也不是说法学有实用性(实践性)所以就是科学的,法学有无科学性的问题的关键在于从何处求得正当性的依据或准则。"[④]在川岛法学中,判决结果的验证可能性是科学的标志,因此价值判断不可能成为科学的研究对象,科学的实用法学的任务是法律判断的技术层面的合理化和对判决的预测,而渡边则是从法律判断的依据的科学性来论证法解释自身的科学性的。

法解释的依据的科学性又取决于以下三者的科学性:作为三段论

---

① 前注 56 书《座談会·「科学性」》,第 58 页(来栖发言、着重号为本文作者所加)。

② 前注 56 书《座談会·「科学性」》,第 58 页,前注 56 书《討論·法の解釈》,第 73 页下段(来栖发言)。

③ 渡边洋三:《法解釈学》,前注 56 书,第 23 页注(3)、第 114 页。

④ 渡边洋三:《法解釈学》,前注 56 书,第 113 页。

大前提的规范、作为小前提的事实认定,和两者间的关联方式。[①]其中最棘手的是规范的科学性、特别是包含于规范中的价值判断的科学性。[②]对此,渡边后来表达了如下的看法:(1)某一实践活动总是建立在一定的事实认识的基础上。以游行示威为例,最高院的判决认为限制游行示威的公安条例不违反宪法,但是该判决是建立在游行示威活动容易引发暴力这一事实认识的基础上的。看见游行示威就烦这样一个价值判断本身当然不可能通过经验科学来推翻,但价值判断总是以一定的事实认识为基础,事实认识是可以通过经验科学推翻的。[③]不过,(2)这些事实认识之中,事实的存在本身不可能为认识主体的价值判断所左右,但对事实的解释、说明却受到认识主体的价值判断以及价值判断背后的实践立场的影响。[④]一般而言,哪个法解释(价值判断)相对最正确的问题可以通过经验科学来确定,但这个经验科学分析本身却也受制于分析者的立场(价值判断)。基于上述思考,渡边主张,一方面,法解释主体应当表明自身的立场和价值判断,而另一方面,法解释主体应当积极努力地以经验科学的方法验证自身价值判断的正确性。[⑤]可见,渡边所提倡的是一种与川岛法学在形态上截然不同的科学性实用法学。渡边的科学观在重视解释依据这一方面和后来的平井宜雄的科学观比较接近。

第三节　利益衡量(考量)论

一、引言

第一次法解释论战落幕十余年后,"利益衡量(考量)论"登上了历

---

①　渡边洋三:《法解釈学》,前注56书,第114～115页。

②　渡边洋三认为,对事实关系——三段论的小前提——的科学正确性的分析指的是,依照经验科学客观地确立事实,分析其发生的条件,并在法庭上正确地还原事实(参见渡边洋三:《法解釈学》,前注56书,第116、134页)。

③　渡边洋三:《法社会学序説》,《法社会学研究7》,东京大学出版会1974年,第87～90页。

④　渡边洋三:《社会科学と法の解釈》,《法社会学研究7》,东京大学出版会1974年,第213～214页。

⑤　渡边洋三:《法解釈学》,前注56书,第148～149页。

史舞台。从20世纪60年代中叶持续至70年代中叶,围绕"利益衡量(考量)论"的争论延绵不绝。此时的新主张和争论与第一次法解释论战中提起的问题、展开的争论相比又有了哪些变化,这些变化又意味着什么?[①]

二、利益衡量论的主张

(一)利益衡量论的基本思想

加藤一郎的"利益衡量论"和星野英一的"利益考量论"有若干差异,但基本观点是一致的。即法解释在根本上是一种"实质性的利益衡量",[②]法解释时应遵循"在如今,怎样的价值应怎样地实现,怎样的

① 本节主要涉及以下文献:

加藤一郎—《法解釈における論理と利益衡量》,《岩波講座·現代法15》,岩波书店1966年(引用时简称《利益衡量》);《〔資料〕この論文の成立まで》(引用时简称《資料》);《〔補論〕「利益衡量論」について》(引用时简称《補論》)(上述三篇论文的引用页数出自加藤一郎:《民法における論理と利益衡量》,有斐阁1974年);《民法の解釈と利益衡量》,法学教室25号(1982年)。

星野英一—《民法解釈論序説》,《民法論集(第一卷)》,有斐阁1970年(最早见于《法哲学年報》1967年、引用时简称《序説》);《「民法解釈論序説」補論》,《民法論集(第一卷)》,有斐阁1970年(引用时简称《補論》);《民法の解釈の方法について》,《民法論集(第四卷)》,有斐阁1978年(最早见于《裁判所書記官研修所報》26号1976年);《民法の解釈をめぐる論争についての中間的覚書》,《民法論集(第七卷)》,有斐阁1989年(最早见于《四宮和夫先生古稀記念論文集·民法·信託法理論の展開》,弘文堂1986年、引用时简称《中間的覚書》);《民法の解釈のしかたとその背景(上)(下)》,法学教室95、97号(1988年)(引用时简称《民法の解釈》)。

其他学者的论文—甲斐道太郎:《法の解釈と実践》,法律文化社1977年;渡边洋三:《社会科学と法の解釈》,《法社会学研究7》,东京大学出版会1974年(最早见于《法哲学年報》1967年、引用时简称《社会科学》);渡边洋三:《法社会学序説》,《法社会学研究7》,东京大学出版会1974年[最早见于《入門法社会学》,法学セミナー123号(1966年)];广中俊雄:《現代の法解釈学に関する一つのおぼえがき》,《民法論集》,东京大学出版会1971年[最早见于《社会科学の方法》第9号(1969年)、引用时简称《おぼえがき》];水本浩:《民法学における利益衡量論の成立とその成果(一)—(四·完)》,民商法雑誌62卷6号~64卷2号(1970年至1971年)(引用时简称《利益衡量論》)。

其他文献—《座談会·民法学の課題(一)(二)》,法律時報39卷3、4号(1967年)(引用时简称《座談会·課題》);《研究会·私法における法の解釈》,ジュリスト増刊基礎法学シリーズⅣ法の解釈(1972年)(引用时简称《研究会·法の解釈》)。

② 加藤一郎:《利益衡量》,前注158书,第24页以下。

利益应受到怎样的保护"这一判断模式;[①]在进行上述基本性的价值判断时,应有意识地将法条的理论构成从判断因素中排除出去;[②]应尽量将德国法学式的理论构成驱除出脑际。[③]

利益衡量论的基础部分是对以往的解释方法论的传承。首先,利益衡量论认为,对社会关系——社会管理的对象——的分析必不可缺,这是因为利益衡量论视法解释为一种社会管理和社会影响。[④]而法解释的实践性在末弘、我妻的理论中就已经提及,又经过来栖、川岛和"第一次法解释论战",在日本法上早已确立下来。还有,利益衡量论主张排除法律三段论和逻辑构成,并指出"法律安定性"不是指判决在形式上符合法律条文,而是指判断的内容在实质上也应当有同一性、安定性。[⑤]同样的思想在来栖的理论中也出现过(第304页注1的本文)。那么,与此前的法解释方法论相比,利益衡量论新在何处?尤其是和来栖、第二期的川岛法学相比,有哪些不同?

（二）利益衡量论对法条、理论构成、裁判规则的拘束力的轻视

加藤认为,理论构成只是在完成实质性利益衡量之后,将法官的"大冈裁判"法律化的工具。[⑥]这实际上是我妻的观点。不过,关于理论构成的功能,加藤的观点和我妻大有不同。我妻认为,理论构成之所以不能一概舍弃是为了维护法律的确定性、确保个人自由,总之,我妻考虑的是理论构成之于服从判决一方的意义(legality的外部方面)。与此不同,加藤认为保留理论构成的意义在于,(1)在利益衡量时忽略了其他制度,当完成利益衡量之后有必要和其他制度进行关联对比以验证判决结论的妥当性;(2)为了判决管理的需要,必须明确结论的适用范围;(3)法官需要借理论构成表明判决结论不是随意做出的,而是基

① 星野英一:《序説》,前注158书,第11页。

② 加藤一郎:《利益衡量》,前注158书,第25页。

③ 星野英一:《序説》,前注158书,第12页以下。

④ 参见加藤一郎:《利益衡量》,前注158书,第21页;星野英一:《序説》,前注158书,第6页。

⑤ 星野英一:《序説》,前注158书,第8页;星野英一:《補論》,前注158书,第51~52页。

⑥ 加藤一郎:《利益衡量》,前注158书,第25、27页。

于某个具有普遍性的原则反复斟酌才得到的，以增加判决的说服力等。总之，加藤对理论构成之于作出判决一方（法官）的意义（legality 的内部方面）和说服力给予了更多的思考。①

另外，星野的立场是，在民主社会中，法律的解释必须让非法律专业的人也能理解，因此必须排斥德国式的理论构成，重新以法律条文作为解释的起点。②但是，当从法条的文理解释和体系解释推导不出符合当下社会理念的结论时，就应当果断地选择有社会妥当性的结论。③此时，既然结论是妥当的，就无须再披上法律三段论的外衣。法官必须将心中的利益考量和价值判断和盘托出，阐明结论的正当性，当然也包括不采用法律三段论的原因。因为“既然是法律的解释，就不是自言自语，就要说服案件的关系人，就必须明示判决结论和条文之间的关系。法解释的时候，不能一上来就只说自己的价值判断是什么，而是要说，条文的文理上虽然是这么说，但由于这样或那样的理由所以说这样解释比较好，或者说，立法当时是以这样的状况为前提，基于这样的价值判断才立出这样的条文，但后来情况发生了这样的变化，社会一般性价值判断也发生了这样的变化，所以必须特别处理。这样解释才有说服力。”④如上，星野认为首先应当以条文为依据，法律三段论并不是事后才披上的外衣。在这一点上，星野和我妻、加藤有一定的距离，而与末弘［上文第 1 节一（二）（三）部分］、（视法条为“框架”时期的）来栖［上文第 2 节二（一）部分］是一致的。（星野主张，如果价值判断和条文不一致，那就应当坦率地说出不一致的原因。之所以有这样主张，可能是

---

① 加藤一郎：《利益衡量》，前注 158 书，第 27 页以下，特别是第 31 页。上述内容中，关于法律正当性（legality）的外在方面和内在方面的区别，以及法条、理论构成在提高说服力上的价值的想法来自中村治朗（参见中村治朗：《裁判の客観性をめぐって》，有斐阁 1970 年，第 58、73、79 ~ 80 页）。

② 星野英一：《序説》，前注 158 书，第 11 页。

③ 星野英一：《民法の解釈（上）》，前注 158 书，第 62 页以下，特别是第 64 页以下部分（通过具体案例的说明）。

④ 星野英一：《序説》，前注 158 书，第 12 页（着重号为引用者所加）。关于立法者、起草人的思想所在现在的解释中所具有的含义，星野英一在《民法の解釈》一文中也有相同内容的论述［参见星野英一：《民法の解釈（上）》，前注 158 书，第 60 页第 3 ~ 4 段］。

因为在星野心中陈述判决理由的功能就是为了提高说服力,而给判决结论披上法律三段论的外衣并不有助于说服力的提高。)但是,末弘只在案件的社会关系超出了法律条文制定时所设想的社会关系之时才例外地允许法官不依据法律作出判决,而根据星野的立场,从法律条文中推导出的结论只要不符合当下的利益考量和价值判断,无论案件的社会关系是否超出了立法时所设想的社会关系,法官都可以不依据法律作出判决。在星野那里,法解释主体的利益考量和价值判断享有最终的决定权。

就像这样,加藤和星野的主张外观殊异,[①]但都认为法律三段论之类的理论构成的拘束力极其微弱(星野甚至认为法律三段论的说服力也很弱)。这种观点,和主张制定法只是法源之一的来栖法学[上文第2节二(三)部分]以及从现实主义的视角观察判决形成过程的川岛法学在思想上一脉相承。[②]然而从实践看来,20世纪50年代末兴起的判

① 从上述部分可以看出,加藤一郎和星野英一有两点不同:第一个不同之处是,加藤认为首先应抛开法律条文,从利益衡量中得出结论(第一步),然后再考虑理论构成(第二步),如有必要,通过利益衡量修正和变更结论(第三步);相反,星野认为首先应适用法律条文得出结论(第一步),然后根据利益考量和价值判断检测结论的妥当性(第二步),在必要的情况下,对第一步的结论进行修正和变更(第三步)。就不同之处,星野的理解是,加藤的方法论是关于具体案件适用的方法论,而他本人的方法论是具体案件适用之前的法解释[参见星野英一:《中間的覚書》,前注158书,第77~78页、《民法の解釈(上)》,前注158书,第54~55页]。上述不同之处的原因似乎在于,星野更多考虑的是法学者特有的法解释工作["强势的法学者形象",参见星野英一:《「議論」と法学教育——平井宜雄「法律学基礎論覚書」について(1)~(4・完)》,ジュリスト940号(1989年),第75~76页等],而加藤一郎不这样想("弱势的法学者形象")。另外一个不同之处是,星野重视条文的文理解释、逻辑解释以及对立法者意思的研究,而加藤不重视这些工作。有人认为,星野的主张只不过单纯是为了反对传统的民法解释方法而已,与"法解释之中包含价值判断"这一利益衡量论的基本命题之间不存在逻辑关系[参见平井宜雄:《法律学基礎論覚書(6)》,ジュリスト923号(1988年),第73页第1段]。但是,星野的这些主张都是基于这样的思考,即法解释是对关系人的说服工作,尤其在民主社会中法解释必须通俗易懂。另外,战后的法解释方法论之所以重视"价值判断",其中一个原因就是法解释不仅仅是为了在特定的法律系统中为判决提供根据,而且是为了说服当事人及其背后的社会[参见下文本节二(四)]。考虑到这两点,可以说星野的上述主张和利益衡量论的基本思想是一脉相承的。

② 水本浩:《利益衡量論(三)》,前注158书,第19~25页。

例研究热以及新型法律纠纷的出现才是其背后的支撑。详细而言，(1)民法学者拿来做判例研究的多是争讼至最高院，最后被登载在判例集上的案件。这些案件都是社会纠纷中极其特殊的边缘性案件，难以从法律条文的字句中直接导出结论，而利益衡量论恰恰以这样的特殊纠纷为立论的基础。“法律条文的拘束力，或者说从法律条文中能得出唯一正确的结论，这样的想法近乎幻想。……法律条文只不过或多或少地规定了一般性的原则，即便承认法律条文就其核心案件确有拘束力，但由于这样的案件结论明确，本来也不会有纠纷，所以真正会酿成纠纷的，除了事实认定有争议的案件外，就属法律适用不明确的边缘性案件和一般原则处理不了的例外性案件了。”①(2)民法学者的判例研究都是经由判例集对案件的事后研讨，因此往往看不到现实的诉讼活动中，当事人(律师)必须将案件事实套进一定的法律规范、法律构成才能够主张，这样法律规范、法律构成实际上发挥了约束法官裁判的功能。这一点恰恰被无视了。②(3)开始于20世纪50年代后期的经济增长过程中，复杂的新型纠纷层出不穷(代物清偿特约、抵销特约、隐私权侵害、交通事故纠纷、医疗事故、公害案件等)。对于这些问题，法律要么没有规定，要么只设了一般条款，所以人们逐渐意识到法律条文的拘束力实际上非常弱。

实践中的这些情况不仅使法律条文、理论构成的拘束力发生了动摇，甚至使规则自身的拘束力都疑问重重。“无可否认的是，即便事先定下了一定的准则，但准则终究是一般性的命题，所以在解决具体问题时可能根本发挥不了那么大的作用。”③可见这是一种对规则自身是否有拘束力都抱有疑虑的态度。从侧面支撑起这种怀疑主义的，一是相

---

① 加藤一郎:《利益衡量》，前注158书，第29页；加藤一郎:《民法の解釈》，前注158书，第19页；星野 英一在前注158书《座談会・民法学の課題(一)》，第57、58页以及《座談会・民法学の課題(二)》第67、74页中的发言。

② 稻田良平:《利益衡量論の裁判過程》(判例タイムズ289号1973年)和新井章:《法廷実践と「法の解釈」》(法の科学3号1975年)从律师的角度对利益衡量论提出了质疑。

③ 星野英一:《補論》，前注158书，第62页。

比一般性的预见可能性,更重视案件处理的具体妥当性的态度,①二是下文(四)中将要提到的积极的法官形象。

这样,在利益衡量论的土壤中,轻视法律条文、理论构成,甚至一切规则的拘束力的倾向不仅在理论上而且在实践中都已生根了。

(三)“利益”、“利益衡量”的思考模式

利益衡量论的第二点崭新之处就是提出了“利益衡量”这样一种在法律条文的拘束力之外进行法律判断的思考模式。即按照“在实际中,怎样的价值、怎样的人的怎样的利益怎样地被实现、怎样地被保护,怎样的价值、怎样的人的怎样的利益怎样地被妨碍实现、怎样地不受保护”的认识模式把握问题,进行法律判断。②利益衡量论所说的“利益”不仅包括个人的利益,还包括“交易安全”这样的社会性价值;不仅包括物质上的、经济上的利益和价值,还包括精神上的利益和价值。③不过,既然说是“利益”,就必然存在个人或是社会这样的利益主体,既然说是“利益衡量”,法解释就势必成为分配调节个人与个人之间、个人与社会之间诸利益的手段。这种思考模式在利益衡量论之前没有明确地展露过。末弘只提到了对社会关系的定型性认识,我妻也只是提到了对诸因素和具体理想标准的研究,来栖主张通过观察分析现实的社会关系从中汲取法律规范,但仅此而已。

“利益衡量”这一操作性概念乃是基于一定的社会观和裁判观。即,①社会是由利益诉求上相互对立的人和团体组成的,法律纠纷的实质就是各种目的和利益诉求的冲突。②司法裁判的任务就是在这些对立的诸利益之间划清界限,与此同时满足各种社会需求。其中,①的社会观在战前的末弘、我妻的方法论中并不明显;社会的需求只是作为“活着的法”(末弘)或“新的伦理思想”(我妻)被定位在有着严整逻辑体系的国家法的对立面,而没有意识到“活着的法”或“新的伦理思想”

① 加藤一郎:《利益衡量》,前注158书,第21、35页;星野英一:《補論》,前注158书,第61页。

② 星野英一:《序説》,前注158书,第20~21页。

③ 加藤一郎:《利益衡量》,前注158书,第34页;加藤一郎:《民法の解釈》,前注158书,第19~20页;星野英一:《序説》,前注158书,第21~33页中的诸多案例。

内部也存在对立。可到了“二战”后,在主张法解释的复数性、主观性的来栖法学[上文第2节二(二)①②的主张]和提出“价值判断的客观性”(价值判断的社会性)、“市民的实用法学”[上文第2节三(二)(三)部分]的川岛法学中,①的社会观赫然可见。尽管如此,来栖和川岛法学都没有提出过“利益衡量”这个可操作性概念,这可能是因为来栖和川岛法学中欠缺②的司法裁判观念。首先,川岛认为学者应当研究作为经验科学的法学,而不是“站在法律实务人士,尤其是法官的立场上进行实践性的决断”,[①]而且价值的优先劣后的选择是实践性的问题,而不是经验科学的问题,因此川岛的法学方法论中容不下②的裁判观。与川岛不同,来栖并不把实践性的法律判断排除在研究范围之外,因此来栖法学能够容纳“利益衡量”的概念。但是,来栖将法官的法解释和市民的法解释同等对待,而且法官的形象是被动的,所以可以想象,来栖法学中市民的主张不可能被理解成“利益衡量”的对象。[②]还需要进一步提到的是,50年代末开始的有关瑕疵担保责任、法人论、所有权移转时期的议论中能够看到不少实益论、功能主义的尝试,这些尝试的目的只停留在清除无益的观念论上(因此,议论的重心是理论的实益)。[③]从重视理论的“实益”到揭示“利益”概念,其中的变迁得益于案例研究;案例研究是一种直面纠纷当事人、社会利益冲突的研究方式,正是由于案例研究的思考方式扩展并固定成为法解释作业的一般性思考模式,从理论的“实益”到“利益”概念的发展才成为可能。

这样,法官是社会利益的裁定者、资源的分配者的思想成为利益衡量论的立足点。至少在这一点上,利益衡量论的社会观和裁判观与利

---

① 川岛武宜:《判例研究》,前注56书,第218页。

② 来栖三郎:《解釈適用(一)》,前注56书,第35页。来栖在文中引用了菲利普·赫克(Philipp von Heck, 1858 ~ 1943·译者注)的利益法学的主张,并斥之为“立足于法官立场的法解释理论”。

③ 关于实际利益论,参见水本浩:《利益衡量論(二)》,前注158书,第26页以下、《利益衡量論(三)》,前注158书,第7~9页。

益法学是相通的。[①]但是利益衡量论的法官形象不止于此,而是有着更新的内容。这就是利益衡量论的第三点创新之处。

(四)备受信赖的积极的法官形象和"说服"的理念、市民性的法律人形象

利益衡量论主张,法解释者——主要指法官——应有意识地积极地进行实质性的利益衡量和价值判断,并表述出来;[②]价值判断中法官应尊重社会常识,以保证非法律专业的人也能够理解判决。[③]上述主张的背后三个观念清晰可见,这三个观念在第一次法解释论战时期是没有的。

一是积极的备受信赖的法官形象。所谓积极的法官形象,是指法官积极地回应时代和社会的要求,依自身的利益衡量和价值判断负责任地创造并发展法律;[④]所谓备受信赖的法官形象,是指法官即便是依其自身的利益衡量和价值判断进行司法裁判,也不是什么危险的事。[⑤]其中,积极的法官形象是建立在国会的立法活动总是跟不上社会变迁这样的认识之上,或者是,所谓国会代表国民的意志只不过是一种拟制

---

① 参见末川博编:《民事法学辞典(下)》,有斐阁1960年,第2061页("利益法学"条目、矶村哲执笔)、弗朗茨·维亚克尔(铃木禄弥译):《近世私法史 : 特にドイツにおける発展を顧慮して》,创文社1961年。实际上,星野法学中的"利益"概念的形成得益于菲利普·赫克的利益法学[参见星野英一:《民法論集》(第1卷),有斐阁1970年,第5页]。

② 加藤一郎:《利益衡量》,前注158书,第24、33页;加藤一郎:《補論》,前注158书,第68页;加藤一郎:《民法の解释》,第19页。另见星野英一:《序説》,前注158书,第6页。

③ 加藤一郎:《利益衡量》,前注158书,第25页;加藤一郎:《補論》,前注158书,第76~77页。另见星野英一:《序説》,前注158书,第27页。

④ 加藤一郎:《利益衡量》,前注158书,第36页;加藤一郎:《補論》,前注158书,第68页;加藤一郎:《民法の解释》,前注158书,第30~31页。

⑤ 加藤一郎:《利益衡量》,前注158书,第33~34、68页。另见星野英一:《補論》,前注158书,第61页、第63~64页。不过,星野就法官欠缺谦逊的态度提出了警告(参见星野英一:《序説》,前注158书,第46页)。

这样的思想基础之上。[①]积极的法官形象在战前的末弘法学中能够感受到[上文第1节一(二)],但随着——以对法律人的怀疑和对法学的不信任感为基调的——法解释论战的展开,积极的法官形象就消失了。

二是"说服"的理念。所谓"说服"的理念,是指无论是法官还是批判法官的人,都应当有意识地进行实质性的利益衡量和价值判断并将其表述出来,只有通过围绕判决展开的相互批判、说服和被说服,"活的法律争论"才成为可能。[②]只不过,利益衡量论中,为价值判断制定事前的公式是不可能的,所以作为判例批判,主要考虑的是事后批判。[③]法解释论战发生于50年代中期,那是一个阶级对立凸显的年代,而且,宪法解释这种关涉政治体制的论题在论战中占据相当大的比重。[④]因此,在那个时代,通过利益衡量和价值判断的互换从而形成议论的想法难以成立。(来栖指出了法解释不免受主观价值判断的左右这一事实,但同时也主张,市民的法解释应基于"实质性的理由",法律人和法官的法解释还应受"社会学方法"或"社会的支配性见解"的制约,总之并没有说法解释就应当基于价值判断。)和法解释论战不同的是,利益衡量论是在60年代中期提出的,当时正值安保斗争(为阻止《美日安

① 加藤一郎:《利益衡量》,前注158书,第36页;加藤一郎:《民法の解釈》,前注158书,第30页;前注158书《座談会·民法学の課題(二)》,第66页的星野发言("法律是国会制定的,是民主的产物,所以应当按照立法者的意思和法条的文理进行法解释。话虽如此,但'国会的多数意见就是国民的意思'这样说法只不过是建立在拟制之上的论点而已。")。此外,还可以参见星野英一:《民法の解釈の方法について》,前注158书,第96~98页。

② 加藤一郎:《補論》,前注158书,第69页第2段。此外,另见加藤一郎:《民法の解釈》,前注158书,第19页第3段;星野英一:《序説》,前注158书,第6页;星野英一:《補論》,前注158书,第61~63、64页。

③ 星野英一:《補論》,前注158书,第61~62、64页。不过,加藤在前注158书《補論》,第69页中也考虑过通过利益衡量对司法裁判进行事前规制。

④ 来栖三郎:《解釈適用(一)》,前注56书,第32~34页;来栖三郎:《解釈適用(二)》,前注56书,第61页;来栖三郎:《法の解釈》,前注56书,第17、22页;川岛武宜:《科学》,前注56书,第6页;川岛武宜:《客観性》,前注56书,第83~86、90页;前注56书《討論·法の解釈》,第74、88页等。

全保障条约》的修改和生效于 1959 年至 1960 年掀起的大规模群众运动·译者注)之后的政治安定期和经济增长期,社会中开始形成这样的观念,即放之四海而皆准的"常识"、"价值感觉"、"同感"是存在的。另一方面,随着法学内部的分工细化,民法学者开始专注于思考市民间的纠纷,不再过问宪法问题,而市民间的纠纷有着"立场的互换性",不像宪法问题那样充满了不可调和的"党派和意识形态上的价值观的对立"。[①]社会情势的上述变化是利益衡量论生成的背景。

三是"市民性的法律人形象"。所谓"市民性的法律人形象",是指"在利益衡量和价值判断的层面上法律人并不享有特殊的权威。……虽说是法律人,也只能以一名普通市民或是一个人的资格进行法解释。"[②]市民性的法律人形象否认了法律人在价值判断上专业权威。实际上,这一理念作为法解释主观性认识的逻辑结论早在法解释论战时期就已经形成了(法律人的法解释也存在主观性,这和市民的法解释没什么两样)。[③]只不过,无论是川岛的科学性实用主义法学还是来栖的社会学方法——如类型论和拟制论,都试图给法律人的法解释中的主观价值判断戴上紧箍咒。因此,也只有在从正面承认法解释就是基于价值判断的利益衡量论中,市民性的法律人形象才得以出现在解释方法论的中心领域。

综上所述,在分析利益衡量论的理论构思时,能够感受到这样的裁判制度理念和社会形象:为了调整社会中的各种利益、在各种利益之间划清界限,法官应积极地进行实质性的价值判断,而包括法律人在内的普通国民(同时也包括非法律专业人士)就价值判断的恰当与否展开事后的评议和批判。

---

① 加藤一郎:《民法の解釈》,前注 158 书,第 20 页第 3 段。乾昭三(参见潮见利隆编:《戦後の法学》,日本评论社 1968 年,第 188 页)曾有过这样的叙述:"民法领域之所以毫无抵抗地接受了实用主义和功能主义的思考方式,可能是因为民法的主体在立场上有互换性,可以假设他们的利益在本质上是同质的。"

② 星野英一:《序説》,前注 158 书,第 7 页。

③ 川岛武宜:《科学》,前注 56 书,第 62～63 页。

三、关于利益衡量论的论战

（一）论点的梳理

关于利益衡量论的核心——“利益状况的分析”，没有什么异议。批判者在承认“利益状况的分析”的重要性的基础上批判了利益衡量论的其他几个方面。批判可以整理为两部分：(1)利益衡量论没有提出法解释的判断标准；(2)利益衡量论在进行利益分析、价值选择时欠缺原理性的准则，或者说准则不明确，这是由于社会科学性视角的缺失所造成的。另外，作为原理性准则，批判者们提出了“历史进步的方向”和“近代法应有的姿态”，对此星野也进行了反驳。

另外，星野就价值判断的客观性也有论述，但没有遇到来自主观说的反驳，所以没有激起大的论战。

（二）判断标准的缺失

关于利益衡量论欠缺判断标准的批判，按照内容上从一般到特殊，可以整理为三个阶段：①第一阶段的批判是，法解释大都以构筑判断标准、判断框架为使命，而利益衡量论却弱化了判断的框架，只是通过利益衡量和价值判断追求具体的妥当性，没有创设判断标准。[①]②第二阶段的批判是关于为何要创设判断标准。批判者认为，学者的法解释应以事前确立法律规范为己任，因为这些规范将约束法官的判决形成，而利益衡量论却停留在对判决的事后讨论。批判者的眼中，法官、行政官员是行使权力的人，法治社会中的法的任务就是严格约束权力的发动。[②]③第三阶段的批判实际上是第二阶段中特别重视法律规范和理论构成的那一部分。批判者认为，法律规范和理论构成对于约束判决的形成十分必要，而且现实中也发挥着一定程度的拘束力，但利益衡量论却完全无视法律规范和理论构成的拘束作用。[③]

---

① 水本浩：《利益衡量論(四)》，前注158书，第37～42页。

② 渡边洋三：《社会科学》，前注158书，第218～221页；渡边洋三：《現代法の構造》，岩波书店1975年，第354页以下；甲斐道太郎：《法の解釈》，前注158书，第79～86、95～96、126～127、132～134、140～141、192页。广中俊雄：《おぼえがき》，前注158书，第386页认为民法解释学的目的是“对司法裁判的评价、批判和指导”，并从这一观点出发提出了同样的批判。

③ 甲斐道太郎：《法の解釈》，前注158书，特别是第95～96页。

针对上述批判③所提到的“法律规范的拘束力”,利益衡量论反驳说,现实中法律规范的意思不明确的情况很多,这些情况下法律规范不可能有拘束力,[1]而针对批判③提到的“理论构成的拘束力”,利益衡量论的观点是,三段论这样的一般性逻辑法则当然要承认,但对于那些不符合文理解释、体系解释的理论构成或中间性构成应尽量予以排除。[2]针对批判②提出的“拘束法官”的理念,利益衡量论的回答是受信赖的、积极的法官形象,并指出法解释的目的与其说的是“拘束”不如说是“(基于价值判断的)说服”[上文本节二(四)部分]。就以上两点,利益衡量论只是在重复其基本理念,没提出新内容。而对于批判①提到的一般性的“判断标准的创造”,利益衡量论回答说,抽象性的标准(例如“信赖关系的丧失”)没有意义,但实质性的标准——怎样的情况应给出怎样的结论——当然是必要的,而且利益衡量论实际上已经提出了这样的标准。[3]可是,如果说形成这样的判断标准不是为了事前控制裁判那又是为了什么呢?是像末弘思考的那样,既然是“依法裁判”就必须采用规范适用的形式?还是只是让事后的批判成为可能?还是为了预测将来的判决?还是为法律规范的体系建构做准备工作?——不得而知。

上述关于判断标准的对立,首先来自对司法裁判的法治主义的理解差异。在这一点上和过去的学说一比较就会发现,末弘和我妻的思想处于利益衡量论的主张者和批判者的观点中间。末弘也重视法治主义,但是末弘理论中制定法只在立法时预想的定型社会关系的范围内羁束法官判决,在定型的社会关系之外,法官只需以规范适用的形式作

---

① 星野英一:《中間的覚書》,前注 158 书,第 83 ~ 84 页。

② 星野英一:《中間的覚書》,前注 158 书,第 85 ~ 86 页。相反,加藤一郎:《補論》,前注 158 书,第 72 ~ 73 页主张,出于防止法解释折的恣意、明确判决的射程、提高说服力以及降低思考成本的目的,“所谓的中间理论”、“在法得以实现的情况下,被创造出来取代法律条文的一般性命题的构成”有其存在的必要,并定位在加藤理论的第二步。星野和加藤的这一不同点来自他们所主张的法解释的步骤的差异。

③ 星野英一:《中間的覚書》,前注 158 书,第 86、89 页;星野英一:《民法の解釈の方法について》,《民法論集第四卷》,有斐阁 1978 年,第 86 ~ 87 页;加藤一郎:《補論》,前注 158 书,第 73 页第 2 ~ 3 段。

出裁判就不违反法治主义的宗旨。我妻认为法律三段论有保障个人权利的功能,因此承认法律构成之中包含着某种即便以追求判决的具体妥当性为名也无法逾越的界限,但是我妻并不认为法律构成提供的事前的准则能够拘束一切,因为法律三段论毕竟是事后才披上的外衣。与末弘和我妻相比,利益衡量论的主张者对事前的拘束给予一般性的否定,而批判者则给予一般性的承认。但是进一步观察就会发现,其实围绕着法治主义的对立源自社会观、法官形象和法学者形象上的对立。在利益衡量论的主张者的眼中,法官是受市民信赖的,并不站在市民的对立面,同时法学者也只是作为一名普通市民参与判决的讨论。相反,在利益衡量论的批判者的眼中,法官是站在市民的对立面行使权力的人,而法学者应当和市民站在一条战线上,承担起控制法官权力行使的责任。

(三)利益分析与价值判断的原理性标准的缺失

这一点上包含两个批判,其宗旨各异。

1. 在不同的利益之间进行衡量、选择时是否有原理的存在,如果有那又是怎样的原理?[①]对此,加藤是这样回答的。当国家权力和市民之间,或阶级之间发生对立的情况下,只要夹杂着保护基本人权的想法,那还是基于实质性利益衡量的价值判断。[②]这一准则,抽象而言,就是“立足于历史性、社会性认识的‘绝大多数人的最大幸福’,或是‘大多数国民的意识(一般意志)’”。“比起信奉近乎空洞无物的普世价值的自然法学或新自然法学”,“历史的潮流或者说近代法之类的提法,虽然不是绝对的,但也非常有力”。[③]可是,这种“近代法主义+功利主义”的标准中,什么才是“近代的”难以具体判断,而且“近代”的内容也因各人的价值观而异,不能直接用来拘束具体的法律判断。因此在具体的案件中,衡量对立的诸价值、诸利益,并以其“总和”作为“社会最大

① 前注158书《座談会·民法学の課題(一)》,第59页(乾昭三发言);渡边洋三:《社会科学》,前注158书,第219~220页。

② 加藤一郎:《利益衡量》,前注158书,第34~35页;加藤一郎:《補論》,前注158书,第71页。

③ 加藤一郎:《補論》,前注158书,第69、76页。

值”的功利主义才是判断标准。①

另一方面,星野的回答是,不同利益间的平衡不是靠利益考量,而是靠价值判断获得的。②价值判断单从事实中是推导不出来的,必须基于其他价值(判断)。因此星野的答案是,从低层次的、具体的价值,如“交易安全”,到高层次的、抽象的价值,如“人类的尊严”“平等”,构成了一个价值位阶体系。③不过,星野并不是要提出一个特定的原理或价值体系,只是在向人们展示说,作为准则“谁都否定不了的价值”这种原理性的终极价值是存在的。然而,这里又遇到新的疑问,批判者质问说,那利益衡量论岂不成了“单纯的手续形式论”。④对此星野解释说,“法解释方法论中是否应包含,或者是否可能包含(解释者)自身的价值判断原理,是一个关于所谓‘超方法论’的问题,这不是一下就能回答的。……有待日后的探讨”。⑤

2. 由于利益衡量论欠缺原理性的判断标准,因此看不到社会的动向,看不到问题的大局,不免沦为短视的权宜主义的现状追随,最终导致恣意裁判。⑥批判者指出,想获得宏观的洞察力就必须有社会科学性的视角,想避免恣意就必须对价值展开“历史性的验证”。所谓“价值的历史性验证”指的是,无论解释者觉察与否,关于社会和社会中的法

---

① 加藤一郎:《補論》,前注158书,第68~69、76页。

② 前注158书《座談会・民法学の課題(二)》,第66页(星野发言)。从这一思想出发,星野不仅批判了“近代法”这一判断标准,还批判了来栖三郎提出的“从社会的各种现象中推导出规范”这一社会学方法(参见星野英一:《序説》,前注158书,第41页)。

③ 星野英一:《補論》,前注158书,第57页;星野英一:《中間的覚書》,前注158书,第90页。

④ 甲斐道太郎:《法の解釈》,前注158书,第194页。另见前注158书,《研究会・法の解釈》,第12页(北川善太郎发言)。

⑤ 星野英一:《中間的覚書》,前注158书,第91页和《民法論集第四卷》,有斐阁1978年,第103页(《民法の解釈の方法について》后记)中,星野认为“价值(判断)的内容和方法本身应属于法哲学的问题范畴”。此外,星野批判平井宜雄不探讨实质的价值[参见星野英一:《「議論」と法学教育——平井宜雄「基礎論」について(4・完)》,ジュリスト943号(1989年),第56页]。最终,星野主张应当提出关于价值判断实质内容的一般性准则。

⑥ 前注158书《座談会・民法学の課題(二)》,第64~67页(原岛重义和利谷信义的发言)。此外,另见渡边洋三:《法解釈学》,前注56书,第12~14页。

的任务的历史认识,以及“应将历史推向何方”这样的根本性标尺,决定了法解释的价值判断。价值判断虽然看上去是解释主体的个人决定,但实际上是客观世界的反映。所以,解释者应在分析社会上的诸种价值判断的基础上自省其自身价值判断的所属,通过这种方式将自身价值判断从恣意中解放出来。此外,究竟哪种解释是正确的,这要看现实社会中究竟哪种解释承载了普遍的正义,不过这需要通过对现实社会的社会科学分析才能得出。①

批判者的观点同时也是我妻法学中的“以作为社会现象的法律为中心的研究”[上文第1节二(二)部分]或第二期川岛法学中的“法律价值判断的分析”的基本思想。②最终,利益衡量论的主张者也没有否定大局观的必要性和社会科学性的法学研究的重要性,只是强调宏观的洞察力依旧解决不了微观的问题,③或是强调日本民法学偏重社会科学性的研究,特别是在马克思主义史观的作用下,特别重视经济、政治、社会性的原因。④星野也承认社会科学性的研究的重要性,只不过就宏观的视角而言“价值的体系化”也十分重要。也就是说,“仅考量眼前双方当事人的利益恐误大局……正因为此我才提出在利益衡量之上展开更高层次的‘价值判断’”。⑤此外,星野还主张,利益衡量论不是相互之间毫无联系的法解释的汇编,体系化是必要的,而体系化的原理不应求之于“单纯观念的产物——‘理论’”,而应求之于“社会关系的类型、利益状况与价值判断”,尤其应“对价值判断的部分体系化”。⑥这

① 渡边洋三:《社会科学》,前注158书,第222~225页;甲斐道太郎:《法の解釈》,前注158书,第101、139页(“价值的历史验证”的概念出自此处);前注158书《座談会・民法学の課題(二)》,第67页第3段、第70页(乾昭三发言)。

② 例如,前注引文中的“从恣意中解放出来”这段文字所表达的意思和川岛武宜:《科学》,前注56书,第49页以下关于“法的价值判断的分析的意义”的部分内容相同。

③ 加藤一郎:《資料》,前注158书,第47~48页。

④ 前注158书《座談会・民法学の課題(二)》,第67~68页(星野发言);星野英一:《日本民法学における「イデオロギー」と「思想」》,《民法論集(第五巻)》,第256页(最早见于《法と強制》,法哲学年報1982年);星野英一:《民法の解釈の方法について》,《民法論集(第四巻)》,有斐阁1978年,第104页。

⑤ 前注158书《座談会・民法学の課題(二)》,第67页第3段(星野发言)。

⑥ 星野英一:《序説》,前注158书,第13页。

一主张是基于这样的思想,即从社会构造(事实)中推导不出价值判断。①

如上,价值选择的依据是什么?各个具体的价值选择如何和宏观展望相联系?如何确保价值选择在体系上的整合?这些问题上,星野与加藤不同,他以"从事实中无法导出价值"这一命题为杠杆,将一切收敛于价值论中,构筑起价值的位阶体系。这种思想在方法论的研究史上应该怎么定位呢?

1. 关于价值选择的依据,在末弘法学中,法官只要遵守若干形式准则,规范创造就应当是"自由且富有创造性的",至于价值判断的实质依据是什么,这不是法解释方法论所讨论的问题。专注于法解释"框架"的来栖法学想必也是同样的意见。川岛法学中,价值判断根本不是科学性法学研究的对象,因此也不会触及价值选择依据的问题。结果,只有在致力于确定法律判断的实质性的正当化因素的我妻、加藤和星野那里,价值选择的依据才真正成为问题。其中,我妻认为,与其祭出那些"看似普遍适用却空洞无物的法命题",还不如倒向相对实用主义,后者至少"在具体内容上更丰富"。上述加藤的立场也是一样。而星野,则处在我妻、加藤的对立面。

2. 关于避免短视的价值判断的必要性,我妻也给予了积极的思考。只不过我妻想到的是"以作为现象的法律为中心的研究",而不是价值的体系。

3. 关于法律判断在体系上的整合性,末弘想到的是立足于"同案同判"的公平观,通过规范创造、类推、概念构成和对先例的尊重确保体系的整合性;我妻和加藤则是寄希望于法律三段论的外衣来确保体系的整合性(我妻和加藤似乎认为,以形式性准则所能确保的体系整合性就足够了)。

这样一看,我妻和星野都志在为判决内容求得实质性的依据,但寻求之际,我妻重视社会事实或实定法之类的实证性的东西,试图将指导理念相对化,而星野则重视价值这样一个观念上的东西,并且坚信价值有普遍妥当性和客观性。这一点上两者截然不同。星野的立场和新康

---

① 前注158书《座談会・民法学の課題(二)》,第67页第1段(星野发言)。

德主义的批判性价值论密切相关，而新康德主义正是我妻所坚决反对的。从这点看，星野法学倒是和以新康德主义为基石的石坂音四郎法学是同质的，两者都严格区分事实和规范，并认为在规范的层面也存在正当性的客观标准。只不过，石坂和星野之间隔着末弘和来栖的问题意识（法官的法律创造、实定法的不确定性），而且石坂是实定法主义者、相应的是非普遍主义的，而星野是自然法主义者、是普遍主义的。

（四）关于"历史进步的方向"

上文（三）中，利益衡量论的批判者提出了"历史进步的方向"、"近代法"、"日本社会的近代化"等建立在社会科学性的分析和历史观之上的解释准则。其依据是，"如果承认近代化是人类社会进步的规律（根本不承认近代化是进步的人则另当别论），那么作为法学家，沿着近代化的方向构筑起推动历史进步的解释论不是理所当然的事情吗"。[①]

关于"近代法"，加藤认为"近代法"可以成为抽象标准，但不可能成为具体标准［上文本节三（三）部分］，而星野甚至反对将其作为抽象标准。星野说，如果"进步"、"近代化"指的是事实，那就不可能成为判断"是否应当这样"的价值标准，因为"我们认识价值的过程虽然是现实的，但价值判断妥当与否的根据不是社会、历史这样的事实"。[②]但是批判者反驳说，"历史的进步"、"近代化"指的是作为理念、价值的历史，"价值判断固然立足于历史认识，但同时也是与历史认识绝缘的状态下的主观判断"。[③]对此，星野批判说，如果历史是作为理念的历史，

---

① 渡边洋三：《社会科学》，前注158书，第224页。水本浩：《利益衡量論（四）》，前注158书，第50页称，"既然承认是科学形成了近代文明，那么，就应当允许以对'历史的发展'或'近代法'的科学认知作为价值判断的标准，使其发挥准则机能。"此外，另见水本浩：《利益衡量論（四）》，前注158书，第32～33、43～50页。

② 星野英一：《序説》，前注158书，第37～40页；前注158书《研究会・法の解釈》，第12页（星野发言）。

③ 广中俊雄：《おぼえがき（原文为"はしがき"，系笔误・译者注）》，前注158书，第387页注（14）。此外，另见水本浩：《利益衡量論（四）》，前注158书，第33页；前注158书《研究会・法の解釈》，第37页（利谷信义发言）；渡边洋三：《社会科学》，前注158书，第224页。

那就应当直接讨论历史幕后的价值。①针对星野的反批判,利益衡量论的批判者这样回答,所谓价值,应当从作出决断的人和他所面对的事实以及事实背后的社会关系之间的相关关系之中发现。②如果按照这样的观点,价值的问题就不再是"好"与"坏"的问题,而是判断主体与世界的关系方式的问题,"近代法"就是这种关系方式的判断标准。这样一来又不免产生疑问:作为关系方式的标准,为什么批判者一定要提"近代法",而不是"末世论"? 还有,凭什么说实现更优的价值就是人类历史的发展趋向?③主张"近代法"的学者做了一定的保留,如"根本不承认近代化(历史从前近代到近代的变迁)是社会进步的人则另当别论"或"如果承认科学是近代文明的成因的话",因此议论到此为止。

(五)关于价值判断的客观性

从上述(三)(四)中也能看出,星野主张的是价值判断的客观性。这是基于怎样的思考呢? 关于这个问题的实际含义,星野是这样理解的:如果法解释者坚信自己的解释绝对正确,否定开放性竞争,那就是客观说,如果法解释者允许每个人表达自己的价值情感,从一开始就放弃理性对话,那就是主观说。④这一区分对应上文[第2节四(二)②b]中的丁丙(价值的认识论的问题),但星野并不认为这一点上的对立在逻辑上是必然的、决定性的。那么,星野为什么主张价值的客观性? 第一是因为"每个人都认为自己价值体系是客观正确的",第二是因为价值中存在着一些超越人类追求的东西。这些东西在历史进程中逐渐为人所发现所承认,现在已成为人类的共同财产,将来也不会被否定。不过,上述第一个原因所说的客观性[第2节四(二)②a]实际上主观说也承认。这样,问题在于第二个原因所说的客观性。这是价值的存在

---

① 星野英一:《序説》,前注158书,第37~39页;星野英一:《補論》,前注158书,第54、58页。

② 前注158书《研究会·法の解釈》,第36以及第32、34页(利谷信义发言)。渡边洋三:《社会科学》,前注158书,第213页。

③ 星野英一:《序説》,前注158书,第38页;星野英一:《補論》,前注158书,第54页。就个人而言,星野持一种"走向'世界末日'"的末世论史观,但是星野自己也说,"(末世论)无法成为眼下的选择标准""难以形成法律论"。

④ 以下是对星野英一:《序説》,前注158书,第41~44页内容的分析。

论的问题[第2节四(二)②b的甲乙]。在这个含义上的客观性意味着什么？我们将在第四节详加探讨。

第四节 “议论”的思路

一、序言

进入20世纪80年代起，一种新的倾向开始崭露头角。即将法解释行为理解为解释者对内审慎判断、自我说服，对外说服他人并获取社会共识的“议论”的过程，并在此基础上，考察法解释活动在上述过程中应遵循的准则以及遵循这些准则的理由。

这样的视角在战前的末弘和我妻的法解释论中是没有的。末弘和我妻的主张虽然可以看作——事实上作为“议论”的——法解释的准则，但他们从未从“议论”的视角审视过自己的主张。他们的主张建构在这样的理念基础之上：(1)法律判断在社会工程学上必须是妥当、合理的(如末弘的“社会学方法”“社会法学”、我妻的“以作为社会现象的法律为中心的研究”)，(2)法律判断必须公平并保障个人权利(如末弘从“同案同判”的公平观推导出的诸准则、我妻关于“法律构成”的主张)。从“议论”的视角探讨法解释及其准则是战后才有的思想。首先，第一次法解释论战时期的来栖法学中能看到这种“议论”的思路。来栖认为，“法解释之争不是关于什么是法的争议”，而是“如何说服大多数的国民，并使法院站在自己的立场上，在此之上确定什么是法”的争议。[①]这一思想源自两点，一是除了有权解释之外，普通市民的法解释也被列入考察范围，二是在现实的形态上把握法解释[上文第2节二(二)部分]。此后，在利益衡量论中，很多主张有着共同的前提：基于利益衡量和价值判断的“议论”是可能且必要的。60年代后半期的(安定统一的·译者注)政治、社会、经济及学术状况正是上述前提的成立背景，就这一点我在上文中也提到过。

如上所述，在“二战”后的方法论中“议论”的理念虽然逐渐渗透，但直至20世纪70年代都没有被明确地意识到，因此，学者观念中的

① 此外，川岛将言语技术理解为一种意思传达方法[上文第2节三(二)部分]，在这一点上也能感觉到“议论”的思路。

“议论”没有明确或者说特定的内涵。作为立论的基础,利益衡量论所认识到的只是“法解释是包含价值判断的实践”这样的法解释观,或者是“正确性”“妥当性”之类的理念,还未能就“基于批判与反批判的议论”的思想达到自我认知。这或许是因为,利益衡量论的主张者认为“基于议论的说服”是一种会因对方的态度而发生变化的东西,不可能成为旨在求得确实的知识和判断的学术活动的基础。但是,到了 70 年代后半叶,有关科学理论客观性的波普尔(Karl Raimund Popper)、库恩(Thomas Samuel Kuhn)的主张被介绍引进,到了 80 年代,菲维克(Klaus Vieweg)、佩雷尔曼(Chaïm Perelman)、图尔敏(Stephen Toulmin)、阿列克西(Robert Alexy)、麦考密克(Ernest J. McCormick)等学者的实践哲学被介绍引进,这促进了法解释方法论领域的反思。前者将科学理论的选择和成长阐释为科学家之间的“主体交互性的(inter - subjective,亦译作共感、主体间性或间主观性・译者注)”争论过程。[①]后者认为,即便在基于事实归纳的经验科学和基于对普遍性原理、公理的演绎推理的先验论哲学・逻辑学之外,从共有的论据出发通过议论求得理性判断也是可能的,因此,应当探寻那些为知识、行为以及规范提供依据的理性的议论方式。[②]通过法哲学学者的努力,“议论”作为一种为研究法解释方法提供依据的思路,以鲜明的姿态步入人们的视野之中。

比起认为法解释是对社会的影响、实践,“议论”的研究思路更重视法解释本身就是“议论”这么一个侧面。这样,“议论”的思路着眼于

---

① 以这样的形式介绍和研究波普尔和库恩的论文有松浦好治:《法学における『科学』イメージの機能》,法哲学年报 1978 年(1987 年);松浦好治:《法的推論》,载长尾龙一,田中成明编:《現代法哲学 I》,东京大学出版社 1983 年。

② 研究菲维克的实践哲学的论文参见田中成明的著作《法的思考とはどのようなものか》(田中成明:《法的思考とはどのようなものか》,有斐阁 1989 年)第 119 页注 1 所列举的文献,以及同样是田中成明的著作《現代法理論》(田中成明:《現代法理論》,有斐阁 1984 年)第 264 页以下所列举的文献。此外,亀本洋的论文《法的議論における実践理性の役割と限界(1) ~(四・完)》,判例タイムズ550 号 ~555 号(1985 年)和长谷川晃的论文《法的正当化の構成と客観性についての一試論(Ⅰ)(1) ~(3・完)》,北大法学论集 35 卷 6 号,36 卷 5、6 号,37 卷 6 号(1985 年至 1987 年)都曾试图从实践法学的观点来解明法律议论的构造。

法解释(议论)的参加者、法解释(议论)的场所、法解释(议论)的成立条件,研究法解释的理想形态和准则,同时,结合作为法解释的议论的特殊性,探讨"价值判断的客观性"或"法律规范的拘束力"的问题,使已陷入"胶着状态"的法解释方法论迈出了新的一步。

上述"议论"的构想早在20世纪70年代初期的中村治朗法官的著作中就有论述,进入80年代开始出现民法学者的论文。①但是,将这一观点全面展开,并作为与以往的解释方法论相对立的新方法论提出的,还是平井宜雄的《法律学基础论备忘录》(1988～1989)。下面以平井的主张为中心,探讨"议论"的研究思路。②③

二、平井宜雄

(一)分析视角和具体建议

1.下文将从以下两个视角展开介绍。(1)关注平井所思考的"议论"指代的是什么。这是因为,尽管很多人都谈到以"议论"为视角的

---

① 参见中村治朗:《裁判の客観性をめぐって》,有斐阁1970年(引用时简称《客観性》)。濑川信久:《Ch.ペレルマン『期論の研究』(*Traite de Largumentation*)—実用法学の視点からの検討》,日佛法学13号1985年、内田贵:《探訪『法の帝国』》,法学协会杂志105卷3号、4号(1988年)。

② 本节将要引用的文献如下:平井宜雄——《現代法律学の課題》,平井宜雄编:《法律学》,日本评论社1979年;《現代不法行為理論の一展望》,一粒社1980年(引用时简称《一展望》);《『法の解釈』論覚書》,收录于《民法学の歴史と課題》,东京大学出版社1982年(引用时简称《覚書》);《法政策学》,有斐阁1987年;《法律学基礎論覚書(1)~(9・完)》,ジュリスト916号至928号(1988年至1989年)(引用时简称《基礎論》)。其他学者——星野英一:《『議論』と法学教育—平井宜雄「法律学基礎論覚書」について(1)~(4・完)》,ジュリスト940号至943号(1989年)(引用时简称《平井『基礎論』》);《ミニ・シンポジウム法解釈論と法学教育》,ジュリスト940号(1989年)(引用时简称《ミニ・シンポジウム》)。

③ 平井《基礎論》一文的直接意图是想对法学教育提一些建议(《基礎論》,916号第7页),但其中他也批判了战后的法解释方法论给当前的法学教育招致的非理性主义,并提出应当从"法律人的思考方式"的养成的角度重建法学。平井的主张是他在《現代法律学の課題》和《覚書》之中所阐述的法解释方法论的发展和归结。最重要的是,平井的《基礎論》是当前唯一以篇从"议论"的视角对法解释方法论展开具体全面论述的著作。基于上述理由,本文将平井的《基礎論》作为法解释方法的论文来研究,而平井关于法学教育的主张不作为本文的直接研究对象。包括下注(7),若本文的处理有悖于《基礎論》的本意,乞请平井教授海涵。

思路,但由于大家的着眼点分布在法解释作业过程的不同阶段,所以在谈到"议论"时指代的内容也五花八门。(2)从本论文的中心任务——即法解释方法论的相互比较——出发,将"议论"的解释方法整理成易于比较的形式。因此,比如平井曾严密定义过的"法解释论""法律论"等概念,①在本文中以"法解释方法论"、"法解释"等一般性用语来介绍。

2. 首先看平井的问题视角和分析结构。作为研究法解释的基本视角,平井将"议论"定位为"一般法律人所进行的议论"。之所以这样定位,是因为平井心中的法解释方法论的受众(理解、接受法学方法论的人·译者注)不单单是法学者,还包括"法官、律师、行政官员、企业法务负责人等从事以法学教育为背景的工作的人"。平井理论本来就在批判日本的法律人养成教育的现状之际诞生的,这也是上述定位的直接原因。②不过从解释方法论的层面上说,由于"二战"后的方法论从未就受众是谁的问题有过明确的认识,或者说,作为受众考虑的只是法学者,因此在"价值判断的客观性"、"价值判断的标准"等问题上总是陷于特殊的抽象论,也正是为了摆脱这一困境,平井认为有必须建构一个以——包括实务人士在内的——一般法律人为受众的方法论。③

其次,在法律人的诸多行为中,平井将焦点集中在"议论"上,即"提出某一主张,如果遭遇反驳,就要摆出证据或理由以为论据,如果对方继续反驳时还要进行再反驳,在不断的反驳与再反驳的基础上处理问题,这就'议论'的过程"。之所以关注于"议论"是因为:第一,"议论"是包括实务人士在内的法律人的共通之处,而且是特征性要素。④第二,"(平井)坚信,在主张某个'言明'(statement,有主张、论断之意·译者注)的正当性时应积极展示论据,为接受批判做出最大限度

① 平井宜雄:《基礎論》,ジュリスト916号(1988年),第97页注(2)、ジュリスト919号(1988年),第73页注(1)(2)。

② 平井宜雄:《基礎論》,ジュリスト916号(1988年),第97页、ジュリスト918号(1988年),第106~107页。

③ 平井宜雄:《覚書》,前注226书,第70~71頁,第84~85页。此处,就法律人平井主要考虑的是法官。

④ 平井宜雄:《基礎論》,ジュリスト918号(1938年),第107页中至下段。

的努力,这样做有其自身的价值”(平井称为“理性主义”),同时平井也认识到,在现代社会中,作为处理人与人之间关系的技术,通过事实和逻辑说服他人达成合意从而解决问题的纠纷处理机制有着普遍的意义,不限于法庭活动之中。这一点与平井理论的基本意图密切相连。因为当时的法学教育使学生常常抱有这样的态度,即放弃议论,将一切法律问题还原成价值判断、价值感觉,所以平井理论的提出正是为了纠正这样的态度以及养成这种态度的法学教育。[①]第三,在解释方法论的层面上,平井认为“议论”的视角为以往的方法论所欠缺,而这一视角恰恰可以用来解决战后的方法论问题[“价值判断的客观性”、“法解释(学)的科学性”、“对理论构成的忽视”等]。[②]

如上,平井将分析定位于“一般法律人的议论”之后,又从两个方面明确了“议论”的含义。一是分析一般性议论的构造和性质(①②),二是分析法律议论的特殊性(③)。

① 首先,平井从一般性议论的构造中推导出了四个命题,或者说先决条件。第一是“言明须以言明为基础,并通过言明正当化”。因为平井认为,知识不应以经验和感觉为依据,道德哲学上的命题也不应还原成情感,知识和道德命题的成立应经历批判性的、理性的议论。[③]第二是“区分发现的过程和正当化的过程”。发现的过程指的是达到某一言明(主张、论断)的心理过程,而正当化的过程指的是使已经达到的言明正当化的过程。之所以区分两者是因为,即便是作为某一主张的论据陈述了如何达到该主张的心理过程,但由于针对心理过程的反驳是不可能的,所以议论不可能成立,主张也无法正当化。因此,必须明确意识到法解释是正当化的过程。[④]

以上两个命题是关于一般性议论的,下面的第三个命题只适用于使规范性言明正当化的议论。即规范性言明是由两个层面构成的。第

---

① 《ミニ・シンポジウム》,前注226书,第16页(平井发言)。另见平井宜雄:《基礎論》,ジュリスト918号(1988年),第107页下段。

② 平井宜雄:《基礎論》,ジュリスト918号(1988年),第108页。

③ 平井宜雄:《基礎論》,ジュリスト919号(1988年),第74页。

④ 平井宜雄:《基礎論》,ジュリスト919号(1988年),第74~76页。

一个层面,是从一般性言明出发,通过演绎推理使具体的言明(结论)正当化(平井称为“微观正当化”),第二个层面,是通过演绎推理之外的方式,使微观正当化的前提,即一般性言明正当化(平井称为“宏观正当化”)。区分这两个层面是因为,在规范性言明的正当化过程中,微观正当化前提,即一般性言明,不可能由经验——无论是归纳推理,还是波普尔式的反证——所正当化。①

第四个命题和上述三个命题有所不同,并没有形成命题公式,只是平井作为“一般法律人的议论”的构造所强调的东西。即议论是一个使问题解决和解答(如认可某个案件中原告的请求、民法典第177条中的“第三人”包括恶意的第三人)得以正当化的过程。②因此,只提出问题(如民法典第177条包括恶意的第三人吗)就戛然而止不是议论,将主张的理由(如民法典第177条的起草人没有区分善意和恶意)与主张割裂开来只谈理由也不是议论。

② 其次,关于法解释的“客观性”“正当性”的问题,平井从议论的性质论出发批判了以往的观点,并提出了新的见解。在川岛法学中,科学理论的客观性可以通过经验性的事实获得验证,而法解释上的理论由于包含价值判断,不可能被客观地验证。但是,根据波普尔的阐述,即便是在科学领域,某一言明的客观性最终并不来自经验性的验证,而是要看该言明是否经得起那些基于逻辑和事实的主体交互性的(inter - subjective)检验和批判。因此,科学和法学之间仅有程度的差异而已,两者都是通过议论——反反复复的主体交互性的批判——获得客观性的。③与川岛相反,星野法学承认价值判断的客观性,星野的构想是,每个价值(判断)都可以通过更高位阶的价值(判断)获得正当化,一直通向终极的“任何人都无法否定的价值”(金字塔式的价值位

---

① 平井宜雄:《基礎論》,ジュリスト919号(1988年),第76~77页。

② 《ミニ・シンポジウム》,前注226书,第42页第2~3段(平井发言)。另见平井宜雄:《基礎論》,ジュリスト919号(1988年),第71页上段、ジュリスト928号(1989年),第99页(ア)、101页(イ)(ウ)。

③ 平井宜雄:《基礎論》,ジュリスト920号(1988年),第82页至第86页、《ミニ・シンポジウム》,前注226书,第18页2~3段(平井发言)。

阶体系)。但是,第一,这样的价值位阶体系没有明确价值标准的内容。[①]在价值标准不明确的情况下还去强调法解释应当基于价值判断,结果的心理上的好恶控制了法解释,倒向非理性主义。[②]第二,价值判断存在终极的正当化、价值之间存在位阶结构等,这样的问题设定本身就不妥。因为,只要存在一个价值,就必然存在另一个与之相对立的价值;价值之中,不可能有位阶,只可能有矛盾。[③]第三,构筑以"任何人都无法否定的价值"为奥林匹亚之顶的价值位阶体系即便对于学者来说是重要的工作,也不能用以要求一般的法律人。所有人都颔首的终极目标不可能成为具体的行动指针,[④]而且法官也不可能整天把价值的位阶体系挂在嘴边。[⑤]现实中,法律人不是靠"基于终极价值的正当化",而是靠"基于议论的正当化"来处理问题的。[⑥]

这样,在批判川岛和星野的基础上,平井提出了"基于议论的正当化"的思想。"一般而言,所谓'客观性',指依据事实和逻辑举出反证相互批判,即服从'批判性的议论'。只有在'主体交互性的批判'能够顺利展开的社会制度中,'客观性'才有保证"。因此,客观性的问题必须作为制度问题来考虑,即如何维系和发展出一套能够确保"主体交互性批判"的制度框架或规范。[⑦]

平井进而提出,价值判断只有经历了"基于议论的正当化"之后才获得客观性。这一主张所依据的价值论如下。"坚信世上存在着客观正确的价值观并力图实现这些价值观,这样的态度作为个人的心境或者说信念的流露是有道理的",但越过这一限度,"以客观妥当的价值

---

① 平井宜雄:《基礎論》,ジュリスト926号(1989年),第75页。

② 平井宜雄:《基礎論》,ジュリスト927号(1989年),第89页中至下段、《ミニ・シンポジウム》,前注226书,第17页(平井发言)。

③ 平井宜雄:《基礎論》,ジュリスト926号(1989年),第75~76页、ジュリスト927号(1989年),第89页中段。

④ 平井宜雄:《基礎論》,ジュリスト926号(1989年),第76页上至中段。

⑤ 平井宜雄:《基礎論》,ジュリスト927号(1989年),第87页下段。

⑥ 平井宜雄:《基礎論》,ジュリスト927号(1989年),第89页中段、第91页中至下段。另见,《ミニ・シンポジウム》,前注226书,第18页2~3段(平井发言)。

⑦ 平井宜雄:《基礎論》,ジュリスト920号(1988年),第85~86页、ジュリスト927号(1989年),第88~89页。

观的存在为先验的前提”就不对了。“所有人都持有某种共通的价值判断的客观世界本来就是不存在的。……应该认为,正是历了‘议论’的过程,这样的世界才得以形成。”因此,“某一价值判断只有在经历了‘议论’的过程从而被正当化的限度内才具有客观性。(但是)这种客观性总是可以被怀疑的,不能说是终极的客观”。①

“基于议论的正当化”也有力不能及之时,平井说这是制度的问题。“即便穷尽了‘议论’也未必能达到‘合意’,‘正当化’也没有绝对的保障。……‘合意’无法达成时,……必须接受法官的决定(只有法官的‘议论’才会被强制执行),这不是‘议论’本身所决定的。这个意义上的‘正当化’是国家制度的问题,也就是说,我们既然接受了现在这样的国家制度,就不得不受其制约,这个意义上的‘正当化’和现在所讨论的不是一个问题。”②

③以上是关于一般性议论的理论,与此同时,平井也注意到了法律议论的特殊性。他认为,法律议论的特殊性在于法律纠纷解决方式的社会学构造。即法律纠纷是涉及事实存在与否或价值正当与否的纷争(平井称之为“价值纷争”),难以通过当事人之间的交易、交涉或妥协获得解决。此外,身处纠纷的当事人彼此独立,手中仅有足以自立的资源,无法全面压制对方。因此纠纷的解决有赖于第三人的介入,而该第三人所持的资源也不足以与一方联手使另一方顺从于某一特定的目的或意图。议论是法律纷争解决的必由之路,但同时资源(时间)是稀缺的,所以要建立起一套制度,使议论能够有效地展开(如处分权主义、辩论主义、举证责任、缺席判决等)。——上述这些是法律纷争解决的社会学特征。③

3.就什么是“一般法律人的议论”平井提出了上述内容,在此基础上,他又从如何实现理性的、批判性的议论的角度,推导出若干法解释(平井称为“法律论”)的准则。其中,不仅含有一般意义上的法解释方法(下述③④),还论述了法解释作业的制度性框架和程序规则(下述

① 《ミニ・シンポジウム》,前注226书,第18、43、49、50页(平井发言)。

② 平井宜雄:《基礎論》,ジュリスト927号(1989年),第92页。

③ 平井宜雄:《基礎論》,ジュリスト928号(1989年),第94~95、97页下段。

①②)。

① 制度性框架的探讨——法律议论依赖于制度化[见脚注(245)(248)的正文],为使批判性的、合理性的议论能够自由高效地展开,法学必须设计出相应的制度性框架。[①]

② 议论的伦理——议论以议论参与者的伦理为支撑,法学也必须关注议论的伦理问题。平井列举了三个这样的伦理准则:a. 当某个主张被反驳时,提出该主张的人不是用暴力或者沉默,而是应当基于事实和逻辑给予答复(合理性准则)。b. 只要事实关系不生变化,无论遭遇怎样的反驳,支撑该主张的判断标准和理由就必须是相同的,期间不能存在矛盾(整合性准则)。c. 只有双方在议论的场所、机会和能力上是平等的,主张才能够被正当化(适合性准则)。[②]

③ 发现的过程和正当化的过程的分离——说到法解释所应遵循的方法和准则,首先就要区分发现的过程和正当化的过程。在发现的过程中应遵循的是,比如,律师应保护委托人或被告的利益,法官应对当事人的主张做出答复。至于学者或学生就没有这样的规范。除了利益考量和价值判断,理论、直觉、灵感、直观感受、平衡感、迷信甚至偏见都是发现的源泉,发现的过程就是在这样一片广阔的天地中通过自由的创造和飞越而实现的。如果认为发现的过程存在所谓"正确的方法",这对于知识的进步有害无益。尝试为发现的过程理论化是有益的,但这也只是一个选项而已。[③]

④ 正当化的过程——与发现的过程不同,就正当化的过程,平井提出了许多的法解释应遵循的准则。其中,有的来源于"基于议论的正当化"的理念(abc),有的来源于纷争的社会学构造(d)。前者可以继续分为来源于议论的一般性构造的准则(ab)和来源于法律议论的特殊性的准则(c)。

---

① 平井宜雄:《基礎論》,ジュリスト928号(1989年),第99页上至中段。

② 平井宜雄:《基礎論》,ジュリスト928号(1989年),第99页中至下段。不过,"整合性规则"是依笔者对平井思想的理解而改用的概念。另外,平井认为,这些规则虽然都源自于法律议论的特殊的社会学构造,但同样也适用于自然科学的议论。

③ 平井宜雄:《基礎論》,ジュリスト927号(1989年),第86~87页、《ミニ・シンポジウム》,前注226书,第40页(平井发言)。

a. 微观正当化(演绎推理)的独特意义和宏观正当化(基于议论的正当化)——应当将微观正当化从宏观正当化中分离出来,重视其独特的意义。微观正当化在揭示议论中的错误、论证主张并接受反驳等方面必不可缺。此外,经由微观正当化得出的言明或命题会成为探索事实依据的动因,并有助于限定议论的范围,为进一步的议论搭建擂台。①

将微观正当化从宏观正当化中分离出来是有必要的,但微观正当化本身没有特别的疑问。因为微观正当化归根结底是逻辑推论的问题。与此相反,宏观正当化包含着固有的疑问。之所以这样说,是因为在经验科学中,通过归纳推理,或者,(按照波普尔式的想法)以经验为基础通过对"单称言明(singular statement·译者注)"的验证(反证),可以完成对"全称言明(universal statement·译者注)(一般理论)"的(宏观)正当化,然而规范性的、道德性的陈述是不可能通过经验来验证的。② 对于这个疑问,平井以上述"基于议论的正当化"作答。至于怎样的言明能成为宏观正当化的依据,这因问题而异。如果某个言明(如法条、从法条或判例推导出的法律论、立法者的意思等)未遭遇任何反驳就被对方接受为议论的前提,那么在这个限度内,我们可以称上述言明获得了同等程度的宏观正当化。③

b. 反驳可能性——"基于议论的正当化",或者说"接受并经受住反驳是言明获得正当化的途径",从这样的思想出发,平井认为"好的法律论"必须是有"反驳可能性"的。具体而言,第一,法解释必须为反驳提供线索。因此,所谓"公示的衣裳"、"债务人的手足"这样的比喻就是坏的法律论。第二,动辄诉诸一般条款或做语意循环的解释,如将民法第110条中的"正当事由"解释为"不得不使本人负责的事由",这

---

① 平井宜雄:《基礎論》,ジュリスト927号(1989年),第90~91页。此外,平井主张,对微观正当化的分离和重视仅限于法学教育。但是,法学研究领域似乎也应将微观正当化分离出来。

② 平井宜雄:《基礎論》,ジュリスト919号(1988年),第77页。

③ 平井宜雄:《基礎論》,ジュリスト920号(1988年),第85~86页、ジュリスト927号(1989年),第91页上段。另见《ミニ・シンポジウム》,前注226书,第21页(平井发言)。

也是坏的法律论。第三,如果某个法解释能推导出明确的结论,那么反驳可能性就很大,这就是好的法律论。因此,债权人撤销权问题中的责任说就是好的法律论,因为依据责任说,经由逻辑上的演绎推理可以推出许多富于"反驳可能性"的言明。①

c. 法律人共同体所特有的术语——法律人以其特有的交流用语构成了一个共同体。法律论也必须在这一特有的语言基础上展开。②另一方面,由于法律人的共同体相对地独立自立于社会的其他部分,因此那些随社会变化而变化的议论应暂且置于度外。③

d. 法律思考样式——在法律纠纷的解决中,不掌握资源的第三人必须提出一个让双方当事人都能接受的解决方案,所以第三人必须立足于法律思考样式。法律思考样式与因果式思考样式、目的手段式思考样式不同:依因果式、目的手段式思考样式,解释者先预测未来的事态,再就当事人的利害关系做出符合未来事态的判断,而法律思考样式则着眼于过去的事实,只就过去的事实适用规范;此外,目的手段式思考样式视纠纷当事人为实现更高层次目的的手段,而法律思考样式不以当事人为手段而视之为目的本身,为求得双方间的平等和公平而从一定的视角进行比较衡量。正因为此,基于法律思考样式的纠纷解决不会引起某一方当事人不公平、不正义的感觉,也不会被批判说是依据因果法则而做出的,能够为双方当事人所接受。④因此,在平井看来,利益考量论以目的论解释(目的手段式思考)和对解释结果的偏重(因果

---

① 平井宜雄:《基礎論》,ジュリスト928号(1989年),第100~102页。

② 平井宜雄:《基礎論》,ジュリスト918号(1988年),第107页上段、ジュリスト928号(1989年),第100页上段。这基于如下理由:(1)消极理由,即如果不遵从共同体的术语则无法进行论争[《ミニ・シンポジウム》,前注226书,第48页第2段(平井发言)],(2)积极理由,即共同体的术语中沉淀着一些经得起反驳的价值[《ミニ・シンポジウム》,前注226书,第50页第1段(平井发言)]。

③ 平井宜雄:《基礎論》,ジュリスト918号(1988年),第107页。

④ 平井宜雄:《基礎論》,ジュリスト928号(1989年),第96页。关于"法律=正义式思考样式"和"目的=手段式思考样式",参见平井宜雄:《覚書》,前注226书,第77~78、85~86页。另外,平井宜雄:《一展望》,前注226书,第188~189、193~194页中亦有说明,但略有不同。

法则式思考)为法解释的核心手段,是不正确的。[①]

(二)平井理论和以往的解释方法论之间的异同

(1)上述平井理论与以往的法解释方法论之间处于怎样的关系呢。平井批判说,战后的解释方法论(具体指来栖、川岛和星野)充斥着学者中心主义(将学者的法解释作业方式扩大至一般法律人)、心理主义(不区分发现的过程和正当化的过程,视发现的过程为正当化的过程)、未分离主义(不区分微观正当化和宏观正当化,没有认识到微观正当化的独特意义)和社会学主义(以社会学上的事实为法解释论正当性的依据)的倾向。[②]传统法学早就应该对战后的解释方法论加以驳斥,却迟迟未能展开。平井理论的自我定位就是对战后解释方法论的反批判。[③]不过,平井理论中也不乏与以往方法论的相衔接并承继发展之处。平井提出的具体解释准则中,③和④与以往的方法论有可比之处。下面就从衔接和对抗两个方面,探讨③和④。

(2)衔接发展之处

第一,③和④是法解释的形式准则,[④]其依据是法解释作为"议论"的构造和性质。这一点上,比起我妻、加藤和星野,平井理论更接近于末弘、来栖的解释论。前者着眼于法律判断的影响和效果,提出的解释准则都是关于法解释的内容的,而后者则着眼于法律判断的构造,或探求法解释的形式准则,如末弘,或探求法解释的"框架",如来栖。

第二,平井理论中居于核心的是④ab,其中"建立在演绎推理基础上的微观正当化"相当于法解释的形式准则(末弘)或"框架"(来栖)中的逻辑整合性·逻辑性。以往的方法论也研究法律的拘束力或德国

① 平井宜雄:《基礎論》,ジュリスト927 号(1989 年),第90 页上至中段、92 页中至下段。其他,另见平井宜雄:《覚書》,前注 226 书,第 89 ~90 页。

② 平井宜雄:《基礎論》,ジュリスト921 号(1988 年),第 80 ~83 页、《ミニ・シンポジウム》,前注 226 书,第 19 页(平井发言)。

③ 平井宜雄:《基礎論(9)》,ジュリスト928 号(1989 年),第 98 页。

④ 星野英一:《平井『基礎論』》,ジュリスト942 号(1989 年),第 58 ~59 页、ジュリスト943 号(1989 年),第 56 ~57 页、《ミニ・シンポジウム》,前注 226 书,第 46 ~47 页(田中成明发言)。至于平井自己的用语,另见《ミニ・シンポジウム》,前注 226 书,第 21 页第 2 ~3 段。

法学式理论构成的意义,但就一般性的逻辑整合性,则视作理所当然,至于为什么一定要有逻辑性、其依据在何处、逻辑性的内容应是怎样的,从未曾着意考究过。而在这里,平井以"基于演绎推理的微观正当化"为作答,阐明了逻辑性在法解释中应有的位置,也明确了法解释为何一定要有逻辑性的依据。当然,以逻辑性为法解释的准则不是平井的首创,但平井却赋予其新的含义,重新阐释了法解释须以逻辑性为基石的依据所在。

与逻辑性不同,④ab 中的"建立在经受反驳基础上的宏观正当化"的想法是平井新提出的。所谓宏观正当化,就是法律规范——演绎三段论的大前提——的正当化。至于什么是订立法律规范命题的准则,众说纷纭。如末弘认为是"社会关系的定型认识""类推"和"概念构成",我妻认为是"以作为社会现象的法律为中心的研究",来栖认为是"社会学方法",星野认为是"利益衡量和价值判断"。关于宏观正当化的④ab 可以说是与之相并列的,或者说是与之相反的崭新的准则。

(3)针锋相对之处

这里,我们通过分析③和④,明确平井理论在整个法解释方法论问题构造中的定位。[①]

③主要针对"二战"后解释论中的心理主义倾向。诚如平井所言,以往的方法论没能有意识地区分发现的过程和正当化的过程。可是,如果以具体每个学者对法解释的理解为前提,也不能一概地说这两个过程就是混同的。比如,被平井批判为心理主义的第三期的川岛法学中,[②]预见未来的判决就是目的本身,因此对下达判决的法官而言,作为正当化过程的"判决理由"同时也是影响判决形成的心理因素,不存在所谓区分的问题。此外,至于来栖所主张的"实质性理由"、星野所主张的"利益的应受保护性"、"价值判断·价值的位阶",平井似乎认

① 平井的具体建议中,①②是以往的方法论所从未触及过的。但是这恐怕是因为,对于民法这样一个实体法的解释方法论而言,①②本来就不在民法的研究射程之内。可以说,这一点上的对立没有什么积极的意义[参见星野英一:《平井『基礎論』》,ジュリスト942号(1989年),第64页注(1)]。

② 平井宜雄:《基礎論》,ジュリスト921号(1988年),第82页上至中段。

为这些主张经不住“议论”的验证,不具有正当化的资格,所以顶多是发现过程中的指南。[①]但是,平井的主张乃是立足这样的认识:在法解释“框架”中进行多选一的选择,归根结底取决于解释者的价值判断(来栖),或者说,法解释必然在保护某一种利益的同时排斥另一种利益(星野)。如果立足于上述认识,并通过理性致力于控制法解释的操作范围和作用影响,那么在该限度内,“实质性理由”、“利益的应受保护性”、“价值判断·价值的位阶”也能够成为正当化过程的准则。而且,当法解释(议论)的参加者就上述认识和理想达成共识之时,那么在该限度内,议论是得以成立的。这一点上,来栖、星野与平井的对立来自两个原因:一是双方在观察法解释作业过程和方面时侧重点不同,对什么是法解释的“合理性”观点也相异;二是在“实质性理由”、“利益的应受保护性”、“价值判断·价值的位阶”之类的标准下能否得出客观的判断,双方立场不同。在下面的问题上,对立一目了然。

正如上文2指出的那样,④ab之中,以“基于议论的正当化”为宏观正当化的准则,是以往的方法论所未见的创新之处。不过,这个准则本身是可以和以往的解释标准并存并立的(此时,“以作为社会现象的法律为中心的研究”、“社会学方法”、“利益分析和价值判断”的操作正是通过“基于议论的正当化”而展开的)。但是平井的观点是,在法解释过程中,“基于议论的正当化”就已经是尽头了,正当化在这里就应当结束了。平井反对以b(还有cd)之外的东西作为宏观正当化的标准,如来栖所主张的“社会学方法”。在平井看来,即使用所谓的“社会学方法”观察分析社会关系,也得不出法解释论。在观察分析之前,就必须在法解释上提供充足的“言明之束”,以备法官从各个角度考察事实,法律人的工作应止步于这样的法律论。[②]此外,就利益考量论中的“利益考量·价值判断”、“价值的位阶”等的解释准则,平井指责说,这些准则轻视法解释的逻辑性,在反反复复的正当化中无限倒退,减弱

① 平井宜雄:《基礎論》,ジュリスト926号(1989年),第77页以下。

② 平井宜雄:《基礎論》,ジュリスト926号(1989年),第74页。

了通往议论的动力,最终导致非理性主义。①

平井的理论尤其排斥利益考量论中的“价值判断”、“价值位阶”之类的准则。不过,平井理论中也包含这样的观念,就是一般性地排斥bcd之外的一切准则。这折射出平井对法价值论、法解释论的认识。

第一,先看平井的法价值论。平井认为,法解释是议论的过程,这一过程中不存在什么先验的价值,某种价值只要能够经得住反驳和议论,就可以承认是客观的[上文本节二(一)(2)①部分]。立足于这样的法价值论,平井对星野所主张的“价值判断”、“价值的位阶”等先验的解释准则持反对态度。那么,平井的法价值论和迄今为止所探讨过的法学方法论中的法价值论有怎样的关系呢?这里主要探讨的是法律价值,即价值标准上具有客观性的价值,这里的客观性指的是能够要求他人支持意义上的客观性[上文第2节四(二)的②b,不是a]。此前,围绕法律价值的争议被整理成主观说和客观说的对立,但是似乎有必要区分价值的存在论和价值的认识论两个层次。价值的存在论是指客观的价值是否存在的问题,而价值的认识论是指如何认识客观价值的问题。②

首先,关于价值的存在论。星野主张,价值在某一时间点上作为人类的共同财产而存在[上文第3节三(五)部分],“分歧就在于,究竟是客观正确的价值事先存在,然后人们发现了它(星野),还是正因为人们都认为某一价值是正确的,所以该价值才有了客观正确性(平井)。不过,无论站在哪个立场上,只要定格在某一具体时间点,客观正确的价值总是存在的。”③这样,在星野法学中,价值独立于价值的认识论而存在。然而,很多学者不赞同星野的观点,他们认为价值的存在论从属于认识论,价值唯有被客观认识时才客观存在[除了上文第2节四(二)②部分的川岛,来栖、渡边和家永也是这个观点。所以说,川岛和

① 平井宜雄:《基礎論》,ジュリスト927号(1989年),第88~89页、《ミニ・シンポジウム》,前注226书,第16页(平井发言)。

② 这一区分依据前注158书《研究会・法の解釈》,第29~31页的星野英一发言。

③ 《ミニ・シンポジウム》,前注226书,第50页(星野发言)。在前注158书《研究会・法の解釈》的第29页中,星野说道,“即便采客观主义,认识价值的……方法也多种多样”,可见星野是在价值存在论的层面上考虑主观说和客观说的问题的。

家永的分歧在于下文的价值认识论。另外,来栖法学中,法解释“框架”是一种“拟制”的存在,对于法解释“框架”的思考似乎是独立于认识论的]。平井的立场也是如此,也就是说,正确的价值是在“议论”的过程中被认识的,因此在“议论”展开之前妄谈是否存在所谓先验正确的价值或价值序列,不仅得不出任何确切的结论,还会招致(价值认识论上的)非理性主义。①

其次,关于价值的认识论。迄今为止有三种见解:②一是为确保价值认识的客观性和主观交互性,法解释的准则必须限定在那些能够为逻辑和事实——经验性的验证(观察检测)——所检验的知识上。川岛持这种见解[上文第2节四(二)②]。二是除了逻辑和经验性的验证,价值认识的方法还包括社会科学特有的方法——“理解”,这就已经超出了逻辑和经验性验证所能及的范围。我妻法学中的“具体的理想标准”、“法律现象的社会学研究”,来栖法学中的“实质性理由”以及利益衡量论中的“利益衡量”都是以这样的价值认识论为前提。三是除了逻辑、经验性验证和理解,有一定客观性和主观交互性的“思辨(speculation・译者注)”也是价值认识的方法。如果星野的解释论中,“价值的位阶”不仅是价值的存在形态,还是价值的认识手段,那“价值的位阶”就应归于第三种价值认识论。③[主张“同一个世界观”的家永也应归为此类(上文第2节四(二)②)。]上述三种见解中,平井采用的是第一种。在平井看来,所谓“价值判断”、“价值的位阶”,在其具体内容被明确之前是无法基于事实和逻辑展开议论的,因此不能成为价值认识的手段。

第二,考察平井对法解释的理解。平井的着眼点仅仅停留在法解释作为议论的一面,认为“主张”是议论不可或缺的要素,而议论的参加者应定位于普通的法律人。首先,平井认为,议论必须就某一问题提

① 《ミニ・シンポジウム》,前注226书,第49~50页(星野发言)。

② 以下的整理主要依据加藤新平:《価値相対主義》,收录于《法解釈学および法哲学の諸問題(恒藤先生古稀祝賀記念)》,有斐阁1962年、加藤新平:《法哲学概論》,有斐阁1976年,第474页以下。

③ 在前注158书《研究会・法の解釈》的第29页中,关于价值的认识星野说道,“从经验出发,经过思辨,最终无可避免地诉诸直观感受”。

出一定的解决方案(第345页注1的本文)。因此,那种认为只有法律构成的工作(如条文释义等)才是法解释方法论的对象的观点,被平井批判为"学者中心主义"。①不过,依据法律构成推导出所应主张的结论是微观正当化,而宏观正当化是法律构成的内部作业。平井不像以往的方法论那样追寻宏观正当化的准则,原因之一似乎就是对议论的上述基本理解。其次,平井将议论的参加者限定在普通法律人,并重视议论的制度性制约,此时宏观正当化就不再是法解释方法论的核心考察对象了。之所以这样说,是因为学者的法解释工作没有直接的制度制约。如果考察的对象被设定在律师、法官的法解释上,那就不得不考虑其所受的制度上的制约。因此,学者的重要任务就是在不受制度性制约的条件下探讨宏观正当化的问题。例如,我妻法学、第二期川岛法学、星野解释论就先后提出了"以作为社会现象的法律为中心的研究"、"法律价值判断的分析"、"价值的位阶"等宏观正当性的准则。不同于学者的法解释,法庭上的法解释面临着诸多时间、空间和程序上的制约。这些制约,或通过"汝给吾事实,吾赐汝法律(*da mihi factum dabo tibi ius*·译者注)"的原则,或通过对法源的限定——如将微观正当化的大前提(规范性命题)限定在制定法上,钳制着宏观正当化议论的展开。而且,比起掌握最终决定权的法官,律师更容易受这些制约的影响。这样一来,当议论的制度性制约开始被重视,普通法律人被预设为法解释的参与者之时,法解释方法论难免会以律师的法解释为参照系,宏观正当化也势必被驱赶到研究的边缘。②(上述分析暗示了两点:一是必须认为律师、法官、学者,甚至学生的法解释论各不相同;③二是所谓"普通法律人"的法解释方法论只是各法律人阶层的法解释方法论的共通部分,单凭共通部分无法在现实中发挥作用。)最后,平

---

① 《ミニ・シンポジウム》,前注226书,第42页第2~3段(平井发言)、平井宜雄:《基礎論》,ジュリスト926号(1989年),第78页中至下段。关于这一点,另参照《ミニ・シンポジウム》,前注226书,第34~35页(濑川信久发言)。

② 关于上述分析,参照《ミニ・シンポジウム》,前注226书,第31~32页(濑川信久发言)。

③ 就发现的过程,平井也分别为律师、法官和学者提出了不同的准则[上文本节二(一)(3)③部分]。

井只关心法解释作为议论的一面,而其他方面,尤其是社会影响、社会工程学的一面则置之度外(这些因素被委之以“法政策学”)。因此,我妻法学、第二期的川岛法学、利益衡量论所侧重的社会工程学的因素——“法解释的社会影响分析”——也就不再重要了。

回顾学说的发展脉络,各家各派就法解释的行为及目标一般都持有某些基本观点,而法解释作业的准则正是在此基础上提出的。例如,来栖对法解释的基本观点是,法解释是关于应当使什么成为现实中的法的争论,这样,方法论就包含两个方面的任务:一方面,应使市民、法官就内心的真实理由展开争论,尤其不能让有权的解释者以虚伪的理由操纵司法裁判,为此来栖提倡以“实质上的理由”作为解释准则;另一方面,法解释尽管只是“框架”,但有必要明确“框架”的内容,为此来栖提倡“社会学方法”。利益衡量论将法解释理解为一种社会工程学,这样,一方面,法解释作为社会工程学应当有效且适当,另一方面也必须为国民所能理解。为此,利益衡量论主张“实质性利益的分析”、“价值判断”等解释手段,而且进一步考虑到法解释作为学术的侧面,进而致力于构筑“价值的位阶体系”。利益衡量论的批判者则是将法解释理解为一种对历史的影响作用,并且从一定的史观出发,提出以“近代法”作为法解释的准则。一般认为,符合上述准则的法解释,正因为实现了每种方法论所预设的法解释的目的,才具有使结论正当化的资格。(当然,另一方面,同时也必须为各个方法论的价值认识论所承认。)平井理论也不例外。就议论而言,法律思考样式何尝不是一种先验的价值?①尽管如此,平井还是以法律思考样式作为解释的方法,其依据就是法律纠纷解决的社会学构造以及蕴含其中的目标(即纠纷当事人在接受纷争的解决方案时不会感到不公)。

如上文所示,平井排斥(除议论之外的·译者注)宏观正当化的其他准则,并批判以往的方法论,这一方面来自逻辑经验主义的价值认识论,另一方面来自对法解释和议论的特定的理解。(关于后者,即怎样理解法解释,下文d部分也有所涉及。)

---

① 关于“法律思考样式是一种价值”的观念,参见《ミニ・シンポジウム》,前注226书,第50页(平井发言)。

④c 是针对战后法解释方法论的反命题。"二战"后的解释方法论将普通市民也纳入解释者的范畴——来栖和第三期的川岛法学中市民是能动的参与者,利益衡量论中是被动的参与者。法律人集团和一般社会之间关系的问题,是如何认识当今日本社会及所处其中的法律人的存在意义的问题,也是如何发现其中的问题并给予何种解决方法的问题。第三期川岛法学中市民之所以是能动的参与者,这与当时的历史意识和任务意识——威权主义的旧秩序的崩溃、市民权利意识的增强——不无关系。[1]利益衡量论中的被动的市民观则来自于民主制观念和积极的法官形象(上文第325页第3节二(二)注2的本文、上文第3节二(四))。[2]至于平井究竟是基于何种社会认识强调法律人集团的独立特性,不得而知。

④d 主要是为了对抗战后解释论中的社会学主义,尤其是基于社会学因果法则来确定权利义务的解释倾向,以及利益衡量论的目的论解释(目的 = 手段思维)。[3]这一主张在学说史上的定位如下。战前的末弘和我妻都认为法解释(司法裁判)和立法一样,都是政策性判断,和立法的差异仅在于法解释受法律三段论的拘束[上文第1节一(四)部分、第1节二(二)部分]。可是到了"二战"后,自从来栖指出法律规范"框架"的不确定性之后,立法和司法裁判(法解释)的区别变得模糊不清(例如,利益衡量论)。在这样的状况下,平井将制定法之外的法也纳入考察的视野,[4]重新探究法解释(司法裁判)的特殊性,并求之于法律纠纷解决的社会学构造或制度框架,从而导出法律思考样式这一

① 川岛武宜:《市民的实用法学》,前注56书,第128~134、140页、《判例研究》,前注56书,第180~183页。

② 此外,中村治朗:《客観性》,前注225书,第195页指出,司法裁判不仅能在特定的法律系统——或可称之为"自我完善的小世界"——的内部给出的法律上的适当依据("合法性"),还必须"能得到当事人及其背后的广大社会公众的承认与接纳"("正当性")。这是基于对战后社会情势——价值观的剧变与复杂化、司法批判的活跃开展、违宪审查权和行政审判权的建立——的基本认识。

③ 《ミニ・シンポジウム》,前注226书,第53页第2段、第54页第1段(平井发言)。

④ 《ミニ・シンポジウム》,前注226书,第54页第1段(平井发言)。此外,另见平井宜雄:《法政策学》,前注226书,第78页。

解释准则。因此,④d 的主张也源自于平井对法解释(司法裁判)的不同以往的理解。[①]

根据上文,可以说平井理论的研究对象是法官和律师——尤其是律师——在“判断诉讼当事人的个别权利义务是否存在的传统诉讼”(纠纷志向型诉讼)中所进行的法解释。[②]

结语

人们往往以为,法解释方法论能够提供一定的准则,为具体的法解释问题推导出唯一的结论。但依照本文的研究,即便是采客观说的方法论也不会这样认为。法解释方法论的中心任务是思考法解释这一思维活动的意义,即使法解释无法为具体的问题送来唯一的结论,也不会放弃为之探寻其所应遵循的准则。因为,尽管法解释的行为每天都在进行,但当人们突然叩问起法解释应该是怎样的或法解释的意义何在时,法解释方法论必须做出回答,这就是法解释方法论本来的意义,即一个哲学行为。

由于法解释方法论不涉及法解释行为本身,而是探寻法解释行为的理想状态和意义,因此法解释方法论的内容取决于法解释的对象(法解释用来解释什么?)和法解释的目的乃至任务(法解释应当是怎样的?)。

其中,方法论的目的、任务又取决于一种现状评价或者说是历史认识,即学者认为当下的法解释存在哪些问题。比如,末弘和我妻主张法解释要适应社会变化,来栖和川岛认为应当以现实主义的态度和法解释的科学化来消除人们对法律人和法学的不信任,而平井则是想克服战后法解释方法论中的非理性主义。此外,作为方法论的对象,“法解释”是用来解释什么,关于这一问题的思考也左右着方法论的内容。固然,这个说法看上去显而易见、理所当然,但问题是,由于法解释主体

---

① 不过,这种以观念上的“纠纷志向型诉讼”为假定前提的主张,在面临着包含“政策志向型”的现实纠纷时,似乎会被相对化[《ミニ・シンポジウム》,前注 226 书,第 52 ~ 54 页(平井发言)]。

② 平井宜雄:《法政策学》,前注 226 书,第 8 页以下等。

(是法官,是律师,还是普通市民)的社会地位、职责以及法解释所处的社会关系、外部环境(是法庭内还是法庭外,是作为一般市民还是作为专业人士)的不同,法解释的性质和制度上的制约也不同。而且,即便聚焦在法解释过程中的最重要的一环,即司法裁判上,也会发现司法裁判的功能也不一而足,而且结合了多个侧面:解决当事人纠纷的功能、为将来的或其他同类纠纷的提供准则的功能、超越个案纷争影响社会的一面以及通过议论定纷止争的一面。从另一个角度看,法解释的操作过程中,既有提出结论的部分,也有为结论陈述理由的部分,而后者又包含了两个阶段:一是满足法解释之为法解释的最低要求("框架")——如逻辑整合性、制定法的适用性——的阶段,二是从满足最低要求的若干法解释中选择其一的阶段。根据本文的分析,"法解释"的内容是什么取决于方法论的任务是什么,但更具决定性的,是各个法解释论主张者心中的"法学者形象"或"法律人形象(原文为"法律学形象",系笔误·译者注)"(是强势的法学者形象还是弱势的法学者形象、是市民性的法律人形象还是普通法律人形象等)。

的确,法解释方法论的内容不仅仅取决于法解释的对象和任务。一方面,学者的司法观念(尤其是关于司法和立法的区别、制定法对司法裁判的拘束及其理论依据的观念。这些观念背后潜藏着关于立法机构和司法机构之间的关系的思想。)和学者心中的"法官形象"(积极的法官形象,还是消极的法官形象),另一方面,一般性的社会观念(末弘的民主主义式的自由主义、星野的民主制、平井的法律人共同体)、历史观(我妻的"进步"观、利益考量论批判者的近代观、星野的历史观等),价值存在论、价值认识论等,也影响着法解释方法论的内容。

从末弘时代至今,日本的法解释方法论所论及的各个问题以及这些问题上的学说对立,都在上文中进行了分类整理,明晰了相互之间的关系。以往的学者往往将客观说和主观说的对立、利益衡量论和反利益衡量论的对立、战后法解释论和平井理论的对立看作是历史观、法价值论等一般观念上的对立。但由本文的分析可知,这些对立并不是一般观念上的对立,而是来自如何设定方法论的对象和任务上的对立,这也体现了对立背后的,对法解释和司法裁判现状的认识的分歧以及法学观、"法学者形象"、"法律人形象"的差异。因此,今后在研究法解释方法论时必须清醒地意识到,自己想要论述的究竟是"怎样的法解释的哪一个侧面、哪一个过程"。只有这样,才能做到结合具体的事物(即物地 sachlich·译者注)探讨方法论的任务、历史观和法价值论的问题。①

(班天可,北海道大学法学博士,复旦大学法学院讲师;陈颖,北海道大学法学研究科博士课程生)

① 中村治朗法官在《裁判の客観性をめぐって》(前注225书)一书中,将法官法解释的"客观性"、"正当性"的含义分为若干层面加以探讨,这对法解释方法论的研究很有启发性。

体育法

“体育法”:对国际法、比较法、国内法与全球纠纷解决机制发展的意义

[美]马修 J. 米顿* [澳]海登·奥佩** 著
宋雅馨 译 郭树理 校

目 次

---

* 马修 J. 米顿(Matthew J Mitten),马凯特大学法学院教授,美国全国体育法研究所所长,外国律师体育法法学硕士项目主任;瑞士洛桑国际体育仲裁院仲裁员。本文原标题为 *"Sports Law":Implications for the Development of International, Comparative, and National Law and Global Dispute Resolution*,刊载于《图兰法律评论》(*Tulane Law Review*)总第 85 卷,2010 年第 2 期(Volume 85, Number 2, 2010)。译校者感谢作者慷慨授权翻译发表该文中文版。

** 海登·奥佩(Hayden Opie),澳大利亚墨尔本大学法学院体育法项目研究主任,澳大利亚与新西兰体育法协会基金会主席与终身会员。

在这篇文章中我们发现,有关国内与国际体育竞赛的法律规定已经变得非常复杂,并迈入了一个新时代,这个体育法的新时代以其潜在的广泛影响和应用,为法学理论更广泛的创新和发展提供了肥沃的土壤。我们的主要目标是,让这些发展受到法学学者们以及律师们的关注,他们可能并不必然熟悉体育法。尤其是,对于国际法与国内法的发展,形成中的体育法正发挥着重大影响,正在成为一个成熟的、能从比较法角度进行分析的实体法律原则体系,而且这个体系对于全球性争议的解决意义重大。例如,全球化进程中曾编纂了一部国际体育反兴奋剂规则,来解决大范围的奥运会和国际体育纠纷(该规则正在迅速形成一个全球化的私法体系),为其他国际合作与全球法律制定提供了范例。除此之外,以司法途径处理体育相关案件,将为法学理论发展带来新的应用和影响。我们的目标是使大家对体育的重要性有更深层次的认识,不要仅将体育视为世界文化现象和 21 世纪全球经济的重要组成部分,而是将体育作为国际公法、国际私法与国内公法、国内私法的重要渊源,为建立、执行与实施全球法律规则提供范例。

一、引言

这篇文章主要的目标读者是那些不以体育法为教学和研究方向的法律学者们,以及对该领域不熟悉的律师们与法官们。我们的目的不是做一个体育法的简介、概要或提纲,①而是为了让其他人知道体育对于推动法律变革的作用,并鼓励更多的法律人把促进体育法的发展作为他们各自专业与学术追求的不可分割的一部分。

国内与国际体育竞赛的法律规则已经变得非常复杂并且进入了一个新的时代。研究这些法律规则需要参考各个领域的法律(所研究的法律之间可能有冲突)并拥有跨学科的视野。② 这个体育规则的新时

① 这样的目的可能已在美国与澳大利亚法律分别出版的 Walter T. Champion, *Sports Law in a Nutshell* (4th ed. 2009)与 Deborah Healey, *Sport and the Law* (3d 2005)等著作中实现了。

② 一般性论述,参见 Matthew J. Mitten et al., *Sports Law and Regulation: Cases, Materials, and Problems* 1 - 21(3d ed. 2009)。

代以其潜在的广泛影响和应用,为创新和发展法学理论提供了肥沃的土壤。然而,体育所引起的重大法律发展被忽视了——除了数量相当少的体育法专家外,学者们甚少对其进行深入分析。由于体育对法律和其他领域公共政策的发展有着广泛的意义,特别是国际法与比较法以及全球纠纷的解决,法学学者、律师与法官们应该意识到:认真思考与体育相关的法律发展是有重要价值的。

尽管事实上,各部门法(独立或交叉的法律部门)都与体育竞赛有关(囊括了广泛而重要的领域,例如反垄断法、合同法、知识产权法及劳动法),相对而言,教授体育法课程或者从事体育法研究的学者是很少的。[①] 尽管体育案件在不同法律领域的重大裁决中都有所体现,而且输出了重要的法律原则到法学理论中,并得到更广泛的适用,[②]但针

① 根据2009~2010年美国法学院协会的法学教师名录,只有120个教授在教体育法课程,有接近340个教授教反托拉斯法,1800个教授教宪法,360个教授教劳动法。反托拉斯法、宪法、劳动法是美国与体育相关的三个最大的公法领域。Ass'n of Am. Law Sch.,2009-2010 Directory of Law Teachers(2009-2010)。

② 一般性论述,参见 Daniel E. Lazaroff, The Influence of Sports Law on American Jurisprudence, 1 *Va. Sports & Ent. L. J.* 1 (2001); Charles Yablon, Contribution of Baseball to American Legal Theory, 104 *Yale L. J.* 227(1994)。

澳大利亚高级法院的一系列重大裁判在体育运动的背景下作出。例如,*Wyong Shire Council v. Shirt* (1980) 146 CLR 40 (Austl.)(讨论过失侵权中注意的标准,认定由于错误地标识"深水"标牌而引起了湖面滑水事故);R v. Judges of the Fed. Court Austl.; *Ex parte W. Austl. Nat'l Football League Inc.* (1979) 143 CLR 190(Austl.)(关于《澳大利亚宪法》第51条第20款所赋予联邦公司权力的含义,并判决职业足球俱乐部是贸易公司);*Victoria Park Racing &Recreation Grounds Co. v. Taylor* (1937) 58 CLR 479 (Austl.)(讨论了转播权的性质,法院裁定,马赛赛场对比赛并不拥有转播权,因此不能阻止在赛场周围高架上现场广播直播赛事)。已故的爱德华·格雷森(Edward Grayson)被公认为是"英国体育法之父",1993年他表示,体育有提出高等法院、上诉法院可能意见分歧的新法律问题的特殊能力。他参考了7个上诉法院的体育案件判决来论述这一观点,这些判决曾上诉至上议院而被驳回。Edward Grayson, Getting the Right Result, 143 *New L. J.* 61 (1993)。

对体育法的学术研究还是相对较新的。[①] 事实上,“体育法”是不是一个独立的法律体系,或者仅仅是对普通法律的适用,而应更确切地被称为“体育与法律”,就这个问题而言,在日常研究调整体育产业法律体系发展的学者们之间并没有达成共识。[②] 既然如此,抛开术语使用的问题,“体育法”因其富有挑战性的法律问题而在法学课程中拥有了一定的地位,它涉及多学科,与社会的一个大部门密切相关,还引发了学生们学习的兴趣。[③]

然而,这篇文章的主要目的不是吸引更多的教授们进行体育法教学或者在其他课程中援用体育案例帮助教学,或者让他们成为体育法

---

① 美国与澳大利亚的第一本体育法专著直到20世纪70年代和20世纪80年代晚期才出版。例如,G. M. Kelly, *Sport and the Law: An Australian Perspective* (1987); George W. Shubert et al., *Sports Law* (1986); Lionel S. Sobel, *Professional Sports and the Law* (1977); John C. Weistart & Cym H. Lowell, *The Law of Sports* (1979)。美国第一本体育法案例教科书 Ray Yasser et al., *Sports Law: Cases and Materials* (1990) 直到20年以前才公开出版。加拿大的第一本体育法专著发表于1983年,John Barnes, *Sports and the Law in Canada* (1st ed. 1983)。这篇文章的作者并没有在第一个法律学位研读期间学习过体育法课程。相似的是,尽管有更早的专著出版,领先的欧洲国家,如瑞士、英国、德国、法国以及意大利的体育法研究,直到20世纪90年代早期都没有获得真正的动力。例如,Edward Grayson, *Sport and the Law* (1988); Martin Klose, *Die Rolle des Sports bei der Europäischen Einigung* (1989); Alberto M. Toro & Piergiovanni Canepele, *Codice Dello Sport* (Dott A. Giuffrè ed., 1980)。

② 体育法的性质以及这个领域是否拥有一个严密的法律体系所具有的独特而连贯的特征,或者这个领域使来自更稳定的法律学科的原则被发现有特别的应用,一般性论述,参见 Simon Gardiner(西蒙·加德纳)等人著, *Sports Law* 37～93 (3d ed. 2006); Timothy Davis, What Is Sports Law?, 11 *Marq. Sports L. Rev.* 211 (2001); Lars Halgreen, *European Sports Law: A Comparative Analysis of the European and American Models of Sport* 23～32 (2004) (对决定体育法内容的框架提出了建议)。

③ 一些美国法学院(例如,马凯特大学法学院,佛罗里达海岸法学院及图兰大学法学院)以及澳大利亚法学院(例如,墨尔本法学院)现在提供非常受欢迎的专业体育法研究课程作为他们法律博士(J. D.)和/或法学硕士(LL. M.)课程的一部分。

学者(尽管可能会产生以上所有或某些部分的影响)。[①] 这次讨论的目标参与者也不是那些已经对体育法产生浓厚兴趣的学者。其实,这篇文章更多的是写给法律学者们看的。我们相信不断发展的体育法对更广范围内的国际法与国内法(知识产权法和人权法)的发展正在并将持续产生重大的影响力和意义,并为从比较法角度展开分析提供了丰富的实体法律原则渊源。再者,全球化进程已经建立了世界体育反兴奋剂法典,为解决奥林匹克和国际体育(纠纷),提供了民间主体与政府之间开展国际合作以及制定法律的范例,以及有效且被认可的全球

---

① 体育提供了许多可以用来促进课堂教学和学习的说明和实例,包括由法学教授用来提高学生对其他法学理论进行理解的惯例。例如,板球和干扰球可以用来阐明侵权法和刑法中的事实原因原则。David Fraser, *Cricket and the Law: The Man in White Is Always Right* 125 ~ 32 (2005)。体育也可能被用于活跃令人昏睡的课堂,通过提及某司法判决或提及体育事件事实的情况或一位体育名人。体育能使法官能忘情于作为学生和观众的乐趣之中(或者至少抛开他们威严的光环)。*Zhu v. Treasurer of New South Wales* 一案是关于引诱违反合同的侵权行为的,澳洲高等法院在一份联合判决的开篇第一句写道:

"一个几乎举世公认的事实——一个如果你否认它会被怀疑为不热爱祖国的事实——2000 年 9 月 15 日至 2000 年 10 月 1 日期间,奥运会在悉尼举行,是这个城市最幸福的历史时刻之一。然而,该案的证据表明这个比赛的准备过程有黑暗的一面。"

(2004) 218 CLR 530,535 (Austl.). 关于美国的判例,一位作者说:

"球运动中发生的一些事情将理智的法官变为挥舞三角旗的学生;导致他们失去其司法判断力,违背先例,并危及联邦法院的尊严;几乎不可能让任何当事人击败棒球长期以来获得的反垄断法的豁免。这个案件不仅关系到联邦棒球俱乐部案(*Federal Baseball*)与图尔森案(*Toolson*)或霍姆斯大法官以及遵循先例原则;还关系到穿黑色长袍男人的脑海里对全国性娱乐活动——棒球的观念。这是弗拉德(Flood)上诉至最高法院他所要面对的。"

Brad Snyder, *A Well - Paid Slave: Curt Flood's Fight for Free Agency in Professional Sports* 223 (2006)。将棒球明星巴利·邦德(Barry Bonds)作为另外一个例子,会有这样一些法律问题:(1)由于指控他使用提高成绩的禁用物质和撒谎否认使用过这些物质,职业棒球大联盟(MLB)是否应该宣布他前无古人的全垒打记录作废?(2)邦德打出的棒球打破了汉克·艾伦(Hank Aaron)职业生涯的全垒打纪录,该棒球的所有权应当归谁所有?(3)对证明他使用了禁用物质的机密电子记录的收集程序,是否适用联邦宪法修正案第 4 条规定的"政府搜查"条款?一般性论述,参见 Mark Fainaru - Wada & Lance Williams, The Truth About Barry Bonds and Steroids, *Sports Illustrated*, Mar. 13, 2006, http://sportsillustrated.nn.com/vault/article/magazine/MAG1116081/index.htm 。

纠纷解决机制。我们发现参与体育法讨论和认识其发展,已经成为其他新兴的学科发展的参考。

为了说明我们的论题,我们已经确定了四个重要的体育法的发展动向和主题,我们将对这四个方面进行描述、分析,并解释每一个方面为何值得开展学术研究。(1)世界体育反兴奋剂规则,特别是《世界反兴奋剂条例》(WADA Code)为迅速建立和实施被全球接受的法律标准以及跨国法律体系提供了范例。(2)"全球体育法"("*lex sportiva*"),这个日益壮大的、主要以民间协议和纠纷解决程序为基础的国际体育法体系,因其由国际体育仲裁院主导并被全球所接受,从而对全球争议解决以及国际法律规则的构建有着丰富的含义。(3)国际体育联合会之间的非政府私人协议所表现出来的倾向,即以全球法律多元主义的形式代替国内法,这造成了对国家主权的重大威胁。(4)体育相关纠纷的司法解决机制以及专业的体育立法可能预示着,一些普遍的国内法与国际法的内容将发展起来,以及(或者)有多大范围的公共政策问题将得到解决。

二、世界体育反兴奋剂法:全球性法规制定的范例

(一)简介

世界体育反兴奋剂措施形成了一个令人印象深刻的全球法律和法规体系。这个体系因其覆盖范围之广及发展之迅速而闻名。其他不突出但也很重要的特点还包括,这是一个民间主体与政府机构间成功合作的国际化模式,在违反反兴奋剂条例所做处罚的执行方面,形成了高度统一,一些有争议的人权问题也因此得到了解决。

反兴奋剂体系的核心是联合国教科文组织通过的《反对在体育运动中使用兴奋剂国际公约》,[①]该公约于2005年10月19日起开放供各国签署,生效于2007年2月1日。截至2009年12月7日,该公约有

① 《反对在体育运动中使用兴奋剂国际公约》,联合国教科文组织2005年10月19日,http://unesdoc.unesco.org/images/0014/001425/142594m.pdf#page=2(以下称为"国际公约")。

130个缔约国。[①] 该公约旨在国内和国际层面上,"反对在体育运动中使用兴奋剂",要求各签署国"采取可能包括立法、法规、政策或行政措施在内的适当措施"。[②] 该公约义务的规定,正确地表明了,对于有效打击体育运动中的兴奋剂违纪行为而言,重要的法律与监管工作是必需的。国际奥林匹克委员会(IOC)是奥林匹克运动的"最高权威",该公约是IOC不懈努力的最终成果,宗旨是在世界范围内建立一个对抗体育运动中使用兴奋剂行为的、和谐的法律法规体系。[③] 1998年环法自行车比赛中的兴奋剂丑闻,引发了全球根除兴奋剂使用行为的热潮,在不到10年的时间里,有以下大事记促成了该公约的缔结。[④] 这些措

---

① 澳大利亚和美国分别于2006年1月17日及2008年8月25日批准了该公约。List of State Parties, UNESCO, http://portal. unesco. org/la/convention. asp? KO = 31037&language = E (最后访问时间2010年11月6日)。

② 《国际公约》,正文第1条及第5条,然而,根据美国和澳大利亚法,该条约不能"自动执行"而自动成为强制执行的国内法。一般而言,需要联邦国内立法的转化。一般性论述,参见 *Medellin v. Texas*, 552 U. S. 491 (2008); *Richardson v. Forestry Comm'n* (1988) 164 CLR 261 (Austl.)。经批准后为了遵守公约,澳大利亚以2006年的《澳大利亚体育反兴奋剂管理法案》(Cth)取代了原反兴奋剂立法,与其强迫国内体育联盟和管理机构遵守《世界反兴奋剂条例》,澳大利亚政府的政策已经通过反面宣传及撤出资金作为威胁手段,而成功施加了压力。迄今为止,美国国会还没有制定配套的立法。即使它这样做,公约第5条的灵活性措辞也不会要求国会去强迫美国职业体育联盟与管理机构遵守《世界反兴奋剂条例》。

③ 现代奥林匹克运动包括那些"体育组织、运动员以及其他同意受《奥林匹克宪章》约束的个人"。The Organisation, Olympic Movement, http://www. olympic. org/en/content/The – IOC/The – IOC – Institution1/? Tab = 1 (最后访问时间2010年11月6日)。有很多组织和个人是奥林匹克运动的组成部分,包括IOC,国际体育单项联合会(IFs)(奥林匹克体育项目的国际管理机构),国家奥委会(NOCs),每一个奥林匹克体育项目的国内管理机构(NGBs),世界反兴奋剂组织,国际体育仲裁院,奥林匹克博物馆,以及成千上万的运动员、裁判和教练。

④ Willy Voet, *Breaking the Chain*: *Drugs and Cycling*: *The True Story* (William Fotheringham trans., 2d ed. 2002). 1998年6月8日,沃伊特(Voet)在比利时与法国边境被海关拦下。他是参加环法自行车赛的费斯蒂娜(Festina)自行车队助理教练。在对他汽车的搜查中,发现多种高技术含量的提高成绩的药品和兴奋剂装备。沃伊特被逮捕,被临时关押,并最终被宣告因提供和怂恿使用兴奋剂而违反了多条法国法。连同其他车队管理和维护人员,他被处以缓刑与罚款。

施包括:1999年世界反兴奋剂组织(WADA)的成立,这是一个非政府间国际组织,其宗旨是协调、监督及推动全球范围内对兴奋剂行为的打击,是奥林匹克组织与各国政府之间共同努力的结果;2003年3月制定的《哥本哈根宣言》,达成和实现了一个世界反兴奋剂规则的国际承诺;[①]颁布了《世界反兴奋剂条例》,[②]该条例生效于2004年1月1日,成为了国际和国内反兴奋剂政策和实践的典范。[③]

(二)20世纪90年代后期反兴奋剂措施的简要回顾

在体育运动中使用兴奋剂(主要是指使用化学物质和其他一定的人为方法来提高体育成绩)不是新生现象。[④] 针对兴奋剂引起的主要争议是:防止运动员作弊的必要性和兴奋剂对他们身体造成的不利影响。[⑤] 早在1938年,国际奥委会便对在奥林匹克运动中使用兴奋剂的行为进行谴责,规定任何人"接受或提供兴奋剂"都将被取消奥林匹克

---

① 有193个国家政府签署了宣言。List of Signatories, World Anti - Doping Agency, http://www.wada - ama.org/en/World - Anti - Doping - Program/Governments/Copenhagen - Declaration - on - Anti - Doping - in - Sport/List - of - signatories/(最后访问时间2010年11月6日).

② WADA规则的最新版本(生效于2009年1月1日),《世界反兴奋剂条例》, World Anti - Doping Agency, http://www.wada - ama.org/Documents/World_Anti - Doping_Program/WADP - The - Code/WADA_Anti - Doping_CODE_2009_EN.pdf(最后访问时间2010年11月6日)。

③ 内部人士的简要介绍,参见Richard W. Pound, *Inside Dope* 91 ~ 104 (2006)。

④ 例如,Tom Donohoe & Neil Johnson, *Foul Play: Drug Abuse in Sports* 2 ~ 4 (1986); Barrie Houlihan, *Dying To Win: Doping in Sport and the Development of Anti - Doping Policy* 33 ~ 34 (1999); Michele Verroken, *Drug Use and Abuse in Sport*, *in Drugs in Sport* 18 ~ 19 (David R. Mottram ed., 2d ed. 1996)。

⑤ 然而有人认为:这些争论相对较晚才出现,而且在很长一段时期内,兴奋剂得到了广泛的容忍,当然这种观点本身也存在争议。Paul Dimeo, *A History of Drug Use in Sport* 1876 ~ 1976: *Beyond Good and Evil* (2007). 但是Albert Dirix & Xavier Sturbois, *The First Thirty Years of the International Olympic Committee Medical Commission*, 1967 - 1997, at 13, 16 (1999); K. Fitch, A History of Drug Use in Sport 1876 - 1976: Beyond Good and Evil, 42 *Brit. J. of Sports Med.* 76 (2008)(书评)。

运动会以及业余比赛的参赛资格。① "二战"时期,对兴奋剂的关注日益增加。② 20世纪60年代,国际奥委会成立了医疗委员会来主管兴奋剂的控制,这主要是受一些自行车运动员曾因使用禁用药物而死亡的影响③。1968年奥林匹克运动会(墨西哥城)以及冬季奥运会(格勒诺布尔)开始对特定药品进行检测与禁用。④

后来,随着兴奋剂违纪新形式的出现,以及对该问题本质日益增长的兴趣和认识,反兴奋剂措施得到不断发展。这种发展表现出的一些主要特征包括:越来越多的体育项目和比赛受到反兴奋剂规则的限制、发展检测违禁物品⑤与方法⑥的可靠的科学技术手段、国际奥委会对检

---

① Albert Dirix & Xavier Sturbois, *The First Thirty Years of the International Olympic Committee Medical Commission*, 1967 - 1997, at 13, 16 (1999),应该指出的是,虽然国际奥委会有权力就奥运会采取行动,但它不能对涉及其他主体活动的直接适用制定规则。同时,近30年后才推出化学检测。

② 赫尔基辛奥运会(1952)与墨尔本奥运会(1956)期间的"肆无忌惮使用药用物质的明显迹象"报告。同上,第13页。有一篇从1948年伦敦奥运会起"二战"后药品使用情况的早期报告。Paul Dimeo, *A History of Drug Use in Sport* 1876 - 1976: *Beyond Good and Evil* (2007),第54页。

③ 罗马奥运会上一名自行车选手的死亡据说是由使用安非他命造成的。Albert Dirix & Xavier Sturbois, *The First Thirty Years of the International Olympic Committee Medical Commission*, 1967 - 1997 (1999),第13页。然而,这个死因引发了激烈争论。Verner Móller, Knud Enemark Jensen's Death During the 1960 Rome Olympics: A Search for Truth?, 25 *Sport in Hist.* 452 (2005).不久之后,1961年,IOC医学委员会成立,在1964年东京奥运会上尝试对自行车选手进行兴奋剂测试,但是遭到抵制。1967年英国自行车运动员汤米·史密斯(Tommy Smith)的死亡促使医学委员会改组成现在的模式。Albert Dirix & Xavier Sturbois, *The First Thirty Years of the International Olympic Committee Medical Commission*, 1967 - 1997(1999),第13~14页。

④ 其通过对运动员尿液样本的分析来进行操作,这仍是现在的主要方法。

⑤ 例如,Michele Verroken & David R. Mottram, *Doping Control in Sport*, *in Drugs in Sport* 235 (David R. Mottram ed., 2d ed. 1996)。

⑥ 还包括对兴奋剂使用方法的禁止,比如"血液回输"、试图拒绝提供尿液样本进行测试、以替换"干净"的尿液来破坏可靠性测试。

测机构的认证、[1]赛外检测的引入、[2]新闻媒体对兴奋剂事件越来越多的报道(通常有耸人听闻的标题)。[3] 反兴奋剂规则的重要性及其日益复杂性吸引了各国政府的关注。回过头来,又引起了各国司法机关[4]与议会[5]的质询,国内反兴奋剂立法、[6]专业反兴奋剂机构[7]以及国际

① Michele Verroken & David R. Mottram, *Doping Control in Sport*, *in Drugs in Sport* 235 (David R. Mottram ed., 2d ed. 1996),239 – 41; Albert Dirix & Xavier Sturbois, *The First Thirty Years of the International Olympic Committee Medical Commission*, 1967 – 1997 (1999),第33~34页。

② 赛外检测的引入最初是作为对付使用合成代谢类固醇的措施,这种物质可以提高比赛成绩但是可以在比赛前从运动员身体内清除干净。Michele Verroken & David R. Mottram,*Doping Control in Sport*, *in Drugs in Sport* 235 (David R. Mottram ed., 2d ed. 1996),第238页。

③ 可能最声名狼藉的要算是1988年汉城奥运会男子100米短跑项目加拿大田径选手本·约翰逊(Ben Johnson)被剥夺参赛资格的事件了。Charles L. Dubin,*Commission of Inquiry into the Use of Drugs and Banned Practices Intended To Increase Athletic Performance* 234~309 (1990). 对该事件的其他看法,Charlie Francis with Jeff Coplon, *Speed Trap*: *Inside the Biggest Scandal in Olympic History* (1990); Vyv Simson & Andrew Jennings。

④ *The Lords of the Rings*: *Power*, *Money and Drugs in the Modern Olympics*195~200 (1992).

Charles L. Dubin,*Commission of Inquiry into the Use of Drugs and Banned Practices Intended To Increase Athletic Performance* 234~309 (1990).

⑤ 例如 The Parliament of the Commonwealth of Austl.,*Drugs in Sport*: *An Interim Report of the Senate Standing Committee on Environment*, *Recreation and the Arts*(1989); The Parliament of the Commonwealth of Austl.,*Drugs in Sport*: *Second Report of the Senate Standing Committee on Environment*, *Recreation and the Arts*(1990)。

⑥ 例如,葡萄牙:*Anti – Doping Regulation*, *Decreto – Lei* No. 374/79, de 8 de Setembro de 1979, Diário de República de 8.9.1979 (Port.);法国:Loi 89 – 432 du 28 juin 1989 relative à la prévention et à la répression de l'usage des produits dopants à l'occasion des compétitions et manifestations sportives [1989年6月28日的89 – 432号法令旨在制止和惩罚体育比赛中使用兴奋剂的中介人],法兰西共和官方公报[J. O.] [Official Gazette of France], July 1, 1989, p. 8146。

⑦ 若这不是第一,至少是最早出现的之一,那就是根据1990年澳大利亚体育药品监督法案(Cth)成立的澳大利亚体育药品监督局。

条约①和协议先后出现。②

尽管有了上述的发展,但是直至20世纪90年代中期到晚期,反兴奋剂的工作仍是严重分化的,相对妥协的,面临很多重大缺陷。这主要是因为体育运动方式的差异与各国法律体系之间的差异,而且并非所有的体育运动和比赛都附属于奥林匹克运动。尽管国际奥委会已经做出了很大努力,但是仍未出现全球统一的禁用物品和方法的清单。某些运动项目甚至没有任何反兴奋剂规定。再者,众所周知,一些国家和体育管理组织对于反兴奋剂行动只是口头承诺,在系统地追究使用兴奋剂或作弊行为所引发的严格惩罚程序时,又表现出本国保护主义。③

---

① 例如,欧洲理事会,《反兴奋剂公约》,开放签署于1989年11月16日 C. E. T. S. No. 135(生效于1990年3月1日)。

② 例如,《国际反兴奋剂协议》1997(IADA),澳大利亚、加拿大、丹麦、芬兰、荷兰、新西兰、挪威、南非、瑞典及英国之间的多边协议。IADA的成员国努力共建国际化反兴奋剂措施。关于IADA,参见 http://www. iada. rf. se/t2aspx? p = 105084(最后访问时间2010年11月12日)。

③ 前德意志民主共和国(东德)为了追求政治利益,而让其运动员服用兴奋剂的惊人邪恶行为曝光了。Steven Ungerleider, *Faust's Gold*: *Inside the East German Doping Machine* (2001); Werner W. Franke & Brigitte Berendonk, *Hormonal Doping and Androgenization of Athletes*: *A Secret Program of the German Democratic Republic Government*, 43 *Clinical Chemistry* 1262 (1997)。人们担心这种行为已经蔓延到特别是中国女游泳运动员,但中国体育中使用兴奋剂是否是由国家所资助的,一直存在激烈的争议。对兴奋剂和中国兴奋剂丑闻的评析,参见:董进霞,《新中国妇女、体育和社会》(2003); David Galluzzi, The Doping Crisis in International Athletic Competition: Lessons from the Chinese Doping Scandal in Women's Swimming, 10 *Seton Hall J. Sport L*. 65 (2000);及 Bruce Kidd, Robert Edelman & Susan Brownell, *Comparative Analysis of Doping Scandals*: *Canada*, *Russia and China*, *in Doping in Elite Sport*: *The Politics of Drugs in the Olympic Movement* 153(Wayne Wilson & Edward Derse eds., 2001)。美国田联(USATF)因不向国际联合会报告涉嫌违反兴奋剂规则的情况,而受到国际社会强烈的批评。最后"无罪"的"至少13名精英运动员"涉及在内。Richard W. Pound, *Inside Dope* 91 ~ 104 (2006),第96页。USATF引用正当程序及个人隐私原因拒绝披露案件情况,除非运动员被发现有罪。然而,批评者指责USATF偏袒自己的运动员,采取"遮遮掩掩"的手段,来逃避临时禁赛等纪律处分程序结果,通过这种做法来规避国际规则。但最终,CAS宣布美国田联无不正当行为,裁定美国田联没有违反国际联合会的规则。Arbitration CAS 2002/O/401, *Int'l Ass'n of Athletics Fed'ns v. USA Track &Field*, 裁决于2003年1月10日,载 *Digest of CAS Awards III* 2001 – 2003, 第37页(Matthieu Reeb ed., 2004);Travis T. Tygart, Winners Never Dope and Finally, Dopers Never Win: USADA Takes over Drug Testing of United States Olympic Athletes, 1 DePaul J. *Sports L. Contemp. Probs.* 124, 126 (2003)。

这个具有漏洞的反兴奋剂机制的核心存在一系列重大的法律争议。特别是对于如何界定兴奋剂违纪行为的构成要素,(尤其是应采用过错还是故意原则以及免责理由等方面)无法达成一致。构成兴奋剂违纪行为的标准越来越严格,但是对于允许运动员援引"特殊情况"以求免责存在强烈的反对声音,包括以对禁用物品或注射的药物、食物、营养品、饮品含有违禁成分缺乏认识作为理由。[①] 在处罚方面也存在重大分歧(是否应授予裁决机构自由裁量权以及裁量权的范围)。最重要的是,似乎各国法院对长期禁赛强制性的不一致裁决,造成了国际协调方式发展处在一个不稳定的环境之中。[②]

(三)21世纪世界反兴奋剂机制发展为世界法律体系

从这个历史背景看来,过去的10年已经成为国际社会反兴奋剂行动重大发展的10年。在世界反兴奋剂机构建立的基础之上,《哥本哈根宣言》、《世界反兴奋剂条例》以及联合国教科文组织通过的公约,一个严密而少有例外的综合性国际体系现在管理着国际与奥林匹克运动的反兴奋剂工作。国际奥委会以及其他所有国际单项体育联合会(IFs),即每一项奥林匹克运动的世界性管理机构,都同意遵守《世界反

① 例如,Lauri Tarasti, *Legal Solutions in Internctional Doping Cases: Awards by the IAAF Arbitration Panel* 1985 – 1999 (2000)。

② 例如,*Edwards v. British Athletic Fed'n*, [1997] Eur. L. R. 721 (Ch.) (Eng.) (对第一次违纪行为处以4年禁赛,英国高等法院认为是合理的、符合比例原则的)。*Johnson v. Athletics Can.* (1998) 114O. A. C. 388 (Ont. C. A.)(安大略上诉法院认为,因第二次违纪而处以终身禁赛并未构成不合理的贸易限制;*Krabbe v. Int'l Amateur Athletic Fed'n*, Landgericht München I [LGM] [Munich Region Court] May 17, 1995, 4 Zeitschrift für Sport und Recht [SpuRt] 161, 166, 1995 (Ger.) decision of the Munich Region Court of 17 Mar. 1995, SpuRt 161, 166 (1995)(确立了2年禁赛期是德国在基本权利和民主原则下的最低限)。慕尼黑地区法院作出支持裁决的决定。Oberlandesgericht München [OLG M] [Munich Region Court of Appeal] Mar. 28, 1996, Zeitschrift für Sport und Recht [SpuRt] 133, 138, 1996 (Ger.)(判决认为第一次违纪却处以3年禁赛是过分而不符合比例原则的)。一般性论述,参见 Gabrielle Kaufman – Kohler, Antonio Rigozzi & Giorgio Malinverni, *Legal Opinion on the Conformity of Certain Provisions of the Draft World Anti – Doping Code with Commonly Accepted Principles of International Law*, WADA – AMA. org, paras. 160 ~ 161 (Feb. 26, 2003), http://www. wada – ama. org/rtecontent/document/kaufmann – kohler – full. pdf 。

兴奋剂条例》。[①] 各项体育运动的国内管理机构附属于相应的IF,也参照适用该条例。[②] 出于自愿或公众和政府的压力,许多独立于奥林匹克运动的国家体育管理机构也将《世界反兴奋剂条例》所建立的模式作为各自反兴奋剂规则的基础。[③]

第二版《世界反兴奋剂条例》比较精简,只有25条规定,于2009年1月1日生效。其中规定了各种兴奋剂违纪行为(称为"违反规则"),[④]对运动员提供的样本设置了采集和检测程序,[⑤]设定了正当程序的最低标准,[⑥]设定了处罚[⑦]和上诉程序。[⑧] 此外,《世界反兴奋剂条例》明确了所有主要利益相关者[⑨]的地位和责任,还规定了教育和研究职能。[⑩] 为了促进《世界反兴奋剂条例》得到切实的执行,世界反兴奋剂组织设立了一系列国际标准,包括禁用物品和方式的清单、[⑪]检测、[⑫]

---

① 《奥林匹克宪章》第44条规定"《世界反兴奋剂条例》对所有奥林匹克运动有效。"第26条规定,IOC对IF的承认取决于IF适用和执行《世界反兴奋剂条例》的情况。《奥林匹克宪章》第26、44条(修订于2010年2月11日),http://www.olympic.org/Documents/olympic_charter_en.pdf(最后访问时间2010年11月8日)。

② Matthew J. Mitten等人著,*Sports Law and Regulation: Cases, Materials, and Problems*,278-280。

③ 迄今为止,美国职业体育联盟,如全国橄榄球联盟、全国篮球联盟、全国冰球联盟、全国职棒大联盟(其单独的药品检测计划因其球员组成工会而必须接受球员工会与联盟之间的集体雇佣谈判的审查)及全国大学生体育联合会(因有超过40万的学生运动员而单独颁布了药物检测政策)是一些值得注意的例外。

④ 《世界反兴奋剂条例》,第1~4条。

⑤ 《世界反兴奋剂条例》,第5~6条。

⑥ 《世界反兴奋剂条例》,第7~8条。

⑦ 《世界反兴奋剂条例》,第9~12条。

⑧ 《世界反兴奋剂条例》,第13条。

⑨ 《世界反兴奋剂条例》,第20~22条。

⑩ 《世界反兴奋剂条例》,第18~19条。

⑪ 2010年《禁用清单》,世界反兴奋剂机构,http://www.wada-ama.org/Documents/World_Anti-Doping_Program/WADP-Prohibited-list/WADA_Prohibited_List_2010_EN.pdf(最后访问时间2010年11月6日)。

⑫ 2009年《检测的国际标准》,世界反兴奋剂机构,http://www.wada-ama.org/Documents/World_Anti-Doping_Program/WADP-IS-Testing/WADA_Int.Standard_Testing_2009_EN.pdf(最后访问时间2010年11月6日)。

实验室[①]、治疗性用药豁免,[②]以及隐私和个人信息的保护。[③]

总言之,体育管理组织所适用的反兴奋剂规则形成了一个全球化的民间规则制度体系,该体系有重大的社会意义,是同类体系无法企及的。正因如此,它成为"全球法"这个现有概念中一个重要但又被严重忽视的要素。[④] 这个私法占主导地位的体系由重要的公法要素对其进行补充,包括联合国教科文组织公约以及其他国际性文件、[⑤]国内反兴奋剂立法、[⑥]国内专业反兴奋剂机构。[⑦] 关键是,《世界反兴奋剂条例》这个民间协议和以该条例为基础构成的国际国内私法规范的集中体系,迅速得到了联合国教科文组织公约和各国政府的重要法律认可。

---

① 2009年《实验室的国际标准》,世界反兴奋剂机构(2008),http://www.wada-ama.org/Documents/World_Anti-Doping_Program/WADP-IS-Laboratories/WADA_Int.Standard_Laboratories_2009_EN.pdf (最后访问时间2010年11月6日)。

② 2010《医疗用药豁免国际标准》,世界反兴奋剂机构, http://www.wada-ama.org/Documents/World_Anti-Doping_Program/WADP-IS-TUE/WADA_ISTUE_2010_EN.pdf (最后访问时间2010年11月6日)。

③ 2009年《保护隐私及个人信息国际标准》,世界反兴奋剂机构,http://www.wada-ama.org/Documents/World_Anti-Doping_Program/WADP-IS-PPPI/WADA_IS_PPPI_2009_EN.pdf(最后访问时间2010年11月6日)。

④ 参见本文下文第四部分内容。

⑤ 欧洲理事会,《反兴奋剂公约》;《国际反兴奋剂协议》1997 (IADA)及其文本。

⑥ 例如,中国2004年制定了反兴奋剂规则,最后通过了《反兴奋剂条例》,中国反兴奋剂机构,http://www.chinada.cn/en/contents/64/2046.html (最后访问时间 Nov. 12, 2010). Charles L. Dubin, *Commission of Inquiry into the Use of Drugs and Banned Practices Intended To Increase Athletic Performance* 234-309 (1990)。

⑦ 一些国家的反兴奋剂机构,如新西兰体育反兴奋剂组织,http://www.drugfreesport.org.nz (最后访问时间2010年11月6日),南非体育反兴奋剂研究所,http://www.drugfreesport.org.za (最后访问时间2010年11月12日) 都是通过立法设立的政府机构。(分别根据2006年新西兰《体育反兴奋剂法案》和1997年第14号《南非体育反兴奋剂研究所法案》设立)。然而,并非所有国家的反兴奋剂机构都是政府机构;突出的民间非营利性机构例子是加拿大体育伦理中心,http://www.cces.ca (最后访问时间2010年11月12日) 及美国反兴奋剂组织 http://www.usada.org (最后访问时间2010年11月12日),尽管每一个都作为国内的反兴奋剂机构受到了各自国家的官方认可。

有人说"没有比兴奋剂更能体现体育与法律结合的领域了。"[①]反兴奋剂措施毫无疑问提供了有趣问题(经常存在法律争议)的丰富来源,保证了那些可能并未将体育运动视为学术论题沃土的学者们对反兴奋剂问题的密切关注。

全球反兴奋剂规则所创造的成功与发展速度,为学者们研究国际法与国际法律体系的发展提供了有价值的案例。有两个特点是特别值得注意的。首先,它建立了一个适用于奥运会和国际体育比赛的国际法律规则,此规则与大多数国家在国内体育比赛中适用的法律规则类似。《世界反兴奋剂条例》由 CAS 解释和适用,从而建立了一个先进的全球法律体系,成为一定程度上统一的、全球所尊重和执行的法律规则体系。[②] 体育运动在文化、经济、政治以及社会分化领域的流行度和影响,有潜力赋予这个法律体系以一个全球轮廓,如果可能的话,也能运用于建立如刑法、反歧视法或者人权法的其他国际法律体系标准中。[③]如此一来,体育能够刺激对一个统一国际法律规则的需求,特别是在那些国际法律标准尚未获得承认的领域,以及那些全球连通性与法律协调性几乎仍未达成共识的领域。

其次,学者们可能有兴趣探索这一成功的原因,这种原因也许会为解决其他进展渺茫的国际法律问题(如全球气候变暖),或需要国际化措施的紧急国际法律问题(如全球银行管理),提供范例。建立体育运动反兴奋剂法规国际体系的进程中有一个突出的特征,即私主体(民间机构)所扮演的重要领导角色。这一特点在以下方面体现明显,从一开始,在世界范围的体育界赢得对具体反兴奋剂措施的支持,到接下来,说服国家政府加入有意义的工作伙伴关系。[④] 相较于各国政府,民

---

① Barrie Houlihan, *Dying To Win: Doping in Sport and the Development of Anti - Doping Policy* 33 ~ 34 (1999),第 174 页。

② 《世界反兴奋剂条例》,第 13 条。

③ 参见本文下文第五部分。

④ 奥林匹克运动严密的金字塔结构,加上 IOC 有从奥运会中排除特定体育项目的权力,使 IOC 有必要的手段,给国际体育管理机构遵守《世界反兴奋剂条例》来施加适当的压力。此外,IOC 可以考量政府适用、遵守和执行《世界反兴奋剂条例》的情况来决定主办奥运会的国家。

间国际利益集团可能对国际问题具有天生的优势,以及具有做出更为有效反应的必要灵活性,国家政府可能局限于本国政治而缺乏国际洞察力,并(或者)受制于国家利益受到损害将造成的不利国内政治局面。这并不是要否认其他的解释和经验,仅仅是在审查环境、经济、文化等议题时,从国际视角提供一些学术研究的线索。

三、"全球体育法":全球纠纷解决以及国际法律规则建构的经验

(一)奥林匹克及国际体育纠纷裁决:国际专业裁判机构的必要性

全球范围内有 200 多个国家或地区的国家奥委会(NOCs)推广、支持、监督奥林匹克和国际体育运动竞赛。每个国家奥委会都要遵守《奥林匹克宪章》及其附则和各国内部相关法律。除此之外,国家单项体育联合会(NGBs)监督和管理各国内部的某项体育运动,它们要遵守监督管理世界范围内相应项目的国际体育单项联合会(IFs)的规则,以及可适用的国内法。[①] 数以千计的运动员都是相应体育运动项目 NGB 的成员,NGB 规定了他们大量的合同权利和义务。

每一个国际或国内体育管理组织,每一名参加奥运会或其他国际体育竞赛的运动员都有根据设立地、住所、居所地而确定的"母国",并受到该"母国"法律的约束与保护。由于他们各自的母国和国内法规定的不同,将两个或多个实体与(或)运动员之间关于奥运会和其他国际体育运动的纠纷交给国内法院来裁决,这本身就是有问题的,会产生复杂的司法管辖权与法律选择纠纷。例如,在雷诺兹诉国际业余田径联合会案(*Reynolds v. International Amateur Athletic Federation*)中,美国联邦第六巡回上诉法院裁决,由定居俄亥俄州的美国运动员提起的诉讼中,俄亥俄州地方法院对总部设在伦敦的 IF 不具有对人管辖权,美国运动员雷诺兹在摩洛哥提供的尿样因使用了提高成绩的禁用物质而被检测呈阳性,他不服巴黎实验室的这一认定结果,并声称国际田联对他的禁赛处罚违反了俄亥俄州的法律。[②]

---

① Matthew J. Mitten 等著:*Sports Law and Regulation*: *Cases*, *Materials*, *and Problems*(2009 年第 2 版),第 278 ~ 280 页。

② *Reynolds v. Int'l Amateur Athletic Fed'n*, 23 F. 3d 1110 (6th Cir. 1994).

因为IOC与各IF都追求适用和执行一套全世界统一的规则,所以不同国家的法院对奥林匹克与国际体育纠纷事实得出不同结论的情况会是一个严重的问题。[①] 由于世界上不同法律体系(例如,普通法系或者大陆法系)有不同的路径,所以司法意见可能发生冲突,如:民族主义和种族中心主义、司法独立原则的效力范围与司法管辖权规定、体育所扮演的角色与其重要性方面的文化差异,以及不同的国家内部与跨国体育模式(例如欧洲、北美和澳大利亚)。[②]

如果国内法院裁决这些纠纷,就出现了国际主义(即在统一的全球法律体系中管理国际体育的需求)与国家主义(即各国维护其国家主权与保证本国运动员受到本国法保护的愿望)之间天生的紧张关系。奥运会与国际体育竞赛要求:统一且已被场上竞赛所普遍接受的规则能被解释、适用,并由独立而公正的裁判、仲裁员或终审法官予以执行。同样,奥运会与国际体育竞赛纠纷的解决也要求一个独立法律体系,这个体系有单独的国际裁决机构,或由专业体育法专家组成的法

---

① 此外,值得怀疑的是,国内法院是否具有必备的专业知识来解决国际体育纠纷。理查德·波斯纳法官(Judge Richard Posner),一位杰出的联邦上诉法院法官,已经察觉到:"几乎没有比联邦法院更不合适的机构来确定参赛资格或决定运动员参加奥运会的资格的程序了。"" *Michels v. U. S. Olympic Comm.*, 741 F. 2d 155, 159 (7th Cir. 1984)(波斯纳法官支持多数裁决结论,但给出了不同的判决理由)。

② 美国鲜明的特点:根据比赛级别而设立的独立监管机构;"业余"的大学与高中校际体育赛事;封闭的职业联赛;没有国家体育总局或联邦政府机构的直接管理;奥林匹克运动是私人赞助的而不是由国家出资的运动员训练学校来支撑。欧洲特点是:中央财政拨款,监管并鼓励参与体育活动;体育俱乐部模式而附属于教育机构;开放联盟、球队升级、降级机制;垂直的金字塔分级。一般性论述,参见 James A. R. Nafziger, *A Comparison of the European and North American Models of Sports Organisation*, *in EU, Sport, Law and Policy: Regulation, Re - regulation and Representation 35 ~ 55* (Simon Gardiner, Richard Parrish & Robert C. R. Siekmann eds., 2009)。澳大利亚特点:由于国家地理面积大,以及分布广泛的人口聚集中心的较小市场,直到最近,整个半职业联赛才落户于各主要中心城市;现在成立了全国职业联盟,封闭的职业联赛;私人所有的专业队伍要么不存在要么是新的;俱乐部体育模式而不是以大学为基础的体育模式;强有力的政府体育发展政策;包括许多来自新西兰的队伍的职业联赛。Bob Stewart et al., *Australian Sport: Better by Design?* (2004)。

庭来作出终局有效的裁决,裁决在全球范围内有效和得到承认。①

(二)国际体育仲裁院

在1981年,当时的国际奥委会主席胡安·安东尼奥·萨马兰奇(Juan Antonio Samaranch),对"世界体育界的最高法院"进行了构想。②1983年4月6日,国际奥委会成立了国际体育仲裁院(CAS),一个民间的国际仲裁机构,总部设在瑞士的洛桑,作为解决体育有关纠纷的场所。③ CAS是1982年由国际奥委会官员兼国际法院的法官凯巴·姆巴耶(Judge Keba Mbaye)领导的工作小组酝酿产生的。④ 虽然它名字的第一个单词是法院(Court),但CAS不是一个国际性的法院。它是一个管辖权与权威都来源于当事人之间协议的仲裁机构。

《体育仲裁规则》,⑤由国际体育仲裁理事会(ICAS)起草,国际体育仲裁理事会是一个由20名高级法律专家组成的负责CAS的组成、运作及程序的机构。⑥《体育仲裁规则》授权CAS裁决普通体育纠纷

① Matthew J. Mitten, Judicial Review of Olympic and International Sports Arbitration Awards: Trends and Observations, 10 *Pepp. Disp. Resol. L. J.* 51 (2009).

② Daniel H. Yi, Turning Medals into Metal: Evaluating the Court of Arbitration of Sport as an InternationalTribunal, 6*Asper Rev. Int'l Bus. & Trade L.* 289, 290 n.7 (2006) [引用自 Ian Blackshaw, Sports Court Getting Right Results, *Guardian*, June 3, 2004, http://www.guardian.co.uk/sport/2004/jun/03/ianblack(最后访问时间2010年11月6日)].

③ CAS得到了《欧洲人权公约》的承认,确认其国际法律人格为非政府组织。Ian S. Blackshaw, *Introductory Remarks to The Court of Arbitration for Sport* 1984 – 2004, at 4 (Ian S. Blackshaw et al. eds., 2006)("CAS的裁决具有法律效力,可以在国际上得到强制执行。").

④ Matthieu Reeb, *The Role and Functions of the Court of Arbitration for Sport (CAS)*, *in The Court of Arbitration for Sport* 1984 – 2004, at 31, 32 (Ian S. Blackshaw et al. eds., 2006).

⑤ 《体育仲裁规则》CAS, http://www.tas-cas.org/d2wfiles/document/3923/5048/0/Code%202010%20(en).pdf(最后访问时间2010年11月6日)[以下简称"仲裁规则"]。

⑥ ICAS有2名美国籍成员,迈克尔B.莱纳德(Michael B. Lenard)及法官胡安R.土卢拉(Juan R. Torruella),一名澳大利亚成员约翰D.科茨(John D. Coates),ICAS的副主席。

(即普通仲裁程序,经常涉及商业纠纷),也可以裁决对如 IOC 与 IF 这样的体育管理组织所作决定提起上诉的案件。① CAS 在每届奥运会所在地与其他主要国际体育赛事中都设置了临时仲裁分院,以高效的方式来解决赛事相关的纠纷。② 同时也有权就体育相关事件发表无强制力的咨询意见。

由 ICAS 每 4 年任命一次 CAS 的仲裁员,并肩负"不论如何,保证公平代表各洲及不同法律文化"的义务。③ 对于指派 CAS 仲裁员,《体育仲裁规则》规定"ICAS 原则上必须尊重以下安排:分别由 IOC、IFs 与 NOCs 各自分别任命 1/5 的成员;1/5 的成员要独立于上述机构;另外 1/5"必须考虑保证运动员的利益"。④他们必须经过法律训练,在体育法或国际仲裁有关方面拥有认证资格,并至少能熟练运用一门 CAS 官方语言(即英语或法语)。⑤ 除此之外,CAS 仲裁员必须客观独立地进行裁决并坚守保密义务。迄今,有近 270 名 CAS 仲裁员日常地组成 3 人仲裁庭来听审和裁决案件。⑥

不论 CAS 在何处作出裁决,其裁决程序的"仲裁地"都是瑞士洛桑。⑦

---

① 《仲裁规则》, § 20。

② 这些包括国际足联世界杯、英联邦运动会、欧洲联盟杯足球赛(UEFA)、欧洲杯足球赛。

③ 《仲裁规则》, § 16。

④ 《仲裁规则》, § 14。

⑤ 《仲裁规则》, § 14, r. 29。

⑥ CAS 仲裁员分国籍名单, Court of Arbitration for Sport, http://www.tas-cas.org/d2wfiles/document/452/5048/0/Liste%20nationalit%C21e%2 009.pdf(最后访问时间 2010 年 11 月 10 日)。

⑦ 《仲裁规则》, r. 28。

这保证了程序规则的统一,[①]提供了一个稳定的法律框架,[②]为当事人提供了促进纠纷有效解决的地理便利。CAS的仲裁庭在作出书面裁决书的时候(依据多数仲裁员意见),会给出裁决的理由,对当事人是具有终局拘束力的。CAS上诉裁决(除当事人另有协议外)与临时仲裁庭所作的裁决是公开的。

不同于普通法中的司法先例,"在CAS的管辖权范围内先例没有约束力,或者说,不存在遵循先例原则。"[③]讽刺的是,尽管CAS只是一个仲裁机构而且它的大多数仲裁员都是大陆法系的背景,但CAS正在形成一个迅速壮大的国际体育法裁决体系,称为全球体育法。[④] 尽管没有这样做的义务,但为了保持一致性,"如果证据证明就某法律事实能与先前的CAS裁决得出一致的结论,CAS仲裁庭显然会尽量与先例

---

① Gabrielle Kaufmann - Kohler, *Identifying and Applying the Law Governing the Arbitration Procedure —The Role of the Law of the Place of Arbitration , in Improving the Efficiency of Arbitration Agreements and Awards : 40 Years of Application of the New York Convention* 336, 348 (Albert Jan van den Berg ed. , 1999)(认为选择洛桑作为CAS裁决所在地的目的是为了保证"统一的程序规则").

② 《瑞士联邦国际私法典》在CAS《体育仲裁与调解规则》中进行了收录,附录3,第162页(2004)[以下简称为"PIL"],要求仲裁庭适用当事人选择的法律解决纠纷,在没有选择的情况下,适用与纠纷有最密切联系的法。第187条。CAS规则中的法律选择规则与瑞士PIL保持一致。参见本文下文第四(二)部分。

③ Arbitration CAS 2004/A/628, *Int'l Ass'n of Athletics Fed'n (IAAF) v. USA Track & Field*, award of June 28, 2004, §19.

④ Michael J. Beloff, *Tim Kerr & Marie Demetriou*, *Sports Law* 7 - 12 (1999); James A. R. Nafziger, *International Sports Law* 48 - 54 (2d ed. 2004). 但 Allan Erbsen, *The Substance and Illusion of Lex Sportiva*, *in The Courtof Arbitration for Sport* 1984 - 2004, at 441 (Ian S. Blackshaw, Robert C. R. Siekmann & Janwillem Soek eds. , 2006)(得出的结论是将CAS裁决的集合作为全球体育法是不准确的。)对全球体育法进一步的讨论,详见 Ken Foster, Is There a Global Sports Law? 2*Ent. L.* 1 (2003); Ken Foster, Lex Sportiva and Lex Ludica: The Court of Arbitration for Sport's Jurisprudence, 3 *Ent. & Sports* L. J. (2006), available at http://www2. warwick. ac. uk/fac/soc/law/elj/eslj/issues/volume3/number2。

保持一致。"①这与普通法上诉法院法官所适用的司法程序相类似。《体育仲裁规则》规定 CAS 裁决对于各方当事人都是终局而有约束力的,②但是要受到瑞士联邦最高法院(SFT)有限制性的司法审查,这种审查规定 CAS 的裁决应是完全独立和公正的,因为其裁决的效力和强制力与国内法院所做的判决是一样的。③

(三)国际体育仲裁院:学术研究的沃土

CAS25 年的历史表明,为了解决各种来自不同国籍当事人之间复杂又要求高效的纠纷,大陆法系法律制度与普通法系法律制度在国际仲裁中是可以有效合作的。CAS 仲裁裁决是全球范围内有效的裁决,总体来说是被各国法院所承认与执行的。伴随着全球化的发展,国际与跨国纠纷解决机制的数量也与日俱增,CAS 为这些机制的有效结构与运作提供了指导。④

曾有一位评论家认为,"CAS 代表了世界将跨国问题秩序化的一

---

① Arbitration CAS 2004/A/628 ,*Int'l Ass'n of Athletics Fed'n (IAFF) v. USA Track & Field (USATF)*, awardof June 28, 2004, §19; Arbitration CAS 2008/A/1545, *Anderson et al. v. Int'l Olympic Comm.* (*IOC*), award of July 16, 2010, §118("尽管 CAS 仲裁庭原则上可能作出与之前仲裁庭不同的裁决,但其必须考虑 CAS 先前裁决的先例价值,对此,主张要改变之前案件的裁决意见的当事人要提交有力的说明和证据").

② 《仲裁规则》,r. 59. 参见本文下文四(二)部分关于 SFT 对 CAS 裁决司法审查的性质和范围的讨论。

③ *A. and B. v. Int'l Olympic Comm.* (*IOC*) *and Int'l Ski Fed'n* (*FIS*) (*Lazutina*), 4P. 267 ~ 270/2002 (1st Civ. Ct., May 27, 2003), 载 *Digest of CAS Awards III* 2001 – 2003, at 674 (Matthieu Reeb ed., 1998); *G. v. Fédération Equestre Internationale*, (1st Civ. Ct., Mar. 15, 1993), 载 *Digest of CAS Awards* 1986 – 1998 561 (Matthieu Reeb ed., 1998)。尽管瑞士联邦最高法院对此已经作出了裁决,但一些评论者质疑 CAS 是否足够独立于 IOC 及一些奥林匹克运动的成员。例如, Antonio Rigozzi, L'Arbitrage International en Matière de Sport (2005); Andrea Pinna, The Trials and Tribulations of the Court of Arbitration for Sport: Contribution to the Study of the Arbitration of Disputes Concerning Disciplinary Sanctions, 1 – 2 *Int'l Sports L. J.* 8, 13 – 14 (2005); Michael Straubel, Enhancing the Performance of the Doping Court: How the Court of Arbitration for Sport Can Do Its Job Better, 36 *Loy. U. Chi. L. J.* 1203, 1231 – 32 (2005)。

④ The International Judiciary in Context, Project on Int'l Courts and Tribunals, http://www.pict – pcti.org/publications/synoptic_chart/synop_ c4.pdf (最后访问时间 2010 年 11 月 6 日) (列举了几个常设仲裁机构).

种更成功的尝试,"[①]这种尝试是一个"证明国际仲裁机构如何成功的有价值的范例。"[②]他认为,"通过创新与合作,体育管理人员已经建立了一个有效的国际仲裁机构可以作为未来跨国纠纷解决工作的典范。"[③]CAS是成功的,因为它是比其他可用的替代方法更优越的纠纷解决平台,而且它所作出的裁决受到了广泛的承认并在必要时得到各国法院的执行。[④] 研究争议解决替代方法(ADR)的学者们将发现,把CAS的结构和运作与其他国际仲裁机构进行比较是有趣的,例如国际商会的仲裁院(ICA)(针对商事纠纷)以及ICANN仲裁体系(针对有关互联网域名所有权的纠纷),并比较评估他们在解决纠纷过程中各自的公正性、效率性和一致性。

在法学理论家看来,由CAS裁决构建的、正在形成中的全球体育法体系,是无国界全球法律多元化的有趣而重要的范例,它产生于民间主体之间的奥林匹克与国际体育纠纷的解决机制。[⑤] 作为国际法的一部分,全球体育法与商人法有相似之处,商人法是更加古老而更加完善的国际间商事法律体系,它起源于以商事活动为本的私法领域,以习惯

---

① Daniel H. Yi, Turning Medals into Metal: Evaluating the Court of Arbitration of Sport as an International Tribunal, 6 *Asper Rev. Int'l Bus. & Trade L.* 第290页;Lisa B. Bingham, Control over Dispute – System Design and Mandatory Commercial Arbitration, 67 *Law & Contemp. Probs.* 221, 245 (2004)。(认为CAS"赢得了独立而公正的声誉,虽然也是一个强制性的仲裁程序",由于其专业性与透明度的结合,其裁决被视为正在建立中的仲裁权威的统一体系,一种全球体育法。)

② Daniel H. Yi, Turning Medals into Metal: Evaluating the Court of Arbitration of Sport as an International Tribunal, 6 *Asper Rev. Int'l Bus. & Trade L.* 第291页。

③ Daniel H. Yi, Turning Medals into Metal: Evaluating the Court of Arbitration of Sport as an International Tribunal, 6 *Asper Rev. Int'l Bus. & Trade L.* 第291页。

④ 参见本文下文四(二)部分。

⑤ 法律全球化为独立于国家的民间社会的各行业创造了很多分散化的法律制定机制。它们要求制定的法律独立于国家法律而具备全球有效性,又与国际公法规则保持相当的距离。它们已经存在,不是以正式的国家法典形式,而是自我执行的似是而非的奇怪的法规。Gunther Teubner, *Global Law Without a State*, at xiii (1997).

和仲裁裁决为基础。[①] 然而,由CAS发展而来的全球体育法,经常不被认为是一个看起来运作得很好而可以用来描述法律多元主义的例子,即使是那些坚定支持通过民间仲裁解决纠纷的人。[②]

既然CAS的上诉仲裁程序以及临时仲裁分院的裁决变得更加易于识别和被公众所接受,[③]国际体育法体系的发展要靠一组多元化的大陆法系或普通法系背景的国际仲裁员来实现,所以还有广泛的各种问题值得进行深入的学术研究。例如,研究争议解决替代方法(ADR)与国际法的学者们为了得出比较性的结论,可能愿意研究以下问题:

1. CAS仲裁庭如何裁决案件,仲裁庭的角色是否根据纠纷的类型而改变?[④] CAS仲裁庭仅仅只是分析当事人的协议与可适用的法律,恰当地遵守"衡平法司法管辖权",或者还有类似于普通法系、大陆法系或混合法律体系的其他职能?在特定类型的纠纷中,能对当事人胜诉有重大影响的任何因素,是否存在相关的经典判例的例证证明?

---

① Arbitration CAS 98/200, *AEK Athens v.` Union of European Football Ass'n (UEFA)*, award of Aug. 20, 1999, §156:

"这些年体育法已经得到发展与巩固,特别是通过仲裁的方式来解决争端,一套不成文的法律原则——一种商人法的体系适用于体育,或者,可以说,裁判法(*lex ludica*)——国家和国际单项体育联合会必须遵守的,不管这种原则在他们自己的成文法或规则中还是在任何可适用的国内法中存在,只要它们不与任何适用于当前案件的国内规定[公共政策(*ordre public*)]相冲突。但 James A. R. Nafziger, International Sports Law (2d ed. 2004),第48~49页[认为"这两个词之间的关系有些紧张",因为"在各自适用领域内,正在成长中的全球体育法(*lex Sportiva*)的地位与大致范围远远小于商人法(*lex mercatoria*)"]。"

② 例如,Bryan Caplan & Edward P. Stringham, Privatizing the Adjudication of Disputes, 9 *Theoretical Inquiries in L.* 503, 528 (2008)(声称"公共法院应该将尊重指定了终局而有约束力仲裁机构的合同作为一项政策",但是未能引用CAS及其裁决作为示例,这有可能加强他们的论证力度)。

③ 最近,CAS秘书长开始在CAS官网上挂出最新的裁决全文并建立一个可搜索以往判决的数据库。根据与美国国家奥委会(USOC)达成的一项协议,马凯特大学法学院全国体育法研究所(NSLI)正在建立一个CAS裁决所解决的问题的电子摘要和索引,将会上传到USOC及NSLI网站。

④ 例如,Allan Erbsen, The Substance and Illusion of Lex Sportiva,载 *The Court of Arbitration for Sport* 1984-2004,第452页[发现"在CAS的(兴奋剂)裁决书中有强烈的文本主义的色彩"]。

2. 具有垄断地位的奥林匹克与国际体育管理机构,有充分的权力将运动员尊重CAS裁决的终局效力作为参赛的条件,[①]于此,CAS的适当角色是什么? CAS仲裁员是否应该拥有广泛的裁量权,更像法院一样作为一种外部监管手段,保证特定主体(比如奥林匹克与国际体育运动员)的合法权利受到充分保护?[②]

3. CAS的法律体系运作是否事实上采用了普通法的遵循先例原则,如果是这样,判例的影响是什么?[③] 例如,全球体育法体系的建立是否会导致CAS仲裁程序的特定类型纠纷数量变少?

4. CAS作为具有全球意义的国际体育纠纷解决机构,是否应该修

---

① In X. (Cañas) v. ATP Tour, 4P. 172/2006 (2007) (Switz.), ATF 133 III 235, 译本载于1*Swiss Int'l Arb. L. Rep.* 65, 84 ~ 85, 瑞士联邦最高法院(SFT)近期表示:

体育竞赛的特征就是其高度层级制,在国际与国内层面都是如此。纵向的关系中,运动员与负责各种体育项目的组织之间的关系,不同于两个主体之间的横向合同关系……这两种类型之间关系的结构上的差异,不是没有受到促成每个协议达成的意志的影响……经验已经证明,基本上,运动员往往没有必要的议价能力,因此不论他们喜欢与否,都不得不答应联合会的要求。所以,单项联合会的规则规定将争议诉诸仲裁,任何运动员想要参加联合会控制下的比赛就没有任何选择,只能接受仲裁条款,尤其是那些所涉及的体育联合会的章程中纳入的强制仲裁条款。

强制仲裁条款是可以强制执行的,因为CAS提供了由专业仲裁机构以一种迅速、独立、公正的手段解决国际体育纠纷。然而,作为一种"平衡",一名运动员必须有权利由瑞士联邦最高法院(SFT)来对CAS的裁决进行司法审查,"在仲裁员可能对其案件裁决所需的基本原则和重要程序保障犯错误时予以救济"。1 *Swiss Int'l Arb. L. Rep.* 65, 第86页。

② 一个CAS仲裁庭不会改写一个国际体育管理机构的规则或对其决定或政策进行事后评价。Arbitration CAS 2006/A/1165, *Ohuruogu v. U. K. Athletics Ltd.*, award of Apr. 3, 2007, at 11 ~ 12. 另一方面,一个仲裁庭已经认识到,除了联合会自己的规则或可适用的国内法外,需要"一般法律原则"来管理国际体育联合会。例如,程序公正是必要的,"任意或不合理的规则和措施"应该被禁止。Arbitration CAS 98/200, *AEK Athens v. Union of European Football Ass'n (UEFA)*, award of Aug. 20, 1999, para. 156.

③ 一位学者建议:应该思考如何建立一个组织机构,CAS能依据它,通过裁决体育案件来发展法律。CAS的裁决被当事人和仲裁庭越来越多地作为裁定案件规则的权威来引用,目前这种引用对仲裁案件的效果仍是不确定的。为了让CAS真正成为"体育界的最高法院",必须组成一个类似于美国最高法院的有自由审查权的上诉机构,对CAS不同仲裁庭作出的关于全球体育法的解释有分歧的裁决进行裁定。

改《体育仲裁规则》(如果要,怎么修?)以提高其裁决的公正性与有效性?①

非体育法专业的学者们对这些问题的探究,可能不只是针对 CAS 提供有价值的研究,也可能提供一些关于发展争议替代解决机制(ADR)的重要见解,和(或)体育环境之外的国际法律标准。

四、国际体育法:全球法律多元化的一种形式及其取代国内法的前景②

第三部分的第一点使我们认识到,在解决国际竞赛中产生的体育纠纷时,国际主义与国家主义之间有天然矛盾。CAS 的建立与发展提供了一种有效的机制,使得奥林匹克与国际体育纠纷能以一种专业而

---

① Maureen A. Weston, Simply a Dress Rehearsal? U. S. Olympic Sports Arbitration and De Novo Review at the Court of Arbitration for Sport, 38*Ga. J. Int'l & Comp. L.* 97, 128 (2009).

例如,考虑到奥林匹克体育组织为 CAS 提供了物质资金支持以及近 60% 的 ICAS 成员,ICAS 有独一无二的权力来指派 CAS 的仲裁员(其中许多人与奥林匹克体育管理机构有联系),建立一个封闭的 CAS 仲裁员名单合适吗? 另外,当下对这些问题的学术分析都是必要的:规制 CAS 仲裁员的利益冲突规则,以及瑞士联邦最高法院(SFT)裁决要挑战 CAS 仲裁员的独立性所需要的理由。

② 然而,在一些重要的法律领域中,取代国内法是几乎不会发生的。例如,刑法一般适用于一国之内体育有关的行为。意大利政府拒绝同意都灵奥组委认为意大利的体育反兴奋剂刑法在 2006 年都灵奥运会上不能适用于外籍运动员的主张。Rosie DiManno, A Gold in the Scandal Event; This Year It Goes to the Austrians, *Toronto Star*, Feb. 22, 2006, at A6; Phil Sheridan, Italy's Drug Laws Put IOC to the Test, *Phila. Inquirer*, Feb. 9, 2006, at H2. 来访的外籍运动员已经因违反美国国内刑法而遭到起诉,尽管民间体育联盟主张选手冰上暴力的纪律应该专属于内部管理事务。例如,2000 年,在 NHL 比赛中,波士顿棕熊队的马蒂·索利(Marty McSorley)被定罪为用武器(曲棍球杆)袭击一名温哥华队的运动员唐纳德·布拉希尔(Donald Brashear)。Matthew J. Mitten 等人著 *Sports Law and Regulation: Cases, Materials, and Problems*,926 - 931[讨论 *R v. McSorley*, 2000 BCPC 116 (Can. B. C. 2000)]. 国内税法也适用于外籍运动员在一国境内所取得的收入,尽管避免多国的双重征税是很重要的。The International Guide to the Taxation of Sportsmen and Sportswomen (Rijkele Betten ed., 2004); Rijkele Betten, The Avoidance of the International Double Taxation of Sportspersons, 1 - 2 *Int'l Sports L. J.* 78 (2004).

国际协调的方式得到解决,从而很大程度上避免了各国法院因不熟悉国际体育联合会的管理和规则而导致的裁决结果不一致问题。在此部分,我们将探讨另一组矛盾关系,即体育方面的国际主义与国家主义矛盾,即发展中的国际体育法与国内法体系之间的实际或潜在冲突。①这种冲突主要发生在两种情况下:(1)国际体育管理机构的协议和规则因与国内法律冲突而在国内法院受到直接挑战;(2)CAS裁决在法院中因与国内法不一致而受到挑战。

因为体育管理机构规则是以国际民间协议为基础的,所以有时CAS裁决与国内法存在冲突是难以避免的。因为体育是社会的一个缩影,②所以,探索如何解决这些冲突及相关效应成为了学术研究的沃土。对于思考重要全球性法律问题而言,体育是个很好的考验,体育也为研究全球争议替代解决机制、国际法、国家主权三者之间的关系提供了机会。③

《美国比较法杂志》近期一个关于《超国家:反思私法》的专题研讨

---

① 其他例子引证于 Alexandre Miguel Mestre,*The Law of the Olympic Games* 16~18(2009)。

② 一般性论述,参见 Matthew J. Mitten, Foreword, 38 *S. Tex. L. Rev.* 999(1997)。

③ 几乎20年前,詹姆斯·南兹格(James Nafziger)教授,一位杰出的国际法和国际体育法学者,认为:

"国际体育法这个备受忽略的领域有了显著的改变……这个不断发展的法律框架对于体育运动的参与者和观众以及国际法律进程具有重要意义。在国际法的学生和从业者中,在获取政府和政府间支持时、在塑造一个仍然不成熟的法律体系时、在获得法人资格的措施中、在回答新问题方面,非政府体育组织所扮演的角色都有普遍的专业利益。体育竞赛是一个基本的人类活动,其历史中充满了国际问题。对本育活动产生的政治性或其他结果,进行政府机构、政府间组织以及非政府机构之间的特殊合作,因此而有意义。"

James A. R. Nafziger, International Sports Law: A Replay of Characteristics and Trends, 86*Am. J. Int'l L.* 489, 489 (1992)(省略脚注);James A. R. Nafziger, International Sports Law as a Process for Resolving Disputes, 45*Int'l & Comp. L. Q.* 130, 149 (1996)("规范化的趋势使得国际体育法赢得了国内法律制度越来越多的尊重。特别是CAS,处在一个核心的位置来避免、管理和解决国际纠纷。除此之外的就是,世界上的法律专业人士要严肃对待国际体育法了").

中,作者们认为“很明确的是,全球化让我们‘超越了所在的国家’,前所未有地迫使我们去反思私法及其与国家的关系。”①该专题的15篇文章中,有一篇以一种精简而不刻意的方式表示:国际体育联合会的道德法则以及违纪处分规定是国际私法的一种形式。② 另一篇文章则简要地指出,那些涉及体育联合会成员之间经济交易的规则,如球员转会规定,也属于国际私法。③ 然而,尽管奥林匹克与国际体育竞赛成为了全球法律多元主义的一个经典范例,④却没有一篇文章认识到,上述这两种现象——从中国际体育法得以发展——都主要产生于一般的纠纷解决机制之外,这些纠纷发生在与国家法律发生联系的私主体之间。

---

① Nils Jansen & Ralf Michaels, Beyond the State? Rethinking Private Law: Introduction to the Issue, 56 *Am. J. Comp. L.* 527, 527 (2008).

② Christiane C. Wendehorst, The State as a Foundation of Private Law Reasoning, 56 *Am. J. Comp. L.* 567, 593 - 595 (2008).

③ Jürgen Basedow, The State's Private Law and the Economy - - Commercial Law as an Amalgam of Public and Private Rule - Making, 56*Am. J. Comp. L* . 703, 709 - 711 (2008).

④ 法律多元主义的前提是“人属于(或附属于)多种组织下并理解他们自己受制于这些组织的标准。” Paul Schiff Berman, Global Legal Pluralism, 80*S. Cal. L. Rev.* 1155, 1169 (2007). “许多社会背景……可能在不同时期对我们的行为发挥着巨大的力量,尽管他们不是‘官方’国家支持体系的一部分。” Paul Schiff Berman, Global Legal Pluralism, 80*S. Cal. L. Rev.* 1155, 1169 (2007),第1170页。因此,“相同的社会领域内有两个或更多个国家或非国家标准化体系的情况,必须就所产生的混合法律空间进行协商。” Paul Schiff Berman, Global Legal Pluralism, 80 *S. Cal. L. Rev.* 1155, 1169 (2007),第1170页。奥林匹克与国际体育的民间协议及国内法之间重叠的法律规则所产生的冲突,必须通过“加强地域性(通常基于国家)权威或通过争取全球统一”来解决。Paul Schiff Berman, Global Legal Pluralism, 80*S. Cal. L. Rev.* 1155, 1169 (2007) 第1162页。

很少有人从学术的角度思考或分析这种现象。①

(一)对国际体育协议与规则的司法审查态度的演变:传统方式与新兴方式的对立

随着奥运会和国际体育的规则的范围和细节的不断扩大,它们可能与国内法发生冲突,从而激励运动员和其他人寻求国内法院的援助以推翻裁决的不利影响——至少是在他们各自的母国之内。国内法院一般会适用国内实体法律来解决其管辖范围内的纠纷,除非这样会违背当事人所选择的有约束力的法律规定。因此,一些国内法院已经对此作出了相关的裁决:奥林匹克与国际体育的协议和规则必须与国内法保持一致。而其他法院则采用了另一种恭敬的方式,即拒绝将国内法适用于引发争议的规则或协议中。

下面这个1988年的案件可以说明传统的司法方式。在伯纳德诉澳大利亚足协(*Barnard v. Australian Soccer Federation*)案中,澳大利亚联邦法院判决,澳大利亚足协(ASF)禁止既踢室内足球又踢室外足球的原告参加室外足球竞赛的决定违反了澳大利亚竞争法。② 当时,国际足联(FIFA)与室内足球联盟(FIFUSA)正在争夺室内足球比赛的管理权。FIFA企图像对室外足球一样扩大其对室内足球的控制权,控制包括ASF在内的国内附属机构,对参加FIFUSA主办的室内足球竞赛的运动员进行禁赛处罚。反过来,ASF指示它的地区附属机构——

---

① 但是趋势正在改变。2010年5月13、14日,伊斯坦布尔大学法学院比较法中心于土耳其伊斯坦布尔举行了第60届法律科学国际大会,意大利李雅斯特大学(the University of Trieste)的毛罗·布善尼(Mauro Bussani)教授在其总结评论中认为比较体育法是一个"非常有吸引力的学科"。他说:仅仅把体育法作为一个让国内与国际法律原则受到特殊背离和排除的法律专业,是与事实不符的。正如我学识渊博的同仁们这两天告诉我的,体育法自身可以实际上被视为一个法律体系。……正如所有法律体系一样,体育法也有其自身的机构、程序和规则。如大多数的法律体系一般,它也由不同层级构成,每一级在其他之上分别代表他们自己。其中一些层级是根据地域划分的,而其他层级是通过统一实践而被统一国际化。法律解决手段经常从一个地区传播到其他地区,而这个循环时常产生出法律移植与借鉴。Mauro Bussani, Professor of Comparative Law at the University of Trieste, Italy, *Remarks at 60th Congress of the Int'l Ass'n of Legal Science* (May 13 - 14, 2010)(作者提供的原稿).

② *Barnard v. Australian Soccer Fed'n* (1988) 81 ALR 51.

昆士兰足协,禁止原告参加其主办的室外足球比赛。ASF 辩称遵守 FIFA 的规则是其合同义务,如果不对原告实施禁赛,它自己会遭到 FIFA 的处罚,法院根据澳大利亚联邦法律的规定否决了 ASF 的抗辩。

传统方式的一个类似例子,即欧洲法院 1995 年适用欧洲跨国法律对比利时皇家足球协会诉博斯曼案(*Union Royale Belge des Societies de Football Association ASBL v. Bosman*)作出的判决,或许这是世界上最著名的体育法案件。① 足球是世界上最为普遍接受的体育运动,该案对足球劳动力市场的核心规则提出了挑战。原告是合同已终止的比利时职业球员,与某法国足球俱乐部签订了合同。被告比利时足协的规定吸收了欧洲足联(UEFA)的规定,建立了一个转会费制度,并对参加境内职业俱乐部的非本国球员数量进行了限制。尽管原告并非合同当事人,但他仍需要之前所在的俱乐部的同意才能加入新的俱乐部,前者通常是根据后者所支付的转会费来做决定。球员转会费制度是限制足球运动员转会行为的复杂的国际体系(FIFA 与 UEFA 是主要组织者)的一部分——这个体系几年前被一个英国法院称为“世界上庞大的统一战线。”②欧洲法院认为这些规则违反了当时《欧洲共同体条约》第 48 条(现《欧盟条约》第 45 条)的规定,该条款保证欧洲成员国之间

---

① 1995 E. C. R. I – 4921 (E. C. J.). 就这个案件及其结果已经出版了大量书籍和文章。例如, Roger Blanpain & Rita Inston, *The Bosman Case*: *The End of the Transfer System*? (1996); David McArdle, *From Boot Money to Bosman*: *Football*, *Society and the Law* (2000); Stefaan van den Bogaert, *Practical Regulation of the Mobility of Sportsmen in the EU Post Bosman* (2005); Braham Dabscheck, The Globe at Their Feet: FIFA's New Employment Rules – – I, *Sport in Soc'y*, Spring 2004, at 1, 69; Braham Dabscheck, The Globe at Their Feet: FIFA's New Employment Rules – – II, *Sport in Soc'y*, Jan. 2006, at 1, 1; P. E. Morris, S. Morrow & P. M. Spink, EC Law and Professional Football: Bosman and Its Implications, 59 *Mod. L. Rev*. 893 (1996); Jens Pelle Van den Brink, E. C. Competition Law and the Regulation of Football: Part I, 21 *Eur. Competition L. Rev*. 359 (2000); Jens Pelle Van den Brink, E. C. Competition Law and the Regulation of Football: Part II, 21 *Eur. Competition L. Rev*. 420 (2000)。

② Eastham v. Newcastle United Football Club Ltd., [1964] Ch. 413 at 438 (Eng.).

劳动力流动的自由,并禁止因国籍产生的歧视。[①] 博斯曼案件引发了媒体的广泛关注,[②]但是对于已有所耳闻的关注者而言,并不是一个令人惊讶的结果,[③]因为法院判决:国际体育规则与协议也要遵守应该适用的国际法规定;此处,一个区域国际条约得到了国内法院的适用。[④]

一些法院的特殊做法与之前传统观念不同,即宣布拒绝将国内法适用于奥林匹克和国际体育的规则与协议中。例如,一些国家法院拒绝将国内法适用于在其境内举行的国际体育竞赛的人权保护。

美国法院原则上不受理诉称在美国城市举办的奥运会违反联邦或州法律的案件。例如,在马丁诉国际奥委会案(*Martin v. International Olympic Committee*)中,美国联邦第九巡回上诉法院驳回了一项初审禁令申请,即要求1984年洛杉矶夏季奥运会组织者将5000米及10000

---

① 欧洲法院认为没有必要针对原告提出的违反有关经济竞争自由的第85、86条(现为第101、102条)的请求作出判决。

② P. E. Morris, S. Morrow & P. M. Spink, EC Law and Professional Football: Bosman and Its Implications, 59 Mod. L. Rev. 893 (1996),第902页。

③ 其他国家法院早就认识到这种转会的体系与法律所保护的市场竞争与就业自由之间的矛盾。例如, *Mackey v. NFL*, 543 F. 2d 606 (8th Cir. 1976); *Buckley v. Tutty* (1971) 125 CLR 353 (Austl.); *Blackler v. N. Z. Rugby Football League, Inc.* [1968] NZLR 547. 在欧洲,也存在非常多的质疑。例如,*Eastham v. Newcastle United Football Club Ltd.*, [1964] Ch. 413 (Eng.);Janssen Van Raay,Report of the Committee on Legal Affairs and Citizens' Rights on the Freedom of Movement of Professional Footballers in the Community(欧洲议会会议文件A系列,1989年3月1日)。

④ 博斯曼一案表明,法院将国内法适用于国际体育规则与协议的判决被证实是有问题的,因为他们没有考虑到国际体育的特殊背景与需求,国际足联对此裁决的回应是修改其转会规则,这种规则引起了一些比利时贸易工会向欧盟委员会提起关于违反竞争法(《欧共体条约》第85、86条——现在的《欧盟条约》第101、102条)的申诉。经过旷日持久的谈判和政治游说,在FIFA与UEFA能够说服欧盟委员会关于足球的特殊经济与社会地位时,就球员地位与转会问题达成了一项适用于全世界的新协议。Braham Dabscheck, The Globe at Their Feet: FIFA's New Employment Rules—I, *Sport in Soc'y*, Spring 2004, at 1, 69. 新规则的发展深受欧洲观念的影响,然而,在适用这些世界性的规则时是否充分考虑到了亚洲和美洲的社会经济与法律观念,这是一个值得进行学术探讨的问题。

米女子田径项目如同男子项目一样纳入赛程。① 尽管"女性田径运动员已经证明了,现代奥运会的早期历史因为对女性的公然歧视而有污点,"法院拒绝了原告认为不将女子项目纳入赛程构成了性别歧视的主张。② 法院的多数意见是:

"我们发现一个法院要适用国内法去变更奥运会的内容时应非常谨慎。奥运会是按照国际协议《奥林匹克宪章》的条款组织和运作的。奥运会是以该协议为基础的,且运动员来自世界各国,我们非常不愿意去用一个国家的成文法来改变这样一个比赛。"③

与马丁案一样,加拿大哥伦比亚地区上诉法院驳回了2010年温哥华奥运会上类似的一起适用加拿大法的性别歧视申诉。在萨根诉2010年奥运会及残奥会温哥华组委会(*Segen v. Vancouver Organizing Committee for the* 2010 *Olympic &Paralympics Games*)的案件中,法院判决IOC不把女子跳台滑雪作为比赛项目(男子跳台滑雪是比赛项目)的决定并没有违反《加拿大权利与自由宪章》。④ 法院认为该宪章仅仅约束政府机关,不能适用于IOC选择2010冬奥会比赛项目的行为,因为这被视为一个私主体的行为。尽管加拿大政府、英属哥伦比亚省,以

---

① *Martin v. Int'l Olympic Comm.*, 740 F. 2d 670 (9th Cir. 1984). 在美国举行的奥运会开幕式上,外国运动员因未能举着没得到IOC承认的国家旗帜登场而主张违反了反歧视法,美国法院同样也拒绝了这一诉讼请求。*Ren - Guey v. Lake Placid* 1980 *Olympic Games, Inc.*, 424 N. Y. S. 2d 535 (N. Y. App. Div. 1980), aff'd, 429 N. Y. S. 2d 473 (1980); *Spindulys v. L. A. Olympic Org. Comm.*, 220 Cal. Rptr. 565 (Cal. Ct. App. 1985).

② *Martin*, 740 F. 2d at 673.

③ *Martin*, 740 F. 2d at 673. 第677页。持反对意见的法官认为:IOC因女性田径的广泛流行而做出了让步,当年增加了两个田径项目。但IOC拒绝在所有的项目中授予女性运动员同等的地位举行国际性的比赛。这样一来,IOC无限期推迟了本可以在洛杉矶轻易实现的平等运动机会。当奥林匹克运动转移到其他一些没有像美国一样做出人权承诺的国家时,使正义的天平偏向平等的机会可能会溜走。同时,奥林匹克火炬——和谐、平等与正义的标志——在洛杉矶奥运会上也不会燃烧得那么光明。*Martin*, 740 F. 2d at 673. 第684页 (Pregerson, J., dissenting).

④ *Sagen v. Vancouver Org. Comm. for the* 2010 *Olympic & Paralympic Winter Games* (2009), 98 B. C. L. R. 4th 141 (Can. B. C.). 2009年12月22日,加拿大最高法院拒绝了申请人的上诉请求。

及温哥华市和惠斯勒市都是与国际奥委会签订的奥运会主办协议的当事方,但任一政府当局或2010年奥运会、残奥会的温哥华组委会(VANOC),这个联邦特许的非营利性组织,都无权决定温哥华奥运会的比赛项目。相反,"主办城市合同规定由国际奥委会制定赛程,"① VANOC受制于"最高权力机关IOC"。② 法院认为,"国际奥委会未将女子跳台滑雪作为2010年比赛项目的决定,并非经过VANOC或任何加拿大政府机关授意的决定。"③

对于比较法和国际法学者而言,了解和分析伯纳德案(*Barnard*)和博斯曼案(*Bosman*)隐含的法理问题是非常重要的,④这两起案件反映了传统法律认为国际体育联合会的民间协议与规则是受国内法与国际公法调整的,另外,马丁案(*Martin*)与萨根案(*Sagen*)又代表了另一种不同的司法观点。马丁案与萨根案仅仅是对传统司法观念的偏离吗?⑤ 还是这些案件确实成为了万里长征的第一步,标志着法院越来

---

① *Sagen* (2009), 98 B. C. L. R. 4th para. 21.

② *Sagen* (2009), 98 B. C. L. R. 4th, 第9段。

③ *Sagen* (2009), 98 B. C. L. R. 4th, 第56段。

④ *U. S. Olympic Comm.* (*USOC*) *v. Intelicense Corp.*, 737 F. 2d 263, 268 (2d Cir.), cert. denied, 469 U. S. 982 (1984)(当事人主张:《业余体育法》是一项联邦立法,"不能被国际奥委会宪章条款压倒",该宪章并不是一个根据美国宪法要求批准的真正条约).

⑤ 这是现在热门的争议,对于研究国内或国际民权和个人隐私保护法适用的学者而言,有特殊意义,其提供了一个关于现在国内法的首要地位与国际体育规则及协议统一化需求之间冲突的鲜活例证。在本文接下来的部分,我们将谈到国际反兴奋剂体系有一些特征侵犯了运动员的隐私权。2009年1月1日,WADA采用了"行踪规则",要求所有精英运动员提供一季度每天上午6时至下午11时之间特定的60分钟行踪,一个星期7天,让他们能够毫无准备地接受WADA的赛外检测。欧盟体育委员简·菲戈(Jan Figel)要求WADA修改其规则以尊重欧盟隐私保护法,因为"WADA规则不能替代国内法。"Raf Casert, EU Sports Chief Demands WADA Changes, *Associated Press*, Apr. 27, 2009。WADA主席约翰·费伊(John Fahey)的回应是,这样的要求"将逐渐破坏体育反兴奋剂的斗争。"2010年1月,西班牙一法院驳回了一名西班牙专业自行车运动员的起诉,该运动员提出国际自行车联合会(UCI)根据WADA规则制定的行踪规则侵犯了他西班牙宪法所保障的个人权利。Press Release, Union Cycliste Internationale, The Appeal by Carlos Roman Golbano Is Rejected (Jan. 27, 2010), available at http://www.uci.ch/(使用"检索"按钮,用"Golbano rejected"做关键词检索的超链接)(最后访问于2010年11月8日)。

越尊重像国际体育组织与奥林匹克体育组织规则这样的国际民间协议,容忍其可能与国内法有冲突?如果是后者,这种司法方式是否有适当的公共政策理由,又将会给以其他民间主体之间协议(包括那些涉及政府参与或默许的协议)为基础的全球法发展带来什么影响?

(二)国际体育仲裁院裁决、全球体育法及对国内法的替代

《体育仲裁规则》规定了 CAS 仲裁庭应适用如下实体"法"规则。在 CAS 临时仲裁程序中,应适用"《奥林匹克宪章》、可适用的规则,仲裁员认为适当的一般法律原则以及法律规则"。[①] CAS 上诉仲裁程序中,在没有当事人协议的情况下,"做出有争议决定的体育联合会、体育协会或者有关体育组织所在地的国内法,或者根据本规则适用仲裁庭认为适当的规则。"[②]

尽管拥有明确的权力,但是 CAS 很少适用瑞士联邦法(IOC、WADA 以及大多数 IFs 的登记国都是瑞士)以外的法律,来否决奥林匹克与国际体育管理机构的协议与规则。[③] 例如,认识到对全球体育法统一体系的需要,CAS 仲裁庭一般拒绝对兴奋剂规则与处罚违反了运动员本国法的案件进行裁决。[④] 类似地,在其他类型纠纷的上诉程序中,CAS 一般拒绝适用除国际体育管理机构所在地法以外的其他国

---

① 《奥运会仲裁规则》,CAS,第 17 条,http://www.tas - cas.org/adhoc - rules(见"奥运会仲裁规则"链接)(最后访问于 2010 年 9 月 11 日)。

② 《仲裁规则》,r. 58。

③ 另外,在无法仅靠适用体育管理机构内部规则而解决纠纷,而可适用的国内法有相关的法律规则时,CAS 仲裁员已经表示出适用(或至少调查)国内法的倾向。Arbitration CAS 2004/A/704,*Yang Tae Young v. Int'l Gymnastics Fed'n* , award of Oct. 21, 2004 (法院在多大程度上愿意对一位裁判运用比赛规则或赛场决策进行司法审查和干预)。

④ 例如,Arbitration CAS 2007/A/1312, *Adams v. CCES*, award of May 16, 2008 (没有发现对安大略省人权法的违反); Arbitration CAS 2006/A/1149 and 2007/A/1211, *World Anti - Doping Agency(WADA) Federación Mexican de Fútbol (FMF) & Alvarez*, award of May 16, 2007 at para. 35 (驳回了运动员认为违反了墨西哥法律的主张); Arbitration CAS 2006/A/1102 ,*Eder v. Ski Austria* , award of Nov. 13, 2006 (拒绝适用奥地利的法律使《世界反兴奋剂条例》无效,奥地利国内管理机构可以将《世界反兴奋剂》适用于奥地利运动员); Arbitration CAS 2005/A/951, *Cañas v. ATP Tour*, award of May 23,2007 (没有违反美国特拉华州反托拉斯法或欧盟法).

家的法律。①

《瑞士联邦国际私法典》规定瑞士联邦最高法院(SFT)仅能根据几种特定的理由对CAS仲裁裁决进行司法审查。② 如果CAS仲裁庭组成不合规则,错误地宣称自己有管辖权或没有管辖权,仲裁庭超出其所受理的请求范围进行裁决,或未能就请求的要点之一进行裁定,这些情况下SFT有权撤销裁决。③ 如果当事人没有受到CAS仲裁庭的公平对待或在辩论程序中当事人陈述的权利未受到尊重,又或者裁决违反了瑞士的公共政策,则裁决也可能被撤销。④

迄今为止,SFT一致拒绝了所有对CAS仲裁庭就事实部分所作裁定的挑战。⑤ CAS的一项裁决可能因为违反了瑞士的公共政策而被撤销,但是这样的请求还从未成功过。⑥ SFT认为这种诉请理由"必须在全球层面而不仅是国家层面进行理解,目的在于惩罚违背所有文明国

---

① Arbitration CAS 2006/A/1110, *PAOK FC v. UEFS*, award of Aug. 25, 2006(拒绝了希腊足球俱乐部要求对俱乐部执照与UEFA之间的纠纷适用希腊法的请求)。

② 详见PIL。

③ In *X.* (*Cañas*) *v. ATP Tour*, 4P. 172/2006 (2007) (Switz.), ATF 133 III 235, translated in 1 Swiss Int'l Arb. L. Rep. 65, 瑞士联邦最高法院(SFT)撤销了CAS的裁决并发回重审,CAS的裁决中没有提供理由说明,仲裁庭为何拒绝申请人提出的兴奋剂检测违反了美国特拉华州和欧盟法的主张,因此仲裁庭侵犯了运动员获得公正听审的权利。瑞士联邦最高法院(SFT)认为CAS仲裁员在法律分析部分必须就相关争议问题考虑当事人所有的意见,包括所主张的违反了国内或国际法律的意见。仲裁庭必须解释:他们"虽然只是简单说明了"裁决理由,"申请人同样也能够细读裁决后感到满意,因为仲裁员已经考虑到了所有他提出的观点,这份裁决就是有客观依据的,即使最终驳回了仲裁申请。" In *X.* (*Cañas*) *v. ATP Tour*, 4P. 172/2006 (2007) (Switz.), ATF 133 III 235, translated in 1 Swiss Int'l Arb. L. Rep. 65, 第98页。

④ 详见PIL,第190条。一般性论述,参见Antonio Rigozzi, *Available Remedies Against CAS Awards, in Sport Governance, Football Disputes, Doping and CAS Arbitration* (M. Bernasconi & A. Rigozzi eds., 2009)。

⑤ Antonio Rigozzi, *Available Remedies Against CAS Awards*, *in Sport Governance*, *Football Disputes*, *Doping and CAS Arbitration* (M. Bernasconi & A. Rigozzi eds., 2009), 134-141.

⑥ 本文原文发表于2010年,2012年瑞士联邦最高法院以公共政策为由,推翻了CAS的一份裁决,详见黄世席:"国际体育仲裁裁决的撤销与公共政策抗辩",载《法学评论》2013年第1期。——译者注

家所承认的基本法律与道德原则所认同的行为。"①SFT 规定"就算是明显错误地适用了一项法律规定或者对某项事实的认定有明显的错误,仍不足以判断一份经过国际仲裁程序的裁决违反了公共政策而要被撤销。"②这个标准被认为"比武断的标准(arbitrariness)更严格、更窄"。③

因为所有 CAS 裁决的仲裁地都在瑞士洛桑,不论听审程序在哪里举行,CAS 裁决对于除瑞士以外的国家而言都是外国裁决。因此,如果 CAS 的裁决要在瑞士境外有执行力,就必须获得外国法院的司法承认。联合国《承认及执行外国仲裁裁决公约》(《纽约公约》)有美国、澳大利亚等超过一百多个国家签署,专门针对一国法院对外国仲裁裁决的承认与执行,包括 CAS 的裁决。④

《纽约公约》第 4 条第 2 款第 2 项规定,申请执行地的主管机关可以因为"承认或执行裁决有违该国的公共政策"而拒绝承认及执行仲裁裁决。⑤ 与 SFT 一样,美国法院也对"公共政策"进行了严格解释并一致承认外国体育仲裁裁决的效力,包括 CAS 裁决,只要当事人以书

---

① *N., J., Y., W. v. Fédération Internationale de Natation (FINA)*, 5P. 83/1999 (2d Civil Court, Mar. 31, 1999) at 779.

② *N., J., Y., W. v. Fédération Internationale de Natation (FINA)*, 5P. 83/1999 (2d Civil Court, Mar. 31, 1999) at 779.

③ *G. v Fédération Equestre Internationale*, (1st Civ. Ct., Mar. 15, 1993) 载 *Digest of CAS Awards* 1986 - 1998, at 561, 574 (Matthieu Reeb ed., 1998).

④ 《联合国承认及执行外国仲裁裁决公约》,1958 年 6 月 10 日,21 U. S. T. 2517 [以下简称"《纽约公约》"]; Abbas Ravjani, The Court of Arbitration for Sport: A Subtle Form of International Delegation, 2 J. *Int'l Media & Ent. L.* 241, 251 (2009) ("CAS 关于合同纠纷的裁决成功得到了执行,然而[国际法院] 由于国际条约纠纷而作出的裁决在执行时经常遇到麻烦)。

⑤ 《纽约公约》,第 4 条第 2 款第 2 项。

面形式同意受裁决约束或参加了仲裁程序。①

根据《纽约公约》,CAS裁决的司法承认与执行有潜力使得全球体育法体系的发展合法化,以此取代144个签署国互相冲突的法律规定。② 因为《纽约公约》要求外国仲裁裁决的整体一般应被各国法院承认与执行,由CAS裁决集合构成的全球体育法被赋予了重要的国际法律地位。这是一个非常重要的发展,特别是考虑到以下几个因素:IFs庞大的全球管理权威;同意接受CAS的管辖权被作为IOC承认NOC的条件,或运动员参加奥运会和其他国家体育比赛的条件;各国法律之间的潜在冲突,可能为个人提供了比CAS裁决所承认的更全面的实体法律保护。③

加特林诉美国反兴奋剂机构案(*Gatlin v. United Anti - Doping Agency, Inc.*)说明了,国际法是如何防止法院去纠正他们所谓的仲裁庭做出的错误解释或适用,而使CAS的裁决取代了本来应当适用的运

---

① *Slaney v. Int'l Amateur Athletic Fed'n (IAAF)*, 244 F. 3d 580 (7th Cir.), cert. denied, 534 U. S. 828 (2001); *Gatlin v. U. S. Anti - Doping Agency, Inc.*, No. 3:08 - cv - 241/LAC/EMT, 2008 WL 2567657 (N. D. Fla. June 24, 2008). 这些案件与拒绝执行外国仲裁裁决的非体育案件一样,起诉的理由都是违反了公共政策。*Indus. Risk Insurers v. M. A. N. Gutehoffnungshütte GmbH*, 141 F. 3d 1434, 1445(11th Cir. 1998)(没有发现"拒绝遵守公约所必备的违背公共政策的条件");*Parsons & Whittemore Overseas Co. v. Societe Generale de L'Industrie du Papier (RAKTA)*, 508 F. 2d 969,974 (2d Cir. 1974)(公约规定的公共政策理由应该予以狭义的解释。外国仲裁裁决的执行只能因违反法院地国家关于道德和公正的最基本的概念而被否决"). 但 *Dynamo v. Ovechkin*, 412 F. Supp. 2d 24 (D. D. C. 2006)[法院因为莫斯科·黛娜摩(Moscow Dynamo)没能证明亚历山大·奥韦奇金(Alexander Ovechkin)以书面形式同意将争议提交仲裁,而拒绝执行俄罗斯的仲裁裁决,该裁决认定在曲棍球2005~2006年赛季期间奥韦奇金对黛娜摩负有参加比赛的合同义务并禁止他加入任何其他俱乐部]。

②《联合国承认及执行外国仲裁裁决公约》,United Nations Treaty Collection(Sept. 9, 2010), http://treaties. un. org/pages/participationstatus. aspx(点击"Chapter XXII"的超链接;点击"1. Convention on the Recognition and Enforcement of Foreign Arbitral Awards"的超链接)(签署公约的国家名单)。

③ CAS赋予了运动员两个重要的程序权利,即由独立而公正的仲裁员听审的权利,以及要求对国际体育管理组织的决定进行全面重新审查的权利。国内法不会排除国内法院对此进行司法范围相同的复审。例如 Arbitration CAS 2008/A/11574, *D'Arcy v. Australian Olympic Comm.*, award of July 7,2008。

动员本国法。[①] 在本案中,贾思丁·加特林(Justin Gatlin)认为CAS对他2006年兴奋剂违纪行为所做出的四年禁赛处罚违反了《美国残疾人法》(ADA),而联邦地区法院认为自己对此没有管辖权。[②] 在美国进行的一个仲裁程序中,CAS仲裁庭裁定加特林2006年外源性睾酮的阳性检测结果是他第二次兴奋剂违纪行为(因此根据IF的反兴奋剂规定给予他8年的禁赛处罚),将2001年被检测出使用了苯异丙胺作为他的第一次兴奋剂违纪行为。加特林声称,他2001年的阳性检测结果是由于服用了治疗注意力障碍的处方药,以此作为他第一次兴奋剂违纪的做法违反了ADA(甚至IAAF当时也因为他是为了合法的治疗目的服用药物而恢复了他的比赛资格),但是CAS拒绝采纳该主张。[③] 而后,CAS仲裁庭发现加特林2001年兴奋剂违纪行为属于可以缩短禁赛期的特殊情况,将对他的禁赛期限减至4年,而根据规则规定的最高禁

---

① *Gatlin*,2008 WL 2567657.

② *Gatlin*,2008 WL 2567657. 但是,与正在发展中的全球体育法体系相比,美国国内体育法一般不会赋予运动员更多的法律权利。对奥林匹克体育兴奋剂违纪行为适用严格责任原则是允许的。例如,*Walton – Floyd v. U. S. Olympic Comm.*, 965 S. W. 2d 35 (Tex. App. 1998). 庞大的民间体育管理机构可能设立适用于其成员和运动员的"要么接受要么放弃"原则,并将该原则作为参加竞技体育运动的条件。*Nat'l Collegiate Athletic Ass'n v. Tarkanian*, 939 P. 2d 1049 (Nev.), cert. denied, 522 U. S. 1028 (1997). 美国法院拒绝让各州法律直接规范国内体育管理机构的内部事务。*Flood v. Kuhn*, 407 U. S. 258 (1972); *Nat'l Collegiate Athletic Ass'n v. Miller*, 10 F. 3d 633 (9th Cir. 1993); *Partee v. San Diego Chargers Football Co.*, 668 P. 2d 674 (Cal. 1983). 此外,CAS对国际体育管理机构规则和行为重新审查所执行的标准,比美国法院一般在审查国内体育管理机构规则和行为时"非常克制的任意而反复无常的标准"(the very deferential arbitrary and capricious)更严苛。一般性论述,参见Matthew J. Mitten & Timothy Davis, Athlete Eligibility Requirements and Legal Protection of Sports Participation Opportunities, 8 Va. *Sports & Ent. L. J.* 71 (2008)。

③ Arbitration CAS 2008/A/1461, *Gatlin v. USADA*, award of June 6, 2008. 在驳回加特林根据ADA提出的仲裁申请时,CAS仲裁庭提道:"仲裁庭同意国际田联关于此案中不存在对残疾人歧视的这一观点。仲裁庭认为构成歧视的条件是加特林必须因为其身体缺陷而被禁止参赛……仲裁庭注意到加特林自己的陈词表示他的残疾影响了他在课堂上的注意力集中能力……他的残疾使他在课堂上明显处于不利地位,但绝没有使他在赛道上处于不利地位。事实上,直到最近,他还是100米的奥运冠军。"Arbitration CAS 2008/A/1461, *Gatlin v. USADA*, award of June 6, 2008, 第32段。

赛期是8年。

法院认为,CAS仲裁庭拒绝对加特林根据ADA提出的申诉进行审查,是"武断而反复无常"的决定。[①]《纽约条约》对公共政策的例外规定要求"上升到道德败坏的程度",但法院认为这一失误并没有达到这个程度,只有这个例外可以使法院拒绝承认CAS的裁决。[②] 相反,法院拒绝同意让加特林根据ADA就事实部分重新起诉,而是有效地承认和执行了CAS仲裁裁决。[③] 法院认为自己的判决是"相当烦恼的……因为美国法院无权纠正一个本国公民遭受的错误行为",法院认为加特林的唯一司法援助途径是请求瑞士联邦法院撤销CAS的裁决。[④]

美国法院一般拒绝对已经仲裁裁决认定过的请求的事实部分进行审查,加特林案件就是如此。[⑤] 比较法学者与仲裁法学者感兴趣的是美国法院与欧洲法院(EJC)之间的明显差异:关于国际公法及其与国家的关系,特别是终局而有约束力的裁决是否能阻止对纠纷的事实部

① *Gatlin*, 2008 WL 2567657, at ∗1.

② *Gatlin*, 2008 WL 2567657, at ∗1.

③ 审理加特林案的法院引用并据以判决的判例是 *Slaney v. Int'l Amateur Athletic Fed'n* (*IAAF*), 244 F. 3d 580 (7th Cir.), cert. denied, 534 U. S. 828 (2001)此案中,美国联邦第七巡回上诉法院判决,一名美国运动员想根据国内法,对已经经过外国仲裁程序裁决的同一兴奋剂纠纷再次提起诉讼的请求是不符合《纽约公约》的。结论是"我们的司法体系并不意味着那些已经寻求了其他纠纷解决方式但对结果不满的人可以重新再次向法院起诉"。*Slaney v. Int'l Amateur Athletic Fed'n* (*IAAF*), 244 F. 3d 580 (7th Cir.), cert. denied, 534 U. S. 828 (2001), at 591. Maureen A. Weston, Simply a Dress Rehearsal? U. S. Olympic Sports Arbitration and De Novo Review at the Court of Arbitration for Sport, 38 *Ga. J. Int'l & Comp. L.* (2009),103 - 104 ("美国已经默认地将其运动员权利的保护交给国外的民间国际仲裁机构。").

④ *Gatlin*, 2008 WL 2567657, at ∗1 - 2. 在2009年4月,加特林与被告(美国国家奥委会、美国田联、美国反兴奋剂机构、国际田径协会联合会)达成了和解,和解协议的内容未向外界披露。Gatlin Settles Suit with USADA, USOC and Others, Universal Sports, Apr. 14, 2009, http://www.universalsports.com/news/article/newsid=284396.html.

⑤ Thomas E. Carbonneau, The Revolution in Law Through Arbitration, 56 *Clev. St. L. Rev.* 233, 239 - 241(2008).

分予以司法审查。[①]

在梅卡—麦地那与梅森诉欧盟委员会(*Meca – Medina & Majcen v. Commission of European Communities*)案中,欧洲法院允许2名职业游泳运动员(分别来自西班牙和斯洛文尼亚)就案件事实部分重新起诉,当事人诉称:国际泳联(FINA)的规则违反了欧盟法,该规则规定了构成兴奋剂违纪时运动员身体内的最低诺龙(一种禁用的物质)含量标准。[②] 1999年在巴西举行的世界杯游泳比赛中他们的诺龙检测结果呈阳性,CAS仲裁庭先是驳回了他们的主张,[③]但以其他理由减少了由国际泳联(总部在瑞士的游泳项目的国际单项体育联合会)对这2名运动员作出的4年禁赛处罚。[④] 当事人没有将CAS的裁决上诉至瑞士联邦法院SFT,而是以案件所涉及的反兴奋剂规则违反了欧盟竞争与自由提供服务的法律而单独提起诉讼。

法院判决适用欧盟法的原因是,通过对职业游泳运动的管理,国际泳联的反兴奋剂规定对经济活动有必然影响。但是欧洲法院驳回了运动员诉讼请求的实质性内容,因为他们未能证明:关于构成兴奋剂违纪的最低诺龙含量标准规定与国际泳联保证体育竞赛公平和保护运动员健康的合法目的是不相称的。然而,值得注意的是,欧洲法院并没有想到运动员根据欧盟法提出的请求被之前CAS的裁决明确驳回过,而CAS的裁决是游泳选手们事先一致同意具有终局而有效力的,或者,

---

① Matthew J. Mitten, Judicial Review of Olympic and International Sports Arbitration Awards: Trends and Observations, 10 *Pepp. Disp. Resol. L. J.* (2009),第64~67页。

② *Meca – Medina v. Comm'n of European Cmtys* ., 2006 E. C. R. I – 6991.

③ Arbitration CAS 99/A/234 and 99/A/235, *Meca – Medina &Majcen v. Fédération Internationale de Natation Amateur* (*FINA*), award of Feb. 29, 2000, paras. 4. 4 – . 10; Arbitration CAS 2005/A/951, *Cañas v. ATP Tour*, award of May 23, 2007 (得出世界反兴奋剂机构的反兴奋剂规则和处罚不能违反欧盟法的结论); Massimo Coccia, Applicable Law in CAS Proceedings: What To Do with EU Law?, in *Sport Governance*, *Football Disputes*, *Doping and CAS Arbitration*, Antonio Rigozzi, *Available Remedies Against CAS Awards*, in *Sport Governance*, *Football Disputes*, *Doping and CAS Arbitration* (讨论CAS程序和欧盟法之间的关系).

④ Arbitration CAS 2000/A/270, *Meca – Medina & Majcen v. Fédération Internationale de Natation* (*FINA*), award of May 23, 2001.

不论瑞士、西班牙和斯洛文尼亚是不是《纽约公约》的签署国,都应排除对事实部分的重新起诉。尽管欧洲法院的判决有效地支持了 CAS 的裁决,但梅卡—麦地那(*Meca – Medina*)案开创了允许根据欧盟法对 CAS 裁决事实部分发起司法挑战的先例。

CAS 裁决替代其他可适用的运动员本国法的潜能,也反映在澳大利亚法院对拉古兹诉苏利文(*Raguz v. Sullivan*)的案件判决中。① 考虑到澳大利亚 NGB 适用选拔标准时发生错误,CAS 裁决,拉古兹入选澳大利亚奥运会代表队的决定应该被撤销,而让苏利文入选。新南威尔士州上诉法院以无管辖权为由,拒绝了拉古兹推翻 CAS 裁决的请求。但奇怪的是,澳大利亚是《纽约公约》的缔约国,而法院没有根据《纽约公约》作出裁决,也没有适用执行公约的联邦立法,②而是适用了澳大利亚国家立法机关颁布的《商事仲裁法》。③ 拉古兹与澳大利亚奥委会达成协议将一切争议提交 CAS 仲裁,而不得向澳大利亚国内法院提起诉讼,《商事仲裁法》也允许在"澳大利亚之外的国家"进行仲裁。④由于不论程序在何地举行,所有的 CAS 裁决地都统一为瑞士洛桑,法院根据《商事仲裁法》的规定,没有去审查拉古兹诉讼请求的事实内容。⑤ 该案的意义在于,如果 CAS 仲裁协议的当事人正确地援引了澳大利亚的国内仲裁法,由 CAS 发展而来的全球体育法有替代澳大利亚国内法的潜在可能性。

建立解决国际体育纠纷的私法体系的主要目的之一是:建立一个可预见的且适用于全球的统一体育法体系,⑥如果 CAS 裁决没有依据

---

① *Raguz v Sullivan* (2000) 50 NSWLR 236 (Austl.); Damian Sturzaker & Kate Godhard, The Olympic Legal Legacy, 2 *Melb. J. Int'l L*. 241 (2001)[分析拉古兹(*Raguz*)案裁决].

② International Arbitration Act 1974 (Cth) (Austl.).

③ Commercial Arbitration Act 1984 (NSW) s 40 (Austl.).

④ International Arbitration Act 1974 (Cth) s 3(1) (Austl.).

⑤ *Raguz v. Sullivan* (2000), 50 NSWLR 236, 257 (Austl.).

⑥ 例如,Arbitration CAS 2007/A/1298, *Wigan Athletic FC v. Heart of Midlothian*, award of Jan. 30, 2008, para. 64("基于统一标准的补偿方法才符合足球的利益,而不是各国之间可能有差异的国内法条款")。

一项普遍认可的国际标准接受司法审查,那么该裁决是有问题的。①因为奥林匹克运动与国际体育竞赛是全球范围的,包括了双方协议(经常是长期的)关系,所以,全球接受的规则和纠纷解决方式是必备的。②

① Daniel H. Yi, Turning Medals into Metal: Evaluating the Court of Arbitration of Sport as an International Tribunal, 6 *Asper Rev. Int'l Bus. & Trade L.* (2006), 301 - 302 ("奥林匹克机构,一个实际问题是,不能在每一个成员国的法庭内捍卫自己无数的决定。"). 2005 年,瑞士沃州地区的一个法院颁布了一个初步禁令,中止执行 CAS 支持国际自行车联合会 UCI 对达尼洛·洪都(Danilo Hondo)禁赛 2 年的裁决,达尼洛·洪都是一名德国自行车运动员,他使用了被禁用的兴奋剂。洪都在沃州有一个住所,而且他的诉讼是根据允许瑞士公民在其居住的州挑战瑞士仲裁裁决(如 CAS 的裁决)的奇怪的一项瑞士法规定而提起的。他主张 UCI 实行兴奋剂严格责任原则,对第一次违纪行为自动处以 2 年禁赛的规定违反了瑞士法。Daniel H. Yi, Turning Medals into Metal: Evaluating the Court of Arbitration of Sport as an International Tribunal, 6 *Asper Rev. Int'l Bus. & Trade L.* (2006), at 337 - 339. 沃州法院上诉分庭及 SFT,最终支持了 CAS 对洪都的违纪行为处以 2 年禁赛的裁决。Decision X [Danilo Hondo] v. AMA et consorts & TAS, 4P. 148/2006 of 10 Jan. 2007, ASA Bull. 2007, p. 569 (英文译本 http://translate. google. com/translate? hl = en&sl = fr&tl = en&u = http%3A%C2F%C2Fwww. polyreg. ch%C2Fd%C2Finformationen%C2Fbgeunpubliziert%®Jahr_2006%2FEntscheide_4P_2006%2F4P. 148__2006. html). 然而,对于一份影响瑞士公民适用瑞士法的 CAS 裁决,瑞士地方法院有使其无效的权力,这是存在问题的;反之,非瑞士公民就只能在更狭窄的范围内向 SFT 申请撤销 CAS 裁决了。

② 一般性论述,参见 Matthew J. Mitten, Judicial Review of Olympic and International Sports Arbitration Awards: Trends and Observations, 10 *Pepp. Disp. Resol. L. J.* (2009), 第 64 ~ 67 页。在富兰克林·福伊尔(Franklin Foer)的书《足球如何解释世界》[Franklin Foer, How Soccer Explains the World (2004).]中,他推测美国人喜欢或不喜欢足球这项欧洲最流行的运动,反映了他们对全球化的不同观点。喜欢足球的人认为"正如欧洲政治家所言,全球化信仰的最本质原则是国内政府变成 UN 或 WTO 这样的机构。" Franklin Foer, How Soccer Explains the World (2004), 第 245 页。那些不喜欢足球的人认为"美国的历史以及单一的政府形式已给了这个国家世界独一无二的角色;美国应该是凌驾于国际法与机构之上的。" Franklin Foer, How Soccer Explains the World (2004), 第 245 页。讽刺的是,美国法院采用了有利于全球体育法统一的国际视角;然而,欧洲法院的梅卡一麦地那(*Meca - Medina*)案裁决威胁到了全球体育法的世界统一和适用。尽管美国的法院已经承认和执行了与国内法冲突的国际仲裁裁决(虽然不情愿),为未来创造出一种可能性,如果其他法院用国内或国际法为依据对 CAS 裁决的事实部分提起审查,美国法官可以更广泛地适用《纽约条约》的"公共政策"抗辩理由作为在国内法范围内保护美国运动员权利的手段。

另外,全球体育法对主权国家法律的替代产生了值得学术研究的重大问题。[①] 比如,对CAS裁决的司法审查范围是非常有限的,目前只审查是否符合公共政策,是否应当考虑一个有效保护各方当事人权利和利益的国际法律体系的需求？是否应该正式签署一个国际条约将CAS作为审理体育纠纷的世界法院,配备固定的法官团体,这样是否能比一个国际民间仲裁机构运作得更好？尽管这些都是体育专业内的事项,但这些事项可能都是具有更为深远的意义的,尤其是对于下面这些问题的解决:怎样去化解各国国内法之间的矛盾;如何通过民间协议建立起一套国际仲裁机构的裁决体系;如何去识别和开发一个法律制度,使其发展为在某个特定领域得到普遍尊重的全球统一法体系。

五、体育是未来国内法律与国际法律发展的先驱以及公共政策讨论的平台

在世界上所有国家中,[②]体育是重要的文化现象并有独一无二的

① 一位希腊法学教授认为"国际公法可以解决国际体育机构的监管框架问题", Dimitrios P. Panagiotopoulos, The Application of THE LEX SPORTIVA in the Context of National Sports Law, 9 J. *Comp. L.* 123, 131 (2008)。他提议国际单项体育联合会机构、全球体育法及相应的司法秩序自治,应该置于国际监督之下,因为可能被人称为体育联合国而必须有其合法性。各国必须遵守国际体育宪章来构建一个真正的国际性的全球体育法,这是一个支持国际体育机制自治和运作的框架。同上139~140(脚注省略)。

② 一般性论述,参见Guttmann, *Sports: The First Five Millennia* 1 (2004)。(从文字出现以前到现代,纵观体育的发展与历史,"体育是人类通用的,存在于每一种文化之中,过去与未来"。)

能力,吸引、娱乐、激励并挑战全世界人民。① 例如,在美国和澳大利亚(两位作者分别所属的国家),体育运动是有着百万参与者、观众与粉丝的全国性活动。排除地理距离和语言障碍的国际体育竞赛(如奥运会、世界杯足球赛、世界杯棒球赛)和其他跨国体育比赛(英联邦运动会、泛美运动会)是很普遍的。体育被比喻为"一种有很多方言的世界语言"。②

根据地缘政治划界,体育运动为一致同意原则的理解、认同与尊重,公平竞争以及不同文化与社会之间的纠纷解决提供了一个平台。③ 现在,国际奥林匹克运动的成员国(205 个)比联合国的会员国(192

① 例如,通过了解华盛顿中央大学校际垒球运动员马洛里·霍特曼(Mallory Holtman)和利兹·华莱士(Liz Wallace)的事迹,美国各州人民体验了一种强烈的感情,这是一种前所未有的体育精神行为,西俄勒冈垒球队员莎拉·图霍夫斯基(Sara Tucholsky)在打出其大学垒球生涯的第一个三跑本垒打后,膝盖突然严重受伤无法跑回本垒。"该举动让宾夕法尼亚州的物理老师一身鸡皮疙瘩,使得克萨斯州的市场研究员双膝弯曲,使明尼苏达州一个脾气暴躁的老头咽喉卡住,它让一个康涅狄格州愤世嫉俗的人相信并没有失去一切。"Thomas Lake, The Way It Should Be, *Sports Illustrated*, June 29, 2009, 第 56 页, http://sportsillustrated. cnn. com/vault/article/magazine/MAG1157051/index. htm 。在澳大利亚,一个体现伟大体育精神的行为已经成为墨尔本体育区内一座大的铜雕塑,并被称为国内 20 世纪美好的体育时刻。1956 年, 约翰·兰迪(John Landy),前 1500 米世界纪录保持者,罗杰·班尼斯特(Roger Bannister)的竞争对手,后者是打破每英里用时 4 分钟大关的第一人。兰迪参加了 1956 年奥运会前的选拔赛,即在澳大利亚举行的锦标赛。罗恩·克拉克(Ron Clarke), 被认为是将继续"保持从 2 英里到 20 公里世界纪录的选手",在碰到另一名选手的脚跟后跌倒。兰迪,那个紧随其后的人,想跳过这个障碍却没有完全成功,在此过程中他的鞋钉踩到克拉克的手臂。随着其他选手的赶超,兰迪返回跑道询问克拉克的情况并道歉。然后克拉克收回了他的脚,让兰迪高兴的是受伤并不严重,兰迪回到比赛,追赶对手并赢得了比赛! 这次延迟对于兰迪而言的代价可能是一个世界纪录。Harry Gordon, John Landy, Athletics Austl. (2004), http://www. athletics. com. au/fanzone/hall_of_fame/john_landy.

② John J. MacAloon, Double Visions: Olympic Games and American Culture, in *The Olympic Games: Ancient and Modern* 181, 183 (W. Lindsay Adams & Larry R. Gerlach eds., 2002).

③ Roger I. Abrams, Cricket and the Cohesive Role of Sports in Society, 15 Seton Hall J. *Sports & Ent. L.* 39, 40 (2005) ("国家之间不可能一直持续警觉的敌对状态,因为必须至少有一个体育规则的协议。他们会在'友好精神'之下竞争").

个)数量多。① 正如前南非总统、1993年诺贝尔和平奖获得者尼尔森·曼德拉(Nelison Mandela)所说"体育有力量改变世界。体育有激励的作用,有其他事物所没有的力量来团结世界人民……比政府更具有清除障碍的能力。"②

---

① 截至2009年6月,有205个国家和地区奥委会。国家奥林匹克委员会,奥林匹克运动,http://www.olympic.org/en/content/National – Olympic – Committee/(最后访问时间2009年11月8日),而同时联合国只有192个成员国。Growth in United Nations Membership, 1945 – Present, United Nations, http://www.un.org/en/members/growth.shtml(最后访问时间2010年11月8日)。显然,澳大利亚政府的政策,通过提供如设备和专业人员的资源,从而促进了澳大利亚与其他国家之间体育合作。比如,2006年澳大利亚非洲体育发展项目的活动社区俱乐部倡议,是由澳大利亚国际发展署(AusAID)赞助,由澳大利亚体育委员会(ASC)实施的。ASC是管理澳大利亚体育和体育发展的联邦机构,其国际关系部的目的是帮助、创造及提供机会给参与委员会的所有人,并受益于以社区为基础的多种体育俱乐部提供的体育活动。Rand Afrikaans Univ. Dep't of Sport & Movement Studies, An Impact Study on the Active Community Clubs Initiative, Final Report V (2006), http://www.ausport.gov.au/__data/assets/pdf_file/0019/304912/2006_Impact_Study__Active_Community_Clubs.pdf.

② Laureus: Sport for Good Foundation, 10 Year History of Laureus, Ten Years of Laureus 2000 – 2010: How ItAll Began, Jan. 2010,第5页(引用纳尔逊·曼德拉在2000年5月25日在劳伦斯世界体育大奖颁奖时的演讲), http://www.laureus.com/files/Foundation%20Magazine_website.pdf. 丹尼·乔达安(Danny Jordaan), 2010年南非世界杯组委会首席执行官说:"让纳尔逊·曼德拉为之奋斗而至其入狱最后又被释放的,就是一个国家能平等对待每一个人的愿景……我们希望向一个统一的未来前进。你所需要的是团结一个国家来实现统一愿景的计划。我认为这就是世界杯所做的。" Jere Longman, South Africa Under Microscope One Year Before World Cup, *N. Y. Times*, June 28, 2009, at SP1, 可访问 http://ww.nytimes.com/2009/06/28/sports/soccer/28soccer.html? _r = 1&scp = 1&sq = jere + longman + Microscope&st = nyt(文内引用省略)。类似地,前教皇约翰·保罗二世说,"体育传播到了世界的每一个角落,……克服了文化和民族的多样性"。Steve Rushin, Heaven Helps Them,*Sports Illustrated* , May 2, 2005, http://sportsillustrated.cnn.com/vault/article/magazine/MAG1111052/index.htm(文内引用省略). 例如,维利耶·怀特(Willye White),4个美国奥运代表队的成员之一,1名非洲裔女性,在超过150个国家参加了国际田径比赛,说:"在我第一次参加奥运会之前,我认为整个世界是由十字架上的火刑和私刑组成的……奥林匹克运动教我不要根据一个人的肤色来判断人而是根据他们的内心。田径是我飞向自由的工具……使我被世界接受。因为我参加了体育活动,所以我就是我。" Fred Mitchell, Olympian's Finest Work Came Long After Games, *Chi. Trib*., Feb. 10, 2007, at 1, available at 2007 WLNR 2665280(文内引用省略).

体育的文化、经济和政治价值,媒体广泛报道和体育所涉公共利益的结合,为全球多元观众传达教育信息提供了巨大的力量(比如体育营销)。体育运动是一种对公民进行社会价值教育的手段,并鼓励公众去追求理想的行为准则。世界青年(以及老一辈人)通过参加或观看体育活动使其积极的价值和想法得到提升,积极的价值和想法,正是体育或与此密切相关活动的本质因素。① 体育竞赛同时也创造了展开学术演说与公众讨论的机会,这将会涉及更深层含义和影响的社会和伦理问题。②

(一)国内体育法对国家普通法律与公共政策发展的影响

各法律领域都已经出现了与体育相关的重要判决。③ 因此,体育

---

① IOC 与 UNESCO 密切合作,来教授世界青年遵循"奥林匹克精神",包括通过体育推进和平关系。例如,6th World Forum on Sport, Education and Culture, "Educating the Now Generation," Busan, Korea, Sept. 25 - 27, 2008[以下简称"论坛"]。2009 年 6 月 16 日,美国总统奥巴马宣布,为奥运会、残奥会与青年体育成立一个永久性的白宫办公室来"倡导奥林匹克运动的价值并鼓励青年参加体育活动。"他说,"体育是教育我们国家少年的价值观、判断力和团队精神的重要途径,这个新办公室体现了我们答应给所有孩子茁壮成长机会的承诺。"Lynn Sweet, Obama White House Putting Muscle Behind Chicago 2016 Olympic Bid, *Chi. Sun - Times* (June16, 2009, 4:27 PM), http://blogs. suntimes. com/sweet/2009/06/obama_white_house_putting_musc. html[引用奥巴马总统关于新白宫奥运会、残奥会与青年体育的公告(2009 年 6 月 16 日), 详见 http://www. whitehouse. gov/the_press_office/President - Obama - Announces - New - White - House - Office - of - Olympic - Paralympic - and - Youth - Sport/]。

② 例如,发展科学技术创造了一个提高个人运动成绩的外部手段,这不仅引发了有关体育竞赛的重大法律和道德问题,还有更多问题,关系到为其他目的运用科技提高人类智力、体能、心理能力。例如, Gregor Wolbring, *Oscar Pistorius and the Future Nature of Olympic, Paralympic and Other Sports*, 5 SCRIPT - ed 139 (2008)。

③ 关于美国法,一位评论员表示:在联邦法律中,反托拉斯法和劳动法原则已经受到体育案件的深刻影响。此外,涉及兴奋剂检测、搜查和扣押的宪法原则已经受到了体育法的影响。在国家层面而言,重要的侵权原则已经并将继续受到在体育环境中产生的纠纷的影响。毫无疑问,其他法律领域将同样受到体育诉讼的影响。Daniel E. Lazaroff, The Influence of Sports Law on American Jurisprudence, 1 Va.*Sports & Ent. L. J.* (2001), 第 2 ~ 3 页。有些案件中运动员起到了重要作用,如对于发展国内法对公共权利保护的范围以及宪法第一修正案及其限制。例如, C. B. C. Distribution & Mktg. , Inc. v. Major League Baseball Advanced Media, 505 F. 3d 818 (8th Cir. 2007), cert. denied, 128 S. Ct. 2872 (2008); ETW Corp. v. Jireh Publ'g, Inc. , 332 F. 3d 915 (6th Cir. 2003); Keith Sharfman, Valuation Averaging: A New Procedure for Resolving Valuation Disputes, 88 *Minn. L. Rev.* 357, 365 - 366 (2003)(关注的是,通过并适用棒球最终要价薪金仲裁制度来解决联营估价纠纷)。

可能被认为对一般法律原则的发展产生了一定程度的影响。大部分法律学者不会认为在他们各自感兴趣的领域内辨别出哪些是与体育相关的重要案件是件难事;除了纯粹对体育比赛的结果进行预测之外的任何问题都可以成为学术研究的议题。也许这在体育相关案件中得到很好的体现,因为他们经常对法律原则的界限产生疑问,需要由上诉法院厘清或甚至是发展新的法律(也就是说体育也能产生疑难案件)。①

体育商业化导致的大量争端,要求法院适用一些领域的普通法(如合同法、知识产权法、劳动法、反垄断法)并重新评价体育产业的外部规则,这使重要法律先例得到更广泛的适用,从而促进了判例的发展。② 例如,全国高校体育联合会诉校务委员会(*NCAA v. Board of Regents*)案中,美国最高法院建立起了一个根据美国反托拉斯法分析相关贸易限制合法性的审查标准,此后得到了广泛适用。③ 一位学者准确地评论道:*NCAA* 案"明确了《谢尔曼法案》适用于非营利性机构",还"表明了法院越来越不愿意仅仅根据'本身违法规则'(*per se*)来适用反托拉斯法,而愿意至少听取贸易限制所声称的理由,即使竞争者之间进行了联营。"④

同样,澳大利亚高等法院 1979 年审理的司法部代表西澳大利亚国家足球联盟公司诉澳大利亚联邦法院法官案(*R v. Judges of the Federal Court of Australia*; *Ex Party West Australian National Football League, Inc.*),作出了有里程碑意义的判决,就澳大利亚宪法中关于联邦立法机构对"贸易公司"制定法律之权力这一条进行了解释,该"贸易公司"出现于某体育纠纷,这一解释对澳大利亚公司法有重大的意

---

① Edward Grayson, International Reports 1992—England, *ANZSLA Newsletter*, 1993, at 1, 7; Hayden Opie, From the Sideline—A Message from the President, *ANZSLA Newsletter*, 1993, at 1, 2.

② Hayden Opie & Graham Smith, The Withering of Individualism: Professional Team Sports and Employment Law, 15*U. N. S. W. L. J.* 313, 313 - 317 (1992).

③ NCAA v. Bd. of Regents, 468 U. S. 85 (1984).

④ Daniel E. Lazaroff, The Influence of Sports Law on American Jurisprudence, 1 Va. *Sports & Ent. L. J.* (2001), 第 7 ~ 8 页及第 15 页。

义。① 高等法院以微弱优势多数票认定,应根据公司的日常运作而不是其成立时确定的宗旨,来判断是否为"贸易公司"。② 案件涉及的两个足球联盟和一个足球俱乐部都是非营利组织性的,由公共股东控股的,成立宗旨是为了组织或参与体育比赛。因为三个实体都为了实现他们的体育目标而充分参与了商业活动(包括售票、媒体转播权、广告以及提供餐饮与服务),高等法院认为他们构成了宪法中规定的"贸易公司"。③

在那些重大的司法判决中,无论体育案件的判例如何得到体现,体育法的性质似乎还保留了临时性或随机性的特征,因为就那些最终由上诉法院判决的案件而言,诉讼结果的不确定性是上诉法院之所以接受上诉申请的重要因素。当前目标更大的意义在于体育的新功能,即成为法律改革的催化剂,并为公共政策的讨论提供一个平台。我们之前已经注意到体育凭借其广泛的媒体报道与公众的浓厚兴趣,对给全球观众传播教育信息发挥了巨大的力量。④ 所以,在体育背景下对社会问题的讨论,可能深刻地影响了公众与政府对超越体育之外的问题的态度。因此,重要的是法律学者密切地关注体育法的发展,并参与体育相关的政策讨论和法律行动;否则,更广泛的法律改革和/或不同领

① Australian Constitution s51(xx).

② *R v. Judges of the Fed. Ct. of Austl.*; *Ex parte W. Austl. Nat'l Football League, Inc.* (1979) 143 CLR 190.

③ *R v. Judges of the Fed. Ct. of Austl.*; *Ex parte W. Austl. Nat'l Football League, Inc.* (1979) 143 CLR 190, 210 - 11 (Barwick CJ), 233 - 237 (Mason J, with whom Jacobs J agreed), 239 - 240 (Murphy J). 隐含在判决理由中的司法结论是,一个组织同时对体育与商业利益的追求是矛盾的——一个法院可能不愿意在业余精神的高度得出的结论。

④ 6th World Forum on Sport, Education and Culture, "Educating the Now Generation," Busan, Korea, Sept. 25 - 27, 2008; Lynn Sweet, Obama White House Putting Muscle Behind Chicago 2016 Olympic Bid, *Chi. Sun - Times* (June16, 2009, 4:27 PM).

域的公共政策问题将变得尖锐或不能得到及时的解决。① 相反地,具有普遍社会影响问题的提出者,可能将体育作为提升和改进观念的平台,因为体育有吸引特定问题或消除不满的能力。

在 1994 年,大卫·哈伯斯塔姆(David Halberstam),一名受人尊敬的体育新闻记者写道:

"随着我们的社会有越来越多的娱乐活动,体育运动是一个观察社会其他变化的很好的窗口。我不知道还有比体育更能形象地体现美国生活变化及其价值观与未来的娱乐规范的其他任何方式。我们也可以从体育运动中了解种族问题,就像从其他领域中一样,而且我们可以知道运动员是怎么从体育运动中获得比从其他事物中更多的金钱与权威。"②

哈伯斯塔姆说,圣路易斯红雀队在 1964 年世界锦标赛有决定性意义的第七场比赛中取得胜利,其选手阵容中有 4 个黑人球员"代表的不只是一个更大的美国片区,而是几乎整个美国。"③那些球员中间有一位是科特尔·弗洛德(Curt Flood),后来他在弗洛德诉库恩案(*Flood v. Kuhn*)中成为败诉的原告,却蜚声法律界,此案中最高法院支持了美

---

① 在澳大利亚,被普遍接受的是雇主可能测试员工他们对禁用药品如可卡因、安非他命、大麻等的使用情况,并采取先发制人的纪律手段来保证工作场所的安全。但是,员工隐私权的保护被看得比这种有益的测试更重要。2005 年,这一立场受到严重影响,当时澳大利亚橄榄球联盟(AFL)与球员工会之间的协议引入了赛外检测,即在比赛以外一年的任何时间包括球员的私人时间对禁用物质进行检测。Australian Football League Illicit Drugs Policy, (Feb. 2005)(作者提供的原稿)。(世界反兴奋剂条例只规定了比赛期间的禁用物质)。AFL 的行为得到了新闻媒体广泛的关注,并准备迎接政治领导人与公众的认可,但是少有研究劳动法与公民自由的学者予以学术关注。缺少学术评价(也许是批判的态度)以及这样一组高级别运动员接受雇主在私人时间对他们进行的禁用物质检测的想法,已经为其他行业的员工们建立了一个无可争议而强有力的先例。

② David Halberstam, Sports as a Window of Social Change, *Sporting News*, May 23, 1994, reprinted in David Halberstam, *Everything They Had: Sports Writing from David Halberstam* 22, 27 (Glenn Stout ed., 2008).

③ David Halberstam, Sports as a Window of Social Change, *Sporting News*, May 23, 1994, reprinted in David Halberstam, *Everything They Had: Sports Writing from David Halberstam* 22, 27 (Glenn Stout ed., 2008), 第 28 页。

国职棒大联盟的普通法反垄断豁免。[①] 弗洛德试图使自己和其他美国职棒大联盟球员从联盟的"保留制度"中(该制度规定俱乐部对球员有永久权力,甚至在球员合同终止后)解放出来,该行动与当时的民权运动同时展开,互相之间从对方那里获得支持与鼓舞。[②]

许多国家宣布种族虐待或歧视是违反反歧视法的,以此作为反歧视法律的一种辅助。但是澳大利亚的种族歧视法规起源相对较晚。[③] 在这些法律实施之前,运动员和观众的种族歧视或多或少都作为分散对手注意力的手段被容忍。1993 年 4 月 17 日,在澳大利亚橄榄球联盟(AFL)圣基尔达俱乐部(St. Kilda)对战科林伍德(Collingwood)足球俱乐部的比赛中,圣基尔达的一名土著澳大利亚球员尼基·温玛(Nicky Winmar)遭到了科林伍德支持者们的种族歧视。[④] 在这场比赛中,圣基尔达意外取胜,温玛正好起到了关键性的作用。在比赛接近尾声,胜负已分的时候,温玛站在众人前拉起他的衣衫并挑衅地指着自己的黑色皮肤。该事件的照片被全国新闻媒体报道,而且可能对澳大利亚种族歧视法律的通过起到了重要作用。另一个广为人知的对 AFL 土著球员种族虐待的事件,与即将通过的联邦立法一起,促使了 AFL 引入政策和法规,来规制种族与宗教歧视,包括教育计划以及保密的投

---

① *Flood v. Kuhn*, 407 U. S. 258 (1972). 关于这起诉讼的详细情况和背景,参见 David Fraser, *Cricket and the Law: The Man in White Is Always Right* 125 – 132 (2005)。美国职棒大联盟的普通法反垄断豁免受到了 1998 年《柯特·弗洛德法案》的限制,为 MLB 运动员提供了与其他主要联盟球员一样的反托拉斯法救济措施。15 U. S. C. A. § 26b(c) (2009).

② David Fraser, Cricket and the Law: The Man in White Is Always Right (2005),第 60 ~ 62 页及 115 ~ 116。然而,一些非裔美国民权组织"没能将弗洛德(Flood)的诉讼与自由的抗争联系起来。" David Fraser, Cricket and the Law: The Man in White Is Always Right (2005),第 115 页。

③ 1995 年,联邦反种族歧视法修正案专门规定种族歧视的不合法。Racial Discrimination Act 1975 (Cth) s 18c (Austl.)。

④ Ian Warren & Spiros Tsaousis, Racism and Law in Australian Rules Football: A Critical Analysis, 14 *Sporting Traditions* 27, 35 – 37 (1997).

诉和调解机制。[①] 尽管并非完全能免受批评,AFL的措施非常成功且被当为模范,AFL的强势地位为更大范围的公众接受反歧视法和其所反应的社会政策铺平了道路。[②]

(二)国际体育法对全球法律规则和政策发展的影响

在此部分中,我们观察到随着国际体育竞赛地位的日益提高,国际与奥林匹克运动的规则与商业协议具有在世界范围内传播法律概念的独特功能。国际体育法包括了发展中的全球体育法体系,说明全球化可能为很多重要的法律部门创造了全球统一的需求(而不是国内法各异的状态),未来的预兆可能是——也许随着全球一体化而使更多法律在国际上达成统一。体育运动可以推动国际法律改革的能力最近才显现出来,所以我们的讨论将必然会在一定程度上是对未来的预测。为了论证我们的主题,我们将主要考虑两个方面:知识产权与反隐性营销法,以及人权法。[③]

在我们开始之前,可以做一个关于国际体育法将如何影响国内法发展的整体调查。CAS创造的全球体育法的发展体系可能因其产生了司法之外的效果,而给纯国内体育行业纠纷的司法解决途径以及国内体育法的发展造成了影响。在寻求对疑难问题的解决方案时,法院

---

① Ian Warren & Spiros Tsaousis, Racism and Law in Australian Rules Football: A Critical Analysis, 14 *Sporting Traditions* 27, 38 – 42(1997).

② 一般性论述,参见 Ian Warren & Spiros Tsaousis, Racism and Law in Australian Rules Football: A Critical Analysis, 14 *Sporting Traditions* 27, 38 – 42 (1997). ;Lawrence McNamara, Tackling Racial Hatred: Conciliation, Reconciliation and Football, 6 *Austl. J. Hum. Rts.* 5 (2000)。

③ 其他可能开发的领域包括:球员合同权利与救济的境外执行,*Boston Celtics Ltd. v. Shaw*, 908 F. 2d 1041 (1st Cir. 1990);劳动力市场的国际化,Heather E. Morrow, The Wide World of Sports Is Getting Wider: A Look at Drafting Foreign Players into U. S. Professional Sports, 26 *Hous. J. Int'l L.* 649 (2004);对球员的流动限制适用反垄断法和竞争法,Stephen F. Ross, Player Restraints and Competition Law Throughout the World, 15 *Marq. Sports L. Rev.* 49 (2004)(认识到尽管不同国家竞争法不同,但是一个关于限制球员流动的合法性的统一法律标准正在发展之中);或者联盟内部治理,Arbitration CAS 98/200, AEK Athens v. UEFA, award of Aug. 20,1999 (适用瑞士和欧盟竞争法来拒绝挑战UEFA禁止所有者相同的两支俱乐部球队同时参加欧洲冠军联赛的规则;尽管美国反托拉斯法"先例的价值有限",因为欧洲与美国体育联盟的结构不同,但CAS认为美国反垄断法与瑞士和欧盟的法律标准类似,而且根据美国法可能的结果将会一致)。

将参考外国法院处理类似问题的意见,以及国际条约和国际惯例,这是普通法上一项公认的技术。[①] 我们认为国内法院在处理纯国内体育法纠纷时,考虑、比较或采纳CAS判例是恰当的。例如,美国法院将参考CAS对皮斯托留斯诉国际业余田径联合会案(*Pistorius v. IAAF*)的裁决,[②]以及美国最高法院关于PGA巡回赛诉马丁案(*PGA Tour, Inc. v. Martin*)[③]的判决,来处理将来这样一种类型的案件:美国残疾运动员根据《美国残疾人法》,要求某一美国体育管理机构必须修改规则,使他或她能够参与到体育赛事中。

1. 知识产权法与反隐性营销法

知识产权与反隐形营销法[④]是转播、销售和赞助协议的支柱,这些

---

① 例如,一些美国最高法院大法官最近都依赖于外国法和国际法来支持他们对美国宪法的解释。例如,*Grutter v. Bollinger*, 539 U. S. 306, 344 (2003) (Ginsburg, J., concurring) (援引《消除一切形式种族歧视国际公约》及《消除对妇女一切形式歧视公约》);*Lawrence v. Texas*, 539 U. S. 558, 573 (2003) (援引欧洲人权法院意见,认定禁止同性恋行为的法律因违反《欧洲人权法公约》而无效)。

② Arbitration CAS 2008/A/1480, *Pistorius v. Int'l Ass'n of Athletic Fed'n*, award of May 16, 2008. CAS仲裁庭裁决"奥斯卡·皮斯托留斯(Oscar Pistorius),一名南非籍双截肢的运动员,有资格用"印度豹"模型假腿参加IAAF认可的田径比赛。IAAF一项规则禁止使用有弹簧、轮子或任何其他元素的"任何技术设施"而能让使用者比其他没有使用该装置的运动员有优势。"仲裁庭的结论是,因为科学证据没有证明皮斯托留斯因为使用假肢而得到了一种代谢或生物力学的优势。他的例外将不会超越规则保障运动员公平竞争的目的。

③ *PGA Tour, Inc. v. Martin*, 532 U. S. 661 (2001).

④ "'隐性营销'、'寄生'或'盗版'市场这些专业术语,是用来形容一个公司可能为了将自己与有公共利益的重大赛事联系起来而使用的一系列完全合法的方法(如果经过精心策划和实施的话),比如奥运会。" George Avlonitis & Sofoklis Ladias, Ambush Marketing and the Olympic Games "Athens 2004," in *Sports Law: Implementation and the Olympic Games* 380, 380 (Dimitrios P. Panagiotopoulos ed., 2005). 隐性营销商们曾经很成功地绕过了著作权和商标法所赋予的传统知识产权,将他们的产品和服务与重大赛事以很小的成本联系起来,在这个过程阻碍了正式赞助商和供应商全面回收他们对重大赛事财政支持的回报。由于此行为威胁到了重大赛事的长期生存,立法机关颁布了特殊的反隐性营销法。

协议支持着国际体育竞赛并提供了数十亿美元的资金。① 并不稀奇的是,国际奥委会和国际单项体育联合会越来越小心地确保那些举办国际体育赛事的国家能够对它们的知识产权以及转播商、赞助商与销售商的合同和许可权提供充分的法律保护。这可能还包括反隐形营销法,因为它比传统的国内商标法与反不正当竞争法能提供更大程度的法律保护,传统的商标法和反不正当竞争法只能在侵权有可能使消费者对联营行为、赞助或投资产生混淆的情况下才提供法律救济。② 重大赛事如奥运会与世界杯的候选主办国家与城市之间的激烈竞争产生了卖方市场,大型活动的投标文件总是需要对体育组织的权利予以高级别的法律保护。因为重大国际体育赛事在世界各地举办,他们通常会留下知识产权改革及相关法律发展的遗产,可能是专门针对赛事或体育组织的,或者针对的对象更广。③

---

① 例如,国际奥委会有一个巨大的营销方案。两个关键要素是转播权和赞助收入,后者通过奥运合作伙伴计划实施。(TOP) Olympic Marketing Fact File, Olympic Movement, http://www.olympic.org/Documents/fact_file_2010.pdf(最后访问时间2010年11月6日)。

② 例如, *NHL v. Pepsi - Cola Canada, Ltd.* (1992), 92 D. L. R. 4th 349 (Can. B. C. B. C. S. C.)。

③ 一般性论述,参见 Robin Jacob, Trade Marks and the Olympic Games Throughout the Years, 23 *Eur. Intell. Prop. Rev.* 1 (2001); Christina Michalos, Five Golden Rings: The Development of the Protection of the Olympic Insignia, 3 *Int'l Sports L. Rev.* 64 (2006). 关于具体各届奥运会的讨论,1996年亚特兰大奥运会,详见 - Robert N. Davis, Ambushing the Olympic Games, 3 *Vill. Sports & Ent. L. J.* 423 (1996); Stephen M. McKelvey, Atlanta 96: Olympic Countdown to Ambush Armageddon?, 4 *Seton Hall J. Sport L.* 397 (1994); 2000年悉尼奥运会 - Christopher N. Kendall & Jeremy C. Curthoys, Running Rings Around the Sponsors: The Sydney Olympics and "Ambush Marketing," 11 *Austl. Intell. Prop. J.* 5 (2000); Salt Lake City 2003 - Nöelle K. Nish, Comment, How Far Have We Come? A Look at the Olympic and Amateur Sports Act of 1998, the United States Olympic Committee, and the Winter Olympic Games of 2002, 13 *Seton Hall J. Sport L.* 53 (2003), Anne M. Wall, The Game Behind the Games, 12 *Marq. Sports L. Rev.* 557 (2002); 2004年雅典奥运会 - Stephen McKelvey & John Grady, An Analysis of the Ongoing Global Efforts To Combat Ambush Marketing: Will Corporate Marketers "Take" the Gold in Greece?, 14 J. *Legal Aspects of Sport* 191 (2004); 2008年北京奥运会 - Anne M. Wall, Intellectual Property Protection in China: Enforcing Trademark Rights,

被授予主办某一大型国际体育赛事权利的前景,可能会促使没有先进知识产权法律制度的国家修订其本国法律和政策。[①]例如,恰逢2008年北京奥运会的举办,中国2002年制定了《奥林匹克标志保护条例》,[②]奥运会促使了举办国政府转变了先前不愿保护知识产权的态度。[③]曾有人建议,印度主办2011年板球世界杯,需要改变其政府对反隐形营销立法的态度。[④]这个过程也可以适用于发达国家,特别是为保护对体育赛事转播如此重要的数字媒体,需要将知识产权法现代化。此外,有关体育赛事数字媒体权利的法律协议有可能产生更广泛的重要影响。例如,对欧洲和美国知识产权法律之间的区别感兴趣的学者,应监测有关体育赛事知识产权法的发展,这种发展受到了代表欧洲体育管理机构如IOC的欧洲背景律师的深刻影响,同样美国律师代表了

---

17 *Marq. Sports L. Rev.* 341 (2006), Stacey H. Wang, Great Olympics, New China: Intellectual Property Enforcement Steps Up to the Mark, 27 *Loy. L. A. Int'l & Comp. L. Rev.* 291 (2005); 2010年温哥华冬奥会 – Laura Misener, Safeguarding the Olympic Insignia: Protecting the Commercial Integrity of the Canadian Olympic Association, 13 J. *Legal Aspects of Sport* 79 (2002), Juda Strawczynski, Is Canada Ready for the Vancouver Winter Games? An Examination of Canada's Olympic Intellectual Property Protection, 62 *U. of Toronto Fac. L. Rev.* 213(2004); 2012年伦敦奥运会 – Anna Marie Blakely, London Olympic Games and Paralympic Games Act 2006: Less Presumptive than the London Olympics Bill, 17 *Ent. L. Rev.* 183 (2006), Rachel Montagnon & Joel Smith, Intellectual Property: The London Olympics Bill, 28 *Eur. Intell. Prop. Rev.* N11 (2006)。

① 在一个发展中国家举行一个重大体育赛事(例如,1988年韩国首尔奥运会,2008年中国北京奥运会,2010年南非世界杯,2016年巴西里约热内卢奥运会)说明了该发展中国家的法律体系是否足以管理这样一个赛事有一个门槛标准,主办这种活动可能会进一步刺激该国法律的普遍发展。

② 《奥林匹克标志保护条例》(2002年2月4日由中华人民共和国人民代表大会第345号令颁布,2002年4月1日起生效), St. Council, Jan. 30,2002 (China), http://en.beijing2008.cn/bocog/ipr/n214071828.shtml (最后访问时间2010年9月10日)。

③ Arul George Scaria, *Ambush Marketing: Game within a Game* 96 – 99 (2008); Stacey H. Wang, Great Olympics, New China: Intellectual Property Enforcement Steps Up to the Mark, 27*Loy. L. A. Int'l & Comp. L. Rev.* (2005), at 291.

④ Arul George Scaria, Ambush Marketing: Game within a Game 96 – 99 (2008),第100页。

美国广播公司和媒体公司。[①]

在一些国家,如最近举办了奥运会的澳大利亚和美国,对奥林匹克标志的保护水平,超过了这些国家商标法所提供的一般法律保护。[②]考虑到国际体育赛事与奥运会在主办国引进反隐形营销法所取得的成功,[③]其中一些例子说明,现在是将国际方法标准化的时机,也许将由联合国教科文组织主持相关会议通过相关文件。[④]因为全球主要企业赞助商有使用与体育赛事和体育组织相关知识产权的权利,即使是专门针对赛事或体育组织的改革,也可能具有更广泛的重大影响,因此也受益于任何提高了的法律保护水准。考虑到更强大的知识产权法律对促进世界贸易增长的重要性,体育运动是一种法律改革和经济增长的助推器。[⑤]

2. 人权法

举办大型体育赛事如奥运会或世界杯足球赛的权利的授予,已经在一定程度上直接或间接地与竞选国家的人权纪录挂钩了。对于这方

---

① Nicola Lucchi, Intellectual Property Rights in Digital Media: A Comparative Analysis of Legal Protection, Technological Measures, and New Business Models Under EU and U. S. Law, 53 *Buff. L. Rev.* 1111 (2005).

② Olympic Insignia Protection Act 1987 (Cth) s 36 (Austl.) [禁止在其他事物中未经授权将"奥林匹克标志"用于商业目的,使人误解其与奥林匹克利益具有特定的联系; Ted Stevens Olympic and Amateur Sports Act, 36 U. S. C. A. §220506(c) (2001) (禁止未经授权将"奥林匹克标志用于贸易目的,包括为了促进任何商品或服务的销售,或提供任何戏剧展览,运动表现或比赛")]。

③ 例如,在2000年悉尼奥运会之前,根据主办城市合同规定的义务,澳大利亚通过具体的立法以延长给予奥林匹克标志的保护及打击隐性营销行为。Sydney 2000 Games (Indicia and Images) Protection Act 1996 (Cth) (Austl.); Jeremy Curthoys & Christopher n. Kendall, Ambush Marketing and the Sydney 2000 Games (Indicia & Images) Protection Act: A Retrospective, 88 *Murdoch U. Electronic J. L.* (2001), http://www.murdoch.edu.au/elaw/issues/v8n2/kendall82.html.

④ James A. R. Nafziger, The Future of International Sports Law, 42 *Willamette L. Rev.* 861, 871-873 (2006).

⑤ Carsten Fink & Carlos A. Primo Braga, How Stronger Protection of Intellectual Property Rights Affects International Trade Flows, in *Intellectual Property and Development* 19-40 (Carsten Fink & Keith E. Maskus eds., 2005).

面处于弱势的国家来说,世界新闻媒体对他们的关注,可以使他们有机会把真实情况展示给更广泛的观众,也有可能使他们的政府因必须采取理想化的行动而难堪。实际上,国际体育赛事和奥运会引发真正变革的能力可能相当有限。1936年柏林奥运会是一个明显的失败。不顾国际奥委会的反对以及可能被抵制的危险,对第三帝国歧视犹太人民、不让他们加入德国奥运代表队的政策,只是做了象征性的让步。①在北京奥运会预备及举办期间,在互联网的政策、地方新闻媒体的审查制度和其他人权问题上,中国是世界新闻媒体批评的对象。② 主办奥运会遗留下的影响和相应的国际关注焦点,能否给中国带来有意义的长远改善,并回应这些批评,这是难以预计的。

与其探索主办赛事与人权之间的联系——虽然这经常在奥林匹克运动的历史和评价中被拿来研究,我们不如主要针对一些学者们感兴趣的话题。③ 不断变化的国际体育法体系,尤其是民间主体之间的协议,可以创造和保护某些国家目前不承认的个人权利,从而推进世界范围内人权的法律保护状况。例如,《奥林匹克宪章》中第五个奥林匹克精神基本原则指出:“对于一个国家或个人出于种族,宗教,政治,性别或其他原因的任何形式的歧视,都不符合奥林匹克运动。”④为了履行遵守《奥林匹克宪章》中反歧视条款的合同义务,所有205个NOC都有法律责任保证,各国无一奥林匹克运动员因种族原因不能参加奥运

---

① Barbara J. Keys, *Globalizing Sport: National Rivalry and International Community in the 1930s*, at 136 – 141 (2006); Duff Hart – Davis, *Hitler's Games: The 1936 Olympics* (1986).

② 例如, Jacquelin Magnay with Mary – Anne Toy, *Propaganda Bureau Muzzles Chinese Press*; Guide for Editors Tells which Issues Must be Avoided, *The Age (Melbourne)*, Aug. 14, 2008, 详见于 http://www.muzzles.com.au/muzzles – articles/2008/8/14/propaganda – bureau – muzzles – chinese – press/ ; Mary – Anne Toy, Games Undesirables Expelled from Beijing, The Age (Melbourne), July 12, 2008, http://www.theage.com.au/world/olympic – undesirables – expelled – from – beijing – 20080711 – 3dqj.html。

③ 例如, Allen Guttmann, *The Olympics: A History of the Modern Games* (1992)。

④ 《奥林匹克宪章》,第11页,第5段。

会,或因“种族,宗教,政治或构成其他形式歧视的原因”而被歧视。① IF 的规则也融入了类似的人权条款,要求 NGB 尊重和保护人权。按照他们的合约或会员权利,个别运动员能够在法律范围内,要求管理机构给予他们一个可能在其本国得不到的人权保护水平。例如,一名来自人权保护不完善国家的运动员或官员因为歧视而没被选为国家队员,可能该决定并没违反国内法律却违反了 NGB 的规则或全球体育法,运动员可以以此为由,通过 CAS 程序成功推翻这个决定。IF 有权对不尊重 CAS 裁决的 NGB 进行处罚,比如中止其成员国权利和核准运动员参加国际体育竞赛的权利,这将是比司法强制机制更有力的督促执行机制。

以民间协议为根据的国际执法行动,可以在体育领域的就业权利上找到其效果的体现。国际足联章程中关于球员身份与转会的规则,规定了世界上足球运动员就业的一些问题。在运动员与俱乐部的纠纷之中,足联自己的内部纠纷解决机构(DRC)会根据足联的规章作出裁决,如果一方当事人不满,有权向 CAS 上诉。如果某俱乐部拒绝执行 DRC 或 CAS 的裁决,一个球员要求对俱乐部有管辖权的法院强制执行对球员有利的裁决,是存在实际困难或不方便的。另一种替代方法是,球员可以针对俱乐部向国际足联纪律委员会投诉,如果俱乐部没有遵守 DRC 与 CAS 的裁决,该机构有权做出包括扣除联赛的积分(可能使俱乐部降级到级别比较低的联赛中)等一系列的处罚。② 虽然这些处罚措施不能直接执行那些裁决,但避免遭到此类处罚变成了遵守规则的动力,竞技体育世界中的一个现实是:其比司法强制执行更有强制性,且效率更快。

---

① 《奥林匹克宪章》83 r. 45(3),另一个例子是世界反兴奋剂机构保护隐私和个人信息的国际标准,建立了一个全球最低标准,可能比一些国家的现行国内法为运动员提供更多的隐私保护。Protection of Privacy and Personal Information, World Anti - Doping Agency, http://www.wada - ama.org/Documents/World_ Anti - Doping_Program/WADP - IS - PPPI/WADA_IS_PPPI_2009_EN.pdf(最后访问时间 2010 年 11 月 6 日).

② Statutes, FIFA arts. 57, 59 (Aug. 2009), http://www.fifa.com/mm/document/affederation/federation/01/24/fifastatuten2009_e.pdf; Frans de Weger, The Juris - prudence of the FIFA Dispute Resolution Chamber 39 (2008). 85 *Tul. L. Rev.* 269.

鉴于体育对全球文化和经济的重要性,体育法可以为加强国内法律对人权的保护播下发芽的种子,这是研究国际人权法以及法律全球化的学者感兴趣的话题。

六、结论

发展中的体育法对国内法、国际法与比较法以及全球纠纷解决的发展,有潜在的广泛意义,这些影响往往没有被认识或被认真地思考过。体育法为法律学者以及那些教授体育法课程或在体育领域开展研究的人士提供了学术研究的沃土。除此之外,律师和法官也需要意识到,对体育案件的司法解决途径可能播下对法学有更广应用和更深影响的种子。我们希望这篇文章能够对提高体育的关注度做出贡献,不仅作为一个世界文化现象以及我们21世纪全球经济的重要部分,也作为国内、国际公法及私法的一个重要渊源,同样也是建立、执行与实施全球法律规则的课堂。

(宋雅馨,湘潭大学法学院国际法专业硕士研究生)

非洲法

OHADA 的未来展望*

[美]克莱尔·摩尔·迪克森** 著
朱伟东 刘 锭 译

目 次

OHADA(非洲商法协调组织)的未来必然是由它的过去所决定的。只要 OHADA 是成功的,它就决定了自己的未来。因此,重要的是确定该组织的目标,并将这些目标和已取得的成就进行比较。一些特定的目标已被人反复论述;其他的一些目标则很难描述。所以,要评估 OHADA 的成功,还十分复杂,因为对于无形的结果没有简便的测量方法,特别是当这些结果几乎是因一系列原因造成时。然而,对目标和成就的卓有成效的理解,至少能够提供一些可以预计未来发展的信息。

* 本译文是国家社科基金课题"中非经贸投资纠纷解决机制研究"(项目编号:13BFX158)的阶段性成果之一。

** [美]克莱尔·摩尔·迪克森(Clare Moore Dickerson),美国杜兰大学法学院圣约翰·b. 布鲁讲席法学教授。

一、OHADA 的目标

OHADA 的初衷就是鼓励投资者到该地区来投资，[①]包括外国投资，从而促进经济的发展。OHADA 的起草者明确表示过他们的意图，坊间证据显示，该地区一些国家的政府之所以接受 OHADA 对国家主权的限制，是因为这些国家在经历了 1990 年代早期的经济衰退后，对任何鼓励外国投资的举措都持欢迎的态度。在该地区，与国内储蓄相比，大量的国内投资需求只有通过外来投资才能解决。[②] 国内经济可以为国内投资提供资金，但只能通过借贷的方式。这种结果当然会造成国内严重的负债比率。在这种情况下，任何承诺吸引外国直接投资的机构安排都将立即吸引大家的注意。

那么，如果吸引外国投资是该地区各国政府的目标，该地区的法律专业人士就为 OHADA 的目标做了同样的界定，它采用了法语短语"立法和司法的稳定性"（sécurité juridique and judiciaire）来论述这一目标，这对商人具有特别实际的意义。简单翻译过来，它的大致意思就是要确保法律适用和解释的可预见性和确定性。

这种法律的可预见性当然是与吸引外国投资的愿望完全相容的。在某地计划投资的外国人总会关心能否获得公平待遇。与风险不同的是，不确定性是无法预测的。结果的不可预测性不但会增加成本，还会导致以非理性、不可预见的方式行事。也就是说，不可预见性可能会导致投资者坚持对其投资进行补偿，因为该投资的成本后来可能会被证明为不可必要地且不合理地高昂。这一事实相应地减少了投资给东道国带来的价值。更糟的是，如果投资者为了获得确定性而导致他们行贿，这种行为将不可避免地增加投资者的风险：根据东道国的相关法律，行贿是非法的。而且，对于行贿人本国这种行为也是违法的，这会对通过行贿获得的确定性造成严重的负面影响。即使不考虑政治腐败

---

① 参见 OHADA 条约序言：www. ohada. com。

② 1 Stein, H. (2003) Rethinking African Development, in Rethinking Development Economics, ed. H - J, Chang, pp. 153 - 154, Anthem Press, London (discussing foreign direct investments).

给东道国带来的代价,行贿的投资者也可能竹篮打水一场空,而且所有潜在的投资者也可能担心不断增强的不确定性。这种情况可能会阻碍所有潜在的投资者,同时不会积极鼓励外国直接投资。

如果法律本身是对商业不友好的,那么法律适用和解释的可预见性也不足以确保实现吸引外国投资的目标。一种隐含的观念认为,法律本身就是复杂的商业文件,并很好平衡商业利益之间的矛盾。因此,法律必须体现商业价值和规范。在英国法律传统中,这一观念为伟大的法学家曼斯菲尔德爵士(Lord Mansfield)所熟知。[①] 在美国,各州统一商法的主要起草人卡尔·卢埃林(Karl Llewwellyn)同样认为,商业法律必须遵循良好的商业实践。因此,要促进外国投资和经济发展,这些新法律在适用中必须具有可预见性,它们的适用会实际上促进商业的发展。

但是,吸引外国投资并不是OHADA的唯一目标。在确立旨在鼓励外国投资的法律结构时,OHADA的起草者还构建了同样支持国内投资的制度。当地资本——不论是传统资本或人力资本,确实需要其解释和适用具有可预见性的精准的商业法律。虽然OHADA的一些主要的国际捐助者过去总专注于影响深远、规模庞大的项目,但现在他们已经认识到,更为谦卑的、针对性更强的努力的重要性。这些努力虽然显得更为微不足道,但它们却更可能得到国内资本的支持。这种国内投资同样会创造就业机会,甚至可以增加出口。

二、OHADA目标的实施

OHADA已经通过了九部统一法,最新的一部已在2011年生效,而此前的两部统一法也进行了大幅修订。由于OHADA正在不断适应社会现实的需要,更现代化的统一法会在今后逐步制定。

九部统一法案涵盖了广泛的商业主题,从商业组织到传统的商业交易,再到有关执行措施的法律,甚至还有关于公路运输的法律。[②] 因

---

① Sheintag, B. L. (1941) Lord Mansfield revisited – a modern assessment, Fordham Law Review, 10: 345 – 388, p. 351.

② 这些统一法可在OHADA网站上找到:www. ohada. com。

为这些统一法是 OHADA 的焦点,它们也是 OHADA 和外部地区产生冲突的所在。无论我们从 OHADA 的立法程序、司法程序还是其行政管理方面来看,都可以看到这种冲突的存在。当就 OHADA 的统一法问及该地区的法律执业者时,他们都对 OHADA 统一法精细的内容和宽广的范围赞不绝口,对统一法所带来的好处以及通过提高法律的可预见性所带来的更多红利的前景感激有加。然而,与此同时,这些从业者还抱怨 OHADA 的制度不能得到有效或至少没有得到完全的实施。要了解 OHADA 的走向,它的未来前景,首先需要回顾历史,以探明其发展轨迹。因此,我们下面将对 OHADA 寻求法律可预见性的努力做一概述。

(一)立法程序

1. 部长委员会

部长委员会是 OHADA 的立法机构,负责通过统一法。在某种程度上,该地区的法律专业人士对 OHADA 统一法的复杂性、结构和范围印象深刻,他们希望清晰的法律文本可以减少司法判决的不可预见性。这是大陆法系国家制定法典的基本考虑,虽然法典确实也需要解释,大陆法系的法律执业者和法官经常援引学者的评论以及其他材料就证明了这一点。

如果统一法旨在反映该地区的商业现实,在统一法文本中反映当地的规则就极为重要。这凸显了一个重要的道德问题,即民主和 OHADA 的立法程序之间的关系。根据《非洲商法协调条约》,OHADA 立法程序是由部长委员会控制,这是一个由各成员国政府代表组成的机构。此外,在通过统一法的会议上,部长委员会需要出席会议的至少 2/3 成员国的赞成票,才能通过一部统一法。① 这一安排是不容置疑的:为了获得各成员国政府对一个超国家体制的同意,必须向这些政府确保它们对采纳的立法拥有重要的、甚至是最终的发言权。一致赞成票显然授予每个成员国否决的可能性。

这样的安排可以让成员国政府领导人放心,但它也对法律的可预见性带来两大挑战:OHADA 的技术性事项的政治化,以及受法律影响

① 《非洲商法协调条约》第 8 条。

的人们无法参与到法律的决策过程。OHADA 已经认识到,将其制定的统一法自动纳入到成员国的国内法中,会使最初被定位为立法机构的部长委员会处于风口浪尖之上,于是该组织又设立了国家和政府首脑大会,以解决这一立法过程的政治化风险,稍后我们会谈到国家和政府首脑大会这一机构。

顺着这一分析,接下来我们会分析部长委员会和适用统一法的人们之间的隔阂问题。为解决这一问题,各成员国成立了各自的国内委员会。从 OHADA 的角度来看,这一机构是非官方的,但对于 OHADA 的成员国而言,它却是官方的。

2. 新机构:国家和政府首脑大会

一个超国家组织,即使其职能仅限于制定和实施商法,也不可避免地会有政治倾向性。2008 年 10 月 17 日在魁北克签署的《非洲商法协调条约》修订案对 OHADA 的机构做了重大改变,即增加了一个新的机构:国家和政府首脑大会。虽然它不是一个立法机构,但必须在部长委员会的框架下分析这一机构,因为这一机构旨在减轻部长委员会处理相互冲突的不同国内政治关切的压力。

正如上面所提到的,在 2008 年之前的《非洲商法协调条约》的安排下,政治现实本身通过部长委员会反映出来。2008 年的条约修订案首次明确地认识到成员国之间关系的政治性质,试图将政治议题的讨论生硬地纳入到国家和政府首脑大会中,该机构就是由成员国行政人员组成的一个正式机构。《非洲商法协调条约》修订案部分地反映了这一现实:对于大部分成员国来说,行政机构才是最重要的部门。

OHADA 的这一新的机构能否通过为已经显现的政治化问题提供一个正式的安排,来强化该组织的效能,还是会通过将一个本质上属于商业性的组织政治化而减弱其效能,尚需拭目以待。为在必要时进行直接的或公开的政治干涉所设立的成员国最高行政长官的官方论坛可以减少通过部长委员会所施加的更为间接的政治影响。因此,新设立的国家和政府首脑大会会使 OHADA 的立法者更为关注法律问题而不是政治问题。

3. 新成立的机构:国内委员会

OHADA 的结构主要关注作为立法部门的部长委员会,这样就使得立法程序与民众之间存在极大隔阂。在部长委员会中代表政府的司法部长或财政部长是任命的,而不是选举出来的,新的国家和政府首脑大会没有提及这一政治问题。可以肯定的是,OHADA 地区内的某些国家已可以自由选举它们政府的行政人员。从这一角度来看,各成员国的司法或财政部长们可以声称他们具有民主的合法性,至少是间接地通过行政的方式。此外,整个 OHADA 的体制都是由各国政府议会通过的,同样,从议会是民主选举的这一角度来看,OHADA 的机构可以声称至少具有间接的民主合法性。然而,从功能上讲,OHADA 国家和政府首脑大会是作为最高级别的政府而不是根据权力下放原则(principle of subsidiarity)来考虑问题。这样,部长委员会仍然与它所影响的民众保持很长的距离。

为了更好地接近 OHADA 及其商法所影响的民众,OHADA 通过部长委员会不断鼓励成员国政府推动 OHADA 国内委员会的工作。OHADA 自身不能这样做,因为这些委员会是成员国国内的。这些国内委员会可以成为下列两类博弈者之间的联系渠道:OHADA 及其成员国之间,重要的是,OHADA 成员国政府和该组织的私人受益者即商业团体之间。

这种对商法使用者的强调有助于给 OHADA 带来民主化气息。更具体地说,OHADA 国内委员会可以将统一法的实际运行情况向本国政府和 OHADA 报告,这有助于确定统一法在监管商业环境方面是否成功以及成功的程度。从这个意义上讲,OHADA 国内委员会可以建议未来统一法的立法主题,并对现有统一法的完善提出修改建议。他们同样可以为 OHADA 及其机构包括部长委员会以及成员国国内政府查明商人们所希望通过的统一法。因此,如果实施良好,OHADA 国内委员会就可成为成员国政府和 OHADA 机构包括部长委员会的耳目。

由于组织结构可以影响结果,OHADA 国内委员会的组成可以提高他们的效能。OHADA 部长委员会向成员国政府提出如下建议,即 OHADA 国内委员会应由政府的司法、财政、商业、农业、劳工等部门的代表、律师事务所和其他法律行业的代表以及商业和金融团体的代表组成。[①]

OHADA国内委员会的存在和持续发展证明了整个OHADA机构的灵活性和反应能力。它们是现有《非洲商法协调条约》的实施机构,而不是OHADA超国家范围的扩展。例如,它们行动是在部长委员会的指导下,在统一法起草的早期阶段积极与各自国家的政府进行沟通。通过这种方式,OHADA国内委员会和它们所服务的部长委员会一样,可以提高作为部长委员会成员的各成员国政府部长一致通过提交表决的统一法草案的可能性。OHADA国内委员会支持OHADA的这种联邦性质,同时成为沟通各成员国商人的桥梁。

OHADA国内委员会的发展仍处于初期阶段。与所有的社会机构一样,关键问题是这些国内委员会实际上是如何选举的以及它们在实际运行如何。如果它们更为积极和专业地行使信息收集和网络建设任务,它们就更有助于实现OHADA追求商业交易可预见性的目标以及实现该组织的自身合法性。

每个OHADA国内委员会都面临一个极其困难的平衡问题。一方面,它是由各成员国国内政府任命的,必须向其负责;另一方面,它必须向成员国政府和OHADA的机构完整、准确地反映从事商业活动的人们的意见,以确保成员国政府在最终决定是否支持通过某一统一法草案时掌握有充分的相关信息。当然,成员国政府的决策会左右着OHADA国内委员会建议的内容,但OHADA国内委员会作为中介的作用仍然十分重要。

今天,OHADA国内委员会并非在所有的成员国都发挥着同等的效能。在一些成员国,它们定期举行会晤,审查草案并提出修改意见。这些国家的法律界人士知道谁是OHADA国内委员会的成员,因此知道向谁提交有关OHADA及其统一法的建议。一些OHADA国内委员会甚至征求建议以求改进。这种交流至少提供了一些直接的、民主的信息,尽管它是一种有倾向的民主,因为其成员主要是一些关注商业活动的人士。

---

① Journal Officiel no. 12, 28 February 2003, pp. 10, 21 - 25.

(二)司法部门

在司法方面,OHADA 统一法的实施取决于 OHADA 法律制度与成员国国内法律制度之间的关系。根据《非洲商法协调条约》,一个基本的原则是,OHADA 的法律制度需要由司法与仲裁共同法院(CCJA)作出最终解释,各成员国政府会执行这些解释。[①] 这进一步说明了成员国政府不愿意完全承担它们对商法统一的责任,即使 OHADA 的法律制度需要有统一性。同样,关键的问题是,OHADA 的法律制度能否满足社会的需求。

《非洲商法协调条约》第 14 条授权和指示司法与仲裁共同法院确保条约和统一法得到统一的解释和适用。2008 年条约修订案设立了一个新的、政治性的国家和政府首脑大会,作为讨论政治问题的平台,但不以任何方式影响司法与仲裁共同法院的权威。事实上,修订后的条约第 14 条第 1 款明确扩大了司法与仲裁共同法院的权限,包括确保 OHADA 的规则和统一法得到统一的解释适用以及确保 OHADA 的所有行政决定和国内法院所有司法决定得到统一的解释和适用。

该条约修订案进一步通过第 14 条和第 27 条第 1 项新的第三款的安排对司法与仲裁共同法院与国家和政府首脑大会的关系作了规定。新的第 3 款规定,国家和政府首脑大会决定涉及《非洲商法协调条约》的任何及所有问题。正如参与条约修订案谈判的 OHADA 首席法律专员和其他专家所强调的,新的条款是为了规定司法与仲裁共同法院决定条约修订案第 14 条所规定的所有涉及条约、统一法以及规则和决定的具有法律性质的问题。[②] 但是,如果成员国对条约的解释不满,它们可通过国家和政府首脑大会提出该问题,唯一的最终解决办法是对条约作出进一步修订。这当然是一种传统的安排:最高司法机构作出决定,而政治机构可随后修改。有权推翻最高法院决定的政治部门通常

---

① 《非洲商法协调条约》第 14 条。

② 参与《非洲商法协调条约》修订案谈判的人员包括该组织的首席法律专员 Idrissa Kéré 都确认,条约修订案第 14 条中的"决定"(decisions)是指所有 OHADA 机构的行政决定以及所有国内法院的司法决定。条约修订案还把所有上述法律渊源的解释权授予司法与仲裁共同法院,以确保它们得到统一适用:条约修订案用修饰"解释"和"适用"的复数形式取代了以前使用的单数形式。

是立法机构,然而就超国家组织而言,加入条约的成员国直接通过代表机构,如 OHADA 中的国家和政府首脑大会,行使这一权力是合理的。

因此,修改后的《非洲商法协调条约》承认作为超国家组织的 OHADA 和其成员国之间的权限争议主要发生在该组织的两个最重要的机构之间,即国家和政府首脑大会与部长委员会。不过,实践中不可避免的情况是,OHADA 的成员国将会最终决定它们自己和它们所设立的超国家组织之间的管辖权问题。就司法与仲裁共同法院的未来而言,在 OHADA 地区内居住的或与该组织有联系的商人可能只是希望对条约修订案进行解释,以尊重司法与仲裁共同法院的传统管辖权。当然,2008 年的条约修订案将司法与仲裁共同法院法官的人数从 7 名增加至 9 名,[①]这考虑到了该法院的重要作用。

这些超国家的管辖权问题会严重影响 OHADA 实现其创造法律可预见性的能力。例如,自 OHADA 成立以来,成员国的司法机构就对司法与仲裁共同法院上诉管辖权的范围产生抱怨和质疑。它是否如大多数人认为的适用于所有有关统一法的案件和宣告性判决?或者由于成员国最高法院的支持者的尽力争取,司法与仲裁共同法院的管辖权更为有限?对上述问题的回答要取决于成员国司法体系中最高法院和司法与仲裁共同法院之间的拉锯战。当然,这一问题必须得到解决,因为它会直接影响统一法的实施。任何联邦体系的产生都会产生这种传统类型的问题;但直到目前,结果尚不明朗,OHADA 的核心价值即其统一法的统一性需要由《非洲商法协调条约》来保证,而司法与仲裁共同法院仍是该价值的重要维护者。

即使在条约的规定不存在争议的情况下,对针对统一法作出的相互冲突的不同解释,司法与仲裁共同法院仍是最终的裁断者。这种分歧可作为个案发生在任何单一司法体系内,这就是上诉存在的可能。进一步说,在司法与仲裁共同法院层次以下,成员国国内法院在实践中对 OHADA 统一法的解释是联邦性质的,而不是单一制性质的,就像许多联邦体制国家的情形一样,组成联邦的各国会对法律作出不同的解释。司法与仲裁共同法院的一个重要目的就是要解决法定解释的不统

---

① 《非洲商法协调条约》第 31 条。

一性问题。

有关条约和统一法在超国家层面的可预见性还进一步因属地中立性原则的采用而得到加强。实际上，上诉要向位于科特迪瓦的司法与仲裁共同法院提出，这具有额外的好处，对于所有非科特迪瓦人来说，这是一个中立的地方。虽然有些成员国的国民有地利之便，如离科特迪瓦较近，但在司法与仲裁共同法院提起诉讼时，不得由具有其本国国籍的法官审理案件，对另一方当事人也是如此。①

当成员国之间或之内的管辖权发生冲突时，法律解释不是唯一的手段。为了增强可预见性，法律不但必须是精细的和恰当的，如 OHADA 的统一法那样，而且必须实际得到执行。由于《非洲商法协调条约》排除了司法与仲裁共同法院对刑事案件的管辖权，②OHADA 和成员国国内司法系统之间就在此出现了一个重要的转折点。

更广泛而言，统一法的实际执行正是各成员国司法机关的责任。即使在纯粹的民事案件中，由于成员国不同级别机构的执行，就会造成统一法丧失其统一性。换言之，即使对统一法的解释实质上是一样的，但在不同的成员国之间甚至在同一个成员国内部仍会出现不同的执行情况。当然，有些执行的差异并不会令人感到奇怪，法院签发的不同执行令如美国法院签发的强制执行令(writ of mandamus)旨在解决此类问题，但是如果成员国的执行程序不愿意或不能提供最终的救济时，法律的可预见性不可避免地就会烟消云散。

OHADA 将不得不解决所有这些在其管辖和成员国国内管辖权之间的过渡而产生的问题。无论 OHADA 地区之内的这些差异是否会造成不同的商业规范，是否会给该地区有关 OHADA 的法律职业教育带来问题，还是会带来包括腐败在内的其他压力，OHADA 这一系统本身已支持采取同样的对待方式。司法与仲裁共同法院的存在和其所有判决的公开包括下级法院判决摘要的公开所带来的透明性，意味着该地区的司法活动正日益真正地公开。当成员国国内政府不执行作出的合法判决时，就会很容易被公众知晓。在该地区的法律执业者看来，

① 《非洲商法协调条约》第 56 条。

② 《非洲商法协调条约》第 14 条。

OHADA 已经开始发挥有益影响。

但是,还需要做更多工作,以确保判决的公开包括它们的有效传播。此外,为了真正具有透明度,OHADA 所有成员国的国内法院有关 OHADA 的判决都应该及时公布,并有效传播,以最大限度地提高透明度、可预见性和一致性。

事实上,法律界人士的报告指出,在 OHADA 地区内通过会议、法律文本的分发、评论性文章的起草等形式所进行的信息传播的持续努力,已经使司法判决更具有可预见性,但该项工作远未结束。

(三)行政部门

位于喀麦隆的常设秘书处是 OHADA 的行政执行机构。尽管财政紧张,常设秘书处还是做出了巨大贡献,将 OHADA 从一个单纯的概念变成一个有效的现实。正如我们已经看到的,现实仍在不断发展,常设秘书处对 OHADA 其他机构以及相关组织的指导和支持仍然十分重要。例如,成员国 OHADA 国内委员会的作用及其越来越正规的存在,在很大程度上离不开常设秘书处的支持和鼓励。

特别是,如果成员国能够确保它们向 OHADA 承诺的资金到位,[①]常设秘书处就可以为 OHADA 国内委员会提供更多的统一行政支持,同时尊重成员国对本国各自 OHADA 国内委员会的管理。通过同样的方式,它还可以协助在 OHADA 所设立的地区高等司法学校内传播信息,并对该地区愿意为律师、司法人员、法学专业学生举办有关 OHADA 法律制度会议的大学提供技术和其他支持,从而帮助实现部长委员会所支持的透明度。令人欣喜的是,《非洲商法协调条约》在 2008 年修订时明确承认 OHADA 的常设秘书处是该组织的行政部门。

与地方大学开展合作的重要性不言而喻。这些机构集聚了许多优秀的学者,他们对 OHADA 的统一法评头论足,从而增强了法律的适用。此外,从纯粹的实用角度来看,大学有宽敞的礼堂,可以以合理的花费将大量的法律执业者和法官会聚此处,开展讨论。常设秘书处与大学的合作对于促进 OHADA 法律制度的传播非常关键,大学不但可

---

① 《非洲商法协调条约》修正案第 43 条强调了部长委员会决定成员国向 OHADA 缴纳年金的权力。

以对法学专业的学生讲授 OHADA 的制度,还可以使其他所有法律界人士更容易获得相关信息。

三、OHADA 的未来

如果说到目前为止,OHADA 仍是一个致力于法律统一并努力强化统一法效能的组织,那么,该组织的未来发展将会如何呢?

(一)OHADA 在其自身地区内的未来发展

OHADA 目前的发展准确地定位于巩固已有成果,并继续向着确保法律的可预见性这一目标前进。从务实的角度来看,自 OHADA 成立之初,其目标就是帮助这一系统破釜沉舟,勇往直前,直到该地区的政治力量再也无法将其解散。OHADA 所进行的公开司法与仲裁共同法院判决以及对统一法进行更新的可持续努力,证明该组织不仅仅将根深植于地下,而且不断对其加深和巩固,进行精心的培育。律师和法官也认为他们的工作更为轻松,能够轻车熟路地找到法律资料,并能对商事法律运用自如。他们非常高兴,OHADA 法律制度不但对处于困境中的企业作了规定,还规定了因一方当事人违约导致某一特定交易不能完成的情形。OHADA 法律制度对商业残局的规定具有十分重要的实际意义:当商人们被要求根据他们不想保持的承诺行事时,他们确实感到了法律的噬咬。

从目前来看,将来还需要做更多工作以巩固现有机构,要注意 OHADA 法律制度和成员国国内法律制度之间的衔接问题,制定新的统一法,并对现有统一法进行修订。整合机构的一个主要问题是改善机构的财政支持。尽管国际捐助者捐赠了很多资金,但更为重要的是成员国要实现对 OHADA 资金的承诺。正如前面提到的,2008 年的《非洲商法协调条约》修订案专门就为 OHADA 设立一个以成员国为基础的、可持续性的资金来源作了明确规定。①

如果 OHADA 机构得到更好的资助,它们能做更多的事情,来促进法律的透明化。例如,它们可以系统地收集和发布所有 OHADA 的判决,包括所有成员国国内法院的判决。由于成员国的很多判决没有被

---

① 《非洲商法协调条约》第 43 条。

上诉至司法与仲裁共同法院,国内法院的裁决也是 OHADA 法学的重要组成部分。司法与仲裁共同法院的判决现在都定期公开,虽然还没有被广泛传播。

适当的资金支持也可以有助于人们更好地利用 OHADA 的各个机构。例如,如果司法与仲裁共同法院能够说服 OHADA 法律制度的使用者,即使该法院实际只设在科特迪瓦,它也足以完成司法目的,这将是十分有用的。即使在今天,只是在口头辩论程序的情况下,当事人才会到科特迪瓦,这才产生了到科特迪瓦的交通费用。在大陆法程序中,这种口头辩论程序并非特别必要,而且司法与仲裁共同法院的法官在一些非正式的、未经记录的评论中也指出,这种口头辩论程序甚至并不会带来多大帮助。由于书面的答辩可能因此变得十分重要,这样,如果在 OHADA 的每一成员国设立一个或几个司法与仲裁共同法院办公室以接收书状,将极为有用。当然,如果司法与仲裁共同法院不能令人信服地证明每一方当事人都可成功地进行书面诉讼,而无须亲自在该法院内出庭,则该法院就应向成员国建议采用一种不同的方式。这种可选择的方式不但要有效,而且要减少成本,这两者是不容易同时实现的。

让我们来看 OHADA 的立法作用, 如果常设秘书处能指导 OHADA 法律的使用者和实施这些法律的机构进行定期的互动,这将是很有益的。由于成员国 OHADA 国内委员会与各自的政府有着千丝万缕的密切联系,作为代表部长委员会同 OHADA 国内委员会进行沟通的常设秘书处,就可以鼓励和支持各成员国建立和维护可行和有效的 OHADA 国内委员会。常设秘书处同时可以在国家和政府首脑大会以及部长委员会内启动和促进有关 OHADA 法律制度实施的实际问题。

即使是以法典的形式出现,法律也并非一成不变。OHADA 的统一法也是如此,近来对《一般商法统一法》以及《担保统一法》所作的修正,就是很好的证明。部长委员会清醒地认识到现有的一些统一法所面临的压力:《商事公司和经济利益集团统一法》以及《债务清偿集体程序(破产)统一法》正在修改中。《债务追偿简易程序与执行措施统一法》虽然发展缓慢,但也在等待修改,部分是因为一些使用该法的当事人抱怨该法有关判决执行程序所存在的一些缺陷。

制度能否发挥效能不但在 OHADA 体制内十分重要，而且对于该组织的成功转型也极为重要，在转型期成员国政府应负责实施该组织的法律制度。在转型期，仍会持续出现 OHADA 管辖权与成员国国内管辖权的冲突问题，特别是在判决执行方面：无论 OHADA 仲裁与司法共同法院作出的判决多么公平、公正的判决，只有在成员国政府执行它时，人们才会感受到它的影响。OHADA 地区内一些专家作出的切中肯綮的分析，既表明了他们对 OHADA 法律制度的尊重，也寄托了他们对于该组织持续发展的希望。因此，必须解决这些转型过程中出现的问题。成员国政府无疑在此方面要身体力行，但 OHADA 的有关部门也可帮助推动成员国司法部门的合作，例如，该组织的常设秘书处除了公开与 OHADA 的所有判决外，还可对成员国司法部门执行判决或和解的情况的进行报道。即使只是基于判决的取样分析，这些信息也会非常有用，尽管它可能有点政治敏感性。

所有这些努力有助于巩固和完善 OHADA 的既有成果。OHADA 还在准备扩大立法的范围。根据《非洲商法统一条约》第 2 条有关商事事项范围的界定，该组织正准备考虑制定有关劳动法和消费者保护法的统一法。

语言的问题处于 OHADA 巩固和扩展的风口浪尖，它一直是 OHADA 内一个有争议的话题。下文在探讨 OHADA 区域的潜在扩展时，对此有更为详细的探讨。但即使在 OHADA 现有的区域范围内，注意到下面这一点也很重要，即 OHADA 现有的成员国包括了作为官方语言的四种西方语言：英语、法语、葡萄牙语和西班牙语。2008 年的《非洲商法统一条约》修正案通过正式将英语、葡萄牙语和西班牙语增设为工作语言，而对条约文本做了显著改变。[①] 虽然条约修正案确实规定，应以法文文本为准，但将英语增加为工作语言对于英语地区律师所代理的商业案件的有效法律保护，迈出了重要一步。这适用于 OHADA 地区之内及之外的所有英语地区。不过，条约的这种修正并非是为了强调 OHADA 的扩展，而是为了打破该组织内法语一统天下

① 《非洲商法统一条约》第 42 条。

的局面。无论如何,必须采取有效方式使其他三种新增加的语言能够一显身手,因为直到现在,OHADA的任何统一法和条约尚未有其他语文的官方译本。

不过,出于其鼓励贸易和投资的目的,OHADA无疑会在一定程度上得到扩展。OHADA及其法律支持并推动该组织地区内跨境交易的发展。整个地区对于建立在OHADA成员国内的所有企业都更为开放,因为一个成员国的律师可以为其客户在整个OHADA地区内的活动提供咨询。但OHADA提供远非这些:即使其他成员国数量不再增加,它也不必仅局限于现有地区。由于邻国的律师和商人日益熟悉OHADA的法律制度,该组织以外的非洲国家当事人和该组织地区内的当事人之间的贸易也变得越来越容易、成本越来越低。因此,对OHADA内的专业人士进行该组织法律制度的培训就似乎理所当然。此外,OHADA以外的律师或商人更愿意花费时间学习OHADA的法律制度,而不是其他该组织以外的国家的法律制度,因为这是一种在更大地区内有用的投资。例如,根据冲突法原则,即使一方当事人的住所在OHADA地区以外,双方当事人仍可选择该组织的统一法作为合同准据法。随着OHADA法律制度日益被其地区以外的当事人所熟悉,采用这种方式不失为一种合理的解决法律冲突的途径。

(二)未来:OHADA的地理扩张

在自己地区之外发挥作用是OHADA扩大影响的一种方式,但为使其作用最大化,该组织应扩展其区域——增加成员国数量就是支持该组织及其目标的一种手段。扩展并非是必需的一步;OHADA成员国面前还面临着继续巩固其既有成果的繁重工作,它们还需要在本地区内采取大量工作。不过,为新成员的加入做好准备,也与当前成员国继续在既有地区内移植OHADA的法律制度的进程是极其融合的。OHADA的范围越大,其发挥的积极作用就更为显著。而且根据《非洲商法统一条约》,OHADA是向非盟所有成员国开放的。①

但受法国法影响而具有大陆法传统的OHADA及其法律制度是否会影响该组织的扩展呢?普通法地区为什么并且怎样加入一个采用完

① 《非洲商法统一条约》第53条。

全不同法律方法并且最初的语言也不同的法律体系呢？答案似乎显而易见，但需从实际探究。

就事论事，在商言商。无论当事人使用何种语言，何种法律制度，他们追求商业成功的目标是一致的。法律的作用就在于为商业交易提供可预见性。也就是说，法律旨在向每一方当事人确保另一方当事人承诺的价值会得到实现。这样，虽然大陆法制度倾向于要求违约当事人履行承诺，而普通法国家倾向于诉诸金钱赔偿的方式，但两种法律制度都是为了保护缔约时当事人的合理期望。

其他所声称的大陆法和普通法的基本差异可能被夸大了，因为非洲的实际情况可以证明这一点。有关公司及其他商业组织的法国大陆法可能要求管理层更多考虑社区而不是股东的利益，而北部盎格鲁—萨克森地区的法律可能更关注股东利益，但这两种传统之间的差异在非洲表现得不是那么明显。显然，OHADA 既没有采纳法国法中更为宽泛的利益相关者标准，而具有盎格鲁—萨克森法律传统的非洲国家也没有遵循英美国家股东利益至上而牺牲更多社区价值的规则。无论从任何意义上讲，商业的首要逻辑可以弥补任何差异。即使在盎格鲁—萨克森地区，无论是大陆法还是普通法都承认，公司所有人必须能够获得丰厚回报，以使其投资物有所值。否则，没有人会愿意进行投资。

这种对相似性的强调似乎显得过于乐观，或稍显幼稚。例如，即使商业需要可以弥补两大法系广泛的实体性差异，但一些法律规定的细节可能会对特定当事人或当事人团体产生重要影响。任何设计精良的商法应该为资本所有人提供投资商业的激励措施，但所适用的法律制度对股东利益的保护的程度可能对公司雇员产生真正的差异。这是我们在考虑程序问题之前所应当考虑的。精于诉讼程序的律师完全清楚程序的细节可能会决定案件的成败。因此，无论实体性的法律原则多么相似，不同法律制度程序方面的细微差异可能影响着案件的结果。对于目前已在 OHADA 地区内执业的法律人士而言，重新培训自己是一个复杂的过程，即使他们中的大部分人都曾经受过法国法的训练。对于起初受过普通法训练的法律执业人士而言，这种培训过程就更为艰难。这是普通法地区律师在 OHADA 地区内执业所面临的最大困难。

当然,在OHADA框架内引入普通法专家并非不可能。关键的问题是,它所带来的好处是否会超过为实现OHADA的扩展所付出的努力。根据与该组织现有成员国法律执业人士的交流,来自坊间的经验当然表明,OHADA的现有受益人认为该组织的扩展,如向邻国的扩展,只会带来积极影响。区域团结加上区域贸易的前景更容易成为现有成员国的法律专业人士和商务人士支持该组织扩展的动力。此外,OHADA的讲英语邻国有雄心勃勃的商业发展计划,这就使得它们特别希望加入该组织:一个更为强有力的OHADA可以对外国投资者发出更为响亮的声音,有助于推动更多地区内部商活动的开展。

但在OHADA潜在的新成员看来,情况稍有不同。积极性的一面是,OHADA建立了一套为精干、敬业的法律执业人士所管理和使用的复杂的法律结构。对于OHADA的每一个非立法性机构也是如此:司法与仲裁共同法院、常设秘书处和地区高等司法学校。OHADA的立法机构即部长委员会是和成员国政府沟通的中介,它通过出席会议的成员国一致投票而通过统一法。最近成立的国家和政府元首大会为解决影响所有超国家组织的一个现实问题而作出的努力。超国家组织基本上都是政治的产物,它们需要一个平台以解决成员国之间具有政治敏感性的冲突。加入OHADA这样一个已成长20年时间,从1998年以来已经积极运作并且现已有17个成员国的国际组织,①可以为新加入者节省大量时间、精力和资金。消极的一面是,OHADA的说英语邻国都具有普通法传统。

解决之道就是妥协。我们知道,从其他法域来看,盎格鲁—萨克森传统可以和大陆法传统共存。加拿大和欧盟即为明证,喀麦隆也是如此。不过,加拿大采取的解决方法和OHADA的方法不同,因为和OHADA不同的是,加拿大没有对所有商法事项适用单一的统一法。正如我们已经了解的,OHADA的法律制度的统一性是其基本价值所在,不应低估。欧盟的做法也与OHADA的做法有所不同,因为只有后者才具有真正的超国家法律制度,它的统一法被自动接受为成员国的国内法。

---

① 2012年9月1日刚果民主共和国正式加入后,该组织已有17个成员国。

作为具有双重法律制度并有英语和法语两种官方语言的喀麦隆，在许多方面可以作为英语普通法国家真正并完全融入 OHADA 的绝佳标本。喀麦隆已经意识到，如果未雨绸缪，早作准备，包括举办会议以及将 OHADA 的法律制度译成英文文本，普通法执业人士和法官能够更为容易地转型。令人钦佩的是，喀麦隆英语地区律师协会的成员和法官现在都在适用 OHADA 法律制度，并正学习欣赏这些法律制度明了和精细之处。实际上，这些法律人士也对有关成员国政府对判决的执行以及语言问题即 OHADA 的基本文件和统一法缺少相应的官方英文译本提出过猛烈批评。与他们法语地区的同事相比，他们也对英文的法律分析的持续缺乏表达了不满。《非洲商法协调条约》修正案将英语增设为工作语言之一，是对此作出的一个重要的积极反应，但这一工作的付诸实行还任重道远。考虑到英语地区法律人士最初的沉默应对，这对于喀麦隆英语地区而言是一个令人欣喜的进步。

就其本身而言，OHADA 判决执行的不确定性和不完全性取决于成员国的意愿，并不取决于该组织或其机构，该组织地区内的说法语的法律职业人士对此也表达了同样的关注。正如对《债务追偿和执行措施简易程序统一法》正在进行的修订所表明的那样，这并非只是英语地区所面临的问题，该地区内的所有法律人士、捐助组织以及成员国政府都已意识到该问题。

此外，还有可能的是，一个与大部分 OHADA 成员国具有不同法律传统和语言的主权国家在考虑加入该组织时，会要求将对该组织的条约及统一法作出某些修正作为谈判的内容。当然问题是，如何确定 OHADA 的哪些方面可以进行谈判。该组织成功的关键因素包括其法律制度的统一性和明确性。法典的优势就在于它的明确性。由于盎格鲁—萨克森国家包括英国和美国都在增加成文立法，成文法的适用不会让人感到惊讶。正如我们所看到的，法律的统一性对于减少贸易和投资的交易成本以及提升一个地区同外国投资者谈判的能力至关重要。因此，OHADA 的成文法形式看来关乎该体制的成功，但对于成文法统一性的需求并非意味着成文法的内容应一成不变。要确定 OHADA 制度的哪些方面可以进行谈判，唯一方式就是进行讨论，特别是该组织的目前所有成员国都乐意并有能力对统一法和条约进行修改。为了顺利开展讨论,OHADA 和它的英语非洲邻国首先必须解决语言障碍。

如前所述,如果 OHADA 希望从英语非洲国家吸收更多的成员国,所有的统一法和基础性文件就需要有官方译本,[1]即使仍以法语文本为准。还不能说这些译本质量很好,也不能说如果英语地区和法语地区的人士都参加到统一法起草和修订工作中,盎格鲁—萨克森法律原则就能在适当时候纳入其中。喀麦隆作为英语和法语的双语成员国地位为这种改变提供了理由。将英语增设为工作语言将有助于资源的分配,特别是这种过程还将——不可避免和适当地——扩及葡萄牙语和西班牙语,考虑到几内亚比绍和赤道几内亚也是 OHADA 的成员国(虽然法语也是赤道几内亚的官方语言)。[2]

OHADA 应立即邀请它的非洲英语邻国作为顾问的身份参与对现有统一法的修订工作以及新的统一法的制定。因为法律文本的翻译不但涉及概念也涉及语言,所以,建立这样的团队对于现有缔约国以及潜在的未来加入者是至关重要的。为此,OHADA 的常设秘书处应协助加纳和尼日利亚的有兴趣的法律人士,例如在各自国家设立并维持非正式的 OHADA 国内委员会。此类委员会曾经临时存在过,这是 OHADA 常设秘书处能够培养邻国对该组织产生兴趣的重要方式。这些非正式的国内委员会可以和成员国国内正式的国内委员会一起,共商 OHADA 的未来发展大计。这些委员会可以成为为修改统一法出谋献策以及探讨如何解决程序传统融合而不会使统一法失去统一性或明确性问题的平台。

---

① 旧的 OHADA 的法律文本已经有许多不同的译本,一些新修订的统一法也有了英文译本,可在下列网站找到:www. ohada. com; www. juriscope. org。2010 年通过的第九部统一法(《合作制企业统一法》)仅有法语文本,而《一般商法统一法》以及《担保法统一法》的修订案也仅有法语文本。

② 有争议的是,《非洲商法协调条约》只是提到"工作语言"(working language)而不是"官方语言"(official language),这可能没有义务将 OHADA 的所有法律文本进行翻译(《非洲商法协调条约》第 42 条),但作为实际考虑,只有非洲英语国家的法律人士能够阅读所适用的法律时,这些国家才可能考虑加入该组织。

四、结语

OHADA 已经为其成员国提供了一套明确、统一的商事法律制度，还会有更多的法律会陆续制定出来。该组织通过其机构，已经建立起一个复杂而精巧的结构，旨在确保法律的统一性。它还支持对本地区的法律职业人士进行培训。OHADA 在该地区的未来发展一片光明：虽然当地的律师和法官还确实抱怨该组织与成员国政府之间的转型之处还会影响法律的确定性，但他们对该组织的杰出表现大为赞赏，并且他们的报告也指出，该组织已极大地改善了当地的法律环境。OHADA 存在数年来所发挥的这种积极影响预示着它的美好未来。OHADA 正在描绘法律确定性的背景，这会促进贸易与投资的发展。

OHADA 的扩展为其现有成员国和新加入者提供巨大好处。一个更大的区域将为现有成员国提供更大的经济规模，并可以为新加入成员国节省大量时间和资金。现在和未来的成员国所要负担的主要成本是，需要作出妥协，使得 OHADA 制度能够适应具有普通法传统的英语非洲国家。喀麦隆的经验已经证明说英语的普通法法律执业人士可以从 OHADA 中获益。但重要的事，OHADA 的英语邻国了解统一法本身就可获得巨大回报，因为 OHADA 的统一法制度可以促进跨境商业交易，即使这些邻国尚未加入该组织。

这些都是 OHADA 已经提供的直接的商业利益，如果它的受益人和成员国政府帮助它树立更牢固的根基，它就会提供更多的好处。OHADA 也可以带来一些潜在的好处，因为统一法的统一性使得潜在的投资者更难从某一特定国家获取具体的、优惠的条件。只要成员国都有确保统一法得到明确实施的政治意愿，潜在的投资者在不同成员国之间寻求投机的能力就会大打折扣，这样就会给 OHADA 地区整个人民带来好处。

与此同时，OHADA 的透明度和可预见性可以增加 OHADA 地区作为外国投资东道主对外国投资的保护。虽然实施过程还并非完美，但其发展过程却是积极的：根据世界银行的指标，虽然 OHADA 成员国没有一个国家出现在投资环境得到最大改善的国家的名单上，但该组织16个成员国中有12个成员国已经拥有比5年前更好的商业环境。①

OHADA明智地继续与该组织的英语邻国进行更多的讨论,同时不断巩固在其现有地区内的表现。

(朱伟东,湘潭大学非洲法律与社会研究中心副主任、法学博士、教授;刘锭,湘潭大学法学院2012级硕士研究生)

① 世界银行:《营商报告》(2011)。

OHADA 在喀麦隆的经验：普通法法律人士特别关注的领域*

[喀麦隆]玛莎·西姆·图蒙德** 著
朱伟东 江崇文 译

目 次

私营部门需要一个充分清晰、现代、具有可预见性且透明的法律框架，来保证其投资的安全。在此背景下，OHADA①（非洲商法协调组织）根据 1993 年 10 月 17 日在毛里求斯路易斯港签订的条约而成立。OHADA 法律制度是一个新生的制度，它吸取了普通法和大陆法的精

* 本译文是国家社科基金课题"中非经贸投资纠纷解决机制研究"（项目编号：13BFX158）的阶段性成果之一。

** [喀麦隆]玛莎·西姆·图蒙德（Martha Simo Tummde），喀麦隆布埃亚大学社会和管理科学学院院长、副教授、喀麦隆最高法院出庭律师和事务律师。

① OHADA 是法语短语"*l' Organisation pour l' Harmonisation en Afrique du Droit des* Affaires"的缩写形式。该条约最初由 14 个非洲国家签署：贝宁、布基纳法索、喀麦隆、中非共和国、乍得、科摩罗、刚果、科特迪瓦、赤道几内亚、加蓬、马里、尼日尔、塞内加尔和多哥。后来，几内亚和几内亚比绍加入，使该条约的成员国总数达到 16 个。现在，刚果民主共和国已成为该条约的第 17 个成员国。根据该条约第 53 条，该条约对所有非盟成员国开放。

华,可以逐步成为英语非洲国家和法语非洲国家的共同商法。①

在 OHADA 之前,喀麦隆没有进行任何的商法现代化进程,而是继续使用殖民地时期的法律。在商法以外的领域,喀麦隆英语地区继续适用普通法的衡平原则、1955 年《南部喀麦隆高等法院法》第 11 条所规定的 1900 年普遍适用的成文法以及 1960 年之前的尼日利亚法。在喀麦隆法语地区,根据 1924 年 4 月 16 日和 5 月 24 日的两项法令,在 1924 年 1 月 1 日之前在法属赤道非洲颁布的法国法和来源于法国的法律继续适用。由于这些时间的限制,英国和法国法律的发展并未扩展到喀麦隆。在独立多年之后,喀麦隆和其他很多非洲国家仍在适用早已被最初制定国所废除的法律。除少数几个非洲国家之外,其他非洲国家都不愿意或者完全漠视法律改革。在我们日常适用的法律法规中,我们都不难发现过时的法规,如 1893 年的《货物销售法》、1890 年的《合伙法》、1882 年的《代理法》、1958 年的《公司条例》、1804 年的《民法典》和 1807 年的《商法典》。

1955 年《南部喀麦隆高等法院法》第 11 条和喀麦隆法语区类似的立法基本上都是过渡性的,立法者希望随后能制定更为恰当、适宜的本地法律。法律必须因时而异,应该符合社会环境而不断地变化和发展。OHADA 可能为最近没有法律改革打算的成员国提供了一个亡羊补牢的机会。②

现在,已经进入第三个千年了,我们居住的环境已经变成了一个地球村。通过电子通信,我们甚至可以在自己的卧室里跟世界任何一个地方的人们进行国际贸易。近年来,人们对赶上经济全球化列车的渴

① 考虑到 OHADA 条约及其统一法所涉及的国家数量、它的范围以及它所调整的事项,它是非洲真正的法律革命。这是一个富有雄心壮志的工程。OHADA 通过了许多被称为统一法的法律文件,内容涵盖下列九个商法领域:一般商法、商事公司和经济利益集团、会计法、债务清偿集体程序、担保法、债务追偿简易程序及执行措施、仲裁、公路货物运输合同,以及合作公司。

② Dickerson, C. M. (2005) Harmonising business laws in Africa: OHADA Calls the Tune, *ColumbiaJournal of Transnational Law*, 44:17 - 73. See also, Tumnde - Njikam, M. S., ‘The Future of OHADA inthe age of Globalisation, paper presented at the OHADA Conference inAccra, Ghana, on 4 November 2003.

望加速了改革的进程。[①] 全球化的一个方面就是希望尽可能的消除一个特定地区内商业法的差异。

这样做的目的是尽可能地让在这一地区进行投资的公司适用相同的规则。如果一个尼日尼亚人想要在喀麦隆、科特迪瓦、加纳或者非洲其他任何地方设立企业,而这些地方又适用同样的规则,这将会使他更加放心。OHADA 就是在向这一目标努力,并将会在全球化挑战中就这一地区的商法领域给出非洲的答案。

本文将讨论 OHADA 条约及其统一法在喀麦隆的适用,从而深入考察 OHADA 条约及其统一法在喀麦隆实施所遇到的实际问题,特别是在具有普通法传统的地区所遇到的问题。

一、OHADA 条约及其统一法在实施中遇到的问题

OHADA 自 1993 年成立以来到现在,已经在喀麦隆包括喀麦隆英语地区产生了影响。因为下列一些原因,[②]OHADA 条约被认为具有革命性,并在喀麦隆英语地区产生很大争议。首先,最初的争议来自大部分关于推动喀麦隆商业法律环境的条款并没有考虑喀麦隆的实际情况,也没有考虑到这部法律的利益相关者和适用者。这是因为立法过程是由国家元首单方面参加的,国家参与不足。

OHADA 条约和统一法在喀麦隆的适用还涉及喀麦隆宪法的相关问题。具体而言,在喀麦隆这样一个具有双重法律文化传统和两种语

---

① Forneris, X. (2001) Harmonising Commercial Law in Africa: The OHADA, *Revue de Droit et de*Science Politique 47, p. 77.

② 对于 OHADA 条约在喀麦隆是否合宪的问题,在 OHADA 有关该主题的会议上有详尽讨论,参见喀麦隆布埃亚大学在 2003 年 9 月 18 ~ 19 日召开的"OHADA 条约在喀麦隆的合宪性"的研讨会。此次会议在喀麦隆第一次将来自喀麦隆英语省份和法语省份的法学专家汇集在一起。这种会谈为多语言背景下法学者的交流提供了一个平台。

言的国家,[①]OHADA 所使用的语言引起 OHADA 条约的规定是否符合喀麦隆宪法这样的争议。

OHADA 条约第 42 条规定条约的工作语言是法语。该条约和统一法都是用法语制定和颁布的。也就是说,任何英语版本或其他语言版本的文件,仅仅只是从法语翻译成英语、西班牙语或葡萄牙语。可是 2010 年版的 OHADA 条约对第 42 条做了修改,并由此在 OHAHA 中引入了多种语言。OHADA 现在已经有四种工作语言:法语、英语、西班牙语、葡萄牙语,不过在不同语言文本发生冲突时,仍以法语文本为准。[②] 然而,语言的问题并没有完全解决,大部分的翻译文本都因为翻译不够充分准确、过于笼统而广受非议。它们只是尽量使内容相近,而且它们是非官方的,在很多情况下,在英语中并不能找到可替代的法律术语。为了避免文本的翻译,将来的 OHADA 统一法应该共同起草。此外,最好能成立一个共同修订小组来专门负责现有统一法的完善。这个团队应该使用结合语境与上下文的方法来进行翻译。成员国应该编撰一部 OHADA 词典,其中包括词汇、短语和概念。要澄清对法律术语的误读,还有很长的路要走。

不幸的是,即使 OHADA 条约修订版第 42 条已经实施,可是在其实施后对《一般商法统一法》、《担保统一法》所作的修订以及刚通过的《合作制企业统一法》却仍是用法语起草的。这实际上说明,因为翻译特别是法律翻译,会影响概念以及单词和短语,所以翻译是很难的,它必须经得起推敲,还要体现集体意志。新修订的 OHADA 条约第 42 条的执行力度将取决于这种意志的强度。既然新的第 42 条已经生效,建立这样的翻译团队更是迫在眉睫。

OHADA 条约第 9 条规定,统一法应该在成员国的官方报纸上公

---

① Article 1 (3) of Law No. 96 – 06 of 18 January 1996 to amend the Constitution of 2 June 1972; Tumnde – Njikam, M. S. (2002) The applicability of the OHADA Treaty in Cameroon: problems and prospects, *Annals of the Faculty of Law and Political Sciences*, 6, pp. 23 – 32; See also, Tabe, S. T. (2002), Some antipodal hurdles that beset the uniform working of the OHADA Uniform Acts in Cameroon, Annals of the Faculty of Law and Political Science, 6, pp. 33 – 43.

② 本书附件二提供了 OHADA 条约修订版的英语文本。

布。喀麦隆宪法规定,作为一个双语国家,在喀麦隆国内出版的官方报纸都应该使用英语和法语两种语言。在 *Akiangan Fombin Sebastian v. Foto Joseph and others* 案①中,Ayah Paul 法官提出了这样一个观点,以法语作成的条约不得在喀麦隆说英语的省份适用。按照他的观点,因为缺少英文版本,也就意味着 OHADA 及其统一法在喀麦隆英语省份无法适用。一个经常被人问及的问题是,如果把一个喀麦隆英语省份法院审理的案件提交到位于阿比让的司法与仲裁共同法院会发生什么情况?因为喀麦隆英语省份法院的程序和判决使用的都是英语。也许,司法与仲裁共同法院可能不会受理此案,因为该法院的所有法官都说法语,虽然 OHADA 条约第 42 条规定英语现在也是 OHADA 工作语言之一。

在喀麦隆英语省份,OHADA 最初被视为是法国人或喀麦隆法语地区推行新殖民主义的一种手段,因为它忽视了这个国家双语和双重司法传统的现实。可是,事实是,甚至在正式通过增加工作语言的 OHADA 条约修订案之前,OHADA 官方文件,包括条约和统一法,都已经有英译版本,虽然法语版本才是唯一的官方文件。只要没有这些文件的官方英语版本,这一事实就会保持不变。对于目前的情况,换句话说,即使有第 42 条的规定,实用原则仍然要求必须参考原始的法语版本。因为如前所述,即使在 OHADA 条约修订案颁布后,在不同语言的版本发生冲突时,仍以法语版为准,而且因为把单词、短语、概念从一种语言翻译成另一种语言总是会存在一些不可避免的问题,所以就算是今后 OHADA 条约和统一法都有了官方英语版本,法语版本仍将具有举足轻重的地位。

如果之前所说的只是喀麦隆双语环境的问题,那么喀麦隆的双重司法传统性质则使 OHADA 的适用更为复杂。喀麦隆英语省份和法语省份分别适用普通法和大陆法。统一法深植于大陆法传统;除了喀麦隆英语省份,OHADA 成员国具有共同的大陆法传统。因此,普通法法律人士已经做好迎接新的法律论战的准备。毫不奇怪,现在已经出现

① Suit No. HCK/3/96 of 6 January 2000 (Unreported).

了诸如“普通法何去何从?”、“OHADA 对普通法友好吗?”这样的问题。[①]

OHADA 曾被形容为“难以驾驭的烈马”。[②] 2004 年在拉各斯召开的一次国际会议上,[③]与会者问了很多这样的问题:OHADA 条约的起草者在对什么法律进行协调化? 因为他们基本上都是在关注大陆法。其实,即使在具有同样大陆法传统的 OHADA 法语地区也有不同的商法:一些非洲法语国家比其他国家对独立前的法律制度进行了更大范围的更新。因此,即使在法语国家,通过 OHADA 对法律进行协调化也是十分有意义的。[④]

然而,早期参加有关 OHADA 效用讨论的喀麦隆与会代表都是英语为母语的法律人士,他们对普通法充满着怀念之情。[⑤] 一些喀麦隆人士提出,国家的双重司法传统应该保留和提升,任何有意义的改革都应考虑到喀麦隆的国情。没有理由相信其他具有普通法传统的法域会

---

① See keynote address by Akere Muna, Is OHADA ‘Common Law Friendly?’, in Proceedings of the OHADA Seminar held at the University of Buea, Buea, Cameroon, 18 – 19 September 2003, pp. 7 – 16.

② Nko – Njoya, I. (2003) OHADA Treaty – An Unruly Horse, The Impartial Judge, No. 1, at p. 21.

③ See Report on the First OHADA International Conference, held on 30 April 2004 at Lagos Airport Hotel, Ikeja, Lagos, Nigeria.

④ 对于 OHADA 商法制定前西部非洲和中部非洲法语国家的法律情况,参见 Julie Paquin (2001), *L' harmonisation du droit des affaires en Afrique*; *le projet de l' OHADA*, Ohadata D – 04 – 15 [Online] www. ohada. com; http://www. barreau. qc. ca/publications/journal/vol33/no15/ ohada. html (last visited 18 April 2008).

⑤ 布埃亚大学主办过三场 OHADA 国际学术会议:2003 年 9 月 18 ~ 19 日主办的“OHADA 条约在喀麦隆的合宪性”会议、2005 年 9 月 15 ~ 16 日主办的“OHADA 会计制度的实施:实践、问题与前景”会议以及 2005 年 11 月 15 ~ 16 日主办的“《债务追偿简易程序和执行措施统一法》在喀麦隆的实施:实践、问题与前景”会议。它还举办了五场主题不同的论坛:2003 年 4 月由一个学生团体即法学会举办的“OHADA 条约及其统一法在喀麦隆的实施”、2005 年 10 月 30 日由 Fako 律师协会在林贝举办的“《一般商法统一法》的实施:实践、问题及前景”、2005 年 12 月 30 日由巴门达律师协会在巴门达举办的“OHADA 统一法的实施”、2005 年 12 月 10 日由杜阿拉大学法学院举办的“《商事公司和经济利益集团统一法》的实施”以及 2006 年 1 月 16 日由 Meme 律师协会举办的“统一法的实施:问题及发展”。这些会议和论坛为本文提供了非常有用的信息来源。

本能地愿意让大陆法来取代它的法律制度。

另一个关于 OHADA 条约的主要问题是，成员国必须放弃它们在商法事项上的立法和司法主权。[①] OHADA 的改革确实会导致主权的让与。例如，一个超国家机构——部长委员会而不是成员国国内议会——通过统一法；位于阿比让的司法与仲裁共同法院而不是成员国的国内最高法院，才是涉及 OHADA 案件的终审法院。这在那些认为成员国议会和最高法院已经因此被剥夺了职能的人们之间引发了诸多批评和不安。这些持批评意见的人们认为，议员才是人们选举出来的官员，而组成 OHADA 部长委员会的各国司法和财政部长都是各成员国政府任命的。

对于这些批评的一个回应是，OHADA 只涉及商业法律，所以事实上，缔约国们并没有放弃太多主权。对于另一个问题的回应是，如果 OHADA 条约在喀麦隆通过的程序正当，这将消除部长委员会的统一法在喀麦隆适用的合法性问题；喀麦隆宪法中所体现的人民的意志也得到了尊重。因此，对于今后将要加入 OHADA 的国家而言，尊重所有的程序要求至关重要。

在另一层面，OHADA 成员国国内委员会已自动发展为成员国政府和部长委员会之间、成员国政府和本国法律人士以及直接受 OHADA 法律影响的商人之间的沟通桥梁。缔约国已经开始认识到这些国内委员会对于 OHADA 的运作及其合法性有着非常重要的作用。部长委员会和秘书处试图采取行动来鼓励 OHADA 成员国强化这些委员会。

虽然 OHADA 国内委员会极其重要，但国内委员会的成员是由成员国行政机构任命的，而不是人们选举产生的。当然，自由选举产生的议员可能业绩平平，缺乏独立公正，而由行政机构任命的法官和部长却可能是业务娴熟、超然独立。然而，不可避免的是，所有的这些专业人员的水准和 OHADA 国内委员会成员一样，可能会有欠缺，而且当前的推选过程可能会导致任命的成员效忠于任命机构，并会导致他们庸碌

① See Articles 6, 10, 14 and 20 of the treaty of the Organization for the Harmonization in Africa of Business Law (See Appendix 2).

无为。

专就法官而言,喀麦隆英语地区的法律人士对此特别关注,他们认为在普通法传统中,法官都是从卓越的律师中遴选出来的,这可以解释为什么大部分普通法国家的最高法院拥有最专业和最有经验的法官;相应地这些法官有能力抵御外部压力。这些英语地区的怀疑者们对OHADA的这一要求感到十分惊讶:即成员国高等法院和上诉法院的判决可直接上诉至司法与仲裁共同法院,这就因此绕过成员国国内最高法院内最博学、最受尊敬的法官们。对于喀麦隆英语地区的一些人来说,不能接触到最受人尊敬的法官的损失超过了统一商法所带来收益。

虽然有这么多的批评,司法与仲裁共同法院仍是一个非常重要的和创新的机构,它在OHADA系统中处于核心地位。司法与仲裁共同法院的总部在科特迪瓦的阿比让。虽然许多科特迪瓦以外的律师担心司法与仲裁共同法院的诉讼非常昂贵,因为其他成员国的当事人和律师必须到阿比让才能在司法与仲裁共同法院提起请求,但是司法与仲裁共同法院的法官提醒OHADA地区的法律同行,司法与仲裁共同法院的程序和OHADA条约都没有规定他们必须来阿比让或者必须有一个科特迪瓦的代理律师。由于司法与仲裁共同法院适用的是大陆法程序,其判决都是基于书面材料作出,而这些材料可以邮寄给司法与仲裁共同法院的书记官长。因此,如果科特迪瓦以外的成员国律师愿意放弃不必要的亲自出庭代理当事人的话,OHADA降低交易成本的好处将不再会被上诉至司法与仲裁共同法院的费用所抵消。由于这个误解,例如在喀麦隆,由于害怕诉讼成本的增加,许多省份的案件仅仅停留在上诉法院,而没有最终上诉至司法与仲裁共同法院。不过,确实由于聘请科特迪瓦律师的实践越来越根深蒂固,选择适用不同的程序变得难上加难了。

当法律人士考虑司法与仲裁共同法院当前程序的替代方案时,他们注意到,根据司法与仲裁共同法院《程序规则》第19条,如果司法与仲裁共同法院认为有必要,它就可以在事先取得成员国同意的情况下,在任何成员国内审理案件,而不需要增加该成员国的经济负担。这条规定是任意性的,而不是强制性的。可是最近的OHADA条约修正案却并没有采取这一措施。很大一部分原因是,如果司法与仲裁共同法院进行巡回审判的话,将花费高昂。另一个可以考虑的选择是,司法与仲裁共同法院可在每个成员国永久地建立一个特别分庭,例如,最高法院的商事分庭。同样,考虑到当事人和法律从业人员仍然对司法与仲裁共同法院当前的程序有担心,通过这样的方式将会使法院更加贴近民众,也会消除那些无法去往阿比让的不富裕的当事人的疑虑。通过这种方式,它可以给当事人提供更多的接近司法的机会。

只有司法与仲裁共同法院收到从特定对象以适当形式提交的问题时,它才会发表意见。因此,缔约国在咨询其意见前,最好正式向法院了解其程序。通过这样的方式,OHADA 地区的律师,特别是那些受过普通法训练而不习惯于单纯书面程序的律师,才能够让自己和自己的客户消除对司法与仲裁共同法院的非口头上诉程序的可靠性和优势的疑虑。

司法与仲裁共同法院还引起了普通法法律人士其他方面的担忧。由于司法与仲裁共同法院目前都是由受过大陆法训练的法官组成的,所以它需要增加受过普通法训练的法官。为了审理可能产生于喀麦隆英语地区涉及普通法的问题,可以从喀麦隆英语地区选拔法官到司法与仲裁共同法院任职,这样会非常适合。

另一个担忧是缺乏训练有素的人员。在喀麦隆英语地区,很多对 OHADA 法律的误解和误会源于这样的事实:即使在现在,也只有为数不多的法律人士能够足够熟练掌握商法和比较法,为当事人提供建议或有效处理涉及 OHADA 法律的案件。例如,一个受过普通法训练的律师不可能一夜之间就熟知大陆法,并能在司法与仲裁共同法院进行口头或书面答辩。地区高等司法学校(ERSUMA)位于贝宁的波多诺伏。建立这样一所培训学校是个很好的想法,但它不能满足受过普通法训练的说英语的法律人士的需求。这个学校实行集中化培训,且它的培训仅限于为数不多的法律人士。它希望通过"培训培训员"来广泛传播与 OHADA 有关的知识和法律。一个获得地区高等司法学校培训证书的法律人士有望在回去后传播他所学到的东西。对于英语为母语的人,地区高等司法培训学校在 2010 ~ 2011 年举办了三期用英语和法语进行的培训。在本文即将发表之际,该学校正在招募精通英语、葡萄牙语和西班牙语的OHADA专家。因此,学校在认识到OHADA条约修正案第42条关于把英语以及西班牙和葡萄牙作为工作语言的事实和重要性后,也在做出改变。地区高等司法培训学校的计划和发展将不可避免地认识到,对普通法律师的培训不能只涉及语言,还要涉及法律概念和表达的差异。

此外,特别是在喀麦隆英语地区,一些其他组织也在为英语母语的法律人士提供有关OHADA法律和制度的培训;例如,欧盟的法律扶持计划正在喀麦隆为法官、律师、法警和其他法律人员多次提供有关OHADA统一法的英语培训。随着由地区高等司法培训学校和其他机构在OHADA领域培训过的说英语的法律人士的增多,这些能在OHADA体制下游刃有余的说英语的普通法人士将为OHADA法律的可预见性和效率做出重大的贡献,不仅仅是在英语喀麦隆地区,而且他们将会给来自OHADA地区以外任何地方的以英语作为母语的人士提供法律帮助。

更广言之,除了以英语为母语的人士所面临的受法国法影响的实体法和程序这一问题外,OHADA还缺乏必备的基础设施来使之成为一个有效工具,从而实现其透明度和可预见性。OHADA需要结构性的调整。可以说,商事和动产信用登记制度的设立是OHADA初步行动中的一个伟大创新;OHADA法律反映了通过商事登记对有关担保权益、营业资产、与企业有关的信息以及商事行为者的身份进行集中管理的意图。然而,近段时间以来,雅温得、杜阿拉、林贝、布埃亚、昆巴、蒂科和巴门达市的商事登记处受到接二连三的批评。随之而产生的执行方面的困度是令人遗憾的,商业运营商仍面临着很多的实际问题。

商事登记处因为其效率低下、管理不善和缺乏基本的基础设施,还不能完全达到其保证法律安全的目标,例如,缺乏一致的登记程序,以及登记表格中所需填写的内容在不同地区也不尽相同。喀麦隆现在还没有组织良好和配备齐全的商事登记处,还没有有关注册公司的文件,只有一个公司注册的分类条目,也没有电脑和操作熟练的工作人员。商事登记过程总是很缓慢,商事行为者常为此低效和延误感到烦恼。而这种延误通常是因人员和设备的不足以及不成熟的登记程序所导致的。

上述问题有的在修正后的《一般商法统一法》中得到解决,特别是该法特别提到网络数据的收集和公开方式。在 21 世纪这样一个信息化的时代,公司的登记仍然用手工完成,这确实令人沮丧。在商业交易中,时间就是金钱。如果商事登记系统运作效率低下,它将会阻碍而不是促进投资。大多数商事登记处的员工不精通基本的法律术语,如抵押、债券、股票,这一事实加剧了问题的严重性。在当前的实践中,商事登记处所经历的惨淡图景显示了腐败以及行政和官僚的瓶颈。如果不给商事登记处的人员以额外的小费,他们会故意拖延登记过程。

商事登记的功能之一就是确保商事行为者遵守目前施行的、修正后的《一般商法统一法》第 68 条的规定。该条规定,如果法人团体或自然人不能在规定期限内申请登记,主管法院自己可以或在该院负责商事登记的书记官或其他任何人的请求下,下令强制相关当事人进行登记。然而,法院在这方面并没有采取行动,负责商事登记的书记官也很少验证公司或商事行为者是否已经履行了必要的登记程序。

发生在喀麦隆林贝的 CDC(喀麦隆发展有限公司)案是一个很好的例子。在 OHADA 公司法实施大约 10 年之后,该公司仍然没有在林贝的一审法院进行登记。当然,根据 OHADA 制度,这会造成不确定性,导致失范现象。公司或自然人未经授权或身份未经变更而行事的现象很常见,大家对于登记要求都漠不关心。大部分商事行为者,更不用说小企业主了,由于收入太低,无法保持商事行为者的身份。他们并不知道进行商事登记对于自己、他人和国家的意义。登记往往被视为一种形式,而不是一种义务。显然,这将对这个系统造成一系列的连锁反应,如非法合同的盛行以及投资者信心的降低。很明显,OHADA 的目标因为这一事实而受到威胁。基础设施的缺乏使 OHADA 所追求的透明度和可预见性的目标难以实现。

二、OHADA 的未来之路

关于 OHADA 法律的统一化,一些重要问题难以回避:OHADA 考虑过非洲文化和传统吗?如果答案是否定的,那么,统一化的进程将会是一场强扭的婚姻。在 OHADA 的背景下,喀麦隆的双重法律传统能否被保存,而不用说促进了?有效的改革会考虑国情吗?更重要的是,

OHADA能否适应当前的社会矛盾以及现代化和全球化的挑战?正确的方法应该能促进此类法律、原则和实践,使正统普适的公平、公正价值观与喀麦隆以及非洲现实相结合。

虽然法律是立法者思想与意志的体现,但是如果它不考虑人民的文化、传统与期望,而只是简单将抽象的公正观念强加于人民,那么它将很难成功。经验证明,没有深思熟虑的立法将会使某一团体获利,而另一团体受损,或强制将某一团体融入另一团体以追求总是难以持久的统一。改革过程应该正视到,喀麦隆英语和法语地区的两种不同法律系统将会像胎记一样永远存在。我们希望新的立法能够在非洲大陆上两种法律文化与传统之间,建起更坚固的桥梁。它应该克服普通法和大陆法之间的差异,并尊重非洲法律体制下传统法律所发挥的作用。

值得注意的是,OHADA把仲裁作为一种解决纠纷的方式,提供了一种法院外的处理商业纠纷的有效方式。协商、调解、仲裁在非洲文化中都是典型的冲突管理和解决方法。这种对调解和仲裁的强调反映了非洲全体人民的智慧,并给予这种智慧新的活力,它们考虑到了非洲国家和经济发展的需要,这与发达国家的需要有很大差别。

这样看来,必须创造有利的环境,使喀麦隆法律制度与OHADA的法律概念和制度相适应,以便能更好地适应当前的商业现实。OHADA的目的是建立一个单一的法律环境,来减少法律冲突,并因此促进投资。虽然它的主要目的在于吸引外国投资,但是如昊它的清晰度、透明度和可预见性的目标得以实现,这同样可以促进国内投资。对于律师来说,商法的统一化可以使他们在整个OHADA地区进行商法和公司法方面的执业活动。在OHADA区域内,法学教授可以在任何大学传授商法;而对于OHADA法律调整的冲突,司法人员可以在任何成员国内的商事分庭受理。

了解任何新法律的复杂性并非易事,特别是在它刚出现的时候。人们可能会问的一个问题是:“是OHADA还是它的实施才是个问题?”例如,商事登记是一个重要的创新,它的有效性正受到威胁,这并不是OHADA本身的失败,而是由于成员国没有给予必要的资源让它按照原计划运行。这不是法律本身的问题,而是实施的问题。也许特别是在像喀麦隆这样的具有双语以及双重法律传统的国家,需要给法律的潜在的利益相关者和受益者举办研讨会、补习班和进修课程。对商事登记处的工作人员进行持续的法律教育或者短期培训,可以使他们了解当前的法律发展。必须给予普通法的律师充分的必备设施,使他们能更好地在 OHADA 环境下工作。

从现实层面来看,需要出版双语的 OHADA 法典注解、OHADA 词典以及其他 OHADA 出版物,以促进对当前 OHADA 法律信息和知识的传播。应在学校和大学广泛教授 OHADA 法律和比较法。应推动和鼓励在法律职业团体内建立联络并举办一些跨境活动。

例如,FAKO 律师协会在林贝西南城区建立了一个 OHADA 社团,并与相邻非洲国家建立联系,以推广 OHADA 条约、统一法、司法与仲裁共同法院的判决以及部长委员会的有关信息。常设秘书处有必要在成员国建立一些分支机构、图书馆和资源中心来推广与 OHADA 有关的出版物。

最近所修订的《一般商法统一法》中所出现一个很好的进展是,为全面的网络化系统构建了一个框架。如果商事登记处要更快捷与高效地执行它的职能的话,这是非常必要的。该法授权一个委员会就所必需的软件制定一套标准。由于目前基础设施的限制,包括专业人才的缺乏,使商事登记的任务变得异常繁重,但《一般商法统一法》修订版以及要求推动商事登记网络化的努力,会在不远的将来为商事登记带来很大的改善。

在此过渡期间,应在成员国的每个一审法院内设立一个专门的商事登记处,为信息的交叉索引和信息的集中尽可能地提供相应的指导。此外,在每一成员国的司法部层面应建立一个部门,定期抽查有关报告和文件。① 这也与《一般商法统一法》的规定一致。

从小处而言,OHADA 制度的谨慎构建和起草在很大程度上弥补了国内司法系统的不足;从大处看,OHADA 提供了一个统一适用于一个广大区域的精密而明确的商法体系。通过布埃亚大学、律师及法官

① 这一灵感来自泛非保险市场会议(CIMA)法典的一个规定。根据该规定,财政部、保险部门对保险公司进行定期监督。这些监督包括在保险公司的营业地进行查验、对文件进行检查。See further, Tumnde - Nikam, M. S. (2003) Motor Vehicle Insurance Law in Cameroon, Design House, Limbe, Cameroon, pp. 232 - 261.

的努力,喀麦隆英语地区正在不断实施 OHADA 制度。我们已经看到了在这些地区中 OHADA 是如何推动商业贸易发展的,而且随着来自成员国更多和持续的支持,OHADA 将不负所望,即使是在具有普通法传统的地区。

三、结语

喀麦隆的经验告诉我们,通过 OHADA 来统一非洲商法对于克服传统差异而言是关键的一步,至少是对于普通法系与大陆法系之间的差异而言。这些精心起草的成文法必须得到执行,发挥其效力。这个任务并非遥不可及,在商法领域,这两种来自北半球的法律制度都旨在提供和加强法律的预见性:商法是一个普通法系与大陆法系传统界限不明确的领域。即便是 OHADA 内从大陆法法系中借鉴最多的《一般商法统一法》、《担保统一法》、《商业公司和经济利益集团统一法》,其原则都与普通法系中的相关原则相似。其他 OHADA 统一法本身就是法律统一化的产物。例如,在会计、公路货物运输及仲裁领域,统一法的规定十分接近国际标准。

OHADA 不可避免地影响了每一个成员国的主权,但都只是在商法范围内。如果这就是代价,在非洲如同在欧洲一样,越来越多关于商业贸易的多边协议的达成反映了通过让渡主权以求统一的共识。欧盟、西非国家经济共同体、中非经济货币共同体以及其他区域组织的经验证明,除非国家放弃部分主权,授权区域组织作出有效决定并执行所作出的决定,否则统一化将举步维艰。对非洲商法进行统一自然地与这些以及其他地区性和全大陆范围的组织的宗旨是一致的。最终拥有一套适用于整个地区的统一化的法律制度,显然符合非洲的利益。在母语为英语的人士以及受普通法训练的法律人士看来,喀麦隆是检验的平台,是普通法与大陆法融合的实验室。

(朱伟东,湘潭大学非洲法律与社会研究中心副主任、法学博士、教授;江崇文,湘潭大学法学院国际法专业 2012 级硕士研究生)

喀麦隆提供了理解 OHADA 条约和统一法的语境方法*

[喀麦隆]玛莎·西姆·图蒙德** 著
朱伟东 周 婷 译

目 次

非洲国家的前殖民者通过殖民统治,将各自的法律引进到非洲。对于前殖民地所进行的所有法律协调化的努力而言,不同的法律传统造成了支离破碎的法律环境,导致了法律的不确定性、多样化,同时增加了投资者的成本。全球化带来的前所未有的挑战必然推动着非洲法律制度地区性一体化的进程,这比以往任何时候都显得更为迫切。

OHADA 统一法无须通过成员国国内议会的立法活动,而直接成为成员国国内立法的一部分,通过这样的方式,OHADA 对成员国的商

* 本译文是国家社科基金课题"中非经贸投资纠纷解决机制研究"(项目编号:13BFX158)的阶段性成果之一。

** [喀麦隆]玛莎·西姆·图蒙德(Martha Simo Tummde),喀麦隆布埃亚大学社会和管理科学学院院长、副教授、喀麦隆最高法院出庭律师和事务律师。

法进行了统一。[①] 根据OHADA条约第10条,统一法自动、直接地废除了现有的法律,取代了相同事项的所有将来立法。[②] 毋庸置疑,这对签署条约的国家具有重要影响。[③]

本文将分析非洲商法协调组织的机构、统一法在作为OHADA法域中唯一具有普通法传统的喀麦隆的实践环境中所体现出来的性质和范围。这一经验强调了法律内在的创新和局限。正如我们所见,非洲商法协调组织的成功依赖于对它的法律的解释以及成员国对法律进行修改、采纳以及对存在问题的法律领域进行完善的支持态度。

一、非洲商法协调组织的机构和法律框架

为了实现为商业交易创造一个可预见的、透明的、安全的法律环境,非洲商法协调组织设有5个实施机构:[④]国家元首和政府首脑会议、部长委员会、司法和仲裁共同法院、常设秘书处和地区高等司法学校。

---

① 早在1963年的一次法语非洲司法部长会议上以及1991年在布基纳法索的瓦加杜古召开的法语非洲财政部长会议上,以在塞内加尔出生的柯巴·姆贝耶为主席的7位法学人士决定就设立一个旨在推动非洲商法统一化和协调化的组织的可能性召开研究。会议的结果是,1993年10月17日在毛里求斯的太子港签署了OHADA条约,根据该条约成立了非洲商法协调组织(其法语名称缩写形式就是OHADA)。当时14个非洲国家签署了该条约,该条约于1995年5月生效。该条约第52条规定,条约自提交第7份批准书的60天后生效。

② 喀麦隆根据1994年8月4日第94/04号法律通过1996年9月5日第96/177号法令批准了该条约。喀麦隆第94/04号法律授权总统根据喀麦隆宪法批准该条约。参见Article 9(4) of the Constitution of 2 June 1972, 特别是,《喀麦隆1996年宪法》第45条规定,通过合法程序通过和批准的条约、国际协议自其公布后具有高于国内法的效力,只要其他成员国也实施了该条约或协议。基于此,OHADA统一法构成喀麦隆国内可适用的商法。

③ 对于法律协调化的好处, see generally, Yakubu, A (1999) Harmonisation of Laws in Africa, Malthouse Press Ltd, Lagos, pp. 27 – 42; see also Issa – Sayegh, J. and Lohoues – Oble, J. (2002) Harmonisation du Droit des Affairs, Juriscope, Poitiers.

④ See generally, Martor, B. et al. (2002) Business Law in Africa: OHADA and the Harmonisation Process, Kogan Page, London.

(一)国家元首和政府首脑会议

通过2010年的修正案,OHADA条约创设了新的国家元首和政府首脑会议。这一机构的设立,是承认下列不能回避的事实的一个很好例子,即任何国际性安排,即便是专注于商务的国际性安排,也有政治因素的考量。

(二)部长委员会

部长委员会是非洲商法协调组织的立法机构。部长委员会由所有成员国的司法部长和财政部长组成,每年至少开会一次。成员国每年轮流成为部长委员会主席。根据 OHADA 条约第 6 条,部长委员会在常设秘书处的协助下,“与成员国的政府协商制定统一法”,它根据司法和仲裁共同法院的咨询建议,审查并通过统一法。只有当部长委员会通过统一法后,它才能成为成员国国内法的一部分。OHADA 条约第 10 条规定,对于非洲商法协调组织管辖范围内的问题,成员国国内立法机关只有在与非洲商法协调组织立法不相冲突的情况下,才有权制定法律。

国家主权本质上是一个政治概念,表现为国家可以行使的系列权力,其中就包括立法权和司法权。OHADA 条约所引起的担忧之一体现在,成员国放弃了它们的立法权和司法权。① 立法权的放弃可以从下文有关 OHADA 法律创制过程的分析中明显看出来,但 OHADA 的立法必须得到 OHADA 的授权,且仅限于商法。考虑到任何国家在实施任何条约时,必然要放弃部分自主权,问题是,OHADA 进行法律一体化的努力所带来的好处是否会大于对主权进行限制的成本。

OHADA 条约第 5 ~ 12 条就制定和通过统一法所应遵循的程序作了规定。立法权由部长委员会即所有成员国的司法部长和财政部长作为一个机构来行使,而不是由每一成员国的议会来行使。根据 OHADA 条约,非洲商法协调组织的部长委员会与常设秘书处合作,已

---

① Kenfack, G. D. (1999) L'Abandon de Souveraineté dans le Traité OHADA, *Penant*, No. 830, mai àaut (1999), pp. 125 - 134; Raynal, J - J. (2002) Intégration et Souveraineté: Le Problème de la Constitutionalité du Traité OHADA, *Penant* (2000), pp. 5 - 22.

经采纳了一个法律制定程序。非洲商法协调组织的立法过程通过在每一成员国内设立 OHADA 国内委员会,允许成员国积极参与 OHADA 的立法过程,并积极建言献策,而此前的 OHADA 条约并没有对此实践作出明确规定。OHADA 国内委员会由各成员国来自法律和司法职业、学术界、国家议会和相关部门的代表组成。

从 OHADA 立法的制定程序来看,OHADA 常设秘书处首先授权并监督专家起草统一法草案,然后将草案提交给成员国,让各成员国的 OHADA 国内委员会对草案进行审议并提出意见。常设秘书处根据这些意见以及随后从司法与仲裁共同法院获得的咨询意见,对草案进行修改,确定草案的最终稿,最后将其提交给部长委员会。

16 个成员国①部长组成的部长委员会负责统一法的通过。当至少有 2/3 的成员国出席,且一致投赞成票时,统一法即获通过。因此,每个成员国都有权通过其部长出席会议、投反对票来否决任何立法提案。这一规定确保任何统一法在通过之前获得成员国的普遍共识,旨在减少可能希望加入到 OHADA 家庭的其他非洲国家的担忧。

此外,显然,作为 OHADA 国内委员会成员的国内法学者和商业团体的能力和参与资格,对于制定更为有效且被普遍接受的统一法是必不可少的。的确,OHADA 条约没有规定阻止 OHADA 国内委员会参与本国国内议会的辩论,以决定统一法提案的文本内容。如果成员国对 OHADA 国内委员会完全采用包容性的方法,甚至使 OHADA 国内委员会成为 OHADA 的正式机构,这将有助于创建和完善与成员国社会经济现实以及国内法律制度更为和谐的法律。这相应地有助于减少对成员国主权丧失的指责。

(三)司法与仲裁共同法院

司法和仲裁共同法院设在科特迪瓦首都阿比让。这一超国家的组织可以确保 OHADA 法律能够得到统一解释和适用。该法院由部长委员会选举的 9 名法官组成,任期 7 年,不得连任。OHADA 已就增加司法和仲裁共同法院的法官人数的可能性进行过讨论,一种观点认为,每个成员国在该法院内应有一名法官代表,并且要提高法院及时处理事

① 现在是 17 个成员国。——译者注

务的能力。对这一提议也有很多反对意见,包括增加法官人数会使该法院人员臃肿,而且从原则上讲,法官不应代表任何特定国家。

司法和仲裁共同法院的法官是从成员国的国民即法官、律师和法学教授中选举出来的,他们享有外交豁免。所有司法与仲裁共同法院法官的候选人在其被指定前,必须具有至少有 15 年的职业经历。考虑到这是一个法律法院,司法和仲裁共同法院法官中必须有 2/3 的人员来自成员国的司法机构,另外 1/3 的法官必须是执业律师或学者。司法与仲裁共同法院的院长和副院长由法官选举产生。

1. 司法和仲裁共同法院的管辖权

OHADA 条约第 13 ~ 18 条规定司法和仲裁共同法院具有下列三方面的管辖权,前两种管辖权有助于确保司法解释的统一性,以及 OHADA 法律的连贯性和先进性。从实际来看,第三种管辖权主要是为 OHADA 地区私人仲裁体制提供一个示范。这三种管辖权兹述如下:

(1)司法与仲裁共同法院作为一个超国家法院,可以对成员国高等法院和上诉法院就涉及 OHADA 法律适用的案件作出的裁决进行复审。这意味着该法院可以被认为是拥有最终审判权的最高法院。根据 OHADA 条约,就涉及 OHADA 法律的任何案件,司法和仲裁共同法院的判决等同于每个成员国最高级别的司法机构的复审判决。OHADA 条约第 20 条规定,该法院作出的决定有终审裁决的效力,并可在每个成员国立即执行。因此,就统一法的适用和解释而言,除了刑事裁决,司法和仲裁共同法院拥有最终审判权。① 所以,司法与仲裁共同法院的判决一旦作出,就在各成员国的地域内具有既判力,与之相冲突的判决不得在成员国内得到执行。然而,这并不意味着司法和仲裁共同法院不具有灵活性。如果该法院发现它先前作出的判决有重大错误,它就可以重新审理,并推翻自己先前的判决。Les époux Karnib c/Société Générale de Banques en CÔTE d'Ivoire SGBC 案②就表明司法和仲裁共

① 刑事制裁和刑法事项仍由成员国国内法调整。

② Pourvoi No. 001/99/PC of 23 April 1999, Arrêt No. 002/2001 of 11 October 2001.

同法院具有这种灵活性。在该案中,司法与仲裁共同法院最初对《债务追偿简易程序及执行措施统一法》第 32 条作了限制性解释,认为该法院不能中止强制执行程序,除非债权人承诺如在上诉中败诉,就会对债务人进行全额赔付。[①] 这一判决遭到了成员国的强烈反对,如塞内加尔、科特迪瓦和喀麦隆,因为该判决存在这样的风险:债权人在未对债务人履行赔付义务的情况下逃离法院辖区,这一结果当然会使上诉的目的落空。在此情况下,如果一审法院的判决动机不正确或者法官偏心并故意曲解统一法,就会给债务人带来不可弥补的损害。不过,司法与仲裁共同法院随后在 *Société d' Exploitation Hoeliere et Immobilière du Cameroun dite SEHIC HOLLYWOOD S. A. c/ Société Générale de Banques au Cameroun dite SGBC* 案[②]中有机会对 Kanib 案的判决进行了修正。

在第 2 个案例中,该法院认为,《债务追偿简易程序和执行措施统一法》第 32 条并没有废除成员国国内有关授权中止执行程序的立法。司法与仲裁共同法院通过这样的方式更正了之前判决的错误。这种灵活性对于实现成员国的期望来说是必不可少的,而且有利于加强成员国之间的商业合作。然而,由于司法和仲裁共同法院的判决是终审判决,这就意味着成员国会丧失部分司法主权。不可否认,当当事人越过成员国上诉法院直接到司法和仲裁共同法院起诉时,对于涉及 OHADA 的事项,可以从技术上绕开成员国的最高法院。实际上,各国最高法院对此很抵触。有证据表明,至少有些涉及 OHADA 事项的案件被提交给成员国最高法院,但无论是这些法院还是当事人都没有将此类案件提交至司法和仲裁共同法院。[③]

(2)司法与仲裁共同法院有权对常设秘书处提交的统一法草案提供咨询意见和建议。司法和仲裁共同法院的第二个作用是在部长委员会通过统一法草案前发表咨询意见。同时,各成员国的国内法院也可

---

① See infra discussion of the Uniform Act on Simplified Recovery Procedures and Measures of Execution.

② Pourvoi No. 033/2002/PC of 4 July 2002, Arrêt No. 012/2003 of 19 June 2003.

③ See OHADA Treaty, Arts. 14, 15 and 18 (concerning the authority of the CCJA).

以请求司法和仲裁共同法院发表咨询意见。

(3)司法与仲裁共同法院的第三个职能是根据 OHADA 条约第 21~26 条规定,对仲裁程序进行监督和管理。

2. 司法和仲裁共同法院的程序

1996 年 4 月 18 日,在乍得首都恩贾梅纳通过了司法和仲裁共同法院的《程序规则》,明确界定了法院机构、职能及程序。司法与仲裁共同法院程序主要基于书面文件进行,一般不需要口头辩论。这种基于文件性的程序规定适用于司法和仲裁共同法院职责的各方面,包括向部长委员会或成员国提供意见等。

因此,任何成员国或部长委员会要求法院提供意见时,必须是书面提出,明确阐明需要法院发表咨询意见的问题。这样的请求必须有证明文件的支撑。法院的书记员将此请求转发给其他所有成员国,以征求他们就这一问题的意见。这必须在司法与仲裁共同法院院长确定的时间内完成,此后,院长会确定审理日期,然后法院就会对请求它发表意见的问题作出裁决。

(四)常设秘书处

根据 1996 年第 002/96/cm 号法律,非洲商法协调组织与喀麦隆于 1997 年 7 月 30 日签订了一份议定书,约定在雅温德设立非洲商法协调组织的常设秘书处。常设秘书处由常务秘书领导,根据 OHADA 条约,常务秘书的任期是 4 年,可连任一次。常设秘书处和其职员享有外交豁免权,以便发挥其职能。

常设秘书处负责管理非洲商法协调组织,起着技术性和协调性的作用。根据 OHADA 条约第 6 条,常设秘书处协助部长委员会处理大部分事务,负责与成员国协商统一法的起草。

如 OHADA 条约第 11 条规定,常设秘书处最大的影响可能是其为统一商法所做的年度规划。另一个职责是宣传非洲商法协调组织的相关法律讯息,这对于法律的实施做出了至关重要的贡献。这一切是通过散发各类出版物包括官方公报、司法和仲裁共同法院及部长委员会的决议,以及通过执行部长委员会关于地区高等司法学校的指令来实现的。

(五)地区高等司法学校

ERSUMA 是法语短语"Ecole Régionale Supérieure de la Magistrature"首字母的缩写,译为地区高等司法学校,其总部设在贝宁首都波多诺伏,由部长委员会任命的、没有任期限制的总理事领导。

地区高等司法学校的职责是对来自成员国的法律人员进行有关OHADA统一法及OHADA改革所涉领域方面的知识的培训。地区高等司法学校有四重目的:第一是改善成员国的法制环境;第二是确保对成员国的法官和其他司法机关的法律人员进行有关统一法事项的培训;第三是与司法和仲裁共同法院开展合作,研究非洲法律;第四是完成部长委员会安排的所有其他任务。

如果法律人员对OHADA一无所知,他们就不会利用OHADA;如果OHADA得不到利用,它就不能发挥应有的效力。因此,在协助部长委员会改善成员国的法制环境方面,地区高等司法学校肩负重任。由于非洲商法协调组织希望扩大其范围,或至少希望具有普通法传统的法律人员更好地了解该组织的法律制度,因此,地区高等司法学校的教学计划最好包括比较法和非洲法的教学内容。

二、OHADA统一法的性质和范围

OHADA条约第2条考虑到对各成员国国内法律进行协调,而对商法的范围做了界定。商法的范围包括所有调整公司、商人法律地位、债务清偿、担保及执行程序、企业清算及破产的规则,以及仲裁法、劳动法、会计法、运输法、买卖法。考虑到部长委员会可以按照条约的对象和目的,可以一致决定将其他事项纳入商法领域,这一清单并非详尽无疑。2010年9月15日,部长委员会根据常设秘书处的建议,对这一清单做了重新界定。这样,目前的商法范围还包括与知识产权、民事公司(非商事公司)、合作互助社、合同和证据相关的法律。

OHADA条约批准后,已通过了9部统一法:《一般商法统一法》、《商业公司及经济利益集团统一法》、《担保统一法》、《破产统一法》(《清偿债务的集体程序统一法》)、《仲裁统一法》、《会计法统一法》、《债务清偿简易程序及执行措施统一法》、《公路货物运输合同统一法》、《合作制企业统一法》。目前,还有几部统一法草案正处于不同阶段的审批过程中,如《合同法统一法草案》、《劳工法统一法草案》、《消费法统一法草案》、《证据法统一法草案》。看来,这些新的立法有的已突破了传统的商法领域,但无疑它们对于商业活动非常重要,并很有可能改善投资环境。非洲商法协调组织的职权是对商法进行协调,而它采取的改革已超出了狭隘定义的传统商法范围,而且将持续扩大商法的范围,只要成员国选择接受 OHADA 条约第 2 条所采用的商法概念。

根据 OHADA 条约第 10 条的规定,统一法生效后将在成员国直接适用,成员国国内与之冲突的先前立法或随后立法不得适用。这一规定引起了国内法在很大程度上被统一法取代的某些解释问题。司法与仲裁共同法院在 2001 年 4 月 30 日应科特迪瓦的请求所发表的第 001/2001/EP 的咨询意见中指出,OHADA 条约第 10 条的作用旨在排除和禁止与统一法有相同目的,但与统一法相冲突的任何国内立法或规章。该咨询意见还指出,如果不是国内立法的所有条款都与统一法相冲突,则不与统一法相冲突的条款仍可适用。

非洲商法协调组织统一法涉及与商法有关的普遍原则和一般原则;OHADA 条约允许适用与统一法不相冲突的国内法。因此,对于 OHADA 条约第 2 条没有涵盖的领域,以及该条约明确排除在外的领域特别是刑事制裁和刑事处罚的施行,国内法继续适用。在统一法的规定是选择性的而非强制性的情况下,该条约还允许适用国内法的规定。

虽然如此,非洲商法协调组织对商法范围的改革与创新已经引起了很多评论。统一法在本质上是以大陆法为基础的,在一定程度上借鉴了法国现代商法。然而,正如我们所见,普通法和非洲商法协调组织的法律有很多相似之处,特别是在法律后果以及实现方式等方面。非洲商法协调组织的商法本质是一系列的法典化的、对市场友好的法律改革,从国际实践中吸收了许多原则和规则。的确,非洲商法协调组织的法律更倾向于采用一种基于规则的方式,这恰恰与普通法相反,普通法更多是建立在从判例中归纳出的原则的基础之上。但是,即便是在普通法系国家,法律也越来越多地包含在成文法中。从这个意义上讲,非洲商法协调组织代表着法律的重要融合。[①]

三、OHADA 统一法概述

(一)《一般商法统一法》

该法于 1998 年 1 月 1 日生效,在 2010 年 9 月进行了大幅度修改,修改后的统一法于 2011 年 5 月 21 日生效。《一般商法统一法》旨在为从事商业贸易的人员提供确定、透明、可预见的法律规定。该统一法包含的规则涉及众多事项,这些事项内容的安排对于普通法学者而言似乎令人费解,但这些事项内容又不属于其他更为狭隘界定的统一法的范围。

《一般商法统一法》的第一章将所有从事商业贸易的人定义为商业经营者(商人)。为方便本文的讨论,此处用"商人"(*commercant*)指称商业经营者,因为该词的其他常用的翻译如"交易商"(trader)太过狭隘,以致不能包括从事生产、运输、银行业以及其他从事非交易活动的人员。[②] 公务员、法官、执业律师和其他政府官员被禁止参与商业贸易活动,否则将被视为犯罪,这可因此减少可能的贪污腐败行为。这条规定的目的很明确,但不可否认的是,现实中非洲商法协调组织地区内的政府官员和执业律师经常从事商业活动。符合该条规定精神而不是其字面规定的实际理解应是,确保在面临多重诱惑的情况下,政府官员和执业律师能切实履行好其本职工作。

2010 年修正的《一般商法统一法》第二章从法语词汇中引入了一个新的概念—小企业主(enterpriser)。"小企业主"一般是指自然人,当其销售额超过某一既定数额时,将丧失"小企业主"身份;当条件合适时,他可获得"商人"身份。

---

① See generally, Proceedings of the 4th International Conference on Law and the Economy: The Convergence of Law, 15 - 18 November 2005, Paris, France. Also see, the report of the International Law and Practice of the American Bar Association and the International Judicial Relations Committee of the United States Judicial Conference on OHADA Uniform Acts.

② General Commercial Code, Art. 3.

该法第三章至第五章规定了商事和动产信用登记的实施,①旨在记录涉及商事组织、不动产的重大交易以及担保权益。《一般商法统一法》规定设立集中化的区域性、国内以及省级和地级层面的当地登记机构,以对商人身份、财产担保情况进行登记,从而便利对某些财产权益的确定。这是非洲商法协调组织最具创新性的规定。然而,值得注意的是,有关商事和动产信用登记的规定没有为区域性、国内和当地登记机构的准确登记提供激励措施,也没有规定使此种登记制度运作的任何资金来源或收费标准。

该法第六章对用于商事或某一行业的不动产的商业租赁以及营业资产的部分或全部销售作出了规定。

该法第七章对代理人、经纪人和委托书的持有人等商业中介作出了特殊、详细的规定。②

该法第八章对货物商业买卖作了规定。

这些规定中的大部分要求与普通法有相似之处,至少就结果而言,有异曲同工之妙。这些法律规定创设了安全的法律环境,可以促进当地和国际企业在非洲商法协调组织成员国内投资。这些法律的趋同现象十分明显,考虑到商法长期以来就是统一化的对象,这毫不为奇。在 17 世纪和 18 世纪,两位著名的商法学家即首席大法官霍特(Holt)和曼斯菲尔德爵士(Lord Mansfield)就致力于使商法更好地满足商人的需要,他们最终成功地将国际商人法(*lex mercatoria*)纳入普通法中。③

---

① “商事和动产信用登记”在法语中为“Registre du Commerce et du Crédit Mobilier”(简称 RCCM)。

② 这是一种不常见的委托书,因为它可以是书面的或口头的,不需要满足普通法体制中的形式要求,如在普通法中,委托权只能通过盖印的契约才能成立。See section 117 of the Evidence Ordinance 1958; Fridman, G. H. L. (1990) *The Law of Agency*, 6th ed, Butterworths, London, pp. 55 - 57.

③ 曼斯菲尔德爵士精通普通法,拥有渊博的外国法知识,对商人世界所采用的方法和世界有深刻洞察,他在判例法和商事争议规则基础上发展出一套融贯的商法体系。他当之无愧地被视为是英国商法的奠基人。For the foundations of commercial law, see generally, Goode, R. M. (1985) *Commercial Law*, Penguin Books, Middlesex, pp. 31 - 138; See also, David, R. (1980) *English Law and French Law: A Comparison in Substance*, Tagore Law Lectures, Sevens and Sons, London , pp. 1 - 41.

(二)《商业公司和经济利益集团统一法》

该法于1998年1月1日生效,该法修订版预计在2012年底之前通过,①这里的评论针对的是1998年版本。《商业公司和经济利益集团统一法》有920条规定,是非洲商法协调组织篇幅最长的一部统一法。该法极大地统一了以前成员国国内法中杂乱的有关合伙和公司的法律规定。② 该法第一部分阐述了公司成立和运行的一般规定。第二部分规定了不同类型的商业公司的类型,如与英国法中股份公司相似的公共有限责任公司(即股份有限公司,SA)以及更为灵活的私人有限责任公司(SARL)。该法还包括了更灵活的企业和合伙公司,在这些公司中有部分股东承担无限责任,③如合股公司(SNC)④、简单两合公司(SCS)⑤、隐名合伙公司⑥以及事实公司⑦。

---

① 截至目前,该法修订版尚未通过。——译者注

② See generally, Pougoué, P. G., Anoukaha, F. and Ngeubou, J. (1998) *Le Droit des Sociétés Commerciales et du Groupement d'Intérêt Economique OHADA*, Presses Universitaires d'Afrique, Yaoundé - Cameroun, pp. 435 - 595; Nzalie, J. E. (2002) Reflecting on OHADA Law reform mission: Its impact on certain aspects of company law in anglophone Cameroon, *Annals of the University of Dschang*, 6, Special Number, pp. 97 - 119.

③ 这些公司又称为人合公司,它们是基于人们之间的关系而不是出资数额来设立的。

④ 此类公司虽然被称作合股公司而不是合伙,但它就像普通合伙,因为每一合伙人对合伙债务承担无限责任,此类公司只有通过登记才能成立。

⑤ 这是一种有限合伙,有两类合伙人:一类是积极合伙人,另一类是消极合伙人,它们在法语中分别被称为"*Commandités*"和"*Commanditaires*"。参见《商事公司和经济利益集团统一法》第293条。积极合伙人对合伙债务承担无限责任,并负责合伙的经营,而消极合伙人仅以按约定出资并获得合伙的相应所有权份额,他不参与合伙的管理,仅以出资额对合伙债务承担有限责任。

⑥ 这是一种非常灵活的制度,在此制度下,合伙人约定不将他们组成的团体在商事和动产信用登记处进行登记,并且他们联合而成的团体不具有自己的法人资格。如果各方希望成立一个不公开的财团或合作企业,这种安排就非常合适。

⑦ 这与普通法中的事实合伙相似,即两个或两个以上的自然人或法人像合伙一样行事,但它们之间实际上并未成立《商事公司和经济利益集团统一法》所规定的任何类型的公司或合伙。See the Fako High Court case of AWC Njikam V. Chief RN Namme, Suit No. HCF/65/02 - 03.

该法另一个值得关注的、也许对国内外的投资者具有相当有价值的创新就是对经济利益集团作出了规定，设立经济利益集团是为了某一经济目的，而不是为了自己的盈利。通过设立经济利益集团可以开展联合研究或市场营销，而成本由参与该集团的各方分担。

该统一法吸收了法国现代公司法的许多先进之处，比成员国之前的法律更符合当代商业实践。在这样的背景下，遗憾的是，法国公司法新引进的"简易股份公司"（Société par Actions Simplifiée）没有包括在统一法中。正如其名，"简易股份公司"简化了公司运作程序，其优势在于可以自由起草公司章程、可以通过书面磋商或现代通信手段代替股东大会、不要求董事在年度报告中详细通报他们的薪酬。

《商业公司和经济利益集团统一法》与之前的法律相比，在某些方面更加先进，对外国投资者更加友好。现在的有限责任公司和股份有限公司可以只有一个单一股东，该法的一般原则鼓励对股东进行实质披露。该统一法还对原来不可能具有法人人格的社团授予该资格，以便于它们能更容易地起诉或被诉，也便于它们更容易地缔结合同。该法还调整公司成立前的合同责任，并且规定了将公司发起人的责任转移至随后成立的公司的方式以及发起人责任免除的问题。然而，将公司发起人定性为公司的创立者，普通法法律界人士感到困惑，因为这会给人留下发起人连续承担责任这样的印象，即使已采取所有程序使已登记成立的公司承担公司成立前以及登记前"创立人"所引起的责任。

该法还明确了这样一种情形，即第三人可以依赖董事会或未采用公司形式时其他类似机构的明确授权行事，而无须审查公司的宗旨或成立文件。

公众通过登记处可查询的公司成立文件应包含一些重要信息，包括注册资本的第一批出资人、公司的第一批管理人员以及公司实际总部的所在地。

在某种程度上，公司成立文件是公司成立人之间的合同，它规定了公司治理规则。《商业公司和经济利益集团统一法》的条款详细规定了管理者的责任、义务和权力，从而限制了公司运作的灵活性。[①] 对于

① Articles 317 - 384 of the Uniform Act.

超过一定规模的公司,必须配备特定的法定审计员。这些审计员发挥多方面的作用:他们既要提供建议并参与公司监管,还要作为公司诚信管理的独立监护人。

最后,该法还对公司重组、转型以及公司公开募集资本作了规定。[①] 在各成员国,公司资本公开募集不仅受该统一法调整,还受另外两个地区性组织即西非经济货币联盟(UEMOA)和中部非洲经济和货币共同体(CEMAC)的管理。[②]

(三)《担保统一法》

《担保统一法》于 1998 年 1 月 1 日生效,在 2010 年 9 月进行了大幅度的修改,并于 2011 年 5 月 21 日生效。该法主要规定了属人财产和属物财产或大陆法学者所谓的动产和不动产的担保物权。《担保统一法》由五部分构成。第一部分人保部分规定了一些从属担保,如担保书和保函。第二部分是动产担保,规定了留置、质押以及无形财产和无形资产的担保物权。该法 2010 年 12 月的修订版对有形抵押物和无形抵押物做了明确区分,以便可以在将来获得的财产上设定权益。

第三部分关于抵押的内容规定了法定和公平抵押或属物财产担保权益。显然,传统的土地抵押实践已被该法有关抵押的规定所取代。该法明确界定了动产和不动产的区别。值得注意的是,根据该法,只有动产才能质押,只有不动产即属物财产才能抵押。

该法第四部分和第五部分分别规定了优先权、执行担保判决时款项的分配,以及最终条款。

《担保统一法》是一个连贯的部门法,该法的许多基本条款和概念与普通法相似,也与国际商业惯例有高度的一致性。该法已具备创设现代、高效的动产和不动产担保制度所必需的基本要素。该法通过确保执行债务人的债务为债权人包括银行提供了不同的保护。

然而,《担保统一法》中也有许多重要问题留待成员国法律解决。这一结果削弱了 OHADA 条约实现成员国之间法律一致性的目的。这

---

① Articles 81 - 96.

② 该地区已设立两个相互竞争的证券交易所:设在杜阿拉的喀麦隆证券交易所(BCVM)以及设在加蓬利伯维尔中非证券交易所(BVMAC)。

也许会迫使潜在的贷款人去研究、了解每一成员国的法律,从而增加贷款成本。例如,《担保统一法》第195条指出,要考虑成员国国内法中有关抵押登记的规定。在喀麦隆,有关获得土地使用证书和土地抵押登记的法律规定十分烦琐,且过程昂贵。除非登记程序进行简化,否则出于实际考虑,很多抵押将不会予以登记,因为它们通常涉及很小的款项,并且这种现象在农村地区很常见。

(四)《债务清偿集体程序统一法》(《破产统一法》)

该法于1999年1月1日生效,修订版预计在2012年底之前通过,[①]这里所作的评论针对的是最初版本。该法为公司和个人提供了三种债务清偿的集体程序,分别是预防性程序、司法重整程序和司法清算程序。

《破产统一法》第18条规定可以中止执行担保人的责任,第174条和第183条规定了公司管理层的持续责任,这会吸引公司的管理者寻求可行的预防性措施。《破产统一法》规定,债务人必须向债权人提供有关债务人财务状况的足够信息。[②]

然而,值得一提的是,《破产统一法》规定的法院、公司接管人、债务人和债权人采取行为的法定期间,旨在进一步实现尽快将资产重新投入生产的目的;比如,根据该法第7条,债务人只有30天时间起草使公司扭亏为盈的商业计划书。这一时间对于起草商业重整计划似乎过短。此外,如果法院或者另一方当事人未能在这些法定期间内完成相关任务,该法也没有条款规定法院可延长这些期间。

(五)《仲裁统一法》

《仲裁统一法》于1999年6月11日生效。对于那些约定在某一成员国国内进行仲裁的仲裁协议的效力,该法作了非常全面的规定。正如在之前有关司法和仲裁共同法院的介绍中已指出的,非洲商法协调组织创设了两套不同的适用于仲裁的立法。它提供了一种既独特又具创新性的解决纠纷的模式。

首先是根据司法与仲裁共同法院的内部规则所进行的并受司法与

---

① 截至目前,该法修订版尚未通过。——译者注

② Uniform Act on Collective Procedures for the Clearing of Debts, Arts. 6 &7.

仲裁共同法院监督的机构仲裁。这种仲裁要受OHADA条约的调整。司法与仲裁共同法院的仲裁规则与国际仲裁标准非常一致,如国际商会仲裁院的《仲裁规则》。

其次是根据《仲裁统一法》的规定、在成员国国内进行的仲裁,或仲裁地不在某一成员国国内、但当事人选择《仲裁统一法》作为所适用的程序法的仲裁。所制定的规则适用成员国仲裁庭进行的任何仲裁,即便仲裁庭不在成员国,当事人也可以选择《仲裁统一法》作为适用的程序法。作为所有统一法中的一个部门法,《仲裁统一法》受《非洲商法协调组织条约》制约。该法的仲裁规则与国际仲裁标准基本一致,比如国际商会的仲裁规则。

非洲商法协调组织仲裁法要求法院中止诉讼程序以确保仲裁的进行,还规定了仲裁裁决的承认标准。它还对仲裁原则和仲裁程序,包括仲裁员的指定、裁决的作出和执行令的签发等事项作了规定。根据法律规定,对仲裁裁决的救济措施有三种:提起撤销仲裁裁决之诉、提出仲裁裁决复审请求以及第三人提出异议。

然而,对国际商事仲裁程序参与人来说某些重要的规定似乎没有在该法中规定出来。非洲商法协调组织的仲裁法可以借鉴联合国国际贸易法委员会《国际商事仲裁示范法》的相关规定。

(六)《会计法统一法》

《会计法统一法》于2000年5月24日在雅温德获得通过,并分别在下列日期生效:对于公司的单独账户(individual account),该法自2001年1月1日起生效;对于公司的混合账户(consolidated accounts)和联合账户(combined accounts),该法自2002年1月1日起生效。该法为成员国的公司制定了一个统一的会计制度,对会计标准、公布年度报表的义务、净收益计算和确定、审计、会计信息的公开、账户合并作了全面规定,对于刑事制裁方面事项,要遵守成员国国内法的规定。此外,值得注意的是,非洲商法协调组织的会计标准与国际会计标准非常相似。非洲商法协调组织的这些规定为制定更加详细的会计职业规则的奠定了基础。

《会计法统一法》中一般会计原则的基本目的是确保财务信息的可靠性、清晰度和可比性,并通过披露重要信息以达到信息的透明度和准确性。①

《会计法统一法》创设了两种新义务:(1)根据公司的规模大小,它确定了三个层级的会计义务;(2)它规定了公司集团设立混合账户和联合账户的义务。

根据非洲商法协调组织的会计制度,喀麦隆的所有公司要向税务局和统计局提交纳税申报单。大部分的喀麦隆公司向股东递交的财务说明仅指纳税申报单(Déclaration Statistique et Fiscale,DSF)。对中型公司来说,可以使用简化的表格,对于小型公司可以根据《会计法统一法》提交以现金为基础的财务报表。由于该法减轻了以前对在喀麦隆占有很大比例的小公司过度管理所造成的压力,因而,有些会计人员声称,这些制度看来增强了它们对《会计法统一法》的遵守。

虽然对于提交以现金为基础的财务报表的小公司而言,守法的程度很高,但是对于在喀麦隆英语省份需要提交完整 DSF 报告的公司来说,在执行过程中出现了许多困难。② 首先,《会计法统一法》的翻译存在大量需要斟酌的地方,比如,在所有的现金流量表(DSF7A 表)中,"capacité d'autofinancement"被错误译成了"global self - financing capacity"(综合自筹资金能力),这种完全不可思议的翻译具有误导性["capacité d'autofinancement"的正确译法是"cash flows from operations"(运营资金流动)];其次,以上所指出的翻译问题也因英语省份的有些会计师没有理解好非洲商法协调组织会计制度的宏观经济取向而进一步加剧,比如,像"附加值"(value added)、"中间消耗"(intermediate consumption)这样的术语以及将"自建资产"(self - constructed assets)和产品纳入收入报表中的制度,对于英语语系的会计人员来说是很难理解的,因为他们不熟悉用自然方法("by nature" approach)计量收益的基本原理。

以上这些问题对于被要求执行非洲商法协调组织会计制度的会计

① Uniform Act on Accounting, Arts. 8 - 10.

② See the Proceedings of the OHADA Accounting Seminar on the theme: The Implementation of the OHADA Accounting System: Problems and Prospects, 15 - 16 September 2005, University of Buea, Cameroon.

人员的教育和培训会产生重要影响。例如,如果不能提供财务报表的官方译本,基于这些规定所做的考察就同样不会有很高的质量,这从而会使以英语为授课语言的技术学校的教、学质量大打折扣。

此外,非洲商法协调组织规定了许多与国际财务报告准则(IFRSs)不一致的会计方法。这本身不应受到指责,因为国际会计准则的制定不是为了满足发展中国家占主导的中小型企业的需要。再者,国际会计准则也并非总是"放之四海而皆准"。尽管如此,世界银行要求发展中国家的所有大型企业采用国际财务报告准则,作为公司透明度和良好治理战略的一部分。同时,所有在欧洲证券交易所上市的外国公司也都被要求采用国际财务报告准则。

(七)《债务清偿简易程序和执行措施统一法》

《债务清偿简易程序和执行措施统一法》于1998年4月10日生效。该法有效地整合了几种债务清偿的不同措施,对不同类型财产的执行令的申请作了规定。该法第一章所规定的简易程序提供了两种执行令:即传统的金钱支付令和更具创新性的动产交付或返还令。在非洲商法协调组织成立前,喀麦隆法律制度中就存在有与简易程序中金钱支付令相似的规定。这也与许多英语国家普通法程序中的非抗辩诉讼(undefended list action)很相似。①

非洲商法协调组织也在此类程序中一直提供有争议的自愿解决方式或和解解决方式。虽然在某些情况下,该统一法授权和解的尝试也许会延迟债务的执行,但它们鼓励当事人自己解决纠纷,有助于推动债务支付的创新型解决。和解规定是该法的一个显著优势。

在该法第二章有关执行措施的规定中,该法授予债权人较多的选择。该法允许没收财产、扣押销售、查封债务、扣押并转移收入、扣押资产,包括有很多涉及无形合伙财产权益和担保权益、不动产扣押的特殊规定,该法还对债权人之间款项的分配作了额外规定。该法规定的程序十分灵活,例如,根据该法第130条的规定,其他债权人不必继续提起众多的平行诉讼,他可通过提出异议直接加入第一债权人发起的扣押程序中。该法规定了对债务人财产的扣押程序,通过出售扣押财产

① See Order 3 Rule 9 of Cap 211 High Court Civil Procedure Rules 1948 (UK).

以使债务得到清除。这里所指的财产包括债务人所拥有的财产或第三人所持有的财产。该法还规定,可以私下出售被扣押的财产,也可公开拍卖该财产。为平衡执行程序,该法还规定了债务人对财产扣押或销售的异议程序以及争议解决程序。

在喀麦隆,该法的执行最为棘手,它也是所有统一法中最难令人理解的法律。这些问题的产生可能是因为所有统一商法的有效实施都取决于该法的实施,而且在非洲商法协调组织制度下,判决的执行又不可避免地取决于成员国国内司法制度。的确,执行措施作为司法过程的最后一个环节,如何强调其重要性都不为过。《债务清偿简易程序和执行措施统一法》是普遍适用的法律,因此,它可以取代各以前成员国国内法在这方面的规定。

在喀麦隆,一个具有重要实际意义的特殊问题涉及法院判决的临时执行。该问题就是,喀麦隆之前的、上级法院可以中止判决临时执行令的法律规定①是否与该统一法第 32 条的规定一致。虽然《债务清偿简易程序和执行措施统一法》第 32 条规定,除不动产外,判决临时执行令不得被中止,债权人可坚持实施该执行令直至其终结,但在前面讲到司法与仲裁共同法院的灵活性时所提到的 *SEHIC* 案的判决却指出,统一法第 32 条实际上并没有废除喀麦隆国内中止临时执行令的规定,在这个案件中,喀麦隆的国内法允许中止临时执行程序。司法与仲裁共同法院通过这一判决平衡了债权人和债务人之间的利益,它通过自己的灵活性承认了这一商业现实,从而有助于建立一个合适的商业交易环境。

在喀麦隆,关于强制执行程序中国家豁免的规定也引发许多问题。如果当事人针对国有公司赢得劳工诉讼,会发生什么情况呢?当然,在非洲商法协调组织地区以外的地方,除普遍适用的商业交易中国家豁免例外的情况外,国有公司很可能会高举豁免之牌。

《债务清偿简易程序和执行措施统一法》第 30 条对此问题作出了规定,承认了国家、国家机构以及国有企业的执行豁免权,但是这一豁免应在非洲商法协调组织制度框架之外成立,方可适用。该统一法还

① Law No. 92/008 of 14 August 1992 as amended.

规定,债权人有权针对任何享有豁免的债务人用其针对该债务人的债权抵销其针对该债务人的债务。这一规定已经被广泛地解释为包括国营公益机构、国有企业和半国有企业,以及与这些机构或公司有关的所有行为和业务,无论这些活动是否是具有商业性质。[①] 作为实际考虑,该法第 30 条意味着,如果司法机构无法独立判断享有豁免的债务人的是否已偿还债务,除非国营企业或半国营企业承认该债务或判决,否则债务的抵销以及执行几乎是不可能的。

在大部分统一法里,都会提到成员国"有管辖权的法院"(competent court)或"有管辖权的法院的院长"。例如,《债务清偿简易程序和执行措施统一法》第 49 条规定,在紧急程序中,有权对涉及强制执行和没收的争议与请求作出裁决的主管机构是作出裁决的法院院长或该院长指派的法官。

在喀麦隆,根据法语地区的大陆法律制度,实践中审理此类案件的法官被称为"紧急审理的法官"(juge des référés)。相反,在喀麦隆英语地区适用的普通法制度中,除指派的情况下,紧急事项是依据起诉受理地的不同,由一审法院,或高级法院,或上诉法院的院长审理。[②] 非洲商法协调组织的其他法域都有各自的程序,非洲商法协调组织的法律在制定时就较灵活地考虑了这些法域的程序规定。

对于 OHADA 地区每一法域而言,评估《债务清偿简易程序和执行措施统一法》第 49 条对本国程序的影响,十分重要。例如,可以考虑这条规定对喀麦隆英语地区的影响。从非洲商法协调组织的角度看,喀麦隆英语地区和法语地区采用不同的程序规定这一事实本身并不是问题,无论喀麦隆当地人在理解国家统一这一概念时如何看待这一问题,非洲商法协调组织所关注的问题是,由于具有不同的法律传统,非洲商法协调组织不同地区所受到的影响可能是不同的,这与非洲商法协调组织追求法律的一体化的目标是相悖的。

---

① See Circular letter No. 041/CD/50.510/SG/MJ. of 6 June 2000 from the Ministry of Justice.

② See Article 2(2) (new) of Law No. 89/019 of 29 December 1989 modifying the 1972 Ordinance on Judicial Organization.

由于不同地区受命作出紧急程序的法官的业务能力不同,案件的结果可能就会有所不同。具体说来,有些地方法官还没有理解法院执行的概念以及执行法院判决的困难。为了与喀麦隆法语地区使用紧急审理的法官(juge des référés)的实践一致,喀麦隆英语地区的法院在某些情况下会指定执行地或判决债务人住所地或居所地一审法院的院长来审理紧急程序案件。① 这样,负责审理紧急事项的法官将不再是高等法院或上诉法院的院长,即便诉讼已经进行到了该段。因为一审法院的院长仍然没有被授予类似于紧急审理的法官这一具有单独权限的单独头衔,一审法院的院长现在就可以根据《债务清偿简易程序和执行措施统一法》第 49 条的规定,有效改变高等法院、上诉法院甚至最高法院的判决。有证据表明,一审法院的院长对案件的影响甚至可以改变上级法院判决的实质内容,甚至改变了支付方式。我们通过这样的方式强调,一个相对更为低级从而更缺乏经验的下级法院已有效地推翻了上级法院的判决。当然,在喀麦隆法语地区,紧急审理的法官同样可以有效地改变上级法院的判决,但此类法官是专门被任命处理此类事项的,这样指定机构在作出指定时会考虑候选人的知识和经验。

判决的正确执行对法律的预见性以及商业发展来说非常重要,因此,在执行问题上应尽最大的努力借鉴其他司法经验,广泛地提高非洲商法协调组织法律的一体性。这是非洲商法协调组织成功推动商业发展的关键所在。在某些情况下,基于适当的法律事实,需要把该问题提交至司法与仲裁共同法院,由其找到解决方案。但非洲商法协调组织成员国不应就此等待、观望,而应修改它们自己的制度,使其不致阻碍非洲商法协调组织促进商业发展的目的的实现。因此,喀麦隆英语地区的普通法法院应考虑任命一个特定的、经验丰富的法官,行使紧急审理的法官的职责,并且所有的非洲商法协调组织的其他法域应同样对它们国内的程序规定进行审查。

法警和执达官也是判决执行的关键。这些官员在法院判决的执行中处于主导地位,在出现执行困难时,他们有时候可直接寻求法院的帮

① Law No 2007/001 of 19th April 2007 (instituting a judge in charge of litigation related to the execution of court judgments).

助。和治安法官(magistrate)与法官(judge)情况一样,一些法警的不正当行为将降低法律的可预见性,因此成为商业和投资的障碍。诸如法警、执达官这样的执法人员,和治安法官与法官一样都是国家的雇员。由于他们都是在国家总检察长的权限下行事,因此《非洲商法协调组织条约》要求成员国督促总检察长对执法人员的行为进行监督,以便与非洲商法协调组织的法律规定一致。

(八)《公路货物运输合同统一法》

《公路货物运输合同统一法》于2004年1月1日生效。该法以1956年5月19日在日内瓦通过的《国际货物道路运输合同公约》(CMR)为基础。该法涉及的是对许多发展中国都非常重要的公路运输。该法由部长委员会颁布,从而使其涵盖范围更广,因为非洲商法协调组织的成员国不是《国际货物道路运输合同公约》的缔约国。

非洲商法协调组织新的统一法对如下合同适用:在此合同中,承运人的主要义务是利用车辆通过公路对另一人交付的货物进行运输,以获取相应报酬。该法中的"货物"被定义为任何可交易的动产商品。

该法要求托运人(托运货物的自然人或法人)提供履行合同的相关文件,譬如与关税、包装、声明、说明书、货物检查、交货、付款及责任相关的文件。该法还对多个承运人用同种或多种运输工具连续运输货物的情形作出了相关规定,同时规定了诉权、管辖权和仲裁等问题。

(九)《合作制企业统一法》

《合作制企业统一法》于2010年12月15日通过,并于2011年3月21日正式生效。该法秉承了非洲商法协调组织的精神,提供了符合较大企业以及符合非洲商法组织领域内的现实情况需要的法律规定。然而该法没有对涉及金融或银行事务有关的合作制企业作出规定,这一领域将继续由国内法调整(该法第2条),该法调整的对象包括法人和自然人。

四、法律解释存在的问题

任何一部法律的通过,无论统一法与否,都不能保证它会得到有效实施。法律规则由立法者构建并制定。由于法律规则通常采用的是抽象的术语,这就需要对它们进行解释。对此,普通法系和大陆法系的法官起着相当重要的作用。此处的问题是:非洲商法协调组织能否提供一座连接普通法和大陆法的桥梁？非洲商法协调组织是否兼容普通法？非洲商法协调组织是否有能力应对非洲法律和司法传统的多样性？

只有当非洲商法协调组织成员国的法院适用非洲商法协调组织的法律时，考虑到该组织促进商业交易的目的，上述问题才会有肯定的回答。具体来说，就是要求法院尊重法律的一致性，致力于减少非洲商法协调组织的交易成本，支持法律的透明性，保持与最佳商业实践的一致性。司法和仲裁共同法院对 *SEHIC* 案的判决就是一个满足这些要求的例子。这是非洲商法协调组织继续努力的方向，不断地改革创新，使其法律更加适应经济和商业环境。

作为受大陆法启发而制定的制度，非洲商法协调组织理解对统一法进行司法解释的重要性。这毕竟也是设立司法与仲裁共同法院的目的。该法院的作用就是根据《非洲商法协调组织条约》所设定的目标，确保统一法的一致性。作为成员国的司法机构，成员国法官在就涉及非洲商法协调组织法律的问题作出裁决时，肩负着和司法与仲裁共同法院法官相同的职责。确保做到这一点的最好方式是借鉴普通法法院的经验，并且在每一个涉及非洲商法协调组织法律制度的案件判决作出后，立即向公众公开。这可以使各个法院取长补短，互通有无，也可以使学者对判决进行见仁见智的评论。为此，必须有系统地收集国内法院、司法和仲裁共同法院所作出的所有判决，编订成册，予以公开，并且还要在互联网上以可搜索的方式发布。

五、总结

非洲商法协调组织的法律就是喀麦隆的法律。当然，对普通法的法律人来说，非洲商法协调组织已经不只是一些机构和纯粹的法律文本，因为法律执业者正在利用它，司法机构也正在对它进行解释。如本文所表明的，非洲商法协调组织展现出了一定的灵活性，并不断的成熟。

（朱伟东，湘潭大学非洲法律与社会研究中心副主任、法学博士、教授；周婷，湘潭大学法学院国际法专业 2012 级硕士研究生）

非洲商法的协调化:对法律、争议、问题和前景的分析*

[尼日利亚]穆罕默德·巴巴·伊德里斯** 著
朱伟东 译

目 次

当我为客户提出的跨境交易法律问题提供咨询时,我听说了OHADA(非洲商法协调组织)。在了解 OHADA 法律适用于许多成员国并且涵盖很多商法内容时,我认识到需要进一步了解该体制,以便为客户提供更好的法律服务。因此,就有了本文由一位来自英语国家、受过普通法训练、曾经作过律师的人对 OHADA 所做的分析。

1999 年 9 月 9 日,非洲统一组织的国家和政府首脑发布了广为人

---

* 本组四篇文章均选自克莱尔·莫尔·迪克森(Clare Moor Dickerson)教授主编的《非洲统一商法:普通法视野中的 OHADA》(Unified Business Law for Africa: Common Law Perspective on OHADA)一书。本译文是国家社科基金课题"中非经贸投资纠纷解决机制研究"(项目编号:13BFX158)的阶段性成果之一。

** [尼日利亚]穆罕默德·巴巴·伊德里斯,尼日利亚拉各斯州联邦高等法院法官。

知的《苏尔特宣言》，呼吁建立非洲联盟，以加速非洲大陆的一体化进程，使它能够在全球经济中发挥其应有作用，同时解决非洲大陆所面临的复杂的社会经济和政治问题。

非盟前身即非洲统一组织的成员国在寻求一体化和经济社会发展过程中，采取了各种各样的措施，在许多领域取得重要进展，为非洲联盟的建立铺平了道路。其中最为显著的措施是 1991 年达成的《建立非洲经济共同体条约》。该条约就是人们所熟知的《阿布贾条约》，它致力于通过六个发展阶段成立非洲经济共同体，并利用地区经济共同体作为砖石，最终建成非洲共同市场的大厦。该条约自 1994 年开始实施，以实现非洲联盟的一个目标，即对现有或将来的地区经济共同体之间的政策进行统一和协调，以逐步实现非洲联盟的所有目标。

为进一步推动非洲大陆的统一和发展，1993 年 10 月 17 日，非洲联盟的其中 14 个成员国在毛里求斯太子港签署了《非洲商法协调条约》(OHADA 条约)。随后又有 2 个非洲国家加入该条约，现在 OHADA 已有 17 个成员国。①

OHADA 条约可谓是应时而生，因为在非洲投资的国际资源公司都认为非洲法律制度是一个潜在的投资风险。立法和司法的不确定性会使国际投资者望而却步，并已成为造成非洲结构性问题即投资缺乏的重要因素。OHADA 的建立就是为了改变这一状况，通过提高法律的稳定性和可预见性，吸引国际贸易和投资，从而促进非洲社会经济的发展。OHADA 的法律框架目前包括直接在成员国内适用的 9 部统一法。

一、OHADA 条约、统一法的解释和实施

有关 OHADA 的论述中已经指明，成员国之所以同意对它们各自

① 2008 年 10 月 17 日签署和批准并于 2010 年 3 月 21 日生效的《魁北克条约》对《非洲商法协调条约》作了修正。除非有明确指明，本章所指的 OHADA 条约就是修正过的文本。OHADA 的 17 个成员国分别是贝宁、布基纳法索、喀麦隆、中非共和国、喀麦隆、刚果共和国、刚果民主共和国、科特迪瓦、加蓬、几内亚、几内亚比绍、赤道几内亚、马里、尼日尔、塞内加尔、乍得、多哥。——译者注

的商法进行协调,是因为它们:

1. 决定在通向非洲统一的道路上取得新的进展,并在成员国间培育有利于经济发展的互信,以创立一个新的非洲发展中心;

2. 重申成员国建立非洲经济共同体的决心;

3. 相信它们在法郎区的成员资格有助于保持经济和货币稳定,并构成逐步实现经济一体化的巨大财富,而且这种一体化在非洲更大的框架下进行;

4. 意识到要实现这些目标需要在成员国适用简洁、现代和适应性强的商法;

5. 认识到这一基本事实,即法律必须谨慎适用,以确保为经济活动带来稳定性,并能加速经济活动、吸引外资;

6. 愿意将仲裁作为解决商事争议的手段;

7. 决心共同采取新的措施,以完善对法官和法律代理人的培训。

根据《非洲商法协调条约》设立了非洲商法协调组织(其法语名称的缩写就是OHADA)。该组织负责实施条约规定并确保其目标的实现。这些职能是通过部长委员会行使的。部长委员会可以按照绝对多数原则制定实施OHADA条约及有关司法与仲裁法院运作的规则。①

在加拿大魁北克召开的一次会议上,OHADA成员国重申了进一步推动非洲统一化的决心,再次表达了通过加强OHADA地区法律和司法的稳定性以保障有助于非洲成为发展中心的信任环境的意愿。成员国还重申决定以商法的协调化作为推动法治以及法律和经济一体化的手段,而且再次强调为巩固OHADA的成就并在此基础上百尺竿头更进一步,成员国将创造所有必要条件。为实现上述目标,成员国同意对OHADA条约文本进行修正。修正后的条约文本在2008年10月在魁北克签署,并于2010年3月21日生效。根据修正后的内容,OHADA增设了一个新的机构即国家和政府首脑大会,②这条规定承认了成员国国内政治意愿对于OHADA这样一个超国家组织存在的重要意义。

---

① OHADA条约第4条和第3条。

② OHADA条约第3条。

(一)OHADA 条约的目标

OHADA 条约的主要目标是通过对成员国的商法进行协调和更新,以改善成员国国内普遍存在的立法和司法不确定性的现状。除这一主要目标外,条约还设定了下列目标:

1. 为成员国制定简洁、适应经济环境的统一规则;
2. 鼓励仲裁成为解决商事争议的快捷、合适的手段;
3. 完善对法官和司法官员的培训机制;
4. 推动非洲经济共同体的建设。

OHADA 的区域不限于非洲法郎区,根据 OHADA 条约第 53 条,该组织"向所有不是 OHADA 条约签署国的非盟成员国开放",而且"向任何经所有缔约国一致同意受邀加入该组织的非非盟成员国开放"。

(二)统一法的实施:司法过程

根据 OHADA 条约,涉及统一法实施的诉讼应首先在成员国国内法院作为一审案件解决,成员国法院作出的判决可上诉至根据条约设立的司法与仲裁共同法院(条约第 13 条)。成员国或 OHADA 部长委员会也可请求司法与仲裁共同法院就涉及条约解释和实施的所有问题发表咨询意见。①

司法与仲裁共同法院作为最终法院,可以审理成员国上诉法院作出的涉及统一法适用或涉及根据条约制定的规则的问题的任何判决。但该法院不能就成员国法院作出的有关刑事制裁的判决进行审理。②

诉讼程序的一方当事人可直接上诉至司法与仲裁共同法院,也可由对涉及统一法适用问题作出上诉裁定的成员国法院将上诉提交给司法与仲裁共同法院。

案件一旦上诉至司法与仲裁共同法院,并且正由该法院审理,成员国国内法院有关该案件的所有程序都应自动中止。③ 当司法与仲裁共

① OHADA 条约第 14 条。
② OHADA 条约第 14 条。
③ OHADA 条约第 16 条。

同法院裁定它对上诉没有管辖权时,上诉的提起不能中止执行程序。①在当事人对司法与仲裁共同法院的管辖权提出异议时,该法院必须在30 天内作出决定。当国内法院无视司法与仲裁共同法院的管辖权而作出自己对上诉有管辖权的裁定时,不服该裁定的当事人可在该法院作出裁定后的 2 个月内,向司法与仲裁共同法院提起上诉。② 诉讼程序的每一方当事人都有权由自己选择的律师进行代理。司法与仲裁共同法院的审理程序应公开进行。③

司法与仲裁共同法院作出的判决是终局的,具有约束力。成员国应确保司法与仲裁共同法院的判决在各自国内得到执行和实施。与司法与仲裁共同法院判决相冲突的任何判决不得在成员国领域内得到执行。④

OHADA 条约还明确规定,OHADA 的官方语言不只是法语,还包括英语、西班牙语和葡萄牙语。不过,在不同文本存在差异时,以法语文本为准。⑤

二、OHADA 统一法的实施:仲裁

如果合同一方当事人住所地或惯常居所地在某一 OHADA 成员国内,或合同部分或全部将在某一成员国或多个成员国内履行,该当事人就可根据 OHADA 条约第 21 条,利用合同中的仲裁条款或庭外和解协议,将因合同产生的争议提交给条约第四部分所规定的仲裁程序解决。在此情况下,司法与仲裁共同法院并不解决该争议,而是指定和任命仲裁员解决争议。司法与仲裁共同法院应被告知仲裁程序的进程,并有权根据条约规定审查仲裁裁决。

双方当事人可约定由他们共同同意任命并经司法与仲裁共同法院批准的独任仲裁员审理他们之间的争议。如果当事人对仲裁员的任命

---

① OHADA 条约第 17 条。
② OHADA 条约第 18 条。
③ OHADA 条约第 19 条。
④ OHADA 条约第 20 条。
⑤ OHADA 条约第 42 条。

存在分歧,司法与仲裁共同法院就应在一方当事人向另一方当事人发出仲裁通知后的 30 天内指定仲裁员。[①]

如果仲裁条款约定,应由 3 名仲裁员审理争议,每方当事人就应指定 1 名仲裁员。这样作出的指定应得到司法与仲裁共同法院的批准。如果一方当事人拒绝或因其他原因未能指定仲裁员,法院就应代表该方当事人指定 1 名仲裁员。第 3 名仲裁员由司法与仲裁共同法院指定,他应作为首席仲裁员行使职责。法院也可允许由当事人分别指定的 2 名仲裁员指定第 3 名仲裁员,该指定必须在明确规定的时间内做出,然后由法院批准。如果 2 名仲裁员无法在法院规定的时间内指定第 3 名仲裁员,则由法院指定第 3 名仲裁员。

如果仲裁条款没有确定仲裁员的人数,法院就应任命独任仲裁员审理案件,除非法院认为案件应由 3 名仲裁员审理。在此情况下,每方当事人应在 15 天内指定 1 名仲裁员。

仲裁员可从司法与仲裁共同法院置备的仲裁员名单中选出。该名单每年更新,但法院成员不能列入该名单内。

如果当事人对仲裁员审理案件的适当性提出异议,司法与仲裁共同法院就应对异议作出裁定。如果司法与仲裁共同法院裁定该仲裁员不适合审理案件,他就会被其他仲裁员替代。在下列情况下,仲裁员也会被取代:仲裁员死亡、无法行使职责,或因其他任何原因辞职、或法院经调查后认为仲裁员无法根据可适用的或 OHADA 条约规定的仲裁规则完成职务或无法在规定的时间内完成职务。

在当事人约定通过仲裁解决争议时,审理案件的成员国国内法院应中止审理,或在必要时将案件提交仲裁。[②]

仲裁员在签署裁决前,应将作出的每份裁决草案提交司法与仲裁共同法院审查,无论是最终裁决还是部分裁决。在司法与仲裁共同法院签发执行令后,仲裁裁决就可得到执行。[③]

司法与仲裁共同法院在下列情况下不会下令执行仲裁裁决:

---

① OHADA 条约第 22 条。

② OHADA 条约第 23 条。

③ OHADA 条约第 25 条。

仲裁裁决不是根据仲裁协议作出的,或是根据无效或过期的仲裁协议作出;

仲裁员没有根据授权作出仲裁裁决;

没有遵守对抗式程序原则;或

仲裁裁决违反国际公共政策。

三、OHADA 的机构

根据目前生效的条约,OHADA 由 5 个机构组成,负责新统一法的制定和实施。

(一)国家和政府首脑大会

国家和政府首脑大会由成员国的国家和政府元首组成。作为部长委员会轮值主席国的国家和政府元首同时担任大会的主席。国家和政府首脑大会可根据主席的动议或 1/3 成员国的动议在需要时召开。大会决议的有效通过必须有至少 2/3 的成员国出席,并经出席会议的成员国的一致同意或绝对多数同意。①

(二)部长委员会

部长委员会采用一致表决方式通过统一法,统一法通过后直接作为国内法的一部分在成员国内适用。部长委员会根据主席的通知,每年至少开会一次。会议通知由主席根据自己的动议或 1/3 缔约国的动议发布。部长委员会主席由缔约国轮流担任一年。部长委员会任何决议的审议须有至少 2/3 成员国的出席,并经出席会议和参加表决的成员国多数票通过,始为有效。② 根据 OHADA 条约有关财政的规定,OHADA 的年度预算应由部长委员会通过。

(三)常设秘书处

常设秘书处在与成员国政府进行协商后,负责统一法的起草准备工作。它还对 OHADA 的活动进行指导和协调。该机构要制订每年的商法协调计划,并负责公布 OHADA 的官方公报。OHADA 条约规定,常设秘书处是 OHADA 的行政机构,它代表 OHADA 行事,并协助部长

---

① OHADA 条约第 27 条第 1 款。

② OHADA 条约第 27 条第 2 款。

委员会的工作。秘书长的任命和分配以及常设秘书处的运行由部长委员会通过条例(regulations)作出规定。

常设秘书处的总部设在喀麦隆首都雅温得,但国家和政府首脑大会也可通过决议将其移至任何地方。秘书长由部长委员会任命,任期4年,可连任一次。秘书长根据部长委员会设定的任命条件负责任命秘书处的其他职员。

(四)地区高等司法培训学校

地区高等司法学校是附属于常设秘书处,总部位于贝宁首都波多诺伏。该学校负责对成员国的法官和司法官员以及律师进行新通过的统一化商法方面的培训。根据OHADA条约,该学校还负责有关商法的研究。部长委员会有权变更该学校的名称和宗旨。

地区高等司法学校由部长委员会任命的总理事负责。总理事任期4年,可连任一次。①

(五)司法与仲裁共同法院

根据OHADA条约,司法与仲裁共同法院有9名法官,这9名法官是从成员国国民中选举产生,任期7年,不得连任。部长委员会在必要时可以提高法官的数量。OHADA条约规定,法院要确保条约以及部长委员会为统一法的适用所颁布的条例和决定得到统一的解释和适用。法院必须在收到当事人请求后的30天内或者所规定的提交请求的期间届满后的30天内作出决定。法院从其法官中选举1名院长、2名副院长,他们的任期为3年半,不得连任。法院法官由部长委员会从成员国推荐的候选人名单中秘密投票选举产生,来自每一成员国的法官最多1名。②

司法与仲裁共同法院行使下列职能:

1. 在统一法草案由部长委员会审议和最终通过前,发表咨询意见,并可就统一法的解释和适用发表咨询意见;

2. 它是涉及统一法事项案件的最高法院。国内法院诉讼程序的当事人可将案件直接上诉至该法院,国内法院也可直接将案件移送至该

① OAHDA条约第41条。
② OHADA条约第31条。

法院。成员国国内最高法院不得对涉及统一法的案件进行一审审理;

3. 组织和监督仲裁程序的进行,任命和确认仲裁员。它还必须被告知仲裁程序的进程,并对仲裁裁决草案进行审议,可对裁决草案程序方面的问题提出修改建议。

要想当选为司法与仲裁共同法院的法官,来自成员国的候选人必须具有下列资格:

1. 是在成员国内具有至少 15 年以上司法经历的法官,并拥有高级司法职位,或拥有高级司法职务所要求的条件;

2. 是成员国律师协会的成员,并拥有至少 15 年以上的执业经历;

3. 是拥有至少 15 年以上教学经历的法学教授。

司法与仲裁共同法院的法官必须有 1/3 是来自上述第二类和第三类人员。

司法与仲裁共同法院院长根据法院的建议从成员国提供的候选人名单中任命法院的书记官长。候选人必须具有 15 年以上的职业经历。院长还根据书记官长的建议任命法院的其他职员。院长还应任命一位秘书长协助法院履行仲裁职能。①

司法与仲裁共同法院的总部设在科特迪瓦首都阿比让。为了便于司法与仲裁共同法院行使职能,部长委员会已通过两项程序规则,分别是:《司法与仲裁共同法院仲裁规则》和《司法与仲裁共同法院程序规则》。

四、OHADA 统一法简述

OHADA 通过的统一化商法称为“统一法”(uniform acts)。本文只是对所通过的统一法作一概述。

常设秘书处会将统一法草案的初稿送交成员国政府,成员国政府在收到草案初稿后应在 90 天内将书面意见反馈给常设秘书处。②

附有成员国书面意见以及常设秘书处报告的统一法草案初稿随后会提交给司法与仲裁共同法院,该法院将在 30 天内提出自己的建议。

---

① OHADA 条约第 39 条。

② OHADA 条约第 7 条第 1 款。

统一法草案的最终文本由部长委员会通过,但至少有 2/3 的成员国出席,而且需经过出席会议且参加投票的成员国代表的一致同意,始得通过。

常设秘书处必须在统一法通过后的 60 天内在 OHADA 官方公报上公布统一法的内容,如没有例外规定,统一法将在公布后的 90 天内生效。统一法还必须在每一成员国的官方公报上公布。在成员国的官方期刊(或通过其他适当方式)上公布统一法,不会影响统一法的生效。根据 OHADA 条约,在必要时可以通过规定延长有关统一法通过的时间。常设秘书处在得到部长委员会的授权后,也有权要求对任何统一法进行修改。

统一法生效后在成员国直接适用,成员国国内法律中与之相冲突的规定不得适用。

1997 年 4 月 17 日,部长委员会通过了首批三部统一法,它们已在 1998 年 1 月 1 日生效。这三部统一法是:《一般商法统一法》(2012 年 12 月 15 日进行过修改,修改后的文本在 2011 年 3 月 21 日生效)、《商业公司与经济利益集团法》以及《担保统一法》(该法在 2010 年 12 月 15 日进行过修改,修改后的文本在 2011 年 3 月 21 日生效)。

1998 年 4 月 10 日,部长委员会通过了下列两部统一法:《债务清偿简易程序和执行措施统一法》、《债务清偿集体程序(破产)统一法》。这两部法律在 1999 年 1 月 1 日生效。

1999 年 6 月 11 日,部长委员会通过了另一部统一法,即《仲裁统一法》。2000 年 3 月 23 日、24 日,部长委员会又通过了《会计法统一法》。2003 年 3 月 20 日、21 日和 23 日,部长委员会再次通过一部统一法,即《公路货物运输合同统一法》。2010 年 12 月 5 日,部长委员会通过了最新的一部统一法,即《合作制企业统一法》。

在本文发表时,《合同统一法》已起草好,正在进行审议。有关劳工法和消费者买卖法的条例也在讨论中,预计在 2013 年完成。按照议程,《商业公司和经济利益集团统一法》以及《债务清偿集体程序统一法》的最终修改也会在 2012 年底完成。人们还希望在竞争法、知识产权法、金融法、有关非注册形式的企业法以及证据法等领域制定相关条例,但部长委员会看来不会在短期内通过这些法律草案。

(一)《一般商法统一法》

在 1997 年 4 月 17 日部长委员会通过《一般商法统一法》前,在 OHADA 地区所进行的商事活动由各成员国国内具有不同渊源(法律、法规、条例等)和不同目的的多样化的法律规则调整。在 2010 年经过修订并于 2011 年 3 月 21 日生效的《一般商法统一法》更加关注成员国的经济现实和公司的活动,旨在促进商事交易,为商事经营者提供安全的法制环境。

《一般商法统一法》共有 307 条规定,除最终条款外,该法分为八章,分别涉及:

1. 商人(有时称为商事经营者)以及 2010 年修订文本所增加的小企业主(enterpriser)的身份;

2. 商事和动产信用登记;

3. 国内数据库;

4. 地区数据库;

5. 商事和动产信用登记的网络化;

6. 专业租赁与营业资产;

7. 商业中介;以及

8. 商事买卖。

该法的范围十分宽泛,它不但适用于无论是作为自然人还是法人的商人,也适用于小企业主,并且还适用于营业地或注册办公室位于某一成员国领域内的经济利益集团。

1. 商人和小企业主的身份

修订后的《一般商法统一法》根据商人职业的性质,对此前文本所采用的传统的大陆法概念"商人"进行了修正,以使这一概念更符合实际。① "商事交易"被界定为下列行为:由商人生产或购买的货物的流通,为取得盈利所进行的提供服务的行为。商事交易包括自然资源的开采、中介以及电讯经营者的行为。该法还对商人的行为能力、商人的会计义务以及商事行为的时效作了规定。

2010 年 12 月修订后的《一般商法统一法》引进了"小企业主"概念

① 《一般商法统一法》第 2 条。

(作者使用了英语“enterpriser”一词,而该法法语文本使用的是“entreprenant”。该书出版时,尚未有该法法语文本的官方英语译本)。根据该法第30条,小企业主是指在商业、农业或民事领域包括诸如会计或法律服务等被认为不是商业行为的职业或在纺织行业从事职业活动的个体企业主。从这一定义可以看出,小企业主最为重要的特征是,他是在经济领域从事活动的单一自然人。这一概念的纳入不仅只是多了一套新的规定,更为重要的是,它在OHADA地区增设了一个新类型的经济行为者。小企业主在此前的统一法文本中可能会被视为“商人”。根据修订后的统一法,小企业主经营的是一个相对较小的企业,所以,对于小企业主来说,有关强制提交的文件更少,手续更为简便。该法同样规定了小企业主身份的取得和丧失以及他的相关义务。

2. 商事和动产信用登记

商事与动产信用登记不再是没有法律效力的空口之谈。商事与动产信用登记处对自然人、法人以及相关文件的修改和动产担保进行登记。

对于商事与动产信用登记,有三个层次的数据收集:由有管辖权的法院所保留的本地商事登记簿、由成员国国内登记总部所汇总的国内不同登记处的数据(或电子数据)以及由司法与仲裁共同法院所汇总的来自各成员国的地区数据库。这三个层次的数据收集迫切需要采用电子数据收集和查询的方法,以加强OHADA地区数据登记的统一性和确定性。《一般商法统一法》第81条还设立了一个专门委员会,以监督旨在统一成员国电子程序的规则的制定和适用。该委员会还负责确保电子规则和程序的发展与统一法设立层级制的数据收集方式的目标一致。

3. 职业租赁

这一概念不仅仅包括传统的商事租赁。专业租赁是指不动产所有人通过书面或非书面协议,允许任何自然或法人在不动产所有人的建筑物内从事经过不动产所有人同意的任何商业、工业、手工业或其他职业活动的行为。①

---

① 《一般商法统一法》第103条。

《一般商法统一法》对双方当事人的义务作了规定,如租金的支付、被租赁房产的维修和维护以及房产的转让和转租等。该法允许当事人自由约定采用定期租赁还是非定期租赁。如果承租人能够证明他在所租赁的房屋内从事租赁协议中所约定的活动已至少2年,他就有权续租该房屋。①

4. 营业资产

"营业资产"是《一般商法统一法》中的一个技术性术语,用来指称能够使商人吸引和维持客户的一系列资源所构成的资产。根据该法的规定,它包括客户群、商品标志、商号,也包括动产(家具、货物和设备)和不动产(租赁权、经营许可和专利)。②

营业资产可由所有者直接经营,也可根据租赁协议转让经营。租赁经营人必须具有商人省份,小企业主不能进行这种经营方式。

《一般商法统一法》的创新之一就是,根据租赁经营协议,租赁经营人应支付两种不同的租金:一种是用于支付不动产租赁的租金,另外一种是用于支付其他营业资产的租金。这些规定统一调整整个营业资产的转让,营业资产的转让必须包括客户群、商号和商品标志的转让,这样转让才是完全的。

5. 商业中介

商业中介具有商人身份,可以是自然人,也可以是法人。商业中介经常性地并作为一种职业有权或有意代理本人与第三人签订商事买卖合同。

《一般商法统一法》规定了三类商业中介:

(1)行纪商。行纪商是为获得佣金以自己的名义为委托人代理货物买卖事项的人;

(2)居间商。他们为不同的人牵线搭桥,以促成他们成功缔结合同或达成商事交易;

(3)商业代理人。他们受生产商、业主、商人或其他商业代理人的委托并以委托人的名义进行谈判,并最终达成买卖合同、雇佣合同或服

① 《一般商法统一法》第123条。

② 《一般商法统一法》第135~137条。

务提供合同等。商业代理人不受雇佣合同的约束。

《一般商法统一法》还详细规定了商业中介的作用、权力、他们行为的法律或后果以及报酬等事项。

6. 商事买卖

《一般商法统一法》中有关商事买卖的规定适用于商人或小企业主之间的货物买卖合同，无论他们是自然人还是（针对商人而言）法人。这些规定不适用于针对消费者的买卖、扣押后的买卖、拍卖以及有价证券、流通票据、货币或外汇的买卖。① 虽然该法明确排除了某些类型物品的买卖，但它没有明确界定“货物”这一概念。

该法还规定了：

（1）调整买卖合同成立的规则；

（2）卖方义务（如交付货物、商品的适销性、瑕疵担保）；

（3）买方义务（如支付货款、收取货物）；

（4）对买卖双方违约的惩罚、责任免除、合同终止的效力和时效；以及

（5）合同效力（如所有权和风险的转移）。

《一般商法统一法》还规定了所有权保留条款，即当事人可推迟转移货物的所有权，直到另一方当事人完全支付了货款。

该法的 2010 年修订文本对有关商事买卖的规定修改较少，最重要的修改是增加了一条有关不能履行合同以及不履行合同的责任的规定。特别值得关注的是第 281 条规定，它规定在出现严重违约时，守约一方当事人可不经法院判决自行终止合同。这些有关合同履行和违约的新规定与罗马统一私法协会的《国际商事合同通则》以及联合国《国际货物销售合同公约》的规定是一致的。

（二）《商业公司和经济利益集团统一法》

当本书即将出版之际，《商业公司和经济利益集团统一法》还在进行修订。因此，此处所作评论只是针对最初的文本。

该法分为五部分。第一部分是总则，规定了该法的适用范围。其余四部分分别涉及商业公司的一般规定、每一类型的商业公司的特别

① 《一般商法统一法》第 234 ~ 236 条。

规定、刑法规定以及最后和过渡性条款。

1.《商业公司和经济利益集团统一法》的适用范围

每一个注册办公室位于某一成员国地域内商业公司,包括国家或受公法调整的公司作为其股东的公司,都要遵守该法的规定。

2.调整商业公司的一般规定

这一部分共有九章,分别涉及:

(1)商业公司的成立;

(2)商业公司的运行;

(3)公司管理层的民事责任;

(4)公司之间的关联关系;

(5)商业公司的转型;

(6)资产合并与部分转让;

(7)商业公司的解散与清算;

(8)公司及公司行为的撤销;以及

(9)程序/公布。

这一部分有许多重要的创新,即:

(1)商业公司可以由书面文件上所记载为的"哇一所有人"的单个人成立。因此,私人有限公司和公共有限公司都可有单个股东;

(2)注册办公室不能仅设在通信地址,它必须有一个具体地址或明确的场所;

(3)该法还专门规定了资本的公开募集程序。如果公司具有下列情况,将被视为进行了资本的公开募集:公司的证券在成员国的证券交易所上市;或公司通过信贷机构、证券经纪人或其他形式的公开宣传在某一成员国内向公众发行任何类型的股份。

(4)审计员,特别是法定审计员在商业公司的运作中发挥着重要作用。审计员可以要求公司管理人员就损害公司持续经营的任何事项作出解释。审计员在履行职责对公司文件进行审查时,可以提出质询。

(5)该法还认可了财团(consortium)概念。如果一公司直接持有或通过与其他股东的协议持有另一公司一半以上的投票权,该公司就被认为是控股公司。

3. 有关商业公司的特殊规定

任何人,无论其国籍如何,如果希望在 OHADA 某一成员国通过设立公司从事商业活动,就必须根据《商业公司与经济利益集团统一法》所规定的公司类型选择一种。该法第四章用法语短语规定了不同形式的公司。这些短语还没有正式的英文译本。需要说明的是,下面有关公司名称的英文定义,我尽量接近原义。这些公司为:

(1)私人无限责任公司①

私人无限公司是一种私人合伙,在此类公司内,所有合伙人都具有商人身份,对公司债务承担无限责任。公司注册资本分为等额股份。

(2)休眠合伙(有限合伙)②

此类公司也称为隐名合伙,有两类股东:一类是对公司债务承担无限连带责任的股东,即"积极合伙人";另一类是仅以其股份额对公司债务承担有限责任的股东,即"休眠合伙人"。公司资本分成不同的合伙份额。

(3)私人有限责任公司③

私人有限责任公司的股东以其出资额为限承担公司债务,他们的权利是根据持有公司股份份额确定的。此类公司可由单个自然人或法人成立,也可由 2 个或 2 个以上的自然人或法人成立。此类公司的最低注册资本为 100 万西非法郎。

(4)公共有限责任公司④

此类公司无论是否上市,股东仅以其持有公司份额对公司债务承担有限责任,并根据持有的公司份额享有相应的股东权利。股份有限公司的股东人数没有限制,最低注册资本为 1000 万西非法郎,股票的

① 该类公司的法语名称为"société en nom collectif"(简称 SNC),即合股公司。——译者注

② 该类公司的法语名称为"société en commandite simple"(简称 SCS),即简单两合公司。——译者注

③ 该类公司的法语名称为"société à responsabilité limtée"(简称 SARL)。——译者注

④ 该类公司的法语名称为" société anonyme"(简称 SA),即股份有限公司。——译者注

票面价值不得低于10000西非法郎。

(5)合作制企业[①]

合作制企业是一种合作实体,合作各方同意不在商事与动产信用登记处对其进行登记,而且不给予它法人资格。合作各方可自由约定合作企业的宗旨、期间、经营条件、合作方的权利及企业的终止等,但这些约定不得违反适用于公司的一些强制性规定。

(6)事实合伙[②]

它是指两个或两个以上的自然人或法人以合伙一样的方式行事,但他们之间并没有成立上面所提到的任一类型的公司的事实上的公司。

(7)经济利益集团[③]

经济利益集团的唯一宗旨是推动并发展成员的经济活动,它本身并不实现和分配利润。

4. 有关商业公司的刑事规定

这部分对公司成立、管理、运行、大会、股份有限公司资本的变更、公司的审计、公司解散与清算以及资本公开募集过程中的各类刑事违法行为做了界定。

《商业公司与经济利益集团统一法》并没有规定相应的刑事制裁措施,这需要根据成员国的国内法确定。

5. 最后和过渡条款

《商业公司与经济利益集团统一法》的规定立即适用于该法生效后成立的公司。对于该法生效前成立的公司,该法的适用有2年的过渡期,公司必须在此期间对公司章程进行修改或制定新的公司章程,以符合该法的规定。

(三)《担保统一法》

该法的内容在2010年12月进行过大范围修改,修改后的文本自2011年3月21日生效。甚至该法修改前的文本就已对各成员国国内

---

① 该类公司的法语名称为"société en participation",即隐名合伙公司。——译者注

② 该类公司的法语名称为"société de fait",即事实公司。——译者注

③ 它的法语名称为"groupment d' intéret éconmique"(简称GIE)。——译者注

适用的相关法律规定作了很大修改，这些成员国除塞纳加尔外，基本上都没有对从1804年拿破仑法典中继承来的担保法进行更新。本部分所做评论针对的是当前生效的新文本。

该法对担保权益做了广泛界定，共有228条规定，包括第一章总则性规定，对担保权益及其适用范围作了规定，接下来五章分别规定了保证、动产担保、不动产担保以及优先权。最后一章是最终条款。

1. 总则

《担保统一法》第1条将担保权界定为根据每一成员国的法律或根据当事人之间的协议，提供给债权人的、用以保证债务得以履行的权利，无论债务的法律性质如何。该法修订后的文本明确规定了可以对将来的、附条件的、不附条件的、固定的以及浮动的债务设立担保，只要这些债务可以充分确定。

能够以自己名义且可以作为担保代理机构行事的国内或外国金融机构、信贷机构可以为债权人利益设立、完成、管理或执行担保权益。以此种能力行事的担保机构可以在自担保权的成立/完成直至担保权益的执行过程中就涉及担保的事项代表担保债权人。①

根据该法的规定，当为了担保权人的利益，需要转移担保物的所有权时，转移至担保代理机构的担保物就构成专用财产，它与担保代理机构的财产是相互独立的。这样，当担保代理机构破产时，担保财产仍会受到保护。②

2. 保证

保证是个人或实体对债务人债务的一种承诺，在债务人不履行债务或保证受益人第一次提出请求时，负责偿还债务人所欠债务。③ 保证有下列形式：履约保证、保函或反担保函。④

对于担保的债务，债权人有权要求支付，特别是从用于担保的财产的拍卖款项中优先获得支付。

① 《担保统一法》第5、8条。

② 《担保统一法》第9条。

③ 《担保统一法》第4条。

④ 《担保统一法》第12条。

(1)履约保证

履约保证是担保人和债权人之间的一种合同,根据该合同,担保人承诺在债务人不履行债务时履行其债务。担保合同可能无须取得债务人的授权,甚至可以在债务人不知悉的情况下订立。除非当事人有协议约定或有明确的法律规定,担保人与债务人一起承担连带责任。该法应对担保人的义务作出明确规定。①

(2)担保函与反担保函

担保函是担保人承诺在收到担保受益人的首次请求时,向其支付固定款项的一种协议。②

反担保函是反担保人承诺在收到担保人的首次请求时,向其支付固定款项的一种协议。③

担保函和反担保函必须书面作成,并且不能由自然人作出,否则会被认定为无效。

3. 动产担保

根据《担保统一法》第50条,动产担保有占有留置、公司动产质押、有形或无形动产质押以及优先权。这一规定是该法的最重要的修正内容之一,因为质押不再像过去那样取决于是否丧失对动产的占有,而是取决于财产本身的性质(有形还是无形)。在法语中,"gage"现在是指有形动产的质押,而"nantissement"指的是无形动产质押。

修改后的《担保统一法》还规定,可以对将来的财产设立担保,这就扩大了担保的范围。必须注意的是,修订后的《担保统一法》并没有排除设立不丧失占有的质押。

(1)占有留置

占有留置是指合法占有债务人财产的债权人可以保留该占有,直至债务人对其进行完全支付。如果债权人的请求权是确定的、已经到期、并且债务和占有的财产之间有联系,债权人就可在该财产被扣押前行使留置权。如果对财产的占有和债务是因债权人和债务人之间的商

① 《担保统一法》第12、13条。

② 《担保统一法》第39条。

③ 《担保统一法》第39条。

业往来而产生的,就可认为债务和占有的财产之间有联系。

(2)有形动产质押

有形动产质押是指根据合同将有形动产交付给债权人或第三人,作为支付债务的担保。① 根据该法,可以为过去的、将来的或可能的债务设立有形动产质押,只要这些债务不是可撤销的。

如前所述,修订后的《担保统一法》允许债务人在其现在的或将来的动产财产上设立担保,而无须丧失对财产的占有。对将来财产设立的质押在出质人拥有该财产时成立。根据《担保统一法》,对应收账款的质押不再要求丧失占有。

(3)无形动产质押

此类担保是指对一种或一组现时或将来的无形动产设定质押,以担保现时或将来的债务的实现,只要债务是确定的或可以确定。根据《担保统一法》第125条,此类担保可根据合同或法院判决实现。

根据2010年10月修订文本中有关质押的概念,可以设定无形动产质押的财产仅限于该法第126条所明确列举的财产。根据该条规定,无形动产质押可以设立于债务、银行账户、股权(等此类票据)、营业资产以及知识产权。

该法还对银行账户余额质押作了明确规定,根据该规定,债务人可以根据质押协议使用已被质押的银行账户,直至质押得到执行。

(4)优先权:一般优先权和特殊优先权

优先权也是一类担保,包括一般优先权和特殊优先权。一般优先权的所有者可以针对债务人的任何财产行使该权利,而特殊优先权的所有者只能针对债务人的特定财产行使该权利。特殊优先权的情形包括:

①房屋的出租人对所出租房屋内的动产享有留置权;

②陆路承运人对所承运的货物有留置权,只要所承运的货物与债务有联系。

4. 不动产担保:抵押

抵押是指对属于抵押人的确定的或可确定的不动产设定抵押权,

① 《担保统一法》第92条。

以担保现时或将来一种或数种债务的实现。抵押权人对抵押的不动产有追索权和留置权(优先权)。该法对根据合同设定的合同抵押和根据法律或法院裁定设立的强制抵押做了区分。

5. 担保权益的分配和分类

《担保统一法》规定了不同类型的动产担保权益和不动产担保权益,并用清单列举了它们的清偿顺序。

该法修订文本规定的新的担保权益包括:作为担保的应收账款的简化转让程序,只要此类转让是针对银行利益作出的;通过担保方式进行的现金转移。

这种新的方式有助于确保金融流通,特别是在融资项目中。现在担保权既可在担保人丧失占有的情况下成立,也可在不丧失占有的情况下,通过在商事与动产信用登记处进行登记的方式成立。成员国在此领域的一些具体程序已经统一,并有很大简化。

对于不丧失占有的担保权益的执行,修订后的《担保统一法》规定了债务人在某些情况下不履行债务时的执行机制。如果被质押的财产是一笔金钱或价值需要官方评估的财产,设立质押的双方当事人就可约定,在债务人不履行债务时,享有质押权的债权人就成为该财产的所有人,而无需再履行其他程序。如果债务人从事某一行业,双方当事人也可就对债务人有形动产设立的质押约定这种"自助"执行措施,只要在财产转让时由所指定的专家对财产价值进行了评估。

6. 最终条款

在《担保统一法》生效前根据成员国当时生效的法律所设立的任何担保,将继续适用原来法律的规定,直至担保解除。

《担保统一法》适应了成员国现有的经济结构,设法对所适用的一些担保措施进行澄清,它无疑为商业的发展引进了重要的策略。该法应被视为是改善 OHADA 地区投资环境,并最终实现 OHADA 条约目标的一个积极性步骤。

(四)《债务清偿简易程序和执行措施统一法》

该法规定了债权人可以据以强迫债务人履行其义务(支付金钱、交付货物或返还货物)的法律程序。

该法规定了两种不同程序:债务追偿简易程序以及判决执行措施。

它规定了一些迅捷、高效、花费较少的债务清偿程序,如支付令(由法院向债务人签发的要求向债权人支付的命令),以及返还程序,这对于尚未获得支付的债权人是一种强有力的保护形式。

(五)《债务清偿集体程序统一法》(《破产统一法》)

在本文发表之际,该法正在进行修订。① 本节所有评论是针对最初法律文本作出的。

该法对陷入困境的企业规定了预防性程序,以确保通过预防性和解程序使能够持续发展的企业,特别是极有可能走出财政困境的企业得到相应的保护。经营困难的企业可提出和解协议方案,有管辖权的法院可能批准该方案,也可能驳回该方案。如果和解协议方案被驳回,企业就随之进入破产程序。该法规定了针对破产债务人的司法清算程序,并对有关公司管理人员的责任和义务制定了相应的规则。

(六)《仲裁统一法》

该法是仿照联合国国际贸易法委员会《国际商事仲裁示范法》制定的,适用于仲裁地位于 OHADA 成员国内的所有仲裁,无论仲裁的当事人是来自 OAHDA 的成员国,还是其他国家。该法的规则现代而灵活,其目的是推动仲裁成为解决争端的有效方式。司法与仲裁共同法院的《仲裁规则》对该法做了补充,该规则规定了司法与仲裁共同法院有关仲裁及其他管辖权事项方面的职能。

(七)《会计统一法》

该法规定了在 OHADA 成员国从事营业活动的商人必须遵守的各类会计制度。该法适用于作为成员国国民或在成员国从事经济活动的自然人或法人的个人账户。该法还规定了年度财务报表应包含的信息,以确保财务报表规范、真实。它规定了成员国国内应采用的会计制度,并为账户的评估和设立制定了相应规则。该法还对其他事项如财务文件的证据价值、账户收集以及会计信息公开等作了规定。

(八)《公路货物运输合同统一法》

本法适用于货物的接收地和交付地都位于 OHADA 某一成员国国内,或位于两个不同国家但其中一国是 OHADA 成员国内的公路货物

① 截至目前,该法修订尚未完成。

运输合同。该法的适用并不考虑货物运输合同当事人的国籍和住所。

该法调整可在 OHADA 地区执行的各类运输合同,以及这些合同所要求的一些运输单据。该法还对承运人责任以及其他有争论的事项作了规定。

该法不适用于运输危险货物、丧葬运输、家具搬迁的合同,也不适用于根据任何国际邮政公约条款所履行的运输。此外,对于该法生效前已订立的国际陆路货物运输合同,该法也不适用。此类合同仍要适用该合同订立时应适用的法律。

(九)《合作制企业统一法》

该法共有 397 条规定,对合作制企业(société coopérative)作了系统规定。该法分为四章,第一章是适用于合作制企业的一般规定,包括合作制企业的成立、结构、管理人员的责任、合作制企业内部的法律关系、合作制企业的变更、兼并与分立、解散和清算以及合作制企业与其行为的撤销,第二章、第三章和第四章分别涉及不同类型合作制企业的具体规则、刑事制裁和最终条款。

该法将合作制企业界定为不同独立性团体的人们(自然人或法人)的自愿结合,以满足他们的经济、社会和文化目的和需求。所有的合作制企业必须根据下列原则行事:

1. 入社自愿和开放办社;
2. 成员实行民主管理;
3. 成员经济参与;
4. 所有合作制企业须向其成员提供教育、培训和信息;
5. 合作制企业之间彼此合作;以及
6. 合作制企业必须自愿关注社区。

这些原则具有普遍性,与《国际合作社联盟》(ICA)的要求是一致的。

该法规定的合作制企业有两类:一类是简易合作制企业,另一类是设有董事会的合作制企业。这两类合作制企业之间的主要区别在于它们成立的要求(简易合作制企业至少有 5 名成员,而设有董事会的合作制企业至少有 15 名成员)以及内部结构不同。该法对这两类合作制企业的规定相当灵活,合作制企业成员之间可以通过合同对许多事项作出安排。但这种自由需谨慎行使,以与上面提到的民主管理原则相平衡。

五、现实问题

(一)财政规定

OHADA 的资金来源主要包括成员国缴纳的年度经费、根据 OHADA 与其他国家或国际组织签订的公约所获得的资金以及其他赠与和遗赠等。此类公约必须得到部长委员会的批准,而赠与和遗赠必须由部长委员会接收。①

仲裁收费以及司法与仲裁共同法院和常设秘书处的年度预算也应得到部长委员会的批准。此外,OHADA 每一会计阶段的账户应由部长委员会任命和批准的审计人员进行审计。②

(二)身份、豁免与特权

OHADA 具有完全的法律能力,它可以缔结合同、获得并转让动产和不动产。此外,它能提起法律程序,也可作为当事人参与诉讼。

为能顺利履行职责,OHADA 在每一成员国领域内享有豁免权和特权。它的财产及物品不能被采取任何司法行为,除非它明确放弃了自己的豁免权。OHADA、其财产、物品、收入以及根据条约所授权的一些活动免于缴纳任何形式的税收和关税。常设秘书处、地区高等司法学校、司法与仲裁共同法院的职员以及该法院的法官和仲裁员,在行使职务时享有特权与外交豁免。在没有获得司法与仲裁共同法院授权的情况下,不得对法官因其职务以外从事的行为而提起指控。③

(三)语言

对于非法语区的 OHADA 成员国的法律执业者而言,面临的一个很大问题是如何解释和理解用法语做出的立法和案例。

2008 年 OAHDA 条约修订文本第 42 条将英语、葡萄牙语、西班牙

① OHADA 条约第 43 条。

② OHADA 条约第 45 条。

③ OHADA 条约第 49 条。

语增列为该组织的工作语言,这极大地缓解了这一问题,但现实问题仍然存在。迄今,统一法乃至条约本身的法语文本都还没有其他语言的官方译本。

无论是否加入 OHADA,尼日利亚与其邻国以及与其他 OHADA 成员国的贸易,因 OHADA 所采取的法律统一化行动以及 OAHDA 地区整个法律体制的改善,已得到极大发展。

(四)修约与退约

OHADA 条约规定,如果成员国向常设秘书处书面提出修约请求,并随后将该请求通知部长委员会后,条约就可能修改。部长委员会收到修约请求通知后,会考虑该请求的目的以及修改的程度,并在修约过程中监督条约的修正或修改。① 条约修正或修改通过的程序和条约的通过程序是一样的。

根据 OHADA 条约规定,条约的批准文件和加入文件应由塞内加尔政府保存,该国被指定为条约文件的交存国。该国政府应将每份此类文件的副本交送 OHADA 的常设秘书处。交存国政府还需要根据《联合国宪章》第 102 条规定,将条约在非盟和联合国进行登记。交存国政府还应把条约的登记副本交送 OHADA 的常设秘书处。

部长委员会负责对修订后的条约文本进行批准。②

六、结论

由于 OHADA 旨在为创设一个安全稳定的立法和司法环境,它已对非洲发展产生了战略性影响。OHADA 所带来的益处就是,帮助推动该地区的经济发展。该地区涉及几类商业合同(商事买卖、商事租赁、担保合同等)的规则得到协调。民事程序有很多方面(如仲裁法以及判决执行措施等)也得到协调。法律规则的协调无疑会提高 OHADA 成员国法院系统的可信赖度。

现在适用于某些商事交易的法律能够容易地确定,并且在所有 OHADA 成员国内都建立起共同的法律框架。法律协调化进程显然可

---

① OHADA 条约第 61 条。

② OHADA 条约第 2、57 和 59 条。

以减少差别待遇现象，促进跨境交易。法律冲突现象会得到消除，或至少会受到限制。法律协调化进程不可否认地创建了一套可利用的、全面的法律制度，并因此推动了非洲此区域国际投资的发展。

（朱伟东，法学博士、教授，湘潭大学法学院非洲法律与社会研究中心副主任）

国际私法

冲突法在美国法院(2013年):第27次年度综述*

[美]西蒙·C.西蒙尼德斯** 著 杜 涛 译

目 次

---

* 原文载《美国比较法杂志》第62卷(2014年),感谢西蒙·C.西蒙尼德斯教授授予中文翻译和出版权。

** 美国Willamette大学法学院教授。

一、导论

本文是美国冲突法案例的第 27 次年度综述。① 此项综述是应美

① 前26次年度综述分别参见：P. John Kozyris, Choice of Law in the American Courts in 1987: An Overview, 36 AM. J. COMP. L. 547 (1988); Symeon C. Symeonides, Choice of Law in the American Courts in 1988, 37 AM. J. COMP. L. 457 (1989); P. John Kozyris & Symeon C. Symeonides, Choice of Law in the American Courts in 1989: An Overview, 38 AM. J. COMP. L. 601 (1990); Larry Kramer, Choice of Law in the American Courts in 1990: Trends and Developments, 39 AM. J. COMP. L. 465 (1991); Michael E. Solimine, Choice of Law in the American Courts in 1991, 40 AM. J. COMP. L. 951 (1992); Patrick J. Borchers, Choice of Law in the American Courts in 1992: Observations and Reflections, 42 AM. J. COMP. L. 125 (1994); Symeon C. Symeonides, Choice of Law in the American Courts in 1993 (and in the Six Previous Years), 42 AM. J. COMP. L. 599 (1994); Symeon C. Symeonides, Choice of Law in the American Courts in 1994: A View 'From the Trenches,' 43 AM. J. COMP. L. 1 (1995); Symeon C. Symeonides, Choice of Law in the American Courts in 1995: A Year in Review, 44 AM. J. COMP. L. 181 (1996); Symeon C. Symeonides, Choice of Law in the American Courts in 1996: Tenth Annual Survey, 45 AM. J. COMP. L. 447 (1997); Symeon C. Symeonides, Choice of Law in the American Courts in 1997, 46 AM. J. COMP. L 233 (1998); Symeon C. Symeonides, Choice of Law in the American Courts in 1998: Twelfth Annual Survey, 47 AM. J. COMP. L. 327 (1999); Symeon C. Symeonides, Choice of Law in the American Courts in 1999: One More Year, 48 AM. J. COMP. L. 143 (2000); Symeon C. Symeonides, Choice of Law in the American Courts in 2000: As the Century Turns, 49 AM. J. COMP. L. 1 (2001); Symeon C. Symeonides, Choice of Law in the American Courts in 2001: Fifteenth Annual Survey, 50 AM. J. COMP. L. 1 (2002); Symeon C. Symeonides, Choice of Law in the American Courts in 2002: Sixteenth Annual Survey, 51 AM. J. COMP. L. 1 (2003); Symeon C. Symeonides, Choice of Law in the American Courts in 2003: Seventeenth Annual Survey, 52 AM. J. COMP. L. 9 (2004); Symeon C. Symeonides, Choice of Law in the American Courts in 2004: Eighteenth Annual Survey, 52 AM. J. COMP. L. 919 (2004); Symeon C. Symeonides, Choice of Law in the American Courts in 2005: Nineteenth Annual Survey, 53 AM. J. COMP. L. 559 (2005); Symeon C. Symeonides, Choice of Law in the American Courts in 2006: Twentieth Annual Survey, 54 AM. J. COMP. L. 697 (2006); Symeon C. Symeonides, Choice of Law in the American Courts in 2007: Twenty - First Annual Survey, 56 AM. J. COMP. L. 243 (2008); Symeon C. Symeonides, Choice of Law in the American Courts in 2008: Twenty - Second Annual Survey, 57 AM. J. COMP. L. 269 (2009); Symeon C. Symeonides, Choice of Law in the American Courts in 2009: Twenty - Third Annual Survey, 58 AM. J. COMP. L. 227 (2010); Symeon C. Symeonides, Choice of Law in the American Courts in 2010: Twenty - Fourth Annual Survey, 59 AM. J. COMP. L. 303 (2011); Symeon C. Symeonides, Choice of Law in the American Courts in 2011: Twenty - Fifth Annual Survey, 59 AM. J. COMP. L. 291 (2012); Symeon C. Symeonides, Choice of Law in the American Courts in 2012: Twenty - Sixth Annual Survey, 59 Am. J. Comp. L. 217 (2013).

国法学院协会冲突法分会的要求而撰写的,[①]其目的在于为美国国内外的本专业教师和学生提供服务。[②] 本综述的宗旨仍一如既往,意在提供信息而非明辨是非。不过,作者偶尔也会难以自控地发出少许批评意见。

本次综述涵盖了美国州和联邦上诉法院从 2013 年 1 月 1 日至 2013 年 12 月 31 日期间作出的裁决,以 2013 年 12 月 31 日午夜前发布在 Westlaw 数据库中的为准。[③] 在符合这些条件的 1354 起案例中,本综述集中关注那些对于冲突法——尤其是法律选择的发展和理解而言具有新意的案例。

2013 年度宣判并在 Westlaw 上公布的冲突法判例上升到 5419 起。[④] 以下表 1 显示了案件的分类:

表 1　2013 年冲突法判例

<table>
<tr><td>联邦最高法院</td><td>16</td><td rowspan="3">本综述所涉及的上诉案件共 1354 起</td></tr>
<tr><td>联邦上诉法院</td><td>599</td></tr>
<tr><td>州最高法院和中级法院</td><td>739</td></tr>
<tr><td>联邦地区法院</td><td>4065</td><td>本综述不涉及</td></tr>
<tr><td>所有案件</td><td>5419</td><td></td></tr>
</table>

本次综述在长度上超过此前 26 年中的任何一次,部分原因在于 2013 年度比过去任何一年发生的冲突法案件都要多,但最主要的原因是本年度发生了更多有价值的案件。以下是本年度的一些焦点案件:

▶美国联邦最高法院作出了五项裁决,分别主张:

① 本次综述不代表美国法学院协会或其冲突法分会的观点。

② 由于本综述的读者群很大一部分来自外国学者,他们可能对美国法中的某些领域并不熟悉,因此本综述试图提供一些背景信息和解释,对于美国冲突法学者而言这些内容可能是不必要的。

③ 这些案例的分类是通过检索 Westlaw2013 年度的"Allstates"、"CTA"和"SCT"数据库进行的,并采用了 Westlaw 所使用的"冲突法"数据库中的关键代码。

④ 除少数例外,Westlaw 并不并未收录各州一审案件。

■《外国人侵权法》并不适用于完全发生在外国的行为和损害;①

■《保护婚姻法》(DOMA)第 3 条从联邦法角度对“婚姻”做出界定,从而将同性关系排除在外,该条规定根据第五修正案是违宪的;②

■《联邦仲裁法》优先于《谢尔曼法》的规定;③

■《版权法》中规定的“先卖规则”适用于版权作品在境外被复制并被首先出售;④以及

■《全国投票登记法》排除了亚利桑那州一项立法,该法对于投票登记时的国籍证明设置了更为严格的标准。⑤

▶第六起最高法院的判决解释了联邦法院在考虑审判地时如果遇到法院选择条款应当采取的方法。⑥

▶两项联邦上诉法院的判决涉及在索马里沿岸的海盗行为,⑦还有几项判决涉及民事和刑事案件中联邦立法的域外适用范围。⑧

▶有几项州法院的判决试图通过钻最高法院有关仲裁与法院选择条款的判决的空子而保护消费者、受雇者和其他弱方当事人。⑨

▶一系列有趣的案例分别涉及产品责任、其他跨境侵权、经济侵权和其他侵权冲突。⑩

▶一项裁决认为,执行日本法院的针对加利福尼亚教会作出的侵权判决并非“州的诉讼”,因此不会引发根据宪法自由行使条款而进行的宪法审查,而且也不会违背美国和加州的公共秩序。⑪

▶一起案件中,法院认为,某州依据时效规则驳回诉讼是“依据事

① 参见下文第七(一)节。

② 参加下文第九部分。

③ 参见下文第二(一)节。

④ 参见下文第七(八)节。

⑤ 参见下文第八部分。

⑥ 参见下文第三(一)节。

⑦ 参见下文第七(二)节。

⑧ 参见下文第七部分第(三)至(七)节和第(九)节。

⑨ 参见下文第二(二)节,第三(二)节。

⑩ 参见下文第五部分。

⑪ 参见下文第十三(一)节。

实问题”而做出的驳回,从而禁止在另一州依据相同理由再次起诉。[①]

▶一起案件中,法院根据海牙诱拐儿童公约对儿童的“惯常居所”和“过错”转移或扣留进行了解释。[②]

二、仲裁

(一)最高法院判决

正如在过去几年的综述中所讨论过的那样,美国最高法院继续推翻了几起州最高法院作出的判决,认为它们不符合联邦最高法院做出的对《联邦仲裁法》的没有多大说服力的扩张性解释。尤其是以下案例:

1. 在AT&T Mobility LLC诉Concepcion案中,[③]最高法院反对进行集体仲裁,推翻了加州最高法院的一项裁决,该裁决认为一份消费者合同中的争端前集体仲裁弃权条款不可执行;

2. 在Marmet Health Care Ctr., Inc. 诉Brown案中,[④]最高法院推翻了西弗吉尼亚州最高法院的一项裁决,该裁决认为,因一份护理院合同引起的过错死亡诉讼请求中的争端前仲裁条款不具有可执行性;

3. 在Nitro - Lift Techs., LLC诉Howard案中,[⑤]最高法院推翻了奥克拉荷马州最高法院一项裁决,该裁决认为,一份雇佣合同中的争端前仲裁条款不具有可执行性,因为该合同中包含一项竞业禁止承诺,而该承诺被奥克拉荷马州法律禁止。

上述三个案件都涉及联邦法院针对州法诉讼请求享有的相对于州

---

① 参见下文第十二部分。

② 参见下文第十一部分。

③ 131 S. Ct. 1740 (U.S. 2011) (discussed in Symeonides, 2011 Survey, 324 - 28).

④ 132 S. Ct. 1201 (U.S. 2012) (discussed in Symeonides, 2012 Survey, 234 - 36).

⑤ 133 S. Ct. 500 (U.S. 2012) (discussed in Symeonides, 2012 Survey, 228 - 29).

法院的优先权。相反,CompuCredit Corp. 诉 Greenwood 案[①]则涉及《联邦仲裁法》和另一项联邦立法《信用修复组织法》之间的冲突,该法要求信用卡公司应告知持卡人享有起诉公司的"诉权"并禁止其放弃消费者保护条款。最高法院认为,"诉权"这一用语并未创设一项"在法院"起诉的权利,[②]并且该法律的不可放弃条款并不意味着一项"相反的国会命令",而该命令根据最高法院的先例对于制定一项超越《联邦仲裁法》的立法是必要的。

在 2013 年的 American Express Co. 诉 Italian Colors Rest. 案中,[③]最高法院认为,《联邦仲裁法》同样优先于另一项联邦立法《谢尔曼法》。正如在 Concepcion 案中一样,该案也涉及集体仲裁放弃条款的可执行性。原告是一家餐馆老板,他起诉美国快递公司(Amex),主张被告的垄断行为违反了《谢尔曼法》第 1 条。原告认为,个人仲裁费用是被禁止的,[④]因此如果支持集体仲裁放弃条款的话将使被告得以免除反托拉斯法责任的私人执行并有效排除原告获得反托拉斯法的法定保护。

基于最高法院在 Mitsubishi Motors 案[⑤]判决书中的一句格言所确立的"法定权利的有效抗辩"概念,第二巡回法院接受了有利于原告的观点和三倍赔偿。[⑥] Mitsubishi 案判决规定,当事人可以同意通过仲裁

---

① 132 S. Ct. 665 (U.S. 2012) (discussed in Symeonides, 2012 Survey, 223 - 224).

② Id. at 671.

③ 133 S. Ct. 2304 (U.S. 2013).

④ 原告的证据显示,一份专家意见的费用大致在几十万美元到一百万美元之间,该意见书对于证明其反托拉斯请求至关重要;而对单独原告的赔偿最高只有 12850 美元或在 3 倍惩罚赔偿的情况下是 38549 美元。

⑤ See Mitsubishi Motors Corp. v. Soler Chrysler - Plymouth, Inc., 473 U.S. 614 (1985).

⑥ See In re Am. Express Merchs.' Litig. (Amex III), 667 F.3d 204 (2d Cir. 2012), reh'g en banc denied 681 F.3d 139 (2d Cir. 2012), rev'd by the Supreme Court decision discussed in the text (discussed in Symeonides, 2012 Survey 224 - 25); In re Am. Express Merchs.' Litig., 634 F.3d 187 (2d Cir. 2011) (Amex II); In re Am. Express Merchs.' Litig., 554 F.3d 300 (2d Cir. 2009) (Amex I), vacated by Am. Exp. Co. v. Italian Colors Rest., 130 S. Ct. 2401 (U.S. 2010).

而非诉讼来行使其法定权利,但是“只有当将来的诉讼当事人可以有效地在仲裁庭主张其法定诉因的情况下”。① Mitsubishi 案法院还在其广为引用的脚注 19 中指出,如果某一仲裁协议被用来“放弃当事人获得反托拉斯法上的法定侵权救济”,该法院将会“毫不迟疑地宣告其……违反公共秩序”。② 第二巡回法院认为在美国快递的合同中订立的集体仲裁弃权条款显然具有 Mitsubishi 案法院所承诺予以废除的效果——“通过取消原告唯一合理可行的救济手段,使得美国快递事实上被免除了反托拉斯法责任。”③

最高法院推翻了该判决,认为《谢尔曼法》并“未向每一项请求的抗辩都承诺一种有效的廉价的程序救济方式”,④因此也没有包含一项“要求我们反对取消集体仲裁的国会命令”。⑤ Scalia 大法官在其为法院撰写的意见书中承认了 Mitsubishi 案判决书脚注 19 中所做的承诺,但他强调了“追诉的权利”(right to pursue)这一用语,并将承诺的范围限定于“禁止主张”⑥法定权利的条款。最高法院确实允许这种可能性,即 Mitsubishi 案的承诺“可能包含仲裁有关的文书费用和行政费用,这些费用非常高昂,使得仲裁庭很不实用”。⑦ 但是,最高法院认为:“证明一项法定救济所需的昂贵费用确实很不划算,但这一事实并不构成对主张该项救济的权利的限制”。⑧ 因此,集体诉讼弃权条款完全可以执行,因为它们“仅仅限制在两个合同当事方之间进行仲裁”而并不“限制”他们“主张其法定救济的权利”。⑨

---

① Mitsubishi Motors, 473 U. S. at 637 (emphasis added).

② Id. at 637, n. 19.

③ Amex III, 667 F. 3d at 211.

④ Am. Express Co. v. Italian Colors Rest., 133 S. Ct. 2304, 2309 (U. S. 2013).

⑤ Id.

⑥ Id. at 2310 (emphasis added).

⑦ Id. at 2310 - 11 [citing Green Tree Fin. Corp. - Ala. v. Randolph, 531 U. S. 79, 90 (2000)]. For a 2013 case relying on this statement to hold an arbitration clause unconscionable, see Chavarria v. Ralphs Grocery Co., 733 F. 3d 916 (9th Cir. 2013) (discussed infra Part II. 2a).

⑧ Am. Express, 133 S. Ct. at 2311 (emphasis in original).

⑨ Id.

在一份得到 Ginsburg 和 Breyer 大法官支持的尖锐的异议书中,Kagan 大法官将多数意见书的效果归纳为允许垄断者“利用其垄断权力订立一份有效排除其受害者所有法律救济的合同”并“免除其自身的反托拉斯法责任——即使它事实上触犯了该法。”①简要而言,Kagan 大法官认为,多数意见书的观点是“奇烂无比”。②

确实太烂了! 正如一位评论者所言,Italian Colors 案的结果“事实上排除了对执行一项仲裁协议中的集体弃权条款的最后一项貌似有理的司法限制”,③并“使得很多标的额较低的法定请求权无法追诉,因此限制了联邦立法的私人执行”。④ Italian Colors 案、CompuCredit 案和 concepcion 案的综合效果是对大多数⑤针对公司提起的集团诉讼的一次沉重打击,这些公司在它们与消费者订立的合同中将仲裁和集团诉讼弃权条款纳入其中。大多数公司会利用这一点,一些公司已经这么干了。比如,在 Concepcion 案之后,“无线电话公司、银行、电脑销售商和电缆公司纷纷在其与消费者之间的合同中订立仲裁协议,其中包含标准化语言的集体仲裁弃权条款”,而且,诸如“PlayStation、eBay、Xbox、Netflix 和 Paypal 这样的公司也修订了他们的仲裁协议以排除集体仲裁”。⑥ 由于最高法院阻止各州采取行动,国会也不愿意或不能采取行动,消费者就没有多少救济途径可言了。

在 Concepcion 案之前就发生的 Oxford Health Plans LLC 诉 Sutter

---

① Am. Express, 133 S. Ct. at 2313 (Kagan, J., dissenting).

② Id.

③ Note, Class Actions—Class Arbitration Waivers—American Express Co. v. Italian Colors Restaurant, 127 HARV. L. REV. 278, 278 (2013).

④ Id. at 283.

⑤ 少数得以幸免的集团诉讼参见下文第二部分第(二)节第 2 目。

⑥ Sarah Rudolph Cole, The Federalization of Consumer Arbitration: Possible Solutions, 2013 U. CHI. LEGAL F. 271, 273 n. 10 (2013). 作者提供了有关这一现象的丰富参考文献。Cole 教授还援引此前的研究证明了强制仲裁在某类合同中是如何流行。See, e. g., id. [citing Theodore Eisenberg, Geoffrey P. Miller & Emily Sherwin, Arbitration's Summer Soldiers: An Empirical Study of Arbitration Clauses in Consumer and Nonconsumer Contracts, 41 U. MICH. J. L. REF. 871, 886 (2008).] (该文指出,有 92.9% 的雇佣合同和 76.9% 的消费者合同包含有强制仲裁条款。)

案中,[①]公司在其健康护理合同中尚未有机会修订其中的一般仲裁条款以排除集体仲裁。当纠纷发生后,当事人同意由仲裁员决定该条款是否允许进行集体仲裁,而仲裁员认为其允许。显然是受到最高法院有关仲裁的判决中对商业的友好态度的鼓励,比如 Stolt - Nielsen S. A. 诉 AnimalFeeds Int'l Corp. 案,[②]该公司根据《联邦仲裁法》第10(a)(4)条向联邦法院提起一项动议,要求宣布仲裁员作出的允许集体仲裁的裁决无效,因为该裁决超越了仲裁员的权力范围。地区法院否决了该动议,第三巡回法院维持原判,最高法院也在 Kagan 大法官撰写的意见书中维持了原判。

最高法院注意到,本案与 Stolt - Nielsen 案不同,在 Stolt - Nielsen 案中,仲裁员在没有任何合同的基础上作出了一项集体仲裁的裁决,而在本案中,仲裁员完全是在其合同授权范围之内将该合同解释为在其订立时允许进行集体仲裁。法院认为:

"让法院认识到仲裁员的错误——甚至是很严重的错误——还不够。只要仲裁员"有说服力地解释了合同——正如本案中那样——法院就用不着根据第10(a)(4)条更正其错误……该错误可能带来的代价是双方同意仲裁……但仲裁员的解释能够成立,无论是好是坏,或者很讨人厌。总之,[公司]选择了仲裁,就必须遵守这一选择……"[③]

从 Oxford Health Plans 案中,各公司得出的明显教训是在其合同中订入集体仲裁弃权条款,而不是任由仲裁员来决定这个问题。公司从 Concepcion 案中得出的一个不太明显的教训是不要太贪婪地订立单边仲裁条款,因为尽管该条款偏向于仲裁条款,但 Concepcion 案并不能完全排除《联邦仲裁法》的挽救条款。该条款规定,法院可以"根据法律规定的理由或出于公平的考虑解除合同,"[④]比如基于欺诈、强迫或显失公平等,从而宣告仲裁条款无效。正如下文所讨论的那样,很多州法院和下级联邦法院都基于显失公平理由将单边仲裁条款宣告为

---

① 133 S. Ct. 2064 (U. S. 2013).

② 559 U. S. 662 (2010)(认为只有当事人授权时,仲裁员才可以采用集体程序).

③ Oxford Health Plan, 133 S. Ct. at 2070 - 71.

④ 9 U. S. C. A. § 2 (2013).

无效。

(二)下级法院判决

1.雇佣合同

Sonic - Calabasas A, Inc. 诉 Moreno (Sonic I)案[①]是发生在Concepcion案之前的一起案件,该案中,加州最高法院宣布了一项规则,即如果雇主要求雇员放弃举行"伯尔曼听证会"的权利作为受雇的条件,则属于显失公平并违反公共政策。"伯尔曼听证会"是由立法机关设立的一种争议解决机制,是为了帮助雇员获得未支付的薪金。美国最高法院根据Concepcion案推翻了该判决。根据最高法院的要求,加州最高法院不得不认为Sonic I"违反了《联邦仲裁法》",因为"强迫当事人举行伯尔曼听证会将会导致仲裁迟迟无法开始"。[②] 不过,加州最高法院同时指出:

"州法院可以继续实施显失公平原则,该原则并不违反仲裁的根本特征(Concepcion,131 S. Ct. at p. 1748)。尽管法院并不会仅仅因为一项仲裁协议要求雇员举行伯尔曼听证会而拒绝执行强加于雇员并作为受雇条件的该项仲裁协议,此项仲裁协议如果是明显不合理地单方面维护雇主的利益,也是属于显失公平的。[③]

该法院将该案交由陪审团来裁定仲裁协议是否显失公平。该法院解释说,Italian Colors案并不阻止以显失公平为由宣布该协议无效,因为:(1)Italian Colors案并非优先性判例,因此最高法院并未有机会来考虑各州在确保及时而充分支付薪金方面的历史政策权力;(2)与《谢尔曼法》不同,该法并未规定一个特殊的程序来解决反托拉斯请求,而加州立法确实提供了一个特别的可行机制(伯尔曼听证会)来促进薪

① 247 P.3d 130 (Cal. 2011).

② Sonic - Calabasas A, Inc. v. Moreno (Sonic II), 163 Cal. Rptr. 3d 269, 311 P. 3d 184 (Cal. 2013).

③ Sonic II, 163 Cal. Rptr. 3d at 275 (internal citations and quotation marks omitted).

金纠纷的解决;(3)各州对薪金请求权的保护并不违反仲裁的基本特征。①

在 Chavarria 诉 Ralphs Grocery Co. 案②中,第九巡回法院依据的是联邦最高法院在 Italian Colors 案中的声明,该声明指出,包含有高昂的案卷费和管理费的条款"可能"会导致一项仲裁协议不可执行,③这构成一项理由,从而可以依据加州法律宣告该仲裁协议实质上显失公平。该仲裁协议要求雇员——一位熟食店的店员——预先支付一半的仲裁费——而不考虑到案情事实——该仲裁费每天高达 7000 ~ 14000 美元。法院援引并肯定了地区法院对该协议的定性,即"一个范本,反映了雇主如何起草费用条款从而用价格把所有雇员排除在任何争议解决程序之外"。④

另一个主张实质性显失公平的理由是,该协议使用了狡猾的用语从而使得雇主在大多数案件中都能够选择仲裁员,包括本案。此外,法院还发现,该协议在程序上也显失公平,因为雇主将其作为受雇的条件⑤并且直到受雇3周后才向雇员提交了协议的副本。

法院解释说,Concepcion 案认为《联邦仲裁法》优先于各州的对仲裁具有"不成比例的"和不利的影响的法律,但这"并不能被解读为使得所有仲裁协议都不能被宣告无效,无论它们是多么显失公平,只要它

① In Ferguson v. Corinthian Colls., Inc., 733 F.3d 928 (9th Cir. 2013), the Ninth Circuit held that the FAA preempted California's Broughton - Cruz rule, which provided that claims for public injunctive relief could not be arbitrated.

② 733 F.3d 916 (9th Cir. 2013).

③ See supra text accompanying note 34.

④ Chavarria, 733 F.3d at 923 (援引了地区法院的意见); see also id. at 927 (noting that the employer "has constructed an arbitration system that imposes non - recoverable costs on employees just to get in the door."). In Shamrock Foods Co. v. Munn & Assocs., Ltd., 392 S.W.3d 839 (Tex. App. 2013), the court was prepared to hold the arbitration clause unconscionable on this ground but found that the evidence was insufficient to establish that the arbitration costs were prohibitive.

⑤ 被告指出,文件中的相关表述是"请签名并签署日期……以表示您……同意……",并认为原告并没有签字,因为"'请'这一字眼表明它不是建议而是要求。" Chavarria, 733 F.3d at 922 (emphasis added). 法院驳回了该主张。

们寻求仲裁的保护。”[①]法院解释说,该协议的无效并不意味着对仲裁的敌视,而只是反映了一种政策,即“仲裁程序必须公平”。[②] 法院认为,毕竟,“如果州法不能要求仲裁协议必须有一定程度的公平性,就再没有其他途径能够阻止雇主订立一项仲裁条款使其自己的董事长成为其雇员提起的任何请求的仲裁员。”[③]法院总结道:

“联邦法对仲裁的支持并不是要让仲裁程序偏向于具有更多支配权的当事方。加州有关显失公平合同的法律,正如本案中所适用的那样,并非敌视仲裁,而是反映了一种总体上的禁止滥用支配权的政策。”[④]

在 Harris 诉 Bingham McCutchen LLP 案[⑤]中,一份加州雇佣合同包含了一项仲裁条款和一项马萨诸塞州法律选择条款。加州雇员指控雇主歧视,并根据加州立法提起诉讼。加州法院适用了马萨诸塞州有关可仲裁性的法律,[⑥]维持了初级法院的裁决,驳回了雇主要求强制仲裁的动议,因为该仲裁条款并未以“明晰而不具有误导性的术语”将 Concepcion 案之前一项马萨诸塞州判例[⑦]所要求的法定反歧视请求权包含在内。法院发现, Concepcion 案并未排除此项结论,因为 Concepcion 案中一个脚注指出“各州仍可自由采取措施以表达其对附和合同的关注,比如要求附和仲裁协议中的集体仲裁免除条款必须以突出方式显示”。[⑧] 法院得出结论认为,所引用的语言表明,美国最高

---

① Chavarria, 733 F. 3d at 927.

② Id. (“当然,任何使得本条款无效的州法都会对仲裁有一种不成比例的影响,因为该条款是专门针对仲裁的。但是如果换个角度看,该条款的无效不知道是否有利于仲裁。它并非不利于仲裁;它只是规定仲裁必须公平”)。

③ Id.

④ Id.

⑤ 154 Cal. Rptr. 3d 843 (Cal. Ct. App. 2013), cert filed Sept. 17, 2013.

⑥ 被告未能成功推翻他们自己起草的法律选择条款的有效性。

⑦ Harris, 154 Cal. Rptr. 3d at 847. 该仲裁条款规定:当事人之间的“任何法律争端”必须通过仲裁解决。法院驳回了被告的主张,即马萨诸塞州先例不适用于该诉讼请求,因为该请求是依据另一州的反歧视法规。

⑧ Id. at 849 [quoting AT&T Mobility LLC v. Concepcion, 131 S. Ct. 1740, 1750 n. 6 (U. S. 2011)].

法院"将会支持这里所提出的要求,及通过合同免除法定的反歧视诉讼权利必须明示才能被执行。"①

在 Quinonez 诉 Empire Today 案②中,一家全国性地面材料公司与一位加州地毯安装工人签署的合同中包含有一项仲裁条款、一项集体仲裁弃权条款、一项伊利诺伊州法律选择条款和法院选择条款。加州上诉法院认为,该仲裁条款程序上显失公平,因为它被订入一份很长的"要么接受、要么放弃"的文件的第 34 条,而且是用英语写成,而讲西班牙语的工人并不理解它。该条款实体上也显失公平,因为它对该工人的所有请求都强迫进行仲裁,但雇主的大多数请求却被排除在外。法院拒绝尊重伊利诺伊州法律选择条款,理由是,根据加州先例,附和合同的弱方当事人可以寻求规避该项条款,只要"证明执行该项条款会导致'实质上的非正义'……或者在缔结该项合同时不公平地运用了不对等的权力",并且该条款"在一方当事人的缔结该合同的意愿是以不正当的方式取得的情况下,比如通过错误代理、强迫或不当影响等方式,将不会获得效力"。③ 法院得出结论认为:"各种因素表明该协议显失公平,这使得加州法律的适用实属必要。"④

在根据加州法律⑤审理的另一起雇佣合同案件 Brown 诉 MHN

① Harris, 154 Cal. Rptr. 3d at 847. 雇主申请了调卷令。在 Mendez v. Mid - Wilshire Health Care Ctr. 案中, 163 Cal. Rptr. 3d 80 (Cal. Ct. App 2013), 同一家加州法院认为,一份集体劳动合同中的仲裁条款并不足以包括雇员根据加州反歧视法提出的诉讼请求。In Parker v. K & L Gates, LLP, 76 A. 3d 859 (D. C. 2013), 原告(一位律师)认为,他根据联邦《雇佣中的年龄歧视法》针对其律所提起的诉讼请求不可仲裁,因为该请求并没有明确被仲裁条款包括在内。哥伦比亚特区上诉法院驳回了该观点,认为与集体劳动合同中的权利不同,"单独的仲裁协议无需做出'明确而无误的'声明"。Id. at 868.

② 2013 WL 1174141 (unpublished, A134448, Mar. 22, 2013) (Cal. Ct. App. 2013).

③ Id. at *10 (internal citations and quotation marks omitted).

④ Id.

⑤ 306 P. 3d 948 (Wash. 2013).

Gov't Servs. , Inc. 案[1]中,华盛顿最高法院认为,Concepcion 案并不能阻止仲裁协议根据普遍适用的合同抗辩归于无效,比如欺诈、强迫或显失公平。法院同时发现,该仲裁协议实体上显失公平,因为:(1)对于发起仲裁程序,该协议设置了一个很短的截止日期(6 个月),明显短于应适用的仲裁法的规定(3 年);(2)它允许雇主选择三位"中立"的仲裁员,而雇员只能从中选出一位最终的仲裁员;(3)它规定了一个费用转移安排,违反了应适用的雇佣法。[2] 法院认为,下级法院拒绝将显失公平条款分离开来并认为全部仲裁协议不可执行,这不属于滥用裁量权。[3]

在 Flemma 诉 Halliburton Enirgy Servs. , Inc. 案[4]中,新墨西哥州最高法院认为,在得克萨斯州订立的一项仲裁协议实体上显失公平且具有误导性,因此违反了新墨西哥州公共政策,不具有可执行性。该案中的雇员已经为 Halliburton 在其他州工作了好几年,当 Halliburton 寄给他仲裁协议作为续签雇佣合同的条件时,该雇员正在得州工作。当他在新墨西哥州工作时,Halliburton 解雇了他,他为这种报复性解雇而提起诉讼。

法院接受了 Halliburton 的观点,即该仲裁协议是一份单边合同,并认为,根据新墨西哥州合同履行地法规则,该协议在得州缔结,当时雇员收到合同后正在继续为 Halliburton 工作。但是,法院援引了新墨西哥州的公共政策,认为该仲裁协议属于不合理的单边协议,因此是显失公平的。尤其是,该协议允许 Halliburton 在启动仲裁程序前的任何时

① 该合同包含一项加州法律选择条款。原告心理健康专家,被一家华盛顿州健康护理机构短期雇佣,专门为驻扎在华盛顿的军人提供咨询。原告主张,被告非法将他们认定为独立缔约方,因而拒绝按照华盛顿劳动法的强制要求向他们支付超时薪金。当事人并未反对加州法律的可适用性,法院对多数问题适用了该法,但并非全部。

② 法院还认为该仲裁条款在程序上不合理,因为它没有明确说明该仲裁到底是适用 AAA 的劳动仲裁规则还是适用其商业仲裁规则。

③ In Hill v. Garda CL Nw. , Inc. , 308 P. 3d 635 (Wash. 2013), 华盛顿最高法院认为,一份劳动合同中的仲裁协议不可执行,因为其中三个条款在实体上不合理:(1)对发起仲裁有 14 天的截止日期;(2)对拖欠工资的赔偿设置了 2 个月的截止日期;(3)有一个成本过高的费用分担条款。

④ 303 P. 3d 814 (N. M. 2013).

候,包括请求提起之后的任何时候,单方面修改合同条款。[①]

2. 消费者合同

Gandee 诉 LDL Freedom Enters., Inc. 案[②]是一位华盛顿州消费者和一家在华盛顿州营业的公司之间的一份债务清算合同引发的纠纷。该合同包含一项由四个句子组成的仲裁条款,其中三句被消费者指控为违显失公平。第一句要求仲裁在加州进行。证据显示,如果包括前往加州的履行成本,仲裁员的费用将会超过消费者请求的金额。第二句是一项"败诉方支付"条款,它违反了华盛顿州的消费者保护法,而该法适用于所有合同。第三句将应适用的四年的诉讼时效缩短为30天。

华盛顿州最高法院注意到,根据华盛顿州法律,一项合同条款如果是"单方面做成或过于严厉、违背良知、过分苛求或者过分残酷",[③]则属于实体上显失公平,因此上述条款中的三个句子都属于显失公平。[④]法院同时认为,这些条款不可分割,[⑤]并且所有仲裁协议都不可执行,并允许消费者继续进行集体诉讼。法院认为其裁决并不违反 Concepcion 案,[⑥]因为该案中的仲裁协议并非实体上显失公平并且仅仅因为其包含有一项集体诉讼弃权条款而遭到抗辩,而本案中并未出

---

① 对于依照纽约公约执行国际海事劳动合同中的仲裁条款以及涉及人身损害请求的仲裁条款,参见 Singh v. Carnival Corp., ___ F. App'x ___, 2013 WL 5788581 (11th Cir. Oct. 29, 2013)(印度水手,菲律宾仲裁条款,巴拿马法律选择条款); Quiroz v. MSC Mediterranean Shipping Co. S. A., 522 F. App'x 655 (11th Cir. 2013)。

② 293 P. 3d 1197 (Wash. 2013).

③ Id. at 1199 (internal quotation marks omitted).

④ 根据华盛顿州法律,无论是程序上还是实体上的不合理都会导致合同无效。

⑤ See id. at 1201 - 02 ("这里我们面对的是一个很短的只有四个条款的仲裁协议,其中三个条款都不合理。如果抛开这三个条款将会显著改变该仲裁条款的语气以及该条款所要实现的仲裁的性质。仲裁的地点、费用结构和期限等都会被改变。当事人所'同意'的仲裁就所剩无几了。表面上,这些不合理的条款遍布整个仲裁条款,如果将三个条文从总共四个条文中分开来的话将会要求从实体上对该仲裁协议进行重订。因此,该仲裁条款不能被从整个合同中分离。").

⑥ 该案是在 Italian Colors 案之前宣判的。

现这种情况。[①]

Smith 诉 Jem Grp., Inc. 案[②]也是一个根据华盛顿州冲突法和实体法裁判的案件,该案中,第九巡回法院认为仲裁条款程序上显失公平并因此无法执行。[③] 一位华盛顿州消费者与一家州外债务清算公司签署了一份长达 21 页的合同,其中包含一份四页的律师聘用协议(ARA),该协议中又包含一项隐藏在正常文本中的仲裁条款。该合同向消费者收取的费用远远超出了华盛顿州立法规定的最大收费金额。该消费者在华盛顿州提起一项推定的集体诉讼,而该公司则提起一项动议要求强制仲裁。该消费者在回复中指控该政策协议显失公平,初级法院同意该指控,第九巡回法院维持该裁定。

被告辩称,原告指控的"关键"是该合同整体上无效,因为原告在最初的指控中并未挑战仲裁协议(原告仅仅在答复被告要求强制仲裁的动议时才提出该项挑战),并且根据 Buckeye Check Cashing, Inc. 诉 Cardegna 案[④],应由仲裁员而非法院来裁定仲裁条款的有效性。第九巡回法院驳回了该项意见,认为原告已经特别地对仲裁条款提出了抗辩,即使她并未在最初指控时提出。[⑤] 因此,应由法院而非仲裁员来裁定该仲裁条款的有效性。第九巡回法院认为初级法院正确裁定该条款根据华盛顿州法律在程序上显失公平。法院还认为,《联邦仲裁法》并不优先于华盛顿州的程序性显失公平法律,因为该法(a)涉及的是仲

---

① 华盛顿最高法院判决的其他有关仲裁的案例见 Saleemi v. Doctor's Assocs., Inc., 292 P.3d 108 (Wash. 2013) (affirming a lower court decision that held that a clause in a franchise contract between a Florida franchisor and a Washington franchisee that mandated arbitration in Connecticut was unconscionable and instead ordered arbitration in Washington.); State, Dep't of Transp. v. James River Ins. Co., 292 P.3d 118 (Wash. 2013) (holding that the McCarran – Ferguson Act shielded from federal preemption a Washington statute that prohibited binding arbitration in insurance contracts).

② 737 F.3d 636 (9th Cir. 2013).

③ 根据华盛顿州法律,无论是实体上还是程序上不合理都会导致该条款不可执行。

④ 546 U.S. 440 (2006).

⑤ Smith, 737 F.3d at ___("当仲裁条款的无效性区别于合同争议时……我们原则上不会希望原告在指控中针对仲裁协议的有效性提起请求,因为此种请求原则上与原告的主要诉求无关").

裁协议的形成,且(b)并未限制或过分妨碍仲裁。

Feeney 诉 Dell Inc. 案[①]是一起在 Concepcion 案之后而在 Italian colors 案之前提交到马萨诸塞州最高法院的案件,该案中,法院依据"法定权利有效抗辩"原理,宣告一家电脑生产商和顾客之间合同中的集体诉讼弃权条款无效。法院认为,Concepcion 案并未排除这一观点,理由如下:

"我们……认为……如果将《联邦仲裁法》解释为允许那些有效排除消费者因违反那些意图保护他们的联邦法和州法的过错行为导致的损害而获得赔偿的仲裁条款,这是违背国会的意图的。我们不认为最高法院在 Concepcion 案中的判决肯定了这样的结果。因此,我们认为,如果一项仲裁协议包含一项集体诉讼弃权条款,而原告证明其实际上无法根据该协议的规定在仲裁中针对被告提起某项请求,并使得他或她的请求得不到救济,则法院可以宣告该协议无效。"[②]

Machado 诉 System4 LLC 案[③]是一起雇佣纠纷,该案中,马萨诸塞州最高法院重审了 Feeney 案中的理由,认为法院可以适当地宣告仲裁协议中的集体诉讼弃权条款无效,只要原告证明他或她实际上无法在仲裁中针对被告主张某项请求。[④] 但是,随后不久,美国最高法院在 Italian Colors 案中的相反意见迫使马萨诸塞州最高法院承认这一理由不成立并撤销了 Feeney 案裁决。[⑤]

在 Mortensen 诉 Bresnan Commc'n, LLC 案[⑥]中,一家网络经营商和一位蒙大拿消费者签订的合同中包含一项仲裁条款、一项集体诉讼

① 989 N. E. 2d 439 (Mass. 2013), abrogated by Machado v. System4 LLC, 993 N. E. 2d 332 (Mass. 2013).

② Feeney, 989 N. E. 2d at 441.

③ 993 N. E. 2d 332 (Mass. 2013).

④ 不过,法院认为 Machado 案原告不能证明并推翻下级法院的裁决,该裁决依据公共政策理由认定集体弃权条款无效,而该理由已经被 Concepcion 案取代。

⑤ See id. In McInnes v. LPL Fin., LLC, 994 N. E. 2d 790 (Mass. 2013), 马萨诸塞州最高法院遵循 Concepcion 案,推翻了下级法院的裁决,该裁决认为,某些请求根据州证券法不可仲裁。下级法院依据的是一个早期的马萨诸塞州先例,该先例并不涉及州际贸易。

⑥ 722 F. 3d 1151 (9th Cir. 2013).

弃权条款和一项纽约州法律选择条款。该消费者在蒙大拿提起一项推定的集体诉讼。初级法院根据蒙大拿州的“合理预期/基本权利”测试否决了被告要求强制仲裁的动议,该测试要求附和合同中的仲裁条款必须符合当事人的“合理预期”。[①] 法院认为该条款未能通过“合理预期/基本权利”测试,因为它实际上取消了当事人寻求陪审团和法院进行审判的基本宪法权利。第九巡回法院推翻了该裁决,认为蒙大拿的规则不符合 Concepcion 案,该案将《联邦仲裁法》解释为“赋予仲裁条款优先性(而不仅仅是平等性)”。[②]

初级法院也认为,纽约州法律选择条款也不可执行,因为纽约州法律违反了蒙大拿州基本公共政策,而且蒙大拿州在保护蒙大拿州消费者方面要比纽约州拥有更大的利益。第九巡回法院同意蒙大拿州拥有更大利益,[③]但是认为,蒙大拿州的“合理预期/基本权利”测试所体现的蒙大拿州公共政策已经被联邦利益所取代,这意味着该测试不能作为拒绝尊重其他有效法律选择条款的理由。[④]

在 Credit Acceptance Corp. 诉 Front 案[⑤]中,一家西弗吉尼亚州法院否决了一项强制仲裁的动议,理由是该仲裁协议剥夺了当事人的陪审团审判权利,违反了西弗吉尼亚州消费者保护法,该法禁止放弃该条款。西弗吉尼亚州最高法院推翻了该裁决,理由是初级法院的观点等于是对仲裁歧视对待,“因为一项仲裁协议实质上就是要求当事人放弃诉讼”,[⑥]这种歧视对待遭到 Concepcion 案和 Marmet Health Care 案

① See id at 1156 - 57.

② Id. at 1160 (emphasis added).

③ See id. at 1162 (“地区法院正确指出,蒙大拿州在纠纷中要比纽约州具有实质上更重要的利益。该合同是作为其欢迎套件的一部分在蒙大拿州被消费者接受的,该合同涉及在蒙大拿州向蒙大拿消费者提供服务。合同的事项和履行都几乎全部发生在蒙大拿州”).

④ See id. (“由于蒙大拿州的合理预期/基本权利规则已被取代,我们认为它不能驳回当事人法律选择的基础。我们认为没有其他未被 FAA 取代的政策可以证明适用蒙大拿州法律的合理性”)

⑤ 745 S. E. 2d 556 (W. Va. 2013).

⑥ Id. at 570.

的禁止。[①]

3. 其他合同

在Strausberg诉Laurel Healthcare Providers, LLC案[②]中,一家护理院(被告)和一位病人(原告)之间的合同中有一项仲裁条款。初级法院同意了被告要求强制仲裁的动议,因为原告未能证明该条款显失公平。中级法院推翻了该裁决,认为在护理合同中,护理院(被告)有义务证明该仲裁条款并不显失公平。新墨西哥州最高法院推翻了该裁决,认为该观点已经被美国最高法院在Concepcion案和Marmet Health Care案中的裁决推翻,而且显失公平作为对履行合同的积极抗辩,必须由主张它的当事人举证。上诉法院根据重申令认为,仲裁条款实体上显失公平,因为它"要求对绝大多数由病人提起的请求进行仲裁,然而却排除了那些由护理院主张的几乎所有请求。"[③]

在Noohi诉Toll Bros., Inc.案[④]中,仲裁条款约束买方而非卖方。第四巡回法院适用了马里兰州法律,认为该条款因缺乏互惠考虑而显失公平。卖方认为应将销售合同作为整体考虑,故而仲裁条款有效。但是法院驳回了该观点。法院的理由建立在马里兰州先前判例之上,该判例驳回了一项动议,即认为考虑基础合同时,应该将其中所包含的仲裁条款也考虑在内。某种程度上,这是一个可分割性问题的一种答案。尽管在大多数案件中,可分割性问题不利于主张仲裁无效的当事

---

① 相反,在Bd. of Trustees of Weirton Policemen's Pension & Relief Fund v. Jones Fin. Cos., LLP, 2013 WL 6122602 (W. Va. Nov. 20, 2013)案中,同一家法院推翻了下级法院的强制仲裁命令,理由是,尽管Marmet Health Care案禁止单独对仲裁协议歧视对待,但它并未取消普通法上的抗辩,比如欺诈、强迫或显失公平等。法院将案件发回下级法院重申以确定该仲裁协议是否显失公平。南卡罗来纳州一项判决认为一份卡车购买合同中的仲裁条款显失公平而不可执行, see York v. Dodgeland of Columbia, Inc. 749 S. E. 2d 139 (S. C. Ct. App. 2013).

② 304 P. 3d 409 (N. M. 2013).

③ Strausberg v. Laurel Healthcare Providers, LLC, 2013 WL 5741413 (N. M. Ct. App. Sept. 11, 2013). In Davidson v. A. G. Edwards & Sons, Inc., 748 S. E. 2d 300 (Ga. Ct. App. 2013), reconsideration denied (Oct. 9, 2013), 法院认为,FAA取代了佐治亚州法律,该法律将人身伤害排除在仲裁之外。

④ 708 F. 3d 599 (4th Cir. 2013), cert. dismissed, 134 S. Ct. 48 (U. S.).

方,但这一次它却相反。[①]

三、法院选择条款

(一)最高法院判决

Atl. Marine Cponst. Co., Inc. 诉 U. S. Dist. Court for W. Dist. Of Tex. 案[②]涉及的是,在联邦法院,应由哪一成文法或联邦规则来支配法院选择条款的执行?所涉争议是因一家弗吉尼亚州承包商和一家得克萨斯州分包商之间签订的在得州的建筑合同引起。该合同包含一项法院选择条款,规定当事方之间的所有争议必须在弗吉尼亚州法院或联邦法院诉讼。分包商在得州联邦地区法院起诉承包商。承包商要求驳回诉讼,认为该法院选择条款对得州法院的选择根据《美国法典》第28章第1406(a)条[③]是"错误的"或者根据《联邦民事诉讼规则》第12(b)(3)条是"不适当的"。[④] 承包商要求根据《美国法典》第28章第1404

---

① 涉及仲裁裁决的案例参见 Dewan v. Walia, ___ F. App'x ___, 2013 WL 5781207, (4th Cir. Oct. 28, 2013), petition for certiorari filed, Dec. 13, 2013 (holding that arbitrator manifestly disregarded the law by holding employee's release enforceable, but still arbitrating his counterclaims); Henderson v. Summerville Ford - Mercury Inc., 748 S. E. 2d 221 (S. C. 2013) (holding that an unsuccessful party in an arbitration proceeding may not prevent the confirmation of an award by paying the award prior to the confirmation proceeding); Mave Enterprises, Inc. v. Travelers Indemnity Company of Connecticut, 219 Cal. App. 4th 1408, Cal. APP. 2 Dist., Sept. 26, 2013, as modified (Oct. 23, 2013), review filed (Nov. 6, 2013) (holding that arbitration agreement was governed by procedural provisions of California Arbitration Act rather than the FAA, and that the arbitrator did not exceed his power in calculating award of attorney fees as damages and in calculating punitive damages award).

② 134 S. Ct. 568 (U. S. 2013).

③ 28 U. S. C. § 1406(a) (2013) 规定,如果一个案件被"提交到错误的部门或地区",则收到该案的地区法院应驳回起诉,或者"如果涉及公正的利益",则应将该案移交给"本应受理该案"的地区或部门。

④ 该规则规定,一个当事人可以基于"不当审判地"而要求驳回诉讼。

(a)条[①]将案件移交给弗吉尼亚州联邦地区法院。得州地区法院否决了该两项动议,第五巡回法院维持了该裁决。美国最高法院在由 Alito 大法官做出的一项无异议意见书中,推翻了该裁决。以下是法院提出的几项主要理由:

1. 审判地是否"错误"或"不适当"原则上应依据《美国法典》第 28 章第 1391 条来判断,该条"规定了向美国地区法院提交的所有民事诉讼的审判地"。[②] 根据第 1391 条,得州西区法院的审判地是适当的,因为"导致诉讼请求发生的事件或不作为的实体部分发生在那里"。[③] 弗吉尼亚州法院选择条款并不使得州的审判地"错误"或"不适当"。因此,无论是《美国法典》第 28 章第 1406(a)条还是《联邦民事诉讼规则》第 12(b)(3)条都不适用于本案。

2. 相反,执行一项法院选择条款的正确机制应该是:

①如果该条款指定了另一联邦法院,则根据《美国法典》第 28 章第 1404(a)条进行移交;

②如果该条款指定一家非联邦(州或外国)法院,则适用"备用的"不方便法院原则[第 1404(a)条所依据的]。

3. 在适用第 1404(a)条时,"有效的法院选择条款在绝大多数案件中都应当被赋予决定性地位",[④]而通行的第 1404(a)条分析必须按照以下三种方式予以校正:

(1)原告的法院选择"不具有重要性"。[⑤] 此外,"如果当事人质疑法院选择条款,原告应承担举证责任以证明将案件移交到当事人协议

---

① 28 U. S. C. § 1404(a) (2013)规定,"为了方便当事人和证人,出于公正的利益,地区法院可以将任何民事诉讼移交给任何其他本应受理该案的地区或部门或者移交给当事人一致同意的地区或部门。"

② 28 U. S. C. § 1391(a)(1) (2013).

③ 28 U. S. C. § 1391(b)(2) (2013).

④ Atl. Marine Const. Co., Inc. v. U. S. Dist. Court for W. Dist. of Tex, 134 S. Ct. at 574 [quoting Stewart Org., Inc. v. Ricoh Corp., 487 U. S. 22, 33 (1988)].

⑤ Id. at 581.

的法院是没有道理的。”[①]

(2)法院不应考虑有关当事人私人利益的理由,因为通过签署法院选择条款,当事人已经“放弃了主张所选择的法院对其本人或其证人不方便或不太方便的抗辩”。[②] 相反,法院可以考虑有关公共利益的理由,以及那些“很少能击败移交动议”的因素。[③]

(3)为了阻止原告进行制度博弈,对于将案件移交到此前所选择的法院的裁决并不导致将移交法院的法律选择规则一起移交。相反,作为对 Van Dusen/Ferens 规则[④]的例外,接受移交的法院将受到移交法院法律选择规则的约束。

(二)下级法院判决

人所共知的是,自从最高法院的 M/S Bremen 诉 Zapata Off - Shore Co. 案[⑤]和 Carnival Cruise Lines, Inc. 诉 Shute 案[⑥]之后,联邦法院以及很多州法院对待法院选择条款都非常友好并乐于执行,甚至有时候显得过于极端。本年度并未出现很多极端的案例,但有一个例子,即 Petersen 诉 Boeing Co. 案,[⑦]该案中,亚利桑那州联邦地区法院在未举行证据听证会的情况下就宣布一项法院选择条款可以执行,该条款要求一位雇员在沙特阿拉伯对其雇主提起合同和侵权诉讼请求。

---

① Id. In In re Broadcom Corp., 526 F. App' x 960, 2013 WL 17336487 (Fed. Cir. Apr. 23, 2013), cert. filed June 19, 2013, 该案是在 Atl. Marine 案之前宣判的,法院认为,处理法院选择条款的正确方法是根据第 1404(a)条申请移交而不是根据第 1406(a)条申请驳回。但是,该法院同时认为,初级法院要求申请方(被告)承担举证责任以证明将案件移交给之前选择的法院有正当的理由并最终否决了该申请,这并未滥用其自由裁量权。被告向最高法院申请了调卷令。

② Atl. Marine, 134 S. Ct. at 582.

③ Id.

④ See Van Dusen v. Barrack, 376 U. S. 612 (1964) and Ferens v. John Deere Co., 494 U. S. 516 (1990) [holding that, in a transfer under § 1404(a), the transferee court must apply the choice - of - law rules of the transferor court].

⑤ 407 U. S. 1 (1972).

⑥ 499 U. S. 585 (1991).

⑦ 715 F. 3d 276 (9th Cir. 2013).

原告亲自出庭并以穷人的方式主张以下事实:在离开沙特阿拉伯之前,他签署了一份初步雇佣合同,该合同并不包含法院选择条款。在抵达沙特阿拉伯之后,雇主给他几分钟时间签署了第二份雇佣合同,其中包含一项沙特阿拉伯法院选择条款,否则他就不得不立即回到美国并自己承担费用。他签署了该合同。该雇主随后拿走了他的护照并拒绝归还,即使在他试图以安全和违反伦理道德为由提出辞职以示抗议之后。在美国领事馆干预之后,他在3个月之后拿回了护照,并返回家乡。他在指控书中附加了一份宣誓过的口供书,声明他在经济上没有能力前往沙特阿拉伯,而且一份美国国务院的报告也显示:

1. 沙特阿拉伯当局不会向他颁发返还沙特的签证;

2. 如果他真的返回沙特,他的雇主会在整个诉讼期间扣留他,因为该雇主"可以要求有关机关禁止其雇员离开该国直到争议解决为止,通常是为了强迫该雇员接受一份不利的和解协议,否则就会在没有任何和解协议的情况下被驱逐出境";①

3. 他不会在沙特得到公平审判,因为沙特司法机关"并不独立而且……受到权势人物的影响。"②

尽管如此,地区法院仍然在没有听证会的情况下,根据规则12(b)(3)以不适当审判地为由驳回了诉讼。第九巡回法院推翻了该裁决。法院认为,原告的主张有充分证据支持,足够构成一项事实上的争议点,即该法院选择条款是否可予执行。而且地区法院在没有听证会的情况下驳回诉讼,属于滥用自由裁量权。第九巡回法院要求重审该案,并指示初级法院举行这样的听证会以便确认:(1)该条款是否以欺诈或不正当手段订立;(2)是否在此种情况下执行该条款会剥夺原告向

① 715 F.3d 281 (9th Cir. 2013).

② Id.

法院起诉的权利。①

在 Nat'l Indus. Grp. (Holding)诉 Carlyle Inv. Mgmt. LLC 案②中,特拉华州最高法院运用了"可分割性"概念,该概念是在仲裁法中首先发展起来的,法院认为,一方当事人不能主张包含有法院选择条款的合同无效从而规避一项有效的法院选择条款,而合同无效的理由并不特别影响该条款本身。相反,当事人必须证明该法院选择条款本身无效。③

---

① 法院同时指出,如果地区法院发现该条款可以执行,它也会审查其是否涵盖原告的侵权请求,这意味着该请求并不依赖于合同的解释。有关在雇佣合同中执行法院选择条款的案例,参见 In re Brown, ___ S. W. 3d ___ 2013 WL 6115855 (Tex. App. Nov. 21, 2013); Anosike v. Covenant Transp., Inc., 2013 WL 2298543 (Cal. Ct. App. May 24, 2013) (unpublished/noncitable); Ranjan v. Patni Computer Sys., Ltd., 2013 WL 3286240 (Cal. Ct. App. June 28, 2013) (unpublished/noncitable). 有关没有执行法院选择条款的雇佣案件参见 Lapolla Indus., Inc. v. Hess, 750 S. E. 2d 467 (Ga. Ct. App. 2013) (the contract contained Texas choice - of - forum - and - law clauses and non - compete covenants that were valid under Texas law but against Georgia public policy)。

② 67 A. 3d 373 (Del. 2013).

③ 2013 年度其他得出相同判决结果的案件参见 In re Harris Corp., 2013 WL 1190238 (Tex. App. Mar. 20, 2013) (enforcing choice - of - forum clause and rejecting defendant's argument that, but for the plaintiff's misrepresentations, the defendant would not have signed the contract containing the clause); Brandt v. MillerCoors, LLC, 993 N. E. 2d 116 (Ill. APP. Ct. 2013) (allegation that the contract containing the choice - of - forum clause was fraudulently induced was insufficient to render the clause unenforceable, absent any showing that the clause itself was also fraudulently obtained); Salehpour v. Just A Buck Licensing, Inc., 2013 WL 5533113 (Ohio Ct. App. Oct. 7, 2013) (unpublished) (same issue and same result in a case involving a franchise contract); In re Emex Holdings L. L. C., 2013 WL 1683614 (Tex. App. Apr. 18, 2013), application for mandamus filed (May 20, 2013) (same issue and result in joint venture agreement). For a case holding a choice - of - forum clause unenforceable because its inclusion in the contract was the result of a cut - and paste mistake and because the chosen forum was totally unrelated to the parties and the relationship, see Dunlap v. Starz Home Entm't, LLC, 2013 WL 2470080 (Cal. Ct. App. June 10, 2013) (unpublished/noncitable), as modified (June 12, 2013), review denied (Sept. 18, 2013). For a case enforcing a choice - of - forum clause that the drafter claimed was erroneously included in the contract when copying from another contract, see Espresso Disposition Corp. 1 v. Santana Sales & Mktg. Grp., Inc., 105 So. 3d 592 (Fla. Dist. Ct. App. 2013) ("[A]ny purported unilateral mistake resulted from an inexcusable lack of due care on the part of Appellee's counsel, thereby precluding relief under a theory of unilateral mistake.")。

NIG是一家科威特的全球性企业联合体,它向Carlyle Investment Management发售的住房抵押担保证券投资了2500万美元,后者是一家大型私人证券公司。销售协议包含了一项强制性特拉华州法院选择条款并规定该协议受特拉华州法律支配,“除非受到州证券法或者向投资者的要约做出地的‘蓝天法’的影响”。[①] 当美国房产市场崩溃后,NIG视图在科威特起诉Carlyle以便晚会损失,它声称,该销售协议根据科威特的蓝天法无效,因为Carlyle未被允许在科威特销售该证券。Carlyle在特拉华州提起反诉,要求发出禁令,禁止NIG在特拉华州之外提起任何诉讼。NIG采取“不回应战术”,法院于是作出缺席判决,准许了Carlyle的禁令申请。后来,NIG提出一项动议要求撤销该禁令。

大法官法庭否决了该项动议,而特拉华州最高法院维持了该裁决。法院指出:(1)即使科威特的蓝天法应当适用并且会使销售协议无效,该无效也不会影响法院选择协议的有效性;(2)“NIG根据科威特证券法享有的任何诉讼请求必须由特拉华州法院裁决而非科威特法院。”[②](3)法院选择条款已经成为“州际和国际商业协议中重要的组成部分”;(4)本案中,经验丰富的双方当事人经过长期谈判达成协议,认为特拉华州法院“符合他们的商业诉讼中的中立性和专业性标准”。[③] 法院得出结论认为,除了某些强制性和抵销性理由之外,法院选择条款应当被尊重,而本案不存在这些例外情形,而国际礼让也不反对确认此项禁令:

“国际法院选择条款的执行并非礼让问题。它是一个合同的履行问题并赋予当事人达成协议的实体权利法律效力。一项禁诉令是从人身上对违约当事人做出的命令,而非针对外国法院。”[④]

在Magi XXI, Inc. 诉Stato della Citta del Vaticano案[⑤]中,第二巡回

---

① Nat'l Indus., 67 A.3d at 377.

② Id. at 381.

③ Id. at 385.

④ Id. at 387.

⑤ 714 F.3d 714 (2d Cir. 2013).

法院认为,合同的非签字方可以针对签字方执行一项法院选择条款,只要该非签字方与其他签字方和客观情形联系紧密,比如能够预见到该非签字方会寻求执行该条款。[①] 法院注意到,其裁决"并不涉及"该签字方是否会针对非签字方执行该条款的问题。[②]

Ajemian 诉 Yahoo!, Inc. 案[③]涉及该问题,法院判决认为,一项法院选择条款不可针对合同当事方的继承人而执行。该争议的标的是一个雅虎的电子邮箱账号,它属于一位已死亡的马萨诸塞州居民,而雅虎公司拒绝将其交给其继承人。使用者在申请一个雅虎邮箱账号时,已经"被给予机会"去审查服务条款(TOS),一份长达10页的文件,包含有一项加州法院选择条款和法律选择条款以及一项声明该账号不可转让和不可继承的条款。雅虎援引该法院选择条款要求驳回在马萨诸塞州法院进行的该诉讼。初级法院支持雅虎,但马萨诸塞州上诉法院推翻了该裁定。

法院认为,雅虎并未证明该服务条款已经"合理地传递给"或者确实已经传递给使用者,或者使用者已经接收到它们。法院区分了(1)"点击打包"协议,该协议显示在用户的屏幕上并通过用户点击"我接受"而生效,和(2)"浏览器打包"协议,该协议的条款和条件作为一个超链接被发送,通常是在屏幕的底端,用户被邀请去审查。法院认为,尽管在点击打包协议中,法院选择条款几乎统一得到执行,但没有案例

---

① 该法院还认为,一项基础合同条款包含了侵权请求,而该请求依赖于合同关系的存在和合同的解释。有关非签字方不能针对签字方执行该条款的案件,参见 Venard v. Jackson Hole Paragliding, LLC, 292 P.3d 165 (Wy. 2013)。

② Maggi XXI, 714 F.3d at 723 n.10. In Fidelak v. Holmes European Motors, L.L.C., ___ So. 3d ___, 2013 WL 6439231 (La. Dec. 10, 2013), a non-signatory sued a signatory who impleaded the other signatory who invoked the choice-of-forum clause. Relying on La. Code Civ. Proc. Ann. art. 1034 (2013), which provides that "an objection of improper venue may not be urged if the principal action has been instituted in the proper venue," the Louisiana court refused to enforce the clause. For a case upholding the enforcement of a choice-of-forum clause by an insurer against the insured's assignee, see Kostelac v. Allianz Global Corporate & Specialty AG, 517 F. App'x 670 (11th Cir. 2013).

③ 987 N.E.2d 604 (Mass. App. Ct. 2013).

去执行浏览器打包协议中的此类条款。[①] 法院认为,雅虎并未证明这是一个点击打包协议或该用户已经接受了该协议。

法院裁定,即使用户接受了该服务条款,针对一个非签字方如继承人来执行该条款也是不合理的。法院给出了以下补充理由:(1)马萨诸塞州遗嘱检验法庭拥有对物管辖权而且死者或继承人与加州没有任何联系;(2)雅虎公司已经放弃了对账户的任何所有权(尽管它拒绝将其转交给死者继承人);(3)执行该法院选择条款不会使加州法院拥有对物管辖权(假定需要该管辖权)。

Roller 诉 TV Guide Online Holdings, LLC 案[②]涉及的是一份浏览器打包协议。消费者在阿肯色州起诉 TV Guide,指控称当他们登录被告网站时,TV Guide 下载一些能够监视、获取和报告消费者网上活动信息的 cookies。TV Guide 请求驳回诉讼,认为消费者登录网页就意味着接受了加州的法院选择条款,该条款被置于该网站的"术语与条件"页面,它通过每一页面底部的超链接按钮而登录。阿肯色州最高法院驳回了该动议,认为 TV Guide 未能证明它已将该条款通知消费者。

四、法律选择条款

Taylor 诉 E. Connection Operating, Inc. 案[③]是一个并不罕见的例子,该案中,法律选择条款的起草者试图规避该条款。[④] 起草者是一家

---

① In Bob Montgomery Chevrolet, Inc. v. Dent Zone Cos., 409 S. W. 3d 181 (Tex. App. 2013), 一家德州法院认为,一份书面合同中的一个句子将"补充条件和细节"通过超链接指向一家网站,这并不能使其被并入网站中发现的一份文件之中,而该文件包含一项法律和法院选择条款。

② 2013 Ark. 285 (2013).

③ 988 N. E. 2d 408 (Mass. 2013).

④ For another 2013 case involving this phenomenon, see Ocon v. Thermoforming Sys., 2013 IL App (1st) 121670 - U (Ill. App. Ct. June 10, 2013) (unpublished) (sale of heavy machinery by a Washington seller to an Illinois buyer contained a Washington choice - of - law clause and an indemnity clause that was unenforceable under Washington law). For a case invalidating an indemnity clause that was valid under the chosen law of Maryland but invalid under Texas law, see CMA - CGM (America), Inc. v. Empire Truck Lines, Inc., ___S. W. 3d ___, 2013 WL 3422666 (Tex. App. July 9, 2013) (holding that Maryland law violated a fundamental policy of Texas and Texas had a greater interest in applying its law).

马萨诸塞州公司,它雇用了一批纽约州居民作为该公司联络人在纽约工作。雇佣合同包含一项马萨诸塞州法院选择和法律选择条款。这些联络人在马萨诸塞州法院起诉该公司,声称该公司将他们定性为独立缔约方而非受雇者并因此拒绝支付他们某些薪金和加班工资,从而违反了马萨诸塞州工资法。下级法院驳回了诉讼,认为该法并不适用于在马萨诸塞州境外工作的非马萨诸塞州居民。马萨诸塞州最高法院推翻了该裁定。

马萨诸塞州最高法院认为,根据马萨诸塞州法律选择条款,应适用马萨诸塞州法律来确定该法院选择条款的有效性,并得出结论认为:"既然被告出于自己的方便考虑起草了该法院选择条款,执行该条款就没有什么不公平和不合理的。"[①]法院认为,该法律选择条款本身也是可以执行的,因为即使纽约对于适用其法律拥有"更大利益",马萨诸塞州法律的适用也不会违反纽约州的"基本政策"。[②] 根据两个州的法律,一位声称独立的缔约方如果并不享有独立于其雇主的显著独立性,则应被视为一位雇员。尽管马萨诸塞州对"雇员"的定义比纽约州的定义范围更广,但这一区别并不等于在基本政策上有冲突。

被告还声称,马萨诸塞州工资法不能适用于非马萨诸塞州居民在马萨诸塞州之外从事的劳动,该法律选择条款也"不能使该法具有其本不具有的域外效力"。[③] 法院驳回了该项抗辩并指出,"如果对于某项立法的地域适用范围没有明确的限制,就不能推定其在特定情形下不能域外适用。"[④]法院将本案与下级法院的一个案例进行了区别,该案认为,同一立法不适用于南部撒哈拉非洲地区;法院还区分了联邦法院的判例,从这些判例中得出了在国际案件中反对联邦立法不得域外适用的推定。法院指出:"鉴于没有明确地反对马萨诸塞州立法在美国之外适用的推论,我们认为不存在任何反对马萨诸塞州立法适用于

① Taylor, 988 N. E. 2d at 410. 当然,即使没有法院选择条款,马萨诸塞州对于在该州境内有总部的被告公司也有属人管辖权。

② Id. at 412.

③ Id. at 413.

④ Id.

发生在马萨诸塞州境外而位于美国境内的行为的推论。"[①]法院总结道:

"鉴于当事人同意依据马萨诸塞州法律解释其合同,而且也没有明确的对马萨诸塞州法律地域适用范围的限制,并且也没有明显理由忽视当事人的法律选择,我们认为,马萨诸塞州的独立缔约方立法适用于原告提起的错误识别诉讼请求。"[②]

Francis 诉 Allstate Ins. Co. 案[③]涉及的是更少见的法律选择条款。一份涉及加州居民的保险合同寄给位于加州的被保险人,其中规定所有根据保险单提起的诉讼请求都适用加州法律。但是有一项例外条款规定,如果诉讼请求是因发生于加州境外的事故引起,则"可以适用事故发生地州法律,只要该州法律在缺乏合同法律选择条款的情况下可以适用"。[④] 在 Francis 案中,被保险人请求承保的事故发生于马里兰州,而被保险人的儿子在那里上学。[⑤]

由于马里兰州保险法规定可以承保而加州法律则相反,故此,被保险人在马里兰州起诉。因此,事故发生地州保险法是否适用的问题就应当依照马里兰州而非加州法律选择规则予以确定。对被保险人而言不幸的是,马里兰州采用的是合同缔结地规则。根据该规则,第四巡回法院很快就得出结论认为应适用加州法律并否决了承保请求。

被保险人寻求采用反致例外规则,该规则是由马里兰州上诉法院在 Am. Motorists Ins. Co. 诉 ARTRA Group, Inc. 案[⑥]中嫁接到合同缔结地规则之上的。根据该项例外,马里兰州法院对于在其他州缔结的

---

① Taylor, 988 N. E. 2d 413 n. 9.

② Id. at 414. 另一起案件也驳回了域外适用的主张并为了马萨诸塞州雇主所雇用的佛罗里达州雇员的利益而适用了同一法律。参见 Dow v. Casale, 989 N. E. 2d 909 (Mass. App. Ct. 2013). The contract did not contain a Massachusetts choice - of - law clause.

③ 709 F. 3d 362 (4th Cir. 2013).

④ Id. at 369.

⑤ 被保险人及其儿子在一起诽谤案中被起诉,后来被驳回,起因于该儿子的上学。

⑥ 659 A. 2d 1295, 1302 (Md. 1995) (discussed in Symeonides, 1995 Survey at 183 - 86).

合同应当适用马里兰州实体法,只要:

1. 马里兰州具有最密切联系,或者至少与合同有关事宜具有实质性联系;

2. 对于法院面临的事项,合同缔结地州不会适用其自己的实体法,而是会适用马里兰州实体法。①

Francis 案法院认为,本案不符合任何上述条件,因为(1)马里兰州并不拥有最密切联系,②(2)加州将会适用其自己的法律。③

Softpath Sys., Inc. 诉 Bus. Instelligence Solutions, Inc. 案④涉及一份合同,其中,纽约的临时救助服务公司同意向一家新泽西州公司派出临时雇员。当新泽西州公司拖欠费用后,纽约公司在新泽西州起诉,尽管合同中由其自己拟定的一项条款规定应在纽约按照纽约法律进行相关诉讼。新泽西州法院毫无偏见地驳回了该诉讼,因为纽约公司未按新泽西州法律在新泽西州登记。法院驳回了纽约法律选择条款使得新泽西州法律不可适用的抗辩理由,因为该项法律包含一项基本政策而且新泽西州对于适用该法律具有更大的实体利益。⑤

---

① 659 A. 2d 1295, 1304 (Md. 1995).

② See Francis, 659 A. 2d at 370 n. 6 ("马里兰州不仅与被保险人是否有义务根据加州合同进行抗辩的问题没有最密切联系,而且也与其毫无关系,除了导致执行该义务的企图发生的事件偶然发生在马里兰州以外").

③ See id. ("没有理由支持这样的主张,即纵然保险单中的法律选择条款要求适用加州法律解决因给协议产生的所有争议,但加州仍然不适用其自己的实体法而适用马里兰州实体法").

④ 2013 WL 68717 (N. J. Super. Ct. App. Div. Jan. 8, 2013).

⑤ 2013 年度其他包含法律选择条款的雇佣合同案例参见:Dill v. Cont'l Car Club, Inc., 2013 WL 5874713 (Tenn. Ct. App. Oct. 31, 2013) (holding that despite a Florida choice – of – law clause in an employment contract between a Florida employer and a Tennessee employee for work in Tennessee, Tennessee law applied to determine the enforceability of non – compete covenants but holding the covenants enforceable); Aon Risk Servs. v. Cusack, 102 A. D. 3d 461, 958 N. Y. S. 2d 114 (2013) (conflicting New York and California lawsuits between former employer, quitting employee, and new employer); Tradesman Int'l., Inc. v. Black, 724 F. 3d 1004 (7th Cir. 2013)。

在 Parkway Bank and Trust Co. 诉 Zivkovic 案[①]中,所涉问题是:借方是否可以通过一项法律选择条款来提前放弃亚利桑那州反超额担保法的保护。借方是亚利桑那州居民,贷方是一家伊利诺伊州公司,弃权条款以及一项伊利诺伊州法律选择条款包含在一项信托契约之中,该信托设在借方的亚利桑那州房产上,作为对贷款的担保。伊利诺伊州法律与亚利桑那州法律不同,允许放弃反超额担保法。亚利桑那州法院认为,亚利桑那州反超额担保法包含有一项明显的公共政策,因为除了保护消费者免受金融危机之外,它还通过将不充分的担保风险转嫁给贷方,防止对担保物溢价估值,从而预防经济不景气的加剧。这一意见明确表明,伊利诺伊州法律的适用将会违反亚利桑那州的基本政策,这对于确定是否尊重伊利诺伊州法律选择条款而言是一个至关重要的考虑因素。[②]

在 Walbridge Aldinger Co. 诉 Angelo Iafrate Const. Co. 案[③]中,密歇根州承包商和印第安纳州分包商签订的一份在印第安纳州施工的合同,其中包含一项密歇根州法律选择条款和法院选择条款。当承包商在密歇根州起诉分包商时,分包商援引印第安纳州法律进行抗辩,该法律规定"印第安纳州境内的不动产改造合同中的条款如果使得该合同受其他州法律支配或者要求在其他州进行诉讼,则为无效。"[④]密歇根州法院用一句话作答:"一项印第安纳州立法使得一项法律选择条款根据印第安纳州法律无效,这一事实并不阻止密歇根州法院适当地行使其根据密歇根州享有的管辖权。"[⑤]该案并未援引任何印第安纳州法律。

Solotko 诉 LegalZoom. com, Inc. 案[⑥]反映出,如果一家公司在其跨州合同中采用完全一致的法律选择条款,那么它会很容易受到集团诉

---

① 304 P. 3d 1109 (Ariz. Ct. App. 2013) (as amended on reconsideration, Aug. 28, 2013).

② 法院要求初级法院重申以确定亚利桑那州法律在没有法律选择条款的情况下是否可以根据《第二次冲突法重述》第188条而予以适用。初级法院此前曾认为可以,但该观点错误地建立在此前的借款合同,当时借款人居住在伊利诺伊州。

③ 2013 WL 3836228 (Mich. Ct. App. July 25, 2013).

④ Id. at *3.

⑤ Id.

⑥ 2013 WL 3724770 (Tex. App. July 11, 2013), review denied (Dec. 13, 2013).

讼的袭击,尽管在该案中有关公司竭力避免该风险。该公司在其与 50 个州的所有消费者的网上合同中都加入了一项加州法律选择条款。其中一位消费者在得克萨斯州对该公司提起推定的集团诉讼,声称该公司严重违反了加州法律。他声称,根据加州法律选择条款,加州法律应支配所有集团诉讼原告的请求,因此满足了集团诉讼证书所必需的一项普遍性要求。

得州初级法院否决了该集团诉讼证书,上诉法院予以维持。根据得州法院所采用的《第二次冲突法重述》第 187 条第(2)项,法院裁定应由原告来证明加州法律的适用不会违反任何其他在适用法律方面比加州拥有“更大实体利益”的州的“基本政策”。原告未能提供这一证明。①

---

① 本年度没有发生任何有意义的不包含法律选择条款的合同冲突案件。唯一的例外是涉及保险合同冲突的案件。由于篇幅限制,本综述不讨论保险冲突。需要说明一点的是,在汽车保险冲突案件中,大多数适用的是保险合同地缔结地州法律(比如保单交付地和被保险人居住地),而不是事故发生地。See, e. g., N. H. Ins. Co. v. Hill, 516 F. App'x 803 (11th Cir. 2013); State Farm Mut. Auto. Ins. Co. v. Hodgkiss – Warrick, ___ S. W. 3d ___, 2013 WL 5406623 (Ky. 2013); Nelson v. Nelson, 409 S. W. 3d 629 (Tenn. Ct. App. 2013), appeal denied (Aug. 13, 2013); Allstate Fire & Cas. Ins. Co. v. Moore, 993 N. E. 2d 429 (Ohio Ct. App. 2013); Griffin v. Safeway Ins. Co., 2013 WL 3947104 (La. Ct. App. July 29, 2013); Alfa Mut. Ins. Co. v. Thornton, 125 So. 3d 330 (Fla. Dist. Ct. App. 2013), reh'g denied (Dec. 2, 2013); Bandy v. Bevins, 2013 WL 44027 (Ky. Ct. App. Jan. 4, 2013), review denied (Sept. 18, 2013). But see Ward v. Nationwide Assurance. Co., 2013 WL 5051677 (Ky. Ct. App. Jan. 4, 2013) (applying the law of the accident state and forum, under the public policy exception). For cases involving insurance coverage for environmental pollution, see Doe Run Res. Corp. v. Certain Underwriters at Lloyd's London, 400 S. W. 3d 463 (Mo. Ct. APP. 2013), reh'g denied (May 23, 2013), transfer denied (June 25, 2013); N. Assurance. Co. of Am. v. Thomson Inc., 996 N. E. 2d 785 (Ind. Ct. App. 2013); Water Applications & Sys. Corp. v. Bituminous Cas. Corp., 986 N. E. 2d 124 (Ill. APP. Ct. 2013). For other insurance conflicts, see Mid – Continent Cas. Co. v. Eland Energy, Inc., 709 F. 3d 515 (5th Cir. 2013) (breach of duty of good faith and fair dealing); Jimenez v. Monadnock Const., Inc., 970 N. Y. S. 2d 577 (N. Y. App. Div. 2013) (disclaimer of coverage); Windmill Nursing Pavilion, Ltd. v. Cincinnati Ins. Co., ___ N. E. 2d ___, 2013 IL App (1st) 122431 (Ill. App. Ct. 2013) (late notice); Ill. Nat. Ins. Co. v. Zurich Am. Ins. Co., 969 N. Y. S. 2d 11 (N. Y. App. Div. 2013) (duty to defend); QBE Ins. Corp. v. Adjo Contracting Corp., ___ N. Y. S. 2d ___(N. Y. App. Div. 2013) (duty to defend).

五、侵权

(一)产品责任

Pounders 诉 Enserch E&C, Inc. 案[①]是一起典型的产品责任案件,该案因石棉辐射而引起。辐射事故发生在新墨西哥州的发电厂,受害者是一位新墨西哥州居民,他已经在那里担任了 10 年的电焊工。他后来移居到亚利桑那州,在那里生活了 20 年后,被诊断出患上间皮瘤,一种与石棉辐射有关的肺癌。他在亚利桑那州提起产品责任诉讼,并在其死后由其遗孀继续进行,被告是发电厂使用的锅炉和水泵生产商以及发电厂建设公司。新墨西哥州的 10 年诉讼时效阻止了该诉讼,但亚利桑那州的诉讼时效并不阻止。亚利桑那州最高法院认为,应适用新墨西哥州诉讼时效,驳回了该诉讼。

该法院花了好几页篇幅试图识别出损害发生地州,最终仅仅把该连接点视为偶然。确实,在涉及辐射导致伤害性后果的案件时如何准确认定伤害的时间和地点,不同法院一直有分歧,因为所导致的伤害直到很多年以后才显现出来。一些法院认为,伤害结果在辐射的时间和地点发生,[②]而另一些法院认为伤害发生于出现时和出现地。[③] 法院对《第一次冲突法重述》中的"最后事件"规则进行了长篇探讨,该规则被《第二次冲突法重述》有意保留并被亚利桑那州采用。法院最后采纳了后一观点。因此,亚利桑那州是伤害地州,但是根据《第二次冲突法重述》第 175 条,只有当另一州根据第 145 条所列举的连结点和第 6 条所列举的原则并不具有更密切的联系的情况下,才能适用伤害发生地

---

① 306 P. 3d 9 (Ariz. 2013).

② See, e. g., Ins. Co. of N. Am. v. Forty - Eight Insulations, Inc., 633 F. 2d 1212 (6th Cir. 1980); Wyeth v. Rowatt, 244 P. 3d 765 (Nev. 2010). In Clair v. Monsanto Co., 412 S. W. 3d 295 (Mo. Ct. App. 2013), reh'g and/or transfer denied (Aug. 22, 2013),该案是加州居民在密苏里州提起的产品责任诉讼,起因是发生在加州的多氯化联苯暴露事故,法院认为加州法律支配原告的请求。但是本案中,暴露事故和伤害发生地都在加州。

③ See, e. g., Rice v. Dow Chem. Co., 875 P. 2d 1213 (Wash. 1994); Celotex Corp. v. Meehan, 523 So. 2d 141 (Fla. 1988).

州法律。

法院考察了第 145 条规定的连结点并很快排除了伤害地和受害者住所地。伤害发生地位于亚利桑那州只是偶然性的,法院解释道,因为受害者“在离开新墨西哥州之后本可以迁移到任何地方”。① 受害者的住所位于亚利桑那州也“不具有重要意义”,法院说,因为“他在遭受辐射后可以随时移居到任何地方。”②实际上,他善意地移居到了亚利桑那州。他死亡前已经在那里生活了 20 年,他的遗孀(现在的原告)仍然生活在那里。法院同时也排除了“密切联系地”这一连结点,因为受害者并非受雇于被告,法院认为,唯一可行的连结点是行为地,该地被认为位于新墨西哥州。法院认为,作为行为地,新墨西哥州在原告的过失死亡诉讼中拥有“更大的利益”。③

但是随后,法院认识到该结论不能仅仅依据对物理连结点的认定和排除来获得,于是又进一步讨论了第 6 条规定的各项原则。法院认为,唯一重要的第 6 条原则是法院地和其他相关州的政策,即新墨西哥州。法院认识到,法院地州亚利桑那州“对于其居民遭受伤害后获得公正的赔偿以及制止伤害其居民拥有利益”,④但是法院认为,新墨西哥州拥有更为重大的利益。新墨西哥州对于“保护其从事不动产改造的企业不用在经过一定年限之后继续承担责任”拥有利益,这也包括州外企业比如被告,因为这种保护“促进了本周居民获得工作和州外企业提供的产品和服务的机会”。⑤

Standard Fire Ins. Co. 诉 Ford Motor Co. 案⑥是根据密歇根州的法院地法规则作出的判决,但是法院竭力避免适用法院地法,该法不利于当地被告福特汽车公司。福特公司在密歇根州设计并生产的一辆汽车当车主行使在田纳西州时发生火灾,导致房屋受损。法院适用了田纳西州的 10 年除斥期间(statute of repose),禁止车主的产品责任诉讼,

① Pounds, 306 P. 3d at 14.

② Pounds, 306 P. 3d. at 15.

③ Id.

④ Pounds, 306 P. 3d at 16.

⑤ Id. (internal quotation marks omitted).

⑥ 723 F. 3d 690 (6th Cir. 2013).

而该诉讼根据密歇根州的时效期间仍是有效的。

根据密歇根州的法院地法规则,密歇根州法院应当适用密歇根州法律,“除非存在合理理由另行处理”。[①] 为了确定是否存在此项理由,法院采用了两步走方法:

首先,法院要明确是否有任何外州对于适用其法律拥有利益。如果没有他州拥有此种利益,推定适用密歇根州法律的规则就不能被排除。如果某个外州对于适用其法律拥有利益,则法院必须确定密歇根州的利益是否强制要求适用密歇根州法律而不管外州利益如何。[②]

本案中,法院发现,田纳西州对于适用其法律确实拥有利益,而密歇根州却没有,因此就推翻了适用法院地法的推定。法院解释道:

1. 田纳西州“对于适用其除斥期间法律以保护像福特这样的生产商免受任意性法律责任拥有显著的实体利益”,因为福特“在田纳西州从事实质性生产并雇佣大量田纳西居民”,而且该车主“是一位田纳西州居民并在田纳西州遭受财产损害,该损害是由在田纳西州注册和投保的汽车瑕疵导致的”;[③]但是

2. 密歇根州对于适用其法律不具有利益,因为密歇根州“仅仅是法院地州和福特公司总部所在地”,并且“对于向一位田纳西州居民提供比田纳西州法律规定的更大的侵权赔偿权利并不拥有利益”。[④]

法院没有解释为什么田纳西州对于向福特公司提供其母州并不提供的保护拥有利益,并因此而否决向一位田纳西州居民提供赔偿。而且,密歇根州并不“仅仅”是福特总部所在地,而且还是过错行为发生地——设计和生产失误以及未能提出警告。即使如此,法院回归到侵权行为地时代,认为密歇根州并非“过错发生地”,因为它不是“导致责

① Sutherland v. Kennington Truck Serv., Ltd., 562 N. W. 2d 466, 471 (Mich. 1997).

② Id.

③ Standard Fire, 723 F. 3d at 697.

④ Id. at 698. 意见书的最后,法院认为“福特在密歇根州的商业活动少于在田纳西州”而且“密歇根州在本案中的利益被低估了”,但是法院认为“密歇根州的利益并不足以强制要求适用密歇根州的法律以替代田纳西州法律”, Id. at 699.

任产生的最后事件发生地”。[①]

唯一可以让人们对该法院不提出过分指责的理由在于这是一家联邦法院,而且位于跨界管辖区,因此必须遵守密歇根州法院的先例。正如本综述读者所知道的那样,密歇根州法院的态度早就声名狼藉:只要有利于本地当事人,它就适用密歇根州法律;而只要不利于外地当事人,它就找出一个“莫须有”的理由适用外州法律。实际上,正如该法院所指出的,有三个密歇根州判例都在类似情况下达到了同样的结果。[②] 只有一件类似案例取得相反结果,[③]但那是一起联邦法院案例,而本案法院不得不回避它。[④] 即便如此,该法院本来可以对正当的法律选择分析过程少造成一些损害,只要它不再重复州法院判例中对于州利益的错误分析。上述所有理由都可以被援引来证明本案应适用田纳西州法律,而田纳西州的利益并非其中之一。

(二)纽约的跨境侵权

纽约上诉法院曾经启动并引领了美国的冲突法革命,但是却从来没有机会来对行为和结果分别发生于不同州的侵权冲突提供明确答案。自从该法院在1963年的Babcock诉Jackson案[⑤]中推翻了侵权行为地规则以来,它所遇到的大多数侵权冲突案件都涉及的是州内侵权。在Neumeier诉Kuehner案[⑥]中,该法院为乘客法冲突案件确立了明确的法律选择规则,该案从定义上仅仅涉及州内侵权。而Schultz诉Boy

---

① Standard Fire, 723 F.3d at 698.

② See Mitchell ex rel. Mitchell v. McNeilus Truck & Mfg., Inc., 2012 WL 5233630 (Mich. Ct. App. 2012) (discussed in Symeonides, 2012 Survey, 265 - 266); Hall v. Gen. Motors Corp., 582 N.W.2d 866 (Mich. Ct. App. 1998) (discussed in Symeonides, 1998 Survey, 375 - 377); Farrell v. Ford Motor Co., 501 N.W.2d 567 (Mich. Ct. App. 1993) (discussed in Symeonides, 1993 Survey, 628 - 669).

③ See Mahne v. Ford Motor Co., 900 F.2d 83 (6th Cir. 1990) (discussed in Symeonides, 1993 Survey, 629 - 330).

④ See Standard Fire, 723 F3d at 696 ("[I] it is apparent that our opinion in Mahne... accorded the [lex fori] presumption greater weight than have subsequent decisions of the Michigan courts.").

⑤ 191 N.E.2d 279 (N.Y. 1963).

⑥ 286 N.E.2d 454, 457 - 458 (N.Y. 1972).

Scouts of Am. ,Inc. 案[①]将该规则扩展到其他损失分配冲突案件。尽管在Schultz案中所涉及的侵权具有显著的跨境因素,但法院仍将其作为州内侵权对待,同意了当事人的观点,将"侵权行为地"认定在纽约。[②]法院指出:

对于侵权行为地,双方当事人和异议人都明确认定其在纽约,因为被告的大多数行为都在这里进行。根据传统规则,过错发生地支配案件中的所有实体问题,但是如果被告的过失行为发生在另一个辖区并且原告所受伤害发生于另一地,则过错发生地将被认为是在足以导致行为人承担责任的最后事件发生地。因此,本案的行为地被认为是原告所受伤害发生地。[③]

无论是在针对Boy Scouts的诉讼还是针对Franciscans的诉讼中,法院都没有适用纽约法律,但是很多下级法院都明显忽视了"根据传统规则"这一斜体字表述,[④]它们认为,上述援引的段落意味着对于所有Neumeier规则不能覆盖或未能解决的案件,都要回到侵权行为地法规则。[⑤]

---

① 480 N. E. 2d 679 (N. Y. 1985).

② Schultz案涉及的是发生在纽约州和新泽西两个州的侵权行为,导致在该两个州产生损害,但主要是在新泽西州。法院没有讨论行为和损害之间的分离问题从而导致Meumeier规则的适用,而是直接指示纽约州为"侵权行为地",从而为原告提供了一个主张适用纽约法律的抗辩机会。但这一指示并不影响哪一项Neumeier规则适用于本案或本案的结果。对于被告Boy Scouts而言,如果能确定侵权发生在新泽西州而不是纽约州,将会使该案成为一个虚假冲突案件从而导致适用新泽西州法律,因为双方当事人都居住于该州。对于被告Franciscan Brothers而言,如果确定侵权发生在新泽西州,根据第三项Neumeier规则也会导致适用新泽西州法律,而不是像实际判决结果那样回避了该规则。

③ Id. at 682 - 683 (internal citations omitted) (emphasis added).

④ 斜体字用语表明,Schultz案法院只论述了早就被法院抛弃的传统规则,而没有针对跨境侵权宣布一项"规则"。

⑤ See, e. g. , Bankers Trust Co. v. Lee Keeling & Assocs. , Inc. 20 F. 3d 1092 (10th Cir. 1994) [decided under New York conflicts law; loss - distribution case involving the internal conflict between Neumeier Rule 2 (a) and 2 (b)]; Venturini v. Worldwide Marble & Granite Corp. , 1995 WL 606281 (S. D. N. Y. 1995), Mihalic ex rel. Estate of Johnson v. K - Mart of Amsterdam, 363 F. Supp. 2d 394 (N. D. N. Y 2005).

这种误解可能影响以下结果:(1)在所有行为规制类型的跨境侵权中,因为 Neumeier 规则不适用于此类侵权;(2)在某些跨境损失分配冲突中,其中 Neumeier 规则会导致相反的结果。[①] 2013 年判决的两个案子反映出法院在根据纽约冲突法解决第一类跨境侵权冲突时遇到的困难。这两个案子涉及针对在纽约经营的银行提起的诉讼,原告是在以色列发生的恐怖主义袭击受害者家庭。该家庭主张,银行为制造该次袭击的恐怖主义组织的转账提供服务,违反了对他们应承担的法定义务。根据以色列法律,银行在这种情况下应负责任,而根据纽约法律,银行对于其客户实施的国际侵权行为并不对非客户承担法律义务。

在第一起案件中,即 Licci ex rel. Licci 诉 Lebanese Canadian Bank, SAL (Licci I)案,[②]第二巡回法院认为应适用纽约法律,而非以色列法律。尽管损害发生在以色列,但是法院认为纽约"对于管理其境内的行为具有最大的利益"。[③] 第二起案件 Elmaliach 诉中国银行案[④]中,纽约上诉法院没有同意第二巡回法院的意见,认为应适用以色列法律来解决类似情形。[⑤] 上诉法院承认纽约对于监管在纽约营业的银行具有利益,并补充说,"由于成为多次恐怖主义袭击的目标",纽约"对于打击恐怖主义包括其金融业务具有巨大利益"。[⑥] 但是,法院认为,作为原告的住所地和损害发生地,以色列"对于保护其国民和居民具有强烈的利益,因为这些人成为以色列境内恐怖主义袭击的打击目

---

① For discussion of these contradictions, see SYMEON C. SYMEONIDES, THE AMERICAN CHOICE - OF - LAW REVOLUTION: PAST, PRESENT, AND FUTURE 108 - 114 (2006).

② 672 F. 3d 155 (2012) (discussed in Symeonides, 2012 Survey, 276 - 277).

③ Licci, 672 F. 3d at 158.

④ 971 N. Y. S. 2d 504 (N. Y. App. Div. 2013).

⑤ 原告主张,被告中国银行从其纽约分行转移了大量资金到一个中国账户并明知该笔资金会被转移给在以色列的一个恐怖组织。

⑥ Elmaliach, 971 N. Y. S. 2d at 514.

标”,①而且该利益要比纽约的利益更大。②

上诉法院随后解释了为什么它不同意第二巡回法院适用纽约法律的意见,指出第二巡回法院“没有考虑到这一规则,即如果原告和被告位于不同国家,则导致损害的最后事件发生地,本案中是以色列,应被视为具有更大利益”。③ 上诉法院从上面提到的 Schultz 案的引文中摘取了上述“规则”。④

在 Licci ex rel. Licci 诉 Lebanese Canadian Bank, SAL (Licci II) 案⑤中,第二巡回法院获得第二次机会来考虑该案件并维持了其之前在 Licci I 案中对纽约冲突法的解释。第二巡回法院认为,纽约上诉法院“错误地适用了 Schultz 规则,未能从冲突法目的对两种不同类型的侵权法规则做出区分”并且“将 Schultz 规则理解为‘损害发生地’”。⑥ 第二巡回法院注意到纽约上诉法院遇到的是因跨境侵权引起的行为管理冲突,因此不同意纽约上诉法院的观点,即在该类冲突中“通常或始终”适用损害发生地法律。⑦ 相反,第二巡回法院认为,在跨境行为管制冲突中,“所指控的过错行为发生地通常应具有优先的利益,以保护当事人的合理预期,这些当事人信赖该地的法律来调整他们的主要行为并具有一种警示效果,即对于未来的类似行为也会适用该法律。”⑧

最终,纽约上诉法院将不得不对该问题给出回答。至少,在该法院给出权威答案之前,学术界可以探讨一下正确答案。看上去,第二巡回法院和纽约上诉法院都各自答对了一半。上诉法院的错误在于其从 Schultz 案的格言中推理出了一个损害发生地规则。而第二巡回法院

---

① Elmaliach, 971 N. Y. S. 2d at 514.

② Id. at 516 (“我们认为原告的损害地以色列对于适用其法律具有更大利益,因此以色列法律应适用于本案”),法院还否决了被告要求根据不方便法院原则驳回该诉讼并在中国打官司的动议。

③ Id. at 515 - 516.

④ See supra text at note 175.

⑤ ___ F. 3d ___, 2013 WL 5700963 (2d Cir. 2013).

⑥ Id. at ___ *3.

⑦ Id. at __ *5.

⑧ Id. at __ *4 [quoting Schultz v. Boy Scouts of Am., 480 N. E. 2d 679, 684 - 685 (N. Y. 1985)].

的正确之处在于它没有考虑该格言并采用了一种更自由的解释方法。然而,出于同一原因,上诉法院的错误在于它认为损害发生地州的法律应当始终支配跨境行为管制冲突,而第二巡回法院的观点也是错误的,它认为,必要行为地州相对于损害发生地州而言对于适用其法律拥有更大利益。该问题的正确答案取决于该两个国家(州)法律的目的。

第二巡回法院的观点只是在某些案件中是正确的,在这些案件中,行为地州要比损害发生地州具有更高的行为标准,并且侵权行为人的行为违反了第一个州的标准而没有违反第二个州的标准。根据利益分析的推理,这些案件代表着虚假冲突范式,因为只有行为地州对于适用其法律具有利益。该州对于适用其行为管制规则来管理和制止发生在其境内的违法行为具有利益,即使损害结果发生于其境外。实际上,这些规则如果不能被适用于境外的损害的话,其有效性将会大打折扣。相反,损害地州对于适用其更为宽容的行为管制规则并不具有相反的利益,因为这些规则是用来保护其境内而非境外的行为的。实际上,正如一份详尽的调查报告所显示的那样,在所有放弃了侵权行为地规则的州的法院判决中,83%的涉及这种类型的案件都适用了行为地州法律。①

相反,纽约上诉法院的观点也只在某些案件中是正确的,在这些案件中,行为地州并不认为侵权人的行为构成侵权,但是损害地州认为是侵权或者要比行为地州设置了更为苛刻或更高的标准。这些案件反映了真实冲突范式,因为每个州对于适用其法律都有利益。行为地州对于保护发生在其境内并在那里合法的行为具有利益,而损害地州对于防止在其境内被视为非法的行为在其境内造成损害也具有利益。为了平衡,适用损害地州倾向于原告的法律是合适的——只要满足这种情形,即侵权人应当预见到损害会在该州发生并且可能适用该州法律。前述调研报告已经发现,87%的此类案件中,已经放弃了行为地规则的美国法院适用了损害地州的有利于原告的法律,但是在所有此类案件中,在该州发生的损害都是客观上可预见的。②

---

① See Symeon C. Symeonides, Choice of Law in Cross - Border Torts: Why Plaintiffs Win and Should, 61 HASTINGS L. J. 337, 353 - 361 (2009).

② See id. at 368 - 374.

再回到Licci案和Elmaliach案,如果事实上纽约法律并不认为银行的行为构成侵权但是以色列法律认为其构成,则两个案件都属于上面提到的第二类型,也就是真实冲突类型。此类案件中,正确的法律选择分析应当集中关注银行是否已经预见到会在以色列发生损害。如果答案是肯定的,则以色列法律的适用完全是合理而适当的。

上述分析表明,行为地州法律应当支配行为管制冲突,除非损害结果发生于其他州,而且该州拥有更高的行为标准,并且损害在该州的发生具有客观上的可预见性。显然,这是一种倾向于原告的结果,因为它会导致适用两个法律中具有更高行为标准的任何一个。但是,正如上面提到的,这恰恰就是那些非传统州的绝大多数美国法院所采取的,无论它们采用的是哪种现代方法。而且,这也是过去50年来制定的绝大多数国家的冲突法法典所采用的规定。正如晚近一项研究报告显示的那样,73国立法中,有52国(大约71%)在此期间规定适用行为地国或者结果地国法律中有利于受害者的那一个。它们要么直接选择二者中有利的那一个,要么允许侵权受害者在二者中挑选一个。① 美国的两个州路易斯安那州②和俄勒冈州③就属于其中。

① For documentation and discussion, see SYMEON C. SYMEONIDES, CODIFYING CHOICE OF LAW AROUND THE WORLD: AN INTERNATIONAL COMPARATIVE ANALYSIS 59 - 67 (2014). 其中一些法典只对某些类型的跨境侵权采用了这种选择,但一些法典甚至没有规定上面提到的可预见性抗辩。

② LA. CIV. CODE ANN. art. 3543 (2013) 规定了行为地州法律的适用,除非损害发生地州有更高的行为标准而且损害发生于该州是客观上可预见的,该种情况下应适用损害发生地州法律。该规定有一些例外。参见其起草人的讨论: Symeon C. Symeonides, Louisiana's New Law of Choice of Law for Tort Conflicts: An Exegesis, 66 TUL. L. REV. 677, 713 - 714 (1992).《波多黎各》草案第40条内容也大体相同。

③ 俄勒冈州新立法第15.440(c) (2013)条规定,在跨境侵权中(产品责任除外),适用行为地法律。但该条同时允许适用损害发生地法律,只要(1)侵权人的行为"使人能够预见到损害会在该州发生";(2)受害者"正式通过诉状或修正的诉状要求适用该州法律"。此时,该请求"应当被认为包括了所有针对特定被告的诉讼请求和事项"。Id. 该条款允许一项例外。参见其起草人的讨论: Symeon C. Symeonides, Oregon's New Choice - of - Law Codification for Tort Conflicts: An Exegesis, 88 Ore. L. Rev. 963, 1022 - 32 (2009)。

(三)过错死亡损害和受益人

《第二次冲突法重述》有两个独立的条款来规定:(1)谁可以提起过错死亡诉讼(第179条);(2)如何在受益人之间分配过错死亡赔偿金(第177条)。两个条文都指向第175条,该条规定,应适用损害地州法律,"除非考虑到特定情形,其他某些州根据第6条规定的原则具有更密切联系。"[①]在解释"除非"条款时,重述的评论规定,如果死者和受益人居住于同一州,则"至少在通常情况下,该州的过错死亡法律应用来确定谁能够提起诉讼",[②]以及"赔偿金……应如何分配。"[③]Schippers诉United States案[④]和Showley诉Kelsey案[⑤]涉及这些问题,但是两个案子都没有适用死者和所有受益人居住地州法律。

Schippers案涉及四起根据《联邦侵权请求法》提起的过错死亡诉讼,被告是联邦政府,案件因两位佛罗里达州居民在得克萨斯州的直升机坠毁事故中死亡而引起,该直升机从位于得克萨斯州的联邦航空交通控制中心接收到错误信号。两起诉讼由死者代理人提起,第三起诉讼由一位死者的成年女儿提起,第四起则由另一位死者的母亲提起。[⑥]根据佛罗里达州法律,两位独立原告不符合过错死亡诉讼的起诉条件,该诉讼只能由死者代理人提起,但他们可以一定程度上参与诉讼。同样,无论是继承人还是独立原告都不能要求获得死者的死亡前痛苦赔偿金(遗留诉讼)。根据得克萨斯州法律,两位独立原告有资格以自己的名义提起过错死亡诉讼并获得全部损害赔偿。此外,他们以及继承人还可以获得死者的死前痛苦赔偿金。地区法院对于所有问题都适用了佛罗里达州法律,两位独立原告上诉,而继承人接收了和解。

上诉审中,联邦政府主张,独立原告缺乏"诉讼能力",因为根据

① RESTATEMENT (SECOND) OF CONFLICT OF LAWS § 175 (1971) [hereinafter RESTATEMENT (SECOND)].

② Id. § 179 cmt. c.

③ Id. § 177 cmt. b.

④ 715 F.3d 879 (11th Cir. 2013) (FTCA action decided under Texas conflicts law).

⑤ 991 N.E.2d 1017 (Ind. Ct. App. 2013).

⑥ 前两起诉讼在佛罗里达州提起,后两起则在得州提起,但被移交到佛罗里达州并和前两起案件一起审理。

《联邦民事诉讼规则》第17条,本案应由原告住所地佛罗里达州法律支配。法院同意这一认定,①但是认为《联邦侵权请求法》取代了该规则,要求准据法必须根据过失行为地或结果发生地州的冲突法来选择,也就是得克萨斯州冲突法。② 法院随后根据得克萨斯州所采用的《第二次冲突法重述》来确定准据法。法院没有专门援引《第二次冲突法重述》有关过错死亡诉讼的规定(第175、177、179条)或最重要的第6条规定的政策,而是仅仅考虑了第145条所规定的四个连结点。其中两个连结点(过失行为和所导致的死亡)发生在得克萨斯州。法院还将第三个连结点也认定在得克萨斯州(当事人之间的关系)而没有解释它所考虑的到底是哪一关系。只剩下当事人的住所。法院并未以被告(联邦政府)的住所为准,但是考虑到了被告的观点,即应由佛罗里达州法律支配,因为所有原告和死者的住所都在该地。根据第十一巡回法院的先例,法院驳回了该观点,理由是:

尽管所有受益人都居住于佛罗里达州,但佛罗里达州对于在这个特定案件中适用其法律并没有什么利益。因为有限的潜在受益人限制了赔偿额——本案中看上去会出现这一情况,只要佛罗里达州法律适用于损害赔偿——并且因为限制受益人的"唯一目的"是为了保护被告——如果被告不是本州居民就不会适用之——,因此原告的住所在法律选择分析中不会被赋予重要意义。

总之,在《第二次冲突法重述》第145条规定的"最密切联系测试"中,有三项因素都明确指向得克萨斯州,而第四项因素"应被忽视"并且考虑到本案的特定情形可以不用关注。因此,得克萨斯州法律既适用于责任,也适用于损害赔偿。③

因此,得克萨斯州以三比一取胜,但是法院的分析并不合理。比如,"限制受益人的'唯一目的'是为了保护被告",这一说法并不总是正确。有时候,排除某些受益人往往是为了有利于剩下的受益人(有

---

① 协同意见书认为该问题并非独立原告是否有能力起诉的问题,而是他们是否有诉因的问题。

② See Richards v. United States, 369 U.S. 1, 9 (1962).

③ Schippers, 715 F.3d at 890 (footnote omitted).

时候是为了继承人利益),这样可以提高后者获得的赔偿比例,而不用增加被告的赔偿额。确实如此,比如,在针对死者的死前痛苦的遗留诉讼之中。相反,将某些受益人包括在内可能会取代其他受益人。本案并没有产生两组受益人之间相互竞争的情形,但是它确实导致了两组受益人之间的不公平待遇。两位独立原告根据得克萨斯州法律获得死者的痛苦赔偿金,而另一组通过继承来获得赔偿金的家庭成员则只能得到佛罗里达州法律规定的较少的赔偿金。

与 Schippers 案不同,Showley 案代表的是两组过错死亡受益人之间直接竞争的情形:死者的丈夫是一方,死者的女儿则是另一方(他并非其丈夫的亲生女儿)。双方以及死者的住所都位于印第安纳州。另一个涉及的州是罗德群岛,因为一位罗德群岛的被告生产的产品导致了死者在印第安纳州的死亡,而且该丈夫在那里起诉了生产商。生产商同意提供 29.2 万美元的和解金。根据印第安纳州法律,所有这些赔偿金都属于丈夫,而根据罗德群岛法律则属于女儿。

印第安纳州法院受理了受益人之间的争议,认为应适用罗德群岛法律解决该款项的分配。法院依据印第安纳州的一项先例,它援引了一份商业文摘的如下表述:

> 人们普遍承认,如果要解决的问题涉及救济和程序问题,则法院地法律应予适用,除非该救济是由外州法律所规定,而该法律正是需要执行的权利的基础,而该救济又需要单独予以执行,以至于执行时必须保持该实体权利的完整性。①

法院得出结论认为,该"例外"条款适用于本案,因为赔偿金的分配独立于赔偿金本身。为什么?因为罗德岛法律(与印第安纳州法律不同)允许惩罚性赔偿并且法院推定该和解协议也包括该损害赔偿。法院认为:"因为赔偿金只能根据罗德群岛法律而存在,其分配不能被分开来处理而必须罗德群岛的法律予以执行以便保持其所依赖的实体

---

① Showley v. Kelsey, 991 N. E. 2d 1017, 1020 (Ind. Ct. App. 2013) [quoting Matter of Estate of Bruck, 632 N. E. 2d 745, 748 - 749 (Ind. Ct. App. 1994) (quoting 15A CORPUS JURIS SECUNDUM, Conflict of Laws § 9)].

权利的完整性。”[①]

一位持异议的法官指出,“在两位受益人之间”,女儿“更值得同情”,[②]但是又认为,根据印第安纳州的法律选择方法以及上文所援引的《第二次冲突法重述》,程序应适用印第安纳州法律,因为印第安纳州法律既是损害发生地也是死者和所有受益人的住所地。而且,如果罗德群岛的诉讼程序继续进行的话,罗德群岛法院可能会适用印第安纳州法律。

实际上,对个别当事人的同情不能否定一项事实,即本案是一起典型的虚假冲突案件,其中只有印第安纳州对于适用其法律具有合法利益。有关过错死亡受益人的规则反映了特定社会对于谁与死者更为亲近以及谁遭受最大损失的价值判断。这些价值判断可能属于死者和受益人所生活的那个社会,而非其他社会,即使某个受益人似乎更值得同情也不例外。

Waranka 诉 Wadena Ins. Co. 案[③]并不涉及受益人之间的竞争。无论是根据死者妻子及其丈夫的住所地威斯康星州法律,还是根据丈夫在一次雪上汽车事故中死亡地密歇根州的法律,死者的妻子都是唯一的受益人。而且,争议集中于损害赔偿的数额,根据密歇根州法律赔偿额要比威斯康星州法律高。本案几乎与著名的 Hughes 诉 Fetter 案[④]是一致的。威斯康星州过错死亡法律由两项于 1857 年生效的条款组成。第一条现为《威斯康星州立法》第 893.03 条,首次为过错死亡规定了一项诉因,但是却规定“该诉讼仅能因本州内发生的死亡而提起。”[⑤]第二条现为《威斯康星州立法》第 895.04 条,规定了该诉讼的受益人以

① Showley, 991 N. E. 2d at 1021. 法院还指出,根据印第安纳州法律,“如果死者没有遗留配偶,则只赔偿医疗、殡葬和遗产管理费用;而根据罗德群岛法律,过错死亡诉讼可以为幸存者而非死者及其配偶的利益而提起。”然而本案中存在异味幸存的配偶,尽管他在妻子死后的和解期间去世。

② Id. at 1024 (Brown J. , dissenting). 因为在此期间死者的丈夫也去世,其他可能的接收者是其另一次婚姻所生的儿子。

③ 832 N. W. 2d 133 (Wis. Ct. App. 2013).

④ 341 U. S. 609 (1951).

⑤ WIS. STAT. § 895.03 (2013).

及可获得的损害赔偿和时效。

威斯康星州初级法院和上诉法院都同意,因为第895.03条的地理限制,妻子根据威斯康星州法律并无诉因,而且根据Hughes案,威斯康星州必须给予密歇根州过错死亡法律充分信任。该两个法院对于是否适用第895.04条存在分歧。初级法院认为应适用,被告上诉,上诉法院推翻了原裁定。在审查了该两条的历史和它们被几个威斯康星州判例解释的方式之后,上诉法院认为,该两个条款是一个单独立法包的一部分,其目的在于一起适用并仅适用于威斯康星州发生的死亡。本案中,由于死亡发生于密歇根州,因此威斯康星州立法第895.03条不能适用,因而也不能适用第895.04条。故此,密歇根州过错死亡法既适用于原告的诉因,也适用于该损害赔偿的受益人和数额。

(四)外国损害和不方便法院

Cortez诉Palace Resorts,Ins.案[①]是一个有趣的案例,其中,佛罗里达州最高法院非同寻常地但却正确地推翻了下级法院的不方便法院裁决。原告是一位加利福尼亚州居民,在被告位于墨西哥的度假地受伤。[②] 佛罗里达州是被告的主要营业地,并且原告提供了可信的证据表明其所受伤害是被告在佛罗里达州的行为造成的。尽管有这些佛罗里达州连结点,初级法院还是以不方便法院原则为由驳回了诉讼,理由是:原告没有资格选择该法院因为她不是佛罗里达州居民。

佛罗里达州最高法院推翻了该裁决,认为"除非原告来自另一个国家,原告最初的法院选择始终应得到尊重。"[③]实际上,法院说,"很难理解为什么一个美国原告对美国法院的选择会被排斥而让位于一个外国法院,从而有效地否决该原告向一家美国法院起诉。"[④]法院认为,一个美国公民"不能被逼迫在一个外国法院起诉,除非有强烈的相反利

---

① 123 So. 3d 1085 (Fla. 2013), reh'g denied (Oct. 1, 2013).

② For another case involving injuries occurring in Mexico, see Day v. Amor Ministries, 2013 WL 709660 (Ariz. Ct. App. Feb. 26, 2013). 原告是一位亚利桑那州自愿者,他在为其亚利桑那州教会机构(被告)服务期间在墨西哥受伤。法院适用了亚利桑那州法律。

③ Cortez, 123 So. 3d at 1096 (emphasis added).

④ Id. at 1094.

益,而在本案中并不存在这样的利益足以打破平衡并偏向于佛罗里达州被告。"[①]

下级法院的第二个错误在于它将本案视为"与佛罗里达州毫无联系",尽管本案所涉的"行为是因在佛罗里达州的行为而引起"[②],并且佛罗里达州被告"在迈阿密拥有运营、管理和市场总部"。[③] 法院指出,佛罗里达州拥有很多利益以提供法院,包括"确保源自于佛罗里达州并且违反了佛罗里达州法定义务的伤害行为能够合理地在佛罗里达州法院被审理"的利益,以及"允许一位美国公民(原告)在美国法院针对美国公司提起一项诉讼——尤其是该诉讼与佛罗里达州的联系也证明了佛罗里达州对本案花费时间和司法资源的正当性"。[④]

在另外两起由佛罗里达州联邦法院审理的源自外国度假地的伤害案件中,美国原告却没有这么好运气。在第一起案件 McLane 诉 Marriott Intern., Inc. (McLane II)案[⑤]中,地区法院两次依据不方便法院原则驳回了在哥斯达黎加受伤害的美国原告的诉讼。[⑥] 第十一巡回

---

① Cortez, 123 So. 3d at 1096. See also id. ("在否决一个美国公民向该国法院起诉之前,审查法院必须要求提供非正常极端情况的证据,并应确信不会出现实体上的不公正"). In Kisano Trade & Invest Ltd. v. Lemster, ___ F. 3d ___, 2013 WL 6501170 (3d Cir. 2013), 原告是一位以色列人,主张其对美国法院的选择应当像美国原告一样得到同样尊重,因为一项美国和以色列之间的条约规定,任一国家的国民都可根据国民待遇原则向法院起诉。根据第二巡回法院的一起先例,第三巡回法院驳回了该主张,认为该外国公民"最多仅有权获得像生活在国外的美国公民在美国法院起诉时那样的待遇", Id. at *3. 法院解释说,国民待遇原则的核心"并不在于当事人的国籍或居所,而是法院的便利性",之所以给予外国原告的选择更低尊重"并非出于排外,而仅仅是不认为该项那是一种便利的选择"。Id. at *3, *4.

② Cortez, 123 So. 3d at 1096.

③ Id. at 1097 (internal quotation marks omitted).

④ Id. 法院还怀疑墨西哥对于特定诉因是否规定了适当的可供选择的法院。

⑤ ___ F. App'x ___ 2013 WL 6482012 (11th Cir. 2013).

⑥ 第二起案件, Goldstein v. Hard Rock Cafe Int'l. (USA), Inc., 519 F. App'x 653 (11th Cir. 2013), 涉及一位在多米尼加共和国酒店受伤的美国公民,该案中,第九巡回法院维持了下级法院的不方便法院裁决。从该案中还不太清楚,是否佛罗里达州与案件有任何联系,除了管辖权上的连结之外。原告勉强承认多米尼加共和国提供了适当的可用法院。

法院推翻了地区法院的裁决,认为支持原告选择法院的推定"当原告是美国公民时是最强烈的,地区法院也没有能够指出任何非同寻常的例外情形或显示任何极端不公正的现象,从而在事实上否决一个美国公民向一家美国法院起诉。"①根据巡回法院的重申指示,地区法院重申了其早先的不方便法院理由,②但这一次它提供了对 Gilbert – Reyno 案中的不方便法院测试中的公共利益和私人利益因素的更详尽的分析。③ 第十一巡回法院维持了驳回诉讼的裁定,未发现滥用裁量权的情况。除其他理由之外,佛罗里达州并不拥有其在 Cortez 案中所拥有的联系,宾馆的责任即使存在的话,也是派生的,因为原告是在一艘渔船上时在工作场所受到的伤害,该渔船由一个与宾馆有松散附属关系的人经营,而该人以及其他证人都不能被强迫在美国作证。

DiFederico 诉 Marriott Int'l. , Inc. 案④是一起过错死亡诉讼,原告是美国国务院的一位美国私人供应商的遗孀,该供应商在巴基斯坦 Marriott Islamabad 宾馆发生的一次恐怖主义袭击中死亡,该宾馆由一家巴基斯坦特许经营人经营。该遗孀在该特许经营人 Marriot International 的主营业地马里兰州提起诉讼,主张 Marriot 对于 Islamabad 宾馆的安全有完全的支配权但是却未能提供足够的安全。初级法院依据不方便法院原则驳回了诉讼并主张诉讼应在巴基斯坦进行,但第四巡回法院推翻了该裁定。法院提出了两点推翻裁定的理由。首先,巴基斯坦的诉讼时效已经过期,因此使得巴基斯坦法院无法接受该案。Marriott 确实提出了一项放弃诉讼时效的抗辩,但是巴基斯坦的

---

① McLane v. Los Suenos Marriott Ocean & Golf Resort (McLane I), 476 F. App'x 831, 833 (11th Cir. 2012), reversing McLane v. Marriott Int'l. , Inc. , 777 F. Supp. 2d 1302 (S. D. Fla. 2010).

② See McLane v. Marriott Intern. , Inc. , 2013 WL 1810649 (S. D. Fla. Apr. 30, 2013), affirmed by the opinion discussed in the text.

③ See Piper Aircraft Co. v. Reyno, 102 S. Ct. 252 (U. S. 1981); Gulf Oil Corp. v. Gilbert, 67 S. Ct. 839 (U. S. 1947).

④ 714 F. 3d 796 (4th Cir. 2013).

时效并不允许被放弃。[①] 根据此前的 Compania Naviera 案提供的例外,[②]原告不能蓄意作出一项策略性决定以允许外国的诉讼时效过期从而使得外国法院不能被利用以便避免在其所期望的法院被不方便法院原则驳回诉讼。本案中,没有证据表明原告蓄意图谋以避免使案件在巴基斯坦进行。

其次,初级法院并未给予原告选择其"家乡法院"的"高度尊重",在涉及美国公民的案件中,就是"任何美国的联邦地区法院"。[③] 法院说:"一个美国原告的选择只有当被告证明对被告造成的压力和烦恼超过了对原告的便利的比例,而这种便利显然很微不足道甚至根本不存在时,才能被排除。"[④]

第四巡回法院随后权衡了 Gilvert – Reyno 案不方便法院测试中的所有私人和公共利益因素。在权衡"当事人的便利"因素时,法院指出了如果被迫去巴基斯坦诉讼,原告可能遭受的担心和感情上的伤害。比如,证据显示,在巴基斯坦旅行的美国人面临高度风险,并且建议原告将不得不雇佣昂贵的保镖。法院得出结论认为,"强迫一位寡妇及其子女到一个导致其家庭成员死亡的同一个充满风险的地方是违背正义的。"[⑤]

法院认为,其他不方便法院因素,比如证据材料的获得,强制程序的可得性和证人费用以及让当地纠纷就地解决的本地利益并不足以支持驳回诉讼。法院注意到,"在 Marriott 的法律主场起诉是绝对方便的"并且"鉴于美国人承认并使用 Marriott 商标,美国人对于解决与 Marriott 有关的纠纷也具有本地利益"。[⑥]

最后,关于法律选择问题,法院认为,根据马里兰州(法院地)采用

---

① 该法规定,"任何在规定的时效期间之后的诉讼……均应被驳回,即使当事人未提出时效抗辩"。Id. at 801(援引了巴基斯坦诉讼时效法,Act No. IX of 1908).

② See Compania Naviera Joanna SA v. Koninklijke Boskalis Westminster NV, 569 F. 3d 189 (4th Cir. 2009).

③ DiFederico, 714 F. 3d at 803.

④ Id.

⑤ DiFederico, 714 F. 3d at 805.

⑥ Id. at 807.

的侵权行为地规则,法院应该适用巴基斯坦法律。但是,法院对初级法院认为的适用巴基斯坦法律会是一项“令人畏惧的麻烦任务”①的观点提出了质疑。尽管适用外国法律会是一项负担,“但是在进行全面考察时还不足以因此而把天平推向有利于Marriott的一方……这恰恰就是美国法官日常工作的一部分。”②

Siegel诉Global Hyatt Corp.案③与DiFederico案有类似的事实和情节,但是结果却两样。在约旦阿曼的Hyatt宾馆发生的一起恐怖袭击事件的受害者家属在Hyatt特许经营方的总部所在地伊利诺伊州Cook县起诉Hyatt宾馆特许经营方,声称Hyatt在伊利诺伊州作出的决定导致安曼Hyatt宾馆的不安全,尽管该宾馆是由一家约旦特许经营上经营的。与DiFederico案可能的不同之处在于,Siegel案原告不是美国公民,尽管该案并未披露他们的住所,而只是说他们并非Cook县居民。初级法院认为,不方便法院原则的所有私人利益和公共利益要素都倾向于驳回诉讼而倾向于在约旦法院诉讼,而且中级法院也维持了该裁决。法院认为,该案应适用约旦法律,这一结论的理由无非是,伊利诺伊州遵循的是《第二次冲突法重述》,而且原告案件的关键是Hyatt在伊利诺伊州的行为。④

在Lisby诉PACCAR,Inc.案⑤中,一家华盛顿初级法院设置了一

① DiFederico, 714 F.3d at 807.

② Id. at 808. In Boyle v. Starwood Hotels & Resorts Worldwide, Inc., 973 N.Y.S. 2d 728 (N.Y. App. Div. 2013),法院根据不方便法院原则驳回了一起因在国外酒店发生的伤害而提起的诉讼。但是,原告是外国人。一位法官持有异议,理由是在其他国家没有可供利用的法院。

③ 2013 IL App (1st) 112832-U (Ill. App. 1st Dist. Sept. 26, 2013).

④ In Nat'l Football League v. Fireman's Fund Ins. Co., 157 Cal. Rptr. 3d 318 (Cal. Ct. App. 2013),一起涉及保险赔偿纠纷的案件,当事双方是全国橄榄球联盟及其保险人,涉及一位联盟球员的脑部损伤,加州上诉法院认为:(1)一个跨州的未注册机构如全国橄榄球联盟不能当然地被推定为方便在加州法院起诉而仅仅因为其部分成员居住于加州;(2)加州给予非居民原告的法院选择“充分尊重”,但是并不承认存在一种强烈的支持该选择的规定;(3)要求根据不方便法院原则停止诉讼的当事人不必主张加州是一个严重不方便的法院。

⑤ ___ P.3d ___, 2013 WL 6759224 (Wash. Ct. App. Dec. 23, 2013).

个不同寻常的条件,依不方便法院原则驳回诉讼,支持了得克萨斯州的原告——被告放弃适用得克萨斯州诉讼时效法而约定适用华盛顿州时效法。Lisby案是一起产品责任诉讼,原告是一位得州居民的遗孀,该居民在得州发生的一起卡车翻车事故中死亡,而该卡车是位于华盛顿的被告公司在该州设计的。被告同意放弃适用得州诉讼时效法,该法会禁止诉讼,而没有放弃得州除斥期间法(statute of repose),该法同样禁止诉讼。相反,根据华盛顿州的使用年限的除斥期间法,该诉讼仍在有效期间之内。华盛顿州上诉法院推翻了下级法院裁决并要求初级法院取消对除斥期间设置的条件。

该法院区分了诉讼时效和除斥期间,前者通常被认为是程序事项,而后者通常被认为是实体事项并可以通过标准法律选择分析来进行选择。法院认为,该分析应当由得克萨斯州法院根据其自己的规则来进行,而不是由驳回诉讼的法院进行。华盛顿法院不应当"将华盛顿法律适用到得州法院"并且不能运用不方便法院原则"来作为扩展华盛顿实体法适用范围的工具"。[1] 该法院注意到要求被告放弃另一法院地诉讼时效法的理由是该法"可能会使诉讼正在原告所选择的法院进行的时候就已过诉讼时效",[2]而本案中得州除斥期间法禁止诉讼在华盛顿法院提起,实际上是在事故发生前。应当明确的是,这意味着,如果得州法院要适用得州除斥期间法,原告将会落得一个"根本得不到任何救济"的结果,而根据Reyno案判例,这将会影响到其他替代法院审理案件的正当性。[3] 华盛顿法院拒绝了这种推理:

一个替代性法院不能提供令人满意的救济,这并非什么特例。德州法院经常审理产品责任案件。没有理由认为得州不能为原告提供满意的救济,只要她确实有道理。确保原告有一个法院地能够对纠纷明

---

① Id. at ___ *5.

② Id. at ___ *4.

③ See Piper Aircraft Co. v. Reyno, 454 U.S. 235, 254 (1981) ("我们并不认为法律可能发生的不利改变不应在不方便法院审查中成为一个重要的权衡因素。当然,其他法院能够提供的救济明显不充分或不令人满意,以至于根本不能将其视为一种救济,那么法律的不利改变可以被认为具有实质上的重要性;地区法院可以认为驳回诉讼不会有利于公正").

断是非并提供救济不应当与附带的条件相冲突,该条件使得原告将会在法律选择问题上获得一个有利的判决。得州对于原告来说是一个适当的法院地,无论得州法院决定适用哪一个除斥期间法。①

(五)经济侵权

在 AT&T Mobility LLC 诉 AU Optronics Corp. 案②中,第九巡回法院认为,对于发生在加州的固定价格行为,加州适用其反托拉斯法(Cartwright 法)符合宪法正当程序条款,即使该价格固定产品的销售并不发生在加州。原告是多家蜂窝电话公司,它们从外国生产商和销售商(被告)那里购买了液晶显示器仪表盘用于蜂窝电话,价值几十亿美元。原告认为,被告进行人为操纵致使 LCD 价格上涨并提供证据证明有一部分操纵行为发生在加州。

初级法院规定,加州不能适用其反托拉斯法,除非该固定价格的货物出售到加州。第九巡回法院推翻了该裁定。法院援引了最高法院的先例,包括 Allstate Ins. Co. 诉 Hague 案③,该案认为"如果某州实体法以宪法允许的方式被选择,该州必须具有一个或一系列密切联系并产生州的利益,并且其法律的选择既不能武断,也不能违反基本公平"。④该法院认为,涉嫌操纵行为部分发生于加州"并非微不足道和忽略不计"⑤,而是满足了 Allstate 案测试的部分连结点。

加州也满足 Allstate 案测试所要求的利益部分,因为 Cartwright 法的目的并非(或不限于)补偿消费者,而是要确保自由竞争:"《Cartwright 法》……惩罚……违反者的主要目的是促进自由竞争。它像一般反托拉斯法一样,是为了保护竞争,而非保护竞争者。私人损害救济只是一个工具,通过它来实现促进竞争的目标。"⑥加州"对于保护其商业环境免受欺诈行为损害也具有合法的强制利益",并且适用该法来处理发生在加州境内的违反竞争的行为也会增强该法的目标,

---

① Lisby, ___ P. 3d ___, 2013 WL 6759224, at ___ *4.

② 707 F. 3d 1106 (9th Cir. 2013).

③ 449 U. S. 302 (1981).

④ Allstate Ins. Co., 449 U. S. at 312 - 313.

⑤ AT & T Mobility, 707 F. 3d at 1113 (quoting Allstate).

⑥ Id. at 1112 (internal quotation marks omitted).

即“提高对违反竞争行为的有效审查,针对违反该法的行为执行该州反托拉斯法,并确保剥夺任何非法获取的利益”。[①]

FutureSelect Portfolio Mgmt., Inc. 诉 Tremont Grp. Holdings, Inc. 案[②]是在 Bernie Madoff 的声名狼藉的庞济诈骗术被揭穿之后发生的由受害投资者提起的多起诉讼案件之一。[③] 本案中,一位来自华盛顿的投资者起诉一家纽约投资公司(一个“种子基金”),该公司将投资者的钱财注入 Madoff,同为被告还有一家纽约的审计公司,它们被指控进行虚假陈述和其他违反华盛顿州证券法的行为。

华盛顿州法院认为,《第二次冲突法重述》的关于解决华盛顿州和纽约州法律冲突[④]的条款并非第145条,而是第148条,前者适用于一般侵权行为,而后者适用于虚假陈述请求并且是对第145条规定的连结点的特别修正。

第148条第(1)款规定支持“原告的诉讼发生地州,也就是虚假陈述实施地和被接收地州”。[⑤] 这一规定并不适用于此,因为被告是在纽约进行虚假陈述而原告在华盛顿收到该陈述。第148条第(2)款规定,如果原告的诉讼发生于虚假陈述实施地之外的另一州,该州法院应适用具有最密切联系的那一州的法律,该州应通过考虑该条所列举的

① Id. at 1112 - 1113.

② 309 P.3d 555 (Wash. Ct. App. 2013).

③ For other unsuccessful lawsuits filed be investors in foreign feeder funds against Madoff's bankers, see In re Herald, 730 F.3d 112 (2nd Cir. 2013); In re Herald, ___ F. App'x ___, 2013 WL 5048291 (2d Cir. Sept. 16, 2013).

④ One of the differences between the two laws was that, unlike the (WSSA), New York's securities law did not authorize a private action.

⑤ RESTATEMENT (SECOND) § 148(1).

连结点来确定。[1]

第 148 条的评论指出:(1)原告的住所“当损失属于金钱性质时具有实质上的重要性”;[2](2)如果所列举的两个连结点(被告住所除外)都全部位于一个州,“这在大多数情况下通常会导致适用该州法律。”[3]这些评论证明了法院所作的分析,因为华盛顿具有三个连结点——原告的住所、原告接收到虚假陈述并信赖它们的地点。法院认为,华盛顿州是最密切联系地,其法律既支配虚假陈述诉讼,也支配证券欺诈诉讼。

Maniscalco 诉 Brother Intern. (USA) Corp. 案[4]是一起集团诉讼,原告是南卡罗来州居民,被告是在新泽西注册的日本打印机全国经销商。原告声称,该经销商违反了新泽西州的消费者欺诈法,理由是被告对打印机的质量进行了虚假陈述。法院只发现两州法律之间存在一个区别:南卡罗来州与新泽西州不同,不允许消费者欺诈诉讼以集团诉讼方式进行。第三巡回法院没有讨论该问题是否一个程序冲突问题,就将其作为一个实体问题依照《第二次冲突法重述》第 148 条进行了裁决,根据该条,应适用新泽西州法律(法院地法)。

被告辩称,根据第 148 条第(1)款,应优先适用虚假陈述“被做出

---

① These contacts are:

(a) the place or places, where the plaintiff acted in reliance upon the defendant's representations,

(b) the place where the plaintiff received the representations,

(c) the place where the defendant made the representations,

(d) the domicil, residence, nationality, place of incorporation and place of business of the parties,

(e) the place where a tangible thing which is the subject of the transaction between the parties was situated at the time, and

(f) the place where the plaintiff is to render performance under a contract which he has been induced to enter by the false representations of the defendant.

RESTATEMENT (SECOND) § 148(2).

② RESTATEMENT (SECOND) § 148 cmt. i.

③ Id. § 148 cmt. j.

④ 709 F. 3d 202 (3d Cir. 2013) (decided under New Jersey conflicts law).

和被接收到”①的地点的法律,因此应适用南卡罗来州法律,因为虚假陈述是在那里“做出”。法院驳回了这一论点,接受了原告的主张,即该陈述是从新泽西州做出,但更可能是从日本做出。法院认为,与新泽西州的这一个唯一的连结点不足以支持选择新泽西州法律,因为南卡罗来州有两个连结点(不包括原告住所,该住所被被告的新泽西州住所抵消)。南卡罗来州是原告接收到该陈述并予以信赖的地点。根据对《第二次冲突法重述》第148条的一个评注,②法院认为,这两个连结点创造了一个更强烈的推定,它支持南卡罗来州法律。接来下法院根据第6条列举的原则审查了这一推定。

法院认为,第6条分析支持这一推定,因为南卡罗来州对于适用其法律具有更大的利益,③即便该法并不保护南卡罗来州消费者。这里是法院提出的几点理由:

第一,州际礼让的利益支持适用每个原告自己的法律。对每个潜在的州外原告适用新泽西州法律将会违反每个原告州的政策……第二,当事人的利益也支持适用南卡罗来州法律,因为在各当事人之间唯一的连结点发生在南卡罗来州,因此有理由推定他们期望适用南卡罗来州法律。第三项第6条因素可能对两个州都不支持。消费者欺诈法服务于双重目的:一方面补偿受损害的消费者——这可能支持适用南卡罗来州法律——另一方面禁止公司的非法行为——这可能支持适用新泽西州法律……最后,也是最重要的,南卡罗来州要求适用其法律以保护其消费者的利益超越了新泽西州保护其境外消费者免受消费者欺诈的利益。④

法院承认,新泽西州对于禁止其境内的公司总部实施违法行为也具有利益,但是指出,该利益应通过包含州内原告和其他与新泽西州有连结点的诉讼来实现,“而不需要向全国范围的消费者集团诉讼大开

① RESTATEMENT (SECOND) § 148(1) (emphasis added).

② 《第二次冲突法重述》第148条,评论j,(规定“如果任意两个因素,除了被告住所、注册地或营业地之外,位于同一个州内,大多数情况下该州法律就应当适用”)。

③ Maniscalco, 709 F3d at 209.

④ Id. at 209 - 210.

方便之门,这些集团诉讼都是由州外原告提起,涉及的都是与新泽西州无关的交易,除了被告总部所在地之外。”①

在 W. Dermatology Consultants, P. C. 诉 VitalWorks, Inc. 案中,②一位新墨西哥州的医疗软件和硬件的买方起诉一位康涅狄格州卖方,指控被告违反了康涅狄格州《不公平交易法》。卖方在一个加州的医学会议上展示其软件并随后在原告位于新墨西哥州的医院展示,在那里双方签订了合同,硬件在那里交付,软件也被安装。被告的软件服务员工位于亚拉巴马州。康涅狄格州初级法院支持了新墨西哥州原告,依据是一项法律选择条款,其中规定该合同“应根据康涅狄格州法律进行解释”。③

上诉法院推翻了该裁决。法院认为,上述条款只适用于合同的解释而不适用于其他合同事项,更不适用于侵权问题比如由《不公平交易法》调整的不公平交易行为。法院同时认为,根据《不公平交易法》本身的条款,该法也不适用于本案,因为该法只适用于“本州内的广告、销售、租赁,为销售或租赁进行的报价行为,或任何服务和财产的分配,无论该财产是有形财产还是无形财产、动产还是不动产或混合财产,或者任何其他商品、货物或有价物。”④而被告并未在康涅狄格州内从事任何上述行为。

法院随后很耐心地根据通常的法律选择分析来对上述结论进行了分析。法院认为,康涅狄格州最高法院的先例仅仅在那些采用侵权行为地规则会导致“武断而不合理结果”的案件中才采纳了《第二次冲突

---

① Maniscalco, 709 F3d at 210. In Hood ex rel. Miss. v. JP Morgan Chase & Co., 737 F. 3d 78 (5th Cir. 2013), 密西西比州针对六家信用卡公司在州法院提起六项政府监护诉讼,认为它们强迫消费者接受自己不想要的产品,从而违反了密西西比州消费者保护法。第五巡回法院认为该诉讼根据《集团诉讼公平法》不应移交给联邦法院,因为该公司有义务提供而未能提供证据证明每个原告的诉讼请求超过了 75000 美元并且争议的总金额超过 500 万美元。

② 78 A. 3d 167 (Conn. App. Ct. 2013).

③ Id. at 189.

④ Id. at 187 (emphasis by the court).

法重述》。[①] 而本案中,法院认为,对于适用新墨西哥州法律并没有什么武断和不合理的地方,因为新墨西哥州作为损害发生地"并非是原告偶然路经该州而导致的,而是由于原告在那里从事正常的商业经营。"[②]

但法院也做了另一项妥协,决定根据《第二次冲突法重述》第145条和第6条来审查法律冲突,以便证明其早先的观点,即应适用新墨西哥州法律。在审查第145条规定的连结点时,法院认为新墨西哥州不仅是损害发生地,而且是行为地,因为在那里"商品被安装,服务被提供,培训被实施"。[③] 即使是当事人的关系也集中于新墨西哥州,因为"在新墨西哥州,原告审查并签署了合同,开始了该关系",而"合同约定的货物和相伴的服务也是在新墨西哥州被交付、安装和履行。"[④]法院认为,被告公司总部位于康涅狄格州的事实并不具有很大价值,因为该公司后来被一家密苏里州公司并购。

在对合同进行这样一种创造性解读之后,对第6条各项原则的讨论只能得出同样的结论。比如,法院解释说,康涅狄格州的政策不受牵连,因为《康涅狄格州不公平交易法》"仅限于在康涅狄格州内的交易和商业……而该交易和商业并不发生于康涅狄格州"。[⑤] 同样,法院推测认为,尽管有康涅狄格州法律选择和法院选择条款,但"并没有合理预期该合同相关行为会受康涅狄格州法律支配。"[⑥]

在Jones诉Clinch案[⑦]中,弗吉尼亚州居民因在马里兰州进行的一起眼球移植手术而起诉一位马里兰州眼科医生,指控对方违反了哥伦比亚特区的消费者保护法。原告在哥伦比亚特区提起诉讼,该州与马里兰州不同,并不将医生排除在消费者保护法之外。但是哥伦比亚特区与案件的唯一联系是该医生播放了一段被指控具有欺骗性的广告而原告在哥伦比亚特区驾车时听到了该广告。特区法院认为该广告并非

---

① 78 A. 3d 190[quoting O'Connor v. O'Connor, 519 A. 2d 13 (Conn. 1986)].
② Id. at 191.
③ Id. at 192.
④ Id.
⑤ Id.
⑥ Id. at 193.
⑦ 73 A. 3d 80 (D. C. 2013).

欺骗性,但是,即便如此,也不足以证明应适用哥伦比亚特区法律,因为马里兰州与本案有大量更有意义的连结点。

Thomas 诉 UBS AG 案①是一起很有趣的集团诉讼案,它导致波斯纳法官作出了另一份有趣的裁决,该裁决维持了下级法院对事实的驳回。原告起诉 UBS,瑞士最大的银行,要求对方偿还原告因未能披露其银行账户而受到的税收罚金,并向他们支付税款。原告主张,USB 劝诱他们开设银行账户,随后却未能对他们的税收责任提供建议。初级法院从事实问题上驳回该诉讼,而没有首先确定该诉讼是否符合集团诉讼的条件。第七巡回法院维持了该裁定,并由波斯纳法官撰写了一份意见书。

波斯纳法官注意到,原告没有指明应适用哪一法律,并且也没有明确约定适用联邦法律或瑞士法律,波斯纳认为,直接依据一般普通法原则进入事实问题而不考虑法律选择问题,这是可以接受的。他对于事实问题的结论是很刺耳的。摘录如下:

原告是税收骗子,对于税收骗子而言,向国内税收局(IRS)隐瞒其收入,然后向提供情报者(本案中是 UBS)追讨他们受到的罚金……②

原告认为……银行应当阻止他们违反法律。这就像是起诉一个人的父母要求其承担自己支付的税收罚款,理由是其父母没能将其培养成一个诚信的人,使他不会去避税从而被处以罚金……③

本案,包括上诉,都很滑稽。我们奇怪,UBS 为何没有要求对原告及其集团诉讼律师施加制裁。④

---

① 706 F. 3d 846 (7th Cir. 2013).

② Id. at 850.

③ Id. at 851.

④ Id. at 850. 另一位联邦法官将本案区别于另一起涉及 UBS 账户持有人的案件,并对 Thomas 的意见书提出了如下评论:

意见书认为,因为原告最终坦白并偿付了欠款就认为他们不是故意的"税务骗子",这是难以令人置信的。意见书也许预先假定,典型的国际离岸投资客户……或者受过高等教育的联邦法官都擅长诡辩。但是这种人很可能会陷入国际大型银行投资发展策略的圈套,其他人明显不同的个人情况(比如技巧和受过良好家政训练和教育的家庭主妇等)可以确保有不同的结论(或者根本就不会)……

Le Bars v. UBS AG, 2013 WL 1819803, at *5 (W. D. Pa. Apr. 29, 2013) (internal quotations are from Thomas).

(六)雇佣侵权

2013 年的几起案件涉及雇主或其保险人追偿其支付给受害员工的赔偿金的权利的准据法,该员工已经从导致其受害的第三人那里获得了损害赔偿。《第二次冲突法重述》第 185 条对于该问题非同寻常地作出了明确规定:

如果根据某州劳工赔偿法一位雇员已经获得了损害赔偿,则应由该州法律确定支付了赔偿金的人对于该雇员就同一损害针对第三人所获得的任何侵权或过错死亡赔偿所享有的利益。[①]

在 Moad 诉 Dakota Truck Underwriters 案中,[②]爱荷华州最高法院决定在一起涉及爱荷华州与南达科他州法律冲突的案件中采用《第二次冲突法重述》第 185 条。该雇主和雇员均居住于南达科他州,而雇佣关系也在那里成立,但是雇员在爱荷华州受伤并在那里申请劳工赔偿利益。法院注意到,"尽管冲突规则很难完美,但第 185 条在大多数案件中都提供了一个明确的裁判规则……以及处理工作地伤害的有效方法",该条款"优先于最密切联系原则的更开放的考虑方法"。[③]

在 Ins. Co. of State of Pa. 诉 Neese 案中,[④]雇主和雇员都居住于俄克拉荷马州,雇佣关系也在那里订立,雇员家庭根据俄克拉荷马州法律获得了劳工赔偿金。该雇员在得克萨斯州的一起劳动事故中死亡,根据得克萨斯州法律而非俄克拉荷马州法律,雇主的保险人对于雇员家庭的过错死亡赔偿拥有代为求偿权。得州法院认为,根据《第二次冲突法重述》第 185 条应适用俄克拉荷马州法律。Holley 诉 Ace Am. Ins. Co. 案[⑤]包含有相同事实,除了该案是在俄克拉荷马州起诉并且雇员家庭根据得州法律接受了劳工赔偿金。俄克拉荷马州最高法院认为,雇主的保险人不拥有代为求偿权,因为俄克拉荷马州立法并不允许。三位法官并不同意多数意见书对俄克拉荷马州法律的解释并主张

① RESTATEMENT (SECOND) § 185.

② 831 N. W. 2d 111 (Iowa 2013).

③ Id. at 117. The court remanded the case to the trial court with instructions to apply section 185.

④ 407 S. W. 3d 850 (Tex. App. 2013).

⑤ __ P. 3d __, 2013 WL 5728104 (Okla. Oct. 22, 2013).

法院应遵照第 185 条,根据该条应适用得州法律,而得州法律允许代为求偿权。

在 Liberty Mut. Ins. Co. 诉 Transit Mix Concrete & Materials Co. 案①中,一位得州雇主的得州雇员在 Texarkana 市的阿肯色州部分的工地上受伤并根据得州法律接受了劳工赔偿金。该雇员针对阿肯色州的第三方侵权人提起了一项侵权诉讼,而雇主的保险人在得州起诉该侵权第三人,要求追偿其支付给受害员工的赔偿金。得州上诉法院维持了不方便法院裁决,驳回了诉讼,支持案件在阿肯色州起诉。法院认为保险人的诉讼是雇员人身诉讼的衍生,并认为应适用阿肯色州法律,因为保险人没有反驳《第二次冲突法重述》第 146 条支持损害发生地的推定。法院考虑了第 145 条和第 6 条,而非第 185 条。在分析了当事人的预期后,法院指出:

Texarkana 是一个位于得克萨斯州和阿肯色州边境的城市。在这个城市,有合理的预期认为大多数公司将会在两个州经营。因此,任何合理的保险经营者都可以预见到顾客可能将会在多州经营并因此而调整费率或条件。考虑到像 texarkana 这样的边境城市的性质,我们不认为本案中适用阿肯色州法律将会导致一位得州居民承担不公平责任。因为这一责任是一个合理的预期,因此它不是不公平责任。②

在 Wilson 诉 Image flooring, LLC 案③中,雇佣发生在另一个跨境城市 Kansas 市的堪萨斯州部分,但所有当事人都来自密苏里州。一位密苏里州雇主的密苏里州雇员在堪萨斯州伤害了另一位密苏里州居民(原告)。原告依照雇主责任原则在密苏里州起诉该雇主。密苏里州并不限制原告获得赔偿并采用一种纯粹比较过错规则,根据该规则,即使原告自身过错超过被告的过错,原告也可以获得赔偿。堪萨斯州则限制非经济损害赔偿并采用一种修正的比较过错规则,根据该规则,如果原告的过错与被告的过错相当或高于被告的过错,则不能获得赔偿。

---

① 2013 WL 3329026 (Tex. App. June 28, 2013), review denied (Oct. 18, 2013).

② Id. at *7.

③ 400 S. W. 3d 386 (Mo. Ct. App. 2013), reh'g and/or transfer denied (Apr. 30, 2013), transfer denied (June 25, 2013).

密苏里州法院认为,应适用密苏里州法律,因为《第二次冲突法重述》第 146 条的侵权行为地规则不予适用,理由是所有当事人都居住于密苏里州并且冲突仅限于损失分配问题。法院认为,比较过错规则和法定损害分析"是用来解决损害发生之后的事情,比如赔偿问题",①而且,尽管过失问题应当依照侵权发生地州法律解决,因为该州具有"占优势的利益,但当涉及赔偿权利问题时却并非如此"。② 法院总结道:

如果问题涉及的是赔偿权问题而不是责任问题,当事人的住所就成为一个更重要的连结点,因为各州对于将其自己的损害赔偿有关的法律适用于其本州居民具有最大利益,但是对于将这些法律适用于非居民却没有利益……

本案中,尽管堪萨斯州是损害发生地,导致损害的行为发生地和当事人关系发生地,但这些连结点只有当所涉冲突涉及行为规则或责任问题时,才具有更重要意义。但是,如果冲突涉及的是赔偿规则或赔偿问题,当事人的住所就是最重要的连结点。因此,当事人都居住于密苏里州的事实表明,密苏里州对于争议有关的问题具有最重要的联系——比较过错法律和法定损害分析。③

在 Fed. Ins. Co. 诉 Workers' Comp. Appeals Bd. 案④中,所涉问题是一位职业篮球运动员是否有权根据加州法律对于其多年积累的膝盖劳损接受劳工赔偿,即使她仅在加州参加过 34 场比赛中的一场。法院从宪法和冲突法角度对此给出了否定的回答。后来,加州修订了其劳工赔偿法,使得那些在加州比赛时间不到其工作时间 20% 的运动员无

---

① 400 S. W. 3d 398.

② Id.

③ Id.

④ ___ Cal. Rptr. 3d ___, 221 Cal. App. 4th 1116, 2013 WL 6240421 (Cal. Ct. App. Dec. 3, 2013).

法援用该法。[①]

(七)其他侵权

Tener 诉 Short Carter Morris, LLP 案[②]是一起法律职业过失诉讼,被告是一家得克萨斯州律师事务所,该所在得州离婚诉讼中是原告的代理人。原告诉称,该律所未能说服离婚法院适用科罗拉多州法律而不是得州法律以确定夫妻中哪一方有权获得一幢科罗拉多州房产的增值价值。原告的妻子和她的独立基金以 31.5 万美元的价格购买了该房产,但在离婚时该房产价值 250 万美元,根据科罗拉多州法律,增值部分应属于"婚姻财产",应当在夫妻二人之间分配。法院认为,尽管原告有不同观点,但在其妻子提出离婚前,他和他妻子都居住于得州超过 2 年,得州法律要求得州离婚法庭适用得州法律,尽管涉及的是非得州的不动产。[③] 显然,根据得州法律,全部科罗拉多州房产都应被认定为妻子的独立财产,离婚法庭所要考虑的是如何处理该财产。由于该立法强行规定了这样的结果,该律所未能成功辩护以达到不同结果,这并非职业过失。法院维持了对律所有利的判决。

Bullard 诉 MRA Holding, LLC 案[④]涉及的是一位佐治亚州居民提起的滥用肖像权诉讼,理由是原告的录像镜头和照片经过其同意被带

---

① For other cases involving the issue of entitlement to worker's compensation benefits, see Anglin v. Dunbar Armored, Inc., 742 S. E. 2d 205 (N. C. Ct. App. 2013); Springer v. J. B. Transp., Inc., 77 A. 3d 179 (Conn. App. Ct. 2013); Dallas Nat. Ins. Co. v. Bd., 2013 WL 3155846 (Ky. June 20, 2013). For a case involving retaliatory discharge of an employee, see Carrillo v. Tifco Indus., Inc., ___ F. App'x ___, 2013 WL 5462232 (5th Cir. Oct. 2, 2013). For a case involving tortious interference with employment relationship, see St. Jude Med. S. C., Inc. v. Biosense Webster, Inc., 2013 WL 5508389 (Minn. Ct. App. Oct. 7, 2013).

② 2013 WL 4007802 (Tex. App. Aug. 6, 2013).

③ 得州立法规定:

法院应将配偶一方独立的不动产和动产,无论其位于何处,判给另一方:(1)该配偶居住于其他州期间获得的并且当该配偶获得该财产时如果居住于本州的话,该财产本应属于其个人财产……

TEX. FAM. CODE ANN. §7.002(b) (2013).

④ 740 S. E. 2d 622, 625 (Ga. 2013).

到佛罗里达州后,未经其同意在全美国被销售。[①] 在回答联邦法院的证明问题时,佐治亚州最高法院同意认为,“一百多年来,佐治亚州在侵权案件中都坚持侵权行为地规则”,[②]而且“侵权行为地就是遭受的伤害发生地而非行为实施地,或者……是使行为人对被控侵权行为承担责任所必需的最后事件发生地。”[③]本案中,原告在佐治亚州遭受损害,因此应适用佐治亚州法律,该法律允许提起该诉讼。[④]

Town of Smyrna, Tenn. 诉 Mun. Gas Auth. Of Ga. 案[⑤]是有一个田纳西州小镇在田纳西州联邦法院提起的诉讼,被告是一个佐治亚州公共机构,被控违反合同、违反田纳西州消费者保护法、违反信托义务和不当得利。法院认为,根据法律选择条款,合同问题应适用佐治亚州法律,根据该法,被告享有主权豁免。法院认为,该条款并不适用于非合同诉讼请求,该请求依照田纳西州冲突法,应适用田纳西州法律,而田纳西州应作为一个礼让问题处理佐治亚州的主权豁免。

Quirion 诉 Veilleux 案[⑥]是一起人身伤害和丧失配偶权诉讼,原告是一位魁北克驾车人,他在一起发生于缅因州的事故中受伤,当时,一片夹板从另一位魁北克居民驾驶的卡车上坠落并击中原告的挡风玻璃。当缅因州初级法院裁定损害赔偿问题适用魁北克法律时,原告提起中间上诉,认为如果适用魁北克法律,将意味着“他的案件的末日……因为他可能获得的赔偿还不足以支付其诉讼费用”。法院否决了他的要求,并得到缅因州最高法院支持。

---

① 原告14岁,在佛罗里达州春假期间,她向2位不认识的男子暴露乳房并明知他们在拍摄她。该2名男子向被告公司出售了录像带,被告未经原告允许将该录像剪辑放在一部录像片中在全国出售,并将原告的照片作为封面。

② Id. at 750.

③ Id. at 750 – 751 (internal quotation marks omitted).

④ For an action by “Sam Moore, ‘The Legendary Soul Man,’” against a movie producer alleging trademark dilution, violation of his right of publicity and false light invasion of privacy, see Moore v. Weinstein Co., LLC, ___ F. App'x ___, 2013 WL 5832375 (6th Cir. Oct. 31, 2013).

⑤ 723 F.3d 640 (6th Cir. 2013).

⑥ 65 A.3d 1287 (Me. 2013).

六、法律选择方法

从法律选择方法角度来看,2013 年是一个平凡的年度,因为没有任何一家州最高法院改变或修正其观点。因此,有关方法论的一节可能会有点无关紧要,正如下文的表格一样。不过,读者已经习惯于看到每年一个表格,即使该表格与以前的别无二致,这样可以让他们不必去参看以前的综述。为了读者的便利,这里就把去年的方法论表格复制如下,需要提醒的是,其中包含了一些在以前的综述中详细论述过的说明。

表 2　各州及其所遵循的法律选择方法列表

州	传统方法	密切联系	第二次重述	利益分析	法院地法	更好的法	综合的现代方法
亚拉巴马	T + C						
阿拉斯加			T + C				
亚利桑那			T + C				
阿肯色		C				T	
加利福尼亚				T			C
卡罗拉多			T + C				
康涅狄格			T + C?				
特拉华			T + C				
哥伦比亚				T			C
佛罗里达	C		T				
佐治亚	T + C						
夏威夷							T + C
爱达荷			T + C				
伊利诺伊			T + C				
印第安纳		T + C					
爱荷华			T + C				
堪萨斯	T + C						

续表

州	传统方法	密切联系	第二次重述	利益分析	法院地法	更好的法	综合的现代方法
肯塔基			C		T		
路易斯安那							T+C
缅因			T+C				
马里兰	T+C						
马萨诸塞							T+C
密歇根			C		T		
明尼苏达						T+C	
密西西比			T+C				
密苏里			T+C				
蒙大拿			T+C				
内布拉斯加			T+C				
内华达		C	T				
新罕布什尔			C			T	
新泽西			T				C
新墨西哥	T+C?						
纽约							T+C
北卡罗来纳	T	C					
南达科塔		T					C
俄亥俄			T+C				
俄克拉荷马	C		T				
俄勒冈							T+C
宾夕法尼亚							T+C
波多黎各		T+C					
罗德岛	C					T	
南卡罗来纳	T+C						
南达科塔			T+C				

续表

州	传统方法	密切联系	第二次重述	利益分析	法院地法	更好的法	综合的现代方法
田纳西	C		T				
得克萨斯			T + C				
犹他			T + C				
佛蒙特			T + C				
弗吉尼亚	T + C						
华盛顿			T + C				
西弗吉尼亚	T		C				
威斯康星						T + C	
怀俄明	T + C						
总计 52	T 10 C 12	T 3 C 5	T 24 C 23	T 2 C 0	T 2 C 0	T5 C 2	T 6 C 10
T = 侵权案件;C = 合同案件							

七、联邦法律的域外适用

(一)Kiobel 案和《外国人侵权法》(ATS)

在广为期待的 Kiobel 诉 Royal Dutch Petroleum Co. 案①中,联邦最

① 133 S. Ct. 1659 (U. S. 2013). What follows is a bare description of the Kiobel decision. A critique may be tempting, but it is beyond the scope of this Survey. But, as one would expect, Kiobel has already generated extensive academic commentary, to which the reader is kindly referred. See, e. g. , Kenneth Anderson, Kiobel v. Royal Dutch Petroleum: The Alien Tort Statute's Jurisdictional Universalism in Retreat, 2013 CATO SUP. CT. REV. 149 (2013); Donald I. Baker, Extraterritoriality and the Rule of Law: Why Friendly Foreign Democracies Oppose Novel, Expansive U. S. Jurisdiction Claims by Non - resident Aliens under the Alien Tort Statute, 28 MD. J. INT'L L. 42 (2013); Kedar S. Bhatia, Reconsidering the Purely Jurisdictional View of the Alien Tort Statute, 27 EMORY INT'L L. REV. 447 (2013); Alison Bensimon, Corporate Liability under the Alien Tort Statute: Can Corporations Have Their Cake and Eat it Too? 10 LOY. U. CHI. INT'L L. REV. 199 (2013); Anthony J. Colangelo, Kiobel: Muddling the Distinction Between Prescriptive and

高法院认为,《外国人侵权法》不能域外适用。《外国人侵权法》赋予联邦法院"对于任何外国人仅仅针对违反国际法或美国缔结之条约的侵权行为而提起的民事诉讼"具有管辖权。①《外国人侵权法》颁布于1789年,在1980年前很少被使用。②此后,联邦法院时常将其适用于涉及域外行为的案件。③在Kiobel案中,最高法院却突然而随意地宣告了这种做法的终结。

Adjudicative Jurisdiction, 28 MD. J. INT'L L. 65 (2013); Anthony J. Colangelo, The Alien Tort Statute and the Law of Nations in Kiobel and Beyond, 44 GEO. J. INT'L L. 1329 (2013); Vivian Grosswald Curran, Extraterritoriality, Universal Jurisdiction, and the Challenge of Kiobel v. Royal Dutch Petroleum Co., 28 MD. J. INT'L L. 76 (2013); Jaye Ellis, The Alien Tort Statute as Transnational Law, 28 MD. J. INT'L L. 90 (2013); Jonathan Hafetz, Human Rights Litigation and the National Interest: Kiobel's Application of the Presumption Against Extraterritoriality to the Alien Tort Statute, 28 MD. J. INT'L L. 107 (2013); Jules Lobel, The Contradiction Between Alien Tort Statute Jurisprudence and the Continued Immunity of U.S. Officials for Acts of Torture Committed Abroad, 28 MD. J. INT'L L. 129 (2013); Craig Martin, Kiobel, Extraterritoriality, and the "Global War on Terror," 28 MD. J. INT'L L. 146 (2013); Note, Alien Tort Statute—Extraterritoriality—Kiobel v. Royal Dutch Petroleum Co., 127 HARV. L. REV. 308 (2013); Jide Nzelibe, Contesting Adjudication: the Partisan Divide over Alien Tort Statute Litigation, 33 NW. J. INT'L L. & BUS. 475 (2013); Austen L. Parrish, Kiobel, Unilateralism, and the Retreat from Extraterritoriality, 28 MD. J. INT'L L. 208 (2013); Marco Simons, Kiobel v. Royal Dutch Petroleum: A Practitioner's Viewpoint, 28 MD. J. INT'L L. 28 (2013); David L. Sloss, Kiobel and Extraterritoriality: A Rule Without a Rationale, 28 MD. J. INT'L L. 241 (2013); Ralph G. Steinhardt, Kiobel and the Multiple Futures of Corporate Liability for Human Rights Violations, 28 MD. J. INT'L L. 1 (2013); Beth Stephens, Extraterritoriality and Human Rights after Kiobel, 28 MD. J. INT'L L. 256 (2013); Matteo M. Winkler, What Remains of the Alien Tort Statute after Kiobel? 39 N.C. J. INT'L L. & COM. REG. 171 (2013); Ingrid Wuerth, Kiobel v. Royal Dutch Petroleum Co.: The Supreme Court and the Alien Tort Statute, 107 AM. J. INT'L L. 601 (2013).

① 28 U.S.C. § 1350 (2013).

② See Filartiga v. Pena-Irala, 630 F.2d 876 (2d Cir. 1980).

③ See, e.g., Flomo v. Firestone Nat'l Rubber Co., LLC, 643 F.3d 1013, 1025 (7th Cir. 2011) ("[N]o court to our knowledge has ever held that [the ATS] doesn't apply extraterritorially.").

Kiobel 案的背景行为发生在尼日尼亚。根据原告指控,几家荷兰、英国和尼日尼亚公司(被告)支持并协助尼日尼亚政府实施了侵犯人权的行为,从而违反了国际法。在一份出人意料的裁决中,第二巡回法院驳回了指控,理由是国际法并不承认公司责任。① 由于有六起其他巡回法院判例都不同意第二巡回法院关于公司责任的意见而且都作出了相反裁决,②因此最高法院发布了调卷令。经过口头答辩,法院要求当事人针对域外效力问题提交书面意见书并决定在该基础上对该案进行裁决,而对于不同巡回法院有关公司责任的分歧置之不理。③

Roberts 大法官在撰写的意见书中指出,《外国人侵权法》中没有任何地方打破"反域外适用推定"。所使用的"外国人"一词并不意味着域外适用,因为"这种影响到外国人的违法行为既可以发生在美国境内也可以发生在美国境外"。④ 至于"任何民事诉讼"这一用语也并不意味着其适用于发生在境外的侵权,"因为像'任何'或'每一'这样的一般性术语并没有推翻反域外适用推定。"⑤

法院追溯了《外国人侵权法》的历史后指出,"(《外国人侵权法》)的历史背景也没有表明国会……有意图……为发生在另一主权范围内的行为提供一个诉因"。⑥ 法院注意到,当国会通过该法时,Blackstone

① See Kiobel v. Royal Dutch Petroleum Co., 621 F. 3d 111 (2d Cir. 2010) (discussed in Symeonides, 2010 Survey, at 316).

② See Doe VIII v. Exxon Mobil Corp., 654 F. 3d 11, 41 (D. C. Cir. 2011), vacated on other grounds by Doe v. Exxon Mobil Corp., 527 Fed. App'x 7 (D. C. Cir. 2013); Aziz v. Alcolac, Inc., 658 F. 3d 388 (4th Cir. 2011); Flomo, 643 F. 3d at 1020 – 1021; Sarei v. Rio Tinto, PLC, 671 F. 3d 736 (9th Cir. 2011), vacated on other grounds in light of Kiobel by Rio Tinto PLC v. Sarei, 133 S. Ct. 1995 (U. S. 2013); Sinaltrainal v. Coca – Cola Co., 578 F. 3d 1252 (11th Cir. 2009); Beanal v. Freeport – McMoran, Inc., 197 F. 3d 161 (5th Cir. 1999).

③ But see Doe I v. Nestle USA, Inc., ___ F. 3d ___, ___, 2013 WL 6670945, at * 1 (9th Cir. Dec. 19, 2013) (interpreting Kiobel as "suggesting in dicta that corporations may be liable under ATS so long as presumption against extraterritorial application is overcome.").

④ Kiobel, 133 S. Ct. at 1665.

⑤ Id.

⑥ Id. at 1668 – 1669.

已经确定了违反国际法的三项基本罪行:(1)违反安全通行权;(2)侵犯外国使节的权利;(3)海盗。前两项罪行“都没必要域外适用”,[1]就在国会通过《外国人侵权法》之前不久,在美国曾发生两起涉及第二项罪行的事故。法院认为,这些临时事件“不足以支持这样的主张,即国会希望该法提供一项针对发生在国外的违反国际法行为的诉因”。[2]

第三项罪行,即海盗,从定义上看就具有域外效力,因为它“是典型发生在公海上的行为,不属于美国或任何其他国家的管辖范围”。[3]然而,对于海盗适用美国法律“并不代表着把美国的主权意志强加于发生在其他国家境内的行为,因此也不能产生直接的外交政策上的后果。”[4]海盗是“谁都可以打击的对象”并且“是一种自成一类的行为”。《外国人侵权法》允许针对海盗在公海上的行为提起侵权诉讼“并不能证明《外国人侵权法》上的诉因也适用于发生在其他国家领域内的行为”。[5]

法院驳回了这种观点,即国会通过《外国人侵权法》是为了“针对国际法的执行提供一个独一的而且友好的法院地”。[6] 在引用了Joseph Story 的表述“任何国家都不曾试图成为全世界的法庭”[7]之后,法院指出,如果美国试图将《外国人侵权法》适用于外国发生的行为,那么其他国家“也可能以在美国或其他国家违反国际法为由将美国公民送上它们的法庭”。[8] 反对域外适用推定通过“防止我国法院引发此种严重的外交政策后果”,[9]保护了美国不受这样的事情影响。

法院接下来回到案件事实并注意到所有相关行为都发生在其他国

---

① Kiobel,133 S. Ct. at 1666.

② Id. at 1667.

③ Id.

④ Id.

⑤ Id.

⑥ Id. at 1668.

⑦ Id. [quoting United States v. The La Jeune Eugenie, 26 F. Cas. 832, 847 (No. 15,551) (C.C. Mass. 1822)].

⑧ Id. at 1669.

⑨ Id.

家境内,认为"即使诉讼请求有一部分涉及美国领域,也必须具有充分的说服力以推翻反域外适用推定"。[①] 本案中被告仅仅在美国有商业存在,这显然不足以达到这一要求。

Kennedy 大法官在一份简短的协同意见书中表示,在法院意见和理由不涉及的一些案件中,对于"严重违反国际法原则"的行为,可以对《外国人侵权法》做一种不太严格的解释。在这些案件中,"对反域外适用推定的适当执行可以要求进一步的技巧和解释"。[②]

Breyer 大法官在一份由 Ginsburg、Sotomayor 和 Kagan 大法官加入的协同意见书中则更进一步。他指出,《外国人侵权法》的适用应符合以下条件:

(1)被控侵权行为发生在美国领土;(2)被告是美国公民;(3)被告的行为实质上对重要的美国国家利益造成不利影响,这包括防止美国变成一个虐待者和其他人类公敌的安全港(不受民事和刑事责任追究)的显著利益。[③]

Balintulo 诉 Daimler AG 案[④]也是一起《外国人侵权法》案件,由南非种族隔离制度期间的违反人权行为而引起,其中一些被告是美国公司。基于该事实,原告援引了以上案例中法院意见书中最后一段表述[⑤]以及 Breyer 大法官的协同意见书,主张 Kiobel 案并没有排除《外国人侵权法》的适用,因为被告的美国国籍"涉及"美国且具有"显著说服力"以排除反域外适用推定。[⑥]

第二巡回法院驳回了该观点,指出原告"明显采取了 Breyer 大法官所表述的观点",但该观点并不代表多数意见书的观点。[⑦] 多数意见

---

① Kiobel, 133 S. Ct. at 1669.

② Id. (Kennedy, J., concurring).

③ Id. at 1671 (Breyer, J., concurring).

④ 727 F. 3d 174 (2d Cir. 2013).

⑤ See supra text accompanying note 315.

⑥ Balintulo, 727 F. 3d at 189.

⑦ Id. The Balintulo opinion was written by Judge Cabranes, the same judge who wrote the superseded Second Circuit opinion in Kiobel, which had held that international law does not recognize corporate liability.

书"并未说明被告的国籍对于反域外适用推定具有重要意义",而且多数意见书要求诉讼请求"涉及"美国也只是法律格言而已。① 根据第二巡回法院的意见,Kiobel 案采用一种"明线"测试方法(bright - line test),"反复重申《外国人侵权法》禁止针对发生在境外的行为提起的诉讼。"②

(二)海盗

对大多数美国人谈及"海盗",你可能会引起人们想起 Johnny Depp 对于 Jack Sparrow 船长的滑稽描述,而不是引发对国际打击海盗行为的关注,该行为很久以前就已经被文明国家宣布为人类的公敌。在世界上一些不稳定地区,海盗非常严重,在这些麻烦水域,打击海盗的行动已经复活,既有成功的,也有不力的。③

哥伦比亚地区巡回法院在 United States 诉 Ali 案④的判决书中,就是这样开头的,该案是2013年度上诉到巡回法院的两起海盗案件之一。⑤ 被告是一位索马里公民,他参与了有关释放在索马里附近公海上被索马里海盗绑架的丹麦船舶的赎金谈判。尽管被告深深卷入了海盗活动,但他们行为仅限于索马里领土和领水而且并未扩展到公海上。被告受到《反海盗法》(18 U.S.C. § 1651)的指控,包括(1)支持和帮

---

① Balintulo, 727 F.3d at 190.

② Id. (emphasis in original).

③ United States v. Ali, 718 F.3d 929, 932 (D.C. Cir. 2013).

④ 718 F.3d 929 (D.C. Cir. 2013), reh'g en banc denied (Aug. 21, 2013).

⑤ For a 2012 case, see United States v. Dire, 680 F.3d 446 (4th Cir. 2012), cert. denied, Dire v. United States, 133 S. Ct. 982 (U.S. 2013) (discussed in Eugene Kontorovich, Piracy on the High Seas: United States v. Dire, 107 AM. J. INT'L L. 644 (2013)); Note, Criminal Procedure—Extraterritorial Application of Fifth Amendment—Fourth Circuit Finds Understanding of Spoken Words Adequate to Secure Valid Waiver of Miranda Rights by Somali Pirates—United States v. Dire, 126 HARV. L. REV. 619 (2012); Note (Ashley Bane), Pirates Without Treasure: The Fourth Circuit Declares That Robbery Is Not an Essential Element of General Piracy, 37 TUL. MAR. L.J. 615 (2013); Samuel Shnider, Universal Jurisdiction over "Operation of a Pirate Ship": The Legality of the Evolving Piracy Definition in Regional Prosecutions, 38 N.C. J. INT'L L. & COM. REG. 473 (2013).

助实施海盗活动;(2)共谋实施海盗行为。

根据宪法的界定和惩治条款①而颁布的第 1651 条规定:"无论是谁,在公海上实施国际法所定义的海盗罪行并随后被押至美国或在美国被发现的,应被终身监禁。"②被告声称,由于他并未在公海上行动,国际法并不允许以海盗追究他。法院支持了他的有关共谋指控的辩解,但并未接受有关支持和帮助实施海盗行动的辩解。

为了确定国际法是如何界定海盗的,法院引用了《联合国海洋法公约》。美国尚未批准该公约,但已经通过同意一项相关的安理会决议而将该公约关于海盗的定义接受为一项习惯国际法原则。《公约》第 101 条将海盗定义为公海上的"一系列暴力或监禁等不法行为",但也包括"任何……有意帮助"③该不法行为的行为,即使该帮助行为并不发生在公海上。根据该条款,法院认为美国可以起诉被告帮助,或按照美国术语,支持和协助海盗行为。

但法院也认为,美国不能指控被告共谋实施海盗行为,因为:(1)《联合国海洋法公约》第 101 条并没有将共谋包括在海盗的定义中;(2)域外适用海盗法(18 U. S. C. § 371)会违背反域外适用推定和 Charming Betsy 推定,该推定建议,不得将联邦法律解释为违反国际法。④

第二起海盗案件是 United States 诉 Shibin 案⑤,它涉及类似案情。被告是另一位索马里人,他没有参与公海上的海盗行为,但参与了释放一艘德国和一艘美国船舶的赎金谈判。第四巡回法院维持了他的支持和协助海盗的罪名,采用了与哥伦比亚特区巡回法院在 Ali 案中相同的理由。

但上述两个案例的一个区别在于,在 Ali 案中,被告是主动来到美

① See U. S. CONST. art. I, § 8, cl. 10 (providing that Congress shall have power "[t]o define and punish Piracies and Felonies committed on the high Seas, and Offences against the Law of Nations.").

② 18 U. S. C. § 1651 (2013) (emphasis added).

③ UNCLOS, art. 101(c), Dec. 10, 1982, 1833 U. N. T. S. 397, 436.

④ See Murray v. Schooner Charming Betsy, 6 U. S. (2 Cranch) 64 (1804).

⑤ 722 F. 3d 233 (4th Cir. 2013), petition for cert. filed Oct. 18, 2013.

国的,[①]而在Shibin案中,被告是被强迫带往美国的。他被当地索马里警察机关逮捕并被移交给FBI,随后被马上押解到美国。他主张,由于在索马里和美国之间没有引渡条约,他被移交到美国是非法的,因此美国法院对其缺乏属人管辖权。法院驳回了该观点,认为根据Ker－Frisbie理论,[②]被告被抓捕和提交至法院的方式"原则上"对于法院的属人管辖权不具有影响。[③] 法院同时注意到上述反海盗法中的这一术语,即"被带往美国或在美国被发现",其中并未要求被告在美国出现必须是自愿的。

(三)劫持人质

在Ali案和Shibin案中,两位被告同时被指控犯了《美国法典》第18卷第1203条的劫持人质罪,该条规定:"无论是谁,*无论在美国境内还是境外*,(劫持人质)将受到惩罚……只要罪犯在美国被发现。"[④]显然,斜体字强调的术语否定了反域外适用推定。Charming Betsy推定也不适用,因为其功能是指导对联邦法律的解释,而不是限制国会对域外行为的管辖权。最后,劫持人质法符合国际法,因为该法是对1979年12月17日反劫持人质国际公约[⑤]的实施。

因此,被告所剩的唯一理由就是对他们的刑事起诉违反了美国的正当程序条款。Ali案法院驳回了该理由,认为只要被告能够合理理解并预期到其行为被禁止,正当程序条款就得到满足。本案中,劫持人质受到普遍谴责,《劫持人质公约》的广泛被接受已经证明了这一点(尽管索马里尚未加入该公约),这充分表明,劫持人质是被禁止的行为,

① Ali先生应一封e－mail邀请来到美国参加一个教育大会,因为他在此期间被任命为索马里国教育部长,索马里国是索马里境内一个自封的国家。联邦公诉人发出了该邀请并在杜勒斯机场逮捕了他。

② See Frisbie v. Collins, 342 U. S. 519, 522 (1952); Ker v. Illinois, 119 U. S. 436, 444 (1886).

③ For a possible exception to this doctrine in cases of "outrageous" police conduct, see United States v. Umeh, 527 Fed. App'x 57 (2d Cir. 2013) (discussed infra at text accompanying note 353).

④ 18 U. S. C. § 1203 (2013) (emphasis added).

⑤ T. I. A. S. No. 11,081.

而被告应当能够预期到他会被追究刑事责任。①

(四)证券交易法

在 Morrison 诉 Nat'l Austl. Bank Ltd. 案②中,最高法院将 1934 年的《证券交易法》的反欺诈条款[第 10(b)条]的地域适用范围限定为"在本地登记的证券的交易和在本地对其他交易所证券的交易"。③ 在 United States 诉 Vilar 案④中,第二巡回法院认为,根据 Morrison 案,第 10(b)条在刑事诉讼中和在民事诉讼中具有同样的地域适用范围。⑤

第二巡回法院指出,"一般规则是,反域外适用推定适用于刑事法律,第 10(b)条也不例外"。⑥ 该推定"是解释一项立法的方法,它在所有案件中都有相同含义,而不是一项用来适用于每个案件特定事实的规则。"⑦一项立法"要么适用于域外,要么不适用",既然最高法院已经将第 10(b)条解释为只适用于登记在美国证交所的证券和在美国境内交易的证券,"如果根据第 10(b)条提起刑事诉讼从而允许政府惩罚域外行为,'将会建立……危险的原则,即法官可以在不同案件中赋予同一项立法文本不同的含义'"。⑧

正如在 2010 年综述中所提及的,Morrison 案之后不久,国会修订了《证券交易法》以确保证券交易委员会可以针对"发生在美国境外但

---

① See United States v. Ali, 718 F. 3d, at 944 - 947. Shibin 案被告并未主张该项宪法抗辩,但他未能成功地反驳将其在索马里对 FBI 的招供纳入证据。Shibin 案被告还被判违反海事导航罪行,触犯了 18 U. S. C. § § 2280。

② 130 S. Ct. 2869 (U. S. 2010) (discussed in Symeonides, 2010 Survey, 306 - 311).

③ Morrison, 130 S. Ct. at 2884.

④ 729 F. 3d 62 (2d Cir. 2013). For extensive discussion of this case, see David Keenan & Sabrina P. Shroff, Taking the Presumption Against Extraterritoriality Seriously in Criminal Cases after Morrison and Kiobel, 45 LOY. U. CHI. L. J. 71, 96 et. seq. (2013).

⑤ Vilar 案被告在 Morrison 案之前被判几项证券欺诈罪行。他们随后反驳该项指控,理由是被指控的行为发生在域外因此根据第 10(b)条不构成犯罪。法院支持了指控,认为被告在国内证券交易中实施了欺诈。

⑥ Vilar, 729 F. 3d. at 74.

⑦ Vilar, 729 F. 3d. at 74.

⑧ Id. at 44 - 74 [quoting Clark v. Martinez, 543 U. S. 371, 386 (2005)].

对美国境内产生可预见的实质性影响的行为"继续有权执行第10(b)条。[①] 由于该修正案是对Morrison案的反映,而该案涉及的是民事执行,因此人们会认为国会只针对民事执行。但是该修正案的文本并没有包含这样一个限制,并且根据第二巡回法院在Vilar案中的逻辑,一项立法"要么域外适用,要么不适用",无论在民事案件中还是在刑事案件中都一样。因此在最后的分析中,Vilar案在将来的证券欺诈刑事诉讼中的影响会受到限制。Vilar案留给我们的是这一明确而普遍的声明,即反域外适用推定必须在刑事案件和民事案件中具有同等效力。该声明将在未来的案件中得到检验。

(五)反腐败法(RICO)

在United States诉Chao Fan Xu案[②]中,第九巡回法院接受了这样的前提,即反腐败法[③]不能域外适用,但认为该法适用于同时在美国和中国从事有组织犯罪行为的被告。被告从中国银行盗取了大量金钱并使用伪造护照和签证逃往美国,假结婚并在拉斯维加斯和其他类似地点挥霍其非法获取的钱财。法院在确定RICO的调整对象时否决了"企业"标准或"神经中枢"标准,而采用了"行为"标准。通过采用后一标准,法院认为"被告的犯罪计划,包括被告在美国境内违反美国移民法的行为,属于该法调整范围"。[④] 因此,对被告的定罪"并非基于RICO的不适当的域外适用,而是……基于被告在美国境内实施的特种犯罪行为。"[⑤]

(六)毒品交易

United States诉Lawrence案[⑥]涉及的是《美国法典》第21卷第959(b)条的域外适用问题,该条款禁止在飞机上持有或转让非法毒品。

---

① Dodd - Frank Wall Street Reform and Consumer Protection Act, Pub. L. No. 111 - 203, 124 Stat. 1376 (2010).

② 706 F. 3d 965 (9th Cir. 2013), as amended on denial of reh' g (Mar. 14, 2013).

③ See Racketeer Influenced and Corrupt Organizations Act (RICO), 18 U. S. C. A. § 1961 et seq. (2013).

④ Chao Fan Xu, 706 F. 3d at 979.

⑤ Id.

⑥ 727 F. 3d 386 (5th Cir. 2013).

第959条(b)款特别规定,"任何美国公民在任何飞机上,或任何人在任何美国公民拥有的或在美国登记的飞机上……购买……或……为了销售目的……而持有"非法毒品,"都是违法的"。[①] 第(c)款规定:"本条适用于在美国属地管辖之外进行的生产或销售行为。"[②]

被告是一个运送团队,他们从美国飞往南美洲,将非法毒品带往那里,然后直接飞往欧洲而不经过美国。其中一个被告是美国公民,在巴拿马登上开往瑞士的飞机前被逮捕。他的被捕导致其他运送人(都是美国人)及其头目(一位外国人)在美国相继被捕和被指控,被告提出几项理由作为答辩,包括上面提到的立法不适用于在美国境外拥有并试图在美国境外销售非法毒品。

第五巡回法院驳回了该抗辩理由并支持了所有指控。法院认为:(1)该立法的用语和国会的意图都排除了反域外适用推定;(2)该立法的域外适用符合国际法,包括美国参加的国际条约;(3)对美国被告的指控符合立法管辖权的国籍原则;(4)对外国居民的指控符合保护原则。

在United States诉Umeh案[③]中,可适用的条款是《美国法典》第21卷第959条(a)款,该款规定,任何人试图销售非法毒品并且"目的在于使其非法进口到美国"或者"明知其将被非法进口到美国",应属非法。[④] 被告是外国人,在利比亚与地下代理商进行面向美国市场的可卡因交易谈判时被当地警方逮捕。他们被带往美国并被指控通过从南美洲到非洲再到欧洲最后到美国的毒品交易,合谋违反上述立法。

被告答辩称,对他们的指控违反宪法,因为他们的行为缺乏与美国必要的联系。法院驳回了该抗辩,指出,根据可适用的先例,对域外行为的起诉符合正当程序,只要该行为"以美国公民或利益为对象或威

---

① 21 U.S.C. § 959(b) (2013).

② Id. § 959(c).

③ 527 Fed. App'x 57 (2d Cir. 2013), cert. denied, Umeh v. United States, 134 S. Ct. 464 (U.S. 2013).

④ 21 U.S.C. § 959 (a) (2013). Subsection (c) provides that "[t]his section is intended to reach acts of manufacture or distribution committed outside the territorial jurisdiction of the United States." Id. § 959 (c).

胁到美国安全或政府职能”,并且该被告“明知该毒品将被出口到美国仍然继续进行毒品交易,该行为明显属于上诉判例的适用范围。”①

被告同时还根据“残暴行为例外”原则挑战对他们的指控,该原则是对 Ker – Frisbie 原则的例外。他们辩称,他们在利比亚被捕后,遭到美国特工的殴打。法院认为,该项例外不适用,因为“法律上早有定论,无论是警方的残暴行为还是政府官员的诱骗行为都不构成对管辖权的挑战。”②

(七)外国性旅游法

在 United States 诉 Stokes 案③中,被告被泰国引渡到美国并面临《美国法典》第18卷第2423条(c)款的指控,根据该条款,任何美国人或外国居民,“到外国进行商务或居留旅行,无论是临时还是经常性的,如果从事了任何非法性行为”,将受到最多30年的监禁。④ 起诉方后来撤回了此项指控,因为该条(c)款是在被告抵达泰国后才实施的。相反,起诉方指控被告违反了第2423条(b)款,该款在该期间内有效,根据该条款,任何美国人或外国居民,“如果为了……与不满18岁的人发生任何性行为或者企图从事该行为,并为此而旅行到外国,只要该性行为发生在……美国,则构成犯罪”,⑤将会受到15年的监禁。

被告反驳对他的该项指控,认为根据条约法上的“特定罪行”原则,被引渡的人不能因为在引渡请求书中特别列明的罪行之外的其他罪行而受到指控。尚不清楚该项原则是否赋予被告一种可执行的人身权,但是法院并未处理该问题,因为美国和泰国之间的引渡条约规定,

---

① Umeh, 527 Fed. App'x at 63. For a case upholding a conviction under 21 U.S.C. § 960 (production of illegal drugs for importation to the U.S.), see United States v. Garcia, ___ Fed. App'x ___, 2013 WL 5225395 (11th Cir. 2013).

② Umeh, 527 Fed. App'x at 63 – 64 [citing United States v. Alvarez – Machain, 504 U.S. 655, 662 (1992)].

③ 726 F.3d 880 (7th Cir. 2013), cert. denied, Stokes v. United States, 2013 WL 5845262 (U.S. Dec. 2, 2013).

④ 18 U.S.C.A. § 2423(c) (2013).

⑤ Id. § 2423(b). 2002年的一项修正将该款适用于“任何非法性行为”,并将其刑罚提高到30年监禁。

引渡国可以放弃该原则,而泰国确实在该案中放弃了。法院同时驳回了被告的其他抗辩,即该法违反了对外商业条款,以及该法将"纯粹的思想"规定为犯罪。[①]

被告还根据第四修正案对搜查其泰国居所的行为提出了抗辩。法院认为,该搜查行动是美国和泰国执法机构的联合行动,认为第四修正案"原则上"适用于此类联合行动。但是第四修正案规定的授权要求以及对授权条款的扩展,都不适用于美国特工在境外的搜查行动。相反,此类搜查应遵循第四修正案的合理性原则。法院认为,该项搜查是以合理方式进行的。[②]

(八)版权法

在 Kirtsaeng 诉 John Wiley & Sons, Inc. 案[③]中,最高法院解决了各联邦巡回法院之间的一个分歧,认为版权法中规定的"首先销售"(first sale)原则也适用于在国外合法复制并在国外首先销售的作品。"首先销售"原则是对版权法第106(3)条所规定的版权人排他性权利的一项限制。[④] 该法第109(a)条将"首先销售"原则定义为"尽管有第106(3)条的规定",特定复制品的拥有人"*根据本条进行合法复制的*",有权在未经版权人同意的前提下销售或处置该复制品。[⑤]

Kirtsaeng 案所涉问题是,上面斜体字强调的用语的含义到底是指(1)在美国境内合法复制还是(2)在任何地方合法复制。在一份由 Breyer 撰写的以6:3做出的意见书中,最高法院采用了第二种观点,认为版权作品(即经过版权人允许的)如果是在境外复制并在境外首先

---

① In United States v. Lunsford, 725 F.3d 859 (8th Cir. 2013),法院认为《性罪犯登记和通知法》并未要求被判刑的性犯罪者(1)在菲律宾登记,他在被判刑后移居那里,因为该法并不适用于域外;或者(2)通知密苏里州当局,在他前往菲律宾之前一直住在那里,因为密苏里州不再是他的住所地。

② For a similar holding regarding evidence collected in a search in the United Kingdom, see United States v. Vilar, 729 F.3d 62, 85 - 86 (2d Cir. 2013).

③ 133 S. Ct. 1351 (U.S. 2013). For in depth discussion of this case, see Note, Copyright Act of 1976 - First Sale Doctrine - Kirtsaeng v. John Wiley & Sons, Inc., 127 HARV. L. REV. 348 (2013).

④ See 17 U.S.C. § 106(3) (2013).

⑤ Id. § 109(a) (emphasis added).

销售,该作品的买方可以在美国境内销售该作品。

原告(John Wiley & Sons. Inc.)是一家美国学术教科书出版商,授权一家亚洲出版商在美国境外复印并销售某些教科书。被告(Kirtsaeng)是留美泰国人,在泰国购买了这些书籍并在美国销售。地区法院认为,Kirtsaeng侵犯了原告的版权并不得援引"首先销售"原则作为抗辩,因为"首先销售"原则并不适用于在境外出版的图书,即使获得了版权人的允许也不例外。第二巡回法院维持了该裁定,而最高法院推翻了该裁定。

最高法院的理由是,第109(a)条的语言以及"首先销售"原则的普通法历史都没有任何地理上的限制。该用语"合法制作"意味着"经过版权人的允许而制作"。而"根据本条款"这一用语并不意味着"只要该条款可用",而是"依照本条款"——也就是说按照本条款(美国版权法)的规定。这并不意味着,未经授权的图书在境外被复制就可以在美国销售,从而使得版权人不受保护。实际上,该法其他条款明确规定了此种保护。但在本案中,这些图书已经被授权,因为版权人John Wiley & Sons.,Inc.公司已经将该权利授予外国出版商,尽管禁止其在美国销售。因此,该图书是"依照本法合法制作"的图书,因为它们是经过版权人许可而制作的,即使它们是在外国制作。确实,合同禁止其在美国销售,这对外国出版商有约束力,但对于从外国出版商那里购买图书的任何其他人却没有约束力。基于"首先销售"原则,该购买者有权将该书再次销售到任何地点,包括美国。

(九)兰哈姆法(商标)

Fed. Treasury Enter. Sojuzplodoimport诉SPI Spirits Ltd.案①涉及一项有关"Stolichnaya"的美国商标所有权争端,Stolichnaya是一种原产于前苏联的著名伏特加品牌。该争端一方当事人是FTE,一家俄罗斯政府控股的公司,另一方是一家俄罗斯公司,该公司在苏联解体后不久获得了该美国商标,但是其所有权随后被一家俄罗斯法院宣告为无效。FTE在联邦地区法院根据《兰哈姆法》起诉该公司侵犯商标权,认为根据俄罗斯法律,FTE是美国商标的唯一合法所有人。第二巡回法

① 726 F.3d 62 (2d Cir. 2013), petition for cert. filed (Dec. 4, 2013).

院裁决认为,尽管俄罗斯法律决定谁拥有商标,但美国法律决定谁有权根据《兰哈姆法》提起一项侵权诉讼。该法规定,只有商标登记人有权提起一项侵权诉讼,[①]并将“登记人”定义为包括登记人的“法定代理人……和受让人”。[②] 法院认为,FTE 并非登记人或者受让人,因此无权提起一项侵权诉讼。[③]

(十)外交事务优先权

在 2009 年 Von Saher 诉 Norton Simon Museum of Art at Pasadena 案[④]中,第九巡回法院认为,加州将其诉讼时效法扩张适用于“1929 年到 1945 年纳粹迫害时期被没收的……大屠杀时代艺术品”的做法是违宪的,是对联邦政府外交权力的干涉。因此,加州立法应当根据外交优先权理论被废除。

在 Von Saher 案之后,加州颁布了一项新的规定,对于起诉“博物馆、艺术馆、拍卖行或交易商”以追讨在过去 100 年内被盗或被转移的“艺术品”的诉讼设置了一个 6 年的诉讼时效期间。[⑤] Cassirer 诉 Thyssen – Bornemisza Collection Found 案[⑥]就涉及这项新法规。一幅 Pissarro 绘画作品在 1939 年被纳粹占有,其原主人的继承人起诉一家西班牙博物馆,该博物馆于 1976 年购买了该画。原告的诉讼按照新的

① 15 U. S. C. A. § 1114(1) (2013).

② Id. § 1127.

③ For a case involving patent infringement, see Power Integrations, Inc. v. Fairchild Semiconductor Int'l., Inc., 711 F. 3d 1348 (Fed. Cir. 2013), reh'g and reh'g en banc denied (May 28, 2013), petition for cert. filed (Aug. 23, 2013) (noting that United States patent law does not operate extraterritorially to prohibit infringement abroad, and even indirect infringement, which can encompass conduct occurring elsewhere, requires underlying direct infringement in the United States).

④ 578 F. 3d 1016 (9th Cir. 2009), as amended in 592 F. 3d 954 (9th Cir. 2010), cert. denied, 131 S. Ct. 3055 (U. S. 2011) (discussed in Symeonides, 2009 Survey, 292 – 293).

⑤ CAL. CODE CIV. PROC. § 338(c)(3) (2013). The six – year period begins from the claimant's actual discovery of the whereabouts of the stolen or taken artwork and other information necessary for pursuing the claim.

⑥ 737 F. 3d 613, 2013 WL 6403082 (9th Cir. 2013).

6年诉讼时效仍然在合理期间内,但按照加州的普通3年诉讼时效则已过期。地区法院驳回了该诉讼,认为新的诉讼时效对应的是被Von Saher案判为违宪的立法,因此已经被废除。

第九巡回法院不同意该观点,认为新的时效并不仅限于大屠杀时期艺术作品,而是适用于"任何"过去100年内被盗的艺术作品。它适用于"表面上与外交事务无关的一类艺术作品"并且"不要求该诉讼是因战争期间的损害而提起,或因其他任何可能牵涉联邦政府外交事务权力的特定来源而引起"。[①] 法院认为,新诉讼时效并未被取消,要求地区法院重审该案以确定新诉讼时效的溯及适用是否会导致违反正当程序而剥夺博物馆的财产。

在2012年Movsesian诉Victoria Versicherung AG案[②]中,第九巡回法院认为,加州将诉讼时效扩展适用于因1915~1923年亚美尼亚大屠杀受害者人身保险单而引发的诉讼侵犯了联邦政府的外交事务权力,因此应当被撤销。2013年,第九巡回法院审理了另一起涉及亚美尼亚大屠杀受害者和诉讼时效的案件,即Deirmenjian诉Deutsche Bank AG案[③]。但是这一次,判决不是根据外交事务优先权而作出。Deirmenjian案是一起推定的集团诉讼,原告是一批具有亚美尼亚血统的加州人,被告是几家在土耳其营业的银行。原告声称,该银行在亚美尼亚大屠杀之后扣留了原告账户中的金钱。土耳其的10年除斥期间禁止该诉讼,但是加州《民事诉讼法典》第348条规定,对于"因追讨存放在银行的金钱或其他财产而提起的诉讼","没有时效限制",[④]因此该诉讼根据该法仍然未过期。

第九巡回法院根据加州的比较损害方法来解决这一冲突问题,认为土耳其法律应予适用,该诉讼应被禁止。法院认为,加州对于适用其法律以便为居住在加州的侵权受害者提供救济具有利益,"即使在导

---

① Id. at ___ *4.

② 670 F. 3d 1067 (9th Cir. 2012), cert. denied, Arzoumanian v. Munchener Ruckversicherungs - Gesellschaft Aktiengesellschaft AG, 133 S. Ct. 2795 (U. S. 2013).

③ ___ Fed. App'x ___, 2013 WL 6407025 (9th Cir. 2013).

④ CAL. CODE CIV. PROC. § 348 (2013).

致伤害的行为发生在加州境外亦然",而土耳其对于"限制其境内营业的公司的责任"也具有利益。[①] 然而,根据另一起涉及越南移民的第九巡回法院判例,法院解释说,加州的利益并不具有足够的"实质性",因为"这些加州居民寻求从外国银行追回银行资产,而这些居民将该资产存入银行时还居住在国外并且在此后才移居到加州"。[②] 相反,"考虑到法院长期以来表示出来的对外国管制行为的尊重,……土耳其对于适用其法律管制其境内行为、对于阻止挑选法院以及对于管制针对在其境内营业的公司提起的诉讼都具有利益,而且该利益超过了加州所拥有的利益。"[③]

八、移民

联邦法院继续对反对无证外国人的州法进行打击。Arizona 诉 Inter Tribal Council of Ariz, Inc. 案[④]是近两年来联邦最高法院第二起针对亚利桑那州此类法律的判例。在 2012 年的 Arizona 诉 United States 案[⑤]中,最高法院认为,联邦法律优先于亚利桑那州法律的三个条款:(1)将未遵守联邦外国人登记要求的行为视为州法上的轻微罪行;(2)将未经批准的外国人在亚利桑那州就业视为轻微罪行;(3)授权州和地方官员不经批准即可逮捕被怀疑从事任何犯罪行为的人,只要该罪行可能使该人逃离美国。

Inter Tribal Council 案涉及另一项亚利桑那州法律,该法要求选民在登记选民时提供国籍证明并在投票时提供身份证。最高法院认为,该项法律也违反了联邦法律,即 1993 年《全国选民登记法》。该法是

① Deirmenjian, ___ Fed. App'x at ___, 2013 WL 6407025, at *2.

② Id. at ___ *3 [citing Huynh v. Chase Manhattan Bank, 465 F.3d 992, 1002 (9th Cir. 2006)]. For another case involving a Vietnamese immigrant's unsuccessful attempt to recover funds deposited in a Saigon bank before the collapse of South Vietnam, see Chau Kieu Nguyen v. JP Morgan Chase Bank, NA, 709 F.3d 1342 (11th Cir. 2013), cert. denied, 134 S. Ct. 111 (U.S. 2013).

③ Deirmenjian, ___ Fed. App'x at ___, 2013 WL 6407025, at ___ *3.

④ 133 S. Ct. 2247 (U.S. 2013).

⑤ 132 S. Ct. 2492 (U.S. 2012).

根据美国宪法第 1 条第 4 款第 1 项的选举条款的授权而制定的,其中要求各州"接受并采用"一个统一的联邦表格来对联邦选举的选民进行登记。联邦表格只要求申请人声明其属于美国公民,并承诺伪证处罚。亚利桑那州法律则要求选民登记官员"拒绝"任何没有附上书面国籍证明的登记申请,包括联邦表格,该表格并不附有一份书面国籍证明。法院认为,亚利桑那州法律要求提供联邦表格并不要求的国籍证明,与《全国选民登记法》不一致,因而应当被该法废除,该法要求各州"接受并采用"联邦表格。①

在 Valle del Sol Inc. 诉 Whiting 案②中,第九巡回法院维持了一项预先禁令,禁止执行另一项亚利桑那州法律,该法律规定,"运送或转移或者试图运送或转移一位外国人到亚利桑那州,以便该外国人非法进入美国"属于违法行为。③ 法院认为,原告诉讼请求的事实很有说服力,即联邦移民法无论是在适用领域还是在发生冲突时都优先于亚利桑那州法律。④

在 United States 诉 South Carolina 案⑤中,第四巡回法院以类似的优先权理由维持了另一项禁令,推翻了一项南卡罗来纳州的法律。该法除了宣布藏匿非法外国人的行为属于犯罪行为之外,还将非法外国人隐瞒、躲避和藏匿以避免被查出的行为以及任何外国人不持有外国人登记卡的行为都宣布为重罪。法院注意到该法实质上"将非法居留视为犯罪,是一种明显违反联邦法律的做法",而联邦法律把这种情况

---

① For a full discussion of this case, see Samuel Issacharoff, Beyond the Discrimination Model on Voting, 127 HARV. L. REV. 95 (2013); Note, Elections Clause—Federal Preemption of State Law—Federal Voter Registration—Arizona v. Inter Tribal Council of Ariz., Inc., 127 HARV. L. REV. 198 (2013).

② 732 F. 3d 1006 (9th Cir. 2013).

③ ARIZ. REV. STAT. ANN, § 13 - 2929 (2013).

④ In Lopez - Valenzuela v. Cnty. of Maricopa, 719 F. 3d 1054 (9th Cir. 2013), a different panel of the Ninth Circuit held that federal law did not preempt an Arizona constitutional provision and implementing statute that prohibited state courts from setting bail for detainees who were in the United States illegally.

⑤ 720 F. 3d 518 (4th Cir. 2013).

作为民事事件处理,①因此法院认为:

我们很难想象,一个非法居留的外国人,如果要过上普通的日常生活的话,如何才能避免违反该项法律。简单地待在自己的房间里将会被视为试图"躲避"检查。在工作结束之后乘坐公共汽车或驾车回家将会被视为"运送"自己到藏匿地以躲避检查。这些条款的范围如此宽泛,违反了Arizona诉United States案确立的规则,即非法居留不是犯罪行为。②

在State诉Sarrabea案③中,路易斯安那州最高法院认为,联邦移民法优先于一项路易斯安那州法律,该法律规定,外国学生或非定居的外国人在路易斯安那州驾车而没有携带能够证明他们在美国合法居留的文件的,属于重罪。法院认为,在亚利桑那州将没有证明文件而居留予以定罪的法律和路易斯安那州将没有证件而驾车予以定罪的法律之间没有多大区别。二者都被联邦法律排除,联邦法律不允许各州将不携带登记证书的行为作为犯罪对待。④

最后,在Staff Mgmt.诉Jimenez案⑤中,爱荷华州最高法院认为,没有身份证明的外国人可以根据爱荷华州劳工赔偿法接受康复期补贴。法院认为,尽管《联邦移民改革和管制法》禁止雇佣无身份证明的劳工,但它并不使这种雇佣合同无效或作废,它也不禁止支付康复期补贴。法院解释说,《联邦移民改革和管制法》的目的是禁止雇佣无身份证明的劳工,而不是减少对他们的劳动保护。如果使劳动合同无效,将会鼓励雇主雇佣无身份证明的劳工而不用向受伤的劳工支付补贴,从

---

① 720 F. 3d 530(4th Cir. 2013).

② 720 F. 3d 529(4th Cir. 2013). In Lozano v. City of Hazleton, 724 F. 3d 297 (3d Cir. 2013), petition for cert. filed, Oct. 24, 2013, the Third Circuit held that federal immigration law preempted a city ordinances regulating the employment of unauthorized aliens and the provision of rental housing to them within the city limits.

③ ___ So. 3d ___, 2013 WL 5788888 (La. 2013).

④ Two more Louisiana cases involving the same issue have reached the same result. See State v. Martinez, 124 So. 3d 638 (La. Ct. App. 2013); State v. Osbaldo, 124 So. 3d 640 (La. Ct. App. 2013).

⑤ 839 N. W. 2d 640 (Iowa 2013).

而破坏了《联邦移民改革和管制法》。

九、婚姻保卫法(DOMA)

在 United States 诉 Windsor 案①中,美国最高法院根据第五修正案认为《婚姻保卫法》第3条违宪。第3条是《婚姻保卫法》的纵向条款,它从联邦法的目的将婚姻定义为"只是一个男人和一个女人之间作为丈夫和妻子的一种法律结合"。② Windsor 案并不涉及第2条,它是《婚姻保卫法》的横向条款,它规定各州没有义务对于姊妹州承认同性婚

---

① 133 S. Ct. 2675 (U.S. 2013). W. Burlette Carter, The "Federal Law of Marriage": Deference, Deviation, and DOMA, 21 AM. U. J. GENDER SOC. POL'Y & L. 705 (2013); Benjamin P. Edwards, Welcoming a Post – DOMA World: Same – sex Spousal Petitions and Other Post – Windsor Immigration Implications, 47 Fam. L. Q. 173 (2013); Anthony C. Infanti, The Moonscape of Tax Equality: Windsor and Beyond, 108 NW. U. L. REV. COLLOQUY 110 (2013); Courtney G. Joslin, Windsor, Federalism, and Family Equality, 113 COLUM. L. REV. SIDEBAR 156 (2013); Michael J. Klarman, Windsor and Brown: Marriage Equality and Racial Equality, 127 HARV. L. REV. 127 (2013); Andrew Koppelman, Why Scalia Should Have Voted to Overturn DOMA, 108 NW. U. L. REV. COLLOQUY 131 (2013); Douglas Nejaime, Windsor's Right to Marry, 123 YALE L. J. ONLINE 219 (2013); Meg Penrose, Something to (Lex Loci) Celebrationis?: Federal Marriage Benefits Following United States v. Windsor, 41 HASTINGS CONST. L. Q. 41 (2013); Susannah W. Pollvogt, Windsor, Animus, and the Future of Marriage Equality, 113 COLUM. L. REV. SIDEBAR 204 (2013); Kathleen Tipler, Obama Administration's Non – defense of DOMA and Executive Duty to Represent, 73 MD. L. REV. 287 (2013); Elizabeth B. Wydra, Reading the Opinions – and the Tea Leaves – in United States v. Windsor, 2013 CATO SUP. CT. REV. 95 (2013); Ernest A. Young & Erin C. Blondel, Federalism, Liberty, and Equality in United States v. Windsor, 2013 CATO SUP. CT. REV. 117 (2013); Howard M. Zaritsky, Estate Planning Implications of the Supreme Court's DOMA Decision, 40 EST. PLAN. 12 (2013).

② Pub. L. No. 104 – 199, § 3(a), 110 Stat. 2419 (1996) (codified as 1 U.S.C. § 7) ("在确定任何国会立法或任何美国行政机关及其代理者颁布的任何规则、条例或解释的含义时,'婚姻'这一用语仅意味着一个男人和一个女人作为丈夫和妻子的一种法律结合,'配偶'一词仅指作为丈夫或妻子的一位异性人").

姻或结合的法律或判决给予充分诚信。①

由Kennedy大法官撰写的有5位成员支持的多数意见书相比下级法院的论证丰富的意见书来说显得逊色不少,该下级法院意见书虽然得出了相同的结论,但提供了更专业的理由证明了《婚姻保卫法》违宪。② 法院一开始指出,“从历史和传统上,对婚姻的定义和管理……一直被视为各个州的管辖权限之内”,但同时又指出,国会“可以对夫妻间的权利和特权做出规定”。③ 对于《婚姻保卫法》问题,法院认为,该法“否决了长期以来所建立起来的规则,即婚姻相关的权利、利益和义务对于各州境内的所有已婚夫妻而言都是统一的,尽管在各个州之间,在宪法的保证范围内,它们会有所不同。”④

这种“联邦对各州权力的干涉”可以从联邦主义基础上导致《婚姻保卫法》违宪,但是法院认为,没有“必要”依照该理由裁决该案,因为“各州定义婚姻关系的权利在本案中具有核心意义而无须借助于联邦

---

① See id. § 2 (codified as 28 U. S. C. § 1738C) (“美国的任何州、属地或领地,或印第安部落,都不得被要求给予任何外国国家、属地和领地或部落的涉及同性之间关系并依照该地法律被视为婚姻的公共法令、档案或司法程序,或者因该关系而产生的权利或亲情,以法律效力”).

② See Windsor v. United States, 699 F. 3d 169 (2d Cir. 2012) (discussed in Symeonides, 2012 Survey, 287 - 288); see also Massachusetts v. U. S. Dep't. of Health and Human Servs., 682 F. 3d 1 (1st Cir. 2012) (discussed in Symeonides, 2012 Survey, 285 - 287).

③ Windsor, 133 S. Ct. at 2689 - 2690. 根据该原则,法院认为在Hillman v. Maretta, 133 S. Ct. 1943 (U. S. 2013)案中,《联邦雇员集体人寿保险法》取代了弗吉尼亚州一项相反的立法。《联邦雇员集体人寿保险法》规定,被保险的联邦雇员死亡后,其保险利益应支付给该雇员生前以特别格式指定的受益人。该弗吉尼亚州法律则规定,如果被指定的受益人是雇员配偶,如果此后离婚的,则该指定无效,即使该雇员未能改变受益人。Hillman案中正好出现了这种情况。法院认为,“婚姻关系的管理传统上属于州法范围”,而存在“一项婚姻关系上反对州法优先权的推定”,而且“在宪法至上条款宣布该法被废除之前,家庭法和家庭财产法必须对联邦利益产生重大的明确而实质性损害”。Id. at 1950. 但是,“家庭法并非完全被排除在联邦优先权原则之外”,并且“调整婚姻关系经济利益的州法……必须让位于明显相冲突的联邦法律。” Id. 法院认为本案涉及明显相冲突的联邦和州法律。

④ Windsor, 133 S. Ct. at 2692.

主义原则”。[①] 一个州决定给予某一类人结婚的权利“赋予了他们一种尊严和极为重要的地位”,[②]而《婚姻保卫法》“以相反的目的来使用这种由各州定义的分类——限制和剥夺——并伤害各州试图保护的同一类人。”[③]这样一来,根据第五修正案,《婚姻保卫法》就“违反了适用于联邦政府的基本的正当程序和平等保护原则”。[④]《婚姻保卫法》“非同寻常地背离了这种传统,即承认和接受各州对婚姻的定义……试图剥夺同性夫妻的利益和责任,而这种利益和责任与他们的婚姻在联邦范围内的承认息息相关。”[⑤]《婚姻保卫法》的主要影响在于“试图识别出一小部分需要由各州核准的婚姻并使它们不平等”,它的主要目的在于“制造不平等”。[⑥] 它“挑选出一类人,他们被某个州认为无权得到承认和保护”并“拒绝承认他们拥有一种被各州认为体面而高贵的身份”从而“剥夺他们的能力”并且“将那些人视为生活在一种不被他人尊重的婚姻关系当中”。[⑦]

出于这些理由,法院认为:“《婚姻保卫法》剥夺了受到第五修正案正当程序条款保护的个人自由,该条款要求禁止剥夺任何人获得法律平等保护的权利”。[⑧]

在该意见书的倒数第二句,法院指出,“本意见书及其观点仅限于那些合法的婚姻”,也就是那些根据各州法律合法的婚姻。[⑨] 其中的负面含义就是,该意见书并不能用来推翻那些禁止同性婚姻的州法。Scalia大法官在其不同意见书中表达了深深的怀疑,认为“其他鞋子”的落地只是时间问题。[⑩] 他认为,多数意见书“不可避免地”将会“对于

---

① Windsor, 133 S. Ct. at 2692.

② Id.

③ Id.

④ Windsor, 133 S. Ct. at 2693.

⑤ Id.

⑥ Id. at 2694.

⑦ Id. at 2695 - 2696.

⑧ Id. at 2695.

⑨ Id. at 2696.

⑩ Id. at 2710 (Scalia, J., dissenting).

那些拒绝同性婚姻法律地位的州法得出同样的结论”。[①] Scalia 指出,多数意见书正式“宣布任何反对同性婚姻的人都是人类体面的敌人”,从而给那些反对各州限制同性婚姻法律的人提供了很好的武器。[②] Scalia 预测说,一家法院如果“认为国会不合理且充满憎恨地剥夺同性夫妻的‘人格’和‘尊严’”,将肯定也会“同样地被各州立法者不合理且充满憎恨地不承认前面提到的那种‘人格’和‘尊严’”。[③]

Scalia 大法官还提到了“由于缺乏一个统一的关于婚姻的联邦定义而导致的法律选择难题”。[④] 他假设了以下情况:

假设两个女人在 Albany(纽约)结婚并随后依据亚拉巴马州,该州并不承认任何同性之间的婚姻有效。当该夫妻要求下一期联邦税收返还时,应当被视为一个整体吗? 从联邦法的角度,应适用哪一州的法律:他们的婚姻举行地州(该州承认其婚姻)还是住所地州(该州不承认该婚姻)? (答案是否取决于他们是否正好在 Albany 旅游?)这些问题是否应被作为联邦普通法来解决,或者需要借助于某个州的法律选择规则? 如果是,哪一州?[⑤]

在其不同意见书中,Roberts 大法官认为,多数意见书“不可否认地”建立在“联邦主义”基础之上,因为其“核心话题”是联邦政府对于州婚姻法领域的干预。[⑥] Alito 大法官在其不同意见书中则指出,《婚姻保卫法》第 3 条并不侵犯州的职权,因为该条“并不阻止各州承认同性婚姻或者向同性夫妻提供州法上的任何权利、特权、利益或义务”,而只是“确定了某一类别的人,联邦法律对他们扩展了一些特别利益并对他们施加了一些特别限制”。[⑦]

① Windsor, 133 S. Ct. at 2709.
② Id. at 2710.
③ Id.
④ Windsor, 133 S. Ct. at 2708.
⑤ Id.
⑥ Id. at 2697 (Roberts, C. J. , dissenting).
⑦ Id. at 2720 (Alito, J. , dissenting).

在 Windsor 案之后,加州、新泽西州、新墨西哥州和犹他州法院[①]都宣布该州禁止同性婚姻的法律违宪,而特拉华、夏威夷、伊利诺伊州、明尼苏达州和罗德群岛的立法者投票使得同性婚姻合法化。因此,到2013年底,有18个州及哥伦比亚特区已经使同性婚姻合法化,[②]而仍有32个州继续禁止同性婚姻。

十、婚姻财产制

Roberts 诉 Locke 案[③]涉及一对夫妻在一个州离婚而在另一个州拥有财产的普通情节,以及同样普通的神话,即离婚法院对于裁决夫妻对外州不动产的各自权利却没有管辖权。确实,一家法院对于变更外州不动产的权利没有直接的对物管辖权。[④] 但是,同样真实的是,如果一家法院对于夫妻双方拥有属人管辖权,该法院就可以裁决他们对于外州不动产的相应权利,而且如果需要的话,可以命令他们进行必要的财产转让。[⑤] 正如怀俄明州最高法院所言:

一百多年来,人们已经确立了白纸黑字的规则,即一家法院对于位于该法院之外州的不动产的权利无权进行直接确定和施加影响。然

---

① See Perry v. Brown, 725 F.3d 968 (9th Cir. 2013); Perry v. Brown, 725 F.3d 1140 (9th Cir. 2013); Garden State Equality v. Dow, 79 A.3d 1036 (N.J. 2013); Griego v. Oliver, ___ P.3d ___, 2013 WL 6670704 (N.M. Dec. 19, 2013); Kitchen v. Herbert, ___ F. Supp. 2d ___, 2013 WL 6697874 (D. Utah. Dec. 20, 2013), stay denied, Kitchen v. Herbert, 2013 WL 6834634 (D. Utah, Dec. 23, 2013). An appeal is expected in the last case.

② In addition to the states listed in the text, the following states had previously legalized same – sex marriages: Massachusetts (2004), Connecticut (2008), Iowa (2009), Vermont (2009), New Hampshire (2010), New York (2011), Maine (2012), Washington (2012), and Maryland (2013).

③ 304 P.3d 116 (Wyo. 2013).

④ See Fall v. Eastin, 215 U.S. 1 (1909).

⑤ In Aurelio v. Camacho, 2012 MP 21, 2012 WL 6738437 (N. Mariana I. Dec. 31, 2012),北马里亚纳群岛最高法院认为:(1)对一位违反了北马里亚纳群岛劳工法的菲律宾公民有属人管辖权的下级法院也有管辖权命令她向其北马里亚纳群岛雇员转让财产;(2)北马里亚纳群岛的住宅法规定联排别墅不被债权人扣押,该法不能域外适用;(3)联排别墅的出售必须遵守菲律宾法律,该法不允许非菲律宾公民拥有菲律宾不动产。

而,同样明确的是,对于一个人具有管辖权的衡平法院可以直接针对该人的域外不动产采取行动,包括要求该人以特定方式对该财产采取措施或停止采取措施……在离婚诉讼中,对于当事人拥有属人管辖权的怀俄明州法院可以命令夫妻中的一人将其对于不动产的利益转让给另一人,即使该财产位于另一国家也不例外。①

在Roberts案中,所涉财产是位于哥斯达黎加的一块海滨土地和公寓。怀俄明州法院要求离婚夫妻出售该财产,偿付婚姻债务,然后再分割财产。妻子并未对该命令提出上诉,但是她妨碍或阻挠任何出售该房产的努力。法院认为她藐视法庭。她对藐视法庭的命令提出上诉,认为根据哥斯达黎加民事诉讼法典,哥斯达黎加法院对于"裁决与位于该地的动产或不动产的所有权或其他权利有关的纠纷"拥有排他管辖权。② 据此,她认为怀俄明州法院没有管辖权作出任何涉及哥斯达黎加财产的判决。怀俄明州最高法院指出,该妻子没有正确举证哥斯达黎加法律,并正确指出:

即使(该妻子的)有关哥斯达黎加法律的陈述是正确的,我们也看不出这些条款与怀俄明州的规则有什么不同,该规则规定,该州法院有权作出一项裁决以确定或直接影响位于其他州或外国的不动产的权利。我们看不出为什么哥斯达黎加法律的这些条款会导致怀俄明州要求本州境内的离婚当事人转让其外国财产以便实现其婚姻财产的公平分配的命令无效。③

法院同时指出,该妻子的态度与其早先的态度不一致,当时她曾要求离婚法院将哥斯达黎加的财产分配给她。法院支持了该项藐视法庭的命令并同时要求该妻子根据一项法院规则支付丈夫的费用和律师费,该项规则允许支付该费用,"只要一项上诉状缺乏令人信服的理由

① Roberts, 304 P.3d at 120.

② Id.

③ Id. at 120 - 121.

且没有充分的权威以支持一项过错请求。”①

十一、儿童监护与扶养

1980 年《海牙关于国际儿童诱拐的民事事项的公约》第 1 条要求每一缔约国：

(a)确保被错误转移或滞留在其他缔约国的儿童迅速返还；并

(b)确保根据缔约国法律取得的监护权和探视权在其他缔约国得到有效尊重。②

该公约第 3 条规定，对儿童的返还或滞留是“错误的”，只要：

(a)违反了儿童被转移或滞留前经常居所地国法律所规定的……监护权；且

(b)在转移或滞留时该权利实际上被行使……或者假如在没有转移或滞留的情况下本来会被行使。③

在 Chafin 诉 Chafin 案④中，亚拉巴马州的联邦地区法院认为，儿童的经常居所地国在苏格兰，并同意了母亲将儿童返还到苏格兰的请求。该母亲返回苏格兰并获得了临时监护权和一项临时禁令，禁止其父亲将该儿童从苏格兰转移。该父亲对地区法院的命令提起上诉，但第十一巡回法院驳回了该上诉，理由是：既然儿童已经被带回到一个外国，美国法院就没有权力提供救济了。

最高法院推翻了该裁决并发回重审，认为该案并非无意义，因为该父亲曾寻求推翻地区法院作出的认为该儿童经常居所地位于苏格兰的

① Id. at 122. For other cases involving marital property conflicts, see Tener v. Short Carter Morris, LLP, 2013 WL 4007802 (Tex. App. Aug. 6, 2013) (discussed supra at V. 7); In re Marriage of Wright, 2013 WL 6633957 (Wash. Ct. App. Dec. 16, 2013) (applying Washington law in distributing goodwill of a Washington husband's Alaska surgical practice); Davis v. Gravois, 125 So. 3d 541 (La. Ct. App. 2013) (applying Michigan law to retroactively divide husband's military pension, but also applying Louisiana prescription law, barring claims for pension payments older than ten years).

② Convention of 25 October 1980 on the Civil Aspects of International Child Abduction, art. 1.

③ Id. art. 2.

④ 133 S. Ct. 1017 (U.S. 2013).

裁决,并要求发布命令将该儿童返还到美国。法院认为,假设地区法院无权根据该公约发布一项再返还命令,那么该项救济是否还会有效的问题只是一个事实问题,并非无实际意义,而且该父亲获得成功的前景与是否有实际意义的调查无关。即使苏格兰会否决一项再返还命令,该案也不会毫无意义,因为美国法院会继续对母亲拥有属人管辖权并且可以要求她归还该儿童,否则将给予制裁。如果母亲选择藐视该命令,则该命令的执行可能会不确定,但是该不确定性并不必然导致案件无意义。根据再审要求,第七巡回法院维持了地区法院的判决,支持了该母亲的请求。[①]

Redmond 诉 Redmond 案[②]同样涉及儿童"经常居所地"的确定,[③]以及对他的转移或滞留根据海牙公约是否属于"错误"。该儿童的母亲是一位美国人,其父亲是爱尔兰人,双方未结婚(他们的共同姓氏是一个偶然),但长期同居。该儿童出生后前 8 个月与父母一起在爱尔兰生活,2007 年被其目前带到美国伊利诺伊州。当时其父亲根据爱尔兰法律并无监护权,因为在爱尔兰未婚父母在法律上并不被承认为父母。

3 年半后,即 2011 年,一家爱尔兰法院同意的父亲的监护请求和该儿童的共同监护权,并命令该儿童继续待在爱尔兰。该母亲参与了该诉讼并将该儿童带在身边。法院允许她将儿童带回伊利诺伊州以准备将其送回爱尔兰,但条件是她必须宣誓承诺在固定日期将该儿童带回来。该母亲和儿童返回伊利诺伊州后滞留在那里。8 个月后,父亲在伊利诺伊州基于海牙公约提起一项请求,主张该母亲"错误地滞留"该儿童于美国,损害了他被爱尔兰法院承认的监护权。地区法院同意其请求并命令将儿童送还到爱尔兰。

第七巡回法院推翻了该裁定。法院认为:

---

① See Chafin v. Chafin, ___ F. 3d ___, 2013 WL 6654389, (11th Cir. Dec. 18, 2013).

② 724 F. 3d 729 (7th Cir. 2013), reh' g denied (Aug. 29, 2013).

③ 该案对"经常居所"的概念进行了详细探讨。将住所区别与居所的精彩讨论,参见 Grange Ins. Co. of Michigan v. Lawrence, 835 N. W. 2d 363 (Mich. 2013) (holding that a minor child of divorced parents may only have one domicile, and that a child custody order conclusively establishes that domicile).

1. 2007年,当母亲带着孩子从爱尔兰回到伊利诺伊州时,她根据爱尔兰法律是唯一的法定监护人并拥有排他的权利以决定该儿童生活在何处;

2. 因此,她将儿童从爱尔兰带走的行为根据公约并非"错误";

3. 当2011年爱尔兰的监护命令做出时,该儿童已经固定生活在伊利诺伊州,该地已经成为他在公约上的"经常居所地";

4. 因为该儿童在经常居所地位于伊利诺伊州,根据公约第3条的规定,他回到伊利诺伊州并没有"违反儿童被转移或滞留之前的经常居所地法律所规定的……监护权"。

Easterbrook法官发布了一份质疑意见书,对整个案情表示遗憾并谴责了该母亲的不当行为。[①] 他还指出,尽管在该儿童出生时爱尔兰未授予该父亲监护权,但伊利诺伊州法律已经授予他某些监护权利。因此,根据伊利诺伊州法律,该母亲2007年将儿童带到伊利诺伊州的行为"可以被认为"是非法的。"而且,如果伊利诺伊州法律将该儿童在伊利诺伊州的居留视为非法,那么他在伊利诺伊州度过的时间怎么能够导致其获得伊利诺伊州的'经常居所'呢?"[②]

Johns诉Johns案[③]是一起根据阿肯色州的儿童扶养令在田纳西州

---

① Redmond, 724 F. 3d at 748 (Easterbrook, C. J., dubitante) ["该母亲不仅要受爱尔兰判决的约束,……而且还承诺遵守该判决。她的承诺是获得允许携带其孩子前往伊利诺伊州的实质要件她违背了其承诺并藐视了爱尔兰判决。爱尔兰认为她逃避司法(她对法庭的藐视是显然的),这也使得她很难在伊利诺伊州……获得法定监护权。她不仅仅是违反了一项有效司法命令和她自己的承诺,更关键的是她表示她不会遵守任何有利于该儿童父亲的命令。任何法律制度都不会允许'正面我赢,反面你输'的方法……她让自己成为了一个在任何州或国家都无法获得有利待遇的人。"].

② Id. at 749. For other child custody cases, see, e. g., In re NC, 294 P. 3d 866 (Wyo. 2013)(认为怀俄明州初级法院正确地根据《统一儿童监护管辖权和执行法》行使了紧急管辖权,因为该法院认为儿童在得州遭到母亲男友的虐待。但是初级法院突破了紧急管辖权的限制,因为法院的做法似乎是它拥有初始监护管辖权,尽管得州法院尚未放弃其正在行使的管辖权); In re Adoption of H. C. H., 304 P. 3d 1271 (Kan. 2013); Thompson v. Fairfax Cnty. Dep't. of Family Servs., 747 S. E. 2d 838 (Va. Ct. App. 2013); Ashkii v. Kayenta Family Court, ___ Am. Tribal Law ___, 2013 WL 5486806 (Navajo Aug. 19, 2013).

③ 2013 WL 6050939 (Tenn. Ct. App. Nov. 15, 2013).

执行儿童扶养拖欠费用的诉讼。该诉讼根据田纳西州的 10 年诉讼时效已经过期,但根据阿肯色州的时效尚未过期,阿肯色州法律规定,儿童扶养判决的执行没有时间限制。田纳西法院认为,该命令根据联邦《儿童扶养令充分诚信法》可以被执行,该法规定,在根据儿童扶养令执行抚养费的诉讼中,"法院可以适用法院地州或发布命令的法院所在地州的诉讼时效,以更长的那一个为准"。①

在 Adams - Smyrichinsky 诉 Smyrichinsky 案②中,肯塔基州一家法院认为,根据《统一州际家庭扶养法》(UIFSA),肯塔基州法律适用于一份印第安纳州儿童扶养令的修改,因为在此期间,所有当事人都移居到肯塔基州,印第安纳州法院已经放弃了管辖权,而肯塔基州成为"当事州",因为该命令在那里登记。③

十二、诉讼时效

按照一位发表不同意见的法官的说法,Precision Gear Co. 诉 Cont'l Motors, Inc. 案④是"一个经典的例证,它反映出,法院在试图解决被称为法律冲突的司法噩梦问题时经常陷入混乱而难以自拔。"⑤该案涉及一起因发生在俄克拉荷马州的致命的小型飞机坠毁事故而引起的赔偿纠纷,该事故因飞机引擎故障引起。引擎生产商在之前的一起亚拉巴马州的过错死亡诉讼中和受害者家庭达成了和解,随后在本案中起诉引擎中所使用的齿轮的生产商,要求其承担赔偿责任。

所争议的问题是应适用哪一诉讼时效,而该问题又取决于对赔偿请求的定性,是侵权还是准合同? 亚拉巴马州对于侵权赔偿诉讼规定了 2 年诉讼时效,而对于准合同赔偿请求规定了 6 年诉讼时效。亚拉

① 28 U. S. C. § 1738B(h) (2013) (emphasis added).

② ___ S. W. 3d ___, 2013 WL 6037306 (Ky. Ct. App. 2013).

③ Hussein - Scott v. Scott, 298 P. 3d 179 (Alaska 2013),该案涉及婚姻扶养,事件发生地为佛罗里达州,而法院地为阿拉斯加州。根据《统一州际家庭扶养法》阿拉斯加州最高法院认为佛罗里达州法律决定丈夫扶养义务的期限。

④ ___ So. 3d ___, 2013 WL 3481949 (Ala. 2013).

⑤ Id. at ___ * 7 (Murdock, J., dissenting) (quoting Forsyth v. Cessna Aircraft Co., 520 F. 2d 608, 609 (9th Cir. 1975)).

巴马州对于侵权采用侵权行为地法规则,对于合同采用合同缔结地法规则,而对于诉讼时效则采用传统上的识别方法,将其识别为程序问题,这导致诉讼时效应适用法院地法律,而本案中不存在例外情形。

初级法院认为,按照侵权行为地法规则,对于受害者和侵权人之间的过错死亡诉讼应适用俄克拉荷马州法律,而对于侵权人之间的损害赔偿分配问题到底是侵权还是准合同问题,也应适用俄克拉荷马州法律。由于俄克拉荷马州法律将本诉讼请求视为合同,初级法院认为该诉讼请求应适用亚拉巴马州的6年诉讼时效,根据该时效,该诉讼请求尚未过期。亚拉巴马州最高法院"同意初级法院的观点,即赔偿或补偿应适用侵权行为发生地州法律"。[①] 但是在审查了其他州的权威做法包括《第二次冲突法重述》之后,法院认为:"就诉讼时效而言,诉讼请求的识别应按照法院地法律",[②]而且俄克拉荷马州的识别是不恰当的。法院认为,由于亚拉巴马州法律将其识别为侵权,阿拉巴马州关于侵权的2年时效应予适用,从而禁止该诉讼。

持不同意见的法官表达了他的不同意见:

如果我们依靠另一州的法律来决定诉因的存在与否和该诉因的性质,我们如何能否定该法对于该诉因性质的规定呢——合同还是侵权?

既然已经确定本案应适用俄克拉荷马州实体法,我不明白在随后的分析中如何能够否定该法对于该诉因到底是由合同引起还是由侵权引起所作的规定呢?诉讼时效本身可能是程序性规则……但诉讼时效所决定的诉讼请求的性质问题则是典型的实体问题。由于我认为俄克拉荷马州法律将本案所涉的赔偿请求问题定性为合同请求(尤其是根据准合同理论),我必须认为亚拉巴马州的6年诉讼时效……应予适用。[③]

Midland funding, LLC诉Schlick案[④]是一起发生在信用卡公司和信用卡持有者之间的纠纷,该信用卡持有人账户发生违约。当该公司

---

① Id. at __ *3 (internal quotation marks omitted).

② Id. at ___ *4.

③ Id. at ___ *9 (Murdock, J., dissenting).

④ 2013 WL 6223571 (Minn. Ct. App. Dec. 2, 2013).

在明尼苏达州起诉该持卡人要求偿还该账户时,该债务人声称,由于信用卡协议中有一个新罕布什尔州法律选择条款,因此法院应适用新罕布什尔州法的 3 年诉讼时效,该时效禁止本案诉讼。一项明尼苏达州先例允许当事人明示选择外州诉讼时效。根据该先例,明尼苏达州法院驳回了该债务人的观点,认为法律选择条款中没有明示包括诉讼时效,因此明尼苏达州法院只能适用被选择州的实体法。该法院还认为,明尼苏达州的借用时效规则(该规则导致适用新罕布什尔州更短的诉讼时效)并不改变这一结果,因为该借用时效规则是在本案诉讼请求发生后才生效的,不能溯及既往。因此,本诉讼根据明尼苏达州的 6 年诉讼时效是有效的。①

在 Irby 诉 Novartis Pharm. Corp. 案②中,法律选择条款十分特别。它规定:"(1)原告未能发出警示、涉及缺陷、违反默示担保、疏忽和消费者欺诈诉讼请求等事项,适用弗吉尼亚州实体法;(2)新泽西州法律支配所有程序性或证据争议"。③ Irby 案是一起产品责任纠纷,原告是弗吉尼亚州居民,被告是新泽西州制药公司。当事人在纠纷发生后达成了上述条款,原告在新泽西州提起诉讼。

显然,原告的律师并不知道在 1973 年的 Heavner 诉 Uniroyal, Inc. 案④中,新泽西州最高法院就"否定了'诉讼时效通常属于程序法问题这一普通法上的规则',认为该规则'根本上不合逻辑且理由不充分'",⑤并适用了另一州的诉讼时效禁止了一起类似的产品责任诉讼。根据 Heavner 案的判决,Irby 案法官认为,弗吉尼亚州的诉讼时效应予适用,并驳回了该诉讼。"当事人要求适用新泽西州程序法的协议"并没有推翻新泽西州 40 年的司法先例,即适用诉因发生地州的诉讼时

① For a case finding inapplicable the forum's borrowing statute because the cause of action accrued within, rather than outside, the forum state, see Abel v. Austin, 411 S. W. 3d 728 (Ky. 2013).

② 2013 WL 2660947 (N. J. Super. Ct. App. Div. June 14, 2013).

③ Id. at *1 (emphasis added).

④ 305 A. 2d 412 (N. J. 1973).

⑤ Irby, 2013 WL 2660947, at *2 (quoting Heavner, 305 A. 2d at 415, 416).

效,只要案件不涉及新泽西州的实质利益。[①]

传统上,根据诉讼时效理由驳回一件诉讼被认为"不是从实体上"(not on the merits)驳回诉讼,因此它并不禁止当事人在另一个有更长诉讼时效的州另行起诉。这一原则在那些将诉讼时效识别为程序问题的法院地州首先受理的案件中被顽固坚持。相反,该原则所依赖的前提会遭到弱化,只要该州像新泽西州那样采取一种实体性识别方法。Newman 诉 Krintzman 案[②]值得一提,就是因为它背离了该原则,即使首先受理案件的法院地州纽约是一个继续对诉讼时效采用程序性识别的州,尽管该州在其他所有方面都是一个先驱者。

在 Newman 案中,开始的诉讼是在纽约州法院提起,该法院认为,纽约州的6年诉讼时效禁止该诉讼。[③] 原告于是在马萨诸塞州联邦地区法院就同一争议再次起诉,认为其诉讼请求受马萨诸塞州的20年诉讼时效支配。法院驳回了该观点,第一巡回法院维持了该裁定。法院的理由是,纽约法院根据诉讼时效驳回该诉讼是"从实体上"驳回诉讼,因此禁止原告在马萨诸塞州再次提起同一诉讼。法院援引了 Smith 诉 Russell Sage College 案,该案是纽约上诉法院1981年审理的一起家庭案件,法院在该案中指出:

诉讼时效尽管通常被认为是程序性的,从实践角度看也可以说是实体性的……因为它的介入就像救济那样经常,其引起的差别就像生

① Irby, 2013 WL 2660947, at *2 (quoting Heavner, 305 A.2d at 415, 416). For another case following New Jersey's substantive characterization and applying another state's statute of limitations, barring the action, see McHale v. Kelly, 527 Fed. App'x 149 (3d Cir. May 30, 2013) (decided under New Jersey conflicts law). For a case decided under Restatement (Second) § 142 and applying non – forum statute of limitations barring the action, see Lynch v. Stop & Shop Supermarket Co., LLC, 84 Mass. App. Ct. 1118 (Mass. App. Ct. Nov. 6, 2013).

② 723 F.3d 308 (1st Cir. 2013).

③ 在纽约初级法院,当事人只辩论了纽约的6年时效是否已经到期。原告的观点被驳回后,在上诉中声称他们的请求应该依照马萨诸塞州的20年时效。上诉法院维持了初级法院适用纽约6年时效的裁决而未提及原告要求适用马萨诸塞州诉讼时效的请求,上诉法院指出:"我们考虑到原告的其他主张但认为它们都是徒劳的。" Id. at 309 – 10。

或死对于权利的影响一样……依据它而驳回诉讼至少和依据实体问题禁止再次起诉非常类似,尤其是当驳回第一次诉讼的动议被作为简易判决而提起时,根据该简易判决,法院在当事人的控辩之外考虑当事人的意见。①

在 Chau Kieu Nguyen 诉 JP Morgan Chase Bank, NA 案②中,原告是一位前南越公民的女儿,在大通银行西贡分行存有金钱。1975 年 4 月 24 日,西贡被北越占领前 6 天,大通银行关闭了西贡分行而未通知其储户。2006 年 3 月 2 日,原告向大通银行纽约办公室去信要求支付其父亲在该银行账户中的存款。大通银行拒绝支付,声称其无法找出证明原告父亲银行账户的记录。2011 年 3 月 23 日,原告在佛罗里达州起诉大通银行,要求其偿付其信函中列明的款项。佛罗里达州的诉讼时效为 5 年,但法院认为,纽约的 6 年诉讼时效应予适用,因为比佛罗里达州拥有更为密切的联系。

原告主张,其诉讼仍在有效期内,因为 6 年的诉讼时效是从她向大通银行发出请求函时开始计算。根据纽约法律,当提出了请求时,诉讼时效并不开始计算,直到银行拒绝该请求时才开始,但是,如果不可能提出请求或提出请求不起作用时,也可以不提出该请求。此时,当诉因产生时才开始计算诉讼时效。大通银行则主张,本案中,鉴于关闭西贡银行的特殊情况,该请求是徒劳的。根据 1917 年俄国革命时期发生的一起先例,法院接受了大通银行的观点,认为"如果持有存款的外国分行已经不再营业,一项请求是徒劳的,因为向一家已经关闭的分行提出请求根本不可能也毫无意义。"③法院指出"本案中提出请求同样是徒劳的",而且"由于不需要提出请求……当大通银行违反其合同时就开始计算诉讼时效……也就是当西贡分行关闭之时,即 1975 年 4 月 24 日。"④因此,原告的诉讼已经过期。

---

① Smith v. Russell Sage College, 429 N. E. 2d 746, 750 (N. Y. 1981) (internal quotation marks omitted).

② 709 F. 3d 1342 (11th Cir. 2013), cert. denied, 134 S. Ct. 111 (U. S. 2013).

③ Id. at 1347.

④ Id. at 1347 - 47.

十三、判决

(一)外国判决

Naoko Ohno 诉 Yuko Yasuma 案[①]涉及两个问题:(1)一个新奇的问题,即承认和执行外国作出的针对教会的判决是否属于"国家行为"从而违反美国和加州宪法上的宗教自由条款;(2)一个普通的问题,即该判决是否违反了美国或加州的公共政策。第九巡回法院做出了一份内容详尽、说理充分的意见书,给出了否定的答案。

原告是日本公民,定居在日本,在日本法院获得了一份针对加州教会及其首席牧师的侵权判决,该牧师是加州居民。日本法院认为,该牧师从加州打电话给位于日本的原告,同时在该教会位于日本的职员的协助下,利用原告脆弱的心理条件,非法引诱她将其所有财产捐献给该教会,从而违反了《日本民法典》中的侵权条款。地区法院认为,该判决根据加州《统一外国金钱判决承认法》可以执行。该教会提出上诉。

在上诉中,教会主张,执行日本判决相当于是国内的"国家行为",该行为会引发宪法上宗教条款的审查。第九巡回法院驳回了该主张,认为由于通常情况下美国法院的判决构成政府行为,而"本案中地区法院的判决适用了加州《统一法》——该立法本身就是政府行为的结果——从而构成了需要宪法审查的国家行为"。[②] 然而,法院认为,这并不意味着"所涉及的日本金钱损害判决的实体内容……应被归因于地区法院根据统一法执行该判决的结果从而需要宪法审查。"[③]第九巡回法院注意到"承认和执行外国金钱判决不同于在一审中作出该项判决",[④]法院认为:

地区法院赋予在日本作出的判决法律效力,并不意味着它参与了被教会认为违宪的该诉讼——也就是说,判断教会宗教学说的正确或

① 723 F. 3d 984 (9th Cir. 2013).

② Id. at 994.

③ Id.

④ Id. at 993; see also id. at 992 ("我们并未涉及这一问题,即一旦诉讼在本地提起,与日本判决平行的本地判决根据宪法宗教条款是否违宪").

错误或者对于宗教表达的后果追究责任。由于未参与其中,我们认为地区法院在本案中承认和执行日本的损害判决并不会导致外国法院的裁决成为本地的"国家行为"从而需要宪法审查。①

法院随后根据最高法院在 Lugar 诉 Edmondson Oil Co. 案②中所采用的双管齐下方法来对其结论进行检验。第一步,先考虑行使一项由州所创设的或由州设置的行为规则所创设的或者由一个代表州的人所创设的权利或特权所导致的剥夺宪法权利是否应承担责任。法院认为,本案不满足这一项,因为"所主张的宪法损害的来源是……日本侵权法,是由日本政府机构创设并执行的",因此"所主张的剥夺宪法权利不能被视为是由本地政府机构或个人所设置的影响权利、特权或行为规则。"③地区法院承认该项判决"并没有适用侵权法……也没有对该案的事实进行再审或者对教会的损害责任进行重新评估"。④ 相反,"本案所适用的侵权法是日本法律,而不是加州法律",而且"该法的内容也与本州行为者无关"。⑤ 因此,该法适用于"教会所抗辩的行为(所有该行为都发生于日本或特别针对日本的原告)并非是行使本州的权力"。⑥

第二步,需要考虑被指控剥夺权利的当事人是否具有本地行为者或代表本地政府机构的行为者的资格。这里,被指控剥夺权利的当事人是日本法院,该法院并非联邦或加州政府机构。尽管在加州执行了日本法院的判决,加州法院对日本法院提供了一些帮助,但这并不是帮助"实施该判决所涉及的行为并被教会认为构成违反第一修正案权利——也就是对其宗教信仰内容的司法审查和对其宗教表达的后果追究责任"。⑦ 事实上,统一法要求法院承认一项合格的外国判决"而无

① 723 F. 3d 993(9th Cir. 2013).

② 457 U. S. 922, 937 - 942 (1982). The Ninth Circuit also tested its conclusion against the seminal civil rights case Shelley v. Kraemer, 334 U. S. 1 (1948).

③ Naoko Ohno, 723 F3d at 994.

④ Id. at 995.

⑤ Id.

⑥ Id.

⑦ Id. at 996.

需审查该判决背后的实体事项”。[①] 这种“对判决背后的实体事项的强制性中立态度”反驳了这种观点,即美国法院是日本法院的同谋者,共同限制了教会的宗教自由。[②]

法院承认,可能存在一些情形,即执行诉讼的性质要求美国法院对于外国判决的执行采取一种积极的态度,或者对其采取持续的监督,从而导致美国法院成为共同行为者。比如,法院提及外国禁令的执行因为该禁令“直接强制或禁止一方当事人的诉讼,并且因此可以被视为将本地法院的许可放置在外国法院命令之后”。[③] 然而,这种情形在本案中并不存在,因为本案涉及的是“执行一项命令以支付预先确定的一定数额的金钱”。[④]

法院随后讨论了教会的另一观点,即日本判决中所包含的诉因违反了加州或美国的公共政策。法院首先引用了大量案件中的格言警句——比如“天生邪恶、卑劣或不道德,并违背了先前的道德观念”、“敌对的”、“敌视的”和“暴虐的”——这些描述为公共政策建立了一个很高的门槛。[⑤] 接着,法院区分了本案和其他案件,如 Telnikoff 案[⑥]和 Bachchan 案[⑦],那些案件依据公共政策将英国的诽谤判决认定为不可执行。那些案件中,法院解释说,英国的诽谤法直接针对言论自由,而且是以一种“毫无疑问”的方式[⑧]“违反了美国宪法提供给新闻媒体的保护”。[⑨]

---

① Naoko Ohno, 723 F3d at 996.

② Id. at 997.

③ Id. at 1000.

④ Id.

⑤ Id. at 1002, 1003.

⑥ Telnikoff v. Matusevitch, 702 A. 2d 230 (Md. 1997).

⑦ Bachchan v. India Abroad Publ'ns. Inc., 585 N. Y. S. 2d 661, 665 (N. Y. Sup. Ct. 1992).

⑧ Naoko Ohno, 723 F3d at 1005.

⑨ Id. at 1004. 法院指出,联邦言论自由法(《确保我们的永久而既定的宪法遗产法》,该法纳入了 Telnikoff 案和 Bachchan 案的判决结果)和加州的对应立法并不适用于所有被控与第一修正案不一致的外国判决,它们“关注的仅仅是诽谤诉讼和‘美国作者和出版人的第一修正案权利’”。Id.

相反,本案判决所适用的日本侵权法是一项具有一般适用性的法律并且并非专门针对宗教自由而订立。“对于故意或过失伤害他人权利或受保护利益的行为提供损害赔偿,加州的这一公共政策并未被违背”,法院说,并且“加州侵权法——以及美国侵权法——也是这么规定的。”①美国法院“承认对宗教所引起的行为的责任”,并且宗教条款“并不禁止对宗教团体及其成员提起侵权诉讼请求,只要法院认为该诉因并不要求法院对宗教信仰的有效性进行判断或者干预教会进行自我管理或雇佣的自主决定权”。② 本案中,日本法院明确否定了对教会信仰的审查,并承认宗教团体的引诱捐赠行为合法的并在日本受到保护而不追究责任。因此,第九巡回法院得出结论认为,“日本判决的诉因与本地法律原则远没有那么大的分歧以至于违背公共政策,它原则上与加州法律所承认的那些诉因类似,尽管可能更为宽泛。”③

法院接着审查了教会提出的另一个观点,即日本判决本身而不是其背后的诉因违反了公共政策。教会认为,日本判决包含了对教会宗教信仰有效性的判断。法院驳回了教会的该主张,认为其并未得到记录的支持,并且将本案和英国的诽谤判决做了区分。④ 教会的第二项抗辩是,施加侵权责任导致教会的传教受到很大负担,这么做缺乏一种强迫性州利益。法院驳回了该主张,认为教会无法证明由日本判决所施加的负担“侵犯了受保护的宗教信仰”而不是“仅仅侵犯了该信仰所伴随的行为”,⑤或者该负担超过了政府管理侵权行为的利益。第九巡回法院指出,“我们不相信加州法院不能认为该州有利益去许可侵权责任以便保护易受侵害的个人免受不当影响、滥用信任以谋取金钱利

---

① Naoko Ohno, 723 F3d at 1006.

② Id.

③ Id. at 1008.

④ See id. at 1010 (“执行一项诽谤的判决,而该判决的作出没有考虑到当事人的恶意要素,这是直接违反宪法原则的,因为它仅以内容来惩罚言论。相反,在那些涉及受保护的宗教行为的诉讼中,如果缺乏故意的事实而判处侵权责任,则不会引发与法律原则的这种冲突”).

⑤ Id. at 1011; see also id. at 1011 - 1012 (“教会的行为可能是基于宗教信念,但这不能免除它承担因其伤害行为所应承担的侵权责任”).

益、欺诈,这种利益具有足够的强制性并超过了任何施加给教会的负担。"[①]法院最后认为:

总之,日本判决不能被认为属于少数因为违反公共政策而必须被拒绝执行的判决。无论是所适用的法律还是特定的判决都不违反宗教条款所包含的公共政策,它们并非天生邪恶、卑劣或不道德,并违反了先前的道德观念,以至于需要被拒绝执行。[②]

In re Wilde 案[③]涉及中央一个问题,即外国做出的刑事定罪能否成为根据《哥伦比亚特区律师规则》强行剥夺律师资格的理由。[④] 该规则规定,如果因为涉及"道德败坏"的"严重罪行"而在"*哥伦比亚特区境外*或任何联邦法院被定罪",则可施加该项处罚。[⑤] 被告是哥伦比亚特区律师协会成员,因在飞往韩国的飞机上从另一位乘客那里偷窃1100美元而被一家韩国法院定罪。

哥伦比亚特区上诉法院将上面引用的斜体字条款解释为不包括外国法院。法院援引了 Small 诉 United States 案[⑥],该案中,最高法院认为,一项日本作出的有罪判决并非联邦法律意义上的有罪判决,该联邦法律规定,那些实施了应被判处1年以上监禁的罪行而"在任何法院被定罪"的人如果持有枪支则为非法。最高法院认为"外国的定罪在重要方面都不同于本地定罪"。比如,对于本地法律允许或仅仅给予轻微处罚的行为,外国可能会给予定罪,或者"定罪是由某个法律制度做出,而该法律制度与美国对公平的理解不一致"。[⑦]

不过,上诉法院还认为,(1)尽管该外国的定罪不具有自动的再诉禁止效力,但它可以被援引作为哥伦比亚特区律师协会初始惩戒程序的基础;(2)该律师协会可以对外国法院的事实和法律判断赋予决定

---

① Id. at 1012 (internal quotation marks omitted).

② Id. at 1013 (internal quotation marks omitted).

③ 68 A. 3d 749 (D. C. 2013).

④ For cases involving convictions by courts in sister states, see infra text accompanying notes 494 – 501.

⑤ In re Wilde, 68 A. 3d at 752.

⑥ 544 U. S. 385 (2005) (discussed in Symeonides, 2005 Survey, 577 – 578).

⑦ Id. at 387.

性效力,只要该律师协会确定这么做是公平而合理的。

In re Marriage of Murugesh and Kasilingam 案①涉及两起相对抗的离婚诉讼,第一起由丈夫在印度提起,第二起是两天后由妻子在伊利诺伊州提起。当事人在印度缔结了印度教婚姻,随后移居到伊利诺伊州。在离婚诉讼前他们在那里生活了 10 年。丈夫请求根据伊利诺伊州法律驳回伊利诺伊州的诉讼程序,该法律允许法院驳回一项诉讼,只要相同当事人就相同事实已经提起了另一项诉讼。法院驳回了该请求,认为该法并不适用于在外国同时进行的离婚请求。法院解释说,该法的目的是为了避免重复诉讼,但是本案中这种重复是不可避免的,因为伊利诺伊州在此种情形下不太可能承认一项印度的离婚判决。②

法院还拒绝了丈夫的另一项要求以不方便法院原则驳回伊利诺伊州诉讼的动议,认为所有私人利益和公共利益要素都不支持驳回诉讼。最后,法院还拒绝了丈夫依据国际礼让驳回诉讼的观点。法院认为:(1)伊利诺伊州对于当事人及其离婚具有显著而实质的利益,因为双方当事人都是伊利诺伊州居民;(2)丈夫通过在印度起诉而进行挑选法院完全是为了利用对其有利的印度教婚姻法;(3)印度不会承认伊利诺伊州的离婚,因此根据互惠原则,伊利诺伊州也不会承认印度的判决。

在 Flame S. A. 诉 Worldlink Intern. (Holding) Ltd. 案③中,原告是一家瑞士公司,在英国获得了一份针对外国公司的判决,该外国公司在纽约登记经营。原告已经使该判决得到了纽约联邦地区法院的承认。现在原告请求纽约州法院执行联邦地区法院的裁决,被执行人是萨摩亚、香港和加拿大的几家公司,它们被原告认为是被告的变体公司。法院根据不方便法院原则驳回了该诉讼。法院指出:(1)与联邦法律不同,纽约的不方便法院法律并不绝对要求存在一家可替代的法院;

① 993 N. E. 2d 1109 (Ill. App. Ct. 2013), reh'g denied (Sept. 9, 2013), appeal pending (Nov. Term 2013).

② See id. at 115 ("如果一项外国判决在伊利诺伊州不被承认,伊利诺伊州法院必须审理该纠纷。此时,诉讼竞合是不可避免的").

③ 967 N. Y. S. 2d 328 (N. Y. App. Div. 2013), leave to appeal denied, ___ N. E. 2d ___, 2013 WL 6067977 (N. Y. Nov. 19, 2013).

(2)任何情况下,原告有义务证明不存在可替代的法院;(3)原告未能证明萨摩亚、香港和加拿大是不适当的替代法院。法院同时指出,公司注册地(萨摩亚、香港和加拿大)法律分别支配被告公司的面纱是否应当被刺穿,而这需要适用外国法律并支持驳回诉讼。

(二)姊妹州判决

Philip Morris USA, Inc. 诉 Douglas 案①是一起集团诉讼的延续,原告是佛罗里达州烟民及其幸存者,被告是几家在美国生产香烟的大型烟草公司。在该集团诉讼的初始阶段,一个陪审团裁决认为,烟草公司违反了注意义务,生产了不合格香烟并隐瞒了关键信息。但是陪审团并未裁决该烟草公司是否对于集团诉讼的单个成员负有损害赔偿责任。佛罗里达州最高法院支持陪审团的裁决,但是没有接受该集团诉讼。② 该诉讼团体的成员于是在联邦和州法院提起单独指控。佛罗里达州最高法院后来裁决,陪审团在集团诉讼中的裁决对于针对烟草公司所裁定的共同事项具有既判效力,而后来的单独诉讼中所剩下未解决的事项只有因果关系和损害赔偿问题。③

在联邦法院的这一单独诉讼中,被告 R. J. Reynolds 公司主张,既判力的适用违反了它对于正当程序的宪法权利,因为陪审团在本案中的裁决是如此模棱两可,以至于不可能知道陪审团是否认为每家烟草公司对于任何品牌的香烟或任何单独原告都实施了过错行为。联邦地区法院驳回了该观点,被告提起上诉。第十一巡回法院维持了该裁决,认为 R. J. Reynolds 在佛罗里达州的集体诉讼中有充分而公平的机会接受听审,而且根据佛罗里达州法律适用既判力规则并不会导致对财产的武断剥夺。

在 Cooper 诉 Glasser 案④中,田纳西州最高法院认为,田纳西州的诉讼请求排除法对于附加的州法诉讼请求采用一种自愿的驳回方法来

---

① 110 So. 3d 419 (Fla. 2013), cert. denied, 134 S. Ct. 332 (U. S. 2013).

② See Engle v. Liggett Grp., Inc., 945 So. 2d 1246 (Fla. 2006).

③ See Walker v. R. J. Reynolds Tobacco Co., 110 So. 3d 419 (Fla. 2013), cert. denied, 134 S. Ct. 332 (U. S. 2013).

④ ___ S. W. 3d ___, 2013 WL 6174469 (Tenn. 2013).

确定一份联邦法院判决的效力。该法院认为,田纳西州法律对于原告在联邦法院的州法诉讼请求的第二次自愿驳回并没有给予诉讼请求排除效力。

在Brown诉Garrett案①中,华盛顿上诉法院认为,得州对于一位华盛顿的二手汽车中间商拥有管辖权,该中间商通过eBay向一位得州购买者销售一辆汽车,因此针对该得州中间商的一份缺席判决应当在华盛顿被赋予充分诚信。由于未能在得州法院出庭,该中间商未能援引汽车销售协议中的一项华盛顿法院选择条款,因此未能利用该条款来抗辩华盛顿的判决。在Hope's Windows, Inc.诉McClain案②中,情况则相反。纽约卖方和密苏里买方之间的合同保函了一项纽约法院选择条款。在密苏里州买方缺席的情况下,纽约卖方在纽约获得了一项针对买方的缺席判决,并寻求在密苏里州执行。密苏里州初级法院拒绝执行,认为纽约对于密苏里州买方没有属人管辖权。密苏里州上诉法院推翻了该裁决。法院认为,即使在没有法院选择条款的情况下纽约没有管辖权,纽约也可以通过该条款获得管辖权(买方没有对此提出抗辩)。

在Blackwell诉Haslam案③中,所涉问题是,一个被指控在佐治亚州实施了毒品犯罪的人后来获得了豁免并被明确允许在佐治亚州持有枪支,当他随后移居到田纳西州之后,他是否在田纳西州也有权持有枪支?在其被豁免时,田纳西州法律规定,被判重罪的人,即使获得豁免,也不能持有枪支。随后的修正案则允许获得豁免的犯人持有枪支,只要该罪行不是暴力犯罪。根据该项修正案,田纳西州上诉法院要求初级法院重申该案以便确定该被告在佐治亚州的罪行是否暴力犯罪。

法院认为,如果答案是肯定的,田纳西州则不能允许该被告在田纳西州持有枪支,因为"对佐治亚州恢复被告的持枪权予以充分诚信会直接违背田纳西州的强烈公共政策,该政策反对恢复一位被判重罪的

---

① 306 P.3d 1014 (Wash. Ct. App. 2013).

② 394 S.W.3d 478 (Mo. Ct. App. 2013).

③ 2013 WL 3379364 (Tenn. Ct. App. June 28, 2013), appeal denied (Oct. 16, 2013).

人的持枪权”。[①] 在本案中,“要求田纳西州尊重佐治亚州恢复持枪权的决定……等于是要求‘田纳西州在一个非常关注的问题上过分地牺牲自己的利益——保护公共安全和阻止犯罪。”[②]显然,田纳西州法院承认了充分诚信条款可以允许公共政策例外[③],《第二次冲突法重述》也同样如此,[④]尽管最高法院从未支持这一点,并且其先前的判例似乎否定了这一点。[⑤]

在 State 诉 Castillo – Alvarez 案[⑥]中,被告被判在爱荷华州实施了绑架罪行并导致受害者在明尼苏达州被害,但爱荷华州上诉法院推翻了该定罪,认为其违反了爱荷华州的迅速审判规则。此后,一家明尼苏达州法院判处被告参与了对受害者的谋杀行为并对绑架提供了协助和支持。明尼苏达州一项法律规定,如果一项行为根据明尼苏达州和其他州法律构成犯罪,无论其在其他州“被定罪还是被开释”,“都不能阻止该罪行在明尼苏达州被提起刑事诉讼,除非法律和事实上的因素都一致支持”。[⑦]明尼苏达州最高法院认为,该立法并不阻止被告在明尼苏达州的刑事诉讼,因为他在爱荷华州的定罪已经被推翻,因此可以假定,这已经等同于被开释。法院同时认为,明尼苏达州宪法上的双重追诉条款并不阻止该刑事起诉,因为就像美国宪法中的对应条款一样,该条款允许继续进行本州的刑事诉讼,只要被告的行为同时违反了两个州的法律。

最后,法院需要判断,自从被告在得州被逮捕后,FBI 和爱荷华州司法官对他的询问所得出的证据是否在明尼苏达州被许可采纳。该询问没有电子记录,而明尼苏达州法律要求该记录(但得州和爱荷华州

---

① Id. at ＊17.

② Id. [quoting RESTATEMENT (SECOND) OF CONFLICT OF LAWS § 103 cmt. B (1971)].

③ See Seiller & Handmaker, LLP v. Finnell, 165 S. W. 3d 273, 276 – 277 (Tenn. Ct. App. 2004).

④ See RESTATEMENT (SECOND) OF CONFLICT OF LAWS § 103 (1971).

⑤ See, e. g., Fauntleroy v. Lum, 210 U. S. 230 (1908); Yarborough v. Yarborough, 290 U. S. 202 (1933).

⑥ 836 N. W. 2d 527 (Minn. 2013).

⑦ Id. at 533 [quoting MINN. STAT. § 609.045 (2013)].

法律不要求)。明尼苏达州法院认为,由于该询问是为了爱荷华州的审判而进行的(即使后来也被用于明尼苏达州的审判)并且没有明尼苏达州官员参与,爱荷华州是与该案联系最密切的州。法院认为,该证据在明尼苏达州可以被采纳,因为它在最密切联系的州也可以被采纳,而明尼苏达州对于采纳该证据并没有相反的更强烈的公共政策。

在 Holmes 诉 Winter 案①中,所涉问题是:纽约是否有义务发布一张传票,要求一位纽约新闻记者在科罗拉多州的一起刑事诉讼中出庭(涉及奥罗拉枪击案),在那里,她可能会被强迫要求披露秘密线人的姓名,否则将会被视为藐视法庭。根据《刑事案件中保护证人安全出庭统一法》,答案应当是肯定的,因为纽约和所有其他州都采纳了该法。然而,根据纽约州宪法中所隐含的强烈公共政策以及 1970 年的《保护新闻秘密法》,纽约上诉法院对该问题作出了否定回答。法院将本案与一起早先的案例进行了区分,该案中,法院认为新闻记者的特权应当由请求州裁定。法院认为,本案中,请求州科罗拉多州的法律相对于纽约州的法律而言,对新闻记者的保护远远不够。法院认为:

> 作为一位纽约的新闻记者,当她做出保密承诺并继续遵守该承诺时,她明知——并有权相信——我们的《保护新闻秘密法》所提供的绝对保护。考虑到本案的情况以及纽约和科罗拉多州法律的巨大差异,她有权要求在传票发出前在纽约对《保护新闻秘密法》事项进行裁决,即使它涉及的是其他州法院所需要的证据。因此我们认为,从纽约法院发出一张传票,要求一位新闻记者到另一州出庭,而在那里,她可能会被强行要求披露被承诺保密的证据来源,这将会违反我们的强烈的公共政策——这是一项普通法律,是立法和宪法上的传统,它在本州发挥了重要作用,使本州成为全国乃至全世界的媒体之都。②

十四、杂项冲突案件

限于篇幅,以下脚注中提到的案例以及其他很多案例在这里无法

---

① ___N. E. 2d ___, 2013 WL 6410422, (N. Y. Dec. 10, 2013).

② Id. at ___. 法院特地驳回了异议意见书的观点,该观点认为本案应根据《第二次冲突法重述》第 139 条裁定。

一一讨论。这些案件包括一项涉及得州和俄克拉荷马州之间在红河盆地的州际水权分配合同的最高法院裁决①,一项伊利诺伊州最高法院涉及州际商业条款的裁决,②一项加州最高法院涉及公司冲突的裁决,③一项特拉华州最高法院涉及信托的裁决,④大量联邦上诉法院涉及主权豁免问题的裁决,⑤几项州和联邦法院涉及海事冲突的法律选择裁决,⑥以及一些涉及律师费的案件。⑦

(杜涛,华东政法大学国际法学院教授)

---

① See Tarrant Reg'l Water Dist. v. Herrmann, 133 S. Ct. 2120 (U. S. 2013).

② See Performance Marketing Ass'n, Inc. v. Hamer, 998 N. E. 2d 54 (Ill. 2013) (holding that an Illinois law that required out - of - state retailers to collect Illinois sales taxes was preempted by federal law).

③ See Greb v. Diamond Int'l. Corp., 295 P. 3d 353 (Cal. 2013).

④ See In re Peierls Family Inter Vivos Trusts, 77 A. 3d 249 (Del. 2013).

⑤ See, e. g., Rubin v. Islamic Republic of Iran, 709 F. 3d 49 (1st Cir. 2013); Blue Ridge Invs., L. L. C. v. Republic of Arg., 735 F. 3d 72 (2d Cir. 2013); In re Terrorist Attacks on Sept. 11, 2001, 714 F. 3d 109 (2d Cir. 2013); Hansen v. PT Bank Negara Indon. (Persero), 706 F. 3d 1244 (10th Cir. 2013); Skanga Energy & Marine Ltd. v. Petroleos de Venez. S. A., 522 F. App'x 88 (2d Cir. 2013); Universal Trading & Inv. Co., Inc. v. Bureau for Representing Ukrainian Interests in Int'l & Foreign Courts, 727 F. 3d 10 (1st Cir. 2013); Sachs v. Republic of Austria, ___ F. 3d ___ (9th Cir. 2013); Triple A Intern., Inc. v. Dem. Rep. of Congo, 721 F. 3d 415 (6th Cir. 2013), reh'g and reh'g en banc denied (Aug. 06, 2013), cert. denied, 134 S. Ct. 644 (U. S. 2013); Heiser v. Islamic Republic of Iran, 735 F. 3d 934 (D. C. Cir. 2013); Bell Helicopter Textron, Inc. v. Islamic Republic of Iran, 734 F. 3d 1175 (D. C. Cir. 2013); de Csepel v. Republic of Hung., 714 F. 3d 591 (D. C. Cir. 2013), reh'g en banc denied (June 4, 2013); Santivanez v. Estado Plurinacional De Bol., 512 F. App'x 887 (11th Cir. 2013), cert. denied, 134 S. Ct. 158 (U. S. 2013).

⑥ See Lobo v. Celebrity Cruises, Inc., 704 F. 3d 882 (11th Cir. 2013), cert. denied, 134 S. Ct. 61, (U. S. 2013).

⑦ See Alaska Rent - A - Car, Inc. v. Avis Budget Grp., Inc., ___ F. 3d ___, 2013 WL 4779709, (9th Cir. 2013), cert. denied, 134 S. Ct. 644 (U. S. 2013); St. Jude Med. S. C., Inc. v. Biosense Webster, Inc., 2013 WL 5508389 (Minn. Ct. App. Oct. 7, 2013).

域外法

19 世纪德国商法法典化历史考察

赵守政

目　　次

民商分立抑或民商合一，系民商法学界长期整理的问题之一。这一问题之所以会长期争论不休，一方面在于民法、商法历史成因虽然不同，但二者同属于私法规范，亦都以私权为规范对象，本质上容易重叠。再者经过部分商法规范融入民法的发展过程，民法与商法界限更为模糊不清。但到底该采民商合一或民商分立的立法模式，不仅是法教义学考量的问题，也是立法历史背景梳理的问题。换言之，商法立法模式的选择不仅需要考虑法律体系上的建构，也需考量立法历史背景与立法模式选择的关系。这一问题的展开前提，在于追本溯源，考察 19 世纪德国商法法典化的历史发展进程，包括其当时学界争议及商人习惯法在德国商法法典化过程中作用，才能深刻理解 100 年前的德国立法者选择民商分立模式的动因。近代以来，我国民法发展深受德国法影响，故此种梳理工作对我国尤有重要意义。

一、德国商法法典化的历史进程

(一)商人习惯法的发展

早期德意志法律中并不存在特别的商事规范,直到法兰克王国时期,绝大多数的商业活动都是由非日耳曼民族的外邦人组织,故缺乏针对商业活动的法律,仅有一些市场管理规范。[①] 公元 9 世纪后,在意大利的著名商业城市米兰、博洛尼亚、佛罗伦萨产生了由商人联合制订的商事规则,这些规则对当时中世纪的其他城市产生较大的影响。[②] 这一阶段商人习惯法的发展表现为强烈的自发性,几乎是在杂乱无章的情况下从习惯性做法中发展而来,并最终成为普遍接受的惯例,而不像起源于罗马法的民法一开始就具备的概念化及体系化的特征。从 12 世纪起这些商业惯例慢慢影响到德国的波罗的海、北海地区乃至德国中部、南部等一些存在较大商业城市的地区[③]。这些城市商业行会在一个联合的共同司法裁判管辖区域内制定自己的商业规则,德国法律发展史第一次出现了专门的商人习惯法[④],该规则刚开始仅包含商业习惯,慢慢吸收了行业公会、不同城市的城市法、法律汇编、案件汇编中的一些规则。尽管此时的商人法由不同的城市发展起来,但它却具有很强的普遍认可度,当时很多中世纪的商人都援引这一法律进行商贸往来,该法律规范在内容上不仅局限于商人法,而且创造了很多全新的法律制度,比如商号、注册商标、会计账簿规则、公司的类型(无限公

---

① Goldschmidt, Universalgeschichte des Handelsrechts, in: Handelsbuch des Handelsrechts 1891, Aufl. 3, S. 100; Müller – Erzbach, Deutsches Handelsrecht, Tübingen 1921, 1. Band, S. 39; Gierke, Handelsrecht und Schiffahrtsrecht, Berlin 1938, 1. Band, S. 15.

② 详见 Rehme, Geschichte des Handelsrechts, in: Ehrenberg Handbuch, Leipzig 1913, 1. Band, § 9 Rom S. 73 ff。

③ 在当时这些地区的很多城市都存在主要由商人习惯法组成的城市法,比如波罗的海地区的吕贝克、汉堡,北海地区的不莱梅,中部的不伦瑞克、多特蒙德,南部的斯特拉斯堡(现属法国)、奥格斯堡、慕尼黑及维也纳(现属奥地利)等。Vgl. Müller – Erzbach, a. a. O., S. 40.

④ 该商人习惯法是在欧洲商业城市为了保护商人利益成立汉萨同盟的过程中发展起来的,见 Rehme, a. a. O., S. 136 – 140。

司、两合公司以及股份公司的前身)、银行业务、保险法、票据法等。尤其强调的是,由于当时的商业经济被行会和公会所控制,因此在这些法律制度的制定过程中带有它们很强的烙印。[①] 从这一时期开始,德国商法慢慢取得一些体系性特征,商人的各种权利和义务慢慢被看做这个体系的组成基础,前面提到的这些被全新创造的法律制度则慢慢融入进这个体系。在这之后很长的时间内,由于商人法技术性强,极为灵活,商人表现出的巨大创造力,整个商法体系处在一种演化融合的过程中,慢慢形成自己独特的适用领域。这个时期的商人习惯法是商人为调整他们自己的商业事务而创造的,它不仅有自己的规则和习惯,也有自己的法庭、法官制度、审判和强制执行程序,具有与政治当局相脱离的、独立的司法制度。[②] 由于商事交易规则的统一性、海事惯例的普遍性、专门的商事法庭以及公证人的各项活动等原因商人法又得以保持其统一性和国际性。[③] 同德国民法典不同的,德国早期商人法的产生跟罗马法无关,主要是由德意志地区商业习惯发展起来的并慢慢体系化,其在一定程度上甚至要克服在主要以农、畜业为经济基础的罗马社会中产生的罗马法对商事交易中对商人不利因素的影响。

(二)商人习惯法的国家法化

中世纪之后德意志地区在政治上存在强烈的建立统一国家的诉求,经济领域则表现为由国家主导贸易往来强烈的重商主义倾向,这一发展趋势在商法的发展上体现为越来越强烈订立一个统一的具有德意志民族性的商法典,尽管当时欧洲大陆已经存在普遍被认同的商事原则。之后经历了 30 年战争的德意志地区的商业和贸易受到很大的影响,恢复经济期间没有足够的精力制定一部统一的商法典,仅在一些王国中存在关于商标法、票据法、保险法、海商法等独立的法规。[④] 直到公元 1794 年普鲁士王国在国王腓特烈二世(Friedrich II)的推动下出

---

① 这些商事规则又被称为"Statuten der Kaufmannsgilden"(商人公会规则),见 Müller – Erzbach, a. a. O., S. 41。

② Müller – Erzbach, a. a. O., S. 40.

③ Rehme, a. a. O., S. 138 – 140; Müller – Erzbach, a. a. O., S. 41.

④ 当时各个邦国商事立法情况见 Rehme, a. a. O., S. 198 – 202。

台了《普鲁士普通邦法》①,这部法律中包括近2000多条涉及商人的特别条款,几乎囊括了所有的基本商事规则,这部高标准的立法成果对德国19世纪的立法具有极大影响。② 当时的德意志神圣罗马帝国由多个邦国组成,政治上尚处于分裂状态,《普鲁士普通邦法》中规定的商事交易法律规范在其他邦难以贯彻,所以当时的德意志地区有较高统一立法的呼声,尤其是1813年莱比锡战役(Freiheitskriege)后莱茵联邦的邦国加入德意志联邦之后表现得更为明显。③ 当时试图订立德国统一民法典的目标因为主要围绕蒂博和萨维尼之间有关民族精神性(Volksgeist)在民法法典化进程中作用的论战而被无限期搁置。④ 同制定民法典相比,制定适用于德意志地区各邦国的统一商法典工作遇到的阻力显然要小得多,为了促进贸易往来、减少内部竞争,38个德意志邦联的邦国于1834年组成德意志关税同盟(Deutscher Zollverein)。关税同盟的成立后于1848年在关税同盟邦国的《普通德国票据法》的施行效果甚为不佳,这种背景下当时的德意志联邦议会于1856年接受了巴伐利亚邦国的申请,设立了一个专门制定德国《普通商法典》的专业

① 德语名称《Allgemeines Landrecht für die Preuβischen Staaten》,缩写ALR,是欧洲私法史上最重要的法典之一,对后来的《德国民法典》制定有很大的影响,国内对这一法典有许多不同译法,除《普鲁士普通邦法》以外还有《普鲁士国家的普通邦法》、《普鲁士邦法》、《普鲁士地方普通法典》、《普鲁士一般邦法》等,本文采法律出版社德语法学名著翻译系列中拉伦茨《德国民法通论》中的译法,谢怀栻、邵建东等译。

② Vgl.: Ernst Heymann, Das friderizianische Handelsrecht, Sonderaufgabe aus den Sitzungsberichten aus der Preuβischen Akademie der Wissenschaften, Berlin 1929 S. 8 ff.; Rehme, a. a. O., S. 228 ff.

③ 1804年到1814年的拿破仑战争促进了德意志联邦的政治融合,增强了德意志民族的认同感,法国战败后莱茵邦联瓦解,大部分莱茵邦联的成员国加入了后来成立的德意志邦联。

④ Thibaut, Über die Notwendigkeit eines Allgemeines bürgerlichen Rechts für Deutschland, in: Thibaut und Savigny, Ihre programmatischen Schriften, mit einer Einführung von Hans Hattenhauer, München 1973, S. 67; Savigny, Vom Beruf unsrer Zeit für Gesetzgebung und Rechtswissenschaft, in: Thibaut und Savigny, Ihre programmatischen Schriften, mit einer Einführung von Hans Hattenhauer, München 1973, S. 104; 有关蒂博和萨维尼的论战中文详见许章润:《法学家的智慧——关于法律的知识品格与人文类型》,清华大学出版社2004年版,第138页以下。

委员会。位于纽伦堡的该专业委员会当时主要参照了普鲁士邦的和奥地利邦的建议稿①于1857至1861年期间制定出了《普通德国商法典(草案)》,于1861年被德意志联邦议会推荐各联邦国施行并通过《普通商法典施行法》(Einführungsgesetz)贯彻实施。1861年通过实施的《普通商法典》是德国历史上第一部商法典,它在体系上由五个部分组成,分别是商人的身份、商事公司、隐名合伙。商事行为和海商五编组成,其中股份公司的法律规范规定在第二编商事公司中。因为当时德国尚未制定民法典,所以该《普通商法典》亦囊括了不少民事交易中的制度,比如其第317条至第323条的合同成立条款、第52条至第56条的代理条款、第324条至第336条的合同履行条款等,这些商法条款有针对性地被之后的民法典立法工作所借鉴并部分融入了德国民法典中。②这部《普通商法典》堪称是德国私法发展史上最重要的法典之一,它不仅涵盖了后来施行的《商法典》和《股份法》的最重要部分,而且还涉及了直至今日的仍在适用源于罗马法的法律行为理论和债法上的一些理论,从此种意义上讲当时的德国立法者已经具有把《普通商法典》和对是否要制定尚在学界上存有较大争议的德国民法典在体系上实现私法统一的倾向。③

德国《普通商法典》施行以后,基于当时的法律施行情况,德国立法者越来越认为有必要制定一部民法典以完成私法上的统一。④ 此一背景下,1873年12月20日德意志第二帝国在帝国法律公报(Reichsgesetzblatt)上宣告开始着手制定其民法典,当时的立法者考虑的不仅是民法典的体例和内容,还有当时德国现行《普通商法典》和将

① 普鲁士邦立法建议稿参见:Schubert (Hrsg.), Entwurf eines Handelsgesetzbuches für die Preuβischen Staaten, 1986;其他邦国的建议稿参见:Coing (Hrsg.), Handbuch der Quellen und Literatur der neueren europäischen Privatrechtsgeschichte Bd. III/1, 1986, S. 2852 ff。

② Staub, Kommentar HGB/*H. Oetker*, Berlin 2009, 5., Aufl., Einl., Rn. 6.

③ K. Schmidt, Handelsrecht 1999, Berlin, 5. Aufl., § 2 II, S. 44.

④ Vgl. Rieβer, Zur Revision des Handelsgesetzbuchs/Abth. 1 (1887), Beilageheft zu ZHR. 33; Lehmann, Die Entwicklung des deutschen Handelsrechts, ZHR 52 (1902), S. 17 ff.; Rehme, a. a. O., S. 254 ff.

要出台的德国《民法典》关系的问题。[1] 当时的帝国联邦参议院(Bundesrat)成立一个专门的《民法典》立法筹备委员会,该委员会的任务就是有计划的调查将要制定的《民法典》草案应该包括哪些内容,并提出立法建议。德国著名的商法学家戈尔德斯密特[2](Goldschmidt)是该委员会成员之一,他在其1874年4月15日给出的立法建议上认为,商法属于民事法中的特别规范,在制定《民法典》之后也应制定一个包括所有商事法规的商法典。[3]但是制定这样一个商法典的目标在当时的立法状况不根本不成熟,因为当时的民法典草案的制定过程中争议性问题较多所以导致计划一拖再拖,以致很难预料未来的德国民法典最终会包括哪些法律内容。1895年对民商法的界限的划分起到至关重要的德国《民法典(草案第二稿)》最终公布,这时制定新的德国《商法典》才提上日程,显然此时对立法者而言留给他们的距最终两部法律的预期正式生效的时间(1900年)已经不多了,基于此匆匆出台的德国《商法典(草案第一稿)》仅是德国《普通商法典》的修订本。德国《民法典》从制定到《民草二》的公布用了将近20年的时间,而《商法典》的制定(或者是修订)仅用了不到2年的时间,这样德国《民法典(草案)》与《商法典(草案)》[4]几乎同时提交到当时刚刚完成统一进程的德意志第二帝国(Deutsches Reich)的帝国议会与联邦参议院审议,最终两部法典于1900年1月1日起同时生效。

---

① MünchKommentar HGB/ *K. Schmidt*, 2005 München, 2. Aufl., Vor § 1 Rn. 22.

② 戈尔德斯密特是德国最为知名的商法学者之一[本文引注的来源之一德国知名商法学术期刊《商法学刊》Zeitschrift fuer das gesamte Handelsrecht,缩写为ZHR,就是他于1858年创立,ZHR在德国商法学发展中的作用详见Götz Landwehr, DieZHR als Organ der Handelsrechtswissenschaft ZHR 150 (1986)]在德国《商法典》的制定过程中他的作用也是举足轻重,甚至可以说德国之所以最终采民商分立的立法体例就是他学术观点的直接推动,在德国民法典立法筹备委员会中他是当时唯一的商法学者,下面的理论争议部分有对他观点的介绍。

③ Goldschmidt, Gutachten der Vorkommission vom 15. 04. 1874, in: ZHR 21 (1875), S. 134 ff., 下面"德国商法法典化过程中的讨论"有对他的观点的具体阐释。

④ 德国《商法典》制定过程中在下面立法过程中讨论一节中有具体阐述。

二、合一抑或分立？德国商法法典化过程中的讨论

当时民商合一或是民商分立的讨论主要集中在两个层面：分别是在法学学科方法论上商法学是否可以作为一个独立于民法学建构其独立的适用范围及学科体系以及在法政策上商法法典化在法律形式安排上是否具有必要性。讨论主要集中在主张民商合一的德国学者[①]恩德曼(Endemann)、潘德克顿学派代表人物之一德恩堡(Dernburg)和主张民商分立的学者托尔(Thöl)及以戈尔德斯密特及其学生里赛尔(Rieβer)为代表的戈尔德斯密特学派(Goldschmidtsche Schule)之间。

恩德曼在德国近代私法史上第一次抛出商法和民法之间是否存在明确界限这样一个问题，在其1858年出版的对1857年的德国《普通商法典(草案)》的建议书中他提出"商事私法(Handelsprivatrecht)是民法不可分的一部分，他们之间是特殊法与一般法的关系。"[②]他认为立法者没有必要就商法单独立法，因为"如果考虑到最自由契约理论(freieste Vertragstheorie)乃是民法得以存在的法律必要性之保证和主要目的的话，那么商事私法就不能通过在立法技术层面的对商事实体的特殊性例外对待，因为这样会使二者很难融合在一起。"[③]不过恩德曼也承认他所设想的最自由契约理论这样一个基础在当时仅仅是一种理想状态，考虑到现实中已经存在大量商事交易，与其交易相适应的法律安全问题亟待解决，而这些问题的解决需要更为便捷的法律支持，如果说民法典暂时不能制定，为满足这一法律需求而制定一部商法典也是可以理解的。[④]而当时德国萨维尼以降就是否制定一部统一的民法典喋喋不休争论了近50多年也未有实质结果，很显然恩德曼此时的考

---

① 同时期持类似观点的其他欧洲国家学者还有瑞士学者穆茨格尔(Munzinger)、荷兰学者莫伦格拉夫(Molengraaff)和意大利学者维万德(Vivante)；in：Raisch, Geschichtliche Voraussetzungen, Dogmatische Grundlagen und Sinnwandlung des Handelsrechts, Berlin 1965, Habi., S. 142, 149；中文期刊亦有介绍：米健："现今中国民法典编纂借鉴德国民法典的几点思考"，载《政法论坛》2000年第5期。

② Endemann, Der Entwurf eines deutschen Handelsgesetzbuchs, Erlangen 1858, S. 1.

③ Endemann, a. a. O. S. 2.

④ Endemann, a. a. O. S. 4.

虑不过是基于法政策上考量认为当时制定过程中的《德国普通商法典》不过是尚在讨论中的未来德国《民法典》的一个过渡品而已。在他的立法建议中,恩德曼明确表示商法存在的目的主要是保护商人这一"中产阶层市民"(Durchschnittsbürger)的利益,在将来的《德国民法典》中要在"人"这一部分专门针对他们的准入条件作出特殊的规定显然也印证了这一点。①当时另一位民商合一代表人物德恩堡不仅是潘德克顿学派成员,同时也是《普鲁士普通邦法》民法部分的起草者。潘德克顿学派主要以罗马法《学说汇纂》为其理论体系和概念术语的历史基础,通过对概念的分析、阐述来构造和完善法律的体系,德恩堡对民商立法体例中的考虑也体现了这一点。他在其1877年出版的《普鲁士私法教科书》阐明:"德国《普通商法典》没有仅包括跟商事活动有关经济层面的法律规范……在德国,尤其在普鲁士的债权法律规范将来不能同时既存在于民法又存在于商法两个体系内",……"如果在同一个国家同时存在有两个根据不同适用标准制定的法律体系,那么法律的简单明了,前后一致这一对立法的首要要求将被否认。"因此他同恩德曼一样,在其1877年的这本著作中他建议立法者未来制定一部民商合一的民法典,"这部民法典的一个重要任务之一便是在德意志帝国内排除这种民商法律规范并存的二元体系。"②

主张民商分立的学者主要是托尔和以戈尔德斯密特及其学生里赛尔为代表的戈尔德斯密特学派。托尔③于19世纪中叶前第一次在德国法学发展史中提出要把从方法论上把商法作为一个独立的法学学科体系来研究,④他用演绎法把商业经验中抽象出来的法学知识从实定法

① Endemann, a. a. O. S. 7.

② Dernburg, Preuβisches Privatrecht 2. Band, Leipzig 1871, 1. Aufl., S. 8 ff.(前面所提恩德曼的观点在《德国普通商法典》生效之前,而德恩堡此时建议未来民商法典分立时德国《普通商法典》已实施,并且《普通商法典》中包括大量民法内容。)

③ 托尔(1807~1884)实际上是比恩德曼(1825~1899),德恩堡(1829~1907)及戈尔德斯密特(1828~1897)早一代的商法学者,里塞尔(1853~1932)作为戈尔德斯密特的学生更晚一些。为了便于逻辑上统一而把他的观点放在民商分立说这一部分,而没有按观点提出时间顺序论述。

④ Gercke, Heinrich Thöl, Ein Göttinger Rechtgelehrter, Göttingen 1931, S. 64 ff.

中区分出来,从这一角度出发他利用罗马法的研究方法确立了商法教义化的研究任务,其中包括他继承并发展了17世纪的马尔库德①(Marquard)关于商人的定义,首先从自然法意义上把商业作为一种"推动贸易发展并且以固定营业额的形式表现出来的"具有"独特的意义"的行为,而商人则作为"商业行为的推动者"。②从商人的定义出发他推导出商法独特的逻辑体系并在此基础上否认了当时一种把商法规则从属于共同法③体系和另一种认为其属于德国私法体系的观点。④并在同时代的另一位历史法学派法学学者也是潘德克顿体系代表之一的海瑟(Heise)的影响下⑤,从商业及商人的定义出发明确的确立了商法主观学说体系,他在其第四版的《商法学》明确提出应该以从事特定职业的人群为标准制定符合商业行为的特殊规则。⑥因为主观职业群体上商法与一般私法相比具有特殊性,因此需要制定单独的法律规范。在此基础上托尔创立了商法不管是在知识体系上还是在法典化上都应分立的主观说。主张民商分立的另一位代表人物便是闻名遐迩的戈尔德斯密特,他和他的学生里赛尔认为存在一个适用于商事交易的法律原则,那就是商事交易中"要有尽可能的自由度而不拘于法律形式,能够对商业诚信全面保护,能严格保证信贷安全,尤其是能够较为容易知悉债务人或责任客体的实际情况,具备简单快捷安全的程序保障,并且

① 马尔库德是17世纪汉萨同盟的"首都"吕贝克市的市长,亦是一位法学学者。

② Thöl, Handelsrecht, Göttingen 1854, 1. Band, Aufl. 1, S. 21.;中文期刊亦有介绍:米健:"现今中国民法典编纂借鉴德国民法典的几点思考",载《政法论坛》2000年第5期。

③ 这里所谓共同法体系指德国中世纪末期以来,在继受罗马法、教会法的基础上,逐渐形成一种在全德国境内适用的法(Gemeines Recht)。与它相对的是地方特别法(Partikularreckt),如普鲁士普通邦法,也有学者翻译为"普通法",因为其与现行的英美普通法是两个不同的概念,为免引起误会本文采共同法这一译法。

④ Landsberg, Geschichte der deutschen Rechtswissenschaft, 1910 München, III 2, S. 628.

⑤ Thöl, Das Handelsrecht in Verbindung mit dem allgemeinen Handelsgesetzbuch, 1854 Leipzig, 1. Band, Aufl. 1, S. 39.

⑥ Thöl, Das Handelsrecht in Verbindung mit dem allgemeinen Handelsgesetzbuch, 1862 Leipzig, 1. Band, Aufl. 4, S. 82.

和其他有商业往来的国家的法律保持一致。”①由此可以看出戈尔德斯密特从主张民商分立不是基于法学知识体系而仅仅从法政策学上的对商事交易特殊性法律需求的考量。事实上他自己也间接地承认了,其在批评仅从法教义学上探讨商法典是否有存在必要性时说道:“法律机制及其特定的法律条文不能仅仅关注那些呆板且不完美又仅从法律上寻求法之安定性的教义学,如果我们能理解现在的存在即是将来的历史,那么我们便也会清楚现行法也是不安定及不完美的。”②所以他没有从民法的基本原则出发为寻求法的安定性而把商法规范作为特殊规范建立在万法之母民法这块基石上,也没有有意识地由此去寻求民法与商法之间的关系,因为“抽象出一种适用于商法的原则非常困难,就像没有经验会很容易犯错误一样,因此不应该从一般民法的基本理论出发,而应该从商事交易特有的性质和欧洲范围内的立法经验出发来总结。”③此外戈尔德斯密特和里塞尔也否认了商法和民法相比独特的教义学特征,而仅把商法作为民法的一个“开路先锋”(Pioniertruppe),因为商事交易需要促使商法与民法相比需要更快的产生新的法律形态及法律机制,而这些新的法律构成随着时间的推移慢慢扩散到所有的交易行为都要受其约束,这样商法便成为了产生新的法律原则的领域,这些原则在短时间内驻足于商法领域,但随着历史的发展进程慢慢融入民法中去。商法担当了“民法的源泉”(Jungbrunnens der bürgerlichen Rechts)这样一个角色,民法可以从商法中汲取新鲜的力量和新颖的思想。④ 基于此戈尔德斯密特提出民法和

---

① Goldschmidt, Handbuch des Handelsrechts 1891, S. 365 f.

② Goldschmidt, ZHR 28,(1882), S. 441 ff.

③ Goldschmidt, ZHR 23 (1878), S. 303.

④ Vgl. Goldschmidt, Universalgeschichte des Handelsrechts, in: Handbuch des Handelsrechts, Stuttgart 1891, 1. Band Aufl. 3, S. 11 ff.; Rieβler, Der Einfluβ handelsrechtlicher Ideen auf den Entwurf eines BGB, Stuttgart 1894, S. 71; 在WolfgangSellert已被翻译成中文的论文中也有所论述:沃尔夫闵-塞勒特:“从德国商法典编纂历史看德国民商法之间的关系”,载范健等主编:《中德法律继受与法典编纂》,法律出版社2000年版,第1~2页。

商法之间的界限的相对性理论（Relative Theorie）[①]，而这个界限的大小取决于民法中的交易条款对于商事交易的认同程度，由于相似的法律功能紧密联系性商法只能被看作是民法的特殊法。

如前文所述为制定德国《民法典》，帝国联邦参议院成立一个专门的《民法典》立法筹备委员会，戈尔德斯密特作为位于莱比锡的帝国高等商事法院理事会[②]成员成为该委员会成员之一，他也是该委员会唯一的商法学者。虽然托尔最早提出把商法视为一个独立的学科体系，但他仅仅从商法教义学意义的方法论上去建构，而没有考虑法政策层面，戈尔德斯密特恰恰补足了这一点。[③]在 1874 年 4 月份民法典立法筹备委员会的征询建议书中明确涉及民法与商法的制定界限问题，作为建议书的报告人戈尔德斯密特显然对涉及商法的部分起到决定性的作用，立法筹备委员会对此一问题的答复非常明确："商法作为私法的一部分将被单独做立法规划，最终也以制定一部和《民法典》并行并保持目前独立性的通行法律（即《商法典》）为目的。"[④]商业活动有其特有的法律机制及规定，很难在民法典中体系化，[⑤]可以在《民法典》的规定内容确定之后再来探讨哪些内容应在未来《商法典》中针对商事交易的特殊性作例外规定，比如有关利息、违约金、法律行为形式。基于此种立场修订的《商法典》的实施应该和《民法典》具有逻辑上的关联性。[⑥]因为民法具有一般法的性格，民事关系相对成型和稳定，而商法具有演进性，商事关系变动较大，其在内容上伸缩度较大，因此关于民商关系的一般结论的有效性，须根据所讨论的具体的民法的内容和范围而做适当的调整。由于学科体系上的这一关联性，《商法典》的内容很大程度上也应在民法和商法的对照把握中进行，所以立法筹备委员会认为只有在制定《民法典》之后才能确定《民法典》法律原则中存在着哪些

① 戈尔德斯密特的相对性理论在德国影响很大，得到很多学者的认同，包括恩德曼，甚至直接影响到之后的立法进程。

② Rat beim Reichsoberhandelsgericht，类似于中国法院审委会一类的组织。

③ Gercke, a. a. O., S. 64.

④ Goldschmidt, ZHR 20 (1875), S. 136.

⑤ Goldschmidt, a. a. O., S. 139.

⑥ Goldschmidt, a. a. O., S. 140.

例外应保留于商事交易,或为商事交易制定这些例外。从这一角度讲在德国《商法典》草案制定的过程中,立法筹备委员会考虑的不仅仅是和在制定过程中的《民法典》协调一致,而是根据当时已经存在德国《普通商法典》这一立法情况下重新确立商法与民法的关系。本着这一立法考虑主要从三方面入手,一是从当时尚未失效的《普通商法典》中剥离出属于民法的部分。① 哪些条文需要从《普通商法典》中剥离出来在当时具有重要的意义,立法筹备委员会必须考虑清楚哪些条文在《民法典》通过之后没有存在的必要之后再作决定,而且必须前后一致的删除,二是确立民法与商法适用范围的明确界限,②最后是对《商法典》的完善和补充,③尤其是一些特殊的商业行为法律规定,比如当时的立法筹备委员会建议把保险法、出版法、内河航运法吸收进商法典。④ 另外德国《普通商法典》制定时德国尚未制定民法典,所以该《普通商法典》囊括了不少民事交易中的制度,所以《民法典》制定过程中并没有完全抛开《普通商法典》的适用类型和范围,《普通商法典》中的大量有关债法的内容被融入进《民法典》。⑤

上面的阐述表明,事实上这五位学者对关于民商法体例上的两个角度的侧重点是不一样的,他们关注点的不同也直接导致了最终结论的差别。比如仅是从法教义出发的托尔便认为商法学具有自己独立的学科体系,而晚一辈的学者戈尔德斯密特、恩德曼和德恩堡都认为从教义学上很难把商法严格区别于民法而自成法律体系。但戈尔德斯密特不同于恩德曼和德恩堡的是区分了商法作为独立学科的合理性与商法典法典化的内在合理性:从商业交易的需求出发,从法政策学的角度论证即使在商法在其内在特征难以用区别于民法的概念概括出来的情况下还是有必要制定独立的商法典。而这两点考虑对囿于传统公私法划分且沉醉于民法概念化逻辑化建构的恩德曼和德恩堡而言显然不是民

① Laband, Das Verhältnis des Handelsrechts zum bürgerlichen Recht nach dem Entwurf eines revidierten Handelsgesetzbuchs, in: NJZ 1896, S. 345.

② Laband, a. a. O., S. 346.

③ Laband, a. a. O., S. 346.

④ Goldschmidt, a. a. O., S. 149.

⑤ 具体制度列举见前一(二):商人习惯法的国家法化。

商合一的障碍。《民法典》与《商法典》1900 年颁行后,20 世纪初的利益法学派和自由法学派对传统的概念主义和形式主义法学的批判①(尽管主要针对司法裁判中出现的问题)似乎又间接地论证了戈尔德斯密特的“正确性”,当然最后《商法典》立法体例的选择跟当时戈尔德斯密特在立法筹备委员会中特殊的地位也有着直接且密不可分的关系,而这点也深为当时持民商合一观点的德恩堡所诟病。②

三、商人习惯法在商法法典化过程中的基础性作用

从商人习惯法的发展过程可以看出,对资本主义发展影响巨大的西方现代商法并不是根源于罗马法,而是根源于商事规则基础上发展起来的商人习惯法,在罗马法尚未支配德国立法时,德国《普通商法典》在当时德意志地区特殊政治社会情况的影响下已经颁行实施,只是后来潘德克顿学派私法统一思潮的冲击下制定《民法典》不得不被提上日程时,《商法典》相对《民法典》能否独立存在才成为一个问题。在德国学界的讨论中,不管是持民商合一观点的戈尔德斯密特、里塞尔,还是持民商合一态度的恩德曼及德恩堡都认为在学科体系中民法是一般法,商法仅作为其特别法优先适用。其中尤以商法法典化的直接推动者戈尔德斯密特所认为的商法是民法的“开路先锋”和“源泉”的观点具有代表性。但不管作为民法“开路先锋”和“源泉”的商法提供的营养最终能否为《民法典》吸收,都不能否认的是商法最重要的渊源是由于商事交易的特殊性演变而来的商人习惯法。其不管是在德国

① Wieacker, Privatrechtsgeschichte in der neuen Zeit, unter besonderer Berücksichtigung der deutschen Entwicklung 1967, Göttingen, S. 514 ff.; 中译本见:维亚克尔《近代私法史－以德意志的发展为观察重点》(陈爱娥、黄建辉译)第 28 章第三小节中 20 世纪初对古典私法体系在意识形态上和方法上的批评,第 531 页以下。

② Dernburg, Lehrbuch des Preuβischen Privatrechts, Leipzig 1880, 2. Band, 2. Aufl. S. 9 f. 德恩堡在他的著作《普鲁士私法》一书中抱怨道:“《商法典》(采民商合一还是民商分离的立法模式)这一基本问题应该如何在这一部法典的立法进程中贯彻,虽然有非常学术水准的学者(这里指戈尔德斯密特)主导官方立法说明,但是在对立法机关对该争议最终判定之前至少要给德国法学界足够的时间去探讨,直到对这一问题的细节讨论成熟后再作决定。”

商法的发展中还是在后来《商法典》的制定中都提供了最为重要的资源,商人习惯法中没有被《民法典》吸收的部分则构成了德国商法法典化后的重要组成部分。对德国《民法典》制定影响深远的历史法学派代表萨维尼认为法律是“民族精神性”的体现,法是自发地、缓慢地和逐步成长的,而不是立法者有意识地、任意地制造的,所以习惯法是最具生命力的。虽然由罗马法演化而来的五编制的民法典体系以其抽象的概念阐述、精妙的逻辑结构成为德国法乃至大陆法系发展的基础,但同时我们也不能忽视作为大陆法系最重要的历史渊源之一商人习惯法在商法法典化过程中的基础性作用。

以德国《商法典》第377条中对商事交易中买方的货物检验及瑕疵通知义务为例证。罗马法中并没有对买方的货物检验及瑕疵通知义务作相应的规定,其最早可追溯到中世纪的德国商事习惯,当时有两句德语谚语:“睁大眼睛,买卖岂可儿戏”(Augen auf, Kauf ist Kauf),“不把眼睛打开,就得把钱包打开”(Wer die Augen nicht auftut, tue den Beutel auf)。[①] 按照当时的德国商人习惯法,如果接收货物时没有异议则推断该货物质量合格,基尔克(Gierke)在研究了当时城市法后总结道:“买方有权退回有瑕疵的货物,但当他在检验并取得该货物所有权之后一般情况下便不再拥有此一权利。”[②]但当时贸易往来频仍,如果一个货物买卖契约的双方当事人一个来自罗马法管辖区域,一个来自在货物买卖瑕疵检验适用倾向于保护卖方的城市法区域会很容易产生规范冲突问题,商人试图在商事交易中推行不像罗马法中那样对商人

① 详见 Lehmann, Lehrbuch des Handelsrechts, Leipzig 1908, 2. Band, S. 710; Gierke, Deutsches Privatrecht, Leipzig 1917, 3. Band, S. 467。参见 Müller - Erzbach, a. a. O., S. 42。

② Gierke, a. a. O., S. 467. 转引自 Gierke 著作中若干城市法中相关之规定:汉堡城市法 Hamb. Stat. V. 1270 VI 27; 吕贝克城市法 Lüb. R. Cod. III 322; 维也纳城市法 Wiener Stadtr. 66, 69; 于尔克城市法 flandr. Urk. b. Conze, S. 96 ff. 其中对维尔创建建商法主观说独立性理论影响比较大的吕贝克城市法中的商事规则为:如果某人购买了经过自己检验认为无瑕疵的货物,且其具备该检验之能力,则必须付款。(Kauffet jemand, es sey was es für Gut wolle, wann er dasselbe zu vorn zur Genüge besehen, da es kan besehen werden, solches muβ er bezahlen.)

的货物瑕疵保证义务要求严格的规定，当时汉萨同盟“首都”吕贝克的市长马尔库德在他的著作《从法政策的角度论个体的商人法和贸易法》曾提到汉萨同盟所有城市的商人在 1607 年在对西班牙的贸易中在货物质量保证责任上取得远较罗马法为轻的商人特权。① 在以后德国立法过程虽然主要受罗马法的影响，但在商人瑕疵货物保证责任的条款明显受到了中世纪以来的商人习惯法的影响。如在 1794 年的《普鲁士普通邦法》第 330 条中规定，“如果买方在收到货物以后没有注意到货物瑕疵，并因此而没有通知卖方则必须接收此货物。”②1809 年的《巴登邦法》在其 92a 条规定“买方可以针对货物的质量在接收货物后十四天内提起诉讼的话，但是必须提供他是商人或者具有与货物检验相应专业知识的证明。”③但在其后的 1861 年《普通商法典》第 347 条在吸收商事习惯中买方的检验及瑕疵通知义务的同时把需被检验的货物限定在从其他地方运输过来的货物，而且也不再区分商人和非商人。④ 1874 年确立民商分立的立法体例之后，等《民法典（草案二）》1894 年基本确立其适用范围后，两年后匆匆出台的《德国商法典（草

① Marquard, Tractatus politico – iuridicus de iure mercatorum et commersiorum singulari, Frankfurt am Main 1662, 2. Band, S. 285; Schmerner, ZHR 136 (1972), S. 465 ff. 转引自 K. Schmidt, Handelsrechts, § 2 II 1, S. 43。

② Koch (Hrsg.), Allgemeines Landrecht für die Preuβischen Staaten 1863, Berlin, Artikel 330, S. 976.

③ Vgl. Artikel 92 a f im badischen Landesrecht von 1890.

④ 德国《普通商法典》草案讨论时《民法典》的制定并未被提上日程，所以该草案中包括大量的民法内容，因此对于货物买卖中买方应承担的责任大小问题争议较大，具体在普鲁士邦提交的草案第 265 条规定买方必须毫不延迟地检验货物并且如果发现瑕疵应立即通知买方，类似于吕贝克的城市法；在德累斯顿提供的草案中第 172 条干脆在货物担保责任中完全否认了买方的检验及瑕疵通知义务，而直接适用当时在全德意志地区适用的主要由罗马法演化而来的普通法从而大大加重了卖方的责任，其草案 174 条规定卖方只有在买方如果签定合同时已知货物存在瑕疵或者在使用中未尽到一般的注意义务才会免责，可以说跟普鲁士邦的草案形成两个极端；最终纽伦堡的《普通商法典》立法委员会采用的方案可以说是这两个草案的折中，因为当时《普通商法典》需要承担未来《民法典》的很大一部分功能，所以争议很大，当然后来民商分立这个问题就自动消失了，当时委员会的讨论非常有意思，详见 Protokolle der Kommission zur Beratung eines allgemeinen deutschen Handelsgesetzbuches (1858 ~ 1861), Lutz (Hrsg.), S. 643 ff。

案)》便迫不及待地推翻了《普通商法典》中在其看来对商人极不公平的第347条,而在其适用至今的第377条中重新确立了买方的检验及瑕疵通知义务,并且不再区分货物是从他处运输过来还是同一地点交易,[①]并且确定了买方此一义务只能限制在商人之间进行的商事交易。当时的立法者显然考虑到了民法与商法的界限问题,甚至他们直接在立法报告中明白无误地写到此种改变"考虑到民法与商法的原则(区别)……"[②]而跟《商法典》同时出台的德国《民法典》中则不存在这种买方检验及瑕疵通知义务,只是在其显然继承了与《普通商法典》制定过程中的德累斯顿草案中的第174条[③]一脉相承的第386条中的规定:"买方接受货物之后发现瑕疵后应毫不迟延地通知卖方,其因疏忽而未能及时告知则失去针对货物瑕疵之权利,除非卖方在恶意隐瞒货物之瑕疵。"甚至在立法动机中立法者更是直白地表达了民商法典的不同,立法者认为《民法典(草案)》直接跟德国共同法相关联,和《普鲁士普通邦法》及《萨克森邦民法典》的大部分内容也需保持一致。[④]而《商法典》的主要内容则只能是去掉《普通商法典》中被《民法典》融合的"源泉"和"开路先锋"之后剩下的大量的商事习惯法。

四、结论

海德格尔认为人的存在具有时间差异性,它始终处于一定时间内现实环境和历史阶段的其他存在之中,人总是需要通过对其他存在的理解(即所谓的前理解)来诠释其存在的可能性,而这一诠释的过程也

---

① 在当时对从汉诺威、石勒苏益格-荷尔斯泰因、梅克伦堡、奥登堡、不莱梅乃至其他州的官方商法典立法报告中"商事交易中买方不能浪费交易成本迟延其检验及瑕疵通知时间"作为德国习惯法是普遍被认同的,即使在面对面的市场交易中(Platzgeschäft)商人也应和远程交易一样很快地识别交易是否正常。详见:Denkschrift zum HGB, Amtliche Ausgabe (1896),S. 223。

② Denkschrift zum HGB, Amtliche Ausgabe (1896), S. 224.

③ 《德累斯顿草案》第174条,详见Protokolle der Kommission zur Beratung eines allgemeinen deutschen Handelsgesetzbuches (1858~1861), Lutz (Hrsg.), S. 643 ff.。

④ Motive zu dem Entwurfe eines bürgerlichen Gesetzbuches für das deutsche Reich... (1888) S. 224.

包含在所有的法律[1]中。[2] 埃塞尔在海德格尔的影响下认为法官在裁判过程中对适用标准认定和对其的理性阐释不是基于法理论系统体系上建构或者战略上最优选择,而是基于在现有社会和法律框架内在实现正义可能性的意义层面达成的共识。[3] 他理解的法官在司法裁判过程中法律发现的前理解显然是基于价值判断下现有的社会及法律现实,那么立法过程中的立法者的前理解又是什么呢? 历史回到100多年前,如果我们不再囿于私法知识体系上的建构来考虑当时的德国立法者选择民商分立的立法模式的前理解究竟为何时,也许不难发现:商法形式上的独立性问题并非是普适性的问题,相反德国商法法典化只在欧洲私法史发展到特定历史阶段在德意志当时特殊的政治社会背景下影响下偶然发生的,立法者的前理解受到诸多因素的影响。这些构成前理解的因素主要基于三点:(1)当时所处的社会现实因素,德国《普通商法典》的订立更多地反映的是在德国统一过程中在欧陆重商主义影响下德意志各邦国政治融合与经济融合的诉求,反映了商人作为一种新兴的社会力量法律自治上的诉求,基于商业习惯法的德意志地区《普通商法典》具有打破政治壁垒、穿透国家法域的功能。它是德国由分裂的邦国走向统一的具有日耳曼民族意识的国家的历史性产物,《普通商法典》无须向《民法典》在融合罗马法的过程中寻找属于德意志民族特有的民族精神,制定过程中遇到的阻力比《民法典》小得多。(2)商法的学科发展因素,在罗马法未统治欧陆以先商人法已经在欧陆市民生活中起到重要的作用,可以说先有商人法的蓬勃发展,后有罗马法的真正复兴,先有《(普通)商法典》后有《民法典》。19世纪中叶潘德克顿学派兴起后,在私法统一思潮的冲击下即使德国立法者想从形式上民商合一也发现现实中存在的大量商人习惯法很难融入《民法典》。更何况商法中的很多制度也不是源于罗马法,比如对资本

---

① Heidegger, Sein und Zeit 1984, Tübingen, S. 127,海德格尔这里用的是Recht而非Gesetz,本文中用词为法律,应该是广义的对法律权利和义务存在的理解,而不仅限狭义的法律条文。

② Heidegger, a. a. O., S. 126, 127, 130.

③ Esser, Vorverständnis und Methodenwahl in der Rechtsfindung 1970, Frankfurt, S. 11.

主义经济发展影响甚大的公司有限责任制度、票据制度、会计账簿制度等。商业习惯法的灵活性和专业性的解释规则可以满足商业交易的需求,如商法中对商人货物检验及瑕疵通知义务的标准较民法大为降低。(3)当时的立法现实中戈尔德斯密特的个人因素,他的民商法学相对性理论一方面从学科体系上迎合了当时大部分商法学者所认同的民、商法学同属私法规范的一元论,另一方面又在立法技术上基于法政策学上的考虑建构了民商法典分立的二元结构,对最终不能被德国《民法典》融合的商人习惯法做了妥善的安排,当然他在立法筹备委员会中的特殊地位也作为必然中的偶然因素起到重要的作用。

(赵守政,德国明斯特大学资本市场法与公司法研究所法学博士生)

对法律行为无效性的限制

[德]赫尔穆特·科勒(Helmut Köhler)*著　王　硕　译

目　　次

法律行为在特定条件下无效(nichtig)。当然,这样严厉的后果并非完全不受限制,而是存在许多例外情形。这些例外情形部分出自法律规定,部分源于法院的判决。本文旨在阐明法律行为无效的例外情形以及作为此例外情形的基础的法律原则,即比例原则(Grundsatz der Verhältnismäβigkeit)。

---

* [德]赫尔穆特·科勒(Prof. Dr. Helmut Köhler)。时任慕尼黑大学国际暨欧洲经济法研究所所长;慕尼黑大学教授,法学博士。

原文(Einschränkungen der Nichtigkeit von Rechtsgeschäften)发表于《法学教育》(Juristische Schulung)2010 年第 8 期。文中条文如无特别说明,均指德国《民法典》中的条文。——译者注

一、主要无效规范概述

意思表示、合同、决议或者一般法律行为在特定条件下无效。对学理、实务以及法学教育而言,《民法典》总则部分的相关条文最为重要:

1. 无行为能力人所作的意思表示(第 105 条第 1 款);
2. 虚假意思表示(第 117 条第 1 款);
3. 未依正当形式而缔结的法律行为(第 125 条);
4. 违反禁止性法律的法律行为(第 134 条);
5. 违背善良风俗的法律行为(第 138 条)。

更多的无效规范存于其他各编①以及《民法典》之外的整体性私法中。②

二、无效的含义

法律将某一法律行为(或意思表示)宣告为无效,则当事人借此所欲实现的法律后果③自始不能发生。无效原则上具有对世效力。无效在诉讼中应当被考虑而无须当事人主张。④

三、作为对私法自治最强限制形式的无效性

民法系由私法自治原则(Grundsatz der Privatautonomie)所支配:个体应当能够以自主决定和自我负责的方式安排其法律关系;法律行为便是达成这一目标的手段。然而,由于有种种导致所欲达成的法律后果不能完全生效(wirksam werden)的原因,某一法律行为所欲达成的

---

① 比对第 311b 条第 2 款、第 4 款(债法编);第 1229 条(物权法编);第 2263 条(继承法编)。

② 比对商法领域如《商法典》(HGB)第 74a 条,公司法领域如《有限责任公司法》(GmbHG)第 33 条第 2 款第 3 句,卡特尔法领域如《欧盟运作模式条约》(AEUV)第 101 条第 2 款。

③ 依据法律可以从无效性中得出其他的法律后果。例如在法律行为因符合第 118 条的要件(欠缺真意)而无效的情况下,如双方已完成给付交换,则产生返还清算请求权(第 812 条以下)以及损害赔偿请求权(第 122 条)。

④ BGHZ 107, 268 (270) = NJW 1989, 2059 m. w. Nachw.

法律后果,只有在法律允许的情况下才能发生。因此民法设置了限制法律行为效果的层级体系(abgestuftes System):

在某些情况下,法律行为的当事人可以通过撤销(Anfechtung)或撤回(Widerruf)的方式摆脱该法律关系。然而,这需要以在特定期间内的相应的积极行为(Tätigwerden)为前提。通过法律行为的不生效机制对法律行为效果的限制则更加严格。其表现为三种形式:未定的不生效(schwebende Unwirksamkeit)、[1]相对的不生效(relative Unwirksamkeit)及绝对的不生效(absolute Unwirksamkeit)。其中绝对的不生效(absolute Unwirksamkeit)被称为无效(Nichtigkeit)。[2]相应地,法律行为的无效是对私法自治最高程度的限制。

四、无效机制作为对基本权利的妨害以及比例原则

由于私法自治作为一般行为自由的一部分(《基本法》第2条第1款)而受到《基本法》的保护,则法律行为的无效机制便意味着对基本权利的妨害(Grundrechtseingriff)。[3]故其必须满足比例原则(Grundsatz der Verhältnismäβigkeit)的要求。这意味着,为达到所追求的(正当)目的,对基本权利的妨害是有效、必要且适当的。有效性意味着对基本权利的妨害能够达到所追求的目的。必要性意味着采取其他更为缓和的手段无法达到该目的。适当性(狭义的合比例性)意味着妨害基本权利所造成的损害应与所追求的目的相称(nicht auβer Verhältnis stehen)。[4]

如下文所述,一切对法律行为无效性的限制,无论该限制是源自立法者自身所作的规定,或是由法院判决以法律续造(Rechtsfortbildung)的方式所发展而成,其均能够基于比例原则而被理解及正当化(rechtfertigen)。此外,对比例原则的反思(Besinnung)能够促进对无效

---

① schwebende Unwirksamkeit 在中国法上的对应概念为“效力未定”。——译者注

② 法律所使用的不生效(Unwirksamkeit)概念,其含义一般为无效(Nichtigkeit)。(比对第779条第1款)

③ Dazu *Voβkuhle/Kaiser*, JuS 2010, 313.

④ Vgl. BVerfGE 35, 382 (400f.) = NJW 1974, 227.

的进一步限制。当然,考虑到这一原则的相对模糊性(Unschärfe),应当在某种程度上给予立法者以裁量空间(Ermessensspielraum)。因此,并且为了法律的确定性,需要以一切科学努力中的所必要的谨慎(Vorsicht)、依据比例原则,对某些法定的无效规则作出修正。

对法律行为无效性的限制分为三个层面:其一是无效法律规范的构成要件层面;其二是无效的法律后果层面;其三是主张(Geltendmachung)无效的层面。

五、对无效规范构成要件的限制

(一)通过例外规则作出的限制

某一无效规范的构成要件可以通过例外规则而受到限制。其示例有三:

1. 已成年的无行为能力人所实施的日常生活行为

第 105a 条第 1 句是第 105 条第 1 款的特别规定。依据第 105a 条,已成年的无行为能力人所实施的"涉及价值不大的日常生活行为(Geschäft des täglichen Lebens)",如其给付与对待给付已经履行,则为有效。这一例外规定可以增强心神耗弱者的自主性(Eigenverantwortlichkeit)并促进其社会地位的解放(soziale Emanzipation)。当然,该规定的适用终归要考虑到针对干预私法自治的比例原则。

第 105 条第 1 款的目的在于保护无行为能力人,使其免予承受交易行为的不利后果;但这不等于要将已成年的无行为能力人以自己拥有的金钱支付的日常交易作无效处理,例如购买食物、看电影、理发等。当然,假如法律行为会导致"无行为能力人人身或财产的严重危险",则不适用前述规则,例如从酗酒者手中购买烧酒的情形。① 第 105a 条第 2 句对第 1 句的例外规则作出了相应的限制。

另一个问题是,是否需要依据比例原则,如第 105a 条的规定一样

① Vgl. Palandt/Ellenberger, BGB, 69. Aufl. (2010), § 105a Rdnr. 5.

对第105条第1款的构成要件作出进一步的限制?[1] 当然,这一需要并不十分迫切。

2. 违反禁止性规定的法律行为

另一个例子是第134条。依据该条,违反法律禁止性规定(gegen ein gesetzliches Verbot)的法律行为无效,“除非法律另有规定”。这里的“法律”主要是指禁止性法律(Verbotsgesetz)。因此应当通过解释来确定,对该法律行为所形成的规整状态予以认可或使其存续,是否与禁止性规定的意义和目的不相符合。[2] 但这并不意味着在有疑义时应作出无效的推定。[3] 毋宁说,法律行为无效只能是在非此便无法实现法律的保护性目的时的最后手段(ultima ratio)。因此,应当依据比例原则考量禁止性法律中所规定的制裁是否足够保证其保护目的的实现。如果并非如此,则应进一步考察,该保护目的是否要求法律行为无效或者民法是否有影响更小的制裁手段(weniger einschneidene Sanktion)——即相同或更好地考虑到保护目的的、合适的制裁手段——可资利用。这一情形突出表现在有关法律上履行不能的规范当中(第311a条第1款)。

示例:假如一个“神迹治疗者”(Wunderheiler)缔结了治疗癌症的合同,则该合同违反了法律的禁止性规定,因为只有特定的人(获准执业的医生)方得从事医疗活动。根据通行的观点,[4]该医疗合同依第134条而无效。反之,更可取的做法是将其判定为(法律上的)履行不能。由于“神迹治疗者”被禁止从事医疗活动,则履行对于他来说属于(法律上的)履行不能。依据第311a条第1款的规定,该合同并非无效;毋宁说

① Vgl. dazu *Canaris*, JZ 1987, 993, und JZ 1988, 494; *Wedemann*, AcP 209 (2009) 668.

② Vgl. BGHZ 115, 123 (125) = NJW 1991, 2955; 143, 283 (286) = NJW 2000, 1186.

③ 虽然这是通行的观点,但比对 Palandt/Ellenberger (o. Fuβn. 8), § 134 Rdnr. 7; *Armbrüster*, in: MünchKomm - BGB, 5. Aufl. (2006), § 134 Rdnr. 103; *Bork*, BGB AT, 2. Aufl. (2006), Rdnr. 1111. - Wie hier: Jauernig/Jauernig, 13. Aufl. (2009), § 134 Rdnr. 8。

④ Palandt/Ellenberger (o. Fuβn. 8), § 134 Rdnr. 18 m. w. Nachw.

癌症患者得依据第 326 条第 1 款第 1 句的规定免予承担支付报酬的义务。但患者仍可能保有合同损害赔偿请求权,特别是源自第 311a 条第 2 款第 1 句的请求权;并且这正是“履行不能方案”(Unmöglichkeitslösung)较之于“无效方案”(Nichtigkeitslösung)的优点之所在。

3. 一般交易条件的无效

第三个例子是第 306 条关于一般交易条件不生效(无效)的规定。依据第 139 条的原则,此类合同条款自身的不生效可能会导致合同整体无效。依据该规定,如果不能认定除去该无效部分法律行为仍能成立,则法律行为的部分无效即意味着法律行为的整体无效。

然而,对于无效的一般交易条件所涉及的合同当事人而言,这样的法律后果未免口惠而实不至(Steine statt Brot)。因此,作为第 139 条的特别法(lex specialis),第 306 条第 1 款规定,在一般交易条件全部或部分无效的情况下,合同的其余部分仍然有效。① 依据第 306 条第 2 款,由此而产生的合同漏洞应以如下方式填补,即“依据法律规定”来确定合同内容。假如不存在这样的法律规定,则应当尝试以补充性合同解释(ergänzende Vertragsauslegung)的方式来填补漏洞。②

然而,第 306 条第 3 款又以反向例外(Gegenausnahme)的形式,对第 306 条第 1 款的例外规则作出了限制。依该款规定,即使考虑到依第 306 条第 2 款所拟定的变更,而维持合同对于一方当事人而言仍意味着过分苛刻(eine unzumutbare Härte)的,则(全部)合同不生效力。③

前述的例外与反向例外的正当性同样源自干预私法自治的比例原则。

(二)通过目的性限缩作出的限制

此外,对无效规范作出目的性限缩(teleologische Reduktion),是针对无效规范构成要件的一个不成文的限制手段(eine ungeschriebene

---

① 比对 *BGH*, NJW 2007, 3568 (Tz. 12). 联邦最高法院于此指出,如果合同条款的无效性源自《民法典》相关条文(第 307 条以下)之外的其他法律规定——例如《欧盟运作模式条约》(AEUV)第 101 条第 2 款(卡特尔禁令),则同样适用第 306 条。

② Vgl. *BGH*, NJW 2007, 3568 (Tz. 21).

③ 比对 *BGH*, NJW 2007, 3568 (Tz. 25),其中针对汽车分销合同(Kfz - Vertragshändlervertrag)的部分。

Einschränkung)。如果某一规范的目的不适合特定案件或者其他规范的目的要求排除该规范适用,那么此案应当被排除在该规范的适用领域之外。[①] 这一论断是以法律的违反计划性的不完满性(planwidrige Unvollständigkeit)意义上的隐藏法律漏洞(verdeckte Regelungslück)的存在为前提的。[②]

一个重要的示例是恶意欺诈或非法胁迫的情形。以此种方式作出的法律行为可能因符合违背善良风俗(第138条第1款)的构成要件而产生无效的法律后果。但《民法典》仅将此种情形规定为可撤销的法律行为(第123条)。

这涉及与第138条的特别规定相关的判决。[③] 只有在对意思表示的不正当影响行为中,存在使法律行为呈现出违背善良风俗的整体特征的其他情况,方得适用第138条。[④] 但更确切地说,这属于对第138条第1款的目的性限缩。假如依据第138条第1款违背善良风俗的规定而认定法律行为无效,则会妨害第123条(纯粹意义上的可撤销法律行为)的规范目的。

六、对无效规范法律后果的限制

即使法律行为完全符合无效规范的构成要件,无效法律后果的严厉性也会显得不成比例(unverhältnismäβig)。因此产生了这样的问题:是否能够对无效合同或合同无效条款中尚可容许的内容予以维持,使当事人的意思尽可能生效。立法者为此设定了若干规则。此外尚有经由法官法(Richterrecht)发展而来的对无效后果作出修正的可能性

---

① Vgl. *Köhler*, BGB AT, 33. Aufl. (2009), § 4 Rdnr. 24.

② *BGH*, NJW 2009, 427 (Tz. 22); BGHZ 149, 165 (174) = GRUR 2002, 238.

③ *BGH*, NJW 2008, 982 (Tz. 11), 以"诱骗销售"(Lockvogelangebots)的手段缔结婚姻中介合同的情形。

"Lockvogelangebots"是竞争法领域的概念。其意指:商家以低价销售某种商品,但此种商品并无现货供应或其现货数量完全不能满足需求;被低价吸引而来的顾客往往在商家的劝诱下,转而以高价购买他种商品,并误以为该商品同样是以所谓"低价"购得。这一劝诱行为往往涉嫌违背善良风俗。——译者注

④ *BGH*, NJW 2008, 982 (Tz. 11) m. w. Nachw.

(Korrekturmöglichkeiten)。

(一)以另一法律行为替代无效的法律行为

如果某一法律行为无效,则另一法律行为可以在特定条件下取而代之。

1.被虚假行为所隐藏的法律行为

依据第117条第1款,通谋而为的虚假意思表示无效。当事人完全不想使客观的表示内容(das objectiv Erklärte)得到实现。这里涉及所谓的虚假行为(Scheingeschäft)的问题。通常当事人所欲达到的目的是欺诈第三方,例如避税或节省费用。法律设置了虚假行为无效制度,尽管由于缺少法效意思(Rechtsfolgewillen),意思表示自身的构成要件根本不存在。① 很明显,任何一方当事人均不能援引此法律行为对抗对方当事人或第三人,亦不能据此主张相应的法律效果。

示例:A打算向未婚妻T提供无息借款用于购房。然而为了规避赠与税(Schenkungsteuer),双方以书面形式缔结了利息率为3%的借贷合同。此后A与T失和,A因而向T索要"约定的"利息。T则可以主张,依据第117条第1款,该利息约定无效;从而无须支付利息。

然而在无效的法律行为背后可能隐藏着当事人实际欲达成的行为。依据第117条第2款,所谓隐藏行为(verdeckte Geschäft)适用关于该行为的规定。因此隐藏行为取代了无效的虚伪行为。隐藏行为并非仅依第138条的规定便归于无效,因其此前并未被当事人所揭示(aufgedeckt)。

示例:在前述案例中,如果A与T实际上打算缔结无息借贷合同,因此依据第117条第2款该无息借贷合同有效。②

如果有针对隐藏行为的特别规定,则必须遵守这些规定。典型的例子是"非法买卖"(Schwarzkauf)。

示例:如果不动产买卖合同的当事人以低于实际期望水准的价格作成登记,则该合同系无效的虚假行为。依据第117条第2款,应以该隐藏行为,即当事人所真实期望的、依双方协商一致的价格而为的不动

---

① Vgl. BGHZ 45, 376 (379) = NJW 1966, 1747; Palandt/Ellenberger (o. Fuβn. 8), § 117 Rdnr. 1.

② Nach *BGH*, NJW-RR 2006, 283.

产买卖,来取代该虚假行为。但此时该合同并未依第 311b 条第 1 款第 1 句的规定而作成公证证书,故依据第 125 条第 1 句的规定该合同因形式瑕疵而无效。(当然,依据第 311b 条第 1 款第 2 句的规定,该形式瑕疵可以治愈)。

2. 无效法律行为的转换

初看之下,第 140 条可与第 117 条第 2 款相对比。但第 140 条的前提是:当事人对其所缔结的法律行为无效并无认识,[1]因此他们——不同于虚假行为的情形——确实想要实现相应的法律效果。如果当事人依该法律行为所欲达到的经济上的效果,能够以另外的、为法律所许可的方式而实现,则可以考虑将该无效的法律行为转换(Umdeutung, Konversion)为另一法律行为,即所谓替代行为(Ersatzgeschäft)。第 140 条将其规定为:"如果无效的法律行为符合另一法律行为的要件,并且可以假定若当事人知道前一法律行为无效便会适用后一法律行为,则后一法律行为有效"。无效法律行为的转换依据法律规定而直接发生,无须当事人作出相应的意思表示。[2] 无效法律行为的转换并不仅限于无效法律行为的本来意义,亦适用于失效(wirkungslos)的意思表示。

示例:如果对租赁合同即时解除权(fristlose Kündigung)的约定因欠缺必需的重要理由(第 543 条)而无效,则将其转换成附期限的正常解除权(befristete ordentliche Kündigung)是可能的;转换的前提是:从解约宣告的内容中能够确定无疑地得出合同关系无论如何也应当被终结的结论。[3]

第 140 条的正当性同样源自比例原则:一方或双方当事人依无效法律行为所欲达到的效果不应被彻底排除,而应在法律允许的范围内得到实现。

(二)维持效力的缩减

1. 总述

维持效力的缩减(Geltungserhaltende Reduktion)意味着某一合同

---

① Dazu BGHZ 125, 355 (364) = NJW 1994, 1785.

② Vgl. *BAG*, NJW 2002, 2972 (2973); Palandt/Ellenberger (o. Fuβn. 8), § 140 Rdnr. 1.

③ *BGH*, NJW 1981, 977.

的无效约定,就其被容许的或适当的内容仍予以维持。[①] 其教义学基础是第139条[②]的准用以及第140条。[③] 故依据相关裁判,第139条原则上亦可适用于以下情形:如果当事人起初知晓无效的存在,则会达成另外的、将无效限制在被允许范围内的约定并以此代替不生效力的约定,同时以可明确界定的方式将合同内容中的无效部分和不受无效影响的部分区别开来。[④] 然而,此一法官法意义上的合同修正(richterliche Vertragskorrektur)只是受到严格限制的例外情形。这一方面是出于预防(Prävention)的原因:[⑤]只有在无效规范的目的旨在保护一方当事人的情况下,这一缩减方有其作用。否则,占据优势地位的合同当事人便可毫无风险地缔结不利于另一方当事人的合同条款,因为最坏的情形也不过是将无效的合同条款恰好缩减为被容许的内容。[⑥] 另一方面则是出于尊重当事人意志的原因:法官不应取代合同当事人的位置来拟定合同内容;法官代替当事人而维持的合同内容可能并不符合当事人的意愿。

2. 具体案型

依据相关判决,维持效力的缩减可进一步区分为以下两种类型:

(1)减轻对一方当事人时间上的约束

根据相关判决,对合同一方当事人束缚期间过长从而依第138条

---

① Dazu *BGH*, NJW 2005, 3061 (3062) = NZG 2005, 843. – Aus dem Schrifttum vgl. *Hager*, Gesetzes – u. sittenkonforme Auslegung u. Aufrechterhaltung v. Rechtsgeschäften, 1983, S. 9ff.; *Roth*, JZ 1989, 411; *Zimmermann*, Richterl. Moderationsrecht oder Totalnichtigkeit?, 1979.

② Vgl. BGHZ 146, 37 (47f.) = NJW 2001, 815 = JuS 2001, 606 (*Emmerich*). Im Schrifttum sind die Meinungen geteilt. Gegen die Möglichkeit einer geltungserhaltenden Reduktion z. B. *Häsemeyer*, in: Festschr. f. Ulmer, 2003, S. 1097ff.; für ihre Ausweitung *Faust*, in: AnwKomm – BGB (2005), § 139 Rdnrn. 24ff., 31ff.

③ BGHZ 68, 204 (207) = NJW 1977, 1233.

④ BGHZ 107, 351 (355f.) = NJW 1989, 2681; 146, 37 (47f.) = NJW 2001, 815 = JuS 2001, 606 (*Emmerich*).

⑤ Vgl. *Faust*, in: AnwKomm – BGB (o. Fuβn. 26), § 139 Rdnr. 33.

⑥ BGHZ 147, 37 (47) = NJW 2001, 815 = JuS 2001, 606 (*Emmerich*), zu § 138.

应为无效的约定，在其被容许的期间范围内，得维持其效力。这尤其适用于啤酒供应合同、[①]自动售货机安装合同、合伙合同中的退伙条款(Hinauskündigungsklauseln)[②]以及合伙合同、劳务合同、买卖合同、租赁合同结束后的竞业禁止条款。

此类竞业禁止条款原则上是被允许的，只要它们有必要保护合同当事人免遭为竞业禁止条款所约束的另一方当事人滥用其职业自由(Berufsausübungsfreiheit)的侵害。但此类条款如果在空间、标的以及时间方面超出了必要限度，[③]则依据第138条[④]而归于无效。依据判决意见，竞业时间限制的上限是2年。如果无效的原因仅在于竞业限制时间过长，那么可以认为竞业限制的时间为2年。

示例：如果税务师事务所合伙合同约定，合伙人退职之后5年内不得受雇于该所此前的委托人，则该竞业禁止条款并非完全无效，其有效部分为2年。

如果竞业禁止条款在标的及空间方面超出必要限度，则并不考虑适用限缩，这与时间超出必要限度的情形不同。因为法官的任务并不是取代当事人的位置、充分考虑双方的利益及个案中的实际情况而拟定合同。

(2)减轻对待给付

如果某一合同因其为一方当事人设定了过高的对待给付，从而因违反善良风俗(第138条)而无效，那么原则上不得在合理范围内继续维持该对待给付的效力。因为确定某一物品或劳务的适当价格或所谓"公平"价格并不是法官的职责。[⑤]

---

① *BGH*, NJW 1992, 2145 (2146).

② Vgl. z. B. *BGH*, NJW-RR 2007, 1256 (Tz. 18-25) = NZG 2007, 583 (退出合伙合同的权利).

③ *BGH*, NJW 2005, 3061 (3062) = NZG 2005, 843 m. zahlr. Nachw.

④ 此类条款也可能依据《反限制竞争法》(GWB)第1条与《民法典》(BGB)第134条的结合而归于无效，或者依据《欧盟运作模式条约》(AEUV)第101条第2款而归于无效。

⑤ BGHZ 68, 204 (207) = NJW 1977, 1233; Palandt/Ellenberger (o. Fuβn. 8), § 138 Rdnr. 19.

在例外情况下,如果因相关当事人依赖合同给付,故总体上维持合同效力对其有利,则可以考虑将对待给付缩减至被容许的[①]或者适当的[②]额度。否则将会造成与无效制度所欲达到的保护目的恰恰相反的后果(in sein Gegenteil verkehrt)。如果适当的价格能够依据一定标准确定(normativ bestimmen),如在租赁合同("依当地习惯的租赁")或存在价格规范(Preisvorschriften)的情形,则应适用该基准性价格。在其他情况下,尤其是由垄断企业作出的事关公共利益的给付,则应参照第315条第1款、第3款的规定进行公平性审查(Billigkeitskontrolle)。[③] 法院于此须确定"公平"的、亦即适当的价格。

(三)有瑕疵的劳动合同与合伙合同

对于劳动合同与合伙合同的无效(及撤销)同样适用特殊的原则。在此类合同业已进入履行阶段的情况下,依据第812条以下的规定[④]而进行返还清算(Rückabwicklung)可能导致不合理的后果,并且在合伙合同的情形——可能会危及第三人的利益。在此种情况下,瑕疵合同(fehlerhafte Vertrag)的结束可以仅向将来(ex nunc)生效;确切地说,劳动合同依即时的不要式宣告(formlose Erklärung)而结束,[⑤]合伙合同依通知终止(Kündigung)而结束。[⑥]

但是,这一对无效的限制只有在其符合相应无效规范的保护目的的前提下方被容许。如果对无效的限制与重要的公共利益或者某些值得特别保护的人(besonders schutzwürdiger Personen)的利益相悖,[⑦]则

---

① So BGHZ 89, 316 (319) = NJW 1984, 722 (违反《经济刑法》(WiStG)第5条的房租过高的情形); BVerfGE 90, 22 = NJW 1994, 993.

② Dafür *Canaris*, in: Festschr. f. Steindorff, 1990, S. 519ff. (529f.); *Hager*, JuS 1985, 264 (267).

③ Vgl. BGHZ 115, 311 (316) = NJW 1992, 171; 172, 315 (Tz. 33ff.) = NJW 2007, 2540; *BGH*, NJW 2008, 2175 (Tz. 23).

④ 《民法典》第812条以下系不当得利的相关规定。——译者注

⑤ Vgl. Palandt/Weidenkaff (o. Fuβn. 8), § 611 Rdnr. 23.

⑥ BGHZ 55, 5 (8) = NJW 1971, 375; *BGH*, NJW 2005, 1784 (1785) = NZG 2005, 467, 关于隐名合伙(stillen Gesellschaft).

⑦ BGHZ 153, 214 = NJW 2003, 1252 (1254); *BGH*, NJW 2005, 1784 (1785) = NZG 2005, 467.

不适用上述瑕疵合伙的原则。合伙合同违反法律的禁止性规定(第134条)、合伙目的不符合善良风俗或者存在严重违背善良风俗的其他情形,均属于有悖重要的公共利益的情形。值得特别保护的人尤指无行为能力人(Geschäftsunfähige)。

劳动合同的情况与合伙合同相似。例如,劳务给付自身违背善良风俗甚至应受刑事处罚、合同的主要目的在于逃避缴纳个人所得税及社会保险费或者存在虚假行为(第117条)的情形,[1]劳动合同的无效应溯及既往(ex tunc)。

七、无效原因嗣后消灭

(一)原则

法律行为无效的原因可以嗣后消失:例如构成第134条意义上违反禁止性法律或者第138条意义上违背善良风俗的情形消灭(wegfallen)。然而法律行为原则上仍为无效。[2] 但即便在此种情况下,《民法典》仍然尽可能地将当事人意愿,以及针对干预私法自治的比例原则纳入考虑范围。

(二)通过履行来治愈因形式瑕疵而导致的无效

倘若法律行为必须依特定形式(尤其是以书面形式或作成公证证书的形式)实施,依据第125条第1句,不遵守形式要求的法律行为无效。然而在特定情况下,合同的履行可以治愈形式瑕疵,其效力仅向将来发生(ex nunc)。相关的重要规则包括第311b条第1款第2项,第494条第2款,第518条第2款,第766条第3句,第2301条第2款。

示例:依据第518条第1款,赠与的约定应当以公证证书的形式为之。该规定旨在提醒赠与人,防止其草率(Übereilung)地作出决定。但依据第518条第2款,如果赠与人自愿履行该约定,则“形式瑕疵被治愈”,合同向将来生效。已作出的给付不得请求返还。

---

① Palandt/Weidenkaff (o. Fuβn. 8), § 611 Rdnr. 23 m. w. Nachw.

② Vgl. *BGH*, NJW 2007, 2841 (Tz. 13); Palandt/Ellenberger (o. Fuβn. 8), § 138 Rdnr. 10; a. A. *Looschelders*, in: AnwKomm – BGB (o. Fuβn. 26), § 138 Rdnr. 126.

此类治愈规则的正当性同样借助比例原则来证成:如果一方当事人自愿决定履行未按照形式要求而约定的给付,则没有必要对其加以保护。然而,考虑到相关治愈规范各自不同的保护目的,不能从这些规定中推导出一般性的原则,即每一个因形式瑕疵而无效的法律行为均可通过履行而被治愈。①

(三)无效法律行为的"确认"

除了因形式瑕疵而无效的法律行为被治愈的情形,即使无效原因嗣后消灭,法律行为亦仍为无效。当事人虽然可以因目前被允许而重新实施该法律行为,但依据第141条第1款,他们有更加简单的方式来维持法律行为的效力:"确认"(Bestätigung)意味着当事人表示,对迄今无效的法律行为自此承认其为有效并且坚持履行这一法律行为。这需以确认意思(Bestätigungswillen)为前提,并且当事人必须知晓无效性或者至少对有效性存疑。②

示例:如果租赁合同因一方当事人无行为能力而无效,但在此期间内该行为人重新具有行为能力,则可将租赁关系的默示延长(stillschweigende Fortsetzung)视为确认;其前提是当事人已认识到合同的无效性或已对其有效性产生怀疑。

如第141条第1款所述,无效法律行为的确认应当被视为法律行为的重新实施(erneute Vornahme)。这并非意味着,法律行为当事人必须重新作出该行为,比如重新拟定所有的条款并签署一份新的合同文件。毋宁说,被确认的法律行为自被确认时起必须符合一切生效的前提条件。③

八、不得主张无效

(一)总述

原则上,在对方当事人依据无效法律行为行使权利时,任何一方当事人均有权主张该法律行为无效。然而特定情况下,对无效的主张有

---

① Vgl. *BGH*, NJW 1967, 1128; Palandt/Grüneberg (o. Fußn. 8), § 311b Rdnr. 54 m. w. Nachw.

② BGHZ 129, 371 (377) = NJW 1995, 2290; *BGH*, NJW 2007, 2841 (Tz. 14).

③ Palandt/Ellenberger (o. Fußn. 8), § 141 Rdnr. 5.

违诚实信用原则(第 242 条),主张无效的权利被禁止行使。其结果便是,该法律行为视为有效。然而,需采取审慎(Zurückhaltung)的态度适用第 242 条。单纯出于公平方面的考量(Billigkeitserwägung)并不足以否认法律行为的无效性。[①] 毋宁需权衡特定情况下当事人的利益及相关形式规范的保护目的(Schutzzweck)。

(二)具体案型

尽管在所有无效的原因中均需考虑权利滥用(Rechtsmissbrauch)的抗辩,实践中这一抗辩的作用主要表现在两方面:因形式瑕疵而导致的无效(第 125 条第 1 句)以及因违反法律而导致的无效(第 134 条)。

1. 不得主张形式瑕疵

依据法院判决,[②]主张形式瑕疵得依据第 242 条而例外地构成权利滥用,即法律行为无效所导致的后果不仅严厉,而且到了完全难以承受的程度。为法院判决所认可的相关情形包括,危及一方当事人生计(Existenzgefährdung des einen Teils)以及另一方当事人严重违反忠实义务的情形[③]——后者例如,合同的一方当事人阻碍另一方当事人履行相关形式义务。

2. 不得主张违反法律

在特定情况下,对合同违反法律而无效的主张同样可能因构成权利滥用而不被允许:例如因违反禁止黑工的法律(Schwarzarbeitsgesetz)而无效的承揽合同业已履行完毕(abgewickelt)的情形。[④] 当然,于此始终要考虑到相关禁止性法律的保护目的。[⑤]

示例:若某屠宰工凭借伪造的医师执业证明而在医院骗取了外科医生的职位,则其所缔结的劳务合同(Dienstvertrag)无效并且是永久无

---

① *BGH*, NJW 2004, 3330 (3331).

② Vgl. *BGH*, NJW 2005, 2225 (2227) = NZM 2005, 502; NJW 2008, 2181 (Tz. 28) = NZM 2008, 484.

③ Vgl. BGHZ 138, 339 (348) = NJW 1998, 2350; zum Ganzen *Köhler* (o. Fuβn. 16), § 12 Rdnrn. 17 – 20 m. w. Nachw.; *Armbrüster*, NJW 2007, 3317.

④ Vgl. BGHZ 85, 39 (47ff.) = NJW 1983, 109.

⑤ BGHZ 164, 275 = NJW 2006, 294 (296); 111, 308 (313) = NJW 1990, 2542; 118, 142 (150) = NJW 1992, 2021; 118, 182 (193) = NJW 1992, 2557.

效。此人同样不能因其成功地完成了工作而请求支付约定的报酬。①

九、结论

法律行为或意思表示的无效机制代表法律对私法自治最强烈的干预。考虑到相关无效规范的保护目的,这一干预可能是不成比例的(unverhältnismäβig)。因此,比例原则(Der Grundsatz der Verhältnismäβigkeit)正是立法和判决对无效作出种种限制的基础及正当性之所在。可以针对无效规范的构成要件、无效的法律后果以及对无效的主张来对无效作出限制。比例原则不仅有助于对这一限制的理解,而且有助于更加精确地确定其在个案中(im Einzelfall)的作用范围(Tragweite)。此外,比例原则亦可为法律的进一步发展提供助力。

(王硕,清华大学法学院民法专业博士研究生)

① Vgl. BAGE 112, 299 = NZA 2005, 1409.

论美国侵权法中的选择责任

周彬彬

目　次

学界探讨共同危险行为时通常会提及美国侵权法中的选择责任(alternative liability),不过相关论述却非常简略,难以让人形成相对完整的认识,更不用说从中挖掘出可资借鉴或具有启发意义的地方了。本文中,笔者将尝试对该规则的起源与发展、基本内容以及对我国的启示进行详细探讨。

一、选择责任的起源与发展

(一)选择责任的起源——萨默斯案

美国侵权法中的选择责任肇端于 Summers v. Tice 案,[①]以下简称萨默斯案,学界对该案并不陌生,但现有论述仅止于只言片语式的介绍,没有凸显其开创之处以及法院是如何论证的。以下笔者将以加州最高法院的判决原文为基础对该案进行较为细致的分析。

萨默斯案的基本案情为:1945 年 11 月 20 日,原告与两被告(泰斯

① Summers v. Tice, 33 Cal. 2d 80.

及西蒙森)在某个开放区域猎鹌鹑。两被告均持12号猎枪,装填的均为含7-号弹丸的霰弹。打猎之前,原告与两被告讨论了打猎程序,指出他们在射击时将谨慎注意,并且在打猎时将"保持直线位置关系"(keep in line)。打猎过程中,原告爬上了一座小山,此时三人的位置呈三角关系。但被告们看原告的视野并未受到阻碍并且他们也知道其位置。泰斯驱赶一只鹌鹑飞了起来,飞行高度约为10英尺,该鹌鹑在原告与两被告之间飞行。两被告均朝鹌鹑开枪,射击方向恰好是原告所在方位。当时两被告均离原告约75码远。一个弹丸击中了原告的眼睛,另一个击中了其上唇。萨默斯向两被告提起诉讼,原审法院支持了其主张,认为:原告的损害系两被告射击行为的直接结果,他们均存在过失,同时原告不构成促成过失(contributory negligence)。① 两被告均提出上诉,加州最高法院进行了合并审理。就原、被告的过失而言,其肯定了原审法院的意见。② 就因果关系而言,加州最高法院认为,原审法院意见的"隐含前提是其无法确定击中原告的两个弹丸究竟是均来自同一个人,还是一个来自泰斯另一个来自西蒙森。进入原告眼睛的弹丸是计算损害赔偿金的决定因素,其不可能来自两被告,而只能来自其中之一",至于究竟来自何人则无法进一步确定。③ 加州最高法院的判决就是建立在此种不确定基础之上的。

值得注意的是,之前并非不存在与萨默斯案事实类似的判例。加州最高法院指出,"先前判例的见解是,一群人参加狩猎聚会或从事其

① 根据当时的立场,如果原告的行为构成促成过失,被告将无须承担责任。

② 关于被告的过失,加州最高法院指出,"证据表明两被告大致在同一时间或一个紧接着另一个向一只鹌鹑开枪,射击方向恰好是原告所在方位,两被告都知道原告的位置。初审法院据此足以得出以下结论,即其对原告没有尽到普通人应有的注意"。关于原告不构成促成过失,加州最高法院指出,"原告确实建议打猎过程中他们将保持大致并排的位置关系,爬到山上之后,他所在的方位也确实与两被告所在的狩猎线大致呈直角关系;但是他还提醒两被告谨慎注意,被告们也知道其位置。因此,我们认为初审法院的以下意见是妥当的,即原告不构成自担风险,同时在当时情况下也做到了像一个普通谨慎的人那样行事"。

③ 两被告使用的猎枪弹是霰弹,包含很多弹丸,猎枪弹发射出去之后,这些弹丸会散布开来形成一个打击面。原告仅是被两个弹丸击中,被告使用的猎枪弹型号又相同,因此无法判定这两个弹丸究竟来自何人。

他使用枪支的活动时,若其中两人过失朝第三人所在的方向射击,那么即使该第三人的损害仅由一人的过失行为所致,两人也均须负责”。①此类案件中,法院判定各行为人均须负责的依据是其构成协同(concert)行为。但加州最高法院认为这“过分扩张了(straining)此概念,更合理的判决基础出现在 Oliver v. Miles 案的判决中”。Oliver 案的基本案情为:两被告一起打猎,其均朝一些鹌鹑射击,射击时子弹越过一条公路,击中了当时正在公路上的原告。审理该案的法院除认为两被告构成协同行为之外,还指出,“我们认为,即使没人能确定地说出究竟是谁实际击中了受害男孩,每个射击者也均须承担责任。否则,两个行为人将均逃脱责任,尽管每个人都存在过失并且系争损害源于此种过失行为”。加州最高法院非常看重后一理由,引用时用斜体字强调了“否则……”一句。阐述完既往判例的立场及其看法之后,加州最高法院接着又引用了《侵权法第一次重述》第 876 条、第 432 条第 2 款的规定②以及 Wigmore 教授和 Carpenter 教授的相关论述,这些规定和论述并不与萨默斯案直接相关,仅构成判决的间接智识基础。

基于以上认识及智识基础,加州最高法院并没有抓住两被告“参

① 其提及的判例包括:Moore v. Foster, Miss., 180 So. 73; Oliver v. Miles, Miss., 110 So. 666, 50 A. L. R. 357; Reyher v. Mayne, 90 Colo. 856, 10 P. 2d 1109; Benson v. Ross, 143 Mich. 452, 106 N. W. 1120, 114 Am. St. Rep. 675。

② 《侵权法第一次重述》第 432 条第 2 款规定:“如果存在两个积极运作的力量,其中一个源自行为人的过失,另一个则不是源自他的任何不当行为,二者均足以导致他人损害的情况下,陪审团可以认定行为人的过失是导致损害发生的实质因素”。萨默斯案的判决书只引用了该款的内容,为明晰该条的规范对象,尚需要进一步考察重述中所举的两个例证。例证一为:旱季,在一个森林地区,分别因 A 和 B 铁路公司的过失出现了两个起火点,两堆火结合在一起,然后引燃了 C 所有的林地和房屋,任何一堆火经自然发展之后均足以造成该结果。C 勉强从房屋中逃出,在此过程中,被烧伤。陪审团能够裁决 A 或 B 公司的过失或二者的过失是造成 C 损害的实质因素。这一例子涉及“聚合因果关系”,(参见王泽鉴:《侵权行为》,北京大学出版社 2009 年版,第 188 页)与萨默斯案存在明显差异。除以下情形外,例证二与例证一相同:一堆火是 A 公司的过失所致,另一堆火是闪电所致或其原因不明。陪审团可以裁决 A 的行为是造成 C 损害的实质因素。

加狩猎聚会"这一点不放,在"协同行为"上做文章,[1]而是以公正性为基础将证明实际致害者的证明责任移转给两被告,这就是萨默斯案的开创性所在。加州最高法院在判决书中写道,"考虑到当事人的相对地位(relative position)以及若要求原告须将损害仅归咎于诸被告中的某个人将产生的结果,显然需要将此问题的证明责任(burden of proof)移转给诸被告。他们均为不法行为人,并且都对原告存在过失。他们造成了如下状况,即其中一人的过失行为给原告造成了损害;因此让他们中的每个人为自己开脱(如果能的话)将是其分内之事。受害人被诸被告置于不公正的处境之下,其需要指出究竟哪个被告造成了损害。若其中一个能够逃脱责任,另一个将也可以,原告将无法获得救济。通常,在提供证据证明究竟何人造成损害方面,被告们的处境要远好于原告"。[2]

---

① Kionka教授指出,"加州最高法院没有像有些法院那样,做出存在协同行为这种并不可信(dubious)的认定"。Edward J. Kionka, *Torts*, 5th ed., Thomson Reuters, 2010, p.35.

② 叙述完这段实质性判决理由之后,加州最高法院还提及了Ybarra v. Spangard案,Ybarra案是关于"事实自证"(res ipsa loquitur)的著名判例,以下对萨默斯案与该案的关系进行简要分析。从加州最高法院的相关表述来看,其似乎仅试图用该案佐证将证明责任移转给被告的理由。其指出,"这一理由最近在本院中亦获得了支持,在一个事实非常类似的判例中,本院认为,在医院手术台上无意识期间遭受损害的病人能够让与该手术存在关联的全部或任何人承担责任,尽管其不能指出哪个人的行为造成了损害。Ybarra v. Spangard, 25 Cal. 2d 486, 154 P. 2d 687, 162 A. L. R. 1258.该案中,本院考虑的是该病人能否援用'事实自证',而非证明责任由谁负担,不过该案判决的效果是:原告提出据以推论出过失(该过失是损害的近因)的证据之后,被告们将负责解释损害的原因。本院在那里说道,若该准则继续服务于有用的目的,我们不应忘记'作为一项让某方当事人负担提出证据义务的假定,该规则的力量和正当性在于系争情况下关于真正原因的主要证据(不论是有过失的还是无辜的)'对被告而言具有可获得性,而对受害人而言则不具有可获得性。类似地,在本案中,原告无法证明哪个被告造成了其损害"。笔者以为,有必要将萨默斯案所开创的选择责任与Ybarra案予以区分,第三次重述的报告人指出,"选择责任的理由,即让有过咎的被告们而非无辜的原告承担错误风险,并不适合Ybarra案。Ybarra案旨在为在一起工作且紧密团结的专业群体制造提供证据的激励,该证据可能掌握在该群体的很多人手中"。[Restatement (Third) of Torts: Liability for Physical and Emotional Harm § 28 Reporters' Note comment f (2010).] Ybarra案因为将"事实自证"适用于存在数个被告的场合而遭到众多法院的拒绝,但Dobbs教授指出,"法院能够一面一口拒绝Ybarra案,一面非常合乎逻辑地赞同萨默斯案"。[Dan B. Dobbs, *The Law of Torts* § 175 p.430 (2000)]

加州最高法院确立的“证明责任移转”处理方案与“协同行为”处理方案的区别主要在于：前者的适用不以诸被告构成协同行为为必要，[①]不过被告能通过证明其行为未造成损害或其他人的行为实际造成损害而免责；而在后者之下，即使能证明实际加害人是谁，其他人也无法免责。加州最高法院所引的《侵权法重述》第876条(b)项的评注中所举的示例可说明此点：A和B是一次狩猎聚会的参加者。他们均在另一方在场的情况下隔着一条公路射击某个动物，这对在公路上的人构成过失。A击中了该动物，B的子弹则击中公路上的行人C。A亦须对C负责。

选择责任提出之后获得了广泛认可，第二及第三次侵权法重述均辟专条予以规定。以下笔者将对两次重述进行简要考察。

(二)从侵权法第二次重述到第三次重述

《侵权法第二次重述》§433B(3)规定，“若两个或者两个以上行为人的行为均具有侵权性，并且已证明原告的损害仅为其中一人所致，但不能确定是哪个人；那么每个行为人都将承担证明其未造成损害的(证明)责任”。[②]

评注f指出，该规定的理由在于“允许不法行为人(他们中的某人给完全无辜的原告造成了损害)仅因以下原因而逃脱责任是不公平的，即其行为与损害的性质使得难以或不可能证明造成损害者为何人”。这种正当化说明与萨默斯案相同。《侵权法第二次重述》评注g阐述了原告仍须负担的证明责任，即证明诸行为人的行为均具有侵权性并且损害系由其中某个人的行为所致。评注h则描述了既有案件的特点，即“迄今，适用第(3)款所述规则的案件中，所有相关行为人都被合并作为被告。所有案件均涉及同时发生(或实质上如此)的行为，并

① 加州最高法院指出，“鉴于此处讨论的政策理由，本案判决建立在以下法律观点的基础之上，即本案的情况下，不论他们被认定为协同行为还是独立行为，每个被告都要对全部损害负责”。

② 该款的原文为：“Where the conduct of two or more actors is tortious, and it is proved that harm has been caused to the plaintiff by only one of them, but there is uncertainty as to which one has caused it, the burden is upon each such actor to prove that he has not caused the harm.”

且所有人均从事了实质上性质相同的行为,制造了实质上相同的风险”。值得注意的是,这些内容并未作为“要件”出现在重述的“黑体字”部分,①相反,重述对未来发展持开放态度,评注h指出,“未来可能出现有必要对本款所述规则进行更改的案件,其原因或者是某个涉及的行为人由于事实复杂未被或无法被合并作为被告;或者是时间间隔;或者是各行为人之行为的性质或其所制造的风险存在实质不同。因为此类案件尚未出现,可能发生的情形又难以预料,本款没有试图解决这些问题。若案件事实要求,第(3)款所述的规则并不欲阻止可能的修改”。

《侵权法第二次重述》自1965年出版以来,法院普遍接受了选择责任规则,同时充实了其限制。② DES诉讼及石棉诉讼为选择责任的发展提供了契机,此类案件中的加害人不确定难题引发了大量依据选择责任提出的请求。在法院应对这些请求的过程中,选择责任本身获得了充实和发展。2010年出版的《侵权法第三次重述:有形及精神损害责任》§28(b)在这些发展的基础上对选择责任重新作了规定,即“满足以下条件时,事实因果关系的证明责任(包括提出证据的责任及说服责任)将移转于诸被告:原告起诉了所有行为人,并已证明他们均从事了让其暴露于受损风险之中的侵权行为,并且其中一人或数人的行为造成了损害;但不能合理期待其证明哪个或哪些人实际造成了该损害”。③

概括来看,第三次重述的“黑体字”部分相较于第二次重述值得注

① 美国侵权法重述一般包括黑体字(black letter)、评注(comment)以及报告人注释(reporters' note)三部分:黑体字部分是对某规则基本内容的规定;评注部分旨在进一步阐述该规则的具体内容并对一些尚不成熟的问题做出说明;报告人注释部分则旨在说明该规则起草的判例基础和学者的相关见解。

② Restatement (Third) of Torts: Liability for Physical and Emotional Harm §28 comment f (2010).

③ 该款的原文为:“When the plaintiff sues all of multiple actors and proves that each engaged in tortious conduct that exposed the plaintiff to a risk of harm and that the tortious conduct of one or more of them caused the plaintiff's harm but the plaintiff cannot reasonably be expected to prove which actor or actors caused the harm, the burden of proof, including both production and persuasion, on factual causation is shifted to the defendants.”

意的地方主要有:(1)增加了"原告起诉了所有行为人"这一要件;(2)增加了原告的损害由不确定的"数人"造成的情况;(3)明确规定了不能合理期待原告证明实际致害人。

虽然第三次重述的规定已较为详尽,但选择责任属于判例法规则,仅从重述的黑体字部分似乎难以窥见其全貌,以下笔者将详细分析选择责任的适用前提及法律效果。

二、选择责任的适用前提与法律效果——以侵权法第三次重述为中心

(一)适用前提

1. 与行为人有关的适用前提

(1)各行为人的行为均具有侵权性

选择责任适用的当然前提是存在两个或两个以上的行为人,侵权法第二和第三次重述均未设定行为人的人数上限。① 不过随着行为人数量的增多,选择责任的其他适用前提(特别是后述合并起诉所有行为人的要求)无法满足的可能性也会随之增大。

美国法院要求各行为人的行为均应具有侵权性(tortious),根据

---

① 在 Senn v. Merrell – Dow Pharms., Inc., 751 P. 2d 215 (Or. 1988)案中,法院认为行为人人数应存在上限。审理该案的法院考察了一些拒绝适用选择责任的 DES 案件,然后指出,多数考虑这一问题的法院似乎认为以萨默斯案和《侵权法第二次重述》§433B 为样板的选择责任规则在被告人数少的情况下是合理的,但随着被告人数的增加以及相应的任何特定被告实际造成原告损害的可能性的降低,在某个无法明确界定的点上,该规则将陷于瘫痪(break down)并变得不公正。法院进一步指出,在仅有两个被告及每个人造成原告损害的可能性均为50%的情况下,被告提出极微量的豁免证据即能让陪审团判定其无须负责,在存在3个或3个以上被告的案件中,何种证据能满足被告证明责任的要求即成为问题。《侵权法第三次重述:有形及精神损害责任》基于以下四点理由没有采纳此种意见:(1)审理 Senn 案的法院所考察的 DES 案件中,法院并未因为被告人数多而拒绝适用选择责任;(2)随着被告人数的增多,其分担的责任会相应减少;(3)在有3个或3个以上被告的案件中,被告举证免责并非在概念上不具可能性,他可以证明其行为为何没有造成系争损害或其他人的行为造成了该损害而免责;(4)有些法院已将选择责任适用于存在2个以上被告的案件中。Restatement (Third) of Torts: Liability for Physical and Emotional Harm §28 reporters' note comment f (2010).

《布莱克法律词典》的解释,“侵权性”是指“构成一项侵权,不法”。[①]原告对此负有证明责任,若其无法依据“优势证据”标准证明此点,就不能援用选择责任规则。[②]

(2)各行为与损害之间联系紧密

适用选择责任的案件中,各行为与损害之间均具有紧密的联系。比如,萨默斯案中,尽管无法确定实际致害人,但两被告的行为与原告所受损害之间却存在非常紧密的联系,其当时均在场,都朝原告所在方向进行了射击,并由此给原告制造了紧迫的受损风险。有些法院将行为与损害之间联系紧密作为选择责任的适用前提,并在有其他理由否定其适用的情况下仍强调此点。[③]《侵权法第三次重述:有形及精神损害责任》也持相同立场,其指出,本款包含以下要求,即“侵权行为与系争损害之间应有足够密切的联系”。[④]“当这种联系变得更为微弱(tenuous)时,即使每一被告的行为仍是原告损害的可能(possible)原

---

① Bryan A. Garner, Black's Law Dictionary, 8th edition, West, a Thomson business 2004, p. 1527,“constituting a tort; wrongful”.

② 就此《侵权法第三次重述:有形及精神损害责任》§28 评注 i 举了两个例子:(1)行人里德被从某旅馆的楼上房间扔下的一个沙发砸伤,该沙发是在庆祝“美国大学生篮球锦标赛”(NCAA)时被人过失或故意扔下的。里德起诉了该沙发或许(might)来自其中的 47 个房间的使用人。此时,因其没有证明每个房间的使用人都从事了具有侵权性的行为,里德无法援用选择责任。(2)两个沙发同时落下,一个是某房间的占有人过失或故意扔下的,另一个则是非因占有人的过失从另一房间中掉下的。其中一个沙发砸到里德,但不知究竟是哪个,里德起诉了两个房间的占有人。本例中,其亦不能援用选择责任。Restatement (Third) of Torts: Liability for Physical and Emotional Harm §28 comment i (2010).

③ 比如在 Shackil v. Lederle Labs., 561 A. 2d 511, 520 (N. J. 1989)案中,法院要求,“确立被告与最终损害之间存在某种‘合理关联’”。

④ Restatement (Third) of Torts: Liability for Physical and Emotional Harm §28 comment k (2010).

因,本款所述规则的适用基础亦将不复存在"。①

(3)损害由不明确的部分行为人所致

选择责任仅适用于不明确的一人或数人(而非全部)导致损害的案件。《侵权法第三次重述:有形及精神损害责任》还提及了一种可以适用选择责任的情况,即虽然能确定某人(比如甲)的行为是损害发生的原因之一,但无法确定另一原因究竟可归咎于数个行为人(比如乙、丙)中的何人。就此,其举了以下事例予以说明:②波拉是一个建筑工人,受雇于一家门窗分包商,所从事的工作是填补一个在建多层建筑物的窗户和门外侧的缝隙。由于是在建筑物里面从事该工作,他需要探出身去进行必要的修补。尽管安全规章有要求,总承包商艾贝尔没有为在高层工作并因此有掉落风险的建筑工人提供安全带。波拉从一个防火安全出口探出身去填补外侧的缝隙时,被某人移动的一块型钢碰到并从楼上跌落。当时,该楼层上只有另外2个工人——大卫和菲里西塔斯。波拉起诉了艾贝尔、大卫及菲里西塔斯。案件审理中,保安沃特作证说,他看到在波拉跌落的当口,只有大卫和菲里西塔斯在该楼层上;并且2人在波拉所在的楼层上移动型钢时均存在疏忽。尽管艾贝尔的过失是波拉受损的原因之一,波拉可以援用b款将如下事项的证

---

① Restatement (Third) of Torts: Liability for Physical and Emotional Harm §28 comment i (2010). 该评注中举了两个对照性事例:(1)Ken在一个暴风雪过后的深夜被一辆出租车撞伤。滑行痕迹表明,在司机猛地刹车并开始滑行以后刹车装置失灵。附近的一个证人确认:在出租车继续向前滑行时,司机看起来在用力快速扳动刹车手柄。因为时间很晚且光线很暗,Ken和该证人都无法辨认该出租车的公司名称。该社区有5家出租车公司,各经营一辆出租车。经查这5辆出租车均因过失失于维护而存在相同的刹车问题,即在相当数量的雪集聚到其周围的情况下刹车装置就会失灵。此时,证明哪家公司的出租车撞到他的证明责任仍由Ken承担,因为其他出租车公司的过失与让Ken面临受损风险之间过于远隔。(2)5辆出租车在满是机动车及行人的城市街道上行驶。同一时间在同一街道上,独立驾驶的5个出租车司机在来往的车辆中过失地穿来穿去,也就是刚刚避免了他们相互之间及与他人相撞。其中1辆出租车为避免与其他机动车相撞而突然转向,但刮到了行人Ken,弄伤了其大腿。混乱中,没有证人能够确认撞到Ken的是哪辆出租车。如果Ken合并起诉了5家出租车公司,哪家公司的出租车撞到Ken的证明责任将移转于诸被告。

② Restatement (Third) of Torts: Liability for Physical and Emotional Harm §28 comment l (2010).

明责任移转给大卫和菲里西塔斯,即他们中的何人移动了那块亦构成其跌落原因的型钢。

(4)关于行为的同时性以及行为本身和其所施加风险的相同性

如上所述,《侵权法第二次重述》评注 h 指出,迨至当时适用选择责任的案件均涉及同时发生(或实质上如此)的行为。其还举了一个因行为没有同时发生而无法适用选择责任的例子:在 3 年的期间内,A 相继在 B、C、D 开的仓库中储存家具。最后 A 发现其钢琴的一角有一个很大的凹陷。凹陷的性质表明它是由于一次处理疏忽造成的。A 要负担证明该凹陷究竟是被 B、C 还是 D 造成的证明责任。尽管该评注只是对既往案件特点的总结,第二次重述的黑体字部分也没有涉及行为的同时性;有些法院还是将同时性作为选择责任的适用前提。①

《侵权法第三次重述:有形及精神损害责任》的报告人逐一考察了提出同时性要求的判例之后指出,"同时性是一个既没必要又无法获得支持的要求,在每个援用它的案件中,均存在其他拒绝适用选择责任的充足理由,同时法院也没有清楚说明保留此要求的令人信服的理由"。② 基于此种认识,第三次重述明确指出,"行为人的侵权行为无须同时发生"。其还举了以下事例予以说明:露西亚在一个树木浓密的公园中散步时,从该公园中偏离进入一块私有土地,克里斯正在该土地上打猎。克里斯因过失朝露西亚所在的方向开枪。8 岁儿童尼古拉斯也朝露西亚所在的方向开枪,该枪是他父亲理查前一天过失交托给他的。十分凑巧的是,该土地所有人埃里森上一周侵权性地设置的弹簧枪触发并朝露西亚所在的方向也射出一发子弹。露西亚被一发子弹击中,其起诉了克里斯、尼古拉斯、理查及埃里森。不能依据弹道证据确定致害子弹的来源。尽管其侵权行为发生的时间存在明显差异,每个

---

① 第一个提出同时性要求的案件是 Starling v. Seaboard Coast Line R. R., 533 F. Supp. 183, 191 (S. D. Ga. 1982),其他案件有 Smith v. Cutter Biological, Inc., 823 P. 2d 717 (Haw. 1991)、Santarelli v. BP America, 913 F. Supp. 324 (M. D. Pa. 1996)等。

② Restatement (Third) of Torts: Liability for Physical and Emotional Harm §28 reporter's note comment l (2010).

被告均负有证明其过失行为没有造成损害的证明责任。①

虽然多数适用选择责任的案件中,各行为人的行为及其所制造的风险实质上相同或至少非常类似,石棉案件中有些法院也以不存在此点为由否定了选择责任的适用;但《侵权法第三次重述:有形及精神损害责任》没有将行为及其所制造的风险相同或类似作为选择责任的适用前提。②

(5)关于行为人(被告)的举证优势

如上所述,萨默斯案中,加州最高法院指出,“通常,在提供证据证明究竟何人造成损害方面,被告们的处境要远好于原告”。但这种举证优势并非选择责任的适用前提,在确立市场份额责任的 Sindell v. Abbott Labs. 案中,加州最高法院明确肯定了此点,其还指出,即使在萨默斯案中,被告们也不比原告更有举证优势。③ 多数法院在适用选择责任时甚至都未提及此问题。《侵权法第三次重述:有形及精神损害责任》也没有附加被告应具有举证优势这一前提。④

2. 与受害人有关的适用前提

(1)合并起诉所有行为人

美国法院坚持要求原告合并起诉所有行为人,若无法满足这一前提即拒绝适用选择责任。要求此点的理由是,在原告仅起诉部分人的情况下,实际导致损害发生的人可能会逃脱责任。这属于选择责任的特殊适用前提,其他数人侵权场合并无此等要求。

值得注意的是,这一要求并不妨碍原告在起诉之前或之后与部分

---

① Restatement (Third) of Torts: Liability for Physical and Emotional Harm §28 comment k (2010).

② Restatement (Third) of Torts: Liability for Physical and Emotional Harm §28 comment k, reporter's note comment j (2010).

③ 在 Sindell v. Abbott Labs., 607 P.2d 924, 930 (Cal. 1980)中,加州最高法院指出,“萨默斯案没有将这一要求作为证明责任移转的前提……确实,萨默斯案判决中是说了,‘通常,在提供证据证明究竟何人造成损害方面,被告们的处境要远好于原告’。但是其并没有认定该案即属于这一‘通常’情况。该案的事实和判决书的措辞都没有表明两被告……在确定何人导致了损害方面比原告处境更好”。

④ Restatement (Third) of Torts: Liability for Physical and Emotional Harm §28 comment g (2010).

行为人达成和解,因为这既不会导致实际致害人逃脱责任也不会损害其他行为人的利益。《侵权法第三次重述:有形及精神损害责任》还指出,“尽管法院尚未碰到以下情况,但是当豁免(immunity)或者欠缺管辖权(lack of jurisdiction)阻碍合并的情况下,也存在合理理由免除合并起诉所有行为人的要求”。①

(2)不能证明实际加害人具有合理性

在美国,有些法院适用选择责任时,要求原告勤勉地利用了确定加害人的机会。②《侵权法第三次重述:有形及精神损害责任》亦对此持肯定态度并将之写入了黑体字部分,这就是§28(b)的“不能合理期待其证明哪个或哪些人实际造成了该损害”一句。

在评注n中,报告人又进一步阐述了此项要求在实践中应如何适用,即“证明行为具有侵权性及被告与该行为的关系的证据通常会支持如下进一步推论,即原告不能合理地证明哪个(或哪些)被告的行为造成了损害。声称原告本来能够合理地做得更多的被告则必须通过挑出原告所举证据的不足或提出新证据来揭示原告在努力确认实际致害人方面存在某些欠缺”。③

(3)关于受害人(原告)的过失

选择责任形成和发展的时期,美国普遍采行的是促成过失规则,若原告对损害的发生存在过失,通常将无法获得赔偿。因此,当时适用选择责任的案件中,原告均不存在过失。后来,促成过失规则逐渐被比较过失(comparative negligence)规则所取代,在比较过失规则之下,原告的过失一般仅具有减轻被告责任的效力。④ 这就提出了一个问题,若原告也存在过失,其能否要求适用选择责任。《侵权法第三次重述:有

---

① Restatement (Third) of Torts: Liability for Physical and Emotional Harm §28 comment h (2010).

② 比如在Layton v. Blue Giant Equip. Co., 599 F. Supp. 93 (E. D. Pa. 1984)中,法院以原告若合理勤勉地行事本应能够确定加害人为由拒绝适用选择责任。

③ Restatement (Third) of Torts: Liability for Physical and Emotional Harm §28 comment n (2010).

④ 不过,美国各州的具体规则差异较大,王竹:《侵权责任分担论——侵权损害赔偿责任数人分担的一般理论》,中国人民大学出版社2009年版,第10~17页。

形及精神损害责任》鉴于在这一点上尚没有重要的判例，就没有表明立场，而是将之留给了未来判例法的发展。①

（二）法律效果

1. 因果关系证明责任的移转

原告能够确立选择责任适用前提的情况下，因果关系的证明责任将移转给被告。② 若被告不能证明其未造成损害或实际致害者为何人，就须承担责任。这种证明责任移转包括提出证据责任和说服责任两方面，以下分别说明之。鉴于进入诉讼阶段的侵权案件通常会进行陪审团审判（trial by jury），③法官与陪审团各自所扮演的角色即成为重要问题。以下对因果关系证明责任移转的分析将以陪审团审判为背景展开。

提出证据责任的移转意味着，被告须提出充分的证据证明其行为没有造成损害或实际致害者为他人；若其不能满足提出证据责任的要求，法官将作为法律问题径直作出其行为与损害之间存在因果关系的裁决。所谓证据的充分性，是指被告提出的证据足以制造需要由陪审团决定的问题，即理性人会对因果关系是否存在这一问题有不同认识。鉴于侵权案件中的证明标准为“优势证据”，用概率表示就是某事实为真的可能性大于50%。因此如果有的理性人认为因果关系存在的可能性大于50%，有的认为小于50%，就满足了充分性的要求。当然，如果被告提出的证据充分到足以使理性人不会就其行为未造成损害或实际致害者为他人持有否定意见，法官则应让原告提出反驳证据，在反驳

---

① Restatement（Third）of Torts：Liability for Physical and Emotional Harm §28 comment o（2010）.

② 其他侵权要件比如损害、过错等的证明责任则仍由原告负担。

③ Edward J. Kionka, *Torts*, 5th ed., Thomson Reuters, 2010, p. 26. 不过 Kionka 教授指出，大多数侵权案件在提起诉讼之前或审理之前就和解解决了。《元照英美法词典》对“陪审团审判”（jury trial or trail by jury）的解释为，“案件的事实问题由陪审团而非由法官来裁决的审判”。薛波主编：《元照英美法词典》，法律出版社2003年版，第759页。在美国，侵权案件中陪审团审判盛行的原因是《宪法》第七修正案的规定，“在普通法的诉讼中，只要争议之数额超过二十美元，陪审团审判的权利即应被保留，并且除了根据普通法规则，陪审团所判决之事实，不得受到合众国法院的重新审查”。

证据不足以使理性人产生不同见解的情况下，法官可径直作出有利于被告的裁决。如果举证的结果是制造了需由陪审团裁决的问题，接下来说服责任登场，陪审团将依据“优势证据”标准决定其被哪种意见说服。[①]

值得注意的是，任一被告均不能提出如下主张，即从纯粹概率角度来看，更可能是其他被告们的行为造成了系争损害。否则，选择责任将无法适用于存在2个以上被告的案件。[②]

2. 各行为人的责任形态——兼及“独立侵权人”问题

关于各行为人的责任形态，《侵权法第三次重述：有形及精神损害责任》§28评注n指出，“当数被告依据本款承担责任时，其责任究竟是按份的（并因此依据比较有责性进行分担）、连带的还是某种混合形态的，取决于可适用的司法区的法律。参见《侵权法第三次重述：责任分担》第17条”。[③] 既然数人的责任形态属于《侵权法第三次重述：责任分担》第17条处理的问题，下面笔者将对该条进行简要考察，以便于与我国的相关规定进行对照。

《侵权法第三次重述：责任分担》第17条规定的是“独立侵权人（independent tortfeasors）的连带或按份责任”，即“如果两个或两个以上之人的独立侵权行为构成某个不可分损害的法律原因，可适用的司法区的法律将决定其究竟承担连带责任、按份责任抑或某种连带和按份的混合形态的责任”。该条中的“独立侵权人”指向什么尚须探讨，而这需要将该条置于其所在体系中进行理解。

《侵权法第三次重述：责任分担》第17条处于该重述第二题“数侵权人对不可分损害的责任”（Liability of Multiple Tortfeasors for Indivisible Harm）中，该题包括第10条至第E19条诸条款。第10条规定了连带责任的效力、第11条规定了按份责任的效力、第16条规定了

---

① [美]罗纳德·艾伦、理查德·库恩斯、埃莉诺·斯威夫特著：《证据法：文本、问题与案例》（第3版），张保生、王进喜、赵滢译，高等教育出版社2006年版，第800~810页。

② Restatement (Third) of Torts: Liability for Physical and Emotional Harm § 28 comment n (2010).

③ Restatement (Third) of Torts: Liability for Physical and Emotional Harm § 28 comment n (2010).

与部分连带责任人和解对其他连带责任人之责任的效力。剩余条文(第12条至15条)是对不同类型的数侵权人应承担何种责任的规定:第12条规定的是故意侵权人、①第13条规定的是替代责任、②第14条规定的是未能使受害人免予某个故意侵权的特定风险的数侵权人的责任、③第15条规定的是协同行为人(persons acting in concert)的责任、④第17条规定的是独立侵权人的连带或按份责任,第17条之后的条文

① 第12条(故意侵权人)规定:"每个从事以故意为要件的侵权行为的人要对该侵权行为所导致的任何不可分损害承担连带责任。"所谓"以故意为要件的侵权行为"包括:殴打(battery)、威胁(assault)、非法拘禁(false imprisonment)、侵入他人土地(trespass to land)、侵害他人动产(trespass to chattels)、侵占(conversion)及故意或鲁莽导致极度精神痛苦(intentional or reckless infliction of emotional distress)。Edward J. Kionka, Torts, 5th ed., Thomson Reuters, 2010, pp. 169 - 200. 在这些具体的侵权之外,部分判例和侵权法重述还试图引入故意侵权的一般原则,《侵权法第二次重述》第870条规定:"如果其行为是应受责备的并且无法正当化,故意导致他人损害的人将对实际发生的损害负责。即使行为人的行为不能归入传统的侵权责任类型亦然"。《侵权法第三次重述:有形及精神损害责任》第5条规定:"故意造成有形损害的行为人须对该损害负责"。关于此种一般原则的定位,《侵权法第三次重述:有形及精神损害责任》第5条评注a指出"本条所规定的责任规则并没有替代诸如殴打、威胁、非法拘禁等特定故意侵权准则。相反,其提供了一个能够囊括众多特定故意侵权的框架"。Restatement (Third) of Torts: Liability for Physical and Emotional Harm §5 comment a (2010). Kionka教授指出,"虽然不能从中推出所有无法正当化的故意不法行为都具有可诉性的结论,但在适当的案件中,法院也不必认为其受到传统故意侵权类型的束缚"。Edward J. Kionka, Torts, 5th ed., Thomson Reuters, 2010, p. 165.

② 第13条(替代责任)规定:"不论对造成不可分损害的独立侵权人所适用的规则究竟是连带责任还是按份责任,基于他人的侵权行为而承担责任的人就分配给该他人的全部比较有责性份额承担责任。"

③ 第14条(未能使受害人免予某个故意侵权的特定风险的数侵权人的责任)规定:"当某人基于未能使他人免予某个故意侵权的特定风险而对该他人承担责任时,其就分配给故意侵权人的比较有责性份额加上分配给其自身的比较有责性份额承担连带责任。"

④ 第15条(协同行为人)规定:"当数人由于从事协同从事行为而承担责任时,其均就分配给每个参与协同行为之人的比较有责性份额承担连带责任。"

接续该条规定了关于独立侵权人责任的五种路径。[①]《侵权法第二次重述》第 876 条详细规定了“协同行为人”,即“某人在以下情况下对他人的侵权行为给第三人造成的损害负责:(a)其与该他人协同行为或依照共同计划行为,或者;(b)其知道该他人的行为构成义务违反,但提供实质帮助或鼓励该他人如此行为,或者;(c)为该他人实现侵权结果提供实质帮助并且其行为单独来看构成对该第三人的义务违反”。[②]由此可见,《侵权法第三次重述:责任分担》第 12 条至 15 条所涵盖的对象不限于我们所说的“数人侵权”,仅第 15 条与我国《侵权责任法》第 8 条及第 9 条大致对应。“数人侵权”还包括两种,共同危险行为和无意思联络数人侵权。如上所述,《侵权法第三次重述:责任分担》第 17 条中的“独立侵权人”包括与共同危险行为相对应的选择责任,问题是:其是否还包括与无意思联络数人侵权相对应的情形?要回答这一问题需要说明何谓第 17 条中所说的“两个或两个以上之人的独立侵权行为构成某个不可分损害的法律原因”。

《侵权法第三次重述:有形及精神损害责任》用 2 条规定了因果关系的判断规则,第 26 条(事实原因)规定:“欲追究责任,侵权行为必须为损害的一项事实原因。若欠缺某行为损害将不会发生,该行为即为损害的事实原因。侵权行为亦可根据第 27 条成为一项事实原因。”这是对“若无则不”(but for)规则的明文规定。第 27 条(数个充分原因)规定:“如果存在数个行为,并且每个均同时满足若其他行为不存在则其可单独构成第 26 条意义上的有形损害的事实原因;那么每一行为均被认为是该损害的事实原因。”该条评注 a 进一步解释道,“本条适用于以下情况:存在两个或两个以上的竞合原因,若无其他原因存在,每个均足以导致系争损害,并且每个在原告损害发生时都起了作用。在某行为人的行为属于此种原因的情况下,如果事实原因限于第 26 条所

---

① A 路径包括第 A18、A19 条,规定的是纯粹连带责任;B 路径包括第 B18、B19 条,规定的是纯粹按份责任;C 路径包括第 C18 - C21 条,规定的是附加再分配规则的连带责任;D 路径包括第 D18、D19 条,规定的是以比较有责性比例门槛为基础的混合责任形态;E 路径包括第 E18、E19 条,规定的是以损害赔偿类型为基础的混合责任形态。

② Restatement Second, Torts § 876.

界定的含义,其将不能被认定为损害的事实原因,因为即使没有该行为,损害也会因其他竞合原因而发生”。① 如此,若两个或两个以上的行为均依据第 26 条被判定为损害的原因,那么缺少了任何一个损害都不会发生,其对应于我们所说的“共同因果关系”,属于《侵权责任法》第 12 条的规范对象。若两个或两个以上的行为均依据第 27 条被判定为损害的原因,其对应于我们所说的“聚合因果关系”,属于《侵权责任法》第 11 条的规范对象。②

因此,《侵权法第三次重述:责任分担》第 17 条所谓的“独立侵权人”除了包含数人依据选择责任规则负责的情形以外,还包括我国学者所说的“无意思联络数人侵权”中的大部分情形。③ 在美国,我们所说的共同危险行为与无意思联络数人侵权在行为人责任形态方面是被等同对待的。

三、选择责任对我国共同危险行为制度的启示

(一)对共同危险行为构成要件的启示

上述美国选择责任的适用前提中需要引起我们格外注意的是,原告无法证明实际加害人具有合理性,《侵权责任法》第 10 条没有提及此点,有学者甚至认为,“对受害人而言,无论是真的不能确定具体侵权人,还是能确定却故意不确定,在所不问”。④ 那么我国是否应当借鉴美国的做法,将受害人无法证明实际加害人具有合理性作为共同危险行为制度的适用前提? 笔者认为应当,理由如下:

1. 必要性——共同危险行为制度对受害人的举证激励存在不足。共同危险行为制度的适用前提之一为“加害人不确定”,而加害人能否确定则取决于证据之多寡。减少因果关系不确定状况进而精准地追究

---

① Restatement (Third) of Torts: Liability for Physical and Emotional Harm §27 comment a (2010).

② 就这两种因果关系形态,学者的称谓尚存在差异,这里“共同因果关系”和“聚合因果关系”的提法采用的王泽鉴先生的表述。王泽鉴:《侵权行为》,北京大学出版社 2009 年版,第 188 ~ 189 页。

③ 在我国,无意思联络数人侵权中,各行为人可以均为故意,只是不能存在共同故意。

④ 程啸:《侵权责任法》,法律出版社 2011 年版,第 262 页。

责任是侵权法的应然目标之一,依据共同危险行为制度让各可能的加害人承担责任则应定位成无奈之下的"次优选择"。由于侵权诉讼中,法院信息的来源基本限于当事人提交的证据,[①]因此适用该制度之前应尽力促使各当事人提出其所掌握的证据。《侵权责任法》的制度安排之下,行为人的举证激励应不存在问题。依据第10条的规定及学界通说,若原告(受害人)已证明存在"损害"、"数人实施了可能导致损害的危险行为"及"损害系行为人中的一人或数人所致"等积极要件,那么,即使真正加害人不确定,其也可以要求诸行为人承担连带责任。此种情况下,若被告无法否定这些积极要件,除非其就是真正加害人,否则应有足够的动力提出所有证明其并非加害人或有助于确定真正加害人的证据。不过已证明积极要件的原告却明显缺乏进一步证明真正加害人的积极性,因为:既然在无法确定真正加害人的情况下,各行为人承担连带责任,原告的赔偿请求权已有保障,其并没有必要耗费资源证明真正加害人是谁;更有甚者,连带责任意味着隐瞒确定真正加害人的证据对原告反而更有利。[②] 为矫正现行法对受害人举证激励不足的局面,实有必要引入受害人不能证明实际致害人应具有合理性的要求。

2. 正当性——符合诚信原则要求。诚信原则为民法的基本原则之一,其没有确定的内涵和外延,一般认为,该原则要求当事人尊重他人利益,不得损人利己。[③] 如果因为可归咎于受害人的原因导致确定实际加害人的机会丧失或相关证据灭失,允许其依据共同危险行为制度获得赔偿显然有违诚信原则。为避免出现这种状况,应增加受害人不能举证应具有合理性的要件。

既然增加受害人不能证明实际加害人具有合理性的要件是必要和正当的,接下来需要解决的问题之一是如何引入,可供考虑的路径有

---

① 虽然《民事诉讼法》第64条规定了法院依职权或依申请调查收集证据的情况,但是一般认为,由于民事诉讼贯彻处分原则和辩论原则,法院一般情况下不宜参与收集证据,《最高人民法院关于民事诉讼证据的若干规定》第15条至第19条也从前提条件和时限要求等方面对法院收集证据进行了限制。

② Ariel Porat, Alex Stein, *Tort Liability under Uncertainty*, Oxford University Press, 2001, pp. 156 – 157.

③ 徐国栋:《诚实信用原则研究》,中国人民大学出版社2002年版,第3页。

二:引入的路径之一是明文规定此点,《侵权责任法》刚出台的情况下,规定此点的任务恐怕只能借助司法解释完成。引入的路径之二是借助诚信原则阻止具有可归责性的受害人援用共同危险行为制度,诚信原则作为民法的基本原则具有弥补成文法之不足的功能,法院在必要的情况下可以超越具体规则诉诸该原则作出判决。[①] 另一个需要解决问题是,引入该要件之后如何在受害人保护和维护诚信原则之间求得平衡。笔者以为,上述美国《侵权法第三次重述:有形及精神损害责任》评注 n 中所述的做法值得借鉴,即将揭示"不合理"的负担附加在被告身上。

(二)对共同危险行为人责任形态的启示

如上所述,美国将诸被告依据选择责任承担责任的情况作为独立侵权人问题处理,其责任形态依可适用的司法区的法律而定,独立侵权人还包括大致与我国学界所说的无意思联络数人侵权相对应的情形。反观我国的情况,可以发现《侵权责任法》为共同危险行为和无意思联络数人侵权配置的责任形态并不相同:共同危险行为中,各行为人须承担连带责任;而无意思联络数人侵权中,各行为人仅在其行为均足以导致系争损害时才须承担连带责任,否则承担按份责任即可。选择何种责任形态当然是一国立法者的"自由",但无论如何一定要在本国法律内部保持价值判断均衡。拉伦茨尝言,"法规则存在于一特定的规整脉络中;多数规定必须相互协调、逻辑一贯,以避免产生相互矛盾的决定"。[②] 不过《侵权责任法》第 10 条与第 11、12 条之间在价值判断上却难称"协调"和"一贯"。以下笔者将尝试揭示此种不均衡之处,为此需要首先简要梳理共同危险行为与无意思联络数人侵权在构成要件方面的关系。

共同危险行为与无意思联络数人侵权在构成要件方面的相同之处包括:(1)二者都既适用于一般侵权又适用于特殊侵权。(2)在适用于一般侵权时,二者均要求各行为人之间须不存在共同故意;值得注意的

① 魏振瀛主编:《民法》(第 4 版),北京大学出版社 2010 年版,第 21 页。

② [德]卡尔·拉伦茨著:《法学方法论》,陈爱娥译,商务印书馆 2003 年版,第 6 页。

是,共同危险行为中各行为人可以存在共同过失而无意思联络数人侵权中则不可,本文暂且对此存而不论。(3)二者均要求存在损害。(4)虽然按照目前通说,共同危险行为中各行为之间须具有时空关联性;但无意思联络数人侵权也不排斥时空关联性,只是不局限于此。二者在构成要件方面的差异除共同过失之外还包括:共同危险行为中,各行为虽都具有致害的可能性,但仅部分行为实际导致了损害;而无意思联络数人侵权中,各行为则都实际导致了损害。① 总之,笔者以为,共同危险行为并不比无意思联络数人侵权在性质上更值得非难,行为人不存在共同过失的情况下,只要添加上各行为都现实地导致了损害这一点,共同危险行为就会"摇身一变"成为无意思联络数人侵权。共同危险行为不过是在受害人不能证明因果关系的情况下给其提供特殊救济的制度安排。明确了共同危险行为与无意思联络数人侵权在构成要件方面的关系之后,以下笔者将转向责任形态的分析并揭示《侵权责任法》在价值判断上的失衡之处。

从《侵权责任法》第11、12条的规定来看,无意思联络数人侵权中,各行为人究竟承担连带责任还是按份责任取决于各行为的原因力。② 一般认为,原因力,"是指在导致受害人同一损害后果的数个原因中,各原因行为对于该结果的发生或扩大所发挥的作用力"。③ 由此可见,"原因力"是具体的、个案性的,指向的是这个行为和这个结果的关系,并且只有行为对结果现实地发挥了作用的情况下才能论及此点。为展开讨论,笔者将在"原因力"概念之外引入"抽象致害能力"的提法,其指向某类行为导致某种损害的抽象能力,是一种规律性认识,即便某个行为并没有现实地造成损害,我们也可以判断其"抽象致害能力",④比如从10楼扔下的花盆即便没有砸中楼下行人的头部,我们也

① 王利明:《侵权责任法研究(上)》,中国人民大学出版社2011年版,第511页以下;程啸:《侵权责任法》,法律出版社2011年版,第251页以下。

② 从第11、12条的规定来看,原因力之外的其他因素,比如过错程度等,只有在按份责任场合才能发挥作用。

③ 张新宝、明俊:"侵权法上的原因力理论研究",载《中国法学》2005年第2期。

④ "抽象致害能力"既然是规律性认识,自应容许个案中出现例外,为简化讨论以下暂不考虑此种例外而仅以一般情况为基础说明问题的所在。

可以根据相关知识判定若其砸中楼下行人的头部通常能致人死亡。“抽象致害能力”与“原因力”的区分借鉴的是美国在毒素侵权(toxic tort)[①]中将因果关系析分为“一般因果关系”(general causation)与“个别因果关系”(specific causation)的做法,“一般因果关系”是指,某毒素能(capable)导致原告所主张的损害类型;“个别因果关系”是指,该毒素实际(actually)上导致了原告遭受的系争损害。[②] 前者属于一般性认识,后者则涉及个案情况。实践中,个案性的“原因力”通常是从一般性的“抽象致害能力”中推论出来的,[③]原因在于:一方面,法官是在侵权发生后才应原告的请求介入问题处理的,相关事实已不可能在法官面前“重现”,其对案件事实的认知是通过注定带有片段性的证据建构出来的,法官直接“测量”个案中的原因力往往行不通,除了借助以规律性认识为基础的“推论”之外并无其他更好的方法。另一方面,“事实因果关系不是能够被看到或觉察到的现象,其毋宁是人们从既往经验和对产生特定结果所要求的其他原因因素(即原因机制)的有限理解中所得出的推论”。[④] 原因力属于事实因果关系的一部分,自然也离不开从一般到个别的推论。

引入“抽象致害能力”后,我们可以将第11条规定的情形描述为:各行为不仅都具有独立造成同一损害的“抽象致害能力”并且现实地

---

① 《布莱克法律词典》将“毒素侵权”解释为“一项因接触某毒素(比如石棉、放射性物质或危险废弃物等)而产生的民事不法。毒素侵权能够通过民事诉讼(通常是集团诉讼)或行政行为进行救济”。Black's Law Dictionary, Eighth Edition, West, a Thomson business, 2004, p. 1527.

② Jean Macchiaroli Eggen, Toxic Torts In a Nutshell, 4th ed., Thomson Reuters, 2010, p. 285.

③ Wright教授指出,“因此,欲证明以特定情况是一特定结果的原因,显然必须确立……在那类情况及那类结果间存在某种可靠的一般因果联系。”Richard W. Wright, *Causation, Responsibility, Risk, Probability, Naked Statistics, and Proof: Pruning the Bramble Bush by Clarifying the Concepts*, 73 Iowa L. Rev. 1001, 1046 (1988).当然,个案中的事实也可能是全新的,没有任何一般的规律性认识可循,此时法官在因果关系的判断方面就会陷入困境。不过这种情况属于疑难案件,在实践中居于少数,本文暂不予考虑。

④ Restatement (Third) of Torts: Physical and Emotional Harm § 28 comment b (2010).

造成了损害。第12条规定的情形则可以描述为,各行为的"抽象致害能力"不足,但其结合在一起现实地导致了同一损害。下面我们再使用"抽象致害能力"的概念分析共同危险行为。

根据《侵权责任法》第10条的规定,共同危险行为中,实际造成损害的可能是行为人中的任意"一人"或"数人"(而非全部),但不能确定究系何人。以下笔者将区分不明的"一人"致害和不明的"数人"致害两种类型分别进行探讨。

不明的"一人"致害指向实际致害人可能为行为人中的任意一人的情况,此时每个人的行为均应具备造成系争损害的"抽象致害能力",若某人的行为不具备此种抽象能力,即不属于共同危险行为,行为人可据此免责。① 从比较法上来看,《欧洲侵权法原则》亦明确提及了"抽象致害能力"的要求,第3:103条第1款规定,"在存在多个活动时,如每一活动都可以同时单独地造成损害(would have been sufficient to cause the damage),但不能确定事实上是哪一个引起了损害,则每一活动在其可能造成损害的范围内,都是损害的原因"。② 其中虚拟语气部分就是对"抽象致害能力"的规定。在致害人可能是行为人中的任意一人的情况下,《侵权责任法》推定每个人的行为都与损害之间存在因果关系,如此,各个行为的"抽象致害能力"就都经由"推定"这一中介在个案中"实现了",换言之,推定将实际上仅存在的致害可能性转变成了与系争损害之间的"因果关系"。③ 这种情况与《侵权责任法》第11条所规定的情形的相同之处是,各行为均具有单独造成系争损害

① 王利明教授指出,"如果某人所实施的行为并没有造成损害后果的可能性,则该人并不属于此处所说的共同危险行为人。所以,若数人中的一人证明其行为不构成危险,与损害结果无关,则应被免除责任"。王利明:《侵权责任法研究(上)》,中国人民大学出版社2011年版,第522页。套用本文的概念体系,其中的"没有造成损害后果的可能性"、"不构成危险"均指向行为没有"抽象致害能力"。

② 欧洲侵权法小组著:《欧洲侵权法原则:文本与评注》,于敏、谢鸿飞译,法律出版社2009年版,第21、82~84页。

③ 这种推定实际上是反事实的,因为实际造成损害的仅仅是一人的行为,但法律却推定每个人的行为均与损害之间存在因果关系。这种制度设计主要是出于价值判断的考虑。

类型的“抽象致害能力”。差异之处则在于:前者中,只有部分行为人现实地导致了损害,只是法律“无视”这一事实推定“各个”行为均与损害之间存在因果关系;而后者中,各行为与损害之间的因果关系都是现实存在的,并且是原告证明的结果。[①] 民法中的推定规范虽属例外,但在法律效果的配置方面,民法对未推翻的推定事实与证明的事实通常是等同对待的。因此,致害人可能是共同危险行为人中的任意一人的情况下,让各行为人承担连带责任并无不妥,在价值判断方面也没有失衡。

可能出现价值判断失衡问题的是不明“数人”致害的情况。此时,损害是由多个行为造成的,各行为的“抽象致害能力”并不必须“足以”单独造成系争损害。比如,甲、乙、丙在相互不知情的情况下分别因过失(如都因疏忽将毒药当成白糖)往丁的三个茶杯中误投入毒药,已查明每个茶杯中的剂量均为致死剂量的一半。丁同时喝了两个茶杯中的水,中毒身亡,但由于种种原因无法查明这两个茶杯中的毒究竟系何人所投。[②] 这个例子应属于《侵权责任法》第10条所规定的不明“数人”致害的情况,根据该条,甲、乙、丙的行为将均被推定与丁死亡之间存在因果关系。不过,此时让三人根据该条承担连带责任却难称妥当。为说明问题,不妨将之与以下情况进行对照,即最终查明丁所喝茶杯中的毒系甲、乙误投,此时应适用第12条,甲、乙承担按份责任。这两个事例中,甲乙行为的“抽象致害能力”相同,只是前者中两人的行为与损害之间的因果关系是推定的,而后者中的因果关系则是证明的。严格适用现行法会导出一个令人难以接受的价值判断失衡的结果:虽然行为的“抽象致害能力”相同,但是在推定其与损害之间具有因果关系的情况下,行为人(甲、乙)所负的外部责任比在证明其行为与损害之间具有因果关系的情况下要重!“推定因果关系”下的责任重于“证明的因果关系”恐怕是没有道理的。

笔者以为,妥当的处理方案应为,共同危险行为场合,若可能的致

---

① 无意思联络数人侵权中,因果关系的证明责任应由原告负担,这与侵权责任法的一般立场是一致的。

② 这个例子可能并不太现实,但有助于说明问题的所在。

害人为“数人”,能够查明各行为的“抽象致害能力”的情况下,也应像无意思联络数人侵权中那样,只在各行为的“抽象致害能力”均“足以”单独造成系争损害时才让各行为人承担连带责任;否则仅承担按份责任即可。唯有如此才能维持“推定因果关系”与“证明因果关系”之间在价值判断上的均衡性。当然,实践中不可避免地会出现各危险行为的“抽象致害能力”无法查明的情况,这种情形在无意思联络数人侵权中亦可能出现,两者应适用相同的处理方案。

(周彬彬,山东大学法学院民商法学博士研究生,山东政法学院讲师,民商事法律与民生研究中心研究人员)

美国养老权益及员工福利保障的基础性法案*

——《雇员退休收入保障法》简介及最新进展

周　煜

目　　次

导论

养老保障已经成为一个世界性的问题被各国所关注。怎样保障退休人员的基本权益,怎样构建完善的养老金体系,怎样在保障职工权益的同时又要考虑到经济发展实际情况,怎样兼顾员工与雇主利益的双重保护,这是每一个国家都要面对和亟待解决的问题。

中国更不例外。我国员工养老和退休后权益保障的研究和体系建立较晚,从 90 年代中期开始探索与建立能够与国际上接轨的养老保障

* 本文系山东大学研究生自主创新基金项目(项目号:YZC12037)阶段性成果。

体系至今不过20年左右。虽然经过了30多年的改革开放,经济发展迅速,生活质量飞跃,但比起西方国家长达100多年的社会保障发展史,我国的体系仍显的很不完善。这其中包括我国的经济发展和产业结构长期以粗放型和人员密集型为主,单位产能和利润较低,人均GDP相对不足,加之社会政策的滞后性效应和很多企业在很长一段时间内对员工保障意识的淡漠,这就造成了很多员工缺乏对职业生涯结束后也就是退休后利益的先期留存,造成了很多老无所依的情况发生,这很容易导致群体性事件和社会性问题的产生。另一方面,在仅仅几十年之间生育率出现如此剧烈程度的变化,这在其他国家也是没有的。这主要源于六七十年代出现的人口出生小高潮后紧接的计划生育政策,使得421结构的家庭①大量出现。而迅速到来的老龄社会和"未富先老"的现象也十分明显。据统计数据显示,我国在2000年既已经进入老年社会。在2013年年初,我国60岁以上老龄人口②已经突破了1.94亿,比上年增加891万,占总人口的比例达到了14.3%,人口基数非常接近2亿③。同时,80岁及以上老年人口达2273万人,失能老年人口3600万人,慢性病患病老年人口0.97亿人,空巢老年人口0.99亿人。预计在2025年之前,高龄老年人口将保持年均增长100万人。④

在如此复杂和严峻的老龄社会背后,却缺乏体系化成熟的养老金和员工权益保障的法律规范,这无疑对规范养老金的管理、控制社会性老龄问题的发生、正确处理代际关系等问题的解决是很不利的。而解决这一问题的途径之一就是在充分考虑到我国实际国情的情况下,借鉴西方先进国家的法律,通过不断学习和参考其他国家在养老金管理方面的政策法规和实际运行经验,从而为我们国家今后的政策制定和

① 421结构,是指夫妻双亲、夫妻和独生子女组成家庭的结构。

② 这部分人口基本在1953年左右出生,是伴随着新中国出生的一代。我们迎来了第一个老年人口增长高峰。

③ 据中国老龄工作委员会预测算,在2013年中期这个数字可能已经达到2.02亿人。

④ 吴玉韶:"《中国老龄事业发展报告(2013)》新闻发布稿",载http://www.cncaprc.gov.cn/jianghua/22341.jhtml。

相关立法寻找可资借鉴的模板。

美国作为世界第一大经济实体,其经济发展持续而稳健,除了科技创新所带来的巨大生产力之外,对员工权益的完善保障也是非常重大的促进因素。每一个参与工作的员工在内心中解除了后顾之忧,自己的职业权利得到了完善的保障,退休后能够得到充足而稳定的退休金,甚至自己配偶的权益也能够因为自己的工作得到保障,那么员工就会更加努力和专心的投入日常工作中去,从而产生更大的生产力,促进企业与社会的发展。这一切都是因为美国完善的养老和员工权益法律保障体系使然。

我国经济体制改革日渐深入,在全球化趋势下,我国的现代企业制度多有向其他国家制度趋同与接轨之势。那么对于企业价值的创造主体——员工,其权益的保护也应符合这种趋势的要求。"美国经验"就有了可资借鉴之处。

美国的员工职业利益保障体系并不是世界上最早的①,但却是世界上运行最为完善的体系之一。早在 1717 年的殖民地时期,长老会(Presbyterian Church)就为退休的牧师(ministers)建立了虔诚基金(Pious Uses)以来供其晚年生活使用。1884 年,巴尔的摩和俄亥俄铁路公司(Baltimore and Ohio Railroad)为年满 65 岁并且已经在公司供职 10 年以上的员工提供养老金,这些养老金的替代率大约在 20% 到 35%②。1913 年的国内税法(The Revenue Act of 1913)确定了养老信托的免税政策,从而为养老金的发展奠定基础。1889 年,美国捷运公司(American Express Company)建立第一只老年退休金计划。1912 年颁行的 Sherwood Act 是第一部将养老金(pension)正式上升到成文法规范进行规范与治理的法律,其主要保护在美国与墨西哥战争和国内内战中受伤的老兵的权益。肇始于 20 世纪 20 年代初的政府职员退休

① 建立完整现代社会保障体系最早的国家是德国,比美国早 40 年左右。

② Fee, Elizabeth, Shopes, Linda; and Zeidman, Linda . *The Baltimore Book: New Views of Local History.* 1991, Philadelphia: Temple University Press, pp. 11 – 14.

金制度(Civil Service Retirement System,CSRS)[①]是对政府员工的退休利益的保障。后来美国经历了剧烈的金融动荡,并导致金融危机,众多企业和机构倒闭,因为没有政府主导的良好的企业内和企业间员工保障体系,使得社会问题丛生。这使得罗斯福政府意识到社会保障的重要性,从而推出了《社会保障法案》。这一部法案虽然不是专门规范养老基金的法律,但是在美国整个员工利益保障的体系中却是纲领性的,从此以后,美国建立了庞大而错综复杂的社会保障体系。1940年,通用汽车(General Motors)的董事会主席Charles Erwin Wilson建立了第一只现代养老金计划,其主张养老基金可以投资于任何领域股票,不仅仅限于自己公司的股票。其后经历了几十年的发展,美国养老金体系日臻完善,但是在这一过程中也发现和暴露了很多的问题,加之美国的判例法传统,使得各个州对养老金规则的制定和管理存在很多的差异。这就造成了诸如很多员工在更换工作后转移自己的养老金,另外养老金投资信息披露程度不同,发起人蓄意制定歧视规则,收益率无法保证,资金链评估失误造成养老金无法发放等诸多问题。其中以司蒂蓓克汽车公司(Studebaker)资金链断裂从而无法发放养老金,而主动违约终止养老金计划为典型。[②]

美国国会和政府充分意识到这些存在的问题,于是在1974年制定了综合治理养老金所涉及的各个层面的成文法。这部成文法就是《雇员退休收入保障法》(Employee Retirement Income Security Act, ERISA),其在美国法律体系中的序号是Pub. L. 93－406, 88 Stat. 829,在美国法典中29 U. S. C. ch. 18。法典的宗旨在于长期规范治理和改革养老金制度与员工权益保障体系,致力于保障养老金的正常运行和发放。这部法律是美国养老金及员工权益保护的基础性法案,是企业养老金和私人养老金领域规定最为全面的法案。其具有联邦成文

① 这一制度已经在1987年改革为联邦雇员退休体系(Federal Employees Retirement System,FERS)。

② 现在这一公司已经不存在。因为经营不善,后被American Motors Corporation(AMC)收购。参见维基百科"Studebaker"词条。

法(federal law)效力,从而处于各个州立法之上,享有优先适用权(preemption)[①]。另一方面,其与联邦税法的规定相得益彰,使得养老金计划的设立与企业和个人税收紧密结合,从而激励了养老计划的开展,使得企业主将员工养老金的设立由原来的福利性质和对企业利润的"耗损"变成了一种有益于企业提高利润的手段。第三方面,得益于美国成熟和旺盛的金融市场。养老金的投资和运作往往借助于这些市场中的金融工具,但是在 ERISA 之前,并没有完善的法律法规进行规范与制约,这不但造成了私自挪用养老基金进行高风险投资的做法无法抑制,另一方面也使得有些本质上有益于养老基金运行的金融手段一直处于"灰色地带",开展起来蹑手蹑脚,从而不利于养老金的运行。ERISA 的出现解决了这两方面的问题,其良好的制度兼容性和扩展性,为合理的金融衍生品与养老产品的对接提供了制度接口,也减少了想要借助养老金进行非法运作和高风险投资的可能性。这一切使得美国现代养老金制度真正进入了正轨,也促进了税法和金融市场的发展,通过几十年的运作,从而渐渐形成了今天这样体系完备的养老金体系。

本文旨在介绍这部美国养老金和员工权益的基础性法案,从而试图在美国成熟和稳定的养老金制度中能够找到可予我国借鉴的内容。这有益于我国企业养老金和个人养老金制度的规则制定与实施开展。

一、ERISA 法案简介

(一)历史发展与基本内容

在 20 世纪 50 年代到 60 年代的美国,私人养老金领域发展迅速,积攒了大量的资金。但是因为没有法律的完善制约,所以使得这些掌握养老基金的人,并不想顺其自然地将其运用到退休的员工身上,而是投入金融高风险产品之中,以试图追逐高风险而获得更多的利益,并私下将这些利益侵吞,对可能在高风险金融领域的损失却不负责任。在这样的情况下,国会在 1958 年通过了《员工利益与养老金计划信息披露法》(Welfare and Pension Plans Disclosure Act),以确定和规制对养老计划的信息公开和财务公开。

① Preemption 在英美法中指的是联邦法律优先于州法适用的情况。

尽管 1958 年的法案起到了一些效用,但司蒂蓓克汽车公司(Studebaker)的养老计划还是最终崩溃了,所导致了数以万计的员工失去了养老保障或者只能得到很少的养老补助。① 这一切的直接原因在于其首席执行官(CEO)George Barasch 在计划开始时就主观臆断和任意对养老基金的处置而没有法律可以限制其行为,等到 1958 年法案出来后,这一计划已经病入膏肓无力回天。联邦参议员 Jacob K. Javits 认识到如果再这么下去,会有更多的 Studebaker 案件出现,而仅仅有一部信息披露法案是远远不够的。而事实上《员工利益与养老金计划信息披露法》与参议院预先通过的草案相比,已经面目全非,甚至有些地方南辕北辙。因为其几乎完全没有给劳工部长任何能够强制性执行的权利,而且因为管辖范围不够明晰,企业主很容易推卸责任。② Jacob K. Javits 意识到还要有法案能从更多的方面来保证养老金计划的安全运行和员工养老权益受到更多的保障,所以上书肯尼迪总统(President John F. Kennedy)和国会,建议制定专门的法律来规制私人养老金的管理。1962 年,肯尼迪总统督促建立"企业私人养老金及其他福利计划委员会"。1972 年美国国家广播公司(NBC)制作了名为"Pensions: The Broken Promise"(养老金,无法兑现的承诺)的电视短片督促国会的立法,并且百姓民意沸腾,这一切是源于尼克松总统(President Richard M. Nixon)对养老金改革计划的失败。国会迫于压力,随之启动立法前置程序,广泛地听取民意和进行社会调查,最终在 1974 年的美国国内劳动节(Labor Day)9 月 2 日这一天,由福特总统(President Gerald Ford)签署,正式公布《雇员退休收入保障法》(ERISA)。后经数年运行,又有多次修订,直至今日。③

---

① McMillan, III, James . Misclassification and Employer Discretion Under ERISA, *University of Pennsylvania Journal of Labor and Employment Law*, 2000, 2 (4): pp. 837 – 866.

② 林弈:《美国的私有退休金体制》,北京大学出版社 2002 年版(2009 年重印版),第 40 ~ 41 页。

③ Special Committee on Aging, United States Senate. *The Employee Retirement Income Security Act of* 1974: *The First Decade*. Washington, August 1984, D. C.: U. S. Goverment Printing Office, p. 11.

美国《雇员退休收入保障法》(ERISA)是用来调整和规范私人领域养老金的基础性法律。这里之所以提到"私人领域"(private - sector),指的是企业养老金计划(supplementary pension,SP)和个人养老计划(Individual Retirement Account,IRA),这是相对于公共领域养老计划来说的,"公共领域"(public plans)主要指的是政府员工的养老金(governmental plans)和神职人员的养老金(church plans)。ERISA法案对于公共领域是排除管辖的,所以公共领域的养老金也不在本文的介绍和讨论范围之内。①

其在美国成文法典(United States Code)中的位置是标题 29 -"劳工"(TITLE 29 - LABOR)中,条文号 § § 1001 to 1461②。在国内税法(Internal Revenue Code)中的部分,序号为 4972 - 4975。在原始法案中,ERISA 共分为四个标题内容(TITLE):(1)确立专门的规范以来保障员工在养老金和福利计划中的利益不受损害;(2)与国内税法结合确立合格计划参与需要具备的条件等具体规定,这一部分的内容也被《美国国内税法》所规定和收录;(3)赋予劳工部和财政部管理和强制执行的权力和义务;(4)计划不能运行和终止后利益保障及养老利益保障公司(Pension Benefit Guaranty Corporation,PBGC)的相关内容③。

其中的 Title Ⅰ又分多个副标题和附章节。其中副标题 A 是总纲,是一些国会对养老金政策发布和社会调查等行政和社会事项的规定,也对规定人数等作出纲领性规定。副标题 B 为 7 个部分,是这部法律最为重要的核心所在。第 1 部分是关于报告与信息披露(disclosure)

---

① 这不代表公共部门的工作人员就不能有养老金,也不代表不能有私人养老金。ERISA 不是主管公共部门养老金的法律,即使涉及只是补充性规定或者与私人养老金有交叉性规定。不能单独根据 ERISA 来调控公共部门的养老金。

② 在 1974 年 ERISA 颁行以前,TITLE 29 已经有了部分劳工法的内容,所以在法典中的章节排序与原始法典的排序有差别。这一部分涉及劳动者保护相关的法律,对此修订。最近的是 2011 年底被 Pub. L. 112 - 90(Pipeline Safety, Regulatory Certainty, and Job Creation Act)补充和修订。

③ 在原始的 ERISA 法案中是有 Title Ⅱ,其目的是对于国内税法 IRC 的修订。但是在 29 U. S. C. ch. 18 中,并没有 Title Ⅱ,仅仅有涉及劳工内容的其他三个部分。Title Ⅱ零散的分布于 U. S. C 其他关于税法的规定和 IRC 规定等条文里。

的规定;第 2 部分是计划规定人数和既得收益权(vesting)的规定,这一部分不适用于福利金计划;第 3 部分是雇主缴费(funding)的规定,这一部分不适用于现金购买计划(money purchase pension plan)和福利计划,仅适用于典型的 DB 计划;第 4 部分是信托受托人的职责;第 5 部分是管理与执行的相关规定,包括提起诉讼的规定;第 6 部分是群体福利计划的规定;第 7 部分是福利计划利益转移和更新的规定。

ERISA 法案有优先于州立法适用的优先权(preemption),这表现在除了关于具体外围和关联事务的法规,如保险、银行和证券的规则,州立法院作出的离婚后财产分割判决等事物之外,在关于员工养老利益的规定上,州法不得与 ERISA 法案相抵触,并且可以直接适用 ERISA 法案。在 ERISA 法案下,对于员工利益保护可以设立两种计划,而且仅仅可以设立符合这两种模式的计划。[①] 其一为员工退休金计划(pension plan),其主要提供退休金方面的员工权益保护。只要计划设计为具有系统性的延迟给付(deferred compensation),留存至退休后才予以给付,那么这种计划就可以认为是员工退休金计划。其二为员工福利计划(welfare benefit plan),其主要提供除去养老金之外的诸如医疗保障和残障保障之类的职工权益保护。只要计划的设计是有目的有时间表(time listed)的对除去养老利益之外的相关利益的给付,那么不管这种给付是不是延迟的,都认为符合员工福利计划。在这两种计划中,ERISA 法案更多地侧重规制员工退休金计划,其条文数更多。值得一提的是,不同于社会保障,ERISA 法案并没有强制性的要求雇主必须提供这两种计划给员工,言下之意,私人领域养老金和员工权益保障计划并非是强制性提供的。但是,如果雇主一旦决定提供这些权益保障计划,就一定要遵循 ERISA 法案的规定,不论是内容的提供还是程序的进行都需要严格地按照 ERISA 法案的规定,并在劳工部和财政部的监控之下。

ERISA 的规定主要是为了达到下列的目的:促进计划的信息公开和财务透明,确定最小给付金额,确定合格的参与人和信托管理人,加强计划发起者和实施者的信义义务(fiduciary duty),确定计划发生风

---

① ERISA § 3(3), 29 U. S. C. § 1002(3).

险后的控制措施和补救措施。

这些目的的达成是由三个部门所共同负责的，分别为：劳工部（Department of Labor）、财政部（Department of the Treasury）和养老利益保障公司（PBGC）。其中劳工部负责合格管理者标准的核定及信息披露和财务透明的监督管理。财政部，尤其是其中的国内税收办公室（Internal Revenue Service）负责监督和核定计划参与者的资格，所得利益的归属和计划的资本充足。养老利益保障公司主要运行保障养老基金不受损失的保险类业务和为某些养老金计划提供担保。

ERISA 计划实施数年中，国会进行了多次修订。这包括加大亡故员工利益相关者和配偶的权益保护，加大 PBGC 的参与力度和覆盖面，对可减税方案审查标准的变更，加入反利益歧视的内容和限制基金发起人和管理者将利益向自己倾斜等。这一切的变动，使得在私人领域的养老金规模在 2007 年达到了 6.2 万亿美元，这个数字是 1974 年 ERISA 法案刚刚制定时规模的 7 倍。这其中包括 1.9 万亿的资金掌握在保险公司运行的计划中，另外 4.5 万亿美元的计划被延迟给付计划所占据。① 这一年，有 42% 的私人机构员工是养老计划的参与者，同时 74% 的全日制员工被雇主或者集团所发起的职工医疗保险计划所覆盖。②

另外一方面显著的变化在于：在 ERISA 法案实施之前，计划的发起者可以任意的终止一项养老资金供款不足的空账计划或赤字计划（unfunded pension），而不用对终止后的计划继续承担供款和给付义务。这包括即使企业的资产还足以承担养老金的继续给付，但是发起者仍然可以免除法定义务对后续给付负责。在法案实施后，明确要求要足额进行计划资金的缴存（fully funded）。要求养老基金的用途只

① Employee Benefit Research Institute, EBRI Databook on Employee Benefits, Table 11.3c (Apr. 2009), Table, 18.2b (Jan. 2009), 1 Table 19.3b (Jan. 2009), EBRI Pension Investment Report 3rd Quarter 2008, Table 13 (2009), Employee Benefits Security Administration, U.S. Department of Labor, Private Pension Plan Bulletin Historical Tables and Graphs, Table E11 (Feb. 2009). 1975 年至 2007 年之间，美国国内消费价格指数（CPI）平均在 3.85。

② 同上 Table 10.10b (Dec. 2008)，参见 http://www.ebri.org/pdf/publications/books/databook/DB.Chapter%2010.pdf。

能控制在进行养老金的发放和员工医疗等权益的保障上。另外,对于适格计划参与者的要求也适当放低,缩短了可以领取养老金的必要工作年限,并且要求DB养老模式的计划必须向PBGC购买保障性保险。

(二)ERISA法案下养老金计划的类型

ERISA法案下的养老金方案和计划仅仅有两种路径,DC计划和DB计划(或者两者的混合)。DC计划是defined contribution plan的缩写,可以称之为确定供款计划或者既定供款计划。其基本含义为:雇主[①]为参加这个计划的员工建立个人账户(self - account或者individual account),并根据计划的规定,由雇主和员工按照分担比例向其定期(一般是按月)注入确定额的资金,[②]这笔资金一般称作“供款”。注入的资金并不为发放其他参与者的养老金用途使用,而是类似于理财产品的投资使用。理财的过程一般施行信托基金制(trust fund),为每个参与者单独设立的个人账户可以视为单独的信托账户。由计划的收款方直接转移至信托账户。在这一计划下,受托方一般并不保证一定会得到确定的收益,而是根据投资行情和市场运作结果,审慎的进行投资,需要尽到信义义务(fiduciary duty)。最终在法律或者计划书规定的条件和时间下,员工可以在自己的个人账户中拿出资金供自己养老使用。最终可供使用的账户金额取决于雇主和员工向账户中定期预先注入的资金额度、信托投资收益或者亏损情况、计划商业运行成本和制度运行成本、通货膨胀率和政策调整因子等。[③]政策调整因子中最为关键的因素是税收。作为养老基金的信托投资是典型的符合延迟缴税(deferred tax)的情况。在雇主和员工投入资金入个人账户的过程中,这一部分资金可以在当期收入中扣除而不作为税基使用。当计划到期或者满足提取养老金的条件后,真正提取时才收取所得税。这相当于将当期税额变为了计划周期后的税款向当期的贴现。因为有

① 在这里“雇主”也可以理解为公司或者企业。根据不同语境和不同法律关系采取不同称谓。文中为了表述方便,除非须特别地区分“法人”和“法人代表”的情况下,一概称之为雇主。

② 26 U.S.C. § 414(i).

③ Matthias F. Jäkel, *Pensionomics*, Springer - Verlag Berlin Heidelberg, 2006, p.31.

了这数十年的计划运行时间，所以反向贴现的金额远远小于在注入资金时应缴的税额。另外，投资收益不能马上取出，也就不用马上缴税，也受到了这种时间贴现的好处。整个的税收优惠就是计划时间所造成的贴现与当期缴纳额的差值。①

DC 计划类型分为很多具体的类型，下表给出粗略的划分：②

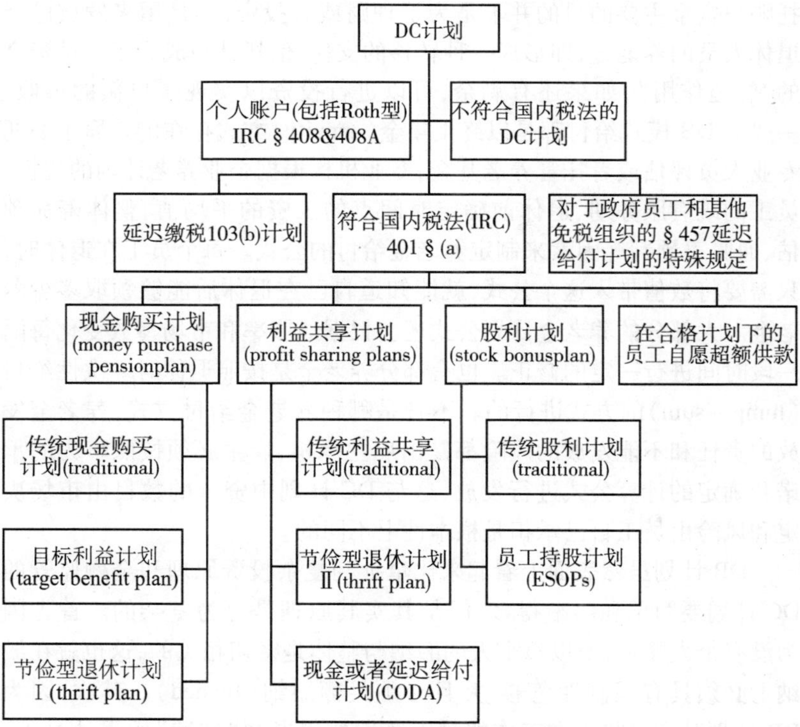

图表 1　既定供款计划（DC Plan）类型

① 这种优惠额可以用终值（FV）表示，时间点为领取养老金须交税时。也可以用现值（PV）表示，一般反推回第一次缴纳期。需要注意的是，并不是每一种计划都是施行这种模式的税收优惠，也有可能倒过来，如 Roth IRA。

② 有若干新型计划和混合性计划，限于篇幅，未予包括。参考 D. McGill and D. Grubbs, *Fundamentals of Private Pensions*, *8th edition.* Oxford University Press, 2008, p. 46.

DB计划是defined benefit plan的缩写,可以称之为确定给付计划或者既定给付计划。其基本含义是:企业和雇员按照一定的比例定期向养老基金注入一定的资金,这一部分资金并不是按照每个员工所缴纳的资金数建立个人账户,而是进入一个综合的信托账户进行管理。企业承诺当员工退休时按照一定的标准对员工提供养老金。① 其中信托账户资金主要的目的并不是为了理财或者投资,而是用来发放已经退休人员的养老金,即形成一种转移的支付,信托计划成为了一种资金的"管道作用",如果还有剩余,可以进行投资以实现账户额的增收。一般的DB模式给付都是以终生年金(annuity)方式存在的。雇主委托专业人员评估或者托管养老基金,专业机构根据企业养老计划的规模、员工的既有服务期、退休前确定时间点的工资的平均值、整体寿命预估、通胀率预判等因素来制定养老金给付的公式。每个员工在退休时,只需要将数值带入这个公式,就能知道自己在退休后能够领取多少养老金。大部分的养老金计划公式还会根据通胀率和市场参数变化每隔一段时间进行一定的修正。也有部分养老金是按照退休时一次性给付(lump-sum)的方式进行的。不管是哪种养老金给付方式,养老金发放的责任和不能发放的风险都是由雇主承担,雇主必须按照事先的承诺和确定的计算公式进行发放,这与DC计划中资金的数目由市场决定和风险由员工自己承担是根本性上不同的。

DB计划虽然表面上看起来比牵扯到复杂投资原理和金融监管的DC计划要简单和明晰得多,但是其实其原理是更为复杂的。首先因为没有个人账户,所以每个人的缴纳与整体是密切相关的,这也就在缴纳上必须具有强制性色彩,并且必须足额缴纳(funded)。其次,因为DB计划其实是将正在工作的员工缴纳的养老金"转移"给退休员工,所以这与企业内部的工作员工与退休员工的比例,及工资替代率有密切的关系。如果是大型的企业财团或者某个区域统筹性实施DB计划,甚至需要考虑到人口年龄结构比例。最后,上述的这些参数是一些客观参数,不随人的主观而改变,而企业的养老金公式又不能随意改变。这样很可能就会造成企业养老基金账户的空账运行,很大可能上

---

① 29 U. S. C. § 1002(34) and § 1002(35).

还会负额度运行。这些风险完全是由企业承担的，如果这种风险持续增大，那么很有可能就会导致 Studebaker 事件的发生。ERISA 的解决方案是设立 PBGC（Pension Benefit Guaranty Corporation），要求施行 DB 的企业必须进行投保，这样一旦发生不能给付，后续会有 PBGC 的担保和接收给付义务以确保继续正常发放。这一部分内容在后文还会有所论述。

综合来说，DC 计划的风险主要在于市场投资风险，确定的定期缴费额；而 DB 计划的风险主要在于年龄结构风险，确定的是定期养老金领取额。随着金融投资情绪的持续高涨和金融市场在很长时间段的持续发展，再加之养老基金本身的资金来源纯正、资金可利用率高、数额规模巨大、资金成本低等优势在 20 世纪 80 年代后期渐渐显露，所以被大型投资公司所游说成为信托化基金。更重要的一点是 DC 计划符合了人群的心理，养老账户就像储蓄了一笔钱买了长期理财一样，数额是看得见的。而 DB 计划的数额往往是看不见的，加之公式的运算过程和评估手段相对于一般人还是有些难度的。所以 DC 计划数持续增多，DB 计划数持续萎缩。

任何事物都是两个方面，DB 计划的不灵活在一定程度上起到的是限制员工随意跳槽的作用，所以还是得到了一部分雇主的青睐，当然员工是不情愿的。另一方面，虽然 DC 的灵性较高，但是灵活也意味着风险，并且几乎是完全市场化的，突出的特点就是 DC 计划不能得到 PBGC 的担保。正是考虑到 DB 和 DC 计划各自的特点，近年来混合性计划（hybrid plans）得以崭露头角，其兼顾了两种方案的优势。另一方面的重大原因是，在 DB 想要转化为 DC 的过程中，DB 制度因为其本身巨大的制度惯性，不能一蹴而就，混合性计划正是为此提供了一定的中心缓冲地带。最常见的混合型计划是现金余额计划（cash balance plan），现金余额计划下，并没有个人账户的建立，而是公共信托账户（common trust）进行管理，但是却是按照一定的比例进行确定额度的缴费。参与者享有应计给付（accrued benefit）的请求权。另外一点其虽然很难被 PBGC 担保，但是请求给付的金额总数一般情况下不能低于已经缴纳的金额加上适当的利息。整体特征更偏向于 DB，所以一般认为被当做 DB 计划进行管理。下表是自 1975 年 ERISA 施行以来

两种计划相关参量的变化:

表格1 美国国内DB和DC养老金参数概况,1975~2011

年份	DB计划			DC计划		
	计划数	参与者数量(千)	资产额(百万)	计划数	参与者数量(千)	资产额(百万)
1975	103,346	33,004	$185,950	207,748	1 1,507	$74,014
1980	148,096	37,979	401,455	340,805	19,924	162,096
1985	170,172	39,692	826,117	461,963	34,973	426,622
1990	113,062	38,832	961,904	599,245	38,091	712,236
1995	69,492	39,736	1,402,079	623,912	47,716	1,321,657
2000	48,773	41,613	1,986,177	686,878	61,716	2,216,495
2004	47,503	41,707	2,106,325	635,567	64,627	2,587,152
2005	47,614	41,925	2,254,032	631,481	75,481	2,807,590
2006	48,579	42,146	2,468,142	645,971	79,849	3,216,160
2010	46,543	41,423	2,448,361	654,469	88,301	3,833,388
2011	45,256	40,876	2,516,109	638,390	88,705	3,829,487

来源:美国劳工部,*Private Pension Plan Bulletin: Abstract of Form* 5500 *Annual Reports*(2013).

说明:在2013年的5500 Form年度报告中,数据更新至2011年。挑选若干年份进行总结。包括活跃参与者、已获得既得权益参与者和延迟退休者(或退休后仍缴费的参与者)。自2005年起,对于认缴但实际未实缴者也进入统计序列。2010年后,对小额缴费者进行微小舍取。

(三)国内税法与ERISA关系及401(K)计划起源

国内税法401条K款在美国养老体系中有重要作用,其与ERISA紧密衔接,根据此条款设立的养老金计划是作为DC计划中最为重要也是最为常见的类型。401(k)计划也叫现金或延迟给付协议(cash or deferred arrangement,CODA)。其来源于1978年《税收法案》对国内税法的修改,可以以税前收入(pre - tax)供款同时这部分金额可以扣减享受免税。401(k)条款的设立是对国内税法一次非常重大的修改。也正是有了401(k)条款的出现,ERISA所规定的养老金计划才真正找到了契合点,能够顺利开展。在401(k)计划实施前,国内税法的403(b)条款和457条款是主要规制养老金的条款,但是这条的适用范围是一些特殊免税机构的职员和政府员工。这些范围不受ERISA的管辖,所以未能与ERISA很好地衔接。ERISA法案的第二部分是对国内税法的修订,加之单独对税法的修正案,使得最终如401(k)类型的众多DC计划得以出现,并在最终发展壮大。

401(k)计划对雇主最大的好处是,其投入其中的资金可以同样享受免税。并且在合格计划下(qualified plan),还能有更多的优惠政策。并且免除了DB计划中的承诺义务,这大大地降低了计划的运行成本,这是一个"双赢"的结果,使得雇主有动力去为员工设立养老金计划。雇主和员工一般按照一定的分担比例向其供款。也有的情况下,雇主供款是以员工给付为根本条件的。401(k)计划一般实施一次性给付制度。但是也可以以年金的方式运行,这不是强制性的。① 这种计划提供了很大的灵活性,当员工离职时,一般可以将养老资金账户一并转移并且很少受到约束,就像是存在企业的一笔储蓄一样。另一方企业在经营极端困难时,可以选择减少自己负担的供款或者延期缴付。

2006年,《养老金保护法案》(Pension Protection Act of 2006, PPA, P. L. 109-280)被小布什总统签署,2008年《员工,退休人员,雇主恢复法案》(Worker, Retiree, and Employer Recovery Act, WRERA, P. L. 110-455)颁布。这两部修正案对ERISA和国内税法中与ERISA配套的养老条款进行了一定的修正和内容更新。上述的问题在后文还会有所提及。

以上是对ERISA法案内容的一个概括。下文中将按照法案本身的顺序,挑选重要章节内容进行分别论述。

---

① 例外是现金购买计划(money purchase plan)。在这种计划下,必须提供年金型的给付。

二、对员工利益的保护(Title Ⅰ)

这一标题的内容是ERISA的核心内容,其创造了很多新的规则,并对以往的规则进行了补充。其主要为了达到的是:促进明智的投资决策、防止肆意管理和权力滥用、确保养老金承诺的效力、保障员工的自治、协调不同规则。①

(一)覆盖范围(coverage)

美国国会在制定ERISA时依据的是美国宪法中"商业条款"(Commerce Clause),所以对于适用于ERISA法案的参与人覆盖范围界定为"涉及商业活动或者参与到商业活动中"。② 对于失业补偿、工伤保险或者计划不在美国国内开展的计划都不受到本章管辖。③ 也就是说并不是任何涉及职业的权益都是ERISA的管辖范围。④ 对于参与或者发起计划的企业的规模大小并没有强制性要求。但是有几个方面必须满足的条件:(1)必须能成立一个独立的计划(plan, fund, or program)⑤;(2)计划必须有能够被员工获得或者其利益相关人(如配偶)获得的实在的利益存在;(3)提供的计划只能有两种模式选择,或者是养老金计划(pension),或者是福利计划(welfare)。⑥ 另外,计划不能过于短暂、含糊或者对覆盖范围限制过多(transient, indefinite, or too restricted in coverage)。

所谓"过于短暂"的情况在于本意上并不是想真正建立养老金,而是想以养老金的形式达到其他目的,比如蓄意转移破产资产。Fort

---

① Peter J. Wiedenbeck, *Implementing ERISA: of Policies and "Plans"*, 72 WASH. U. L. Q. 1994, p. 559, 574.

② ERISA § 4(a), 29 U.S.C. § 1003(a).

③ ERISA § 4, 29 U.S.C. § 1003.

④ 比如在Massachusetts v. Morash, 490 U.S. 107 (1989)中,旅游福利就不是ERISA的管辖,虽然发生了很多笔,并专门设立了账户,但这种账户不能视为符合ERISA的账户。

⑤ ERISA § 3(1), (2), 29 U.S.C. § 1002(1), (2).

⑥ ERISA § 111(a)(1), 29 U.S.C. § 1031(a)(1).

Halifax 案件[①]是一个典型。破产并不能导致养老金账户变成破产资产，但是这部分的资产必须是为员工真正发放养老金所使用，如果设立养老金账户仅仅是为了隔离破产资产而没有实际的计划存在，那么就是不合规定的。另外，一次性的遣返费(severance)或者诸如"黄金降落伞"(golden parachute)[②]等保障性措施，因为欠缺管理和运行的"计划性"(administrative scheme)，所以不能认为是ERISA所覆盖的类型。ERISA 为基金的管理者或者发起者赋予了很大的自由管理权(discretion)，但是必须建立在信义义务的基础之上(fiduciary)。在Fort Halifax 案件中，雇主对资金的管理并不能受到ERISA 的制约，所以这个资金序列安排就不是ERISA 计划。

一方面，计划不能"含糊"。无论是养老金计划还是相应的福利计划，都应该"实在的确实存在，并且被雇主或者员工组织建立或者掌握。计划内含有确切的安排"。这就要求两方面都要具备："已经建立"和"确切安排"。尝试性(tentative)或者计划建立但尚未建立(projected)的计划都不能认为是受到ERISA 覆盖的计划。在Brines v. XTRA Corp.，Elmore v. Cone Mills Corp.，James v. Nat'l Bus. Sys. Inc.，Donovan v. Dillingham 等若干案例中，"即将建立"(will create)不能作为计划存在的依据。建立了就是建立了，没有建立就是没有建立，"即将建立"是一个很"含糊"的概念，ERISA 下不允许这种含糊。[③] 另一方面，含糊在这里的含义与ERISA 另一项重要内容"公开"(informed disclosure)并不是对立的，也就是说，含糊并不是不公开，这也就说明有些计划即使使用口头(oral)建立，[④]或者通过内部协议(unpublicized)建立，只要符合其他ERISA 的要件，并且没有损害员

① Fort Halifax Packing Co. v. Coyne, 482 U. S. 1 (1987).

② 如 Fontenot v. NL Industries, Inc. 案件。但是另一方面，在某些情况 ERISA 对黄金降落伞又存在一定的放松，这在于在某些州适用时理解标准的不同，如 Bogue v. Ampex Corporation，第九巡回法庭虽然对解释有一些放松，但依然很审慎，最终没有完全认定。

③ ERISA § 3(1)，(2)，29 U. S. C. § 1002(1)，(2).

④ 虽然 ERISA 原则上要求，必须是书面的。但是口头建立又结构清晰的计划不能当然地认为是无效的。

工的利益,那么就不能认为是含糊的。另外,雇主或者管理者不能随意的改变计划的内容,计划内容的安排必须是预先就固定而且明晰的。这种要求也可以认为是"系统性"(systematic)的要求。如果不具备这种系统性,那么就不能认为是"确切安排",一样被视为"含糊"。

最后一点是设立的计划不能施加不合理限制。比如要求要有100人参与才能成立计划,但是整个企业的员工才不足20人。反过来也不行,比如在仅仅有10个人的公司设立养老金计划,但是因为某些原因造成空账(unfunded),所以声称人数太少不能成立。ERISA并没有对计划的人数作出具体的规定,这是对1958年披露法案(WPPDA)相关内容的修正。一方面,诸如书面要求等形式要件,ERISA在原则上是要求的,但是不能当然的认为不符合这些要件是无效的。最后也不能将不合理的限制发展为"歧视"(discrimination),比如养老金仅仅发放予完成既定任务的人,而既定任务的要求非常的苛刻,或者仅仅发放予高管等。也禁止对于特定年龄作出不合理的规定,比如过了某个年纪就不能参与计划缴费了。① 对过多不合理条件下的计划,可能会使得计划无效,也可能会导致这些限制性的条件没有约束力,要具体问题具体分析。在ERISA下,限制很少,其基本的约束是:年龄在21岁以下或者还没有完整地参与完成一个基本年度的工作的,在其身上就不存在计划。基本的工作年度界定为"以12个月为工作周期,至少完成一个周期,并且在这一个周期内可以视为工作的时间至少在1000个小时"。② 同时如果连续的中断工作,则视为周期的中断。这种中断会对养老金计划产生很大的影响。③ 另一方面,对于参加计划不过2年就获得100%的既定请求权(vested)的参与者,必须要求在参加计划前已经有了至少2个周期的工作经历。④ 对于特殊行业,比如教育机构中,仅仅参加计划一年就获得100%既定给付的,要求至少26周岁,或者

---

① ERISA § 202(a)(2), 29 U.S.C. § 1052(a)(2).

② ERISA § 202(b), 29 U.S.C. § 1052(b).

③ ERISA § 203(b)(3)(A), 29 U.S.C. § 1053(b)(3)(A).

④ ERISA § 401(k)(2)(D)的规定是例外,在这条的情况下,只要参与者完成了一个周期的工作,那么就有权享有税前缴付权(pre-tax)。

已经完成了至少一个周期的工作,以晚到的时间点为准。[①]

上面几点分析了 ERISA 覆盖的计划的一些要求,下面简单分析对覆盖的员工的基本要求。首先,ERISA 中的 E 指的是 employee,那么很明显的,这部法案仅仅适用于员工和其相关的利益人员,[②]这是对身份的要求。似乎这是个不证自明的问题,但是怎样界定 employee 的概念,在美国法典上却没有明晰的叙述。劳工部制定的法规界定,对于非公司制的企业(unincorporated business)中养老计划仅仅覆盖公司所有者和合伙人或者这些人员配偶的,这些人员不能认为是 employee。ERISA 与劳工部的规定不同,其认定 employee 的依据是普通法标准(common - law standard)。但是又规定,如果一个公司仅仅是一个人所有或者仅仅由这个人和其配偶所有,而养老金计划仅仅覆盖这个人或者其配偶或者这个人和其配偶的,即使在普通法标准上认定可以达到 employee 的标准,但是仍不受 ERISA 保护。所以这就要求,符合 ERISA 要求的计划覆盖的 employee 中至少具备一个符合普通法标准的员工并且这个员工不是企业所有者或者其配偶。[③] 既然员工的范围没有雇主本身,那么雇主的养老权利怎么保护呢? 只能受到州法(state law)的保护[④]。

另外,employee 本身隐含着一个假设,就是其是根据劳工合同(labor contract)所确立的一种工作关系,这与单纯完成某种任务的雇工是不同的。Nationwide Mutual Insurance Co. v. Darden 是一个典型,美国联邦最高法院认为依然应该依据普通法的基本规则进行确定,ERISA 并没有扩大这种解释的范围。太过短期的雇用行为不被认为是符合规定的。[⑤] 这也就将一般的员工与独立合同方(independent contractor)进行了一定程度的区分,一般情况下,独立的合同方并不能作为 ERISA 所规定的员工参加养老金计划或福利计划,除非在特殊情

---

① ERISA § 202(a)(1)(B)(ii), 29 U.S.C. § 1052(a)(1)(B)(ii).

② ERISA § 3(1), 29 U.S.C. § 1002(1)(6)(7).

③ ERISA § 3(7), 29 U.S.C. § 1002(7) .

④ state law 不是本文的讨论范围。关于深入的案例,可以参见 Raymond B. Yates, M.D., P.C. Profit Sharing Plan v. Hendon。

⑤ Darden, 503 U.S. at 326 - 327.

况下,比如第七巡回法庭的判例中就曾经将残疾人视为可以享受企业计划的独立合同方。[①] 随着合同电子化和沟通手段的日益发达和多样化,在美国也出现了 SOHO 现象。[②] 怎么处理这些新兴的现象,也是 ERISA 发展与扩展的方向,在 Vizcaino v. Microsoft Corp. 案件中,[③]就出现了很多并不坐班的程序员完成了编程,其身份怎么界定的问题。另一个新兴的问题是一些原来不被重点关注的主体的身份认定问题,比如名义合伙人(Nominal Partners),这些人能不能视为员工呢?还是视为雇主甚至什么身份也不是?这些问题还没有明确的答案,[④]是值得进一步讨论的。

ERISA 为计划的生效界定了时间,一旦参与者满足了合格的条件,那么计划就在以下时间点生效:新的一个计划运行年的第一天,或者在满足了基本条件的 6 个月以后,以这两个时间点早的那个为准。[⑤]

(二)信息披露与报告(Reporting and Disclosure)

ERISA 法案中对信息披露和报告制度进行了严格的规定,这也是 ERISA 法案的重要内容。信息披露的作用在于信息透明。一方面保证了计划管理和运行的透明度,使得计划的参与者能够比较明晰地了解自己投入计划中的资金的运行情况,从而为下一步的决策作出自己的判断。另一方面也便于政府部门的监督,防止曾经出现的暗箱操作养老金的事件发生。法案的 section 2(b)部分规定:"为了保护参与者和利益偶相关者的权益,要求必须公开关于计划的财务运行和其他一些必要的信息"。其他的地方对要求进行了具体的规定。[⑥] 披露主要涉

---

① Ruttenberg v. U. S. Life Insurance Co. 413 F. 3d 652, 662 (7th Cir. 2005).

② SOHO 指的是 Small Office and Home Office,这些人并不在企业按时坐班,而是以企业交给一定任务,无论在什么地点只要完成这些任务就视为工作完成。这种情况下其与企业签署的劳动合同与独立合同出现了界限的模糊。

③ 120 F. 3d 1006 (9th Cir. 1997).

④ 如 Simpson v. Ernst & Young, 100 F. 3d 436 (6th Cir. 1996)。

⑤ ERISA § 202(a)(4), 29 U. S. C. § 1052(a)(4).

⑥ ERISA § 101 et. seq. , 29 U. S. C. § 1021 et. Seq; 104(b)(3) of ERISA , 29 U. S. C. § 1024(b)(3),在这一部分下,赋予了劳工部长(Secretary of Labor)以适用更宽泛解释的权利,对于某些简单的或者小型计划,可以适当调整披露的标准; 29 C. F. R. § 2520. 104; ERISA § 606, 29 U. S. C. § 1166。

及披露方式和披露的时间。披露方式包括披露哪些内容,以什么样的形式披露,向哪些人披露等。比如有的要求全文披露,有的要求仅仅披露摘要,有的要求是必须向劳工部、财政部和参与者都要披露,有的要求仅仅向某些人披露即可,不一而足。而披露时间的要求包括年报、季报、随时账户查询①等。ERISA 明确要求披露的内容包括:计划简介书(Summary Plan Descriptions, SPD)、年报(Annual Reports, AR)和计划修改综述(Summaries of Material Modifications, SMM)等。2006 年的养老金保护法案(PPA)加大了这方面义务的要求,其要求还必须披露参与者的应计总利益(Total Accrued Benefits)、单独雇主实施计划的年度资金状况(annual funding notice)及享有剥离股权的自由权的资格说明(eligibility to divest employer securities)②。根据 ERISA 的规定,计划管理人应当在参与者书面申请 30 日内,将参与者请求的文件邮寄或者送达参与者。另外,管理人必须提供公开渠道能够供参与者亲自前往查阅。如果违反以上规定,可以判决其每天承担 110 美元的罚款予参与人。③

1. SPD 文件

根据 ERISA 的规定,计划简介书(SPD)是必须要提供的文件。SPD 是以书面形式提供的包含计划的内容概要和预期能提供的利益的文件。计划简介书必须足够明晰,通俗易懂,以正常人的理解能力不至于产生理解的偏差。ERISA 要求计划管理人应该在一个新计划建立后 120 天内或者员工成为计划参与者之后的 90 天内。④ SPD 是一个非常重要的文件,员工一般不具备专业的金融知识,而计划书原文和法律条文对于大部分人来说是非常艰涩的,所以 SPD 是直接导致一个员工是否有愿意参与至计划其中的判断依据。根据 ERISA 的规定和劳工部的规则,一个 SPD 应该包括以下内容:计划管理人的名称、地址和联

① 有些产品的运行公司,尤其是 DC 类型的产品,已经实现了向查询储蓄账户一样的随时查阅系统。但是 ERISA 并没有强制性的要求。

② 29 U. S. C. § 1025(a)(1).

③ ERISA § 104(b)(4).

④ ERISA § 102(a)(1), 29 USC 1022(a)(1).

系方式;计划的法务代表人;计划信托基金经理的姓名、职务等基本信息;计划周期的具体起止日期;计划的投资方式和具体投资类型、风险率、预计收益率等财务信息;供款和领取养老金的程序;计划废止条件等。[①] 具体的公布事项随着每个计划的不同而不同,基本的原则是"如若不"(but - for)。也就是如果不包括这些内容,那么计划就会被曲解或者内容不完整,那么这些内容就是不能精简的。[②]

这里需要注意一个问题,就是当 SPD 内容出现矛盾或者模棱两可怎么处理呢? 这是一个很复杂的问题,也是一个很难解决的问题,本文难以展开讨论,仅作简略陈述。SPD 的冲突主要在于三种表现,第一种是 SPD 与计划书原文冲突,[③]第二种是 SPD 文件本身的前后条文自相矛盾,第三种是原始文件涉及了相关内容,但是 SPD 没有出现,或者 SPD 出现的内容在原始文件中并没有。

首先是第一种,按照既有判例,在这种矛盾出现时,应该依据 SPD 的内容来认定。这是为了保护参与者的利益,而如果允许以原始文件为依据,这无疑为管理者和 SPD 的提供者默认提供了免责条款(disclaimer),这无疑是荒谬的。所以管理者不但有提供 SPD 的义务,还要有准确提供 SPD 的义务。[④] 也有的法庭的判例中,将 SPD 视为一种禁反言(estoppel)规定,这是因为 SPD 肯定是在原始文件已经有了以后才会出现的。[⑤] 也有的法庭将 SPD 也视为合同,又因为时间点肯定是在原始文件已经有了以后才会出现的,所有即使矛盾,也视为是对原始文件的修改,这样还是 SPD 有效。[⑥] 但是也有例外,就是当员工方明知 SPD 与原始文件矛盾,依然以"SPD 与原始文件不同"为理由要求

---

① ERISA § 101, 29 U.S.C. § 1021; 124 A.L.R. Fed. 355.

② ERISA § 107, 29 U.S.C. § 1027 .

③ Hansen v. Continental Insurance Co. 是典型的案例。

④ 同上,Hansen, 940 F.2d at 981 -982。

⑤ Senkier v. Hartford Life & Accident Ins. Co., 948 F.2d 1050, 1051 (7th Cir. 1991) (Posner, J.).

⑥ Jensen v. SIPCO, Inc., 38 F.3d 945, 949, 950, 953 (8th Cir. 1994).

按照 SPD 来履行的,应该谨慎对待。[①] 对于第二种情况,法院的判例一般认为这种矛盾会导致 SPD 的无效,或者导致一些条款的无效。秉承的基本宗旨依然是以员工的利益保护为主要考虑。[②] 对于第三种情况,应该使用合并原则(combination),就是合并同类项,不能认为 SPD 中没有规定就不存在这个权利,也不能认为 SPD 中新创了而源文件中没有就不存在。[③]

2. AR 文件

ERISA 的 103 节要求养老计划的管理者必须向劳工部提供年度报告(AR)。[④] 另外 ERISA 的 4065 条要求 DB 计划必须每年向 PBGC 进行报告。国内税法的 6058(a)条也要求,任何税收优惠养老金计划也必须向财政部每年提交年度免税报表。年度报告被认为是最重要的关于计划运行、资本充足情况、资产类型和投资状况的信息来源。也是劳工部等政府部门监督的资料获取渊源。所以对年度报告的要求非常严格。基本要求以 5500 表格形式呈现。劳工部在 2006 年的规定,要求自 2008 年起必须将 5500 表格进行电子化运行。这更加便利于数据的处理、查阅和管理。[⑤] 5500 表格是一种标准形式的填写模式,其中要求必须填写:计划的财务、精算表、参加人数、服务机构或个人以及计划受托者等情况的详细报告。另外,5500 表格还包括以下的附件:附件 A:有关计划保险的信息(包括通过保险所提供的计划福利);附件 B:计划精算信息(包括一个固定受益额退休金计划资产和支付责任的价值及筹资标准账户的详细信息和数字);附件 C:服务机构或个人及受托管理人的信息(包括在本年度中已被终止了的服务机构或个人的信息);附件 J:计划的财务报表;附件 P:雇员福利信托的受托管理人年度

---

① Bergt v. Ret. Plan for Pilots Employed by Mark Air, Inc., 293 F. 3d 1139, 1145 (9th Cir. 2002).

② 可参考 Sprague v. Gen. Motors Corp., 133 F. 3d 388, at 400 – 01 (6th Cir.); Rhorer v. Raytheon Eng'rs & Constructors, Inc., 181 F. 3d 634, 642 (5th Cir. 1999); Phillips v. Lincoln Nat'l Life Ins. Co., 978 F. 2d 302, 311 (7th Cir. 1992)。

③ Hansen v. Continental Insurance Co., 940 F. 2d 971 (5th Cir. 1991).

④ ERISA § 103; 29 U. S. C. § 1023.

⑤ 29 C. F. R. § 2520. 104a – 2.

报表 ;附件 SSA:年度注册表(要标明已获得延迟缴税的、既得受益权的退休金的参加者人数)以及计划的财务会计报告:拥有 100 名以上的雇员退休金计划必须要雇用一个独立于计划外的并且具有资质的财务会计机构就计划的年度财务报表进行审计和报告。①

AR 文件必须在一个计划周期完成之后的 7 个月内递交给美国财政部,除非获得财政部的特批可以延迟提交,一般的延迟期也不能超过 2 个月 +15 天。② 另外,已经公开的财务报表,可以随意查阅和复印,计划管理者无权进行拒绝。③

如果计划管理人没有按照要求向美国税务机关提交年度报表,除非遇到法律所规定的不能抗拒的原因,计划参与者在违反要求的期限里每天要被处 $25 罚款(最多不超过 15000 美元)。对于管理人,劳工部可以向其处以每天 $1100 的罚款。严重的则会被处以 $5000 的更高额度罚款(管理者是 $100000),甚至可能监禁 1 年。最后,劳工部或计划参加者、相关受益人或计划的受托人都可以通过民事诉讼手段来要求强制公开,并就此造成的可能损失要求赔偿。

另外,年度说明报告(summary annual report, SAR)也是必须提供的年度文件。时间上的要求是一个周期完成后的 9 个月内向参与人和相关受益者。这种披露还与另一项重要的内容相关——信义义务(fiduciary duty)。如果违反了披露的义务,不但是要接受每天 $110 的罚款,还可能会导致视为信义义务的违反。

3. 权益结算表(Benefit Statements),资金充足情况报告(Annual Funding Notice)

在 ERISA 法案的 105 部分规定计划的管理者应该定期向参与者和利益相关者提供权益结算表。例外的是对于仅有一个参与者的计划可以有放松的规定。④ 对于 DC 计划,文件中必须提供(1)计划调整窗口期,在每个窗口期参与者有权进行计划内容的调节;或者(2)计划的

---

① 林弈:《美国的私有退休金体制》,北京大学出版社 2009 年重印本,第 267 页。

② ERISA § 104(b)(2), 29 U.S.C. § 1024(b)(2).

③ 29 C.F.R. § 2520.104a-5.

④ ERISA § 105; 29 U.S.C. § 1025.

周期时间，即使在周期内参与者都没有调整计划的权利。另外，需要列出个人账户的资产和收益情况。对于 DB 计划，计划管理者至少 3 年一次向参与者提供一次计划的结算情况，这些参与者不但拥有不可剥夺权益获取权（non - forfeitable accrued benefit），而且在计划成立时是企业的正式员工。文件中应该包括应计权益（accrued benefit）、既有权利（vested）和将应计权利转化为既有权利的条件和时间。①

资金充足情况报告主要是针对 DB 计划来说的。自 2008 年起，无论是多雇主计划还是单独雇主计划，都要提供这个文件。其内容必须包括：计划持续运行所需要的资金数目；对计划运行的责任承诺；对参与认识人数的简介；针对于 PBGC 的计划财务情况简介，一般包括 PBGC - 501 表、600 表和 601 表及其附件 1A - D。同样的，文件必须提供给计划参与者和利益相关人或者其所代表的相关劳工组织，针对 PBGC 的文件必须按时提供给 PBGC。在多雇主计划中，需要为每位雇主提供同样的报告。②

4. 对计划修改的简述书（SMM）

虽然计划的管理者有自由管理计划的权利（discretion），但是不允许任意修改计划的内容，并且对于实质性的计划修改（material modification）必须进行披露。劳工部规定任何对计划源文件和 SPD 的修改都视为是实质性的修改，计划管理人必须在对计划进行实质性修改的 210 天内向计划参加者和利益相关人及劳工部提供 SMM 文件。但是 ERISA 条文本身并没有对“实质性变更”的概念作出规定，也没有提出什么样的变更是实质性的变更。具体的认定是一种自律性的“自我认定”，另外在相关诉讼中法院可以认定。一般认为对计划中“利益”（benefit）所涉及的变更都是实质性变更。③ 在一个员工首次参加计划的 90 日内，管理者也必须向其提供计划简介书及重大修改的说

① ERISA § 105; 29 U. S. C. § 1025.

② ERISA § 101(f)(2)(B), 29 U. S. C. § 1021(f)(2)(B).

③ Baker v. Lukens Steel Co., 793 F. 2d 509 (3rd Cir. 1986).

明。[①] 像SPD的规定一样,SMM也必须能够使得一般理解水平的参与者不至于误解。

5. 转让雇主股票通知(Notice of Freedom to Divest Employer Securities)

参加计划的员工有权在一定的条件下转让自己所持有的雇主的股票。根据ERISA法案101(m)条和2006年PPA法案的规定,至少在参与者能够获得这种权利的30日前,得到这种通知。[②] 通知中必须明确地说明,参与者已经获得这种权利并且说明转让行为的后果和可能的风险。通知同样应该以正常人能够清晰理解的标准编制,可以使用书面形式、数据电文格式或者其他适当的方式。

(三)应计权益(Benefit Accrual)和既得权益(Vested)

应计权益是一种累计的期待权。其指的是随着参加了养老计划的员工在企业内供职时间的不断累积,其按照计划的承诺应该获得的权益越来越多,这些权益的不断积累直接关系到最终在退休时能够获得的养老金数目。但是这种权益又是不能立即行使的,也就是说这些权益在不断的累计,但是享有这些权益的参与者既无权依据这项权益要求立即将权益变现,也无权随便处分。只有满足一定的条件,才会变成不可剥夺的既有权益(vested),这个条件下文进行简述。最终在一定条件满足时才能真正变成养老金,一般领取条件就是退休,在某些很特殊的情况下,离职也可以作为条件。[③] DB计划的应计权益的规则与DC有很大的差别。对于DB计划提供了三种可能的路径[④]:第一种是"133－1/3规则",含义是每一年的应计权益不能超过上一年权益的133.33%(1+1/3);第二种是"3%规则",含义是每年获得的应计权益至少是整个能获得权益的3%。也就是说至少33+1/3年能够获得全部的应计权益。第三种是"按比例原则"。在这种原则下,将参加计划

① ERISA § 104(b)(1), 29 U.S.C. § 1024(b)(1); 29 C.F.R. § 2520.104a－8.

② 29 U.S.C. § 1021(m).

③ In DiGiacomo v. Teamsters Pension Trust Fund, 420 F.3d 220, 223 (3rd Cir. 2005).

④ ERISA § 3(23)(A), 29 U.S.C. § 1002(23)(A).

至法定退休年龄之间时间按照年份数划分成等份。员工每增加一年的工作量就多一个等份。如按照65岁为法定退休年龄,一个员工25岁参加计划,工作至45岁时,就获得了1/2的份额。①

另外对于非平均等分的给付也是允许的,只是不允许"开始少最后多"(back loading),只允许"开始多后来渐少"(front loading),但是不能"渐少"的依据是年龄。

对于DC计划的应计利益就比较容易界定,就是其资产的账面情况(balance in account)。② 只要参加计划的参与者符合法案的基本要件,那么其就合法的享有应计利益。在转化既有利益方面,由雇主供款的计划和由员工供款的计划有微小的差别。

ERISA法案允许管理者对计划的修改,但是不允许因为修改产生对已经产生的应计利益的任意扣除(cutback)。③ 这不但包括直接地对已经获得的应计利益进行剥夺的情况,也包括变相地修改以阻止参与者获得利益的情况。④ 在Central Laborers' Pension Fund v. Heinz案件中,就是后面的这种情况,法院坚持应当不能单单看账面上的数额,还应该考虑具体的情景,是否产生了人为干涉外部情况从而使得本质上剥夺了参与者的权利。⑤

在1986年,《反年龄歧视法》(Age Discrimination in Employment Act,ADEA)颁行,这是对ERISA在应计权益反年龄歧视方面的修订。另外税法也有一定的配合。⑥ 关于现金平衡计划是不是具有这种歧视,一直是讨论的焦点。其讨论的焦点在于货币时间价值的不同累计

---

① ERISA § 204(b)(1), 29 U.S.C. § 1054(b)(1), 26 U.S.C. § 411(b).

② ERISA § 3(23), 29 U.S.C. § 1002(23)(B).

③ 29 U.S.C. § 1054(g). 例外规则规定在ERISA § 204(g)(1), 29 U.S.C. § 1054(g)(1),适用的情况是企业面临艰难(hardship)。另外,这里强调"已经",对于未来可能发生的应计利益是可以进行调整的。

④ Patrick C. DiCarlo: *ERISA' S ANTI - CUTBACK RULE: THE PITFALLS OF PLAN MODIFICATION*, 2006, 60 Employee Benefit Plan Review 5.

⑤ Central Laborers' Pension Fund v. Heinz, 541 U.S. 739 (2004).

⑥ ERISA § 204(b)(2), 29 U.S.C. § 1054(b)(2); ADEA § 4(i)(1), 29 U.S.C. § 623(i)(1); I.R.C. § 411(b)(2).

算不算是歧视。在源于现金平衡计划中,缴费本金的积累(pay credits)和利息的积累(interest credits)是分开的。当员工离职后,本金不会继续积累,但是利息会根据已有的本金随着时间不断地积累。这样的话,参加工作早的员工其积累的数目就会对于同样的情况但是参加工作晚的员工。第七巡回法庭的 Easterbrook 法官认为这种时间价值的积累不能视为是一种年龄歧视。① 2006 年的 PPA 法案对这一情况做出了进一步的说明,认为这种情况不能算作歧视,而应该认为是创设了一个安全港(safe harbor)来确保 DB 计划向现金平衡计划的转化。②

当一定条件具备时,应计权益就会成为既得权益(vesting)。这种转化其实就是将应计的权益化为独立的财产划归参与者的养老账户成为不可剥夺的财产,虽然只有在特定条件满足时才能拿到。另一方面也意味着当参与者离职时,这一部分 vesting 的资产是可以转移的。"在根本上来说,其实 ERISA 法案是一个保护消费者权益的法律"。③ ERISA 中这种权益的转化过程中,由雇主供款的计划和由雇员供款的计划在处理方式上存在很大的差异。如上文所示,在员工供款的计划中,是防止任意剥夺应计权益的(anti - cutback),符合一定条件转化成为既得权益以后,就成为不可剥夺的权益(no forfeitable),并且雇主不能以此对员工进行威胁或者与工作完成情况画上等号。在雇主与员工共同供款的计划中,属于员工供款的部分一样也符合这个要求。但是在雇主供款的计划中,这一要求可能发生变化。雇主有权设置一些条件来限制这种权益的转化,但是必须是在有限的时间内并且在满足了雇主的条件后,这个限制自动废除。④

根据 ERISA 法案的规定,转化的条件主要包括年龄的要求和工作年限的要求。在年龄的要求上来说,一般要求提供"正常退休年龄"(normal retirement age)条款。规定什么时间是退休年龄,从而可以完全

① Cooper v. IBM Pers. Pension Plan, 457 F. 3d 636, 642 (7th Cir. 2006).

② ERISA § 204(b)(5), 29 U.S.C. § 1054(b)(5);PPA, Pub. L. No. 109 - 280, § 706(d), (e)(1), 120 Stat. 780, 991.

③ Frank Cummings, *ERISA: The Reasonable Expectations Bill*, 65 TAXNOTES880, 1994, p. 881.

④ ERISA § 206(c), 29 U.S.C. §1056(c); I.R.C. § 401(a)(19).

地领取养老金。① 一般的退休年龄为65岁,可以实现转化的日期一般是65岁或者至少参加计划5年,以哪个时间早为准。第二种是规定一定的工作年限为基本条件。一般是按照下面的表格的比例递增进行:②

表格2 DB计划既得利益转化年限比例

参加工作时间	既得利益比例
3	20%
4	40%
5	60%
6	80%
7	100%

一般的DC计划都遵循同样的转化规则。③ 可以有两种选择的规则:突增性规则(cliff vesting)和渐增性规则(graded vesting)。突增性规则下,权益的获得是只有到达一定的时间点才能一次性获得100%。一般这个期限是不超过6年的完整周期供职。在渐增下,一般的比例遵循下表:

表格3 DC计划渐增转化年限比例

参加工作时间	既得利益比例
2	20%
3	40%
4	60%
5	80%
6	100%

---

① ERISA § 203(a)(1), 29 U.S.C. § 1053(a)(1); I.R.C. § 411(a)(1).

② ERISA § 203(a)(2)(B), 29 U.S.C. § 1053(a)(2)(B); I.R.C. § 411(a)(2)(B).

③ SIMPLE 401(k) 和 Safe Harbor 401(k) 计划是例外。在这两个计划中,参与者已经同步获得 vested 的权益。

对于成为合格的计划参与者的员工,但是还没有实现权益转化的员工,其已经任职时间的认定就很重要,这些时间要包括其所有的合格工作时间,包括还未成为计划参与者的时间。如果工作时间不连续则会带来很多的麻烦。尽管有防止任意剥夺权益规则的出现,但是员工如果不能连贯地完成工作,尤其是在每个计划周期中因为各种原因而中断工作的,仍会造成权益的折损,甚至是无法获得权益。ERISA法案对"中断"(break)进行了界定。彻底中断是离开工作岗位达到5年以上,每"年"的定义是这一年少于500个小时的供职时间。[①] 对于DB计划,还未获得任何权益转化的员工,如果发生中断又重新被聘用,其在中断以前的工龄应该计入转化要求的年限中而不是重新开始计算。对于DC计划,如果一个参与者没有完全地实现权益转化,那么只要不超过5年的中断,其在中断之前的工龄一样应该计入而不是重新计算。最后有一个例外,就是如果员工是因为怀孕、生育或者婴儿的抚养而导致暂停工作超过一年不超过两年,那么这一年,不按照上述中断"年"的概念来认定,而视为不中断。[②]

（四）配偶权益

ERISA法案对参与者配偶权益的保护主要是针对遗属(survivors)来进行的。[③] 在DB计划参与者已经获得了既有权益后离世的,那么其配偶有权按照法案的规定获得一定数额的遗属养老金,除非其明确表示放弃的。这种放弃的意思表示必须以法定的书面形式表现,得到计划参与者生前和其配偶双双签字确认。[④] 给付的形式可以选择年金形式(annuity)也可以选择一次性给付(lump - sum)。

对于还未退休参与者过世的,其配偶自动获得其既有权益。因为还未退休就实施给付,所以牵扯到计划运行的改变,这会产生额外的成本。这种成本可以由雇主承担,也可以由计划的管理者与所有的计划

---

① ERISA § 203(b), 29 U.S.C. § 1053(b).

② ERISA § 203(b)(3)(E), 29 U.S.C. § 1053(b)(3)(E).

③ 由The Retirement Equity Act of 1984 (REA)添加内容,P.L. 98 - 397, 98 Stat. 1451 (1984)。

④ ERISA § 205, 29 U.S.C. § 1055, and 26 U.S.C. § 417.

参与人进行商议以来分担。当然,在遗属愿意的情况下,也可以将给付的时间推迟至假定参与者还在世而应该最早正常退休的时间。在利益分享计划、一般401(k)计划和股利计划下,可以经双方书面指定其他的受益人(beneficiary),但是默认的情况下受益人是配偶。并且如果利益分享计划或者股利计划提供终身年金的选项(life annuity option),那么就一定要提供遗属年金。

对于已经退休后过失的员工遗属,ERISA 提供至少相当于夫妻联合养老金(joint)50%的数额的终生年金。在2008年后,在联合养老金中可以将遗属受偿比例提高至75%,如果原先的计划比例少于75%。对于原先的计划中遗属的受偿比例已经超过75%的,也可以提供50%受偿比例的调整选项。① 同样,如果不想进行遗属计划,应该得到双方的书面同意。至少应该在夫妻联合养老金计划开始前90天提出申请。提出申请后,如若在这90天内又想要参加了,法案还提供了可以继续参加的机会。

在计划开始前,雇主应向夫妻双方联合提供以下文件:参加计划应该符合的条件和情景,告知双方有权利放弃或者调整计划并愿意承担这么做的后果,配偶的权益等。

在这里,"夫妻联合"的意思是这个计划是将夫妻双方看作一个整体,所以在估值和计划设计上要考虑夫妻共同的寿命预期。正因为这个原因,在计划开始后双方又离婚的,计划的运行其实并不受到影响。只需要在计划开始时双方是夫妻关系就可以了。

1984年的《退休权益法案》(Retirement Equity Act of 1984 ,REA)对 ERISA 中配偶权益进行了一定的修改,主要集中在允许在一定条件下,将遗属的范围覆盖已经离婚的前配偶。② 根据如上"夫妻联合"的定义,前配偶并不符合联合计划的条件,并且根据法案的规定,退休权益是不能转让(assigned)和让与(alienated)的,所以在 REA 法案前,前配偶并不能享受权益。REA 中增设"合格家庭关系法令"(qualified domestic relations order,QDRO),这一法令可由法院出具给计划的管理

---

① ERISA § 205(d), 29 U.S.C. § 1055(d),被 PPA 1004 条修订。

② ERISA § 206, 29 U.S.C. § 1056, REA § 104.

者。在这一法令下,参与者的部分养老利益可以转移至前配偶处。如果在延迟退休时,前配偶在参与者具备退休条件时就可以享受到这些权益,而不必等到参与者真正退休。[①]

QDRO 的内容应该包括:(1)参与者和收益人的名称和计划参与时最新的地址;(2)给每个人的养老金比例;(3)养老金发放计划或者时间表;(4)法令所涉及的计划类型。可以包括下列内容:(1)可以提供一个备选的计划;(2)标识如果没有法令应该给付的原始数额;(3)标识先前已经存在的 QDRO 法案和另外的利益者。

另外 PPA 法案还提供了认定不同时间点 QDRO 的效力优先性的规则。[②]

(五)计划的资本充足要求和养老金给付

在 DB 计划下,因为其给付并非以个人账户的形式进行,所以必须要保证有充足的资本储备(fully fund)来支付已经退休的员工的养老金。[③] DC 计划因为牵扯到个人账户的投资,法律并没有强制性的资本充足要求,其预计收益率的保证仅仅是基金信托公司的个人商业行为。DB 计划的给付承诺是一个长期的承诺,所以在这个过程中并不是要每时每刻都充足,而是在实际需要给付的时候能够足额支付,并且这一足额给付的形式要求也不是硬性的,比如允许摊销(amortize)。[④] 计划的资金是信托化的资金,所以是独立于企业或者雇主自身资金的,这也就是说如果在企业破产时,这部分资产不是破产资产。

在计划运行初期,必须使用"现值终值法"(PV - FV)进行预计给付和需要供款及风险的评估,所以对预计折现(discounting,"*i*")的评估就非常重要,这种方法叫做"折旧法"(depreciation method)。自 2008 年开始,将折旧费修正为更广义的"精算法"(actuarial funding method),原理上是相似的,但在确定 *i* 的取值时,考虑的方面更多。比

---

① ERISA § 206(d)(3), 29 U. S. C. § 1056(d)(3).

② PPA. § 1001.

③ ERISA § § 302 ~ 308, 26 U. S. C. § 412, § 430, § 431, § 432. PPA § § 101 - 116, § § 201 to 221.

④ 但这种摊销不能超过 7 年。

如在考虑摊销时,可以将预计留存的信用额(credits)摊销至后面的计划中,这要求后面的计划的充足率达到80%以上。还可以分阶段地进行调整。ERISA提供了三种对于i的计算方法:短期贴现i(short - term),适用于5年之内就要兑现的计划的资金现值运算。中期贴现i(mid - term),适用于20年之内要兑现的计划的资金现值运算。长期贴现i(long - term)适用于超过20年的计划资金现值运算。但是对于20年以上的计划,要更加地谨慎地确定数值。财政部长来具体确定这个数值,一般根据投资级公司债券在最近24个月的平均收益率曲线(yield curve)来确定。

资本充足要求与计划发起人的最小供款数额是不同的,在发起人的最小供款额中,考虑的是"正常运行成本"(target normal cost),这种成本是一种以现值方式每年进行计划的资金,与长期资本有很大的差别。其也是最小的供款数额,这个数额不能小于0。不满足资本充足要求的计划视为"赤字计划"(unfunded plans)。雇主在这个时候有资本充足的义务。如前述所提,这个时候可以用摊销方法,但不能超过7年。根据PPA后的ERISA法案,资金充足率是逐步趋近100%的:①

表格4 完善充足要求

日期	充足率最小比例
2008	92%
2009	94%
2010	96%
2011	100%

在计划的设计和与运行中,一般参数是使用"死亡率表格"(Mortality tables)来确定的。包括确定参加人数的上限和下限,发放数

① PPA在2006年开始施行,给了计划的趋向100%充足率的进程留了3年的缓冲期。但是以上的讨论不适合在2007年被要求减免计划赤字的某些计划,那些计划中被要求在2008年就要达到100%的充足率。29 U. S. C. § 1083(c)(5); 26 U. S. C. § 430(c)(5).

额,发放时间等。一般这个表格是由美国财政部根据国内的统计数据进行编制的。但是大型的养老基金计划也可以主动向国内税务局申请,实施自己精算的更有针对性的表格。

有两个问题是值得注意的,一个是怎样能确定一个计划有无法完成的风险和带来的后果,一个是怎样来评估计划资产的数额。

对于第一个问题,ERISA法案提供了两个标准。第一个标准下,使用最糟糕的风险假设("worst - case scenario" assumptions),在这种假设下,计划不允许使用摊销方法进行账目抵销并且员工都不延迟退休以及选择成本最高的养老金给付方式。计划的整个资金充足率在70%以下。这时候就视为有风险了。除非其将计划改善至有80%的资金充足率。第二个标准下,假设了一个最低资本要求。上面表格中的要求是一个完善计划资金充足的要求,不满足不代表计划就会失败。但是如果够不到下列的比例,就视为有风险:①

表格5 最低充足要求

日期	充足率最小比例
2008	65%
2009	70%
2010	75%
2011	80%

这两个标准可以任意选择使用其一。如果一个计划有7年中出现不足情况,那么计划很可能将视为是失败的。在第一种标准和第二种标准之下,资金的充足都是需要额外供款来解决的,一般的数额是按照每位参与者计划供款额的4%加上700美元。②

在资金不充足的计划中,很可能会带来更麻烦的事情。比如,有些计划之所以存在失败的可能性就是因为企业本身其实也出了问题,在

① ERISA § 303, 29 U.S.C. §1083.

② 如果计划的不充足情况出现在2008年之前,并且计划的参与人数少于500人,是可以不适用这一条的。

企业要破产时,怎么给付?ERISA 法案对不充足计划存在很多的限制,比如不能任意修改计划的给付和精算规则,也不能任意使用一次性给付等。在企业破产时,能不能用养老信托的资金来一次性地支付遣散费呢?法案拒绝在资本充足不足 60% 的情况下,发放这个资金或者其他或然性的(contingent event benefits)给付,因为这个资金是没有预先考虑到发放范围内的。如果想要给付这个资金,雇主就必须要先补上欠缴的供款额。如果在正常的情况下,PBGC 可以为这个款项担保 5 年。① 另一方面,对于资本充足不足 60% 的情况下,应计权益累计(Accrued Benefits)也要停止进行。在小于资金充足率 80% 的情况下,不允许修改计划增加权益的给付。② 最后,在资金充足率不足 60% 或者企业启动破产程序但资金充足率不足 100% 的情况下,不能进行超过 5000 美元的一次性养老金给付。③ 在 60% ~80% 之间,最多的一次性给付是正常给付值的一半。

这里提到的"一次性给付"是指可以提供给参与者在认领养老金时一次性的全部提取,在以后就不会再按月获得养老金的方式。一次性给付的数额是根据计划精算所得到的在提取的时间点终生养老年金的总贴现值。在 PPA 之前,这个贴现使用的 i 值是 30 年国债的利率。PPA 后,i 值使用同期贴现公司债券的利率。④ 2013 年以后,使用三段式的利率收益曲线,对广义公司债券进行时间序列回归,并且一般不经过再次加权处理,以来确定更加精确同时真实的 i 值。i 值是一个序列或者可以认为是一个自变量为工龄的函数,所以在不同的年龄下,i 值并不相同,对于不同的人也可能不同。一般越贴近正常退休年龄,i 值越小。这也就很明显地看到工龄的意义,也就是工作越长时间,能得到的给付越多。

在国内税法 §415(b)条中,对一次给付的限制是不能超过 3 年平均的正常给付养老金年金总数额或者不能超过 $195,000(2009 年)。

① ERISA § 206, 29 U.S.C. § 1056.

② 包括增加累计权益的 i 值,或者既定权益的转化 i 值等。

③ 29 U.S.C. § 1056(g)(3)(E); 26 U.S.C. § 436(d)(5).

④ ERISA § 205(g), 26 U.S.C. § 417(e).

PPA的规则要求,i值不能小于这三个数值中最高的一个:5.5%,或者正常给付年金利率的105%,或者计划书中已经约定。

因为计划施行信托化管理,所以计划的资金不一定是以现金表现出来的,很有可能会出现转化为金融产品进行保值增值的情况。那么这些金融产品的价值怎么评估,就是一个很重要的问题。计划的发起者可以运用精算价值来代表资产的价值,这个价值是考虑贴现的,所以与资产的市场价值有很大的出入。市场价值本身与价格波动和通胀息息相关,精算价值可以认为是对市场价值在长时间数据的线性回归或者资本市场线处理后的远期预测,可以更明晰地表现资产的价值趋势,而不去过多地考虑细枝末节。PPA法案中规定的数值使用的参量就是精算价值。其要求精算价值应该在一般市场价值的90%~110%之间,并且进行数值的鲁棒值(robust)校正。另外。100人以上的计划,其计算周期的起始点应该就是每个计划周期的第一天,100个人以下的计划可以选择其他的日期进行运算。

如果雇主是多人的,则情况又要更为复杂一些。在多雇主计划中,对于计划处于不能完成的"危机状态"的判断与单雇主计划存在差异。对于多雇主计划的规则,在2014年开始生效。

PPA法案要求在计划开始的头6年中每年都要进行计划资金充足率的验证(certify)并对资金的走向进行预测。这种验证一般在每年的头90天中完成。如果发现有风险存在,那么应在30天内通知参与人,并在8个月内进行计划方案的调整,还要将调整后的情况呈递给集体谈判合同(collective bargaining agreement)的各方。对于计划资产的价值增长和15年以上计划精算假设的变化,必须进行摊销。在多雇主计划中,免税供款的份额限制在240%,即使雇主再多供款,多的部分不能享受税收的优惠,并且取消了原来各方供款不能超过125%的限制。PPA同时允许经过国内税务局的特许,可以设立欠缴税计划(funding deficiency)用来摊销,计划的最长时间是10年,开始的前5年可以用来摊销,如果后5年还想应用于摊销,可以再次向税务机关申请。同时要求这样设立的计划应该预先设计补救方案,并且在i的计算上使用特殊的方法。

除了以上用于特别摊销的计划,在多雇主计划中依然不能出现计划资金的不足。PPA 在 2014 年开始在这方面加入了更严格的规定。一个计划如果在 2014 年时资金充足率达不到 80%，或者已经运行的计划或将要出现 7 年以上的赤字而没有摊销，就将认定为“危险级”。如果这两个条件同时具备，就将是“特别危险级”。在危险级的计划有 1 年的调整期制定资金改善计划来进行计划给调整，还有 10 年的周期来完全充足计划的资金供给。其必须补足至少 1/3 的差距，这个差距等于计划额与 100% 供款额之间的差值。时间是在资金改善计划实施 2 年后，或者在至少覆盖 75% 参与者的集体谈判协议到期后的第一年，以这两个时间点早到的时间为准。对于“特别危险级”，有 15 年的周期来完全充足计划的资金供给，其必须在同样上述的时间点补足至少 1/5 的差距。

在计划改善期中，不能提高养老金的给付额。如果资金改善计划不能获得通过，则依旧应该按照原先的计划履行，但是按照资本不充足的比例进行折除。

如果计划运行状况继续恶化，就很可能会出现崩溃。崩溃的临界点（critical status）界定为 65%，并且在 5 年中出现了赤字或者在 7 年中无法完成给付。等同于虽然高于 65%，但是在 4 年中出现了赤字或者在 5 年中无法完成给付。等同于参与供款者小于给付提取者，参与供款的人员的供款不能满足日常营运成本（carrying costs），而且已经有 5 年出现计划的赤字。在临界点出现时，计划已经面临彻底崩溃。所以需要在一年内制定“拯救计划”（rehabilitation plan）来直接降低给付额度。[①] 这种“拯救计划”可以通过雇主、计划管理者与员工或者工会进行谈判。对于正常退休者的利益不允许折损，也不允许折损在上述恶化的情况出现前就已经退休的员工的利益。一般减少的是可选利益、残疾补助、提前退休者权益、超过 50% 配额的遗属计划和在计划恶化前 5 年内利益提高的部分的数额。

（六）受托人义务

受托人义务是 ERISA 中非常重要的一部分内容。法案原则上要

① 这与前述的 anti - cutback 规则并不矛盾。前述规则适用于一般情况，而这些情况已经不是一般情况了。

求计划是以资金信托方式进行的,所以必须设立一个指定委托人(named fiduciary)。指定委托人不一定是一个自然人,可以是多人或者一个机构,并且可以将一部分或者全部的信托职能转托给其他人。

受托人义务衍生于美国的信托法律,但是比一般的信托制度更为严格。首先,这种信义义务的覆盖面很广,不单单是约束委托人,还涉及其他主体;对约束个体的行为限制性更严,但是同时也根据养老金的特点特设了很多免责条款;对于一些违规行为,有更彻底的规制,比如对于内幕交易(insider dealing)有更彻底的禁止而不管是否这种交易本身会给计划带来增值。①

首先对于覆盖面,法案对信义义务人的认定是以行为标准,ERISA § 3(21)A 条规定了如下情况:(1)实施任何自由裁量权或者对计划有实质性的控制权或者可以有自由裁量权主导或者管理计划财产的分配;(2)提出任何投资建议或者其他关于资产的处置方案,或者有责任或者权利提出这些建议;②(3)对计划承担谨慎管理的义务。③

第一是受托人应该遵循忠诚义务(Duty of Loyalty)。这里的忠诚义务类似于公司治理中和代理关系中的忠诚义务。其宗旨在于受托者的行为必须全部以受益人的利益为出发点。这也就是说受托人不能徇私舞弊或者以为自己谋利益为目的来运行计划,也不能受第三方非利益人的相关方驱使去为其利益而行事。不能为了自己的利益或者非利益第三方的利益而挪用计划资产,也包括不能滥用自由处分权来为了除了受益者的其他人的利益行事。但是这里考量的标准存在很微妙的地带,就是受托人的行为是为了受益人的权益,但是顺带着也给自己带来了一些私人好处。在这样的情况下,要看受托者的主要目的所在,是否是偶然的(incidentally)给自己带来了一些利益,并且这些利益是不

① ERISA § 409(a), 29 U.S.C. § 1109(a).

② 29 C.F.R. § 2510.3-21.

③ ERISA § 3(21)(A), 29 U.S.C. § 1002(21)(A).另外根据美国劳工部的定义,需要遵守受托者义务人一般包括计划的受托者、管理者、投资经理和咨询机构等。参见官方网站:https://www.dol.gov/dol/topic/retirement/fiduciaryresp.htm#doltopics。

与受益人的利益冲突的(conflict)。[①]

对于计划的合理开销,美国劳工部规定应该按照ERISA的404条进行确定,比如雇主雇佣计划分析师或者投资顾问来为自己在计划中可能获得的利益进行分析,所产生的费用就不是合理开销,因为这仅仅是为了雇主自己而不是为了整个计划。计划的受托人可以拒绝这种费用从计划中支出,也可以在审计中进行追缴。另外规定即使是合理的开销项目,其费用必须还要与市场的一般定价进行比较,不能虚高。[②]在2007年底,劳工部出台新规定,要求在5500表格中加入管理费的信息披露和计划服务者的信息披露要求。[③]

第二是受托人应该遵循谨慎义务(Duty of Prudence)。ERISA法案的404条要求受托人必须对计划运行尽心尽责,充分了解相关信息,谨慎作出决定。这项义务比美国一般信托法中对谨慎义务的要求更高。受托人必须合理评估主客观条件,包括该投资决定或投资资产种类的选择对整个计划的运行和投资组合的影响。这里"谨慎"的标准,需要考虑:是否是经过"反复考虑"的,是否对风险由充足的调研和评估,是否符合多元化的投资原则进行资产风险的分散化处理,现金流动量和资金链是否合理,预计回报率与筹资目标及给付承诺是否相符合。具体的情景可能上述这些参量无法很容易确定,这就需要劳工部根据具体情况进行具体的分析。[④] 其主要原因在于养老金的基础运行宗旨是"保值"和"稳定"。

第三是分散化投资的要求(Duty to Diversify Investments)。根据金融市场对风险的定义,资产组合中的非系统性风险是可以通过合理投资组合(portfolio)进行分散,这是马克维茨(Harry M. Markowitz)、威廉夏普(William Sharp)和莫顿(Merton)等人的最大贡献,并获得诺

---

① Craig C. Martin & Elizabeth L. Fine, *ERISA Stock Drop Cases*: *An Evolving Standard*, 2005, 38 J. Marshall L. Rev. p.889. Donovan v. Bierwirth, 680 F.2d 263 (2nd Cir. 1982).

② ERISA § 404(a)(1)(A)(ii), 29 U.S.C. § 1104(a)(1)(A)(ii).

③ 72 Fed. Reg. 64731 (Nov. 16, 2007). 72 Fed. Reg. 70988 (Dec. 13, 2007).

④ 29 C.F.R. § 2550.404a-1.

贝尔经济学奖。一般正确地运用资本资产定价模型(CAPM)是核心所在。[①] 一般强调的是β系数(Beta coefficient)的评估:$\beta=\sum_{i=1}^{N}X_i\beta_i$。

CAPM模型是一种理想情况,所以肯定不是每一个计划的管理者都能达到这一要求。这里强调的是“专业管理”和“尽可能”。“专业”是要求管理者必备完善的金融知识和掌握金融工具处理方法,能够根据这些专业知识运作,并能制作出完善的会计报表和披露数据。“尽可能”是强调尽心尽力,不出现人为纰漏和失误。ERISA法案404(a)(1)(C)条要求计划受托人必须对计划资产进行多元化、分散式的投资,以尽可能地减少投资风险。但是在每个不同的案件中,又要分别对待。[②] 比如投资的产品是一个商业化信托基金,那么即使是100%都投资进唯一一只基金也认为是符合分散化的要求的,除非明知有巨额不可控制风险或者内幕交易。另一个案件中,管理人将资金投入了私募股权,还有一个案件是投入了房地产,表面上看似是不符合的,但是其收益率都达到了60%以上,被视为同时期最优良的资产投资行业,劳工部认为这是符合条件的,因为收益率很高。

ERISA还规定了例外:对股利计划或员工持股计划来说,其本身的性质就决定了其无法分散化的投资,所以其不用适用分散化的要求。但是受托人仍应对股票本身的情况进行审慎的判断。并且,对于参加计划已经满10年或者年龄达到55岁以上的参加者,必须要求其可以将25%的账户资产投资于除了雇主股票外的其他投资工具中。

另外,分散性要求还隐含着计划的稳健性要求(stable and steady)。这包括计划资产要有充足流动性和计划要有合理稳定收益。因为养老金的给付是以现金或者活期资金账户方式支付的,流动性是防止资产变现障碍导致的挤兑发生。而合理稳定收益是为了计划的稳定和抵抗通胀的需要。

---

① 资本资产定价模型是基础的定价模型,也可能运用的是其修正或者衍生的变种函数。另外也可能运用其他数学原理,如套利保值或者杠杆套期等。这里并不是死板的强调就是CAPM,只是说明应当使用合适专业的方式来足够的分散风险。

② 155 A. L. R. Fed. 349 (2007).

第四是计划的受托者按规行事义务(Act in Accordance)。[①] 需要遵循的计划文件不仅仅包括计划书,还包括可能会对计划的运行产生实质性影响的文件,包括:投资管理协议、集体谈判协议和资产买卖备忘录等文件。[②] 计划的受托者必须按照这些文件的条文行事,除非条文与ERISA法案冲突。这样的情况在2003年的安然案件中曾经发生,最终确定安然自己的计划条款是无效的。[③] 如果计划的受托人是基于善意(good faith)来按照计划文件行事,但是是基于错误的计划书解释,并不能认为是违反了这项义务。[④]

第五是禁止交易规则(Prohibited Transactions)。ERISA中的禁止交易规则是美国政府为保证退休金计划参与者的利益,防止受托人和雇主在计划运行中任意处分财产或者串通交易的有效措施。[⑤] 规定在406条之中,在406(a)中禁止利益相关方进行特定的交易,除非特定的条件下。[⑥] 退休金计划受托人或者利益相关人在知道或应该知道某一项交易是被禁止的情况下,利用计划的资产进行交易。要承担惩罚税金,还要承担相应的民事法律责任。特别严重的行为还可能受到刑事制裁。这些交易包括:出售或交换或出租任何财产;借贷或者扩大信贷额;提供货物,服务或设施;转让或使用任何计划或资产;违反§407,任意收购或者减少计划担保和固定资产。

406(b)条禁止自我交易。包括:为了受托人自己的资产权益,进行账户内部交易;同时代表与计划利益相斥的第三方进行与计划之间的交易;用自己的账户与对计划财产有支配权的人进行交易并且享有

---

① 29 U.S.C. § 1104(a)(1)(D).

② George A. Norwood, *Who Is Entitled to Receive a Deceased Participant's ERISA Retirement Plan Benefits - an Ex-Spouse or Current Spouse? The Federal Circuits Have an Irreconcilable Conflict*, 1997-1998, 33 Gonz. L. Rev. p.61, 75.

③ *Tittle v. Enron*, 284 F. Supp. 2d 511, 2003 U.S. Dist. LEXIS 17492, 31 Employee Benefits Cas. (BNA) 2281 (S.D. Tex. 2003).

④ *Morgan v. Independent Drivers Association Pension Plan*, 975 F. 2d 1467 (10th Cir. 1992).

⑤ 26 U.S.C. § 4975.

⑥ 29 U.S.C. § 1108.

对价。①

条文中的“利益相关者”(party in interest)是指:(1)养老金计划的参与者(员工)或顾问及该计划的所有受托人(这包括计划的行政管理员、财务人员、受托管理人和保管员)或是这些人的亲属;(2)任何为该养老金计划提供服务的个人或机构以及这些个人的亲属;(3)为计划供款的雇主;如果该雇主是个人的话,还包括该雇主的亲戚;(4)任何雇员组织其成员是该计划的参加者;(5)任何拥有以上雇主或员工组织的50%以上的股份或利润等经济利益的股东或持有者;(6)任何持有以上列举的(1)至(5)的机构的50%以上的股份利益的公司、个人合伙信托;(7)雇员退休金计划的官员或董事或是雇员以及以上在(2)、(3)、(4)、(5)或(6)中所罗列的机构的雇员、经理或董事;(8)拥有以上(2)、(3)、(4)、(5)或(6)中所罗列机构或公司10%股份以上的股东;(9)拥有以上在(2)、(3)、(4)、(5)或(6)中所罗列机构或公司的10%以上股份的合伙人或合资者。

ERISA同时对计划资金用来购买雇主股票也有限制,原则上是不能用来购买雇主股票或者不动产的,除非满足特殊的条件,②成为“合格雇主债券”(qualifying employer securities)和“合格不动产”(qualifying employer real property)。在计划中还要提供可退出条件(diversify),在一定条件下可以卖掉雇主的这些股票。但是以上的条件不适用于DC计划。DC计划下是允许购买的,并且不需要一定满足上述的两个条件,③但是需要提供至少包括雇主资产在内的4个备选的金融产品供自由选择。

根据ERISA规定,受托者责任是个人责任,其需要承担在作为受托者期间所有不恰当行为造成损失的信义责任。④ IRC规定,对任何违反了其禁止交易规定的人员都将要付相当于养老金计划资产15%的惩罚税。惩罚税是年复一年累计计算的,直到被禁止的交易被更正

---

① 29 U.S.C. § 1106(b).

② 29 U.S.C. § 1107(d)(4)(5).

③ ERISA § 407(b)(1), 29 U.S.C. 407(b)(1).; 29 U.S.C. § 1054(j).

④ ERISA § 409, 29 U.S.C. § 1109.

为止。如果在该纳税期间(taxable period)没有及时纠正违规行为,还要再征收罚款额100%的附加税。所谓"该纳税税收期间"是指从被禁止的交易发生的第一天起,直到5%的惩罚税被缴纳为止。

根据ERISA§410(a)条规定,雇员退休金计划书不能包含对受托人违规行为法律责任进行豁免的规定,任何这种豁免都是无效的。但另一方面,受托人可购买责任保险来保护自己。在404(c)中规定,如果DC计划中的参与者想要自己主导计划资产的投资,则这部分参与者自己进行投资的资金如果发现亏损,计划的受托者是不用承担责任的。

正因为ERISA法案所产生的历史背景,所以决定了禁止交易规则的使用,在另一个侧面也说明了原始立法的目的是追求计划的"平稳",所以对于投资建议(Investment Advice)是非常排斥的,不希望过多的完全市场化运作。但是PPA法案改变了这个主导了30多年的原则。其定义了"合格的投资建议"(eligible investment advice arrangement)①。

(七)强制执行和优先适用

ERISA法案的强制执行(Enforcement mechanism)内容仍然是为了保护参与者的利益。但是这一项内容在近些年来备受争议,尤其是在奥巴马的医疗改革中,对于ERISA法案在这里设置的这个"障碍",到底是好是坏,各方观点不一致。② 这一部分内容主要包括在ERISA§502中。其中规定了民事诉讼的权利。这些诉讼请求包括:纠正违反ERISA法案或者《1985年统一综合预算调节法》(COBRA)对披露规定的行为;恢复特定参与者或者利益相关者在计划中所享有的利益;对违反信义义务的补偿;责成任何行为或做法以来纠正违反计划书条款的行为或者实施适当的衡平法救济;连带民事责任。③ 在处理这些问题

① ERISA § 408(g)(1).

② *ERIC Statement on Obama Administration Announcing Delay of the Employer Shared - Responsibility Reporting Requirements and Penalties*, see: http://www.eric.org/health/eric - statement - on - obama - administration - announcing - delay - of - the - employer - sha/.

③ 29 U.S.C. §1132(a)(c).

时,ERISA 享有完全的“优先适用权”(preemption),所以能够得到的救济就是联邦法上的救济而不适用州法的标准。[①] §502(a)中规定享有计划利益的人在适当的给付请求被不适当地拒绝后,可以向法院起诉要求权益,也可以发表声明宣言(declaration)或者强制令(injunction)来保护未来给付权益。原告的请求是在应该得到的养老金给付范围内,赔偿或惩罚性的损害是不能够得到支持的。这不同于一般的州法或者衡平法上的侵权诉讼。[②]

§502(b)规定在违反信义义务的案件中,对于税法上的惩罚上章已经谈论。这里要求这种违反会对参与者有实质性的损害。对于这些损害,相关违反信义义务的人应承担个人责任。[③] 同时也可以允许法院剥夺违反义务的受托人的任职资格。能够达到诉讼程度的违反信义义务的标准的判断本身是很难的,因为计划运行中总会有赔有赚,怎样确定就是受托者的重大过失或者故意为之,需要很复杂的证据。[④]

§502(c)中规定违反计划书条款的行为和其他适当的衡平法救济。这一条是一个“兜底条款”(catchall)。因为上述的两种行为在某种程度上也可以被认为是违反计划书的行为。在 Mertens v. Hewitt Associates 案件中,美国联邦最高法院第一次提出了这一兜底条款中“其他适当的衡平法救济”,并说明了其适用的条件。在这一案件中,因为精算师的失误没有设计好计划的假设条件,所以造成了客观上的计划供款不足,最终造成了养老金的拖欠。最高法院认为这一案件不符合适用“其他适当的衡平法救济”的条件,因为这个案件中,精算师并没有认定为是受托者。并且衡平法一般的处理方式,如强制令(injunction)、履行命令书(mandamus)、恢复原状(restitution)都不能适用。[⑤]

---

① 28 U. S. C. § 1441(a).

② 参见 Pilot Life Ins. Co. v. Dedeaux, 481 U. S. 41, 43 (1987);Aetna Health Inc. v. Davila, 542 U. S. 200 (2004)。

③ ERISA § 409, 29 U. S. C. § 1109.

④ 参见 Mass. Mut. Life Ins. Co. v. Russell, 473 U. S. 134, 140 (1985);La Rue v. De Wolff, Boberg & Associates, 2008 LEXIS 2014 (2008)。

⑤ 508 U. S. 248, 255, 256 (1993).

最后是刑事制裁。这是ERISA法案中最严厉惩罚的条款。一般在下列情况下可能会涉及刑事制裁:(1)蓄意地违反披露义务。如果违反的是个人,要至少承担$100,000的罚金,或者10年以上的自由刑,或者两者附加。如果是机构,则要承担至少$500,000的罚金。①(2)蓄意的或者被有意指使以欺诈、胁迫或者暴力手段阻挠计划参与者行使计划书和法律所赋予的权益。这样的行为将被处以至少$100,000的罚金和不超过10年的自由刑,或者两者附加。(3)曾经受到过刑事处罚的人,在被定罪或者监禁结束后的13年中(以两者中晚的时间点认定),不能担当养老计划的管理者、受托者、管理人员、保管人、咨询人、代理人、被聘任者或者享有资金决定权的人。如果有人明知上述情况,还故意地使其担当这些职务,那么至少$10,000的罚金,或者5年以上的自由刑,或者两者附加。另外,美国的成文刑法典(Federal Criminal Code)还对其他的一些涉及养老计划管理的犯罪行为做了规定。此处不再赘述。

ERISA法案赋予了劳工部长来监督计划运行的权利和义务。包括监控对计划的民事损害和刑事损害,包括监督可能构成美国刑法典规定的犯罪的行为和收集犯罪证据提供给美国司法部部长(United States Attorney General)。

上面提到强制执行是优先适用ERISA的,这是ERISA的一个很重要的特点。优先适用问题(preemption)在美国这样联邦制的国家是一个很复杂的问题,有很多的法案的适用都要面临这个问题。

ERISA优先于任何州法中(state law)规定的关于养老利益的条款而优先适用。② Shaw v. Delta Airlines是典型案件。③ 本案中,法院对"有关"(relate to)进行解释,只要是有关养老金范畴内的问题,无论是否直接规定,州法都不能与联邦法相抵触,并且联邦法被无条件优先适用。但这种有关仅仅涉及的是养老计划本身,也就是说养老所涉及的相关工具本身的规制并不一定就适用联邦法。如关于人寿保险的规定

---

① 29 U. S. C. § 1021, 1131.

② ERISA § 514(a).

③ *Shaw v. Delta Airlines*, 463 U. S. 85 (1983).

或者离婚的认定等。这些适用州法的内容是ERISA的“保留条款”(savings clause)所规定的,[①]主要涉及保险、银行和证券的相关内容。最后是“视为条款”(deemer clause),规定在某些特殊情况下,并不能当然的适用州法中可以不受到“联邦法优先适用”规则的法规。这是因为这些法律在某些特定的案件中,可能不但是规制产品本身,可能还会对计划的权益内容产生影响。这样,保留条款是对“有关条款”的例外,而“视为条款”又是对“保留条款”的例外。经过这样的三步骤,就能判断怎样适用“优先规则”了。[②] 另外在ERISA § 502条中也有相关涉及。

上述就是第一个标题下(Title Ⅰ)的内容。[③]

下表中是对整个ERISA所包含计划的总结:

三、税法条款(Title Ⅱ)

ERISA的原始法典包括Title Ⅱ,但在美国法典中29标题下并不包含原先Title Ⅱ的内容,这是因为这部分内容是国内税法的内容(Internal Revenue Code,IRC)。ERISA的原始法典可以视为是对IRC的修订。ERISA法案与IRC是紧密配合的,无时无刻不在相互渗透,在最基础的层面上说,凡是在ERISA中视为合格的参与者和计划也同时是满足IRC的要求的。另外,ERISA之所以能顺利适用,并产生了巨大的制度优势,也在于IRC的配合所带来的巨大税收优惠,使得无论是计划发起者还是参与者都自愿接受这些制度的约束和进入养老计划。

税收的优惠主要表现在延迟缴纳(deferred tax)上,在前文已有涉及。延期纳税技术运用的是相对节税原理,一定时期的纳税绝对额并没有减少,是利用货币时间价值节减税收,属于相对节税型税收筹划技

---

① ERISA § 514(b)(2)(A), 29 U.S.C. § 1144(b)(2)(A).

② Mary Ann Chirba – Martin; Troyen A. Brennan: *The critical role of ERISA in state health reform*. April 1994, Health Affairs 13 (2): 142 – 156.

③ ERISA中还包括一些关于医疗权益的内容,本文侧重点在于养老权益,对这一部分不再讨论。

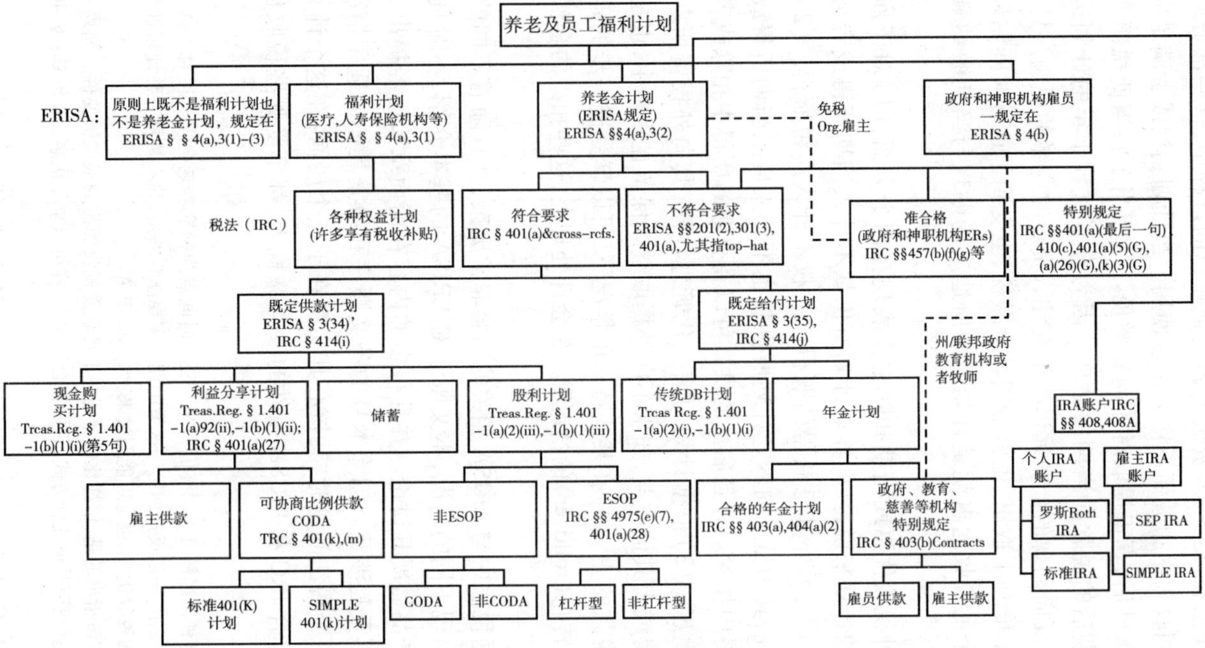

图表2　ERISA中的计划类型

术。在雇主和员工投入资金入养老金账户的过程中,这一部分资金可以在当期收入中扣减而不作为税基使用。当计划到期或者满足提取养老金的条件后,真正提取时才需要缴税。这相当于将当期税额变为了计划周期后的税款向当期的贴现。因为有了这数十年的计划运行时间,所以反向贴现的金额远远小于在注入资金时应缴的税额。另外,投资收益不能马上取出,也就不用马上缴税,也受到了这种时间贴现的好处。整个的税收优惠就是计划时间所造成的贴现与当期缴纳额的差值。①

这种税收优惠或当期扣除主要表现在四个方面:(1)对于雇员需要供款的计划来说,其向养老计划所供款不计入当朔所得或者可以在所得中扣除,另外其已获得的既得收益权不计入应税所得。(2)对于雇主来说,其为员工向养老计划所供款也不计入员工当期所得或者可以在所得中扣除。并且雇主的供款可以在企业的所得中扣除或者享受很大的优惠。(3)根据计划的信托化管理性质,其向外投资所获得的资本利得或者其他收益,如果不向外提取继续保留在账户中,也是不需要缴纳税款的。② (4)在某些特殊的情况下,可以享受进一步的延迟缴纳,比如转仓(rollover)的情况③。在会计处理上,这些扣减的金额叫作"醵出金"。

美国税法中与ERISA相关的内容非常庞杂,并且随着不同的计划模式会出现不同的情况,本文限于对ERISA的基本介绍,不对具体的计划和产品做展开讨论。并且很多的内容在前面章节已经提出,所以本章不再重复涉及。刨除本身的条文顺序和纷繁具体的适用情况,在谈论每一个税法问题时,其核心其实都在于三个层面:在这个计划中,什么是符合IRC和ERISA条件的参与缴税人;都享受哪些税收优惠;

---

① 这种优惠额可以用终值(FV)表示,时间点为领取养老金须交税时。也可以用现值(PV)表示,一般反推回第一次缴纳期。需要注意的是,并不是每一种计划都是施行这种模式的税收优惠,也有可能倒过来,如Roth IRA。

② 应该指出的是,信托化的管理并不是享受税收优惠的最关键要件。如果不实行信托化管理,使用其他托管方式,只要符合法律,一样可以享受优惠。I. R. C. § 404(a)(1) -(3).

③ I. R. C. § § 402(c), 401(a)(31), 403(a)(4), (5).

缴税的公平性和平等性。

(一)对于DB计划

因为税收的优惠所带来的福利,那么参与主体都想把这种福利最大化,尤其是作为高收入员工来说,在保证正常开销的情况下,把越大比例的收入投入至养老账户中,肯定会越少缴税,而退休时会得到更多的福利。但是这是不被允许的,也就是说在ERISA和IRC中不但有供款下限的要求,还有对供款上限和给付上限的规定。

2014年,根据最新的税法,在这一年DB计划的供款额上限是$210,000。[①] 同时,针对62岁退休者的DB计划的养老给付额不能超过$160,000或者其收入最高三年的收入平均值。[②] 这一数据会随着每年的消费价格指数(CPI)值调整,并且以$5000为一个进阶或者退阶。并且IRC要求对于不满62岁就退休的人,其给付额要相应扣减。[③]

ERISA法案不允许计划的发起者从计划的资金中抽款,即使存在剩余资产(excess assets),除非符合法定条件下,将计划终止。这个时候,资金可以回笼到发起者的账户,这个过程叫做回转(reversion),在这个过程中,发起者必须缴纳企业所得税(corporate income tax)和联邦消费税(federal excise tax)。这个过程中的消费税率一般要达到15%~50%,除非满足下面的条件:(1)建立或者保留一个"合格的替代性计划"以来接替原计划;(2)提供足够的待遇提升;(3)处于破产清算之中。[④] 在这些情况下,消费税的税率是20%,替代性的方案至少应该覆盖原终止计划95%的参与者,至少应将25%的回转资金注入替代性计划,这些重新注入计划的资金可以继续享受延迟缴税优惠。

除了使用回转这种比较极端的手段,剩余资产还可以转入退休员

① 26 U.S.C. § 401(a)(17).

② 26 U.S.C. § 415(b).

③ 但是对于特殊行业,比如供职超过15年以上的警察和消防员等可以不受这种扣减。

④ 26 U.S.C. § 4980.

工的健康计划中。怎样评估剩余资产是"过剩"的,需要根据公平的市场价值。另外转入的资产总数不能超过年度健康计划需要的公款总额。单雇主计划中,这种转款不能超过10年。在这个过程中,养老计划的资金充足率仍是最为重要的,当出现不足时,应该由雇主继续注入资金或者将转入健康计划的资金再转回。

根据PPA的修订,自2008年起,确定可以享受扣减的雇主供款,需要考虑的因素是:a. 计划的正常运行成本;b. 目标供款数额;c. 未来的薪酬或福利的增加拨备;d. 计划资产的价值。[①] 确定的方式是:可扣减供款 = a + b * 1.5 + c - d。超出供款的数额,要缴纳10%的消费税。

(二)对于DC计划

和DB计划一样,DC计划也有供款额限额。根据最新的税法,在2014年,每年供款额增加不能超过:(1)50,000美元;(2)参与者所有的薪金总额。取两个较小的数字。[②] 而对于401(k)、403(b)或者457(b)计划,在2014年最大的雇员供款数额是17,500美元。[③] 这些数额随着每年的修订都会产生变化。[④]

上述的雇员最大供款可以称作选择性供款(Elective deferrals),是员工愿意多缴纳的供款,只要不超过限制数额,也能享受到优惠。其与追加性缴款("Catch - up" contributions)是不同的。追加性的缴款适用的条件是:在401(k)、403(b)、457(b)、SEP、IRA或者SIMPLE等计划中,年龄超过50岁。这一制度原本是《经济增长与税收减免协调法案》(The Economic Growth and Tax Relief Reconciliation Act)的规定,在2010年失效。但是PPA中规定了同样的内容,所以现在适用的是PPA中的规定。具体的数值可以见下表:

① PPA § 801.

② 26 U.S.C. § 415(c)(1)(A).

③ 26 U.S.C. § 402(g)(3).

④ 参见美国国家税务局网站(IRS):http://www.irs.gov。

表格6 供款限制额度

	2014	2013	2012
IRAs			
IRA 供款限额	5500	5500	$ 5000
IRA 追加性缴款	1000	1000	1000
IRA 收入递减修正			
夫妻共同报税单	96,000	95,000	92,000
单人或户主	60,000	59,000	58,000
SEP 计划			
SEP 最低供款	550	550	550
SEP 最多供款	52,000	51,000	50,000
SEP 最多给付	260,000	255,000	250,000
SIMPLE 计划			
SIMPLE 最多供款	12,000	12,000	11,500
追加性缴款	2500	2500	2500
401(k), 403(b), Profit - Sharing 计划.			
年薪进入数额	260,000	255,000	250,000
选择性供款	17,500	17,500	17,000
追加性缴款	5500	5500	5500
针对 DC 计划限额	52,000	51,000	50,000
针对 ESOP 类型限额	1,050,000 210,000	1,035,000 205,000	1,015,000 200,000
其他			
HCE 认定条件(≥)	115,000	115,000	115,000
DB 限额	210,000	205,000	200,000
关键员工	170,000	165,000	165,000

续表

	2014	2013	2012
457 计划选择性供款	17,500	17,500	17,000
董事会成员或高级职员	105,000	100,000	100,000
基于薪金的高管	210,000	205,000	205,000
以应课税工资计缴	117,000	113,700	110,100

如果出现多个计划 DC 计划或者 DB 计划的联合,只需要计算 DC 计划的联合供款即可,不需要将 DB 计划的供款计算至 DC 计划的限额之中,当然,DB 计划还需要满足其自身的条件。这时候仅仅超过参与者年薪 6% 以上的供款需要受到法案的限制,而选择性供款也不受到限制。

(三)反歧视原则及社保联合替代率

为了避免养老金计划偏向于企业中的高薪阶层,IRC 制定了反歧视(Nondiscrimination)规则。所谓的高薪阶层(highly - compensated employees,HCEs),是针对一般员工或者非高薪阶层(NHCEs)来说的,一般指企业中的高管或者关键岗位的工作者,对其薪金和养老待遇有所照顾是为了企业的更好发展,本是人之常情。但凡事都有度,过多的倾斜,不利于公平和合理。关于 HCE 的认定,可见上表。凡是持有 5% 以上企业份额或者在 2014 年年薪超过 115,000 美元的,就是高薪阶层。① 这些群体,可能会享受到涉及覆盖面、养老金给付数额、可转换利益等很多层面的养老金优惠。

反歧视规则有以下几个层面,首先是比例上的约束,一个计划必须惠及超过 70% 的非高薪阶层,或者一个计划惠及的非高薪阶层所得到的利益总数至少是高薪阶层得到利益总数的 70%,或者对员工不能进行分类上的歧视,在平均养老利益获取上至少达到高薪阶层的平均获取利益的 70%。②

① 26 U. S. C. § 414(q). 2014 年年薪将在 2015 年来认定。

② IRC §410(b).

在 DC 计划中,非高薪计划参与者的人数比例要在总人数的 70% 以上,或者平均供款要达到 70% 以上。通过"实际供款额"(ACP)来认定。一般的计划都有反歧视的要求,尤其是 401(k)系列计划,但是 457 计划并不一定有反歧视的要求。

表格 7 401(k)计划下 HCEs 最大平均共同供款

NHCEs 最大共同供款(雇主 + 员工)	HCEs 最大共同供款(雇主 + 员工)
≤2% 薪金	NHCE ×2
2% ~8% 薪金	NHCE +2%
≥8% 薪金	NHCE ×1.25

在反歧视规则下,怎样能兼顾公平和效率,能更好地保障员工的利益又能激发高薪人员的主观能动,是需要考虑的问题。其中 401(k)计划下的安全港型(Safe Harbor Plan)计划,是一个很好的解决方法。有三种类型的安全港计划,其自动视为符合 ACP 的标准。

第一种,在 3% 的选择性供款额度内,由雇主完全承担。在 3% ~ 5% 的额度内,由雇主承担一半,所有的雇主配套供款,马上成为员工的既定养老利益。第二种,雇主可以设计其他的计划比例,但是员工所享受到的利益总数不能小于按照第一种方法计算的利益总数。所有的雇主配套供款,马上成为员工的既定养老利益。第三种,雇主自动缴纳相当于 3% 薪金的供款对于合格的非高薪人员。所有的雇主配套供款,马上成为员工的既定养老利益。

针对不同数额的发放,除了有反歧视规则,还有社保联合替代率(Replacement rate)规则。① 对于低收入人群来说,社保可能占据很大的份额,而对于高收入人群,社保占据的份额就可能很少,这样根据退休前薪金和社保的替代率对高薪人员的养老金做适当调整的做法不违

① 因为美国的养老保障体系与世界银行设立的保障体系样本很类似,是三支柱的模式,即 SS(社保) + PP(企业年金或私人养老金) + IS(个人储蓄或账户)。三个部分共同构成 100% 的养老金。其中每一部分在养老金中的比例叫做"份额"(portion)。每一部分与退休前薪金的比例叫做替代率(Replacement rate),整个养老金与退休前薪金的比例叫做整体替代率。

反反歧视规则。一般的适用两种方法:冲销法(offset method)和添加法(excess method)。[①]

根据不同计划的特点,一般在DB计划中参考的是确定的给付额,在DC计划中参考的是确定的供款额。所以DB一般适用冲销法,在月给付中将社保占据的资金进行名义扣减,剩下的视为养老金。在DC中,一般将雇主超出发放工资额度的一定程度的供款视为联合份额或者社保份额。这种联合份额一般要符合社保税要求的年收入最高金额,在2014年,这个数字是$117,000。[②] 无论是冲销还是添加,也要同时符合税法的其他规定。

另外,还有一种特别的规则是针对"Top - heavy"计划的,这个单词本意是头重脚轻,指的是DB计划中大于60%的养老金是给付给主要员工(key employee)的,或者DC计划中有大于60%的供款进入主要员工的账户。[③] 在DC计划中,并没有1000小时的最低工作时间需要。这样的情况一般适宜一些少于100个人参与的小的养老金计划。根据IRC最新的规定,认定"主要员工"的标准如下:(1)享有企业5%以上的所有权份额;或者(2)享有企业1%以上的所有权份额,同时年薪大于$150,000;[④]或者(3)员工年薪大于$165,000(2013年)或者$170,000(2014年)。[⑤] 如果一个员工在计划年度内无论任何时间都满足这一条件,就是为"完全的主要员工"(entire year key employee)。

当一个计划变成"头重脚轻"后,很可能会成为税法上不合格的计划。为了防止这种情况的发生,需要进行一定的修正。这种纠正需要符合IRS的"雇员计划合规性解决方案系统"(Employee Plans Compliance Resolution System,EPCRS)的方式,可以使用三种纠正方式中两种:自我纠正(SCP)和志愿纠正(VCP)。[⑥] 修正的过程中需要至

---

① 26 U.S.C. § 401(a)(5).

② 获得更新数据,可参见美国国家税务局:http://www.irs.gov/irb/2014-2_IRB/ar10.html。

③ 26 U.S.C. § 416.

④ 在(1)(2)中,如果是家庭联和计划,一个家庭可以视为一个整体。

⑤ 同样,2014年年薪现在还无法得知,将在2015年来认定。

⑥ 另外一种是审计纠正(Audit CAP)不适宜这里。

少进行下列的程序。

第一种,加快非主要员工(non - key employee)的既得利益转化进度(vesting schedule)。可以使用两种路径,突增性规则(cliff vesting)或者渐增性规则(graded vesting)。突增性规则中,经过3年的供职,就可以获得100%的既得利益权。渐增性规则中,需要经过6年获得100%的既得利益权,其中第一年不计数,从第二年开始每年加计20%。

第二种,是修正对于非主要员工的利益份额。即对于非主要员工的供款或者给付不能减少,在与社保联合给付中,这种份额也不能减少。即修正回原来的比例。对于非主要员工参加的DC的计划中,依然需要满足3%的最低薪金供款转化率,在401(k)计划中的选择性供款不包含在这3%之中。对于DB计划,应当至少保持2%的年薪给付转化率,其中的年薪是本员工最高5年薪金的平均值。但是这个值不能超过平均年薪的20%。

(四)养老金的发放

不同的养老金模式,有不同的养老金发放方式的选择。DB计划和现金购买计划必须提供终身年金选项,可以附带地提供其他给付方式,比如一次性给付。DC计划则经常使用一次性给付的方式,或者按照一定期限的年金进行发放。

只有合格的养老金参与人和合格的计划,并在符合一定条件下,才有资格领取养老金。一般要求:(1)满65周岁(或者其他情况下法律规定的正常退休年龄);(2)供职超过10年;(3)与企业解除劳动关系。① DB计划和现金购买计划一般要求直到正常的退休年龄才能领取养老金,但很多情况下也提供了提早退休的选项,一般是在55周岁。多数的401(k)类计划允许在员工离职或者终止养老计划时提取账户资金。而如果没有离职,一般在59周岁半时就可以领取养老金。在员工面临紧急情况时,如经济情况恶化时。利益分享计划一般允许参加者在供职一段时间后或者离职时可以提取养老金。

由雇主发起的计划不得最晚于下列时间发放第一次养老金:当员工达到70周岁的那一年的4月1日。除非参与者依然被公司雇佣而

① ERISA § 206(a), 29 U.S.C. § 1056(a); 26 U.S.C. § 401(a)(14).

没有退休。如果没有成功足额发放,则应该最低给付数额与实际发放的数额之间的差值,要征收税率达到50%的消费税。当员工70周岁半后才退休领取养老金,这部分的工龄也要算进去,应该继续进行精算修正。但是因为原理的不同,即使当员工70周岁半后才退休领取养老金,这种修正并不存在于DC计划中。

针对职业缓冲的需要,允许在职工临近退休的若干年中,缩减工作时间和提前要求发放养老金但仍然工作。[①] 这种安排叫做"分阶段退休"(phased retirement)。DB计划中,最早第一次发放养老金的年龄不能早于62周岁或者如果某些职业的正常退休年龄小于62周岁的,不能早于这个年龄。[②] 对于DC计划来说,这个年龄是59周岁半。[③]

如果计划的参与者在不满足上述任何条件下,又需要急用养老账户中的资金怎么办呢? 这就需要计划贷款(Plan Loans)的支持。[④] 合格计划可以为参与者提供这个选项,但是并不是法律强制必须提供的。相较于一般的贷款,其贷款的利率可能有一定的优惠,但是这种贷款有最大限额,否则视为强行提前支取养老金,会导致没有优惠的所得税缴纳。[⑤] 在发放贷款时需要审核申请人的条件,还要考虑到已经向其他申请者发放还未收回的贷款和申请者向计划供款的总额现值。这类似于一般贷款的"总放款额度"的限制。这种贷款最大额度在2014年时是不能超过$50,000,并且贷款必须在5年内归还,除非用于购买参与者的主要住所(principal residence)。对于没能如期还款的情况,除了在利率上要升水或接受一定的处罚外,还会被视为"养老金发放",这个时候要承担所得税,如果发生这个情况时,参与者未满59周岁半,还要加收10%的额外税款。

除了上述的情况,还有一种极端的情况会导致强行提取养老金,在§401(k), §403(b), 或者§457条款下成立的计划,如果面临资金

---

① 这种制度类似于国内的"内退"。但是国内的制度多有自己的特色,一般不缩减工资和撤销职位。而在美国,这种选择最明显的就是薪金的急剧缩减和职务的撤销。

② ERISA §3(2), 29 U.S.C. §1002(2).

③ 26 U.S.C. §§ 408 and 408A.

④ 这有点像国内的公积金贷款。

⑤ 26 U.S.C. §72(p).

恶化困境时，可以强行要求提取养老金。这种提取视为“养老金发放”，要承担所得税，如果发生这个情况时，参与者未满59周岁半，也要加收10%的额外税款。

上述的10%的额外税款是被认为提前支取需要加收的税款，这是为了防止直接或者变相任意提前提取养老金金。这种加税在下列情况下，可以不缴：

(1)实际支付养老金时已经满59周岁半；(2)计划参与者的继承人的养老继承所得；(3)提前支取缘于参与者变成残疾；(4)特设的SEPPs计划，这种计划本身允许提前支取；(5)员工在55周岁后被解雇，并签署了提前退休协议；(6)ESOP计划中支付的股息；(7)员工没有选择延迟缴税，供款是使用的税后资金而且没有要求退税；(8)为计划参与者或其配偶或其供养人支付医疗费，额度在调整后总收入7.5%以内；(9)支付给QDRO协议下的备用收款人。①

对于离职的员工来说，其可以将存在于养老金计划中的利益转移(rollover)，可以转移至自己的个人账户，也可以转移至一个愿意接收的新的合格养老计划中。如果在转移前的财产评估中，其累计价值不足＄5000，那么会发生“即时给付”(immediate distribution)，而不管参与者是否选择这么干。如果超过＄5000，这么干则需要得到参与者的书面同意，包括其配偶的同意。这种即时给付的金额超过＄1000，默认的选项是变成默认个人账户，除非参与者选择一次性给付或者进入其他的个人账户。如果选择进入其他个人账户，原先的计划应该发出通知书以作为一定的提醒，这个通知书仅作提醒使用，不得在其中附加任何条件。Rolloverde的资金必须注入有权管理IRA的实体(entity)，并且默认的投资选项是保本(preserve principal)。接受Rollover资金方，不能有歧视待遇，向其加收更多的诸如管理费等的费用。另外，在Rollover的过程中，如果参与者选择不再继续，也就是一次性地提取全额，那么视为“养老金支付”。其必须满足可以领取养老金的条件或免缴纳条件，如上所述，如果不满足也要加收10%的惩罚性税费。另外，这种情况下，还要预留20%的强制性的预扣所得税。如果给付在60

① 26 U.S.C. § 72(t).

日内发生,这部分预扣的税费也无法返还,视为所得税上缴。以上的税费,不包括正常需要交纳的税费。所以在一定程度上说,Rollover 可能会受到多层课税的不利状况。这也在客观上为跳槽设置了税法上的障碍,一定程度上可以保证职业稳定,可谓有利有弊。

四、管理和保障措施(Title Ⅲ&Ⅳ)

相较于 Title Ⅰ、Ⅱ、Ⅳ的庞杂繁复,Title Ⅲ的条文较少,仅仅有几条。[①] 其主要的功能是为前两章的内容提供诉讼程序上的一些保障及官方行政管理的一些内容与 ERISA 其他内容的衔接,很多内容与前述是重合的,或者与本文的主要内容差别较大。另外是使得前面内容与 Title Ⅳ的一种衔接。Title Ⅳ主要的内容是计划的保障措施,虽本身条文不少,但很多内容也与前文有重叠,其最重要的内容在于 PBGC 的规定。

Title Ⅲ有三部分,分别构成 ERISA 的三个 Subtitle。其中第一个 Subtitle 重要,但也仅仅有4条。

在 ERISA 3001 条中,在财政部发放税务认定书(determination letter)前,应该允许参与的员工、劳工部或者 PBGC 就申请提出意见。在 ERISA 3002 条中,当劳工部长或者 PBGC 想要对违反规则方提出索赔请求时,应该允许财政部长审查进程,或者介入案件。在 ERISA 3003 条中,当财政部长认为有缴税障碍(jeopardy)出现时,在发出禁止交易通知前应该通知劳工部长,并且给其对征税行为的评论权(comment)。在 ERISA 3004 条中,规定在三部门实施 ERISA 条文的过程中,应该相互协调,避免重复工作。这是为了提高行政效率,也是为了不为相关人员添加不必要负担的要求。

下面开始介绍 Title Ⅳ的内容,以 PBGC 的介绍为主。

根据 ERISA 的规定,建立退休金保障公司(Pension Benefit Guaranty Corporation,PBGC)。这是一个很特别的公司,或者说名义上是个公司,但是实质上承担着政府的某些职能。其为政府完全所有和控制,主要目的是为私人部门养老金参与者和利益者的养老权益提供保障。其成立于1974年9月2日,地址位于华盛顿特区 1200 K 街道,供职员工大约有800人,现

---

① ERISA § § 3001 –3042,29 U. S. C. § 1201 - 1242.

任主席是 Joshua Gotbaum。次贷危机后,PBGC 的赤字连年走高,一路飘红,也成为人们讨论和关注的焦点。其徽标如下,凡是这个徽标出现的地方,是一种法定认证,代表计划被核准担保。

图表 3 养老金保障公司官方徽标

PBGC 的担保范围一般限于 DB 计划,对于一般意义上的 DC 计划是不进行担保的,这包括 ESOPs、profit - sharing、401(k)、403(b)、thrift/savings 或者 stock bonus 计划都不能享受担保。对于单雇主计划和多雇主计划的待遇也是不同的。美国现有 34,000,000 的员工在 28,800个单雇主计划中,9,900,000 的员工在 1540 个多雇主计划中。在 2010 财政年度,共承担了 5,600,000,000 美元的养老金替代给付,总负载已经达到了 230 亿美元。①

PBGC 并不适用政府的财政转移支付,也不使用一般的税收作为资金,其供款来源和运行成本主要来源于如下:DB 计划需要交纳的法定保费;接管失败的计划后,计划本身的资产划归 PBGC;从破产企业的清算资产中回收的资金不足的养老金计划的残值;投资收益等。虽然 PBGC 不使用财政资金,但是根据 1980 年的《多雇主退休金计划修正法案》,依然要纳入联邦财政预算案。PBGC 不像一般的保险公司一样,可以根据市场自行调整保费,其保费的收取额度需要听取国会制定的法案的安排。一般单雇主 DB 计划,遵循国会法案是按照人头收费(per - capita),只有赤字方案可以按照自行调整的费率收费。自 2005 年《赤字削减法案》施行后,人头保费当年由 19 美元调整至 30 美元。后来又有所增加。尽管如此,PBGC 的财务赤字还在不断的上升。下表是若干年的数据:

① *PBGC Announces Maximum Insurance Benefit for* 2011, PBGC Public Affairs, October 19, 2010.

表格8 PBGC保险费率①

计划开始年份	单雇主计划			多雇主计划
	人头法定费率	可调整费率		人头法定费率
		每$1000的资本不充足(UVBs)	按照计划人头计算	
2014	$49	$14	$412	$12
2013	$42	$9	$400	$12
2012	$35	$9	N/A	$9
2011	$35	$9	N/A	$9
2010	$35	$9	N/A	$9
2009	$34	$9	N/A	$9
2008	$33	$9	N/A	$9
2007	$31	$9	N/A	$8

PBGC仅仅担保"基本养老金"。这些养老金包括按照正常年龄退休能领到的数额、特定条件下提前退休能领到的数额、伤残保障②、遗属养老金③。只有"既得利益"在这个担保的范围内,应计利益不能担保。根据每年的通胀率和PBGC的运行情况及政府财政调整目标的不同,每年能够担保或发放的养老金最大数额有所变动。

在2014年,见下表:

---

① 小于25人的计划,可以享受一定的优惠。

② 不包括已经担保后伤残的。

③ ERISA § 4022, 29 U.S.C. § 1322.

表格 9 2014 年 PBGC 最大月担保数额

年龄	终生独立年金	联合年金和50%份额遗属年金*	年龄	终生独立年金	联合年金和50%份额遗属年金*
75	15,027.27	13,524.54	59	3015.34	2713.81
74	13,662.95	12,296.66	58	2817.61	2535.85
73	12,298.63	11,068.77	57	2619.89	2357.90
72	10,934.31	9840.88	56	2422.16	2179.94
71	9570.00	8613.00	55	2224.43	2001.99
70	8205.68	7385.11	54	2125.57	1913.01
69	7365.34	6628.81	53	2026.70	1824.03
68	6623.86	5961.47	52	1927.84	1735.06
67	5981.25	5383.13	51	1828.98	1646.08
66	5437.50	4893.75	50	1730.11	1557.10
65	4943.18	4448.86	49	1631.25	1468.13
64	4597.16	4137.44	48	1532.39	1379.15
63	4251.13	3826.02	47	1433.52	1290.17
62	3905.11	3514.60	46	1334.66	1201.19
61	3559.09	3203.18	45	1235.80	1112.22
60	3213.07	2891.76			
*需要双方是同样的年龄，否则分别考虑					

PBGC 担保的范围是结束（Termination）的计划，怎样来界定"结束"是一个很重要的问题。一般的分为两种结束方式：自愿结束（Standard Terminations）和逼迫结束（Distress Terminations）。还有一种特殊情况，就是在某些特殊情形下，由 PBGC 判定计划视为自动结束（PBGC – Initiated Terminations）。[①]

在计划是合格计划，并且资金是充足的情况下，养老金完全可以正常运行，这个时候也可以选择自愿结束。这个时候，参与者和利益相关

① ERISA § § 4041 – 4048; 29 U. S. C. § § 1341 – 1348.

者应该向养老金计划说明自己应得的利益,包括数据及相关精算假设。精算师通过计算和评估,最终确定计划确实是资金充足的。这个时候,发起者或者信托管理人向PBGC申请,[①]然后可以将资金用于为原先参与者购买商业人寿保险、商业年金等金融产品,或者一次性给付现值。然后,给付义务就变成了这些产品的给付义务,从而原先的发起人或者信托就在养老关系中得以解脱了,包括不对参与者和PBGC担负任何责任了。购买金融产品后,如果还有盈余,在缴纳税款后,可以供发起者或者信托自由支配。

在非资金充足计划中,如果雇主面临下列情况,又没有好办法的情况下,很可能会逼迫结束养老金计划:(1)符合联邦破产法第7章内容的破产清算申请已经提交;(2)企业正在进行联邦破产法第11章内容所规定的重组进程,破产法院裁定养老金计划终止;(3)企业已经严重资不抵债或者无法继续经营,除非养老金计划能够终止;(4)企业不合理的负担退休金成本,只因为其生产力无法满足运营需要。掌握企业资产5%以上的参与者群体或个人视为主要拥有人,可以联名要求启动这个终止程序,企业的母公司或者受养老计划影响的子公司也可以申请启动这个程序。

最后是由PBGC发起的养老金终止。在满足下列情况,企业本身又没有主动申请的情况下,可以由PBGC提出终止:(1)该计划并没有达到最低资金要求;(2)该计划无法在到期时支付目前的养老金;(3)对主要拥有人进行一次性给付;(4)如果计划不终止的话,PBGC会负担大量的不合理的成本。

在第二种和第三种情况下,企业的雇主和实际控制方要对计划本身的资金不充足情况向PBGC负连带责任。这种不足包括已经累计的资金不足情况和任意处分财产造成的资金不足。在计划终止的那一刻,计划的给付义务转移至PBGC身上,当整个给付义务总额超过企业净资产30%以上的,PBGC可以用合理商业条款来适当调整。当原养老计划所在的企业蓄意为了逃避养老给付义务而转移资产的,并且在转移后5年内,养老计划终止的,那么企业要对这种转移承担法律

---

① 一般需要填写Form 500的表格。

责任。

PBGC 要求企业要有呈报义务，包括下列情形：(1)如果该计划被视为已经不符合法律规定；(2)如果计划修订减少了养老给付；(3)如果计划活跃参与者的数量大幅下降；(4)如果该计划不符合最低资金标准或无力支付养老金；(5)如果出现 10,000 美元以上的大额支配给主要所有者。如果其企业高管离职、清算、要求特别股利或者公司被赎回超过 10% 的表决权股，也要向 PBGC 报告。

最后对于多雇主计划其与单雇主计划的不同还体现在资金不充足的连带责任上。当一个雇主出现退出后，其他雇主并不能就随之解除养老计划，如果存在资金不足情况，离开的雇主仍然要对这种情况负责。新雇主想要加入一个计划成为多雇主计划的供款方，可以在前 6 年不被"锁定"，也就是不用在退出后仍然承担资金不足的责任，但是如果其供款份额超过 2%，即使在 6 年内，也会被锁定。①

结语

ERISA 作为美国职工利益保护和养老金规则的基础性法案，已经成功地运行了近 40 年，保护了无数企业员工的利益，同时也激发了企业主的责任心。

笔者在这里要说的是，ERISA 是一个庞大的规则体系，其连通了税法和其他的劳动法规，是一个有机整体，本文限于简述和总结，没有对 ERISA 中的规则面面俱到，仅是有选择的选取了一些规则，但是这种选取是否恰当只有留待读者自己去考量了。可能一些没有介绍的规则却恰恰是在解决特定问题时最重要的规则。其实，严谨地说，每一条法条都是不能省略的，原始的法典和注释在这一章有近 3000 页的规模，近 400 万字。如果再加上 PPA 和 IRC，那又会多出几千页。其规则的完善程度已经远远超出了想象。并且 ERISA 暗含的一个更重要的作用是在潜移默化中指导着金融体系和财税体系的运行，这是几十年的金融市场实践经验所证实的，比如其中的信义规则，甚至成为了金融工具在运行时参考的标准。另一方面，也说明了这部法典中蕴含这大

① ERISA § § 4201－4225；29 U.S.C. § § 1381－1405.

量的金融术语。每一个术语对于没有接触过的人来说都是一道障碍,所以本身庞大的法典如果隐含着这些还要去辅助的解释,那将是一个天文数字的信息量。所以法律的辅助解释工作更为重要。进入美国的互联网,想要查询关于养老的问题,有汗牛充栋的网站呈现,这些网站中真正专业性学术网站极少,除了相关政府部门本身需要公布法条的需要或者不得不为之而出现的复杂文字之外,大多是咨询机构的网站,其特点就是言简意赅但是收费不菲。不夸张地说,在美国,可以将ERISA法案和相关配套法规及修正案真正读懂并能贯通的人就已经可以称之为专家了。

行文到这里,根据惯例似乎应该提一下"借鉴"了,这也符合本文的目的。写了这么多,无非是希望能将美国先进的制度引入我国,如文章开头所述完善我国的养老立法。但笔者想要更深入地引导出一个问题,就是我们要借鉴什么?中国的养老问题的讨论已经多年,事事牵挂人心,文章汗牛充栋,对发达国家的制度本身甚至也研究得很深入了,但似乎感到缺点儿什么。这缺的一点儿就是我们怎么评价一个国家的养老体系是完善的呢?是仅仅一部完善的法律就能解决问题吗?我们看到ERISA法案和相关配套法规组成的体系是很完善的,似乎带着一个问题进入,都能有答案,大有"孙悟空进入佛祖掌心"之感,面面俱到无所不包。但笔者认为最重要的恰恰是法典背后的东西。如上段所述,在这部法典的背后不知道有多少大大小小的养老服务公司。它们架起了这部生涩的法律与老百姓之间的桥梁,这些公司无处不在,甚至赚的金盆钵满,说明市场极度需要它们的存在。而反观国内,这样的公司很少能找到,甚至在国家层面上的类似于PBGC的公共担保机构都找不到,只能是财政部在充当着这个缺位的角色。

另一方面,制度本身需要的是运行环境,仅仅一部ERISA是不够的,还要有完善的金融管制法规和财税法规。而在现有的法律体系和研究中,财税法还是作为一个边缘学科存在的,这与国外把财税法作为最重要的法规之一的现状有很大的差距。只有完善了周边的环境,养老金的运行自然就有了可靠的保障。我国的金融环境尚存在很多不完善之处,所以路途还很漫长和曲折。

最后一点,在于ERISA需要多学科之间的配合,养老金运行需要的专业人才是复合型人才。怎样将各个行业的专业人才,诸如深入精通法律、金融、财税、数学统计、管理、风险控制、计算机编程和营销等各个方面的人才汇聚与整合,培养和建立专业化的养老金复合型人才团队是建立一个国家完善养老金体系的后援保障。因为养老金问题本身是很复杂的一个问题,需要将学科间的知识有机地融合。如果我国在以后建立一些新型的养老机构时,单单精通一个学科的人是难以胜任职务需要的。这恰恰是在制度建构时容易忽略的问题。打比喻的说,制度如果是战斗机,那么这些能够执行和推行制度的人就是飞行员,培养飞行员其实并不比设计战斗机容易多少。

以上仅是笔者一点浅显的个人思考。希望我国的养老制度法规和机构能够完善起来。只有这样,每一个人职业梦想的实现才有了更多的保障,而这也是"中国梦"一个重要的组成部分。

(周煜,山东大学法学院民商法学博士研究生)

美日不当劳动行为制度的比较与借鉴

冉凯文

目　　次

一、问题的提出及意义

不当劳动行为最初针对雇主的不当劳动行为,即雇主凭借其在经济上的优势地位,以违反劳动法律原则的手段来对抗工会的措施或行为。随着各国劳资力量的变化和国际政治形势的发展,不当劳动行为的主体认定及立法实践发生了巨大的变化。① 然而,中国在现行劳动法律制度中仍没有有关不当劳动行为制度的内容,至少没有类似"不当劳动行为"的表述。随着劳动力市场化程度不断加深,劳资双方关

① 其中以美国和日本为典型代表:从1935年美国颁布的《国家劳资关系法》(以下称"瓦格纳法")首次提出"不公平劳工措施"到1947年的《美国劳工管理法》(以下称"哈特莱法"),再到1959年的《劳资关系报告及披露法》,以及日本战后对相关立法的沿袭与改良,我们可以看到主体以及内容认定的变化与在美日两国不同政治环境下的代表性发展。

系日益复杂,研究不当劳动行为制度及完善相关立法已变为迫切的现实需求。

综观世界市场经济国家劳动立法实践经验,作为不同司法管辖区域不当劳动行为制度立法和不当劳动行为救济制度发展模式的代表,美日两国的不当劳动行为制度立法经验对于我国未来的不当劳动行为制度立法皆有可借鉴学习之处。[①] 本文将主要以美日两国有关不当劳动行为制度立法与现行救济制度展开对比与分析,希望为我国今后的不当劳动行为制度立法及制度构建提供一些启示与参考。

二、不当劳动行为制度一般原理

不当劳动行为,它的英文为 unfair labor practice,又可被称为不公正劳工措施。对于客观存在的不当劳动行为而着手进行救济并对不当劳动行为作出禁止规范的劳动法律制度,即是不当劳动行为救济制度或简称为不当劳动行为制度。也就是说,不当劳动行为受不当劳动行为制度中的禁止规范所规制,该制度旨在保障受不当劳动行为侵害的劳动权益。而不当劳动行为救济,即是对劳权,主要是集体劳权的救济制度。[②] 这里的集体劳权,可以理解为"劳动三权"——团结权、集体谈判权和集体行动权。

(一)法理依据

不当劳动行为制度的立法基础可以理解为它的法理依据,即保障团结权的实现、对侵害劳动权的救济。[③] 不当劳动行为立法之所以能够成为在国际社会上普遍存在的特别制度,是因为团结权属于宪法保障的生存权理念,不当劳动行为制度的产生与不断发展也正是建立在这一国际共识之上。在市场经济条件下,劳资双方地位不平等,雇主有着绝对的资本权与经济力量,劳动者固有的经济上的从属性以及在现

① 反观中国劳动立法史,多参照日本法学的理念与经验,同时日本劳动立法由于战后历史原因,很大程度上沿袭与改进了美国劳动法的理论框架与司法实践模式。

② 常凯:《劳权论——当代中国劳动关系的法律调整研究》,中国劳动与社会保障出版社 2004 年版,第 337 页。

③ [日]沼田稲次郎等编:《労働法事典》,労働旬報社 1979 年版,第 135 ~ 142 页。

实管理中的所呈现出的个体化、“碎片化”,使得团结权的重要性凸显出来。不当劳动行为救济以法律承认团结权为前提保障团结权的实现,贯穿于集体劳权行使的整个过程。

(二)制度特征

不当劳动行为制度在现今市场经济的劳资关系环境下体现出以下几点特征:

1. 实施主体界定的差异。对于不当劳动行为的实施主体的理解主要有两种:一种理解为实施主体是“雇主”或者雇主代表的团体,日本不当劳动行为立法即属于此类型。而另一种理解则认为不当劳动行为主体还应该包括劳方,即把工会也纳入主体范围之内,如美国的不当劳动行为立法。尽管对于主体的界定不同,对于不当劳动行为立法的基本目的,即通过国家强制力量保障并维持劳动者的团结权,对于受到不法侵害的权利人给予法律救济的立法精神已被全世界多数市场经济国家所肯定。

2. 立法目的的趋同。各国不当劳动行为立法在细节上存在大相径庭之处,但立法目的都有趋同之势:即防止集体协商、谈判中不公平行为的发生,维持劳资关系的正常秩序,使劳动者集体劳权得到保障与巩固。集体劳动关系中的集体协商或者集体谈判需要公平秩序,由于劳方力量相对较弱,不当劳动行为立法有益于劳动者团结权的实现,团结起来的劳动者组织拥有更高的话语权与更大的社会力量,劳资力量趋向平衡状态。

(三)主要情形

在界定工会行为是否构成不当劳动行为的问题方面各国有较大差异,对此将在后文中详细叙述。此处只列举国际较为公认且普遍采用的雇主不当劳动行为情形:

1. 干涉工会的活动。雇主通常会运用一系列手段对工会的活动进行干扰。

2. 控制、操纵工会活动。这是干涉工会活动的升级,通常的做法是雇主方组织“公司工会”对工会进行各种形式的操纵。这种“公司工会”基本上全盘以雇主的利益为导向,旨在破坏工会的独立性,致使工会不再是工人利益的代表。在这种情况下雇主主要通过两种手段对工会进行掌控,一方面可以选用自己的亲信担任工会的干部或重要领导人物,另一方面则是由雇主直接给工会活动经费与补贴。其中第二种免不了带有贿赂行为的性质,但在某些情况下,则是合法并且有利的:一些国家的不当劳动行为立法一定程度上允许雇主的"捐赠"或者是"捐助",工会将得到更多的收入与物质资源,且其独立性可能不会受到侵害。

3. 拒绝集体协商。这是指雇主违反了应该履行的在集体劳动关系环境下的集体协商义务。这直接妨碍了劳动者集体劳权的实现。

4. 歧视待遇。这与养犬契约所不同,主要是指雇主对于属于工会会员的员工采取歧视的做法。这里的歧视往往包括经济上的歧视和精神上的歧视,前者包括对工会会员员工降职、调职、减少工资或者拒绝给予升迁机会等做法,后者主要指对其采取工作之外的精神方面的施压行为。

三、美日不当劳动行为制度之比较

(一)美国不当劳动行为制度

美国是世界上最早实现不当劳动行为立法、实行不当劳动行为救济制度的国家之一。美国不当劳动行为立法有着明显的阶段性,即根据不同的历史背景、国际国内政治取向需要等因素呈现出不同的阶段性、时期性特点。

1. 美国不当劳动行为立法变迁

前文已经提到,1935 年瓦格纳法是最早的具有代表性的不当劳动行为立法。1929 年美国在经历了"大萧条"时期之后充分认识到尽快恢复社会经济稳定的重要性,为了限制雇主对工会与劳动者不合理的压制和干涉,避免由于雇主在劳资关系中的过度专权引起劳资对抗与不稳定,瓦格纳法主要针对雇主行为作出了法律限制。①

战后 1947 年美国颁布哈特莱法,其修正了原瓦格纳法对于不当劳动行为的行为主体界定,改为工会及劳动者同样具有不当劳动行为的

---

① 参见美国国家劳资关系法(1935 年)。

主体资格,[①]这标志着代表劳动者组织的美国工会正式被纳入不当劳动行为制度的主体界定范围之中。这主要由于战后的美国经济实力大为增加,同时产业行业工会的规模、会员人数和所实际掌握的社会经济资源也相应增加,甚至工会在某些情形下被认为是在滥用其新增长的力量。[②] 为了"配合"美国战后迅速膨胀的反民主思潮,哈特莱法应运而生。这种界定一直持续到现在,成为美国劳动立法的一大鲜明特色。

2. 美国工会的不当劳动行为

工会不当劳动行为,是指工会自身针对雇主方或者是非工会会员(劳动者)做出的不当行为。其通过把工会纳入不当劳动行为立法的规制轨道来平衡劳资力量,具体而言主要包括下列几种行为:

(1)工会限制工人行动或者强制使其行动。在具体的集体行动事件中,工会为了达到其目标可能会组织以暴力、骚动或者大规模罢工纠察活动,来妨碍工人或一般大众进出雇主产业或营业处所的行动自由。这一点和日本劳动法中同样关注雇主"经营自由权"的理念有相似之处。除此之外还包括通过自己挑选的代表并施压或者限制其谈判、冠以全体职工代表的名义拒绝与雇主的协商或谈判、对于不按时交纳会费而被拒绝或中止会籍的员工进行歧视等。以上行为如果被证实触犯法律,美国各州及地方政府可以提起公诉,联邦政府本身也可以成为公诉人。[③]

(2)对雇主方实施强制或者在解说雇主付款方面出现的不当行为。这主要包括,强迫雇主加入某个劳工组织或者是雇主组织,强迫雇主承认特定劳工组织为职工代表出席谈判;强迫雇主将一定的工作交给特定的劳工组织;劳工组织或负责人或雇员或代理人以及职工代表,请求、要求、收下或接受雇主或雇主组织或按雇主利益行事的任何人的

---

① 美国劳工管理法(1947 年)序言中规定"为使劳工组织和雇主担负起同等的法律义务"。

② [美] 道格拉斯 · L. 莱斯利著:《劳动法概要》,张强等译,中国社会科学出版社 1997 年版。

③ [美] 威廉 · 格鲁得著:《美国劳工法入门》,焦兴铠译,国立编译馆 1996 年版。

任何款项、贷款或赠款等。[①]

(3)给予歧视待遇。这里指的是工会对于非工会会员的歧视行为。

(4)违背诚实信用。工会在集体协商或者集体谈判的过程中可能会出现违背诚信道德的行为,利用不正当的理由、不充分的证据和带有强迫性的态度和要求施加于雇主一方。

(5)间接抵制行为。间接抵制行为指的是工会针对于雇主存在业务来往其他企业的抵制活动。很明显,这种由工会引发的间接抵制行为会直接侵害到第三方的合法权益。

现在美国与加拿大等国家早已把工会纳入了不当劳动行为立法规制范围之中,但是在其司法实践中大多数对于不当劳动行为提起的诉讼与相应的救济都是由雇主方引起的。这里需要注意的是,美国这种界定只是为了力图禁止个别工会的“恶劣行为”,[②]与保障绝大部分的劳工权利并不冲突,同时也一定程度与美国立法公正与民主的价值观有关。

3. 美国不当劳动行为救济制度

无论是美国还是日本,或是其他国家地区,均采用通过国家公权力手段来排除不当劳动行为妨碍的救济制度。而当今世界各国主要采取两种途径:一种通过行政手段,一种则通过司法手段。美国实行的是行政救济和司法救济相结合,以司法救济为主的方式。

在司法救济方面,美国负责处理不当劳动行为救济的是由 1 名首席法律顾问、2 名地区总监和 2 名行政法官[③]所组成的国家劳动关系委员会(以下称 NLRB)。这 5 名委员需得到参议员提名和总统的任命方可正式履行其职责。NLRB 在各州各地下设 30 余个办事处,办事处总负责人直接由委员会首席法律顾问任命并管理。在行政救济方面,负

---

① 常凯:《劳权论——当代中国劳动关系的法律调整研究》,中国劳动与社会保障出版社 2004 年版,第 355 页。

② [美] 道格拉斯 · L. 莱斯利著:《劳动法概要》,张强等译,中国社会科学出版社 1997 年版。

③ 原称“审判核查官”。

责行政救济的机关是美国联邦仲裁与调解局,根据哈特莱法的相关规定:通过该局的调节与仲裁解决纠纷;在该局的提议或者纠纷当事人的要求之下进行干预;调节失败以后采取其他方法进行解决等。但该局的命令本身不具有强制执行的效力,被侵害人需要向特定的美国上诉法院申请强制执行,以司法力量实现。

(二)日本不当劳动行为制度

日本不当劳动立法制度起源于战后,其模式受到美国影响,但由于不同的理论支撑与制度发展,在立法内容与救济形式上与美国有诸多不同。总体而言,日本的不当劳动行为制度无论在理论支持还是在制度的建构和运作方面都较为完善。①

1. 日本不当劳动行为制度立法特点

日本最早的不当劳动行为立法见于1945年颁布的《劳动组合法》(旧工会法)。现行的日本工会法详细列出了六种禁止劳动行为。② 将新工会法与美国的哈特莱法进行对比,我们可以发现二者的微观区别所在:

(1)日本采用的是复数代理制度。在日本大多数企业内部存在多个工会或者劳动者组织,无论工会的规模大小,在不当劳动行为救济制度的框架内"少数派"与"多数派"工会都会得到相同的法律保护,③这极富日本企业工会特色。

(2)与美国不同,工会没有被纳入不当劳动行为的概念。但日本劳动法在不当劳动行为上对于雇主责任的认定近年来也出现了一些微妙的变化:在实际的劳动关系中,非劳动合同当事人(可理解为"第三方")也可能做出反工会的不当损害行为。因此日本法学界与法院对

① 常凯:《劳权论——当代中国劳动关系的法律调整研究》,中国劳动与社会保障出版社2004年版,第356页。

② 即1949年《劳动组合法》(新工会法)第7条:(1)不利待遇(第1款「不利益取あつかい」);(2)"黄犬契约"(第1款);(3)拒绝集体谈判(第2款「団交拒否」);(4)支配或者干涉(第3款「支配介入」);(5)资金支持(第3款「経費援助」);(6)报复性不利待遇(第4款)。

③ [日]荒木尚志著:《日本劳动法(增补版)》,李坤刚、牛奎志译,北京大学出版社2010年版,第146页。

于不当劳动行为的雇主做出了两种扩大的解释。①

(3)日本的劳动委员会成员由三方成员组成。在保持一定的代表公益的中立成员的前提下,日本劳动委员会的构成机制尽量地发挥了劳资双方代表对于促进问题解决的重要影响作用。

(4)与美国国家劳动关系委员会任职要求所不同的是,日本劳动委员会中负责起草命令或者裁定申诉的中立代表不要求一定具有专业律师资格认证,一般都是兼职人员。劳动法学界的学者或者其他领域的专家都可以出任。该做法一方面可以最大限度地汇集“群众智慧”,多角度地对具体劳动关系案件进行分析与裁定,但与此同时,专业律师资格与素养所不能替代的对于事实认定与命令制定的适当性与精准性在很大程度上流失了,在司法审查阶段可能出现更多的难题。

(5)日本劳动委员会没有公诉机关,即救济程序所涉及当事人只有劳资双方。形式比美国更加简单,但就大多数劳判记录来看,实际上与日本一般的民事诉讼案件在所耗费时间与事实经历的程序上极为相似。

(6)根据《日本劳动法》的一般规定,不当劳动行为案件可以直接向普通法院起诉。

2. 日本不当劳动行为救济制度

日本的不当劳动行为救济制度主要是行政救济。实施救济的是劳动委员会,性质属于准司法的行政委员会,其职能和权限主要是:劳动争议的斡旋、调停、仲裁和不当劳动行为的审查、救济。② 而总体的救济程序可以分为三部分:地方劳动委员会初审;中央劳动委员会复审;法院的司法审查程序。具体流程可由下图所示:

由于日本工会没有引入不当劳动行为概念,所以救济命令申请人为个人劳动者或工会。救济命令主要可分为两种:一是中止不当劳动行为的命令,二是要求雇主使其恢复原状的命令。以下为初审与再审不同阶段的不同程序:

① 扩大解释是为了解决在现实劳动关系案件中的多种情况的问题,但总的原则并没有改变,只是对于雇主责任主体作出了范围更大,责任标准更细致的改变。

② [日]竹内昭夫等编:《新法律学词典》,有斐阁 1989 年版 。

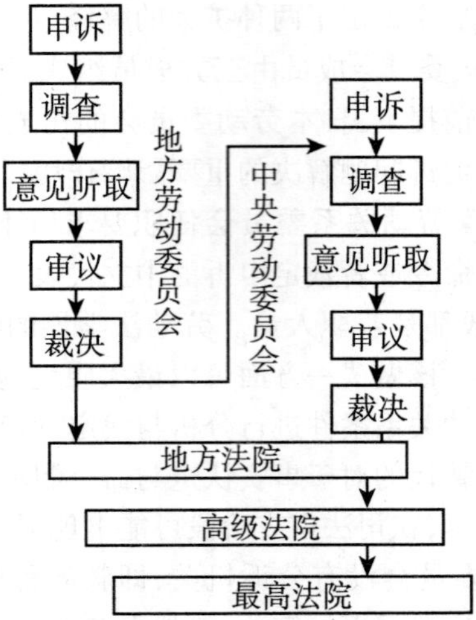

日本不当劳动行为案件一般救济程序

(1)在地方劳动委员会(都道府県労働委員会[①])中,个人或者工会必须按照《劳动组合法》第27条相关规定,在不当行为发生的一年之内,向当事人不当劳动行为发生地或办公地点所在的地方劳动委员会递交书面申诉材料,劳动委员会在接到申诉后需立即展开审查,根据审查案件事实的结果由中立人员代表来发布救济命令或者驳回申诉;在地方劳动委员会作出裁决的阶段内,雇主在收到裁决结果的15日内可以向中央劳动委员会申请复议;若没有提出复议或在接到裁决结果30日以内不向法院起诉,则判定地方劳动委员会救济命令为最后结果。

(2)在再次提出申诉的复议阶段,中央劳动委员会一般根据初审记录以及再申请文件为依据可直接做出命令,对地方劳动委员会的命令有取消、承认或改变的全部权限。[②] 对于中央劳动委员会决定,双方

---

① 由于在实施过程之中出现了法院撤销率高、耗时较长等弊端,广受日本学界与社会批评,因此为了进一步迅速适当地办理地方不当劳动行为救济手续,2004年修改并于2005年实施的《劳动组合法》中推行了一系列提升办案效率的新举措,并把地方劳动委员会改名为「都道府県労働委員会」。

② 《日本劳动委员会规则》(1945年),第五章。

当事人在30日以内不向法院起诉则认为是最终结果。

我们可以看出,日本不当劳动行为救济程序严谨而快捷,操作透明而较为简易,这种委员会救济制度可以作为我国不当劳动行为争议处理参考的典范。

四、中国不当劳动行为制度展望

不当劳动行为制度对于应对市场经济环境下复杂多变的劳资纠纷、建立完善的集体劳动关系调整机制具有重大的理论和实践意义,其将为我国宪法上的集体劳权成为劳动者实际享有的实体权利提供一套切实可行的运作范式。我国现行劳动法律规范未使用"不当劳动行为"的表述,但这并不意味着我国没有针对不当劳动行为的规制。

(一)我国相关立法规定

事实上,我国《宪法》以根本法的形式肯定了公民的结社权和集体谈判权。同时在法律层面,《劳动法》、《劳动合同法》、《工会法》分别就不同维度对不当劳动行为制度所对应的狭义团结权、集体谈判权等予以规范。此外还通过1994年劳动部公布的《关于〈中华人民共和国劳动法〉若干条文的说明》、2003年最高人民法院颁布的《关于在民事审判工作中适用〈工会法〉若干问题的解释》、2007年由中华全国总工会通过的《企业工会工作条例(试行)》等作进一步明确或具体化,但各规定相对零散,且相互之间未形成完善的体系。

有关不当劳动行为的规定集中在《工会法》中体现。如第50条和第51条的禁止干涉工会活动和对工会人员造成伤害并构成犯罪的刑事处罚规定;第9条关于工会委员会民主选举(实质上反映出禁止控制与操纵工会)的规定;第20条集体协商并签订集体合同的规定等。具体就内容而言,现行立法未就不当劳动行为的具体情形作明确列举,而以相对分散的形式对用人单位的不当劳动行为作禁止或限制性规定。与此同时,用人单位因不当劳动行为的法律责任在不同法规之间并不完全一致,如《劳动合同法》第87条和《工会法》第52条在民事赔偿责任上的区别。[①] 此外,在实务中,用人单位的责任形态主要包括民事责任、行政责任和刑事责任三种,而真正对劳动者起补偿救济效果的民事责任往往因难以认定被解除合同的真正原因而得不到适用。类似关于雇主不当劳动行为制度现行立法存在的问题仍有诸多。

关于未来我国不当劳动行为立法完善的问题,鉴于现阶段各法律规范已作分散规定,从立法成本、立法稳定性等方面考虑,可在现有规定基础上就不当劳动行为涉及的相应条文作出修订,以期在各法律规范之间形成具有可操作性且相互衔接的完整体系。

(二)关于工会不当劳动行为的立法思考

综观上文美日不当劳动行为制度在规制主体、机构设置、救济程序等方面的差异,其差异有较强的本土性特点,二者区别尤其表现在规制主体的差异方面。从《工会法》的精神来看,尽管我国现行的不当劳动行为当事人是劳资双方,而从严格意义而言,实际在主体界定上和日本一样,工会不在不当劳动行为的主体概念之中。就我国未来的不当劳动行为制度构建而言,是否将工会不当劳动行为纳入调整范围,有必要从现行立法规定和我国司法实践予以考察。

1. 对工会不当劳动行为的立法考察

不当劳动行为制度主要针对"劳动三权"即团结权、集体谈判权和集体行动权而设,此处笔者以实务中较易出现纠纷的集体谈判权为例。集体谈判权主要目的在于保护劳动者与工作相关的基本权益,主要表现为劳动者一方(通常由工会代表)与雇主进行集体谈判并签订集体合同。《劳动法》、《劳动合同法》、《工会法》、《集体合同规定》等均对集体合同作出了规定,各法律规范在立法目的上有不同程度的侧重:如《劳动法》侧重于对劳动者的保护;《劳动合同法》关于立法目的的表述为"为了完善劳动合同制度,明确劳动合同双方当事人的权利和义务,

---

① 《劳动合同法》第87条规定:"用人单位违反本法规定解除或者终止劳动合同的,应当依照本法第四十七条规定的经济补偿标准的二倍向劳动者支付赔偿金。"《工会法》第52条规定:"违反本法规定,有下列情形之一的,由劳动行政部门责令恢复其工作,并补发被解除劳动合同期间应得的报酬,或者责令给予本人年收入二倍的赔偿:(一)职工因参加工会活动而被解除劳动合同的;(二)工会工作人员因履行本法规定的职责而被解除劳动合同的。"

保护劳动者的合法权益，构建和发展和谐稳定的劳动关系”，即侧重于合同双方当事人权利义务的平衡；《工会法》则侧重于对工会的规范与保护。由此可见，从立法目的角度考察工会不当劳动行为的法理基础难以得出统一的结论，但不能否认现行立法在一定程度上对工会行为的规制。

从另一个角度而言，集体合同首先是一个合同，合同涉及双方当事人，尽管劳动合同不属于传统意义的民事合同范畴，但平衡合同双方当事人权利义务的合同精神仍然存在。国外关于不当劳动行为的立法目的也有保护工会和平衡劳资双方之争，主流观点倾向于后者，即解决劳资双方争议，平衡双方当事人的权利义务关系。

2. 司法实践层面工会侵权现象普遍

原则上工会作为劳动者利益的代表，其利益与劳动者的利益应该是一体的。而在司法实践中，由于各方面的原因，工会的职能出现了异化。

在我国，工会总体呈现出力量较弱、脱离群众等问题，具体表现为工会没有独立性的支撑体系、工会实际经济来源有依赖雇主的倾向、企业工会经费拨缴方式单一、工会财务账目不清晰不规范等。在现实案例中，有的工会在集体协商或谈判的过程中保持中立甚至代表雇主的利益，用各种手段阻碍劳动者的合法活动；还有的工会在雇主提供的贿金与巨额款项上运营，实则无权无力为劳动者发声。引起这些现象的原因主要可以从两方面考虑：(1)雇主的不当劳动行为较为普遍，且运用其占绝对优势的经济地位与资本力量对企业工会施压，这种现实情况的压力的确存在；(2)由于我国对于工会组建以及法律地位的认可等具体规定原因，我国劳动关系尤其是集体劳动关系中早已呈现出“一对多”的极度不均衡情况，即工会“一元化”对雇主“多元化”。当然，关键问题不在于一元工会制度本身，而在于如何保证其维权职能的履行。因此，我国工会的现状需要改变，首先应该把工会纳入不当劳动行为制度的规制主体之中。

3. 强化工会的法律责任

尽管从严格意义上考察，现阶段的《工会法》并未将工会纳入不当劳动行为的主体概念之中，但引起笔者注意的是，我国2001年新增加的《工会法》第55条规定了工会工作人员违反本法的相应责任。

从法条内容上来看,这对解决工会内部可能出现的不当劳动行为甚至刑事犯罪行为起到了积极的作用。但第55条的规定对象为"工会工作人员",属于组织内部工作者对于组织的不利影响,其忽视了工会组织及其外部相关者之间的权利义务关系。一方面,它侧重强调工会成员的个体性,忽视了工会的组织性。在当今中国工会制度"一元化"的状态下,工会工作人员在工会组织的"领导"下劳动工作并且接受以工会组织为单位提供的工作条件与环境、获得报酬和津贴是不可否认的事实,工会作为一个整体性的单元组织是否也应该引入不当劳动行为主体之中、是否应该归责于"工会(组织)"而不是个体的"工会工作人员"呢?另一方面,第55条忽略了在实际不当劳动行为案件中可能出现的由工会本身所引发的损害雇主或者与雇主企业单位相关的第三方权益的情况。

4. 工会规制削弱团结权之悖论

对于工会不当劳动行为立法性质已经相当清晰:雇主拥有法律承认的结社权和自由经营权,而劳动者拥有团结权。这里存在权利实现的主体判别问题——雇主或雇主组织在对劳动者进行经营管理时所发生的不当劳动行为究竟是直接作用在作为工会成员的个体劳动者身上,还是作为整体组织的工会之上?劳动者所受到的合法权利的侵害与工会所受到的权利侵害到底能不能等同起来?事实上,团结权的意志主体在于组成工会的劳动者身上,而工会只是作为受到权利侵害行为的形式代表。换句话说,对于工会的立法规制与劳动者的团结权并不矛盾。它不但有助于限制工会自身引发的有悖于阻碍劳资关系的行为,同时,工会不当劳动行为的规定特别注重限制工会官员的行为,要求工会内部关系和行为规范化,这对于保障会员的权利和工会运动法制化有着积极意义。①

有学者指出,大部分劳动争议案件基本上都是由雇主的不当劳动行为引发的,因此现阶段通过劳动法律规制其不当行为的对象主要是

① 常凯:《劳权论——当代中国劳动关系的法律调整研究》,中国劳动与社会保障出版社2004年版,第355页。

雇主。① 但这与将工会纳入不当劳动行为立法规制并不冲突，在上文介绍美国工会的不当劳动行为立法时笔者提到，即便在美国，对工会组织的规制也只是力图禁止个别工会的行为，主要的诉讼及相关救济仍是针对雇主提起的。

（三）中国不当劳动行为救济制度

我国未就不当劳动行为建立起一套专门的救济制度，2008 年的《劳动争议调解仲裁法》主要规范的是个人劳动权益争议，而《劳动合同法》第 56 条、《工会法》第 20 条、《集体合同规定》第 7 章和第 55 条均区分签订和履行不同阶段对因集体合同引发的争议作了争议解决处理规定，基本处理原则是因签订集体合同引发的争议通过行政机关协调解决，因履行集体合同产生的争议适用于其他劳动争议相同的程序。然而不当劳动行为不仅仅包括因集体谈判权遭受侵害产生的争议，还包括其他集体劳动权利遭受侵害的情形。解决此类纠纷，有必要建立起一套完整的救济体制。

根据我国目前的劳动争议处理模式，结合上文介绍的美日不当劳动行为救济制度，共同之处在于均采用诉讼外纠纷解决机制与诉讼方式相结合的模式，即行政救济与司法救济相结合。不同之处在于不同方式的机构设置和处理程序的差异以及不同救济制度的优先性和相互关系问题。关于我国不当劳动行为救济制度，学界有诸多观点，在此不作列举。笔者认为，从维护现有制度的合理性和连贯性、减少制度变迁成本、充分利用相应现有机构资源等方面考量，结合对美日等国基本已经成熟完善的救济制度的利弊平衡，同时考虑到我国缺乏专门的劳动司法制度，对于不当劳动行为的救济应该采用以行政救济为主、司法救济为辅的形式。

在救济机关的设置上，目前我国企业的劳动争议调解委员会和地方的劳动争议仲裁委员会只是单纯处理劳动争议的机构，不论是在组织结构上还是权限职能上，都难以承担不当劳动行为的救济与全面处

---

① 不仅在中国，从美日等世界多个国家在实际的判决结果来看，绝大部分判例都以雇主承担不当劳动行为法律责任为结果。

理和协调劳动关系的职责。[①] 现阶段可以参考日本的模式,在整合现有资源的基础上,建立工会、雇主和政府三方代表构成的劳动委员会制度。具体而言在劳动争议仲裁委员会的基础上建立新的劳动委员会。如有学者建议,我国可以考虑成立中央、地方和产业的各级劳动委员会,以此作为三方协商实行救济并综合协调劳动关系的专门机构。[②] 在职能转变上,日本的劳动委员会只负责接纳集体劳动争议案件,负责"通过咨询、调解和自愿仲裁,对集体劳动争议进行调解;对不当劳动行为进行裁决,并认定存在不当劳动行为时发布救济令"[③],系集调解和救济"双重功效"的行政委员会。与日本劳动委员会不同,中国现有的劳动争议仲裁委员会单纯处理所属企业或者辖区内常规意义上的劳动争议,在职能上应增加专门处理集体劳动争议的内容。

相比于我国内地目前尚未建立起完善的不当劳动行为制度体系,台湾地区的立法实践尤为瞩目。台湾劳动三法[④]在2011年初讨论并进行修法并于同年5月21日实施;此次重大修法的特点在于:台湾新劳动三法在立法上引进部分美国不当劳动行为制度,并与美国之制度相仿,在"行政院"劳动委员会下设置不当劳动行为裁决委员会以裁决雇主之不当劳动行为;并且就法论法,其制度并非符于国家中立原则,而反映出国家给予劳方较大的保护,使双方谈判力量能平衡,而产生对资方的管制作用[⑤];例如在"新工会法"的第35条第1项详细规定了劳工进行团体行动免于受雇主不利益待遇侵害的内容,尤其对于参与以

① 常凯、李琪:"关于劳动关系三方协商机制的研究",载《工运理论政策研究报告》1997年第6期。

② 常凯教授提出,该机构应由政府、雇主和工会的代表以相同的代表人数组成,其主任委员由政府代表出任,副主任委员由雇主和工会代表出任。另外,在劳动委员会中还应考虑吸收三方以外的有关劳动问题的专家参与。委员会作出的决定或发布的命令,具有法律效力。

③ [日]荒木尚志著:《日本劳动法(增补版)》,李坤刚、牛奎志译,北京大学出版社2010年版,第11页。

④ 通常指工会法、团体协约法和劳资争议处理法。

⑤ 谢棋楠:"台湾新工会法防制雇主以反工会目的对工会干部不当劳动行为制度:不当劳动行为裁决之检视",载《全球化背景中的劳动关系与集体协商国际研讨会暨中国社会学会劳动社会学专业委员会第四届年会论文集》2013年。

及担任工会组织职务的劳工的保护做出了明确要求。

在新法实施以前，台湾社会最大的现实在于，雇主如以不当劳动行为迫害劳工行使集体劳动权，不论行政救济、劳工自力救济或司法救济都处于求助无门之窘境。所以部分学者也提出，这造成了台湾劳工在其组织工会的过程中，必须仰赖有企业社会责任之雇主，透过“极度善意”、“彼此尊重”之方式，让工会有存活之机会并发挥其作用。从新法实施的近三年时间来看，已经形成了一些成功的判例；但是因为实施时间不长，且其制度设计之最根源为美国全国劳工关系法，在实践时间和移植运用的本土化具体成效仍待观察。

五、结语

不当劳动行为立法是以广义劳动者团结权为法律依据，以规范劳动关系、平衡劳资力量为立法目的的劳动立法措施。不当劳动行为立法与救治制度的推进已经成为当今中国市场经济条件下劳动市场发展的现实需求，同时近年来我国劳动争议处理的司法实践经验不断积累，法学界也展开了深刻的讨论，为开辟我国不当劳动行为立法新路子带来了积极的影响。我们也应该看到，美国、日本在不当劳动行为的立法及其救治制度都有着自身的特点与诸多差异，但都有着较为完善的立法与成熟的制度框架，这对于我国建立起符合国情且具有实际功效的不当劳动行为制度有着重要的借鉴意义。

（冉凯文，中国人民大学硕士研究生）

图书在版编目(CIP)数据

民商法论丛:第56卷/梁慧星主编.—北京:法律出版社,2014.9

ISBN 978-7-5118-6678-3

Ⅰ.①民… Ⅱ.①梁… Ⅲ.①民法—研究—文集②商法—研究—文集 Ⅳ.①D913.04-53

中国版本图书馆CIP数据核字(2014)第175109号

民商法论丛(第56卷)

梁慧星 主编

责任编辑 吕丽丽
装帧设计 李 瞻

开本 A5
印张 23.375 **字数** 690千
版本 2014年10月第1版
印次 2014年10月第1次印刷
出版 法律出版社
编辑统筹 学术·对外出版分社
总发行 中国法律图书有限公司
经销 新华书店
印刷 固安华明印业有限公司
责任印制 陶 松

法律出版社/北京市丰台区莲花池西里7号(100073)
电子邮件/info@lawpress.com.cn
销售热线/010-63939792/9779
网址/www.lawpress.com.cn
咨询电话/010-63939796

中国法律图书有限公司/北京市丰台区莲花池西里7号(100073)
全国各地中法图分、子公司电话:
第一法律书店/010-63939781/9782
西安分公司/029-85388843
重庆公司/023-65382816/2908
上海公司/021-62071010/1636
北京分公司/010-62534456
深圳公司/0755-83072995

书号:ISBN 978-7-5118-6678-3
定价:50.00元
(如有缺页或倒装,中国法律图书有限公司负责退换)